이것이 신앙고백이다:
벨지카 신앙고백서

이것이 신앙고백이다: 벨지카 신앙고백서

2022년 1월 12일 1쇄 | 2022년 1월 8일 발행 | **지은이** 라은성 | **펴낸곳** 페텔 | **펴낸이** 라은성 | **주소** 01851 서울시 노원구 섬밭로 152, 공릉 2단지 상가 201호 | **전화** 02.978.9140 | **팩스** 02.978.9141 | **이메일** whyjoy@hanmail.net | **홈페이지** www.petelbook.com | **등록일** 2011년 11월 16일(제217-91-04771호)
Copyright ⓒ eunsungra 2022
저작권법에 의해 한국 내에서 보호를 받는 저작물이므로 무단전재와 복제를 금합니다.
책값은 뒤표지에 있습니다.
잘못된 책은 구입하신 서점에서 바꾸어 드립니다.

ISBN 979-11-89843-05-2
　　　979-11-89843-04-5 (세트)

이것이 신앙고백이다:
벨지카 신앙고백서

The Reformed Confessing:
Confessio Belgica

라은성 지음

목차

들어가면서 ··· 6

배경 ··· 20

「벨지카 신앙고백서」 ······························· 40

1항: 유일무이하신 하나님의 존재 ················ 41

2항: 하나님을 알게 되는 수단 ····················· 63

3항: 기록된 하나님의 말씀 ·························· 72

4항: 정경인 성경 ······································· 81

5항: 성경의 신적 권위의 출처 ····················· 85

6항: 정경과 외경의 차이점 ·························· 93

7항: 믿음의 유일한 규칙인 성경의 충분성 ···· 97

8항: 한 본질과 구별된 세 위격 ··················· 109

9항: 한 하나님 안에 세 위격의 증거 ············ 133

10항: 참되고 영원한 하나님이신 예수 그리스도 ··· 153

11항: 참되고 영원한 하나님이신 성령 ········· 164

12항: 창조 ··· 170

13항: 하나님의 섭리 ································· 191

14항: 인간의 창조, 타락과 참으로 선한 것의 실행 불가능성 ··· 215

15항: 원죄 ··· 245

16항: 영원한 선택 ···································· 263

17항: 타락한 인간의 회복 ·· 272
18항: 예수 그리스도의 성육신 ······································ 283
19항: 그리스도의 위격에 있는 두 본성의 연합과 구별 ············ 308
20항: 그리스도 예수님 안에 명시된 하나님의 정의와 자비함 ····· 330
21항: 우리를 위한 유일한 대제사장인 그리스도의 만족 ·········· 337
22항: 예수 그리스도를 믿는 믿음 ··································· 360
23항: 칭의 ·· 381
24항: 인간의 거룩함과 선행 ··· 403
25항: 폐지된 의식법 ·· 428
26항: 그리스도의 중재 ·· 435
27항: 보편적 그리스도 교회 ··· 472
28항: 모든 자는 참된 교회에 가입해야 한다 ······················ 484
29항: 참된 교회의 표지와 거짓된 교회와의 차이점 ··············· 499
30항: 교회 정치와 직분자 ·· 524
31항: 사역자, 장로와 집사 ··· 531
32항: 교회의 질서와 기강 ·· 541
33항: 성례 ·· 551
34항: 거룩한 세례 ··· 559
35항: 우리 주 예수 그리스도의 성찬 ······························· 590
36항: 행정관 ·· 617
37항: 최후의 심판 ··· 634
색인 ·· 661

들어가면서

만일 누군가가 나에게 네 삶의 의미가 무엇이냐 묻는다면, 나의 주님, 나의 그리스도 예수님과 나의 삼위일체 하나님에 관한 지식을 아는 것이라고 말할 것이고, 내가 살아가야 하는 이유가 무엇이냐 묻는다면, 그분에 관해 좀 더 알고, 그분께 좀 더 가까이 접근하고, 그분을 진심으로 만나기 위함이라고 말할 것이다. 그분을 아는 것이 내 생명이고, 내 삶이고, 내 목적이라는 결론을 내리기까지 많은 일을 겪었다. 모든 일이 그분을 알아가는 과정이었음을 비로소 깨닫게 되었을 때, 그분의 삶을 내가 살아가는 것임을 알고 실천하게 되었을 때 그리스도인이 돼야 하는 이유에 대해 고백할 수 있었다.

동기

주관적으로 말하면, 그동안 나는 나의 하나님에 관해 깨닫고자 정말 부단히 노력했다. 접할 수 있는 한 많은 책을 읽고, 배울 수 있는 한 많이 연구하고, 깊게 깨달을 수 있는 한 많이 경험했다. 무엇보다도 그분의 말씀을 정독하며 음미했고, 신학을 정리할 수 있는 한 정리하며 누구에게든 강의하는데 부족하지 않을 정도로 노력했다고 여겼지만 뭔가 채워지지 않는 것이 항상 나의 양심에 자리 잡고 있었다. 슬프게도 나는 개혁신학을 연구한다고 말하면서 개혁신앙과 구별하지 못했던 때도 있었다. 신학과 신앙이 같은 것인 줄 알고 신학을 하니 신앙도 덩달아 좋아진다고 여겼던 때도 있었다. 나의 신념이 곧 나의 신앙인 줄로 착각했었다. 하지만 이런 슬픔에서 위로를 얻고 자유를 향하여 가는 길을 확실히 알게 되었을 때 무엇보다 기쁨을 갖게 됐고, 하나님께 감사, 찬양과 영광을 돌리게 됐다. 이제 나는 거룩한 하나님 앞에서 개혁신앙인들이 나와 같은 회한을 하지 않도록 조심스럽게, 신중하게, 두렵고 떨리는 마음으로 이 글을 쓴다.

이 글을 쓸 수밖에 없는 근본 이유는 이것이 나의 신앙고백이고, 삶이고, 신학의 근본이고, 성경의 진리이기 때문이다. 나는 신앙고백의 각 항에 대한 주석을 쓰면서 하나님 앞에 매순 간 엎드릴 수밖에 없었다. 특히 무릎을 꿇을 수밖에 없도록 만든 고백들은 삼위일체 하나님에 관한 고백에서 시작되었다. 전율과 두려움이 엄습해올 때마다 나는 숨을 쉴 수 없을 정도여서 몸을 움츠러질 수밖에 없었다. 나의 구속자, 구세주이신 주님을 알아가는 지식이 얼마나 고상하며, 내 생명보다 더 귀중함을 깨달을 때마다 나는 살아 있는 송장이 될 정도였다. 숨이 멎고, 뼈마디가 굳어지고, 눈시울이 뜨거워지고, 눈물이 시야를 가려 앞이 보이지 않을 정도였다. 이 놀랍고 위대한 지식을 지니고 살았던 개혁신앙인들의 애탐, 열정, 헌신, 희생과 고백이 너무나 고마워서 이 글을 쓰지 않으면, 후배에게 알리지 않으면, 그냥 묻어둔다면, 제 명에 못 살 것 같았다. 나는 이 글을 쓸 수밖에 없었다.

삼위일체 하나님 앞에서 나 자신을 살펴보고 분석하니 그저 나는 보잘것없는 벌레와 추잡한 구더기에 불과했다. 그렇게 힘들고 괴로운 형편에서도 신앙을 포기하지 않은 그들의 힘은 어디서 오는지 알고자 했다. 외면, 비방과 조롱, 핍박, 위협, 추방과 죽임을 당하면서도 견디었던 그 힘은 어디서 오는지 알고 싶었다. 이것을 위해 신앙고백서를 읽으면서 그들이 남긴 사상, 고백, 단어와 문장을 반복해서 읽고 또 읽었다. 전체 내용이 내 뇌에 전달돼 담길 때까지 반복했다. 그들이 쓴 것을 세심히 살필 때마다 밀려오는 감동의 쓰나미를 어떻게 표현할지 몰라 한참 동안 머문 적도 꽤 많았다. 이런 의도와 내용으로 쓴 것임을 간취하는 순간 숨을 제대로 쉴 수 없었다. 나의 부족한 표현으로 그들의 신앙을 그대로 전달해야 하는데, 가감하지 않아야 하는데 하며, 그분을 만나게 해야 한다는 걱정과 염려와 함께 감히 용기를 가지며 써 내려갔다.

개혁신앙인의 신앙고백서 대부분은 영어에서 번역된 것이다. 선구자적 선배님들의 노력과 헌신에 먼저 감사를 드린다. 이 땅에 개혁신앙의 뿌리가 내릴 수 있게 한 것에 대해 존경을 표한다. 나는 경험상으로 영어를 사용하는 나라에서 살 만큼 살면서 영어로 쓴 글을 읽으면서 뭔가 수정·보완할 부분을 몇 가지 발견했기에 주석을 위해 나름의 번역을 할 수밖에 없었다. 번역은 창조라고 여겨질 정도로 어려운 일이다. 하지만 주석을 위한 번역이 요구되었고 일관된 내면의 신앙고백을 찾기 위해선 나름으로 영역하지 않으면 안 된다는 것을 알게 됐다. 하는 수 없이 새 번역작업을 하면서 주석에 임하게 됐다. 나름의 영역에 기초하여, 단어별, 의미별, 사상별, 내용별로 분석하는 일은 무엇보다 힘들었다. 독자가 색인에서 보듯이 가능하면 같은 단어로 번역하거나 같은 의미로 주석하려고 노력했다. 그 단어와 문장에 담긴 사상과 배경에 나의 경험, 신앙과 신학이 동원됐다. 물론 나의 노력은 선배님들의 것과 비교가 되지 않을 정도로 작은 것이다. 하지만 이것이 조금이라도 도움이 된다면 이 책을 쓴 나에게 위로와 기쁨이 되리라 여긴다.

필요성

신앙고백서의 필요성은 바른 신앙을 세우고, 바른 삶을 사는 데 있다. 또 교회 교육이기 때문에 성경을 올바로 해석하는 능력을 주는 데 있다. 무엇보다 거짓 신앙을 분별하는데 필요한 통찰력을 주기 위해서이다. 신앙고백서는 종교개혁자들이 성도들과 그 자녀들의 바른 신앙을 확립하기 위해 작성한 것이다. 특히 로마 가톨릭주의와 프로테스탄트주의의 근본적 차이가 무엇인지 묻거나 변호하던 자를 위한 것이었다. 그들에게 신앙고백서가 꼭 필요했던 이유는 조롱, 핍박, 위협과 죽임을 당하는 가운데 바르고 의로운 삶을 사는 길이 무엇인지 알기 위해서였다. 현 시대에 이르러서는 이단사상만 아니라 거짓 신앙, 거짓 지도자, 거짓 교회, 거짓 신자가 막강한 세력을 가지고 주위에 살아가고 있으므로 분별하기 위해서이다. 구원의 진리는 단순하지만 구원의 삶은 복잡하고 어렵다. 좁은 길을 걷는 것은 힘든 것이므로 걷는 자가 적고, 협착한 길이기에 외롭고 힘들다. 그래서 안내자와 지팡이, 등불이 요구된다. 이 모든 것을 만족시키는 것은 하나님의 말씀인 성경과 신앙고백서이다. 이 두 가지는 뗄 수 없고 분리할 수도 없는 동반자이다. 성경에서 신앙고백서가 나오고, 신앙고백서를 통해 성경을 올바로 해석하고, 삶의 규범을 세우고, 신앙의 여러 갈래에서 당황하지 않게 한다.

많은 자는 신앙고백, 즉 교리를 공부하는 것에 부담을 느끼기도 한다. 그 이유 중 하나는 교조주의(dogmatism)에 빠질 수 있기 때문일 것이다. 여러 상황과 환경 가운데서 조금이라도 방심하거나 목적을 상실했을 때 이 일은 언제든 일어날 수 있다. 늘 경성하고 연구하지 않으면, 신앙에서 신념으로, 신학에서 이데올로기로, 진리에서 이념으로, 정통에서 이단으로 변하기 쉽다. 바른 신앙을 가진 자에게 이런 현상이 일어날 수도 있지만 바른 신앙을 가진 척하는 자를 가려내는 데도 교리 공부는 유용할 것이다. 여러 상황은 성경 해석에서도 일어나고, 신앙만 아니라 삶의 전반에서도 공통으로 일어난다. 그렇지만 이것을 빌미로 신앙고백서 공부를 회피하는 것은 옳지 않은 자세이다.

또 다른 이유는 교리나 신앙고백서는 인간이 작성한 것이기에 중요성에 있어 하나님의 말씀인 성경과 비교할 수 없다는 이유 때문일 것이다. 당연한 말이다. 인간의 작품이기에 한계성이 있고 언제든 수정·보완해야 하고, 어떻게, 얼마나, 언제 고수해야 하는지에 대한 의문이 실제로 들기도 한다. 그렇다면 반문하고 싶다. 성경의 중요성은 누구든 인지하고 인정하는데 과연 얼마나 성경을 제대로 배우고 연구하는지 말이다. 정말 성경을 연구하고 싶은지, 몇 회나 읽었는지, 그 내용을 해석하여 삶에 얼마나 적용하고 있는지 묻고 싶다. 교리 또는 신앙고백서는 성경을 깊고 넓게 연구한 경건한 신앙인들이 작성하고 온 교회가 인준한 것이다. 사사로이 작성된 개인의 교리 문답서와는 구별해야 한다. 성경을 제대로 연구하려면 교리를 배워야 하고, 교리를 배움으로 성경 연구를 깊고 넓게 할 수 있고 적용하는 통찰력을 갖게 된다. 교리는 신앙생활을 위한 것이다.

무엇인가?

만일 누군가가 나에게 교리(신앙고백서)가 대체 무엇이냐고 묻는다면, 교리는 성경에서 구조(frame)와 같고, 언어의 문법(grammar)과 같다고 대답하겠다. 구조와 문법? 그렇다! 외래어로 된 문장을 해석하기 위해 그 문장의 구조를 파악하고 분석해야 그 문장의 뜻을 간취하여 해석할 수 있다. 문법은 하나의 문장을 구성하는 구조 또는 뼈대이다. 이것을 알면 문장 해석이 자의적으로 되지 않고 바르게 해석할 수 있다. 문법은 문장 해석에 있어 매우 중요한 도구이다. 문법이 언어보다 우선적이지 않지만, 그것은 언어를 효과적으로 말하고, 쓰고, 전달하고, 사용하기 위해 문법이 도구가 돼 그 한계와 제한을 정해 주고 문장이나 단어에 담긴 뜻을 알도록 인도한다. 그 결과 누구라도 자기 해석에 빠지지 않고 바르게 해석하게 된다. 글을 쓴 저자와 읽는 독자를 연결 지어 하나가 되게 한다. 이처럼 성경을 위한 교리 또는 신앙고백서를 선배들이 수고하여 작성한 이유는 성경을 제대로 해석하고 분석하여 삶에 적용하도록 돕기 위함이었다. 성경을 하나님의 말씀으로 해석하기보다, 자신의 신념을 세우기 위한 하나의 인용문으로 사용하는 경우가 너무나 많다. 특히 이단, 사이비, 철학자나 일반인은 자기의 신념이나 이념을 뒷받침하기 위해 성경을 오직 성경으로(성경만으로)가 아니라 성경 제일로 여기는 경우가 많다. 성경은 하나님의 말씀이며, 교리는 그것의 안내자 역할을 하는 구조와 문법이다.

한영대조를 택한 이유는 새로운 번역을 만들어 신앙인에게 혼란을 주기 위함이 절대 아니다. 또 영어에 무관심한 분들에게 짜증을 안겨다 주려는 의도는 더욱 아니다. 원래 라틴어나 독일어로 된 '일치를 위한 세 형식'이지만 그런 언어에 친근감이 있지 않은 분들이 대부분일 것이다. 또 같은 어족에 속한 영어는 그래도 우리에게 나은 편이라 여긴다. 실제로 교회에서나 학교에서 임상을 통해 영어로 된 문장이 그 의미를 이해하는 데 큰 도움이 되는 것을 알고 있다. 특히 문법적으로 영어를 읽다 보면 그 의미를 더 정확하게 간취할 수 있었다.

그래서 번역하기 위해 신앙고백서를 수십 차례 읽으면서 일차적으로 깨닫게 된 것은 그들이 한 단어, 한 문장, 한 표현을 반복해서 사용할 때 그 단어를 단순하게, 무심코, 그냥 선택한 것이 아니라는 것이다. 영어로 읽으면서 제대로 번역됐는지 살피고자 한 것이 아니라 정확한 의미를 파악하기 위해 문법적으로 영어 단어나 문장의 뜻에 접근할 수 있었다는 뜻이다. 처음 한영대조를 시도했을 때 주석까지 쓰려고 한 것은 아니었다. 번역하면 할수록 제대로 번역되고 일관된 단어, 문장과 색인이 필요하다는 것을 절실히 느끼게 되었다. 물론 내가 한 번역도 또 다른 흠이 있겠지만 그 의미에서 벗어나지 않도록 주석했기 때문에 어느 정도 보완할 수 있으리라 여긴다.

해석

신앙고백서를 해석할 때 신학자나 목회자가 실수하는 것은 신학적 선입견을 품고 임한다는 것이다. 그 고백서를 쓴 당시 상황이나 그 내용의 관점에서 해석하려 하지 않고 자신이 가진 신념과 신학에 따라 해석하는 경향이 종종 있다. 이런 자세는 본래의 뜻을 파악하지 못하게 하고 이것에 따라 그 내용을 왜곡시키고 방해하게 된다. 해석은 그 시대에서, 적용은 현실에서 이뤄져야 한다. 그렇지 않고 해석은 현대에서, 적용은 그 시대에 이뤄지는 경우가 있다. 이것은 해석자들이 범하는 크나큰 실수이다. 현대적 의미에서 해석한 후 그 시대적 적용을 찾으려는 자세는 비논리적이다. 성경을 해석할 때 그 시대와 전체 맥락, 그리고 현대에 이르는 과정을 밟아야 한다. 도움의 수단으로 자신의 신학을 근거해선 안 되고 신앙고백에서 그 뜻을 찾으려고 부단히 노력해야 하고 그 내용을 의존해야 한다. 신앙고백서와 교리 문답서를 서로 대조하면서 해석해야 한다.

신앙고백은 시대를 반영하여 완성된 것이다. 특히 진리를 어둡게 하고 묻어둔 중세시대에 대한 종교개혁자들의 격렬한 노력을 절대로 외면해선 안 되고, 자신의 조직신학에 따라 분석하거나 판단해서도 안 된다. 작성자들은 정말 성경에 대해 바르고 참되게 해석하고 그것에 근거하여 삶에 적용하였다. 그 열정과 진정성은 현대인이 절대 미칠 수 없을지 모른다. 어렵고 힘든 시기에 작성된 성경에 근거한 신앙고백을 철학적 영향을 받고 자신의 신학에 물든 현대인이 그것을 해석할 때는 매우 조심해야 한다.

이 책은 신앙고백을 해석할 때 신앙고백 스스로가 해석하도록 하는 데 중점을 뒀다. 마치 관주 성경을 보는 것처럼 여기저기서 신앙고백을 참고하라고 각주를 자주 달았다. 복잡하게 보이지만 그만큼 신앙고백이 스스로 해석하게 하려는 순전한 심정에서 발로된 것이다. 신학적 선입견이 아니라 성경적 의미를 찾고 고수했던 그들의 노력에 조금이라도 다가가려는 노력의 일환이다. 그들이 추구하고 전해주고 싶었던 진리에서 얻은 전율을 조금이라도 느끼고 싶은 심정에서 나온 노력이다.

신학적 전제로 해석하지 않고 공인되고 인증된 신앙고백서를 서로 견주면서 해석했다는 것이 이 책의 두드러진 점이다. 각항에 인용된 성경 구절은 해석의 길잡이만 아니라 그 의미 자체를 담고 있다. 만일 해석하기가 어려우면 인용된 성경 구절의 의미를 파악하려 했고, 그럴 때마다 각항의 의미를 충분히 알게 됐다.

이 책 시리즈를 쓰게 된 출발점은 칼빈 선생의 『기독교강요』이다. 현재 작성된 신앙고백서나 교리 문답서에 근거한 것은 대체로 『기독교강요』이다. 전개 내용의 순서만 아니라 용어와 내용까지도 그 책에서 빌려온다. 개혁신학과 개혁신앙의 근본인 『기독교강요』는 신앙고백서를 분석하고 이해하며 적용하는데 큰 자산이 되는 책이다. 칼빈의 후예들이 대체로 신앙고백서를 작성하는 데 동참했다. '웨스트민스터 기준서'는 언약 신학에 근거해 있는데 그 신학은 『기독교강요』에서 나와서 발전된 것이다. '일치된 세 형식'도 개혁신학의 근거인데 그 근저는 『기독교강요』이다. 『기독교강요』에 대한 선지식이 없으면 신앙고백서를 해석하는 것이 거의 불가능하다 할 정도이다. 이 책의 강해를 위한 참고서는 일차적으로 성경이고, 다음으로는 인준된 신앙고백서와 교리 문답서를 대하는 것이고, 그 다음으로는 『기독교강요』이다.

신앙고백서나 교리를 해석하는 데 어려움을 겪거나 가르치는데 일관성이 없는 근본 이유는 내로라하는 개혁신학자나 개혁신앙인이라 하더라도 『기독교강요』을 제대로 연구하지 않았다는 데서 문제의 실체를 찾을 수 있다. 심지어 자칭 칼빈주의자나 개혁신학자라 불리는 자 중에서도 그 책을 제대로 정독하거나 파악하는 자를 찾기가 쉽지 않다. 대충

알거나 부분적으로 파악할 뿐이지 전체를 그림 그리고 있지 못할 수 있다. 이런 현상은 신앙고백서를 해석하는 데 있어 큰 걸림돌이 된다.

적용

신앙 교리는 신앙과 삶을 목표로 세우고 성경의 진리를 삶에 적용하는 것을 목적으로 삼는다. 신앙생활과 무관하다면 교리는 이데올로기에 불과하다. 그리하여 신학 지식에 대한 자랑이나 비판의 도구로 전락하여 녹슬고 만다. 해석할 때 주의했던 것은 단순한 분석과 내용 파악이 아니라 교회 역사에 등장한 이단 사상이나 이단들, 한국교회에 성행하고 있는 이단 사상이나 이단들과 연관을 짓는 것이었다. 이 책을 찾아 읽고 있는 독자는 분명히 개혁신앙을 갖고 있을 것이다. 대체로 개혁신앙인은 신앙고백서를 선호한다. 바르게 살기를 원하고 바른길을 걷기 원하기 때문이다. 좋은 것과 좋은 방법을 채택하고자 하거나 시대의 변화에 편승하려는 자는 신앙고백서나 고백에 무관심할 뿐 아니라 이 책에 관해서도 무관심할 것이다.

확신컨대 정말 본격적으로, 적극적으로 신앙고백 또는 신앙 교리를 공부하거나 연구하려는 독자에게 이 책은 바른 안내자가 될 것이다. 나 역시 격렬한 노력을 기울여 연구하며 이 책을 썼기 때문이다. 바라기는 내가 쓴 내용보다 더 깊고 높고 넓은 진리에 이르기를 간절하게, 솔직히 바란다.

혹자는 이 책이 교조주의로 돌아가게 하려 하는가, 성경을 덜 중요하게 만들려는가 하고 갖가지 의문을 제기할 수 있을 것이다. 성경만을 가르쳐도, 시간과 힘이 모자라는데 무슨 교리 공부인가라고 말한다면 정말 잘못된 것이다. 성경을 올바로, 스스로 해석하는 법을 가르쳐주어야 한다. 맛있는 음식만을 제공하려 하지 말고 음식 만드는 법을 가르쳐야 한다. 영적 마마보이로 만들려는가? 적어도 몇 년이라도 신앙생활을 제대로 정상적으로 했다면 성경 구절들에서 하나님의 깊고 오묘한 뜻을 깨달으면서 깊은 회오와 놀라운 기쁨을 누려야만 한다. 그렇지 않고 수십 년 간 지속, 반복하는 지겨운 메시지로 싫증나게 만든다면 그는 하나님의 말씀을 제대로 파악하지 못하게 만드는 바리새파가 될 수 있다. 신앙고백, 즉 신앙 교리는 성경의 뜻을 제대로, 올바로, 성경적으로, 실제로, 진실하게 깨닫고 삶에 적용하게 할 것이다. 괜히 그 교리에 관해 제대로 몰라서 그랬다고 하며 핑계하는 자가 되지 않았으면 한다. 진정으로 성경만을 강조하는 자라면 그 의미를 파악하는 곳으로 사랑하는 성도를 이끌어야 할 것이다. 그렇지 않고 자신이 주는 성경 해석이 가장 좋은 것이라고 한다면 지나가는 소도 웃을 일이다. 그렇다고 아무렇게나, 아무에게나, 아무것이나 배우라는 것이 아니다. 신앙고백이다. 역사적이고 성경적인 신앙고백, 특별히 종교개혁 신앙인이 힘든 환경 가운데서 이것으로 신앙인들을 반드시 가르치고 훈련하지 않으면 잘못된 지도자이며 신앙인이라는 것을 정말 느꼈기에 그들은 이것을 작성했고 온 교회가 결의하여 우리에게 전한 것이다. 이런 역사적인 것을 무시한다면 그야말로 오만한 자가 아닐 수 없다.

특징

이 책은 임상을 통해 쓰인 책이다. 10년 이상 연구와 임상을 통해 완성된 것이다. 단순히 도서관과 책상 앞에서 쓰인 책이 아니다. 한 번 읽고 책장에 꽂아두게 하려고 쓴 것도 아니다. 곁에 두고 언제든 참고하고 애용하게 하려는 목적으로 이 책이 쓰였다.

이 책은 두 가지 색인을 두고 있다. 하나는 영어와 한글 단어이고, 다른 하나는 성경 구절이다. 영어 색인은 본문의 내용을 찾기 위함이고, 한글 색인은 주석의 내용을 찾는데 주력한 것이다. 성경 구절은 본문의 내용에서 인용된 것만을 다뤘다. 주석의 내용에서 사용된 성경 구절은 생략했다. 그 이유는 저자가 인용한 것은 그렇게 중요하다고 여기지 않았기 때문이다.

나는 책을 쓸 때 색인의 중요성을 늘 강조한다. 학위 논문을 쓸 때 외국 서적에서 보았던 색인이 연구자인 나에게 큰 도움을 줬기 때문이다. 그때마다 나는 만일 내가 책을 쓰게 된다면 꼭 색인을 넣으리라고 자신에게 약속하였다. 색인을 책에 넣는 것은 쉬운 일이 아니다. 하지만 지금도 내가 쓴 모든 책의 단어가 어디에서 어떻게 사용됐는지 검색하여 파악하는 것은 나에게 큰 도움이 된다.

주석에서 인용한 것은 주로 내가 쓴 『이것이 기독교강요다』(연구자용과 해설자용)이다. 또 『이것이 교회사다』의 네 권 시리즈와 『이것이 개혁신앙이다』를 중심으로 썼다. 예를 들어, "4권 10장 4항, 911"의 권, 장과 항은 『이것이 기독교강요다』를 말하는 것이고, 이어진 숫자는 연구자용의 페이지이다. 또 "『해설자용』, 125"는 『이것이 기독교강요다』(해설자용)의 강해 부분의 페이지를 일컫는다.

신앙고백서나 교리 문답서를 인용할 때는 이렇게 표기한다. 「웨스트민스터 신앙고백서」는 간단히 「신앙고백서」로, 「웨스트민스터 대교리 문답서」는 「대교리」로, 「웨스트민스터 소교리 문답서」는 「소교리」로 표기한다. 또 「벨지카 신앙고백서」는 「벨지카」로, 「하이델베르크 교리 문답서」는 「하이델베르크」로, 「돌드레히트 법규」는 간단히 「돌드레히트」로 표기한다.

『이것이 교회사다』의 시리즈에서 인용할 경우는 초대교회사편 '진리의 보고', 중세교회사편 '묻어둔 진리', 종교개혁사편 '진리의 재발견' 그리고 근대교회사편 '가공된 진리'로 표기한다. 그 외에도 책들을 인용할 때 처음 등장할 때는 전체 내용을 표기하지만 두 번째 이후부터는 생략하여 표기한다.

이 책은 여러분에게 빚을 지고 있다. 이 책 시리즈를 쓰는 것은 수년이 걸리는 일이었고, 준비하고 연구하는 데만 10년 이상이 걸렸으므로 그 오랜 세월 나의 의지를 지탱하는 데 도움을 준 분이 있을 수밖에 없다. 가장 먼저 언급해야 할 분은 과거에도, 현재도, 미래에도, 헌신적인 나의 모친 김선녀 권사이다. 그분은 2016년 5월 29일(주일) 주님의 부름을 받았다. 나의 모든 책은 그분의 이름으로 발행하는데 그분의 신앙, 삶, 사상, 인생은 나의 과거, 현재와 미래에도 가장 큰 영향력을 끼치고 있다. 다음으로, 나와 피를 나눈 누님 라명희 권사이다. 모친을 닮아 기도에 힘쓰는 경건한 여성이다. 그다음으로 1986년부터 지금까지 함께하고 앞으로도 함께 할 아내 최영미이다. 사랑하는 자녀인 보금과 사무엘(제니퍼)는 귀중한 나의 혈육으로 하나님의 귀중한 자녀로 자라갈 것이라 믿는다.

끝으로 이 기도로 마무리하고자 한다.

영원하신 하나님,

나의 생명, 주님, 하나님!

내 평생 당신을 사모합니다.

언젠가 얼굴과 얼굴을 대할 때 부끄럽지 않으렵니다.

이 세상에서 당신을 알고 닮는 것이 내 생애의 목적과 목표입니다.

이 책이 한 명이라도 그리스도인의 바른 삶을 사는데 안내자가 되기를 감히 바랍니다.

진심, 정직, 겸손, 감사와 죽음의 자세로

감히 당신의 영광과 위엄 앞에

이 책을 바치옵니다.

나는 사라지고 오직 당신에게만 영광과 권능이 있기를 바라옵니다.

아멘.

             2021년 캄캄한 겨울의 새벽
               중랑천을 달리면서
                   라은성

「벨지카 신앙고백서」 배경

저자

초기 생애

독일 종교개혁자 마틴 루터가 비텐베르크 대학교의 슐로스키르쉐 문에 '95개 항목'을 붙인 지 5년 후, 1522년에 귀도 드 브레(Guido de Bres, 1522~1567)는 저국가 중 현재 벨기에 남부 몽스(Mons)에서 태어났다. 어느 날 그의 모친은 비텐베르크로 가는 도중 몽스를 잠시 들렀던 헨드릭 판 줏펜의 설교를 듣고 큰 감동을 받아 아들도 이와 같은 설교자가 되었으면 하는 마음을 먹었다고 한다. 물론 그녀는 헌신적인 로마 가톨릭이었다. 어릴 때 드 브레는 로마 가톨릭주의 속에서 자랐지만 순회하는 개혁자들의 설교들을 접하면서 개혁신학에 입문했을 것이다. 또 귀도의 형 크리스토퍼는 유리 제품 상인으로 유럽 전역을 여행하였는데 그때 접한 성경과 종교개혁 작품들을 귀도에게 전해줬다. 10대에 들어선 귀도는 그것들을 습득하였다. 당시에 성경을 접한다는 것은 매우 위험한 일이었다. 25세가 되기 전 그는 그리스도께로 회심했고, 종교개혁자들의 가르침을 수용했다. 그는 오직 예수 그리스도 안에서만 자신의 구원이 있음을 깊이 깨달았다.

이제부터 귀도 앞에 기다리고 있는 것은 어렵고 힘든 좁은 길이었다. 당시 네덜란드는 스페인의 왕 펠리페 2세(Felipe II, 1527~1598)[1]의 독재 치하에 있었다. 펠리페는 철저한 로마가톨릭으로서 네덜란드 내의 햇병아리와 같은 종교개혁을 근절하려고 했다. 펠리페는 자신의 여동생인 마르가리따 판 파르마(Margaretha van Parma, 1522~1586)[2]를 통해 이단을 처벌하고 개혁파를 심히 괴롭혔다. 그의 부친 신성로마제국 황제 카를 5세(Karl V, 1500~1558) 때부터 시작된 종교재판을 더욱 잔인하게 네덜란드에 실시했다. 자신의 황제권이 하나님이 주신 것이라는 광신에 빠져 사람들을 로마 가톨릭교회 안에 종속시키려고 온갖 일들을 감행했다. 로마 가톨릭교회에 반대하는 모든 자를 이단으로 정죄하고 색출하기 위해 여러 종교회의를 개최하였다. 스페인에서 실시했던 종교재판소를 운영하면서 재세례파와 같은 자들이 퍼져가고 있는 네덜란드에 특별히 관심을 가지면서 잔혹하게 핍박했다. 40년 동안 철권 시대의 막을 내린 카를 5세를 이어 아들 펠리페 2세는 1550년 다음과 같은 칙령을 내려 프로테스탄트들을 핍박하기 시작했다.

---

1 펠리페 2세는 스페인 왕으로 1556~1598년, 나폴리 왕으로 1554~1558년, 피의 메리와 결혼한 후 영국과 아일랜드 왕으로 1554~1558년, 포르투갈 왕으로 1581~1598년 그리고 1555년부터 네덜란드 왕이었다.

2 의붓 여동생에게 네덜란드를 맡긴 이유는 그가 자주 네덜란드를 비웠기 때문이었다. 펠리페 2세가 네덜란드에 관심을 가진 것은 이단 문제도 있지만 재정적 파산을 우려했기 때문이었다.

누구도 마틴 루터, 요한 오콜람파디우스, 울리히 츠빙글리, 마틴 부처, 존 칼빈 또는 거룩한 교회 때문에 유기된 다른 이단자들이 쓴 어떤 작품이나 그것들을 인쇄하고, 쓰고, 복사하고, 보관하고, 숨기고, 팔고, 사고 또는 교회, 거리 또 어떤 지역에 주는 것도 금한다. 거룩한 동정녀 또는 시성화된 성자들의 형상들을 부수거나 해를 입히는 어떤 행동도 금지한다. … 자신의 집을 비밀 집회 장소, 불법 모임 또는 위의 사상을 추종하는 자들이 모이는 장소에서 거룩한 교회와 보편적 안녕에 반대하여 가르치고 세례를 주고 그리고 음모를 꾸미는 것을 금지한다. … 공개적으로, 비밀적으로, 특별히 성경에 어렵거나 의심스러운 문제를 주제로 논의하고 대화하는 평신도들은, 신학을 연구했거나 유명한 대학교에서 인준 받은 자가 아닌데 성경을 읽고, 가르치고, 또는 상술하는 평신도들은, 그리고 위에서 언급된 이단자들의 견해들 일부라도 비밀적으로나 공개적으로 선포하거나 즐기는 자들은 처벌을 받을 것이다.[3]

누구든 위의 칙령을 어기는 자들은 안전을 보장받을 수 없었다. 어긴 자들은 화형을 당하고, 익사 당하고, 공중에 매달리기도 하고 또는 땅에 묻혀 죽기도 했다. 이러한 잔혹한 핍박을 자행하게 하는 칙령에도 불구하고 네덜란드에서의 프로테스탄트의 수는 날이 갈수록 많아져 갔다. 이런 상황에서 1540년대에 개종하고 종교개혁 신앙을 수용한 드 브레는 생명의 위협을 받고 이단성 있는 자로 혐의를 받고 있었기에 고향을

---

3 John Lothrop Motley, *The Rise of the Dutch Republic: A History*, vol. I (New York: Harper & Brothers, 1856), 261~62.

등질 수밖에 없었다.

개혁신학을 접함

1548년 두 명의 어느 사역자와 그들의 아내, 즉 네 명은 제네바에서 영국으로 여행하는 동안 몽스에서 며칠을 보냈다. 두 남자는 프로테스탄트 신앙을 가진 사역자로서 몽스에서 머물면서 여러 명의 프로테스탄트를 얻었다. 이들 중 한 명의 사역자와 두 명의 아내는 검거되고 말았고, 몽스를 떠나려고 했다가 남은 다른 한 명의 사역자마저 검거되고 말았다. 이들 모두는 자신의 프로테스탄트주의로 인해 참혹하게 공개 화형을 당했다. 한 명의 사역자가 화형을 당하고 있었을 때 프란체스코 수도사들은 무리에게 이 자가 마귀에 사로잡혔다고 천명했다. 자신의 발에 불이 붙자 그 사역자는 시편 6:8~9의 말씀으로 대답했다.

> 악을 행하는 너희는 다 나를 떠나라! 여호와께서 내 울음소리를 들으셨도다. 여호와께서 내 간구를 들으셨음이여 여호와께서 내 기도를 받으시리로다.

이 사건을 목격한 드 브레는 차분하게 냉정을 유지할 수 없었다. 그는 시대를 거슬러 가기로 다짐하고 자신이 성경에서 찾은 참된 신앙을 포기하지 않을 것이라 굳게 결심했다. 그는 영국으로 갔는데 그곳은 종교의 자유가 있었고 핍박 받는 대륙의 종교개혁자들이 도피처로 삼는 곳이었다.

1548년 영국으로 가서 1552년까지 그곳에서 지냈다. 런던에 거하는 동안 그는 당시의 종교개혁 지도자들, 즉 네덜란드 종교개혁자 마르턴 미콘(Maarten Micron, 1523~1559), 폴란드 종교개혁자 얀 라스키(Jan Łaski, 1499~1560), 얀 후텐호브(Jan Utenhove, 1516~1566) 등을 만났다.[4] 그곳에서 드 브레는 복음 선포자가 되기 위해 훈련을 받았다.

귀국

1552년 저국가로 돌아온 드 브레는 개혁신앙을 알리기 위해 여러 곳을 다녔다. 작든 크든 상관하지 않고 신자들의 모임에서 복음을 선포했다. 그러다가 고향에서 얼마 떨어지지 않은 릴러(Lille)에 정착했다. 이곳에는 이미 피에르 브륄리(Pierre Brully, 1545 사망)가 목회하다가 화형을 당한 곳이었기에 이곳의 목회자가 된다는 것은 매우 위험한 일이 아닐 수 없었다. 하지만 드 브레는 그곳에서 4년 동안 그들의 비밀 집회, 장미교회를 인도했다.

1555년 자신의 처녀 작품인 「기독교 신앙의 깃대」(Le Boston de la Foy Chrestienne)를 썼다. 이 안에서 드 브레는 개혁신앙을 변호하고 로마 가톨릭교회의 오류들을 고발했다. 이 책은 1557년 파리에서 출판되었는데 많은 성경 구절과 교부들의 글을 인용했다. 이로 볼 때 드 브레가 얼마나 순전하게 하나님의 말씀과 역사적 신앙에 익숙해 있었는지 알 수 있다.

공교롭게도 같은 해 신성로마제국의 황제 카를 5세는 자신의 황제직

---

4 영국 왕 에드워드 6세 치정 초 약 170명의 지도자는 영국을 피난처로 삼았다. 마르턴 미콘은 어린이들을 위해 교리문답을 가르친 대중적 설교자였다. 얀 라스코는 무속하는 귀족으로 런던에서 피난민들을 중심으로 하나님의 말씀을 가르쳤다. 얀 후텐호브는 경건한 귀족으로 성경을 평민들을 위해 번역하고 여러 개혁신학 작품들 역시 번역했다.

을 아들 펠리페 2세에게 이양했고, 1556년 스페인의 왕위를 받은 펠리페 2세는 네덜란드의 왕위까지 이양 받았다. 부친 카를처럼 철저한 로마 가톨릭인 펠리페는 네덜란드에 종교개혁의 바람을 근절하고자 했다. 한 편으로 그는 로마교황 피우스 4세(1559~1565)에게 요청하여 더 많은 감독을 보내달라고 요청했고 이에 따라 14명 이상의 감독들이 1559년에 네덜란드로 오게 되었다. 다른 편으로 펠리페는 의붓 여동생 마르가리따 판 파르마를 섭정왕으로 임명하여 그를 대신하여 네덜란드 내에 프로테스탄트를 몰락시키도록 했다. 그녀는 종교재판자들의 도움을 받아 수천 명의 저국가 사람들을 검거하고, 고문하고 그리고 처형했다.

훈련과 결혼

권위자들은 릴러의 목회자를 도우면서 활동하는 그의 영향력을 알아차리고 그를 검거하려고 했다. 또 여러 명의 일원이 순교 당하자 드 브레는 양 떼를 데리고 독일 프랑크푸르트로 피신했다. 설교자가 복음을 순전하게 선포하기 위해 히브리어와 그리스어를 아는 것이 중요하다는 것을 느낀 그는 학문을 위해 그곳을 떠났다. 또 이곳에는 플랑드르 저국가 회중만 아니라 영국 피난민 회중들도 있었다. 같은 해 9월 존 칼빈이 프랑크푸르트를 방문했을 때 드 브레는 그곳에서 칼빈을 만났다. 드 브레는 그를 따라 스위스 로잔으로 가서 그곳에 있는 티어도르 드 베즈 밑에서 공부하기 시작했다. 2년 동안 로잔에 있는 개혁파 아카데미에서 공부했다. 베즈가 제네바로 자리를 옮기자 그를 따라 제네바에 와서 칼빈과 티오도르 드 베즈에게 신학을 배웠다. 총 3년간 칼빈과 베즈 밑에서 신학을 배운 후 다시 저지대로 돌아왔다.

작성되는 「벨지카 신앙고백서」

1559년 네덜란드로 돌아온 드 브레는 릴러에서 얼마 떨어지지 않은 도르닉(Doornik)에서 종려나무 교회(The Church of the Palm)라는 비밀 프로테스탄트 교회를 설립했다. 그곳에서 그는 검은 눈을 가진 여인 카타리나 라몽(Catharina Ramon)을 만나 1559년 결혼했다. 그는 정말 이곳에서 열심히 목회에 힘썼다. 프로테스탄트에 대한 권위자들의 증오 속에서도 공개적 예배를 위해 모이고자 하는 그의 열정은 식지 않았다. 드 브레는 가정마다 다니면서 6~12명이 모인 작은 모임에서 복음을 선포했다. 드 브레는 성경을 펴서 설명했고, 다시금 복음의 길을 걷도록 격려했다.

같은 해 그는 신앙고백서를 쓰기 시작했다. 핍박 가운데서의 신앙 교육은 쉽지 않았다. 성도들이 어려움에 부닥칠 때마다 오류에 빠지지 않도록 해야 한다는 일념으로 그것을 썼다. 또 진리를 믿는 신자들을 하나 되게 하는데 중요한 것이 될 것이라고 확신했다. 대부분의 고백서 내용이 로마 가톨릭교회의 오류들을 지적하고 있는데 이것은 고백서가 얼마나 성경적이냐를 잘 대변하고 있다 하겠다. 교회들이 믿었던 것을 서술할 뿐 아니라 각 항을 증명하기 위해 성경 말씀들을 덧붙였다.

마침내 1561년 신앙고백서를 완성했다. 혼자의 힘으로 쓰는 것이 쉽지 않았기에 그는 많은 부분을 1559년 파리 종교회의에서 채택된 「프랑스 신앙고백서」(Confessio Fidei Gallicano)를 근거했다. 「프랑스 신앙고백서」란 1555년 제네바의 후원을 받아 파리에 한 교회가 설립되었는데 그 교회는 공식적인 조직체를 갖추고 정규적 예배를 드렸다. 핍박 가운데서도 프랑스 여기저기서 이런 교회들이 성장하자 1557년 그들의 신앙 성명서를 칼빈에게 보냈다. 티어도르 드 베즈와 피에르 비레와 함께 칼빈은 이들을 위해 35개 항목으로 고백서를 썼다. 처음에는 칼빈은 반대했는데 그 이유는 참된 프로테스탄트 신자들의 연합에 저해된다고 생각했기 때문이다.

핍박이 조금 느슨해지자 72개 교회들의 대표 20명은 1559년 5월 23~27일 파리에서 모임을 가졌다. 프랑수와 드 모렐(François de Morel)의 사회로 교회 기강과 신앙고백서를 작성했다. 칼빈이 써준 35개 항목 중 1항을 6개 항목으로 세분하여 40항의 갈리아 고백서, 즉 「프랑스 신앙고백서」를 만들었다. 이 고백서는 1560년 프랑스 왕 프랑수와 1세에게 헌정되었다. 1571년 라 로셸(La Rochelle)에서 프랑스 교회들의 7차 국가 종교회의를 개최하여 공식화 했다. 이 「프랑스 신앙고백서」는 칼빈의 노력과 프랑스 교회들의 산물로서 티어도르 드 베즈에게서도 많은 영향을 받았다. 「벨지카 신앙고백서」도 이것을 따랐기에 칼빈주의라고 해도 과언이 아니었다.

이 고백서를 작성하면서 드 브레는 여러 사역자와 교제를 자주 가졌다. 그들에게 묻고 도움을 청했다. 1561년 가을에 인쇄되어 나왔는데 한 사람의 확신이라고 보기에는 믿을 수 없을 정도로 성경 전체를 너무나도 명확하게 요약한 글이었고 성경적이었고 개혁신앙을 대변하는 교리였다.

처음 출판될 때 제목은 '우리 주 예수 그리스도의 거룩하고 순전한 복음에 따라 살고자 열망하는 저국가 전체에 흩어져 있는 신자들이 일반적으로 또 만장일치로 유지한 신앙고백서'였다. 처음에는 교회 총회에서나 국가 송교회의에서 작성된 문서가 아니었다. 아직 저국가의 교회들은 조직화되지 않은 상태였다. 교회들의 필요로 작성되었고 성경을 이해하도록 돕기 위해 만들어졌다고 할 수 있다. 이 고백서는 철저하게 성경적이라 할 수 있다.

외치는 소리

도르닉에서 숨어 지내는 동안 교회는 큰 어려움을 피할 수 있었고 교회 성도의 수도 증가했다. 그런데 1561년 종려나무 교회의 또 다른 지도자는 자신들의 신앙을 공개해야 할 필요가 있다고 느꼈다. 같은 해 9월 29일 드 브레의 권고를 무시하고 약 500명은 도시 중심가를 다윗의 종려나무 노래를 부르면서 행진했다. 또 거리에 복음을 선포했다. 행정관들은 이런 행진을 묵인할 수 없었다. 이 소식을 접한 펠리페는 의붓여동생 마르가리따를 급파하여 혼란을 초래한 수백 명의 사람을 검거하도록 했다. 비밀 교회만 아니라 그들의 지도자였던 목회자 제롬을 검거하는데 어렵지 않았다. 검거된 그들은 검거되어 문초 받고, 고문을 받았다.

드 브레와 여러 지도자는 당시 숨어 지내면서 핍박이 더 거세기 전에 도르닉 전역에 종교개혁의 바람이 일어나기를 바랐다. 이 일은 단순히 바람이었지 실제로는 불가능한 일이었다. 핍박이 거세지면서 이제는 정말 자신의 고백서를 알릴 필요가 있다고 느꼈다. 자신들이 폭도가 아니라 왕의 백성임을 알려야 하고, 프로테스탄트들은 혁명가가 아니라는 것을 행정관들에게 알릴 필요를 느꼈다. 당시 재세례파가 유럽 전역에서 혁명을 부르짖으면서 세속 권력에 대한 반항심을 표출하고 있었다. 드 브레 역시 재세례파와 자신들이 다르다는 것을 정부에 알리고 싶었다. 「벨지카 신앙고백서」 36항에는 이런 면을 잘 진술하고 있다.

> 신분, 조건 또는 지위에 상관없이 모든 자는 정부에 종속되어야 하고 세금을 내고 그 대표자들에게 명예와 존경을 나타내고 하나님의 말씀과 모순되지 않는(행 4:19, 5:29) 모든 것에서 그들에게 복종해야 한다(마 17:27, 22:21; 롬 13:7; 딛 3:1; 벧전 2:17). … 재세례파, 다른 적그리스도들 및 일반적으로 권위자들과 시민 공직자들을 거절하고 이익을 공동으로 소유하여 공의를 전복시키고 하나님께서 인간 가운데 설립한 도덕적 질서를 부패시켜 공의를 전복시키고자 하는 모든 자를 우리는 단호히 배격한다(벧후 2:10; 유 8).

그래서 그 신앙고백서의 복사본을 왕에게 제출하기로 했다. 1561년 11월 2일 궁궐 문지기는 성벽에 편지 한 뭉치가 있는 것을 발견하여 도르닉에 섭정왕으로 있던 마르가리따에게 전달했고 후에 펠리페 2세에게도 전해졌다. 그 뭉치 안에는 신앙고백서도 함께 포함되어 있었다. 그 서신의 내용은 다음과 같이 시작했다.

> 우리 주 예수 그리스도의 거룩한 복음의 주권에 따라 살고자 열망하는 네덜란드 전역에 흩어져 있는 신자들이 무적의 펠리페 왕에게,
> 오, 가장 은혜로운 주여! 당신의 위엄 앞에 우리 자신을 나타낼 기회를 주신 나면, 우리가 현재 혐의를 받는 범죄들에 관해 우리의 무죄를 명시하고자 하고, 우리의 경우의 정당성을 밝히고자 합니다. 우리는 침묵의 청원으로나 문서적 고백서로 당신의 백성들의 비통한 슬픔을 당신에게 알리기 위해 비밀적 방편을 찾고자 하지 않을 것입니다. 우리 적들이 수많은 허위 불평과 보

고로 당신에게 알리고 있기 때문에 이렇게 할 수밖에 없습니다. 그 내용은 개인적으로 당신 얼굴 앞에 나타나는 것을 금지당할 뿐 아니라 당신의 영지에서 쫓겨나고, 어디서든 발각되면 살해당하고, 화형을 당합니다. 가장 은혜로운 주여! 당신에게 들려주는 우리의 불평을 짐승들이라도 부인하지 않을 겁니다. 하나님의 이름으로 우리에게 허락해주시기 바랍니다. 우리의 이야기를 듣고도 당신의 위임이 우리를 범죄자로 판단하신다면, 화형의 수는 더욱 많아질 것이고 고통과 고문은 당신의 나라에 심화될 것입니다. 정반대로 우리의 무죄가 당신께 밝혀진다면 우리 적들의 폭력들에 반대하는 지지와 피난처로서 우리의 무죄를 인정해주시기 바랍니다.

오, 슬픕니다! 가장 은혜로운 주여! 인간이 다른 이에게 악이라는 혐의를 두고 그것으로 보호의 모든 수단이 의롭다고 판단될 고소자를 부인할 수 있을까요? 모든 백성 가운데 무죄한 자가 누구인지 알 수 있을까요? 우리는 모든 정치적 규칙과 시민 규칙을 파괴하는 것만을 바라는 불순종하는 자를 비난합니다. 또 세상에 혼란과 무질서를 소개하는 자라고 비난합니다. 그들은 당신의 치리와 권력에서 자유하려고 할 뿐 아니라 당신의 손에서 왕위를 빼앗으려 한다고 주장합니다. 오, 우리 고백의 무가치성, 기독교인의 무가치성, 인간성이란 이름의 무가치성을 말하는 억지 주장에 불과합니다. 독재자들의 고대 속담 가운데 하나만이 그들에게 가치 있을 겁니다. "기독교인들을 짐승들에게로!"

이 내용은 개혁신앙인들을 적발하고 제거하지 말고 도시에 평화를 달라는 내용이다. 핍박이 중단되어야 하는 이유는 그들이 모반자가 아니기 때문이라고 변호했다.

하지만 결과는 그들이 바랐던 것과는 전혀 다르게 나타났다. 도시의 문은 굳게 닫혔다. 드 브레는 1561년 12월 도르닉을 떠나 저국가 변방에 있는 프랑스 마을로 갔다. 1562년 1월 10일 도르닉의 거주지가 발각되었고 도르닉 광장에서 200개의 복사본만 아니라 다른 그의 작품들도 공개적으로 불탔고 그의 형상을 만들어 화형에 처했다.

그 후 5년 동안(1561년 12월~1566년 7월) 그와 그의 가족은 북부 프랑스 지역의 위그노를 위해 목회하면서 비교적 평화롭게 지냈다. 종교개혁의 운동은 여기저기서 일어나고 있었다. 하지만 재세례파의 횡포와 거짓됨으로 인해 드 브레는 반대하는 글을 썼다. 그 제목은 「재세례파의 뿌리, 기원과 기반」(La racine, source et fondamente des Anabaptistes)이었다. 이따금 안트베르펜과 브루셀을 방문하여 개혁파 회중들과 목회자들과의 만남도 가졌다. 또 드 브레는 칼빈주의자들과 루터파의 연맹을 통해 스페인으로부터 네덜란드를 독립시키려고 힘쓰던 빌름 번 오란여와 연락을 취하기도 했다. 그리고 그가 귀국하기를 바라는 성도들의 요청으로 가장하여 세 차례 도르닉을 방문하여 성도들이 어떻게 지내는지 살피곤 했다.

목회와 순교

1566년 5월 드 브레는 안트베르펜에서 개최된 저국가 교회들의 1차 송교회의에 참여했는데 이곳에서 공식적으로 그의 고백서가 채택되었다. 그 결과로 그는 7월 안트베르펜에 정착하여 그해 8월 발랑시엔으로 초청을 받아 목회했다. 발랑시엔은 도르닉에서 약 25마일 떨어진 곳이다.

그는 뻬레그린즈 델 라 그랑즈(Pérégrine de la Grange)라 불리는 사역자와 함께 발랑시엔 주위에 복음을 선포했다. 오래지 않아 성상파괴운동으로 인해 혼란들이 일어났다. 발랑시엔 사람들도 이 운동에 참여하여 로마 가톨릭 대성당들을 공격하고 그곳에 세워진 형상들과 유골들을 파괴했다. 이런 행위는 로마 가톨릭들에게 신성모독으로 여겨졌다.

이에 따라 마르가리따는 마지못해 복음 선포의 자유를 허락했고 종교재판을 해산시켰다. 하지만 펠리페는 달랐다. 이 사실이 펠리페 2세에게 알려져 그의 군인들이 발랑시엔으로 진격해 왔다. 발랑시엔 시민들은 문을 닫고 저항했다. 그들은 빌름 번 오란여(Willem van Oranje, 1533~1583)가 오거나 위그노가 와서 구조해주길 바랐다. 1566년 12월 모반 도시로 선언되자 1567년 2월 빌름 번 오란여는 발랑시엔을 돕지 않겠다고 통보해 왔다. 결국 그해 3월 펠리페의 군인들의 공격을 받은 발랑시엔은 함락되고 말았다.

이에 따라 드 브레는 도시를 빠져나오다가 다른 사역자들과 함께 검거되고 말았다. 그들은 사슬에 묶여 도르닉 성으로 이송되었다. 잔인하게 고문당한 후 발랑시엔으로 돌아왔다. 이곳에서 7주 동안 거하면서 드 브레는 233페이지에 달하는 주님의 성찬에 관한 소논문과 마지막 인사 글을 썼다. 그리고 아내에게 편지를 보냈는데 다음은 1567년 4월 12일 사랑하는 아내에게 보낸 편지의 내용 일부이다.

우리 주 예수님 안에서 나의 사랑하는 아내며 내가 가장 아끼는 아내에게, 내 기쁨과 즐거움 가운데 나를 힘들게 했던 당신의 슬픔과 괴로움은 오늘의 이 편지를 당신에게 쓰도록 합니다. 헤아릴 수 없는 슬픔에 빠지지 않기를 정말 간절하게 기도합니다. … 만일 주님께서 다시금 우리 두 사람을 결합시키려 하셨다면 이런 일이 일어나지 않았을지도 모릅니다. 하지만 그분에게 기쁜 일이 아닐 겁니다. 그분의 선한 의지가 이뤄지고 대의를 위해 고난을 받도록 합시다. 더욱이 우연히 내 적들의 손에 내가 빠졌다고 생각하지 마십시오. 작은 일이든 큰일이든 모든 것을 이끄시고 처리하시는 나의 하나님의 섭리로 나는 나의 사랑하고 신실한 동행자인 당신이 나와 함께 기쁨을 나누었으면 합니다. 그분이 행하는 것에 대해 선하신 하나님께 감사할 수 있기를 바랍니다. 그분의 하시는 일은 옳고 선한 것 외엔 없다고 믿습니다.[5] …

… 나는 지하 감방의 가장 강력하고 비참한 가운데 갇혀 있습니다. 너무 캄캄하고 우울해서 검은 구멍이라는 이름이 맞는 듯합니다. 공기도 희미하여 숨 쉬는 것도 쉽지 않습니다. 가엾은 내 뼈들에 붙어 있는 피부를 괴롭히면서 지속적으로 고문하는 무거운 쇠가 내 손과 발을 누릅니다. 그런데도 나의 하나님은 그분의 선한 약속을 어기지 않고 내 심정을 위로하시며 가장 복된 기쁨을 주십니다. …

… 나는 주님 안에서 위로를 받는 당신이 되도록 기도하며 그분께 당신과 당신의 모든 일들을 맡기도록 기도합니다. 그분은 과부의 남편이시고 고아의 아버지십니다. 그분은 결코 당신을 떠나지 않으시고 버리지 않을 겁니다. …

---

5 이러한 기의 고백은 벨지카 고백서의 13항 섭리에 관한 고백에 잘 나타난다고 여겨진다.
  이 교리는 우리에게 일어나는 것들이 우연이 아니라 하늘에 계신 아버지의 은혜로운 배열로만 일어날 수 있음을 가르치기 때문에 우리에게 형용할 수 없는 위로를 준다. 그분은 부성애로 우리를 돌보시고, 그분의 주도하에 모든 피조물을 보호하신다. 우리의 머리카락도 셀 수 있으시는 우리 아버지의 뜻이 없이는 작은 새 한 마리도 땅에 떨어지지 않는다. 그러므로 마귀들과 모든 우리의 적을 막아 주실 수 있으심을 알고 우리는 평안해진다. 그들은 그분의 허락과 뜻 없이 우리를 결코 해치지 못한다.

… 안녕! 까떼린, 나의 사랑하는 여인이여! 당신이 위로받을 수 있도록 하나님께 기도하며 그분의 거룩한 뜻에 당신이 굴복할 수 있기를 간구합니다. 당신의 신실한 남편, 귀도 드 브레는 발랑시엔에서 하나님의 말씀의 사역자며 하나님의 아들을 위해 현재 갇힌 자가 된 자입니다.[6]

그리고 다음은 1567년 5월 19일 귀도가 모친에게 보낸 마지막 편지이다.

나의 사랑하는 어머니,

슬픔 가운데서도 기뻐하시길 기도드리고, 당신에게 인내와 기쁨의 하나님의 위로가 있기를 기도드립니다. 이것은 하나님의 선한 기쁨에서 나온 것입니다. 그들은 하나님의 능력이 이것을 주관하고 있다는 사실을 부인할 수 없을 겁니다.

하나님을 경외하면서 평생 사시기를 바라고, 죽을 때까지 내가 하나님을 섬겼음을 기억해주시기 바랍니다. 이 세상에 살아 있는 동안 나의 가엾은 아내와 자녀를 부탁합니다. 그들은 어릴 때 아버지를 잃게 되었는데 당신이 그들을 지켜줄 수 있도록 하나님께서 함께 하시길 바랍니다.

정말 내 심정 깊은 곳에서부터 나의 하나님 주님께 간구하는 것은 그들이 어릴 때부터 성령의 인도함을 받아 살아가는 것입니다. 또 끊임없이 하나님을 두려워하기를 바라는 것입니다. 내 가엾은 과부의 하나님이 되시는 분께서

---

6 W. L. Bredenhof, "A Reformation Martyr Comforts His Wife", in *Procedures Held With Regard to Those of the Religion of the Netherlands* 프랑스어론 *Bibliotheca Reformatoria Neerlandica*, vol. 8, 624~628.

그녀에게 복과 자비로움을 영원토록 베풀어주시기를 바라는 것입니다. 그래서 그녀와 자녀가 편안하게 살 수 있기를 바랍니다. 그들이 당신과 나의 형제들에게 속했기에 잊히지 않았으면 합니다.

나의 하나님 주님께 간구합니다. 풍성하신 은혜와 하늘의 복들을 풍성하게 당신의 노년에 내려주시기를 바랍니다. 그분이 당신을 위한 집을 지으시고 모든 성도를 부르실 때까지 안녕하시기 바랍니다. 하나님과 그분의 은혜에 당신을 부탁합니다.

안녕히 계십시오. 나의 어머니, 나의 사랑하는 어머니, 안녕히 계십시오. 주님께서 당신에게 위로를 주실 것입니다.

1567년 5월 19일.

1567년 5월 31일 45세의 나이로 귀도 드 브레는 발랑시엔 광장으로 끌려갔다. 모인 무리에게 행정관들을 존경하고 말씀에 신실할 것을 말했다. 사형 집행관은 그의 신호를 받고 그를 매달았다. 그런 후 교수형을 당했고 그 시신은 온종일 광장에 전시됐다. 근처에 묻혔는데 그의 시신은 개와 동물의 먹이가 되고 말았다.

드 브레는 우리 곁을 떠났지만 그가 남긴 신앙고백서는 오늘날 여전히 살아 있다.[7]

---

7 물론 그의 작품이 라이덴대학교의 아드리앙 아 사라비아(Hadrian à Saravia, 1532~1612), 빌럼 더 오란여의 궁중 목사인 모데투스(H. Modetus)와 빙겐(G. Wingen)의 도움이 없지 않았으나 하지만 이들은 공동 저자이기보다 조력자나 조언자였다고 여겨진다.

후기

온갖 핍박 가운데서도 네덜란드에 칼빈의 사상이 들어오면서 개혁신학이 뿌리를 내리게 되었다. 이 말은 칼빈주의가 오직 성경에만 근거를 두는 개혁신앙임을 증명하고 있다 하겠소. 당시 로마 가톨릭교회는 교리적 변절과 윤리적 학대가 도를 넘고 있었다. 이에 반해 칼빈주의는 교리상으로, 윤리적으로 네덜란드인들에게 큰 감명을 주고 있었다. 칼빈주의에 영향을 받았기에 귀도 드 브레가 작성한 벨지카 신앙고백서는 개혁신학의 선구자라 할 수 있다. 도르닉에 있는 드 브레의 도서관엔 칼빈의 몇몇 작품들이 있고 그곳에 두드러지는 책이 바로 『기독교강요』이다. 더욱이 제네바에 거하면서 그는 칼빈에게서 배운 적도 있었다.

프랑스 종교개혁의 씨앗은 소르본 대학교의 교수며 1530년 성경을 불가타에서 프랑스어로 번역한 자크 르페브르 데타플[8]을 통해 뿌려졌다. 그는 루터나 츠빙글리가 종교개혁을 일으키기 전부터 이신칭의와 성경의 권위에 대해 가르쳤다. 최초의 신앙고백서는 1557년 7월 핍박 가운데서 작성되었다. 37명의 교회 지도자가 체포되고 그중 7명이 처형을 당하자 개혁교회들은 칼빈에게 도움을 청했고 그는 그들을 위해 작성하게 되었다. 그들에게 보내질 때 35개 항목으로 구성된 고백서였다. 드 브레가 작성한 개혁교회를 위한 신앙고백서의 바탕은 1559년에 작성된 「프랑스 신앙고백서」였다.

---

8 자크 데타플(Jacques Lefevre d'Etaples, 1455~1536)에 관해선 라은성, 『이것이 교회사다: 진리의 재발견』, 173~174를 참고하기를 바란다.

프랑스 내에 활동하던 위그노 교회들은 1559년 5월 23일 첫 종교회의를 파리에서 비밀적으로 개최했다. 이 회의에는 72개의 교회를 대표하는 20명의 지도자로 구성된 종교회의였다. 사회자는 프랑수와 드 모렐(François de Morel)이었다. 4일을 의논한 후 칼빈으로부터 받은 고백서를 그의 제자인 안투안 드 라 로세 샹디유(Antoine de la Roche Chandieu)가 개정하였다. 이 고백서는 1세기 전 위그노 조상들이 작성했던 것이었다. "위그노들은 경건한 조상들의 순전한 원리들을 고수했다. 항목들, 예전서, 기강 및 신조에 포함된 것처럼 프랑스 개혁교회의 용법에 따라 표현되었다."[9] 칼빈의 후계자인 티어도르 드 베즈는 이 고백서를 1561년 포와시에 있는 프랑스 왕 샤를 9세에게 전달했다. 이는 마치 칼빈이 『기독교강요』를 써서 프랑스 왕 프랑수와 1세에게 헌정한 것처럼 역시 프랑수와 1세의 손자 샤를 9세(1550~1574)에게 초판이 헌정되었다.[10] 1571년 위그노의 7차 종교회의인 라 로셸 종교회의는 그것을 프랑스 개혁교회들의 기본 교리로 채택했다. 프랑스 교회를 대표하여 장군 꼴리니, 제네바 교회를 대표하여 티어도르 드 베즈 그리고 잔느 달브레(Jeanne d'Albert, 1528~1572) 등이 서명했다. 이때부터 이 신앙고백서는 라 로셸(La Rochelle)의 신앙고백서라 불리게 되었다.

---

9 Janet Glenn Gray, *The French Huguenots, Anatomy of Courage* (Grand Rapids: Baker Book House, 1981), 260.
10 프랑수와 1세(1494~1547)를 이어 앙리 2세(1519~1559)가 왕이 되었다. 토너먼트에 참여하다가 상처를 받은 후 죽자 그의 아들 프랑수와 2세(1544~1560)가 왕위에 올랐다. 어린 프랑수와 2세에게 프로테스탄트는 종교의 자유를 기대했으나 어린 나이에 죽고 말자 그의 남동생이 샤를 9세에게 헌정하게 된 것이다. De Jong, 29~30.

1550년대 대륙에 몰아친 핍박으로 인해 많은 개혁자들은 영국으로 피신했다. 피난민들의 회중은 런던에서 모임을 가졌다. 1551년 이들의 신앙의 증거로 네덜란드의 종교개혁자 마르턴 미콘에 의해 작성된 「종합 교리서」(compendium doctrinae)를 에드워드 6세에게 헌정했다. 이것은 얀 후텐호브에 의해 네덜란드어로 번역되어 벨지카 신앙고백서가 작성되기 전 네덜란드 회중들에게 널리 유포되어 있었다. 또 알다시피 귀도 드 브레는 1548년 영국에 도피하여 4년 동안 이들에게서 영향을 받았다. 귀국한 그는 고향 릴러에서 얼마 떨어지지 않은 도르닉에서 목회하면서 신앙고백서의 중요성을 알게 되었다. 그는 프랑스 개혁교회들의 인준을 받은 「프랑스 신앙고백서」를 기초로 네덜란드 개혁파를 위한 신앙고백서를 작성하기에 이른다.

마르가리따 판 파르마는 한 번에 200개의 복사본을 압수하였기에 한동안 사라질 뻔했다. 같은 해 다른 인쇄소에서 릴러의 목회자 프로설터(Frossard)에 의해 '스페인 독재 동안 십자가 밑에 있는 교회'(église sous la croix pendant la domination espagnol)라는 제목으로 인쇄되었다가 그 다음해 1562년 네덜란드어로 번역되어 인쇄되었다. 프랑스어 역으로 번역되어 1562년 펠리페 2세에게 헌정되었다.

1566년에 이르자 저국가의 군주들은 스페인으로부터 독립을 원했기에 로마 가톨릭교회로부터 개혁교회들을 돕는데 힘을 쏟았다. 이에 따라 개혁교회들은 안트베르펜에 모여 「벨지카 신앙고백서」를 제정하기에 이르렀다. 이런 책임을 칼빈의 제자며 후에 라이덴의 교수인 프란시스쿠스 유니우스[11]에게 맡겼다. 기본적인 개정은 36항의 시민 권위자와 그리스도의 나라 간의 관계에 대한 것이었다. 아무튼 개정판이 나온

후 네덜란드의 독립을 추구하는 군주들은 연합하는 계기를 맞이하게 되었다.

개정된 벨지카 신앙고백서는 재확언을 위해 제네바로 보내졌다. 이번에는 지난번과는 달리 인준을 받았다. 그렇다고 저국가로부터 만장일치로 수용된 것은 아니었다. 1568년 베이절(Wesel) 종교회의에서 채택되었다가 1571년 엠덴(Emden) 종교회의에서 채택되었다. 1574년 돌드레히트 종교회의에서 만장일치로 채택되어 서명되었다. 1618~1619년 돌드레히트 종교회의에서 마침내 그 신조와 하이델베르크 교리 문답서와 함께 개혁신학의 신앙고백서로 채택되었고 1619년 4월 29일 이래 홀란트, 벨기에와 미국에 있는 네덜란드 개혁교회들의 교리적 기준서가 되었다.

---

11 유니우스(Franciscus Junius, 1545~1602)는 흔히 나이 든(the elder) 유니우스라 불린다. 그는 프랑스 부르쥬에서 태어난 개혁파 신학자이다. 법을 공부했으나 1562년 제네바로 가서 칼빈과 베즈 밑에서 신학을 연구하였다. 안트페르펜에서 목회하였지만 1567년 하이델베르크로 도피했다. 그는 성경을 라틴어로 번역하였다. 하이델베르크 교리 문답서를 작성하는데 자카리아스 우르시누스와 공동으로 사역하였다.

「벨지카 신앙고백서」
Confessio Belgica

    최초로 출판된 「벨지카 신앙고백서」(1561) 겉표지에 이런 문구가 쓰여있다. "우리 주 예수 그리스도의 순전한 복음을 따라 개종한 신앙인들이 함께 작성한 신앙고백서(confession de foy)", faite d'un commun accord par les fideles qui conversent es, lesquels desirent viure selon la purete de l'euangile de nostre seigneur iesus christ.

1항: 유일무이하신 하나님의 존재 (That There is One Only God)

① We all believe with the heart, and confess with the mouth, that there is one only simple and spiritual Being, which we call God;

② and that he is eternal, incomprehensible, invisible, immutable, infinite, almighty, perfectly wise, just, good, and the overflowing fountain of all good.

① 우리가 모두 진심으로 믿고 입술로 고백하는 것은(롬 10:10) 우리가 하나님이라 부르는 **유일무이하고 단일하신**(신 6:4; 고전 8:4, 6; 딤전 2:5) **영적 존재**가 있다는 것이고(요 4:24),

② 또 그분이 **영원하고**(시 90:2), 불가해적이고(롬 11:33), 불가시적이고(골 1:15; 딤전 6:16), **불변하고**(약 1:17), 무한하고(왕상 8:27; 렘 23:24), 전능하고(창 17:1; 마 19:26; 계 1:8), **완전히 지혜롭고**(롬 16:27), 정의롭고(롬 3:25~26, 9:14; 계 16:5~7), 선하고(마 19:17) 그리고 모든 선한 것(좋은 은사)의 넘쳐흐르는 기반이라는 것이다(약 1:17).

핍박 속에 있던 개혁신앙인들에게 진정한 고백이 요구됐다. 왜 고통을 당하고 죽음을 직면해야 하는지 알아야만 했다. 정확한 진리를 아는 것은 그들에게 생명보다 귀중했다. 늘 생명의 위협을 받고 있었기 때문에 그분을 아는 것은 생명 그 자체였다(요 17:3). 「벨지카」는 신앙고백을 시작하면서 유일하신 하나님에 관해 고백한다. 그분은 삼위일체 하나님이신 영적 존재며, 속성으로 영원하고 불변한 분이며, 인간에게 지혜롭게 선하게 정의롭게 보이지만 완전하신 분이다. 이러한 하나님을 우리는 전심으로 믿고 신뢰하고 고백한다. 하나님에 관한 자세한 신앙고백은 하나님의 말씀인 성경에 관한 고백 이후 다시금 제8항~11항에서 서술된다. 이 순서는 우리의 신앙고백이 하나님과 성경 중심임을 명시하는 데 있다.

하나님에 관한 서론적 고백은 그분의 속성에 관한 것이다. 이런 고백은 「신앙고백서」 2장 1항, 「대교리」 7문과 「소교리」 4문과 유사하다. 그리고 자세한 (삼위일체에 관한) 고백은 「신앙고백서」 2장 3항, 「대교리」 8문~11문과 「소교리」 5문~6문에 각각 명시돼 있다. 이 순서는 「벨지카」 순서와는 사뭇 다른 것처럼 언뜻 느끼지만 그렇지 않다. 「벨지카」는 유일무이한 하나님에 관한 서론을 고백한 후, 성경에 관한 고백이 따르고, 그것에 근거하여 삼위일체 하나님에 관한 고백을 명시한다. 이렇게 본다면, 순서상 '웨스트민스터 기준서'와 다르지 않다는 것을 알 수 있다. 순서가 중요한 이유는 구원의 진리에 관한 고백이 어떻게 논리적으로 구성하고 가르쳐졌는지 알게 하기 때문이다.

개혁신앙인의 고백은 언제나, 어디서나, 무엇에서나 성경에 근거하고, 그것과 동행하고, 그것을 따른다. 또 성경 구절이 각항마다 명시된 이유도 여기에 있다. 하나님의 말씀에 일치하려는 개혁신앙인의 노력을 엿볼 수 있다. 신앙고백이 사변적이지 않고 외식적이지 않는 이유도 여기에 있다.

모든 신앙고백의 핵심은 하나님에 관한 것이다. 이 진리는 신앙고백의 시작과 끝이다. 영원한 하나님께서 시간에서 이뤄진 사건을 우리에게 밝힌다. 경험이나 느끼지도 못한 것이지만 우리는 기록된 하나님의 말씀으로 만지는 것보다 더 확실한 확신을 가질 수 있다. 하나님이 말씀으로 시간 속에 명시했기에 영원 가운데 계시는 그분에 관해 깨닫는다. 우리의 경험과 문화에 기초하지 않고 그분의 계시된 말씀을 통해 우리는 고백하고 살아간다. 무엇보다 그 말씀을 바르게 해석하는 것이 필요한 이유는 바른 삶이 여기서 출발하기 때문이다. 말씀의 중요성은 바른 해석으로 이어지고, 바른 해석은 바른 삶으로 이어진다. 그분에 관한 고백은 서론적으로 논리적으로 명시되고, 이 고백은 성경에 근거하고, 우리는 믿음의 분량에 따라 확신하여 따라간다.

① 「벨지카」의 첫 번째 특징은 다른 고백서와 비교할 때 믿는다는 표현으로 시작하고, 두 번째는 다른 항목과 비교할 때 특히 제1항이 진심으로 … 입술로 고백한다고 표현한다는 것이다. 전자는 핍박 중 진정한 고백이 얼마나 요구됐냐를, 후자는 항목 중 가장 중요하다는 것을 뜻한다. 그 이유는 제1항이 하나님의 존재(또는 지식[subsistence])에 관한 고백으로서, 진행되는 모든 항목의 대표성과 중심체이기 때문이다. 이 지식을 단순하게 여겨선 안 되고 신중하고 중요하게 다뤄져야 하고 지속해서 고백해야 한다.

특히 이 고백의 형태는 「아타나시오스 신조」(Athanasian Creed)에 기반을 둔다. "이제 참된 신앙은 이것인데 우리가 믿고 고백하는 것은 우리 주 예수 그리스도, 하나님 아들이 하나님이신 동시에 인간이라는 것이다." 이에 따라 '웨스트민스터 기준서'(「신앙고백서」 2장, 「대교리」 6문~11문과 「소교리」 4문~6문)에서도 하나님에 관한 고백을 우선시하는 것을 볼 수 있다. 그리스도교 신앙은 하나님이 어떤 분인지에서 시작하고 그분의 명령에 따라 사는 것을 말한다.

참고로 「아타나시오스 신조」는 퀴쿰구이 불트(*Quicumque vult*)라 불리는데 이 말은 이 신조의 첫 구절에 표현된 "누구든지 구원을 받을 것이다"(Quicumque vult salvus esse)라는 문구에서 나온 것이다. 매주 아침 기도 때에 낭송되기도 했다. 이것은 542년에 세상을 떠난 아를의 카에사리우스(Caesarius of Arles)의 설교집에 소개되면서 알려지기 시작했다.

그분이 우리에게 자신을 계시하기 전에는 우리는 하나님이 어떤 분인지 전혀 알 수 없고 그분이 계시하는 만큼만 알 수 있다. 그래서 어떤 이는 그리스도교를 단순히 계시종교로 분류하기도 한다. 학자의 분류가 무엇이든지 간에 우리의 신앙고백은 하나님의 말씀에서 시작하고 끝난다. 그 말씀에 의하면, 하나님은 창조자이시고 우리는 피조물에 불과하다. 이 관계는 인간과 동물의 관계와는 비교할 수 없을 정도로 크고 높다. 동물이 인간을 아는 것이 거의 불가능한데 그것보다 인간이 창조자에 관해 아는 것이 훨씬 더 불가능하다. 또 그분은 영원하고 불변하지만 우리는 시간에 제한되고 항상 변한다. 그리고 그분은 유일무이한 영적 존재이지만 우리는 육체에 갇힌 존재이다.

하나님은 일반적으로 또는 특별하게 자신을 계시하는데 전자는 일반계시, 후자는 특별계시라 부른다. 전자는 양심, 자연, 종교를 통해, 후자는 하나님의 말씀인 성경을 통해 나타난다. 칼빈 선생은 하나님에 관한 지식을 각각 1권 3장 1항(43), 1권 3장 2항(43~44)과 1권 5장 1항(52)에서 설명한다. 일반 계시로는 하나님의 신성에 관해 인식할 뿐 구원과 관련된 그분(창조자와 구속자)에 대한 지식을 절대 가질 수 없다. 이것이 일반 계시의 한계이다. 이와는 달리 특별계시는 하나님의 말씀인 성경을 통해 자신을 계시하신 것이다(1권 6장 1항, 66~67). 그 성경에서 말하는 하나님은 어떤 분일까? 성경적 하나님 외에 우리는 어디서도 구원에 관한 진리의 명시를 찾을 수 없다.

「벨지카」는 구체적으로 하나님, 즉 삼위일체 하나님에 관한 고백을(8항) 성경에 관한 고백(2항~7항) 후로 미룬다. 이와는 달리 '웨스트민스터 기준서'(「신앙고백서」 1장, 「대교리」 2문~5문과 「소교리」 2문~3문)는 성경에 관해 가장 우선으로 고백한 후 삼위일체 하나님에 관한 고백을 잇는다. 「벨지카」는 하나님에 관한 서론적 진리를 명시한 후 성경에 근거한 삼위일체 하나님을 고백하고, '웨스트민스터 기준서'는 성경적 하나님에 관한 고백을 강조한다. 이 두 신앙고백서는 하나님에 관한 진리가 얼마나 성경적인지 동시에 성경을 떠나선 절대 불가하다는 것을 말하고 있고, 성경을 통해서만 그분에 관한 진리를 알 수 있다는 것을 말하고 있다 하겠다.

이 놀라운 주제에 들어가기 전 기억할 것은 「벨지카」 1항에서 하나님에 관해 **유일무이하고 단일한 분이고 영적 존재임**을 고백하는데 이 고백은 삼위일체 하나님에 관한 서론적 내용이다(1권 13장 2항, 113; 「벨지카」 8항①③; 「하이델베르크」 25문; 「신앙고백서」 2장 1항①; 「대교리」 8문; 「소교리」 5문). 유일무이하고 단일한 분이라는 의미는 하나님의 위격(hypostasis)이 셋, 즉 세 본체(subsistence)이고, 본질(substance)이 하나, 즉 동일하다는 것이다 (「벨지카」 8항①; 「대교리」 9문①②; 「소교리」 6문①②). 시작부터 하나님에 관해 어려운 용어 풀이를 하는 것 같지만 자세한 설명은 삼위일체 하나님에 관한 고백(「벨지카」 8항)에서 하겠다.

신앙고백서의 주석을 시작하기 전에 용어에 관한 정확한 의미를 이해하는 데 정말 중요한 사항을 알리고자 한다.

앞으로 하나님에 관한 설명이나 서술에 있어 해석할 때, 예를 들어

'하나님의 영원하심'과 같이 하나님과 관련된 표현을 볼 때 매우 유의해야 하는 것은 문자적인 해석에 머물러서는 안 된다는 것이다. 우리는 이런 단편적 해석에서 벗어나야 한다. 진리에 관한 것을 표현할 때 언어의 한계를 느끼지만 그래도 인간의 언어로 표현할 때 그 의미를 단순히 문자적으로 해석하는 것이 얼마나 어설픈 행위인지 알면 좋겠다.

우리 각자는 단어를 통해 나름대로 표현한다. 그것에 반영하여 자기 해석에 머물기 때문에 진리를 파악하는데 더디거나 실수하는 경우가 있다. '하나님의 영원하심'에서 '영원하심'이라는 단어의 뜻에 먼저 집중하기 쉬운데 '하나님'이라는 문구를 제외하고 해석하려고 시도하지 말아야 한다. 오히려 하나님의 영원하심이라는 뜻에 관심을 둬야 한다는 것이다. 하나님과 영원하심을 구분하여 해석하면 실수를 범한다. '하나님의 영원하심'이란 표현을 하나로 봐야지 하나님과 영원하심을 구분하여 해석하지 말아야 한다. 반드시 함께 또는 한 어구(phrase)로 해석해야 한다. 각각의 단어를 아교로 붙여서 해석해서도 안 된다. 하나의 관용구(idiom)이다. 관용구로 해석하지 않고 개별적 단어로 그 의미를 해석하면 곁길로 빠지고 말 것이다. 계속되는 신앙고백의 의미를 제대로, 바르게, 일관성 있게 또는 성경적으로 해석하려면 이것을 명심하길 바란다. 또 그릇된 해석을 피하고자 성경 문맥에서 그 표현을 해석하는 자세가 꼭 필요하다. 세속적이거나 철학적 용어를 성경이 채택하여 사용한다고 해서 그 개념으로 해석하면 큰 잘못을 범하게 된다. 그럼, 이제 우리의 신앙고백의 의미를 하나씩 알아가도록 하자.

하나님은 영이시다(요 4:24; 「신앙고백서」 2장 1항①).

하나님의 영적 존재 또는 영 되심은 인간의 사색 대상이 아니라는 의미를 담고 있다(1권 13장 1항, 112; 『해설자용』, 77). 이 의미를 간과하고 영과 같은 하나님이라는 의미로 왜곡하기 쉬운데 그렇지 않다. 이것은 극단적 자세를 취하여 그분에 관해 언급도 하지 말라는 뜻이 아니라(2권 2장 22항, 244) 인간 중심의 해석 또는 지혜로 그분을 상상하여 가공하지 말라는 의미이고, 그분에 관해 꼬치꼬치 캐물어 분석하고 잘못된 결론을 내리지 말라는 의미이다. 이런 실수는 로마 가톨릭의 스콜라주의에서 쉽게 찾을 수 있고, 계몽운동 아래서 활동했던 지리멸렬한 철학자들에게서도 찾을 수 있다. 현대 철학에서도 신이란 존재를 단지 인간의 도덕적 기준에 요구된 가상적 존재에 불과하기에 신이 인간을 창조한 것이 아니라 오히려 인간이 신을 창조한 것이라고 말도 안 되는 주장을 하는 것을 쉽게 접할 수 있다. 일반인도 이런 신개념을 지니고 있고 이런 자들이 대세를 이루면서 거짓된 교회는 그 쓰나미에 밀려 삼위일체 하나님에 관한 진리를 팽개치고 철학의 신을 맹종하기에 이르렀다.

하지만 하나님은 자신의 말씀을 기록하게 하므로 인간이 그분에 대한 지식을 가지도록 했다. 자신에 관한 진리를 말씀과 상관없이 이성으로 또는 인간 측면에서 이해하라는 것이 아니다. **진리는 모든 인류에게 준 것이 아니라 선택된 자에게 준 선언**이며, 설득이 아니며 선포이고, 선택하라는 것이 아니다. 진리는 언약 백성에게 준 것이지 모든 자에게 준 권면이 아니다. 진리는 **하나님의 백성에게 준 지침**이며 세상 모든 자에게 준 교훈이 아니다. 들을 귀 있는 자는 듣는다(눅 8:8 참고).

그래서 **하나님의 영 되심**을 관용구로 보지 않고 하나님과 영 되심을 구분하여 해석하면 하나님을 돌아다니는 귀신이나 망령으로 착각할 수 있다. 이것은 큰 죄를 범하는 것이고, 제2계명을 어기는 죄가 된다. 영 되심을 인식의 대상인 잡신이나 귀신 또는 어떤 형상으로 왜곡해서는 안 된다. 그분에 대한 우리의 그릇된 인식을 제한하고 함부로 상상하지 말라는 의미로 영 되심이라고 표현한 것임을 잊어선 안 된다. 지성의 대상으로 종속되는 가시적, 제한적 존재라고 묘사하지도 왜곡하지도 말라는 의미이다. 단순히 영이라면 귀신이나 잡신으로 여길 수 있기에 가시적으로 묘사할 수도 있다. 하지만 '하나님의 영 되심' 또는 영적 존재라는 고백에서 우선적인 강조점은 하나님이다. 앞으로도 '하나님의 …'라는 표현을 읽을 때마다 접두어 하나님에 중점을 둬야지 어미에 있는 단어에 집중하면 진리를 깨닫는 데 오리무중이 될 것이다.

    신약성경에서 "하나님은 …"(또는 하나님의 …)라는 대표적 표현 3가지를 추천한다면, 그분은 빛(요일 1:5), 하나님은 사랑(요일 4:8, 16), 하나님은 소멸하는 불(히 12:29) 등이다. 이런 표현은 관용구로 여겨 해석해야 한다. 그 의미를 가시적인 것으로 제한하거나 가해적인 것에 종속해선 안 된다. 하나님의 빛이란 그분의 영광과 광채, 그분의 신실함과 그분의 순결함(purity, 시 12:6)을 의미한다. 하나님의 사랑이란 그분의 행적(activity)을 의미한다. 서로 사랑하지 않는 것은 하나님에 대한 참된 지식을 지니지 못했다는 것이고, 중생 되지 않은 것을 의미한다. 이 사랑으로 성육신의 의미를 깨닫게 된다. 그 행적의 목적은 그분을 통해, 그분 안에서, 그분과 함께 우리가 살아가라는 것이다. 하나님의 소멸하는 불(신 4:24)이란 그분을 실없이 대하지 말라는 의미이다. 하나님은 어떤 악에 대해서도 무심코 지나치지 않는다. 그분의 진노는 정의로워서 누구도 무엇이든지 불평이나 핑계할 수 없다.

하나님의 속성 중 다른 하나는 불가지(unknowable)가 아니라 **불가해**(incomprehensible)하다는 것이다(「신앙고백서」 2장 1항②; 『개혁신앙이다』, 137). 전자는 제한적으로 알 수 있고 성경에 기록한 만큼 알 수 있다는 의미이고, 후자는 호기심을 만족시키려 하거나 헛된 사색으로 헤매지 말라는 의미이다(1권 5장 1항, 51; 『해설자용』, 45~46; 1권 13장 21항, 130; 『해설자용』, 103~104). 우리 측면에서는 하나님의 속성을 오성으로 이해하기에는 턱없이 부족하다(「벨지카」 9항(3)①). 인간은 자신에 대해 솔직하고 정직하게 보지 못하는 경우가 많다. 감추려 하거나 숨기려는 이기성은 아담의 범죄에서 쉽게 엿볼 수 있는데 자신의 존재 밖에 있는 것에 관한 연구는 자신의 존재를 진실하게 살피는 데서 시작한다. 그래서 인간이 먼저 자신의 내면의 세계를 살피고자 할 때 비로소 그분에 대해 알아가는 첫걸음을 내딛게 된다. 이 시도는 매우 힘든 작업이다. 육체의 운동을 게을리하면 편할 것처럼 보이지만 나중에 더 고통을 당하게 되고, 부지런히 훈련할 때는 조금의 고통이 따르겠지만 더 힘든 육체의 고통을 면할 수 있다. 이처럼 진리의 세계에 들어가려고 할 때 육적 관점이 아니라 영적 관점을 배워 계속 유지해야 한다. 그렇지 않으면 영적 존재이신 하나님에 관해 어떤 지식도 가질 수 없을 뿐 아니라 왜곡하기 쉽다. 이런 자세 없이 그분에 관해 아는 척하는 것은 자신을 기만하고 절망에 빠뜨릴 뿐이다.

진리는 이해하는 것이 아니라 (믿음으로) 수용하고 인정하는 것이고, (오성으로) 판단하는 것이 아니라 순종하는 것이다. 순종이라고 해서 맹종을 의미하지 않는다. 이해할 수 없는데 순종하는 것은 맹종이 아니냐고 생각할 수 있지만 그렇지 않다. 맹종과 순종은 확신의 문제이다(욥 23:8~12 참고). 의지적인 자기 확신은 맹종으로 미끄러진다. 이것은 가시적인 것과 이해하는 것에 근거한 확신을 말한다. 자기 최면에 가까운 확신이나 이해는 맹신으로 미끄러진다. 이와는 달리 순종은 하나님의 말씀에 근거한다. 그분이 어떤 분인지, 그분이 무엇을 말씀하셨는지에 관심을 둔다. 자신의 경험, 이해와 확신에 근거하여 따르는 것은 맹종이고, 하나님과 그분의 말씀에 근거하는 것은 순종이다.

하나님에 관한 우리의 첫 고백은 그분은 **유일무이하고 단일한 분**, 즉 삼위일체 하나님이시고, 영적 존재이시다는 것이다(「신앙고백서」 2장 1항 ①). 단일하다는 것은 동일하다는 의미를 담고 있다. 성경에 관한 고백 후 삼위일체 하나님에 관해 자세하게 고백한다(「벨지카」 8항 ①).

② 하나님에 관한 다음 고백은 그분의 속성에 관한 것이다. 이것은 **하나님이 어떤 분이냐**고 교리 문답서에서 묻는 것과 연관돼 있다(「대교리」 7문②; 「소교리」 4문). 피조물인 인간이 창조자 하나님에 관해 알기 위해 물을 수 있는 것은 그분이 누구냐는 당돌한 질문이 아니라 그분이 어떤 분이냐는 질문이다(1권 13장 1항, 112; 『개혁신앙이다』, 135~137). 만일 우리가 하나님을 이해할 수 있다면 그분이 누구냐고 물을 수 있고 그분을 규정할 수 있고 정체를 파악할 수 있을지도 모르겠다. 이런 시도는 영원하신 하나님을 시간 속에 가두는 것이고 제한하는 것이다. 시간에 제한된 인간이 시간과 무관한 하나님을 시간 속에 가두는 시도는 그만둬야 한다.

우리는 그분이 성경을 통해 자신에 관해 알린 만큼 알 뿐이기에 그분의 말씀이 기록된 성경에서 그분에 관해 자세히 고백하는 순서를 따라야 한다. 신앙고백서와 교리 문답서가 이 순서를 따르는 것은 바른 것이고 성경적이다.

또 하나님은 인간의 지성으로 파악하거나 상상할 수 있는 분이 아니다. 이미 유일무이하고 단일한 영적 존재라고 고백한 이유도 여기에 있다. 하나님은 자유 신학자가 시도하는 것처럼 논란의 대상이 아니고 신뢰의 대상이다. 하나님은 스콜라주의자들이 감행한 것처럼 신학(학문)의 대상이 아니라 믿음의 대상이다. 이 말은 철학자들이 가공한 인식의 범주에 그분에 대한 지식이 종속되지 않으면 비이성적이라고 말하곤 한다는 것이다. 무한한 하나님을 인식의 범주에 넣어서 비과학적이니 비이성적이니라는 구설수는 신앙에선 허용하지 않는다. 그렇다고 무지와 맹신을 말하지 않는다. 이런 자세는 극단적 신앙이다. 하나님에 관한 지식에 대한 것은 믿음이고, 그 지식에 따른 것은 이성적이어야 한다. 자유 신학자도 아니고 오순절파나 영성파의 덤비는 자세도 안 된다. 창조자 하나님은 인간의 주머니 안에 있는 구슬이 절대 아니기 때문이다. 하나님에 대한 지식은 영원한 창조자에 관한 것이고, 인간에 대한 지식은 이해와 납득에 관한 것이다. 하나님은 에피쿠로스학파가 억지 주장한 것처럼 창조한 후 마냥 피조계를 관망하고 있다가 도움을 주는 분이 절대 아니다.

이것은 고난을 겪던 욥이 그분에 관해 깨달았던 시작점이요 분기점이다(욥 9:32). 욥은 하나님에게 자신이 당한 환난에 대해 대답해 주시기를 요구했다. 하나님은 절대 그에게 답하지 않았다. 아니, 말해도 듣지 못하고, 보여 주어도 보지 못하고, 물어도 대답하지 못할 것이었다. 하나님은 이기적이며 타락한 인간의 방식대로 함부로 대할 분이 절대 아니다. 하나님에 관한 우리의 무지를 인정해야지 그의 세 친구(엘리바스, 빌닷과 소발)처럼 아는 척하며 자기 해석과 이기적 결론을 내리는 어리석음은 늘 경계해야 할 대상이다. 이런 점에 있어 네 번째 친구인 엘리후의 주장은 다소 옳다 하겠다. "그(욥)가 내게 자기 이론을 제기하지 아니하였으니 나(엘리후)도 당신들(세 친구)의 이론으로 그(욥)에게 대답하지 아니하리라. 그들이 놀라서 다시 대답하지 못하니 할 말이 없음이었더라"(욥 32:14~15). 세 친구는 자신들의 신념으로 욥에게 꾸중하고 비난하는데 일관했지만 엘리후는 그렇지 않은 면에서 옳았다. 욥 역시 엘리후의 권면에 아무 대답도 하지 못한다(욥 33:5, 32).

그러면 우리는 하나님을 어떤 분이라 고백해야 할까? 가장 우선적인 고백은 그분이 **영원한 분**이라는 것이다(「신앙고백서」 2장 1항②). 영원하심과 항상 동반하는 그분의 속성은 **불변함**이다(「신앙고백서」 2장 1항②). 영원하시기에 불변한 분이다. 영원이란 단어 대신 무한이라고 표현하기도 한다. 하나님께서 영적 존재라고 고백하면서 동시에 고백해야 하는 것은 그분의 **무한함**이다(1권 13장 1항, 112). 영이시고 무한하신 하나님 또는 영이시고 영원하신 하나님은 같은 고백이다(『해설자용』, 75, 90~91). 존재와 완전함에서 무한하시고 가장 순결한 영이시라고 고백한다(「신앙고백서」 2장 1항①). 더욱이 영원하다는 의미로 단번에라는 표현도 사용한다. 그리스도의 희생제물은 단번에 드린 것이라고 말할 때(「신앙고백서」 8장 5항①) 그 의미는 언뜻 시간적인 측면에서 보면 한 번 드린 것처럼 보이지만 그 효력은 영원하고 완전하다는 것이다.

이렇게 **하나님의 대표적 속성은 영 되심과 영원하심이다.** 이것은 신학 용어로서 인간이 지닐 수 없는 하나님의 비공유적 속성(incommunicable attributes)이라 불리고, 이성의 인식 대상이 아니다. 유한하고 제한된 시간 속에 살아가는 존재가 무한하고 영원한 존재인 하나님을 상상하거나 느낄 수 없음에도 불구하고 이런 고백을 하는 이유는 하나님과 인간, 창조자와 피조물의 말할 수 없는 구분을 엄숙히 인정하기 위해서이다. 하나님을 언급하거나 묵상할 때마다 그분의 속성을 언제든 떠올리라는 것이다. 이어지는 속성의 고백은 인간이 공유하지 못하는 불가해성, 불가시성, 불변성, 무한성 등이다. 이 속성은 영원하심과 같은 부류에 속한다. 또 하나님에 관한 지식에서 그분의 존재를 다룰 때 속성으로 다뤄야 한다는 것을 의미한다. 사실상 존재는 형상이나 형체가 아니라 속성이기 때문이다. 그것이 구체적으로, 가시적으로, 실제로 드러날 때 인간의 지성은 그분의 실존(existence)을 비로소 그만큼 간취할 따름이다.

하지만 이어진 다음 표현은 다르다. 완전하다는 부사를 붙여서 지혜, 정의, 선을 고백한다. 이것은 인간이 어느 정도 공유할 수 있는 것이다. 그러나 인간은 불완전하고 그분은 완전하다는 것을 대조시키고 있다. 아니면 바라는 것이지만 그것을 하나님 안에서 또는 그분에게서만 찾을 수 있다는 의미이다. 이것을 신학 용어로 공유적 속성(communicable attributes)이라 부른다.

「벨지카」 1항②에서는 완전히(perfectly)라는 부사를 붙이고, 다른 신앙고백에서는 가장(most)이란 부사를 사용한다(「신앙고백서」 2장 1항②③④; 「대교리」 7문②). 이런 부사가 붙은 속성은 인간도 조금 공유하여 맛을 보지만 하나님의 완전한 속성에는 턱없이 부족하고 비교할 수 없음을 말해준다. 이 고백을 무시하고 우리도 지혜롭고 그분도 지혜롭다고 하면서 그분과 동등하다고 착각하여 자만하거나 조금 부족할 뿐이라고 착각하여 유사한 부류에 있다고 만용을 부리며, 곁길로 가서 많은 자를 바리새파처럼 지옥으로 가게 하는 경우는 역사 속에 늘 있었다. 또 인간은 그분의 존재의 반영체임을 의미한다. 그분의 존재인 속성을 우리의 존재인 속성으로 반영하라는 의미도 담겨 있다.

여기서 중요한 신앙고백의 개념을 밝히고 가야 하는데 그것은 **영원과 시간**에 관한 것이다. 이 구분은 진리를 이해하는데 있어서 매우, 가장, 아주 중요한 항목이다. 이것은 시간 속에 제한된 우리가 영원에 속한 하나님에 관해 인식하고자 할 때 가져야 하는 중요한 개념이다. 하나님은 인간처럼 미래가 있어 미래를 예견하지 않는다. 하나님의 작정은 영원에서 이뤄지는 것이지 (과거와 미래의) 시간에서가 절대 아니다(「신앙고백서」3장 2항). 구원의 진리는 그분의 영원한 작정이 시간(역사)에 드러나는 것이지 시간에서 시작된 것이 절대 아니다. 인간은 사건들을 시간에서 순차적으로 느낄 뿐이다. 구원의 진리는 영원에서 완결된 것을 인간에게 알리는 것이다.

여기서 영원이란 개념을 이해할 수 있는 한 설명하도록 하겠다.

1. **영원은 전과 후의 개념 자체가 없다.** 전(before)과 후(after)는 인간이 속한 시점에서 일컫는 표현으로, 이미 시간에 종속돼 있다는 것을 의미한다. 영원은 시간이 아니다. 영원 속에 시간이 경점으로 존재했을 뿐이다. 우리는 영원 가운데 있는 시간 속에서 육신으로 태어나 육신이 죽는

날 영원으로 회귀한다. 영원은 시작도 끝도 없다. 그렇다고 정체돼 있다는 것이 아니라 불변한다는 것이다. 전과 후라는 표현은 인간 측면이나 시간에서 본 것이다. 프톨레마이오스(Claudius Ptolemaeus, 약 100~약 170)의 천동설(또는 지구중심설[Geocentrism])과 같은 어리석은 표현이다. 이와는 달리 하나님은 영원 가운데 계신다. 우리는 늘 변하고 쇠퇴하지만 하나님은 영원에 계시고 영원하기에 불변하다.

하나님은 영원에 계시면서 만사를 작정하시고, 그 영원한 작정은 불변하고, 시작도 끝도 없고 항상 현재이다. 이런 면에서 하나님은 "알파와 오메가요 처음과 마지막"이라고 선언한다(계 21:6). 영원하기에 불변하고, 불변하기에 동일하고, 동일하기에 신실하고, 신실하기에 신뢰할 수 있다. 이에 반해 시간은 시작과 끝이 있고 변화무쌍하다. 시간의 시작은 영원에서 생겨나고, 시간의 끝도 영원에서 일어나고, 그 후 시간은 영원히 영원에 묻히고 만다. 시작과 끝은 영원 안에 있다. 영원은 장차 있을 것이라는 미래가 아니라 무한히 현재일 뿐이다. 무한한 가운데 매우 제한된 시간이 하루살이 벌레처럼 창조된 것이다. 마치 세상, 즉 지구와 그것 안에 있는 한 개인이라고 대조하면 좋을 것 같다.

"태초에 하나님께서 천지를 창조하셨다"(창 1:1; 요일 1:1)는 선언은 천지를 시간 속에 창조하셨다는 것을 의미한다. 땅의 형체(form)가 없었지만 하나님은 그 형체를 만드셨다. 아무것도 없는 가운데(무[無]에서) 만물을 창조하셨다(「벨지카」 12항①; 「하이델베르크」 26문①; 「신앙고백서」 4장 1항①). 이 고백은 하나님의 영원하심을 의미하는 동시에 시간의 창조가 곧 만물의 시작임을 의미한다. 하나님의 영원하심과 만물의 시간을 대조하는 전형적인 표현이다(「대교리」 15문; 「소교리」 9문).

1항: 유일무이하신 하나님의 존재 | 55

하나님의 모든 사역은 신비하다고 하는데 이것은 곧 언제나 현재라는 것을 의미한다. 그분에게 시간의 개념을 적용하면 안 된다. 창조만 아니라 예정, 섭리, 중생, 칭의, 거룩함, 견인등의 하나님의 사역은 언제든 이처럼 현재이다. 중생은 인간 안에 그 어떤 것이 있어서 그것이 조건이 돼서 부른 것이 아니라 영원에서 무상으로 또는 무조건으로 선택하셨다. 선택된 자의 측면에서 보면, 중생은 새로운 창조이다(「대교리」 67문①). 이로 보건대 하나님의 영원성과 인간의 시간성을 암시하고 있음을 알 수 있다.

영어에서 영원이란 단어로 에버래스팅(everlasting), 이터너티(eternity), 또는 포에버 앤 에버(forever and ever) 등이 있다. 에버래스팅은 말하는 자 관점에서부터 영원하다는 것을 의미하고, 여기서 우리의 표현, 영원 전과 후라는 단어가 나온 것이다. 이터너티는 말하는 자와 상관없이 영원하다는 것을 의미하고, 하나님의 속성을 표현할 때 사용한다. 마지막 포에버 앤 에버는 지속한다 또는 변하지 않는다고 말하는 자의 의지나 시간의 지속성을 표현할 때 사용한다. 그래서 하나님께 찬양을 드릴 때 주로 사용한다. 하나님은 이터널(eternal)하시다. 이에 반해 인간과 만물은 시간에 제한적이고 변화무쌍하다.

끝으로, "하나님이 모든 것을 지으시되 때를 따라 아름답게 하셨고 또 사람들에게는 영원을 사모하는 마음을 주셨느니라 그러나 하나님이 하시는 일의 시종을 사람으로 측량할 수 없게 하셨도다"(전 3:11). 이 말씀을 보면 하나님은 영원성을 우리 심정에 새기셔서 태초부터 세상 끝까지 수행하는 하나님의 사역을 인간이 임의대로 해석하여 마음대로 말하지 않게 했다. 이 말씀은 영원과 시간이 존재하고 있음을 명시하고 있다. 하나님은 영원에 계시고, 인간은 시간 속에 갇혀 살지만 그 존재는 영원에 있다. 이런 면에서 하나님의 사역에 그 어떤 것도 더하거나 뺄 수 없고, 단지 그분을 존경할 뿐이다(전 3:14).

2. **영원은 항상 현재이다.** 구약성경의 원어 히브리어 동사에는 완료형과 미완료형이 있다. 성취된 것과 아직 성취되지 않은 것이 있다. 전자를 과거로, 후자를 미래로 표현하긴 하지만 엄밀하게 말하면 이뤄진 것이냐 아니면 아직 이뤄지지 않은 것이냐라는 의미이다. 이 전제를 하는 이유는 영원을 이해하기 위해선 중요한 개념이기 때문이다. 영원하신 하나님은 만물을 창조하면서 시간을 창조했고 그 안에 빛을 만드셔서 그 형체를 파악하게 했다(창 1:2). 피조물 인간은 그 이후 시간 속에 태어나 살아가는데 이 의미는 계속해서 흘러간다는 것이고 멈출 수 없다는 것이다. 흐르는 물이 멈춰있으면 그 안에 있는 생명체는 죽는다. 살아 있다는 말은 흐르고 움직이고 변한다는 말이다. 그 흐름은 과거와 미래로 표현된다. 과거와 미래는 시간 속에만 존재하고 현재는 실제로 없다.

또 영어의 시제(tense)는 과거, 현재와 미래로 구성돼 있다. 현재 시제의 동사를 사용할 때 시간이 현재라는 의미로 그 동사를 사용하는 것이 아니라 진리(truth)나 반복적인 습관(alway)을 나타낼 때 사용한다. 이따금 현재 시제가 가까운 미래를 말하곤 하지만 일반적으로 불변하는 진리나 습관을 나타내는데 현재 시제(present tense)의 동사를 사용한다. 현재 시제는 현재(present time)를 의미하지 않는다. 과거도 그렇다. 시간이 주어지지 않으면 과거 시제는 과거를 의미하지 않고 현재 없다는 것이나 현재 아니라는 것을 의미한다. 그래서 가정법(subjunctive mood)을 공부할 때 이 시제들에 대한 지식은 기본이다.

　인간 사회는 시간적이고, 실제 의미에서 현재는 없다. 인간은 현재가 있는 것처럼 착각한다. 마치 타임머신이 있는 것처럼 가상적 세계를 생각하고 컴퓨터 게임을 가상적으로 즐긴다. 그 가상적인 것의 허상과 상상이 지나쳐서 바벨탑을 쌓게 되면 멸망이 가까운 것이다. 이런 진실은 지나온 과거에서 언제든 일어났다. 지상에는 현재가 없고 가상적 현재만 있을 뿐이다. 계속해서 과거와 미래가 우리 시점에서 바꿔진다.

　하나님에 대한 지식을 가지고자 할 때 그분에게는 시간 속에 갇힌 인간처럼 과거와 미래가 있지 않고 항상 현재만 존재한다고 알아야 한다. 영원은 현재다. 하나님께서 만사와 만물을 영원에서 작정했다(「신앙고백서」 3장 1항①). 이것은 변하지 않은 계획을 세웠다는 것을 의미한다. 하나님은 이 작정을 가장 지혜롭고 가장 거룩하게 실행한다(「신앙고백서」 5장 1항, 4항②). 인간처럼 가상적 조건에서 일어날 것 같고 일어날 수도 있는 것처럼 예견하여 작정했다고 하면(「신앙고백서」 3장 2항②) 현재의 의미를 지닌 하나님의 영원을 전혀 인정하지 않는 것이므로 거짓 신앙이든지 아니면 자신의 무지를 나타내는 것이다.

　그리고 하나님은 만사의 제1원인자이기에 그분의 예지(foreknowldge)는 인간의 예지 개념과 전혀 다르다. 인간에게 예지는 일어날 일을 미리 안다는 단어 풀이에 불과하다. 이런 단순한 뜻을 하나님의 속성에 적용하는 것은 정말이지 어처구니가 없는 자세가 아닐 수 없다. 그분의 예지란 만사가 항상 그분 앞에 있고 영원히 있다는 뜻을 담고 있을 뿐 아니라 그분에게는 미래나 현재의 시간 개념이 아니라 만사가 현재이고 만물을 현재라는 시간으로 보신다는 의미를 지니고 있다(3권 21장 5항, 724;

『해설자용』, 606). 쉽게 말하면, 하나님은 만사의 처음과 나중을 동시에 전체로 보신다고 말할 수 있다. 나 자신을 보시거나 살필 때도 동시에 펼쳐 보시고 때에 따라 임기응변적으로 변화시키지 않는다. 시간의 추이처럼 변하는 우리를 보는 것도 아니고 한 면을 본 후 다른 면을 보는 것도 아니다. 온전히 공처럼 또 안팎을 동시에 보시고 아신다.

그러나 우리는 자신의 실제 모습을 보지 못한다. 우리가 보는 것은 거울의 반영체일 뿐 실제나 현재의 모습 또는 자신의 존재(subsistence)를 전혀 보지 못한다. 경험과 사건을 통해 또는 말을 통해 자신의 실존(existence)을 이따금 깨달을 뿐이다. 지나온 과거도 제대로 기억하지 못하고 잊어버리며 앞으로 일어날 일에 관해서도 전혀 알지 못한다. 기억들이 겹쳐지면 혼란스럽고 뒤죽박죽돼서 분별하거나 분석할 수 없을 정도이다. 무엇이 현실인지 무엇이 가상인지도 분별하기 어려울 정도로 파악하지 못한다. 자신이 누군지 안다는 것, 즉 자신의 실존은 과거나 미래에 나타난 반영체일 뿐이므로 자신의 존재를 온전히 파악도 이해도 불가능하다. 이렇게 자신을 알지도 못하면서 우리는 자긍하는 경우가 허다하다. 그런데도 우리가 하나님을 감히 의인화시켜 감정이 있다거나 수정한다는 것은 정말이지 괴상망측한 궤변이 아닐 수 없다. 과거 이단자들이 늘 습관적으로 해왔던 시도이기에 매우 유의해야 한다.

이렇게 일반적인 단어 풀이에 매달려서 하나님의 속성에 적용하거나 그것에 따라 파악하다 보면, 언제든 어리석음과 패망에 빠지고 만다. 이런 면에서 신앙의 선배들은 공유적 속성 앞에 완전(perfectly) 또는 가장(most)이란 부사를 둔 것이다.

하나님께서 영원에서 예정하시거나 작정하신다는 고백은 시간의 개념이 아님을 의미하고, 그분에게는 완료나 미완료라는 단어도 별 의미가 없다. 우리가 본 시간의 이해일 뿐이다. 성경에 이런 시제 형태로 표현되는 것은 인간 측면의 서술이고 고백이지 하나님 측면의 서술이 아니다. 언제든 이것을 고려하지 않고 성경을 읽거나 신앙 생활하게 되면 항상 딜레마에 빠져 허둥대고 거짓된 것에 미끄러지거나 미혹 받기 쉽다.

3. 영원은 불변하다. 영원과 불변은 동반자이다(「대교리」 7문②;「소교리」 4문). 하나님은 영원에서 시간 속에서 일어날 만사를 불변하게 작정한다(「신앙고백서」 3장 1항①). 영원과 시간의 차이를 이미 설명했듯이 영원은 전과 후의 개념이 아닌 현재이고, 현재이기에 불변하다. 영원은 흐르지도, 멈추지도, 변하지도 않는다. 하나님은 "변함도 없고 회전하는 그림자도" 없는 분이다(약 1:17). 그러나 시간은 늘 흐르고, 멈추고, 변한다. 그분은 어제나 오늘이나 동일한 분이기에 신실한 분이고(히 13:8) 우리는 언제든 그분의 말씀을 신뢰하면서 견인하게 된다. 그분이 경우와 상황에 따라 변하는 분이라면 우리는 그분을 신뢰할 수 없고 우리가 신뢰할 수 있는 분이 될 수도 없다. 누구에게는 유익하지만 다른 자에게는 악한 어떤 것을 제공하는 분이 아니다. 인간 측면에서 보면, 그렇게 보일 뿐이다. 욥의 세 명의 친구가(엘리바스, 빌닷과 소발) 하나님에 대해 가졌던 신앙은 거짓 신앙이었다. 그들은 지상에서 일어나는 불행, 고난과 질병은 모두 악인에게 일어나는 것이라고 맹신했다. 욥에게 일어난 것을 보니 그가 악인인 것이 틀림없다고 평가했다. 그래서 욥에게 단순히 회개하기를 촉구했다. 회개하면 자비한 하나님께서 회복시킬 것으로 예측했

다. 하나님은 상황에 따라 변하는 분이라고 보았다. 정말 잘못된 신앙관을 가진 자들이었다. 하나님은 불변하신 영원한 분이다.

그렇다고 수정 불가능하고 짜인 대로 진행하는 고지식한 하나님이라는 얕은 생각은 정말 철부지 같은 생각이 아닐 수 없다. **숙명이나 운명이란 개념은 하나님의 작정을 시간의 개념으로 착각하는 데서 일어난 오해이다.** 숙명은 자유나 자발이 없지만, 작정은 자유나 자발을 포함한다. 혹자들은 인간의 자유와 하나님의 영원한 작정, 자유의지와 예정이 충돌한다고 설불리 판단하지만 절대 그렇지 않다. 하나님에게는 만사가 단일하고, 우리에게 다양하게 보일 뿐이다(「돌드레히트」 1장 8항). 게다가 그분의 영원성을 망각하면 서로 충돌한다고 오해하게 된다. 이것은 창조자와 피조물을 동일선상에 두고 보려는 시도에서 비롯된다. 하나님에겐 언제든, 어디서든, 누구에게든 만사가 현재이지 변하는 시간의 종속이란 있을 수 없다. 숙명은 인간의 자유의지를 인정하지 않기에 불만과 불평을 털어놓는 것이고, 작정은 자유의지를 포함하고 있는 것이다.

하나님은 영원하기에 불변하다. 우리는 시간에 제한되기에 늘 변한다. 인간은 **반복하거나 변해야 이성적이고 합리적이라 여기고 과학적이라 여긴다.** 시간 속에 갇혀 있기에 반복하거나 변하거나 잊혀야 과학이라고 하니 우스꽝스러운 주장이 아닐 수 없다. 이런 과학과 철학을 합리적이며 발전이라고 하니 이런 희극이 또 어디에 있을까? 이렇게 하면 이런 결과가 나온다고 하며 시간, 변화와 반복이 과학적이라고 주장하지만, 인간은 기계도 아니며 과학의 대상도 아니다. 아무튼, 과학은 철저히 인간 중심에서 말하고, 창조자 하나님을 인정하지 않는다. 적반하장으로 인간이 필요해서 하나님을 만들어냈다고 수상하기까지 한다. 인간의 요구에 따라 가상적인 존재가 있어야만 인간이 도덕적으로 살아갈 것이라고 하며 어설픈 도덕철학을 만들어낸다. 이런 철학을 칭송하고 숭상한다. 현대판 바벨탑이다. 마침내 신의 존재는 인간의 필요에 의한 것이라며 자칫하다가 부서지는 줄도 모르는 골다공증이 있는 미련한 사람들처럼 필요로 신이 요구된다면 이미 인간은 부족한 피조물임을 인정하는 것이다. 신이 필요하지 않다고 말해야 인간이 완전한 존재이고 불완전한 존재인 신을 만들 수 있다. 이런 주장을 한 자마다 예외 없이 모두 죽어 시체가 되었고 썩어 먼지가 돼 있다. 신을 만든 자들은 그 위에 존재하기 때문에 죽지 말아야 하는데 여전히 바이러스에 걸려 신음하고 한 끼라도 먹지 않으면 견디지 못한다. 인간이 하나님을 창조한 것이 아니라 역으로 하나님께서 인간을 창조한 것이다. 전자는 영원하고 불변한 작정이 자유의지와 충돌한다고 여기는 숙명론이지만, 후자는 다양한 것을 단일하게 또는 하나로 보는 것이다.

유일무이한 하나님에 관한 진리를 알 수 있는 수단은 무엇인지 다음 항(2항)부터 시작하여 7항까지 이른다. 그런 후 다시금 하나님에 관해 자세한 진리를 고백하는데 삼위일체 하나님에 관한 것이다(8항~11항). 그 후 영원한 하나님이 시간 속에 자신을 어떻게 계시하는지를 고백하는데 이것은 구속 사역을 통해서이다.

2항: 하나님을 알게 되는 수단(By What Means God is Made Known unto Us)

① We know him by two means: first, by the creation, preservation and government of the universe; which is before our eyes as a most elegant book, wherein all creatures, great and small, are as so many characters leading us to contemplate the invisible things of God, namely, his power and divinity, as the apostle Paul saith, Romans 1:20. All which things are sufficient to convince men, and leave them without excuse.

② Secondly, he makes himself more clearly and fully known to us by his holy and divine Word, that is to say, as far as is necessary for us to know in this life, to his glory and our salvation.

① 우리는 두 가지 수단으로 그분(하나님)을 안다. 첫째, 우리 눈앞에 있는 가장 격조 높은 책과 같은 우주를 창조하고, 보존하고 그리고 통치하는 것을 통해서이다(시 19:1~4). 이 우주 안에는 크고 작은 모든 피조물이 있는데 이 모든 것은 로마서 1장 20절에서의 사도바울의 선언처럼 하나님의 불가시적인 것들, 즉 그분의 권능과 신성을 우리에게 명상하게 하는 수많은 성격(등장인물)이라 하겠다(롬 1:20). 모든 만물은 인간을 설득하는데 충분하고 그가 핑계하지 못하도록 한다.

② 둘째, 하나님은 자신의 거룩하고 신성한 말씀으로 우리에게 더 분명하게 또 더 완전하게 자신을 알게 하셨다 (시 19:7~8; 고전 1:18~21). 다시 말하면 이 세상에서 그분의 영광과 우리의 구원에 대해 우리가 필연적으로 알아야 할 만큼 우리에게 알린다.

제2항은 그 제목처럼 제1항(유일무이한 하나님)에서 고백된 하나님을 알게 하는 수단에 관한 것이다. 그분에 관해 우리가 알 수 있는 수단을 고백한다. 이것은 칼빈 선생이 처음부터 강조한 것으로 하나님에 관한 이

중지식에서 나온 가르침과 같은 맥락이다. 그 이중지식은 창조자(①)와 구속자(②)에 관한 것인데(1권 2항 1항, 37) 구원을 위한 본질적 진리로서 하나님의 아버지 됨과 중보자 됨이다. 욥은 말할 수 없는 고난을 겪으면서 이 이중지식을 파악하고 고백한 대표적 인물이다. 창조자 하나님에 관한 고백에서 구속자 하나님으로 발전한 대표적 인물이다(욥 6:4, 14, 19:25).

하나님에 대한 지식을 갖게 하는 두 가지 수단, 즉 창조와 성경(일반 계시와 특별계시)은 구분하기 쉽다고 할 수 없다. 물론 전자에만 몰두하는 불신자 또는 유기된 자가 있고, 전자와 후자를 동시에 사용하는 신자 또는 선택된 자가 있다. 우리가 성경만으로(솔라 스크립투라[sola scriptura])라고 할 때 그 의미는 권위적인 면을 말하고 있으며 전자의 사용을 배제하고 후자만 사용하라는 의미가 아니다. 이 고백은 칼빈 선생의 설명을 크게 의존하고 있는데 경건한 생활을 위해서 전자에 관한 묵상은 매우 중요하다. 전자에 관한 묵상은 언제든 후자에 관심을 두게 하고 더 풍성한 지식과 위로를 얻게 한다.

'성경만으로'에 관한 신앙고백은 종교개혁의 정신이다(『개혁신앙이다』, 101). 근데 성경만으로와 성경 제일로(프리마 스크립투라, prima scriptura)를 혼동해선 안 되고 제대로 분별해야 한다. 전자는 성경만이 신적 권위를 지니고 있어 최종적 결론을 내릴 뿐만 아니라 하나님에 대한 온전한 지식을 제공한다는 의미이고, 후자는 성경의 권위를 인정하면서 성경 외에 신자의 믿음과 실천을 위한 안내자가 있다는 의미이다(『개혁신앙이다』, 114). 후자는 성경에서 어떤 문제나 일에 대한 답변을 찾지 못하면 언제든 다른 것에서 답을 찾는다. 언뜻 보면, 합리적인 자세인 것처럼 보인다. 하지만 이것은 로마가톨릭 교회의 잔꾀를 드러내는 주장이다. 성경을 우선순위 한다고 하면서 언제든 전통 또는 교황의 해석에 더 많은 권위를 두어 실행한다. 예를 들면, 우상숭배도 그렇고, 연옥이나 5가지 거짓 성례도 그렇다. 이외에도 현재 복잡한 일들이 나타나지 않는다고 하더라도 하나님의 의도를 제대로 파악하거나 성경적 사례들을 연구하지 않고 교회가 명령을 내리면 맹종하는 것은 성경 제일을 따르는 신앙이다. 이 신앙은 성경을 제 마음대로 해석하며 적용하고 전체적인 성경의 의미를 배우려 하지 않고 일시적으로 자신의 구미에 맞게 재구성하는 신념을 가진 철학 사상이다(『개혁신앙이다』, 117).

바른 신앙인이라면 성경에 뚜렷하게 말하지 않는 부분을 직면할 때 통상적인 방법을 사용해서 충분히 해석하려고 배울 것이다. 그 방법은 성경 공부와 교리 공부이다. 교리는 성경의 요약이고, 삶을 위한 것으로 (3권 6장 4항, 543) 신앙의 선배들이 심혈을 기울여서 작성한 것이기 때문에 정말 성경에 따른 삶을 살려는 자는 교리 공부를 통해 성경을 바르게 해석하고 적용하고 실천한다(『개혁신앙이다』, 86).

① 자연 계시 또는 일반 계시에 관한 고백이고, 특별계시(②)와 구분해야 한다.

우리는 하나님께서 창조한 우주(자연)를 통해 그분에 대한 지식을 어느 정도 알 수 있다. 만물에는 하나님의 신성이 새겨져 있기 때문이다 (1권 3장 2항, 44). 그분의 신성이 자연에 명시돼 있지만 인간은 그것의 변화나 경관을 단지 경이롭다고 느끼고 환상에 빠져 즐길 뿐이고 자연 자체에 심취할 뿐, 그것을 통해 하나님을 찬양하려 하지 않고 오히려 자연을 차지하려고 하거나 심지어 숭배하기까지 한다(롬 1:20). 토테미즘(Totemism)이 이런 현상 중 하나이고, 소피스트들(sophists)도 이와 같다. 자연의 신비로움에 빠지면 누구든 경외심을 갖게 된다. 물론 자연 자체의 모습은 환상적이고 경이롭다. 도저히 인간이 흉내 내거나 상상할 수도 없는 자연경관을 자랑한다. 이것은 일시적일 뿐 지속적이지도 않고 순간적으로 감동을 줄 뿐이다. 하지만 그것을 창조하신 하나님께로 향하는 것은 다른 것이다. 그들은 자기중심적으로 즐기고, 자신을 위해 누군가 마련한 것이라고 단순히 여길 뿐 그 경이로움이 믿음으로까지 전환하거나 발전하지 않는다. 그래서 자연을 통하여 하나님에 대해 경이와 놀라움을 갖지 못하거나 하나님에 관해 듣지 않아 모른다고 핑계할 수 없도록 자연은 하나님의 신성을 담아 우리에게 고한다(「신앙고백서」 1장 1항①).

충분한(sufficient)과 충분한(enough)은 조금의 차이가 있다. 전자는 충분하고 넉넉하다는 뜻으로 더해도 좋고 그렇지 않아도 좋다는 의미이다. 충분한 지식, 충분한 수입, 충분한 가격 등으로 사용한다. 넉넉하다는 의미로 수용하면 좋다. 후자는 더는 필요 없다는 의미에서 충분하다는 것이다. 충분한 고생, 충분한 기쁨, 충분한 맛 등으로 사용한다. 자연에 나타난 계시를 통해서 하나님에 관한 지식을 받지 못했다고 심판 날에 누구도 핑계하지 못한다. 그만큼 자연은 모두에게 충분한 증거를 제공한다.

다시 주제로 돌아와서 일부 인간은 자연을 통해 신성을 맛볼 수 있겠지만 구원에 관한 진리를 찾으려고 하지 않는다. 그것은 자연이 창조자 하나님에 대한 지식을 알려줄 뿐 구속자 하나님에 대한 지식을 알려주지 못하기 때문이라고 볼 수도 있다. 그래서 누구라도 성령 하나님의 조명 없이는 자연을 통해 섭리의 신앙을 가질 뿐 구속의 신앙을 가질 수 없다. 이것이 자연을 통한 일반 계시의 한계이다. 그냥 놀라운 하나님 또는 신성에 대한 인식을 받을 뿐이다.

그렇다고 자연에 새긴 창조자 하나님에 대한 지식을 경시하면 안 된다. 하나님은 자연을 통해 우리의 삶을 윤택하게 이끈다. 구원받은 즉시 하나님 나라로 가는 것이 아니고 세상에서 수십 년을 살게 된다. 우리는 세상의 삶에서, 많은 어려움, 질병, 고뇌, 고통 또는 역경을 겪는다. 이럴 때마다 하나님은 교만하거나 오만하지 않도록 자녀인 우리에게 경건의 훈련을 시킨다. 다른 말로 견인한다는 것이다(시 38편 참고). 이것은 자녀이기 때문만 아니라 그 자녀가 믿음의 증거를 갖도록 하기 위함이다(「하이델베르크」 86문③; 「신앙고백서」 16장 2항①; 「대교리」 32문③; 3권 8장 2항, 556 참고). 하나님은 자연을 통해 자신의 선하심에 대해 깨닫게 한다. 쉽게 말하면, 병들거나 외로운 자들이 애완동물을 통해 위로를 받고, 사망에 이르는 병에 걸려도 자연을 통해 치유를 받기도 한다. 절망에 빠진 자가 자연의 신비를 통해 꿈과 소망을 갖기도 한다.

시편이나 잠언을 읽어 보면 자연 현상과 추이에 관해 묵상하면서 하나님의 섭리를 깨닫고 확고하고 풍성한 신앙생활을 한 것을 볼 수 있다. 예를 들어 게으른 자는 개미의 활동을 보면서 도전을 받고(잠 6:6~7), 염려와 걱정으로 힘들 때 새와 꽃을 보고 힘을 얻고(마 6:26~28), 자연 현상을 통해 시대를 분별했다(마 16:2~3). 자연에 대해 묵상해야 하는 이유는 창조자 하나님에 대한 지식을 얻기 위해서, 그리고 우리를 보호하고 동행하여 주시는 부성애를 깨닫기 위해, 그분의 섭리를 신뢰하기 위해서이다(1권 5장 6항, 55; 1권 5장 7항, 58). 윤택한 신앙생활을 원한다면 자연에 대해 묵상하라. 그러면 하나님의 아버지 됨을 충분히 확신하게 된다.

요약해 보면, 하나님에 대한 지식은 일반 계시(①)와 특별계시(②)를 통해 갖게 된다. 전자는 창조에서, 후자는 말씀에서 갖게 된다. 전자는 창조자 하나님에 관한 것, 후자는 구속자 하나님에 관한 것이다. 하지만 둘 다 성령 하나님의 사역을 통해야만 한다. 그렇지 않으면 어떤 지식도 가질 수 없다. 이것은 성령께서 역사하시는 사람이 있다는 것을 암시한다.

② 일반 계시(①)에 이어 특별계시에 관한 고백이다.

불행하게도 창조에 나타난 신성에 대한 인식으로 인간은 자연을 자신의 것으로 가공하고 고안하는 재간을 부려 전혀 다른 종교, 즉 이교나 미신을 만들어낸다. 인간은 자신을 위한 종교를 만든다. 아무리 창조를 통해 하나님에 대해 인식한다고 하더라도 인간은 그분이 어떤 분임을 절대 알 수 없을 뿐 아니라 진리를 향해 노력하지도 않는다(2권 2장 18항, 240). 하나님에 대해 어느 정도 맛을 봤다 하더라도 참된 경건에 대해 무관심하므로 고안된 의식으로 그분께 예배한다. 그분께 예배한다고 하면서 실제로는 자긍하는 자신을 위해 예배한다. 그래서 우상숭배와 같은 예배와 비성경적 예배를 일삼게 된다(1권 4장 3항, 48). 자연을 통한 그분에 대한 지식은 미신, 우상숭배, 구속자에 대한 무관심으로 흐를 수밖에 없기에 하나님은 우리가 곁길로 가지 않게 하려고 안경과 같은 성경 또는 특별계시를 주셔서 창조자와 구속자 하나님에 대해 미로에 빠지지 않도록 정확하게 알게 해 주셨다(1권 6장 1항-1, 68). 이런 배경에서 위의 고백을 살피는 것이 좋다.

하나님은 자신의 **거룩하고 신성한** 말씀으로 이 세상에서 알아야 하는 것을 더 분명하고 완전하게 알렸다. 자연에 새긴 그분에 대한 지식을 분명하게 파악하도록 성경을 주셨기에 이것은 안경의 역할을 한다(『해설자용』, 58). 슬프게도 인간은 죄성으로 인해 성경도 자기 해석으로 일관한다. 2권 1장에서 자세히 설명하겠지만 죄의 문제를 해결하기 전까진 성경이라도 제각기 가공하고 왜곡한다. 비근한 예로 성경 외에 외경을 만들 정도이다(「벨지카」 6항②). 자신이 쓴 글을 하나님의 말씀으로 착각하거나 그것으로 인식시키는 경우가 있다.

올바른 하나님의 뜻을 파악하기 위해서 죄의 문제를 해결해야 한다. 그 후 성경 해석은 항상 그리스도 중심으로 이뤄져야 온전히 하나님의 뜻을 파악할 수 있다(2권 7장 1항, 304; 2권 8장 7항, 325). 그리스도 중심으로 해석해야 한다는 것은 크게 두 가지인데 하나는 중생이 성령 하나님의 전적인 사역으로써 선택된 자를 비밀적으로 부른다는 것이고, 다른 하나는 성도들이 그리스도를 바라보며 도덕적으로 살았던 것처럼 우리도 경건한 삶을 살아야 한다는 것이다(『해설자용』, 258).

거룩하고 신성하다는 의미는 성경의 제2저자로 인간이 활동했지만 제1저자는 성령 하나님이심을 암시하고 있다. 거룩한 하나님의 말씀이라는 것은 성령 하나님께서 일러준 것을 선지자와 사도가 수행한 것을 의미한다.

성경은 하나님의 영광, 우리의 구원에 대해 알려주는 **꼭 필요한** 말씀이다. 특히 **이 세상**이라고 표현한 것은 완전한 말씀이신 그리스도에 대해 이 세상에서는 여전히 부족하게 깨닫게 되며 그분이 수신 말씀 안에서만 그분을 깨닫게 됨을 의미한다. 오는 세상, 즉 하늘나라에서는 말씀 자체이신 구속자 하나님을 온전히 보게 될 것이다. 성경은 유혹 많은 이 세상에서 나그네와 같이 살아가는 우리에게 정말 없어서는 안 되는 실과 같다(『해설자용』, 61~62). 실과 같은 말씀을 항상 따르지 않으면 언제든지 곁길로 접어들고 만다. 이런 면에서 "주의 말씀은 내 발에 등이요 내 길에 빛이니이다"(시 119:105)라는 찬송이 나온다.

성경은 하나님의 **영광**에 대해 알기 위해 꼭 필요한 말씀이다. 하나님은 자신의 이름의 영광과 경건한 자의 영들을 위로하기 위해 말씀에 자신을 가장 풍성하게 계시했다(「돌드레히트」 5장 15항②). 이것은 하나님의 영광과 말씀의 관계를 명확하게 밝히고 있다. 영광은 곧 그리스도를 의미하기도 한다(「하이델베르크」 51문). 부활하셔서 자신의 영광을 모든 자가 보게 한다(「대교리」 52문②). 이런 의미에서 「주기도문」의 결론은 모든 것이 그분의 영광에 기인한다고 고백한다(「하이델베르크」 128문②). 이처럼 성경에는 하나님의 영광, 인간의 구원이 명백하게 기록돼 있다(「신앙고백서」 1장 6항①). 영광을 그리스도와 관련지을 때 고백서에서 사용된 궁극적 의미를 비로소 파악하게 된다.

하나님의 영광과 구원에 **필연적인** 지식은 그분에 대한 지식과 그분의 의지이다(「신앙고백서」 1장 1항②). 이에 따라 그분이 지닌 영광, 인간의 구원, 믿음과 삶에 꼭 필요한 모든 것에 관한 하나님의 전체적 방침은 성경에 규정돼 있을 뿐 아니라 그것에서 충분히 추론할 수 있다(「신앙고백서」 1장 6항①). 하나님은 자신의 영광과 우리의 구원을 위해 말씀을 주셨다(「돌드레히트」 5장 15항②).

창조된 자연을 통해 하나님의 신성에 관해 인식하게 되고(「벨지카」 1항), 거기에 머물지 않고 하나님의 말씀을 통해 비로소 그분에 대한 지식을 알게 된다(「벨지카」 2항). 그 하나님의 말씀이 성경으로 기록되어 우리 손에 쥐어졌다. 기록되기 전까지 다양한 방법으로 하나님은 자신을 계시했지만 이제 그것을 성경으로 제한한다. 기록된 성경으로 하나님 아들이 그리스도이고 구세주이심을 알아 영생에 이를 수 있다(요 20:31).

다음 항목(「벨지카」 3항)은 기록된 하나님의 말씀이 성경이라는 고백에 관한 것이다.

3항: 기록된 하나님의 말씀 (Of the Written Word of God)

① We confess that this Word of God was not sent, nor delivered by the will of man, but that holy men of God spake as they were moved by the Holy Ghost, as the apostle Peter saith.
② And that afterwards God, from a special care, which he has for us and our salvation, commanded his servants, the prophets and apostles, to commit his revealed word to writing; and he himself wrote with his own finger, the two tables of the law.
③ Therefore we call such writings holy and divine Scriptures.

① 우리가 고백하는 것은 하나님의 이 말씀이 인간의 의지에 따라 전해지거나 전달되지 않았고, 사도 베드로의 말씀처럼, 하나님의 거룩한 자들이 성령 하나님의 감동으로 말했다는 것이다(벧후 1:21).
② 그 이후 하나님은 우리와 우리의 구원을 위해 특별한 보호 속에 자신의 종들, 즉 선지자들과 사도들에게 자신이 계시한 말씀을 기록하게 명하셨고(출 34:27; 시 102:18; 계 1:11), 또 자신의 손가락으로 율법의 두 돌 판을 직접 쓰셨다는 것이다(출 31:18).
③ 그러므로 우리는 그 기록을 거룩하고 신성한 성경이라 부른다(딤후 3:16).

하나님은 자신을 알게 하는 수단으로 일반 계시, 즉 자연(「벨지카」 2항 ①)과 특별계시, 즉 거룩하고 신성한 말씀(「벨지카」 2항②, 3항③)을 주셨다. 제1저자인 성령 하나님의 감동으로 선지자와 사도가 그 말씀을 받아 기록한 성경에서 우리는 그분에 대한 참된 지식을 가질 수 있다. 하지만 삼위일체 하나님께서 말씀하는 만큼만 우리는 그분에 대한 지식을 갖는다. 그 말씀이 성경에 기록돼 있다. 그 이상 넘어가서도 안 되고 미치지 않아도 안 된다. 아니 그 이상으로 알려도 인간의 오성과 이성으로 판단하거나 깨닫지도 못한다. 눈이 있어도, 귀가 있어도 보지도 듣지도 못한다. 그러기에 하나님은 자신의 말씀을 기록하게 한 것 외에 어떤 다른 방식으로 하나님은 자신을 계시하지 않았다. 성경이 기록되기 전에는 꿈으로, 음성으로, 직접 족장 시대에 나타났으나 그것을 문자적으로 현실에 적용하는 것은 정말 아주 막돼먹은 것이다. 물론 극한 상황에서는 여전할 수 있으나 지속적이지 않다. 마치 당이 떨어진 사람에게 응급처리로 당분이 필요한 것과 같다. 또 신약성경 시대에도 이따금 있었다고 하지만 그때도 기록된 말씀인 성경이 보급되지 않은 상태였다는 것을 잊어선 안 된다. 성경은 완결된 하나님의 말씀이다.

① 하나님의 말씀은 인간이 쓰고 싶어 쓴 서사시도 아니고 고안해서 가공한 소설도 아니다. 그분에 관해 인간이 느낀 것이나 깨달은 것을 쓴 수필집도 아니다. 그 말씀은 하나님에 관한 것이기에 그분의 감동이나 명령 없이 절대 쓰일 수 없었다(계시록 10:4, 19:9). 성경은 그분의 말씀이 기록된 것이기에 그분의 신성한 책이라 불린다(③). 기록된 말씀 외에도 하나님은 많은 말씀을 하셨지만 구원을 위해 이것으로도 우리에게 충분하다. 지상에서의 사역 중 그리스도께서 하신 말씀과 행적을 모두 기록으로 남길 수도 없었고 남길 이유도 없었다. 기록하게 한 것만으로도 그리스도께서 하나님이심을 알고 그분을 믿음으로 구원을 받을 수 있기 때문이다(요 20:30~31). 성경은 인간이 원하는 대로 기록되거나 원하지 않는다고 해서 기록되지 않은 것이 아니다.

교회 역사에서 **인간의 의지대로** 성경을 쓰겠다고 덤벼든 자들이 있었는데 초대교회 때 활동했던 영지주의자들이었다. 이들이 기록한 문서는 가경 또는 위경이라 불린다. 사도의 이름을 빌린 「유다 복음서」, 「베드로 행전」 또는 「도마복음」 등등이 있다(『이것이 교회사다: 진리의 보고』, 153). 영지주의 문서는 아니지만 1세기 문서 중 「디다케」, 「바나바서」 또는 「에르마 서신」 등도 있다(『진리의 보고』, 153~166). 전자는 이단 서적이고, 후자는 사도적 교부들의 서적으로 신앙의 참고서이다. 전자는 정경에 속하지 않을 뿐 아니라 신앙에 해가 되고, 후자도 물론 성경은 아니며 신앙의 참고서며 양서일 뿐이다.

성경은 **성령 하나님의 감동으로** 쓰인 것이다. 이 의미는 하나님의 말씀이라는 뜻이다. 모세는 창조 시기에 살지 않았지만 들었던 말씀을 성령 하나님께서 진실한 것만 분별하여 기록하도록 감동했다. 성령 하나님은 기록된 신성한 말씀인 성경의 제1저자이고, 제2저자는 모든 것을 경험하지 못해도 듣고 알고 있는 것 중 순전하고 진실한 것을 성령의 영감을 받아 기록했다. 개인의 성향, 학식, 경험, 배경과 문화에 따라 다양하게 서술하지만 그 의미는 변하지 않는다. 다양하지만 일치된 것이라 하겠다.

신약성경 시대에도 예수님의 말씀을 기록하고자 하는 자들이 많았고 누가복음과 사도행전의 저자인 누가는 자세히 미루어 살펴 복음서를 기록했다(눅 1:2~3). 이 의미는 듣고 알았던 것 중 진실한 것만을 파악하도록 성령의 영감을 받았다는 것이고, 사도 외에도 그분의 말씀을 기록하고자 하는 자가 많았다는 것이다. 현재도 툭하면 매스컴이나 동영상을 통해 자신이 알고 있는 짧고, 짜깁기 한 토막 난 지식을 자랑하려고 하며, 툭하면 책을 출간하여 대중을 혼란스럽게 하는 자들이 있다. 자신이 느끼고 깨달은 것을 타인과 공유하는 보람을 찾으려는 정황은 이해되나 진정한 것이고, 순전한 것이고, 진실한 것인지 점검하지 않으면 안 된다. 유명한 철학자 중에 사후에 출간한 책을 통해 그의 사상이 알려지고 더 유명해지기도 한다. 본인은 출간하고 싶지 않았을지도 모른다고 짐작해 본다. 아무튼 책을 쓰는 것은 사람을 번뇌하게 한다(전 12:12). 이 글을 쓰는 나 자신도 예외가 아니므로 10년 이상 연구하지 않은 것을 책으로 남기는 것을 부끄럽게 생각한다.

모든 선지자와 사도가 그분의 말씀을 기록한 것은 아니었다. 성경의 많은 분량을 기록한 자를 대선지자라고 명명하지만 그렇다고 적게 기록한 소선지자 보다 더 위대하다고 말하지 않는다. 선지자 중 엘리야는 대표적 인물인데도 말씀을 기록하지 않았다. 그는 모세와 함께 변화 산 상에 나타날 정도로 사람에게나 하나님에게 인정받은 자였다(마 17:4). 또 사람들은 예수님을 가리켜 엘리야라고 말할 정도로 엘리야는 이스라엘 백성들이 존경하는 자였다(막 6:14). 그러나 그는 성경을 기록하지 않았다.

② 하나님은 자신의 자녀며 선택한 자를 **특별히 보호하기 위해** 자신의 종들에게 말씀을 기록하게 했다. 매우 중요한 고백이다. 하나님의 기록된 말씀인 성경은 **우리와 우리의 구원을 위한** 것이다. 우리를 특별히 보호한다는 것은 유별나고 특이한(peculiar) 보호를 의미하지 않고 더 나은 보호를 의미한다. **특별하나**(special)는 각별(특유)하나(particular)와 특

이하다(peculiar)와는 달리 다른 것보다 낫다는 뜻이 있다. 특별계시에서도 사용하고 여기서도 사용된다. 하나님의 백성, 즉 선택된 자 또는 선별된 자(peculiar people)는 특이한 자이다(「돌드레히트」 3장~4장 5항①).

인간이 상상하는 이기적 보호가 아니라 가장 선하신 하나님의 보호이다. 이 보호는 사람이 바라는 대로 이뤄지는 야망과는 다르다. 이 보호를 받는 사람은 인간 측면에서 보면, 하나님을 사랑하는 자이고, 하나님 측면에서 보면, 자신의 목적을 위해 부르심을 받은 자이다(롬 8:28). 한 마디로 **선택된** 자이다. 또 만사는 선을 향해 있으니 어떤 경우라도 예외가 없음을 의미한다. 하나님의 영원한 작정은 선택된 자를 위한 것으로 그들에게 일어나는 만사는 선을 향해 행해진다. 우리는 이것을 특별한 보호라고 말한다. 선택된 자의 선을 위한 하나님의 섭리이다. 성도는 이 세상에 사는 동안 자신만을 위한 하나님의 유별나고 특이한 배려와 이적을 가정하거나 상상하지 말아야 한다. 어떤 질병도 걸리지 않고, 혹시 걸리더라도 항상 낫게 되고, 일은 언제든 형통하고, 세상에서 부귀와 영화를 늘 누리는 번영과 사치를 특별한 보호라고 상상해선 안 된다. 자녀는 승승장구하고, 사업은 번창하고, 가족의 평안만을 바란다면, 이것은 번영신학을 따르는 자의 가공품에 불과하다. 창세 전 또는 영원에서 작정한 하나님의 목적에 따라 선택된 자를 향한 그분의 뜻을 따라 살아가는 것이 그들에게 가장 큰 기쁨, 위로와 영광이다. 하나님을 기쁨으로 삼고 그분께 영광을 돌리는 것이 가장 큰 기쁨, 위로와 영광이다 (「하이델베르크」 1문 참고; 「대교리」 1문; 「소교리」 1문).

율법의 두 돌판은 「십계명」이라 일컫는다(「신앙고백서」 19장 2항①). 「십계명」은 도덕법의 요약이다(「대교리」 98문①; 「소교리」 41문). **하나님께서 손가락으로, 즉 직접 쓰셨다는 것은** 신적 권위를 의미하는 동시에 선택된 자가 그 명령에 반드시 순종해야 한다는 신적 권위를 성경이 지니고 있다는 뜻이다. 도덕법은 하나님께 예배하고 그분을 사랑해야 하는 구체적인 명령으로 에덴동산에서 인류의 대표자 아담에게 주신 것으로(「대교리」 92문) 순종의 규칙이다(「소교리」 40문). 하나님 아버지는 자신의 자녀를 위해 사도와 선지자에게 말씀을 기록하게 하시고, 그것에 따른 순종을 요구한다. 이것은 자발적 순종을 의미하는 것으로 노예적 복종을 의미하지 않는다. 그분의 부성애와 선하심을 조금이라도 깨닫거나 인식한다면, 그분을 사랑하고 그분의 명령을 순종하는데 기쁨을 가진다.

　하나님의 말씀을 기록하는데 필요한 것과 그것을 보존하기 위해 하나님은 간섭한다. 특별히 제2저자의 개성과 불결한 것이 성경을 기록하는데 스며들거나 방해하거나 걸림이 되지 않게 했다. 영감이란 의미는 이런 것이다. 누구든 책을 쓸 때 자신의 개성이 방해물이 될 때가 많다. 그러나 편벽한 판단, 거짓된 정보, 불순한 동기와 감정이 말씀의 기록을 방해하지 않게 했다. 제2저자 간에 차이점은 말씀에 해가 되는 것이 아니라 객관성을 제공한다. 예를 들어 공관복음(마태, 마가와 누가)을 읽다 보면, 순서나 표현이 서로 다른 점이 있기도 하다. 이것은 저자의 특성을 나타내는 것이다. 한 사건이나 말씀을 저자의 관점에 따라 다르게 서술된 것이다. 그 차이점이 하나님의 뜻을 전달하는데 장애를 일으키지 않고 독자가 객관성을 갖게 한다.

③ 하나님의 기록된 말씀은 성경이다. 성경은 **거룩하고 신성하다**(「벨지카」 2항②). 그래서 믿음과 순종을 요구하고 명한다(「대교리」 3문). 성경이 **거룩하다**는 것은 하나님에 관한 지식이 담겨 있다는 것이고, 성경 외에는 하나님에 대해 알 수 없다는 의미이다. 이것은 신앙고백의 순서에서 성경 주제 이후 순서를 볼 때 잘 나타난다. 성경에 관한 고백이 삼위일체 하나님에 관한 고백을 이어 배열된 것에서 쉽게 알 수 있다. 어느 신앙고백에서도 이 순서는 마찬가지이다. 혹자는 성경책 자체가 거룩하다고 하여 외적으로 또는 육체적으로 숭배하려고 한다. 물론 고서이기에 희귀하게 다뤄야 하지만 문서나 책 자체가 거룩하진 않다. 하나님의 말씀이 기록된 책이기 때문에 거룩하다고 여겨 여타 책보다 귀하게 여기는 것은 바람직하지만 숭배할 정도로 귀하게 여긴다면 유별난 행동이 아닐 수 없다. 말씀 자체가 거룩함, 즉 하나님에 관한 내용이 담겨 있기에 거룩한 말씀이지 책이 거룩하지 않다.

신성하다는 것은 신적 권위를 말하고, 그 권위는 우리에게 순종을 요구한다. 성경은 하나님에 관한 지식을 담고 있기에 거룩할 뿐 아니라 권위가 있어 순종을 명한다. 그래서 성경은 순종의 유일한 책이라 부른다(「대교리」 3문, 5문, 91문; 「소교리」 3문). 성경의 주요한 내용은 믿음과 순종에 관한 것이다. 전자는 여기서(「벨지카」 2항②, 3항③) 거룩하다는 것과 관련을 맺고, 후자는 신성하다는 것과 관련을 맺고 있다. 하나님의 말씀이 신성하다는 것은 신적 권위를 지니면서 우리에게 순종과 의를 이루라는 의미를 지니고 있다.

성경을 영어로 (Holy) Scriptures(스크립처스) 또는 Bible(바이블)이라 표기한다. 어떤 차이가 있을까? 복수 스크립처즈는 구약성경과 신약성경의 각 권을 의미한다. 킹제임스역(KJV)에서 단수 스크립처를 한 번 사용하는데 "진리의 글"(scripture of truth)이라고 표기한다(단 10:21). 신약성경에서는 "하나님의 말씀"(oracles of God)이라 표기한다. 이것은 구약성경을 가리키는 것으로 하나님의 영감으로 쓰인 글이라는 의미이다. 신약성경은 복수 스크립처즈(scriptures)를 가끔 사용한다(요 20:9; 갈 3:22; 딤후 3:15~16). 일반적으로 단수 스크립처(scripture)를 사용할 때는 신성한 문서(성경 전체, collection of sacred writings; 마 21:42, 22:29; 롬 4:3; 10:11, 벧후 1:20)라는 의미보다 성경 중 한 권(scripture, 막 12:10)을 지칭한다. 일반적으로 말할 때 성경(scriptures)은 66권 중 한 권을 말하지 않고 그 전집(collection of writings)을 말한다(롬 1:2, 15:4;).

 성경을 영어로 바이블(Bible)이라 부르기도 하는데 그 의미는 신성한 문서를 한 권으로 묶은 것을 말한다. 수집된 문서라기보다 한 권으로서의 문서(one volume)라는 뜻을 지닌다. 근데 간혹 한 권으로서의 성경, 즉 단수 스크립처(scripture)는 한 권에 속한 66권 전체를 말하기도 한다. 이제 「벨지카」 4항의 제목에 단수 스크립처를 사용한 이유도 알게 될 것이다. 그리스어, 타 비브리아(τὰ βιβλία)는 책들을 의미하므로 복수 스크립처즈(scriptures) 대신 사용한다. 5세기에 이르러 신성한 문서 또는 신성한 계시의 전집을 완전히 결정하여 바이블이라 불리기 시작했지만 공식적으로 처음 사용된 것은 성경을 최초로 영역한 존 위클리프(John Wycliff, 약 1328~1384)부터였다.

 결론으로, 복수 스크립처즈(scriptures) 또는 성경은 전집으로서의 바이블을 말한다. 일반적으로 단수 스크립처는 한 권 안에 있는 66권의 책

중 어느 책을 의미한다. 하나님의 거룩한 말씀은 기록된 말씀인 거룩하고 신성한 성경 외에는 없다.

4항: 정경인 성경 (Canonical Books of the Holy Scripture)

We believe that the Holy Scriptures are contained in two books, namely, the Old and New Testament, which are canonical, against which nothing can be alleged. These are thus named in the Church of God.

The books of the Old Testament are, the five books of Moses, namely: Genesis, Exodus, Leviticus, Numbers, Deuteronomy; the books of Joshua, Ruth, Judges, the two books of Samuel, the two of the Kings, two books of the Chronicles, commonly called Paralipomenon, the first of Ezra, Nehemiah, Esther, Job, the Psalms of David, the three books of Solomon, namely, the Proverbs, Ecclesiastes, and the Song of Songs; the four great prophets Isaiah, Jeremiah, Ezekiel and Daniel; and the twelve lesser prophets,

우리가 믿는 것은 성경에는 두 권의 책, 즉 구약성경과 신약성경이 포함되어 있고, 이것 외에 그 어떤 것도 정경이 될 수 없다는 것이다. 하나님의 교회는 이 책들을 다음과 같이 명명한다.

구약성경은 창세기, 출애굽기, 레위기, 민수기, 신명기, 여호수아, 룻기, 사사기, 사무엘상·하, 열왕기상·하, 역대기상·하, 에스라, 느헤미야, 에스더, 욥기, 다윗의 시편, 3권의 솔로몬의 책, 즉 잠언, 전도서와 아가, 4권의 대선지서인 이사야, 예레미야, 에스겔과 다니엘, 그리고 12권의 소선지서인 호세아, 요엘, 아모스, 오바댜, 요나, 미가, 나훔, 하박국, 스바냐, 학개, 스가랴 및 말라기이다.

namely, Hosea, Joel, Amos, Obadiah, Jonah, Micah, Nahum, Habakkuk, Zephaniah, Haggai, Zechariah, and Malachi.

Those of the New Testament are the four evangelists, namely: Matthew, Mark, Luke, and John; the Acts of the Apostles; the fourteen epistles of the apostle Paul, namely: one to the Romans, two to the Corinthians, one to the Galatians, one to the Ephesians, one to the Philippians, one to the Colossians, two to the Thessalonians, two to Timothy, one to Titus, one to Philemon, and one to the Hebrews; the seven epistles of the other apostles, namely, one of James, two of Peter, three of John, one of Jude; and the Revelation of the apostle John.

신약성경은 4복음서, 즉 마태, 마가, 누가와 요한, 사도행전, 사도바울의 14개 서신, 즉 로마서, 고린도전·후서, 갈라디아서, 에베소서, 빌립보서, 골로새서, 데살로니가전·후서, 디모데전·후서, 디도서, 빌레몬서와 히브리서, 다른 사도들이 쓴 7개 서신, 즉 야고보서, 베드로전·후서, 요한 1·2·3서, 유다서와 사도 요한이 쓴 계시록이다.

세상의 종교는 나름대로 정경을 고수한다. 유대교는 타나크(Tanakh)를, 불교는 불경을, 이슬람교는 코란경을, 유교는 사서삼경(四書三經) 또는 사서오경(四書伍經)을 정경으로 두고 있다. 참고로 사서는 논어(論語), 맹자(孟子), 대학(大學)과 중용(中庸)이고, 삼경은 시경(詩經), 서경(書經)과 역경(易經)이고, 오경은 여기에 두 권의 책을 더한다. 춘추(春秋)와 예기(禮記)이다. 이에 반해 그리스도교는 성경을 정경(canon)으로 삼는다.

특히 유대인은 타나크를 정경으로 고수한다. 타나크란 토라(Torah, 율법서), 네비임(Neviim, 예언서)과 케투빔(Ketuvim, 성문서)의 첫 글자를 따서 만든 합성어이다. 토라는 모세 5경을 포함하고, 예언서는 여호수아, 사사기, 사무엘기, 열왕기, 다니엘서를 뺀 3편의 대선지서와 12편의 소선지서를 포함한다. 성문서는 시가서(욥기, 시편과 잠언), 지혜서(룻기, 에스더, 전도서, 아가, 예레미야 애가)와 역사서(역대기, 에스라와 다니엘)를 포함한다. 현대에 와서 유대교는 타나크라는 단어를 사용하는 것보다 미크라(Mikra)를 공적으로 사용하는 경향이다. 히브리어 미크라는 읽는다는 뜻을 가진 단어이고, 라틴어 쓰이다(written)라는 스크립투스(scriptus)와 유사하다.

정경(政經, canon)이란 그리스어 카논($\varkappa\alpha\nu\omega\nu$)에서 나온 단어인데 그 뜻은 자(ruler) 또는 잣대이고, 하나님의 영감으로 기록된 문서를 측량하는 기준이라고 본다.

초대교회 때 다양한 이단자들이 등장하자 정통신앙의 선배들은 이단 서적들과 하나님의 영감 된 말씀을 구분해야 할 필요를 가졌다. 많은 자가 이단으로 치우치거나 헷갈리는 경우가 있었다. 영지주의자는 제멋대로 하나님의 말씀이라는 책들을 작성하여 사용하며 배포했기에 바리새파보다 더 사악한 짓을 자행했다. 이런 자 중 구약성경을 정경에서 배제하자는 이단자 마르키온과 같은 사도 등장했나. 무엇이 하나님의 말씀을 기록한 책인지 구분해야 하기에 정통신앙은 정경을 정하여 구별해야 할 필요가 있었다.

당시 로마제국 내 살던 유대인, 즉 디아스포라 유대인은 히브리어로 된 구약성경을 기원전 300년경 그리스어로 번역한 70인 역(LXX, *Septuagints*)을 갖고 있었다. 초대교회 신앙인들도 이 책을 사용했을 뿐 아니라 복음서에도 이 내용이 인용되곤 했다. 그런데 이 책에는 유대교의 타나크만 아니라 외경(「벨지카」 6항)도 포함돼 있었다. 게다가 70인 역은 타나크와 비교할 때 잘못된 번역들이 포함돼 있어 정경에 대한 부정적 견해가 있었다. 신약성경은 카르타고 종교회의(397)에서 현재의 27권으로 확정했지만 구약성경에 대해서는 이견이 있었다. 초대교회 니케아 정통신앙을 고수하는 초대 교부 아타나시오스, 히에로니무스 또는 아우구스티누스와 같은 분들은 외경을 정경에서 제외해야 한다고 주장하므로 현재의 성경을 정경으로 정했다. 이어진 카르타고 종교회의(419)에서 이것을 인준했고, 7세기 말 퀴니섹스툼 종교회의(*Concilium Quinisextum*, 692)에서 재확인했다. 16세기 종교개혁자들은 로마가톨릭 교회가 정경에 포함한 외경을 인정하지 않고 유대교가 고수한 39권(원래 24권)의 구약성경과 27권의 신약성경을 정경으로 인준하여 현재까지 전해지고 있다(「벨지카」 5항①).

참고로, 현재의 성경 구절은 파리의 로베르 에스티엔(Robert Estienne, 1503~1559)의 수고로 영어 성경 『제네바 성경』(Geneva Bible, 1560)에 처음으로 사용되었다.

5항: 성경의 신적 권위의 출처
(From whence the Holy Scriptures derive their Dignity and Authority)

① We receive all these books, and these only, as holy and canonical, for the regulation, foundation, and confirmation of our faith;
② believing without any doubt, all things contained in them, not so much because the Church receives and approves them as such, but more especially because the Holy Ghost witnesseth in our hearts, that they are from God, whereof they carry the evidence in themselves.
③ For the very blind are able to perceive that the things foretold in them are fulfilling.

① 우리는 이 모든 책을 수용하고(살전 2:13) 이 책들(성경)만이 우리의 믿음을 규정하고 기반하고 확인하는 거룩한 정경이라고 수용한다(딤후 3:16~17).
② (우리가) 어떤 의심도 없이 그 책들 안에 담긴 모든 것을 믿는 이유는 교회가 그것들을 그렇게 수용하고 인정하기 때문이 아니라, 더욱더 중요한 것으로, 그 책들이 하나님께 기원을 두고 있으며 그 자체 안에 그것에 대한 증거를 지니고 있다는 것을 성령 하나님께서 우리 심정에 증명하시기 때문이다(고전 12:3; 요일 4:6, 5:7).
③ 심지어 분별없는 자라도 그 안에 미리 말씀한 것들이 성취되고 있는 것을 인식할 수 있다(신 18:21~22; 왕상 22:28; 렘 28:9; 겔 33:33).

다시 강조하지만, 그리스도교에 속한 그리스도인, 특히 개혁신앙인은 하나님의 기록된 말씀인 성경만이 정경임을 고수한다. 이 의미는 성경만이 하나님의 특별계시이고, 그리스도인들이 그분에 관해 무엇을 믿으며, 어떻게 살아야 할지에 대한 모든 것을 규정하는 권위를 가졌다는 것이고, 이것 외에 유사한 이름을 가진 것들은 참고로만 봐야 한다는 것이다. 그렇지 않고 성경만으로(솔라 스크립추라, sola scriptura)의 신앙이 아니라 성경 제일로(프라임 스크립추라, prima scriptura)라는 신앙을 갖게 되면 미끄러져 자멸하고 말 것이다. 겉으로는 성경적인 것 같고, 그리스도교인인 것처럼 보이지만 실제로는 비성경적이고 거짓 신자이다.

제5항의 고백은 이전 항목(4항)에서 밝힌 66권의 성경책이 정경인 이유를 밝히고 신적 권위를 가진 정경임을 밝히는 데 초점을 맞추고 있다.

① 하나님의 기록된 말씀인 66권의 성경만이 믿음의 규칙을 위한 정경이고,(「벨지카」 7항(1); 「신앙고백서」 1장 2항), 그 성경이 주요하게 가르치는 것은 믿음과 순종에 관한 것이다(「신앙고백서」 1장 4항①; 「대교리」 3문; 「소교리」 3문). 믿음은 하나님에 대해 무엇을 믿어야 하는지에 관한 것이고, 순종은 하나님께서 자신의 자녀에게 요구하는 의무에 관한 것이다(「대교리」 5문). 신앙고백은 전자에 관해 먼저 초점을 맞춘 후 후자에 관해 초점을 맞춘다. 예를 들면, 하나님의 말씀이 무엇인지 물으면, 그 답변으로 믿음과 순종의 유일한 규칙이라 우리는 대답한다(「대교리」 3문). 이어서 성경이 주로 가르치는 것이 무엇인지 물으면, 우리는 하나님에 관해 무엇을 믿고 그분이 요구하는 의무가 무엇인지에 대해 대답한다(「대교리」 5문). 그런 후 삼위일체 하나님에 관한 고백부터 시작하여 율법 전까지 이른다. 전자는 믿음, 후자는 순종과 관련됐기 때문이다. 이렇게 보면, 신앙은 믿는 것과 순종하는 것에 관한 것이고 신앙생활은 이것의 일치를 말하는 것임을 알 수 있다.

믿음의 규정은 믿음의 규칙, 항목 또는 신비라고 불린다(『해설자용』, 879,

925). 이것은 구원을 위한 본질적 진리를 의미한다(4권 2장 1항, 808; 『해설 자용』, 670). 믿음의 항목은 교회만이 정할 수 있는데 그 교회는 개교회를 일컫지 않고 모든 교회, 즉 총회(Assembly) 또는 범종교회의(Council)를 말한다. 예를 들면, 돌드레히트 종교회의(1618~1619), 웨스트민스터 총회(1643~1649), 4대 범종교회의(니케아[325], 콘스탄티노폴리스[381], 에페수스[431]와 칼케돈[451]) 등이다.

모든 교회를 대표하는 모임이라 하더라도 성경과 불일치한 것을 결의하고 결정하면 언제든 그 모임은 거짓 회의가 되고 만다. 위에 언급한 것 외에 거짓 신자는 종교회의라는 이름으로 자신의 교리를 믿음의 규칙으로 만들기 위해 음모를 꾸민다. 예를 들면, 제2차 니케아 종교회의(787)를 개최하여 성상 숭배를 믿음의 규칙으로 정했다. 이 결정은 비성경적인 거짓 교리일 뿐이다. 어떤 회의에서든 믿음을 규정하려고 할 때 성경의 일관된 진리에서 벗어나면 안 된다. 아무리 많은 무리가 모이고 오랫동안 회의를 거쳤다 하더라도 최종적 결정권은 성경이고 그것에 일치해야 한다. 비근한 예로 아합왕이 소집한 회의에는 400명의 거짓 선지자에 있었고 바른 선지자는 한 명에 불과했다(왕상 22:6, 22).

종교개혁 당시 로마가톨릭교회도 자기들도 종교개혁을 한답시고 약 18년(1545~1563) 동안 토렌토 종교회의를 개최하여 반종교개혁(counter-Reformation)을 시도했다. 하지만 이것은 거짓 종교회의일 뿐이고 로마가톨릭 체제를 강화하고 옹호하려는 것에 불과했다. 모든 그리스도교는 초대교회 때에 개최된 제1차부터 제4차에 이르는 범종교회의를 정통으로 인정한다(4권 9장 8항, 896). 조금 부족한 면이 없지 않으나 성경적이기에 인정한다(4권 9장 10항, 898; 4권 9장 13항, 900).

정통신앙을 믿는다고 공언하지 않거나 선언하지 않는 교회는 그리스도인도 아니고 그리스도교도 아니다. 입술로만 외치는 것을 선언이나 고백이라 말할 수 없다. 그런데도 여전히 정통신앙이 뭔지 가르치지도 않거나 실천하지도 않고 심지어 그것을 감춰서 묻어두고 있다면 그 시점까지는 거짓교회임이 틀림없다. 또 묻지도 않고 배우려는 일에 무관심한 자가 있다면 그 시점까지 거짓 신자임이 틀림없다. 참 신자, 선택된 자 또는 중생 된 자라면 반드시, 언제든, 어디서든 바른 교회, 정통교회를 찾아 말씀을 배우고 연구하게 돼 있다(『해설자용』, 684, 742). 그 이유는 참된 교회밖에는 구원이 없기 때문이다(「벨지카」 28항①).

② 하나님의 영감도 받지 않은 것이지만 대중에게 신성한 책이라고 가공한 여러 작품이 초대교회 시대에 있어서 이단자들의 근거가 되었다. 예를 들면, 마리아 복음, 베드로 행전, 유다복음, 도마복음 등과 같은 영지주의 작품이다. 정통신앙의 선배들은 정통신앙 또는 바른 신앙을 정립하기 위해 당시 회람되던 책 중 어떤 책이 하나님의 기록된 말씀인 성경인지를 밝히는 데 주력했다. 초대교회 때에도 이단자들이 난무했기에 교회는 정경화의 노력이 필요했다. 그 결과 66권만을 성경으로 인정했다. 교회가 인정했다고 해서 성경으로 분류하는 최종의 권위가 교회에 있다는 의미는 아니다(1권 7장 2항, 73). **성경 자체가 하나님의 말씀임을 증명하기 때문이다**(1권 7장 5항 76; 「신앙고백서」 1장 4항②). 이것은 다음과 같은 의미를 담고 있다.

1. 성경은 구원을 위한 책으로써 모든 부분이 일치할 뿐만 아니라(「신앙고백서」

1장 5항②) 하나님께 영광을 돌리는 모든 부분과 전체 의도에서도 일치한다 (「대교리」 4문②).

2. 죄인을 회개시키고 신자를 위로하고 세운다(「대교리」 4문③).

3. 성경의 제1저자이신 성령 하나님께서 우리 심정에 증명한다는 것이다(「신앙고백서」 1장 5항③;「대교리」 4문①). 이 모든 것은 성령의 내적 사역에 근거한다.

여기서 가장 중요한 고백은 성령 하나님께서 우리 심정에 성경이 하나님의 말씀임을 증명한다는 것이다. 이것은 그 어떤 고백보다 중요하다. 성령 하나님은 성경과 모순된 역사를 행하지 않는다(「돌드레히트」 5장 10항①). 말씀을 제쳐두고 특별한 계시를 받았다는 거짓 선지자가 많다. 또는 성경을 언급만 하고 자신의 계시와 이론을 쏟아내는 거짓 선지자가 많다. 성경의 제1저자이신 성령 하나님과 계시의 내용이 일치하지 않은 것은 거짓 영을 받은 것이다(1권 9장 2항, 85). 성령 하나님은 그리스도의 말씀과 항상 함께 하는 동반자이고,(「대교리」 2문②), 성경을 통해 말씀한다(「신앙고백서」 1장 10항). 성경의 저자이신 성령 하나님께서 다른 것으로 증명하기란 만무하기 때문이다. 성령께서 말씀을 통해 그리스도를 나타내면 그 말씀은 생명의 말씀이 된다(1권 9장 3항, 86). 예수님은 제자들에게 진리의 영이 오시면 그분의 말씀을 기억나게 하고 진리 가운데로 인도할 것이라고 말했다(요 15:26, 16:13).

성령 하나님께서 우리 심정에 증명한다는 의미는 믿음의 규칙이며 그것을 규정하는 것이 하나님의 말씀인 성경이고, 그것의 말씀을 통해 우리 심정에 믿음을 심는다는 것이다. 그 믿음으로 선택된 자는 예수 그리스도와 그분에 관한 참된 지식을 수용하게 된다(「벨지카」 22항①). 심정에 증명한다는 것은 믿음으로 우리 심정을 밝힌다는 것 또는 심는 것을 의미한다. 이런 면에서 성령 하나님은 믿음의 창시자(3권 2장 33항, 475; 「하이델베르크」 74문②) 또는 중생의 저자(1권 13장 14항, 123; 「돌드레히트」 3장~4장 3항, 12항⑥; 「소교리」 29문)라 불린다.

③ 성경의 명료성 또는 명백성에 관한 고백이다. 성경은 구원을 위해 꼭 알아야 하고 믿어야 하는 진리를 누구에게나 평범하고 뚜렷하게 전달한다. 모든 자는 통상적인 수단을 성실하게 쓰면 그 진리에 이를 수 있다(「신앙고백서」 1장 7항①②). 그 수단은 일반적으로 성경 공부, 즉 성경을 읽고, 듣고, 지키고, 연구하는 것을 말한다. 신학자나 목회자처럼 전문적 지식이 없다 하더라도 성경을 정기적으로 또 진심으로 읽고, 듣고, 지키고, 연구하면 구원의 놀라운 기쁨을 누린다(계 1:3). 그 이유는 성령 하나님께서 간절하고 진정한 우리의 심정을 파악하셔서 진리를 깨닫게 하고 인도하기 때문이다. 우리가 호기심을 채우려고 꼬치꼬치 캐묻는 것인지 아니면 배워서 순종하려는 것인지 성령 하나님은 우리 영의 의도를 온전히 안다. 우리는 성경의 제자가 되지 않으면 바르고 순전한 교리의 맛을 조금이라도 맛볼 수 없다(1권 6장 2항, 70). 과연 그 제자가 되려는 것인지 아니면 호기심을 채우려는 거짓된 심정을 가진 것인지 분별하는 길은 순종을 통해서이다. 흔히들 머리만 키워서 냉랭하고 건조한 교리만을 고수한다고 비난을 받는 경우가 있다. 이것은 진리에 대한 지식을 학문의 지식으로 오해하여 순종하지 않는 데서 비롯된다.

하나님에 대한 지식인 진리는 이해를 위한 것이 아니라 선언이다. 구원에 관해서는 이해하여 순종하는 경우가 간혹 있지만 그분에 관한 것은 불가해적이다. 진리에 대한 바른 자세는 맹신이 아니라 신뢰이다. 전자는 무턱대고 믿어 아집(我執)으로 향한다면, 후자는 믿고 순종으로 향한다. 그런데 순종으로 드러나기만 하면 바른 신앙이라고 오해하는 경우도 간혹 있다.

우리는 욥과 세 친구를 통해 맹신과 신뢰가 어떻게 다른지 구별할 수 있다. 욥은 하나님에 대한 지식으로 향하는 여정을 밟고 있었다. 욥은 자신이 겪는 참혹한 형편에 대한 원인을 알고 싶어 하나님께 답변을 요구한다. 욥은 그분이 제1원인자라는 진리를 고수하면서 호기심이 아니라 그분을 끝까지 신뢰하는 신앙을 고수한다. 이에 반하여 친구들은 자신들이 이미 겪어서 알고 있는 신앙이나 경험에만 근거하여 이 세상의 가시적인 인과보응을 주장한다. 그들에 따르면, 악인은 이 세상에서 반드시 보응을 받는다는 것이다. 그런데 욥이 불행과 환난을 겪는 것을 보니 분명히 죄인임이 틀림없다고 판단한 것이다. 언뜻 보면, 누구라도 그렇게 판단할 수 있다. 그들은 악인이라도 회개하면 하나님께서 용서하시고 부귀영화를 회복할 것이라는 고정관념에 집착했다. 그런데 회개하지 않고 끝까지 하나님의 판단과 변호를 요청하는 욥을 보고 그들은 그가 고집불통이고 이기심이 가득하다고 정죄했다. 욥은 그들의 주장과 정죄를 부인하며 이 세상에서 악인이 보응을 받지 않는 일도 있지만 저 **세상에서는 완전한 심판을 피할 수 없다**고 주장했다. 하지만 자신이 직면한 불행에 대한 답변을 하나님에게서 듣지도 못하고 알 수도 없다고 했다. 비록 하나님께서 말씀하시더라도 자신이 알지 못할 뿐 아니라 그분이 요구하는 것은 그분을 전적으로 신뢰하는 것임을 알았다. 더욱이 그들은 자신에 대하여 흑심을 품고 있는 것도 간파했다. 더는 그들의 권면이 별 의미가 없다는 것을 알았다. 이런 욥을 바라본 그들은 그에 대한 맹공격을 서슴지 않았다. 이렇게 볼 때 욥은 신뢰이고, 그들은 맹신이다.

그러면 신뢰와 맹신의 차이는 무엇일까? 신뢰는 끝까지 하나님의 말씀만을 꿀보다도 더 사모하며 집요하게 매달린다(시 19:7~13 참고). 그 안에서 믿음을 세우고 성령 하나님께서 그 말씀을 통해 확신을 심정에 심어준다. 이와는 달리 맹신은 말씀 중심이라고 하지만 수박 겉핥기에 불과하고 자신의 경험과 신념에 더 비중을 두고 그것에서 벗어나지 않는다. 전자는 언제든 말씀이신 그리스도의 순종을 닮지만 후자는 상황에 따라 변한다. 전자는 복음적 겸손을 나타내지만 후자는 율법적 겸손을 나타낸다.

교회 역사에서 핍박받던 개혁신앙인들은 잔인한 로마가톨릭 측면에서 볼 때 맹신자처럼 보였다. 하지만 전자는 성경만으로의 신앙을 철저하게 고수했고, 후자는 말씀과 다른 것과 함께, 즉 성경 제일로의 맹신을 고수했다. 전자는 말씀에 순종했지만 후자는 자신의 정책과 신념에 따라 탁상공론만 일삼았다. 전자는 그분의 말씀 권위에 복종했지만 후자는 자신의 이론과 신념에 집착했다.

「벨지카」 1항에서 시작한 유일무이하고 단일한 하나님에 대한 신앙이 맹신이 아니라 신뢰임을 증명하기 위해 성경에 관한 고백을 2항부터 7항까지 폭넓게 다루고 있음을 알 수 있다. 이것은 굳이 「벨지카」만 아니더라도 「신앙고백서」 1장 1항~10항에 이르는 고백에서도 쉽게 알 수 있다.

6항: 정경과 외경의 차이점(The Difference between the Canonical and Apocryphal Books)

① We distinguish those sacred books from the apocryphal, namely: the third book of Esdras, the books of Tobias, Judith, Wisdom, Jesus Syrach, Baruch, the appendix to the book of Esther, the Song of the three Children in the Furnace, the history of Susannah, of Bell and the Dragon, the prayer of Manasses, and the two books of the Maccabees.

② All of which the Church may read and take instruction from, so far as they agree with the canonical books; but they are far from having such power and efficacy, as that we may from their testimony confirm any point of faith, or of the Christian religion; much less detract from the authority of the other sacred books.

① 우리는 신성한 책들을 **외경**[위경]과 구별한다. 외경에는 에스드라스 3서, 토비아스 책들, 유디스, 지혜서, 예수 시라크, 바룩, 에스더 부록, 풀무 불 속의 세 어린이 노래(아사랴의 기도), 수산나와 벨 및 용의 역사(다니엘 부록), 므낫세의 기도와 마카비 2권 등이다.

② 이것들이 정경 책들(성경)과 일치하는 한, 교회가 이것들을 읽어 교훈을 받을 수 있겠지만, 그것들의 증거에서 믿음이나 그리스도교의 어떤 관점을 확인할 힘과 효과를 가지고 있지 못하고 **다른 신성한 책들**의 권위를 훼손할 수 없다.

이 항목은 「신앙고백서」 1장 3항과 대소하면서 읽으면, 이해하는

데 도움이 된다. 앞 항목(4항)에서 언급된 66권의 성경인 정경과는 달리 외경의 정체를 밝히는 고백이다. 외경은 그리스어 아포크루포스(ἀπόκρυφος)에서 나온 단어로서 그 뜻은 숨기다(hidden)이다. 주로 기원전 2세기부터 기원후 4세기 또는 구약성경과 신약성경의 중간기 시대(말라기부터 세례요한)에 작성된 신앙 서적이었다. 외경은 로마가톨릭과 루터파 성경에 포함돼 있지만 청교도 성경인 『제네바 성경』(1560)의 머리말은 외경을 공개적으로 읽지 말아야 한다고 천명했다.

『제네바 성경』은 1557년 신약성경이 완성된 후 3년 만에 구약성경도 함께 완성된 영어 성경이다. 이 성경은 킹 제임스 버전(K.J.V., 1611)이 나오기 51년 전에 출판된 것으로 윌리엄 셰익스피어, 존 번연과 같은 분만 아니라 신대륙으로 건너간 청교도들이 애용한 성경이다. 이 영어 성경은 1539년 『그레잇 성경』(Great Bible)만 아니라 윌리엄 틴들이 번역한 영어 성경(1536)을 많이 참고한 것으로 영국에서 제네바로 건너간 영국 개혁파가 칼빈(1509~1564)과 티어도르 드 베즈(Théodore de Bèze, 1519~1605)의 교훈에 따라 번역한 귀중한 성경이다. 그래서 청교도와 개혁파 성도가 애용한 성경이 됐다. 이 성경의 특징은 처음으로 장과 절로 구분했다는 것이다. 본래 이 장별은 로베르 에스티엔(Robert Estienne, 1503~1559)이 라틴어 성경을 장별로 나눈 데서 비롯된다. 당시 그는 제네바에 머물고 있어서 『제네바 성경』의 장별 구분이 이뤄진 것이다.

초대교회 여러 작품에서 정경으로 삼는 네 가지 기준이 있다. 1. 사도적 기준 2. 우주적 수용 3. 예언 사용 4. 정통신앙 등이다(『개혁신앙이다』, 108). 이 기준으로 볼 때 외경 또는 위경은 하나님의 영감을 받지 않았고 성경 이름을 빌려 자신의 사상을 나타내려는 서적임을 쉽게 알 수 있다

(『신앙고백서』 1장 3항).

① 13권으로 구성된 외경의 목록이다. 역사서는 에스드라스 1서(에스라 1서), 마카비 1서, 수산나(다니엘 부록), 에스더 부록, 예레미야 서신, 마카비 2서, 므낫세 기도서, 전설은 바룩서와 유디스, 묵시서는 에스드라스 2서(에스라 2서), 교훈서는 예수 시라크, 토비아스 책들과 지혜서 등으로 분류된다. 1666년 이전에 인쇄된 킹제임스(K.J.V.[King James Version], 1611)는 외경을 포함했지만 1826년 이후 외경을 포함하지 않았다. 물론 영역 성경인 『제네바 성경』(Geneva Bible, 1560)이나 엔아이브이(N.I.V.[New International Version], 1978)와 이에스브이(E.S.V.[English Standard Version], 2011)도 외경을 포함하지 않는다.

② 다른 신성한 책들은 정경인 성경을 의미한다. 흔히들 구약성경과 신약성경 사이에 쓰인 책들은 외경에 속하고, 신약성경과 그 이후에 쓰인 책들은 가경(위경) 또는 영지주의 책들에 속한다(『개혁신앙이다』, 110~111).

1세기~2세기 사도들을 이은 속사도들이 남긴 서신이나 작품들이 있다. 흔히 사도적 교부 또는 속사도의 작품이라 불린다. 예를 들면, 폴리캅(폴리카르푸스) 서신, 클레멘트 1서와 2서, 바나바서, 에르마의 목자, 디다케 또는 이그나시오스 서신 등이 있다. 이런 작품은 정경에 속하지 않고 참고할 수 있는 신앙 서적으로만 분류된다. 심지어 이런 서적에도 들지 못하는 외경 또는 위경은 참고가 되기도 하지만 오히려 신앙에 유해한 요소가 다분히 있으므로 신앙의 선배들은 특유하게 지석하면서 성고하였다(『이것이 교회사다: 진리의 보고』(초대교회사 편), 153~154).

하나님의 이름을 언급하며 쓰인 서적이라고 신앙에 모두 유익한 것이 절대 아니다. 많은 책을 읽는 것이 중요한 것이 아니라 바른 책을 정독하는 것이 훨씬 중요하다. 요즘에도 저자가 누군지도 모르고 어떤 신학을 가진 학자인지도 모른 채 책들이 인쇄돼 쏟아져 나온다. 출판사는 인기 위주의 책을 생산해서 이익을 보려 하고, 독자는 자신의 구미에 맞는 책을 골라서 자긍심을 높이려고 한다. 신앙을 위하기보다 일시적 위로와 흥미를 위해 서적을 고른다. 한두 차례 읽기도 전에 팽개쳐 버리는 책들이 간혹 있다. 서적의 홍수 시대라 말할 수 있다. 이런 흐름은 과거나 요즘이나 다를 바 없기에 믿음의 성장과 바른 신앙생활을 위한다면 하나님의 말씀을 그만큼 사모해야 할 것이다.

7항: 믿음의 유일한 규칙인 성경의 충분성
(The Sufficiency of the Holy Scriptures, to be the Only Rule of Faith)

(1) We believe ① that those Holy Scriptures fully contain the will of God,
② and that whatsoever man ought to believe, unto salvation, is sufficiently taught therein.

(2) For, ① since the whole manner of worship, which God requires of us, is written in them at large, it is unlawful for any one, though an apostle, to teach otherwise than we are now taught in the Holy Scriptures: nay, though it were an angel from heaven, as the apostle Paul saith.
② For, since it is forbidden, to add unto or take away anything from the word of God, it doth thereby evidently appear, that the doctrine thereof is most perfect and complete in all respects.

(1) 우리가 믿는 것은 ① 그 성경이 하나님의 의지(뜻) 전부를 담고 있고,
② 구원에 이르기 위해 인간이 믿어야 하는 것이 무엇이든 그 안에서 충분히 가르치고 있다는 것이다(딤후 3:16~17; 벧전 1:10~12).

(2) 그 이유는 ① 하나님께서 우리에게 요구하는 **경배의 전체 방식이** 상세하게 그 안에 기록되어 있으므로 사도라 할지라도(고전 15:2; 딤전 1:3) 우리가 성경에서 현재 가르침을 받는 것 외에 다른 것을 가르치는 것은 불법이다. 그 예로서 사도바울은 하늘에서 내려온 천사라 하더라도 안 된다고 말한다[갈 1:8].

② **하나님의 말씀에서 어떤 것이라도 더하거나 빼는 것이 금지되어 있**기에(신 4:2, 12:32; 잠 30:6; 행 26:22; 고전 4:6; 계 22:18~19) 여기서 뚜렷하게 드러나는 것은 그 말씀에 관한 **교리가 모든 면에서 가장 완벽하고 완전하**다는 것이다(시 19:7; 요 15:15; 행 18:28.

(3) Neither do ① we consider of equal value any writing of men, however holy these men may have been, with those divine Scriptures, nor ought we to consider custom, or the great multitude, or antiquity, or succession of times and persons, or councils, decrees or statutes, as of equal value with the truth of God, for the truth is above all;
② for all men are of themselves liars, and more vain than vanity itself.

(4) Therefore, we reject with all our hearts, whatsoever doth not agree with this infallible rule, which the apostles have taught us, saying, Try the spirits whether they are of God. Likewise, if there come any unto you, and bring not this doctrine, receive him not into your house.

20:27; 롬 15:4).

(3) ① 성스럽다고 여겨졌을지 모르는 사람(어떤 성자)의 어떤 작품을 신성한 성경과 동등한 가치를 지닌다거나, 관습, 많은 무리, 고대성, 시대와 인격(사람)의 전승, 종교회의, 법령, 법규를 하나님의 진리와 동등한 가치를 지녔다고 절대로 생각해서는 안 된다. 그 이유는 그 진리가 그 어떤 것보다 (비교할 수 없이) 뛰어나기 때문이다(시 19:7; 요 15:15; 행 18:28, 20:27; 롬 15:4).

② 또 모든 인간은 스스로 거짓말쟁이고 허무한 것보다 더 허무하기 때문이다[시 62:9].

(4) 그래서 사도들이 우리에게 가르친, 즉 "오직 영들이 하나님께 속하였나 분별하라"[요일 4:1] 또 "누구든지 이 교훈을 가지지 않고 너희에게 나아가거든 그를 집에 들이지도 말고 인사도 하지 말라"[요이 1:10]는 무류한 규칙과 일치하지 않는다면 그것이 무엇이든지 간에 전심으로 거절해야 한다(신 4:5~6; 사 8:20; 고전 3:11; 엡 4:4~6; 살후 2:2; 딤후 3:14~15).

「신앙고백서」 1장 5항~6항과 함께 읽으면 좋은 이 고백은 성경의 신빙성과 충족성에 관한 것이다. 앞 항목(「벨지카」 5항①)에서도 고백했듯이 성경은 우리의 믿음(과 순종)을 위한 책이다. 성경을 벗어나서 다른 것에서 믿음을 위한 진리를 절대 얻을 수 없다는 것은 성령 하나님께서 역사하지 않으면 안 된다는 것을 의미한다. 그리스도의 말씀과 영(성령 하나님)은 동반자인데 성령은 복음을 수단으로 사용하여 심정에 믿음을 일으키기 때문이다(「돌드레히트」 3장~4장 17항①②; 「하이델베르크」 65문). 이 의미는 성령 하나님께서 성경의 영역에서 벗어나면 역사할 수 없거나 역사하지 않는다는 것이 아니다. 그분이 그것에 제한되지 않지만 그것을 떠나서 역사하지 않는다는 것이다. 그리고 그분의 사역을 그것에서 벗어나서 헤아린다거나 깨닫는 것이 불가능하다는 것이다. 성령 하나님의 가장 중요한 사역은 우리 심정에 믿음을 심고 강화하는 것이다(3권 1장 4항, 438~439; 「벨지카」 22항①; 「하이델베르크」 65문; 『해설자용』, 358; 『개혁신앙이다』, 228; 「소교리」 30문). 영감 된 하나님의 말씀인 성경을 제쳐두고 성령의 역사를 체험한다는 것은 그릇된 신앙임을 드러내는 것이다. 성령 하나님은 성경의 제1저자로서 성경, 즉 믿음과 순종의 유일한 규칙을 통해 선택된 자에게 인격적으로 사역한다(「대교리」 3문; 「소교리」 2문, 3문). 그분은 성경을 통해 무엇을, 어떻게, 얼마나 믿고 따라야 하는지 우리의 지성을 밝게 하여 깨닫게 한다. 이 항목에서 믿음에 관해서는 (1)에서, 순종에 관해서는 (2)에서 고백한다.

(1)① 어떤 경우에 성경이 그분의 의지(뜻) 전부를 담고 있다고 하거나(「벨지카」 25항④; 「신앙고백서」 3장 8항②) 그중에 속한 율법도 특히 하나님의

의지를 담고 있다고 고백한다(「신앙고백서」 19장 6항③, 7항②; 「대교리」 157문 ③: 2권 7장 12항, 313). 하나님은 성경 외에 자신의 뜻을 계시하지 않았다. fully contain the will of God이라고 고백하는 것에서 문법적으로 전부(fully)는 가득 찼기 때문에 다른 것이 들어갈 틈이 없다는 뜻이다. 동시에 성경이 하나님의 뜻으로 가득 찼다는 뜻도 담고 있다. 그래서 우리는 성경으로만 하나님의 뜻을 분별해야 한다(『개혁신앙이다』, 115). 이런 면에서 사도바울의 경고를 떠올리면 좋다. "우리나 혹은 하늘로부터 온 천사라도 우리가 너희에게 전한 복음 외에 다른 복음을 전하면 저주를 받을지어다"(갈 1:8).

우리는 하나님의 뜻을 알기 위해 율법을 배워야 한다(2권 7장 12항, 313). 혹자는 율법이 있기 전 족장 시대에는 직접 계시하지 않았느냐고 묻거나 선지자들이 기록한 것 외에도 많은 것을 받지 않았느냐고 물을 수도 있다. 그렇다! 율법이 있기 전이므로 하나님께서 음성으로나 직접 현현하셔서 아니면 메신저(천사)를 통해 자신의 뜻을 전달했다. 또 선지자들은 받거나 본 모든 계시를 기록하지 않았다. 그들은 기록할 때도 하나님의 명령을 받을 때였고, 받은 것을 모두 기록으로 남기지 않았다. 성문화된 것을 제쳐두고 또 새로운 것을 추구한다면 언제까지라도 불만족 가운데 갈급하면서 지낼 것이다. 이런 갈증을 해결하기 위해 성경으로 돌아가자는 것은 아니다. 하지만 하나님의 말씀이 영감으로 기록되고 성경이 되었기에 성령 하나님은 그것을 통해 역사한다. 이 사실을 믿는 것은 당연한 귀결이지 논리적 이해가 요구되지 않는다.

근데 교회 역사를 보면, 하나님의 뜻이라는 이름으로 인간의 온갖 추악한 야욕을 채우는 사례가 많았다. 실례로, 로마가톨릭은 중세 시대에

약 200년(1096~1270) 동안 하나님의 뜻(Deus vult)이라고 외치면서 수십만 명의 무고한 자를 전쟁터에서 죽도록 내몰았고, 또 이단을 척결한다는 핑계로 헤아릴 수 없이 많은 사람을 학살했다(『개혁신앙이다』, 239). 물론 정말 이단자들도 있었겠지만 이단 척결(hunted heretics)이라는 이름으로 무고한 자를 더 많이 학살했다. 현재도 하나님의 뜻이라고 하며 마음대로 성경을 해석해서 자신의 야욕을 숨기고 자행하는 작태는 여전하다.

자신의 의지(뜻)를 하나님의 의지(뜻)라고 여겨 만행을 저지르는 자는 과거, 지금 또 앞으로도 있을 것이다. 이런 자들의 공통점은 하나님의 말씀을 자기중심으로 해석하고, 상징으로 해석하고, 그리스도교를 사회의 종교로 전락하여 (에라스투스주의[Erastianism]처럼) 사회에 종속시키고(『개혁신앙이다』, 38 각주, 528), 사람들을 하나님의 말씀에 대해 무지하도록 만들어 우상과 미신을 따르게 한다. 사회악을 없애는 데 왜 그리스도교가 이용돼야 하며 사회 정의를 내세우는데 교회가 나서야 하는 이유가 뭣인가? 교회 역사를 조금이라도 훑어봤다면 이런 일을 자행하지 않을 것이다. 심지어 그 역사 공부 역시 보고 싶은 것만 보고, 듣고 싶은 것만 듣고, 읽고 싶은 것만 읽는 편식하는 자들이 아는 체하며 진리를 왜곡시켜 만용 하는 것이다. 그리스도께서 사회 정의를 세우라고 우리를 선택하지 않았는데도 현 교회들은 세상의 빛과 소금이라는 진리를 자기 해석하여 그리스도교를 사회 정의를 위한 도구로 사용한다. 혹자는 이것을 교회(또는 신자)가 세속의 지도자가 돼야 한다고 해석한다. 이렇게 자기 해석하는 자를 우리 주위에서 쉽게 찾아볼 수 있다. 하나님의 뜻은 성경 외에 다른 것에서 찾아서도 안 되고 찾을 수도 없다. 성경에서 찾는다고 하여 자기 해석에 빠지는 경우가 너무나 많으므로 교리를 배워야 한다. 일관된 해석을 위해 교리가 없으면 자기 해석에 빠지고 말 것이다(『개혁신앙이다』, 124~128).

(1)② 하나님의 말씀은 우리와 우리의 구원을 위해 특별한 보호 속에서 기록됐다(「벨지카」 3항②). 구원의 확신을 가진 자로서 반드시 견인하는데 필요한 영의 양식을 성경은 충분히 담고 있다. 문법적으로 충분하다(sufficiently)고 했으니 견인을 위해서는 다른 것이 필요 없다는 것이다. 이것은 종결된 특별계시를 의미한다. 부족하다면 하나님은 지금도 그 계시를 주시겠지만 종결됐기에 충분하다고 고백하는 것이다. 다른 것은 참고일 뿐이다. 여전히 성경 외 특별계시의 필요성을 주장하는 이단자는 언제든, 어디서든 잡초처럼 끊임없이 생겨난다. 아니, 염려스러운 것은 우리 자신에게서도 이단성을 쉽게 찾아볼 수 있다는 것이다.

구원을 위한 믿음의 말씀이 성경으로 충분하여 다른 것이 필요 없다는 것은 복음을 의미한다(2권 9장 2항, 355). 복음은 구원의 진리를 충분히 담고 있다. 이런 측면에서 사도바울은 복음을 믿음의 말씀이라 말한다(롬 10:8). 이 의미는 복음이 믿음의 대상이고 하나님의 약속이 담겨 있다는 것이다. 또 사도바울은 사랑하는 영적 아들 디모데에게 믿음의 말씀으로 훈련을 받아 선포하는 사역을 성실히 수행하라고 권했다(딤전 4:6). 이것은 믿음의 대상이 복음, 즉 그리스도이기에 그분에 관한 진리와 건전한 교리를 배우고 훈련받고 성장해서 선포하는 일을 성실하게 수행하라는 의미이다. 이처럼 성경, 즉 복음과 율법은 구원의 주님이신 그리스도를 믿고 신뢰하는데 충분한 메시지를 담고 있다.

(2)① 예배 모범 중에는 기도와 더불어 성경을 읽는 것, 하나님께 순종하는 것, 말씀의 순전한 선포, 시편을 찬미하는 것, 성례를 집행하는 것 등이 있다(「신앙고백서」 21장 5항②). 동시에 예배는 단순히 의식에만 제한되지 않고 삶과도 관련을 맺고 있다. 하나님의 말씀인 성경은 믿음과 순종의 유일한 규칙이다(「대교리」 3문). 성경이 가장 주요하게 가르치는 것도 믿음과 그것에 따른 의무, 즉 순종에 관한 것이다(「소교리」 3문). 여기서는 두 번째 요소인 순종 또는 믿음에 따른 의무를 고백하고 있다. 의무와 순종을 같은 부류에 두는 것은 하나님께서 사람에게 요구하는 의무가 그분의 의지 또는 뜻에 따른 순종이기 때문이다(「대교리」 91문; 「소교리」 39문).

성경은 **경배의 전체 태도**, 즉 믿음에 따른 또는 하나님의 자녀로서 수행해야 하는 의무에 대해 말한다. 하나님의 뜻에 따른 순종에 관한 것은 성경에서 모든 태도를 찾을 수 있다. 연구하고, 분석하고, 묵상하지 않으면 다이아몬드를 돌처럼 여긴 원주민과 다를 바 없다. 이 보화를 캐내기 위한 다른 수단은 기도이다. 하나님은 특별한 외적 수단으로 말씀, 성례와 기도를 우리에게 주셨다(「신앙고백서」 10장 1항①; 「대교리」 154문②; 「소교리」 88문①). 나머지 두 수단 역시 말씀에 늘 근거하거나 반영되지 않으면 수단의 구실을 하지 못한다. 그 이유는 두 수단이 말씀의 동반자이고 그 주체는 말씀이기 때문이다(「신앙고백서」 14장 1항). 아무튼, 성경은 영원에서 작정한 하나님의 계획으로 가득 차 있다. 그것을 최소한 조금이라도 인식한다면 성경을 그 어떤 금은보석보다 귀히 여겨야 하고(시 19:10), 필요한 음식보다 절실하고(욥 23:12), 주야로 묵상해야 한다

(시 1:2).

(2)② 이 고백에서 하나님의 말씀과 성경을 동일시하라고 권한다고 여겨진다. 하나님의 말씀에 관한 교리는 그분의 기록된 말씀, 즉 성경을 말하기 때문이다. 하나님의 말씀에서 어떤 것도 빼거나 더해선 안 된다고 선언하면서 그 말씀에 관한 교리, 즉 성경이 모든 면에서 가장 완벽하고 완전하다는 것이다. 그래서 인간이 쓴 작품과 비교해선 안 된다고 덧붙인다((3)①).

여기서 주목해야 하는 것은 충분한 성경에 무엇을 더하거나 빼서도 안 된다는 것이다. 이런 면에서 7항의 제목에서와 내용에서 "충분"(sufficiency)과 "충분하게"(sufficiently)라는 명사나 부사를 사용한다((1)①②). 성경은 하나님의 뜻을 전부 담고 있고((1)①) 구원을 위한 교훈으로 충분하다((1)②). 하나님은 이 점을 여러 차례 경고한다(신 4:2; 계 22:18~19). 이 경고의 의미는 성경이 하나님의 뜻을 전부(fully) 담고 있고((1)①), 믿음과 순종을 위한 유일한(only) 규칙이고(「대교리」 3문; 「소교리」 3문), 하나도 빠짐없이 모두 이뤄진다는 것이다(마 5:18).

또 영원에서 작정한 하나님의 모든 계획이 이뤄지지 않는 것이 없고, 특히 구원의 계획은 예수 그리스도 안에서 반드시 성취된다는 것이다. 그러므로 우리는 무엇이 불필요하다거나 부족하다고 여기고 말씀을 첨삭하는 망령된 행동을 삼가야 한다. 이런 행동은 교회 역사를 통해 수많은 이단자에게서 볼 수 있다. 이들의 야욕은 성경을 자기 해석하여 상징화시키므로 드러났다. 그 이유는 군림하고자 하는 사탄의 조무래기이기 때문이고, 개미들의 재물을 착취하여 사치와 허영을 일삼아 육체를 자랑하려고 하기 때문이다. 어떤 이유에서든 음모의 가면을 써서 사람에게 감성적 감동과 감화를 줘서 성경에 나타난 하나님의 의지를 깨닫지 못하게 하고, 자신의 심복으로 만들고, 인간 중심의 신앙으로 바꾸어 인간 종교로 추락시키고 부패와 타락을 이끈다. 이 세상에서 값어치 있고 영광스러운 삶만을 추구하게 한다.

(3) **성경보다 성인(saints)이나 훌륭한 인물의 작품을 선호해선 안 된다.** 이것에 근거해서 어떤 관행을 정할 때도 성경에 철저하게 점검받아서 아니라는 결론이 나면 언제든 내려놓아야 하고, 그렇다는 결론이 나면 일시적으로 수용할 것인지 지속할 것인지를 지혜롭게 판단해야 한다.

그런데 성경보다 세상의 훌륭한 저자의 신학이나 주장을 더 추종하는 경우가 많다. 예를 들면, 청교도주의가 좋다고 하여 어느 특정한 청교도를 선호하거나, 초대교회 특정한 인물을 연구하여 많은 도움을 받았다고 하여 그를 추종하는 예도 있다. 아니면 박사학위를 받은 자의 신학과 신앙에 매료돼서 그의 전파자가 되는 때도 있다. 하지만 하나님의 말씀을 더 깨닫게 하고 진리를 더 깊게 알기 위해 그런 자를 인용하는 것은 좋으나 전파자가 된다면 곤란하다. 더욱이 그런 자의 신학만 추종하지 말고 신앙까지도 살펴야 할 것이다(『개혁신앙이다』, 34).

이런 자세는 자기 구미에 맞는 철학이나 철학자의 사상을 따라 자기 행위, 자기 방종 또는 자기 웅변을 자랑하고, 합리화시키는 자세와 다를 바 없다. 신학을 고수하는 것은 이데올로기가 되기 쉽다. 신학이 아니라 신앙을 추구해야 한다. 삶이 없는 신앙은 거짓이고, 신앙이 없는 신학은 이데올로기다. 신학이 철학에 기반하면 이데올로기가 되기에 신앙에 근거해야만 한다. 성경을 깨닫게 하고, 진리를 따르게 하고, 거룩한 삶으로 이끄는 훌륭한 인물이라면 그를 따라야겠지만 그렇지 않고 그의 이름을 딴 종파를 만들거나 추종자로 만든다면 늘 유의해야 한다.

교회 역사에는 정말 훌륭한 자가 많다. 신실한 교부들, 훌륭한 신학자들, 경건한 신앙인들이 있다. 상상을 초월한 신앙을 소유한 분들이 있다. 그런 모든 자는 성경을 이해하는데 길잡이 역할을 하는 것이지 그들의 작품을 성경보다 더 선호한다면 이미 오늘의 신앙고백((3)①)과 대치된다. 하나님의 말씀을 이해하는데 그들의 연구와 삶이 쓰임 되는 길을 택해야 한다. 그렇다고 그들을 무시하라는 의미가 아니라 존경하되 추종하지 말아야 한다는 말이다. 내가 연구하지 못하고 궁금한 부분을 알려 주는 길잡이나 안내자이지 그 이상으로 따르는 것은 오늘의 고백((3)①)과 대치된다. 이런 면에서 사도바울의 경고를 심정에 새겨야 한다. "어떤 이는 말하되 나는 바울에게라 하고 다른 이는 나는 아볼로에게라 하니 너희가 육의 사람이 아니리요 그런즉 아볼로는 무엇이며 바울은 무엇이냐 그들은 주께서 각각 주신 대로 너희로 하여금 믿게 한 사역자들이니라"(고전 3:4~5).

또 본인도 추종자를 만들지 말아야 하고, 그 이름을 딴 사상도 만들지 말아야 한다. 이름을 딴 무슨 ~주의(~ism)는 위험하다. 그래서 칼빈주의나 개혁주의가 아니라 개혁신학(Reformed Theology)이어야 한다(『개혁신앙이다』, 10, 34~36). 우리가 칼빈 선생의 걸작 『기독교강요』를 강조하는 이유는 그의 책에서 개혁신앙의 고백이 기초했기 때문이지 그를 추종하기 때문이 아니다. 게다가 단순히 그의 문구를 인용하여 자신의 것으로 삼지 않기 위해 전체와 대부분을 살피려는 것이다(『개혁신앙이다』, 59). 또 그의 책을 탐독하는 이유는 진리에 관해 포괄적으로, 조직적으로, 역사적으로, 실천적으로 파악하고 실행했기 때문이다(『해설자용』, 6).

(4) 신앙고백은 우리에게 하나님의 말씀으로 위의 경우((3))를 엄히 경고한다. 성경은 **무류한 규칙**이다. 무류하다(infallible)는 것은 실수가 있을 수 없기에 믿을 수 있다는 의미이고(신빙성), 무오하다(inerrant)는 어떤 오류도 없으며 틀림없다는 의미이다. 전자는 후자보다 약한 뜻을 담고 있다. 성경이 무류하다고 할 때 어떤 결점(defect) 또는 실수가 없으므로 믿을 수 있다는 신빙성을 말한다. 성경의 무류한 규칙이나 교훈을 신뢰하는 자는 절대 흔들리거나 방황하지 않을 것이다.

근데 누군가 무오하다거나 무류하다는 단어를 교환하거나 교체하여 사용하는 데 좀 유의할 필요가 있다. 성경이 무오하다고 말할 때는 성경이 모순되는 어떤 오류(error)라도 없다는 것을 의미한다. 엄밀히 말하면, 성경(책)의 내용에 어떤 오류라도 없다는 의미이다. 성경의 무오성을 말하는 사람은 성경의 무류성을 믿지만 무류성을 믿는 사람 가운데 성경의 무오성을 믿지 않는 자가 혹시 있을 수 있다. 성경이 무류하다고 말할 때, 성경의 내용인 하나님의 의지나 목적이 이뤄지고 있다는 점에서 결점이 없이 무류하고, 믿음과 순종에 관한 모든 문제에서 최종적 권위를 믿는 데 어떤 문제가 있을 수 없다는 의미이다. 이런 점에서 성경의 무류성을 믿지만 성경(책)의 무오성을 믿는 것에는 좀 무리가 있다. 특별히 원어에서 번역할 때 실수하는 부분이 많이 있을 수 있기에 책 자체의 무오성을 주장하는 것은 좀 무리가 있다. 그래서 성경의 무류성을 말할 때는 신빙성으로 이해하면 좋다. 아무튼, 여기서 무류한 규칙이란 성경의 무류성을 나타내고자 표현된 것이다.

  거룩한 어떤 종교회의 또는 총회나, 섬기는 교회나 지도자의 주장이라도 성경에 반해서는 안 된다. 지도자들 역시 성경의 권위에서 넘어가지 않으려고 부단히, 정말 세밀하게 살펴야 한다. 그렇지 않으면 언제든 자신의 주장이나 누구의 것을 이용하여 자신의 욕심이나 욕망을 성취하고자 하는 야망에 빠지게 된다. 누구에게든 이런 범죄의 숨은 심정이 있으므로 하나님의 말씀으로 늘 자신을 점검하고 또 살펴야 한다. 인간은 죄의 잔재로 말미암아 알면 아는 체, 가지면 가진 체하고 싶어 한다.

8항: 한 본질과 구별된 세 위격
(That God is One in Essence, yet nevertheless Distinguished in Three Persons)

① According to this truth and this Word of God, we believe in one only God, who is the one single essence, in which are three persons, really, truly, and eternally distinct, according to their incommunicable properties; namely, the Father, and the Son, and the Holy Ghost.

② The Father is the cause, origin and beginning of all things visible and invisible; the Son is the word, wisdom, and image of the Father; the Holy Ghost is the eternal power and might, proceeding from the Father and the Son.

③ Nevertheless God is not by this distinction divided into three, since the Holy Scriptures teach us, that the Father, and the Son, and the Holy Ghost, have each his personality, distinguished by their properties;

① 하나님에 관한 이 진리와 이 말씀에 따라 우리가 믿는 것은 하나님은 단일한 본질이신 유일무이한 분이고(고전 8:4~6), 그 본질 안에 비공유적 특성에 따라 실제로, 진실로 또 영원히 구별되는 세 위격, 즉 아버지, 아들과 성령이신 하나님이 계신다(마 3:16~17, 28:19)는 것이다.

② 아버지는 가시적이고 불가시적 만물의 원인, 기원과 시작이고(엡 3:14~15), 아들은 아버지의 말씀, 지혜와 형상이고(잠 8:22~31; 요 1:14, 5:17~26; 고전 1:24; 골 1:15~20; 히 1:3; 계 19:13), 성령은 아버지와 아들에게서 나오는 영원한 권능과 힘이다(요 15:26).

③ 그런데도 하나님은 이 구별로 인해 세 분으로 구분되지 않는데 그 이유는 아버지, 아들과 성령이 자신의 (고유한) 특성으로 구별된 자신의 인격[위격]을 지닌 것을 성경이 우리에게 가르치기 때문이다. 결국 성경은 세 위격이 유일무이한 하나님이

but in such wise that these three persons are but one only God.
④ Hence then, it is evident, that the Father is not the Son, nor the Son the Father, and likewise the Holy Ghost is neither the Father nor the Son.
⑤ Nevertheless these persons thus distinguished are not divided, nor intermixed:
⑥ for the Father hath not assumed the flesh, nor hath the Holy Ghost, but the Son only.
⑦ The Father hath never been without his Son, or without his Holy Ghost.
⑧ For they are all three co-eternal and co-essential.

⑨ There is neither first nor last: for they are all three one, in truth, in power, in goodness, and in mercy.

심을 가르친다.

④ 그리하여 분명한 것은 아버지는 아들이 아니고, 아들은 아버지가 아니고, 이처럼 성령은 아버지나 아들이 아니라는 것이다.

⑤ 그런데도 구별된 위격은 나뉘지도 않고 혼합되어 섞이지도 않는다.

⑥ 그 이유는 아버지나 성령은 육체를 입지 않았고 오직 아들만 입기 때문이다.

⑦ 아버지는 아들 없이 존재한 적이 없었고(믹 5:2; 요 1:1~2) 성령 없이도 그러했다.

⑧ 세 위격인 분은 영원히 공존(동일하게 영원)하고 동일한 본질을 지닌 분이다.

⑨ 처음이나 나중이 없는데 그 이유는 세 위격이 진실함, 권능, 신하심과 자비함에서 하나(동일)이기 때문이다.

우리는 신앙고백 중 가장 중요한 고백인 구원의 본질적 진리에 이르렀다. 「아타나시오스 신조」는 이렇게 시작한다. "구원받고자 열망하는 자는 누구든지 무엇보다 보편적 신앙을 고수해야만 한다." 이 신조는 삼위일체 하나님에 관한 고백의 교과서이다. 그분에 관한 고백은 구원을 위한 본질적 진리로서(「벨지카」 1항①) 여기서는 먼저 삼위일체에 관한 선언이 있고(①), 구별된 삼위 하나님에 관한 고백이 있고(②), 구분되지 않는 일체이신 하나님에 관한 고백이 있고(③), 이어서 구별된 세 위격에 관한 고백이 있고(④), 세 위격의 관계에 관해 고백하고(⑤⑥⑦⑧), 삼위일체 하나님의 속성에 관해 고백하면서 우리가 일반적으로 하나님이라고 언급할 때 어떤 의미로 해석하고 수용해야 하는지 선명하게 밝힌다(⑨).

우리는 이 고백을 파악하기 위해 매우 중요한 신학 용어들에 익숙해야 하고, 성경적 설명에 귀를 기울여야 한다. 삼위일체 하나님에 관한 고백은 「아타나시오스 신조」를 꼭 참고해야 한다. 이 신조는 현재 사용하는 신학 용어의 시작이기도 하고, 삼위일체론 논쟁에서 니케아 정통신앙을 세운 분이 알렉산드리아 교부 아타나시오스(Athasius of Alexandria, 373 사망)이기 때문이다. 얼마나 중요했으면. 그분의 이름을 따라 신조의 이름을 붙였을까? 성경에 있는 삼위일체 하나님에 관한 설명과 용어의 교과서이다. 물론 그분에 관한 신학 용어가 그에게서만 나오는 것은 아니지만 그의 이름을 딴 신조는 하나님에 관한 설명의 안내서이다.

그리고 각각 신학 용어가 우리의 신앙고백서에서 어떻게 역할 하며, 그 요소들에 어떻게 적용되는지 파악하는 것은 중요하다. 부탁대고 고백서를 강해하려고 조직신학적으로만 접근하는 것도 유의해야 하고, 아예 무시하는 것도 주의해야 한다(1권 14장 3항, 142; 『해설자용』, 113). 그 이유는 나름대로 해석하고 난 뒤 보고 싶은 부분만을 볼 것이기 때문이고,

전체 맥락을 놓치기 쉽기 때문이고, 사변신학으로 미끄러질 수 있기 때문이다.

이렇게 「벨지카」 1항은 삼위일체 하나님에 대한 서론적 지식 또는 입문을 고백했지만 이 주제의 순서는 「신앙고백서」, 「벨지카」와 세 가지 교리 문답서(「하이델베르크」, 「대교리」와 「소교리」)에서처럼 철저하게 성경에 근거한다. 게다가 이것은 성경이 가르치는 가장 중요한 두 요소(믿음과 순종) 중 믿음에 관한 것이기도 하다. 여기서는 삼위일체 하나님에 관해 더 정확하게 고백한다.

① 하나님에 대한 우리의 신앙고백은 하나님께서 **유일무이하고, 단일한 본질을 지니시고**(「벨지카」 1항①; 「하이델베르크」 25문; 「대교리」 8문; 「소교리」 5문) 동시에 세 위격을 지닌 분이라는 것이다. 달리 표현하면, 하나님은 신격의 단일성, 즉 **동일본질**, 동일한 권능과 동일하게 영원하시고 구별된 세 위격의 하나님이다(「신앙고백서」 2장 3항①②). 그 위격은 아버지, 아들과 성령으로 **구별된다**(「신앙고백서」 2장 3항②; 「대교리」 9문①; 「소교리」 6문①). 여기서 미리 말하지만 세 위격의 **구별**(distinctive)이라고 해야지 **구분**(divisional)이라고 생각하거나 말해서는 절대 안 된다(1권 13장 17항, 126; 『해설자용』, 92~93). 알지 못해서 그 단어를 사용했거나 배우지 못해서 그렇게 설명한 것은 용서받을 수 있으나 의도적으로 행했다면 심각한 영적 질병을 앓는 자이다. 그 이유는 온갖 이단이 이런 주장에서 시작하고 진행하고 발전하기 때문이다. 또 알지 못하거나 배우지 못했다면, 이것이 진실한 고백이라면 배우려고 할 것이지만, 배우려고도 하지 않는다면 정말 불치의 병에 걸린 자이다.

이러한 신앙고백의 내용이 왜 그토록 중요한지, 그것이 무슨 의미인지, 그것을 이해할 수 있는지 궁금할 것이다. 먼저 주요한 신학 용어를 풀어본다.

하나님이 **한 분**이라고 할 때는 본질에서 **동일하다**는 것(동일본질), 유일무이한 또는 한 본질이라는 의미이고, 하나님에게 세 위격이라고 할 때 본체의 측면에서 **세 위격**이 있으며 서로 구별된다는 의미이다(빌 2:6; 히 1:3). 여기서 삼위일체를 설명하는데 중요한 철학 용어들이 나왔는데 **본질**(substance 또는 essence)과 **본체**(subsistence)이다. 이 두 단어는 라틴어에서 나온 것인데, 어떤 이는 좁은 의미에서 서로 다르다고 말하고, 다른 이는 넓은 의미에서 서로 같다고 한다. 그 이유는 넓은 의미에서는 두 단어 모두 존재 또는 실존(existence)의 의미가 있기 때문이고, 좁은 의미에서는 존재의 측면이나 의미가 다르기 때문이다. 본질과 본체는 존재라는 뜻을 지니지만 본질은 공통적인 존재(essence)이고, 본체는 유일한 (unique) 존재를 말한다. 실존은 존재인 본질과 본체와는 다르게 그 존재를 인지했을 때 언급하는 용어이다.

여기서 밝히고 지나가고픈 것이 있는데 칼빈 선생이 자신의 걸작 『기독교강요』 1권 1장 1항에서 참되고 확실한 지혜는 두 부분으로 나뉘는데 하나는 하나님에 대한 지식이고, 다른 하나는 우리 자신에 대한 지식이라고 했다. 여기서 말하는 지식(cognitionis)은 실존(existence)을 의미한다. 굳이 실존이라 쓰지 않고 지식이라고 쓴 이유는 계시 중심임을 밝히기 위함이다. 그분이 밝히는 만큼 우리가 안다는 것을 의미한다. 합리적 사고를 할 수 있게 된 하나님의 자녀라는 지식(scientia)과 다르고, 인식

(agnitio)과도 다르다. 믿음을 이따금 지식이나 인식이라고 표기하기도 한다(각각 요일 3:12; 엡 1:17; 3권 2장 14항, 458 참고). 그러나 하나님에 대한 지식이나 우리 자신에 대한 지식은 존재를 의미한다.

또 우리는 진리를 상술하기 위해 철학 용어를 빌려오는데 그 용어 개념을 통해 이해하기 위해서이다. 이것은 마치 옅은 독을 약으로 사용하거나 옅은 바이러스를 백신으로 사용하는 것과 같다. 매우 위험한 것이기에 늘 유의하면서 사용해야 하고 철학 용어의 뜻에 개념을 제한해야 한다. 철학 용어를 사용할 때는 설명하기 위해 빌려온 것이므로 문자적으로 같은 의미로 사용해서는 안 된다.

존재에 관련된 용어, 즉 본질과 본체는 각각 라틴어 **수브스탄티아**(substantia)와 **수브시스텐티아**(subsistentia)에서 나왔다. 이것이 각각 영어 섭스탠스(substance)와 섭시스턴스(subsistence)로 표현된다. 섭스탠스는 성격이란 뜻을 가진 본질, 즉 에센스(essence, 실재)라는 단어와 같은 의미이다. 알다시피 섭스탠스와 에센스는 존재라는 뜻도 있지만 본질 또는 성격이란 뜻이 더 강하다. 존재는 영어로 이그지스턴스(existence)라는 단어도 있는데 이 단어는 라틴어 에그지스텐티아(existentia)에서 나왔다. 철학에서 흔히 실존이라고 표현된다. 그 본질이 사물이나 가시적으로 드러났을 때를 이그지스턴스(실존)라 한다. 복잡한 철학 용어를 말하려는 것이 아니라 본질과 본체 모두 존재라는 의미가 있다 보니 구별하기 위해서 빌려온 용어이다. 정리한다면, 본질에 해당하는 단어는 섭스탠스와 에센스이고, 본체에 해당하는 단어는 섭시스턴스이다. 본질이나 본체가 드러났을 때 존재, 즉 이그지스턴스가 된다.

예를 들면, 인간의 본질(substance)이라고 말할 때와 인간의 본체(subsistence)라고 말할 때를 구별하면 그 의미를 어느 정도 파악할 수 있다. 전자(본질)는 인간이라면 누구든 기본적으로 가지는 존재 가치(성격)를 의미하고, 후자(본체)는 개인이 가지는 존재 가치(성격)를 의미한다. 전자는 공통적인 의미이고, 후자는 특정한 의미이다. 전자는 공통적이거나 일반적 성격을, 후자는 특정한 성격, 즉 특성을 의미한다. 이것이 가시적으로 드러나면 존재한다(existence)고 말한다. 이런 의미를 하나님께 적용해 보자. 하나님은 동일한 본질이라고 할 때는 세 위격이 지니는 공통적인 존재(성격)라는 의미이고, 본체라고 할 때는 세 위격의 존재(특성)라는 의미에서 구별된 세 본체(위격 또는 인격)를 지니고 있다고 설명할 수 있다. 아주 쉽게 말하면, 하나님은 동일한 성격과 구별된 특성이 있는 분이다. 그런데 가시적으로 드러난 실존(existence)을 존재라고 말하기는 쉽지 않다.

근데 어려운 설명은 본질(essence 또는 substance)에 관한 것보다 본체(subsistence)에 관한 설명이다. 그 이유는 구별된 세 본체(위격)이기 때문이다. 인간은 누구든 공통적 존재인 본질(동일한 본질)을 지니기에 나를 통해서 아니면 타인을 통해서도 그 의미를 어느 정도 파악할 수 있다. 하지만 인간의 본체는 각자의 특유한 존재이기에 자신만 알 수 있고 (심지어 자신도 모를 수 있지만) 누구도 공유하거나 알 수 없다. 본질이나 본체가 가시적이지 않(는 성격과 특성이)지만, 자신이 존재한다고 파악하는 이유는 가시적으로 드러난 실존(existence)이기 때문이다. 이와는 달리 하나님은 가시적으로 실존하지(existence) 않는 분으로 세 본체(특성)를 지닌 분이다. 인간이 자신의 특유한 존재(특성 또는 본체, subsistence)도 파악하기 어려운데 세 특유한 존재 또는 본체를 지닌 하나님을 이해한다는 것은 가능할까? 아니다. 절대 불가능하다. 설명할 수 있는 한 최선의 노력을 해보려 한다. 삼위일체 하나님에 대한 진리를 이성으로 설명하려는 것이지 설득이나 이해시키려는 시도는 절대 아니다. 성경에서 말하는 하나님에 관해 교회 역사에서 정통신앙인들이 고백하고 설명한 내용을 알리는 것일 뿐이다.

존재라는 뜻을 가진 본질(substance)과 본체(subsistence)라는 단어는 라틴어에서 나온 단어이다. 본체가 라틴어 수브시스텐티아에서 나왔다고 말했는데 서방교회에서는 다른 단어로 인격(person)이라고 표현했다. 근데 인격이란 단어 역시 라틴어 **페르소나**(*persona*)에서 나왔다. 인격은 두 가지 뜻을 지니고 있는데 하나는 가면(mask), 역할(role) 또는 얼굴(face)이고, 다른 하나는 그야말로 인격이다. 하나님의 **세 인격**을 언급하다 보면, 세 인격이라고도 떠올릴 수 있는 동시에 세 개의 가면, 세 가지 역할 또는 세 개의 얼굴이라고 떠올릴 수도 있었다. 이러다 보니 세 인격(위격, 본체)을 세 역할이나 얼굴로 오해할 수 있었다. 이렇게 헷갈릴 수 있는 인격이란 단어와 함께 쓰인 위격 또는 본체라는 단어를 대신하여 그리스어에서 라틴어 인격(위격, 본체)을 찾아보았다.

여기서 우리가 유의해야 할 것이 있다. 하나님께서 인격을 지녔다고 말할 때 심리학적으로 지정의(知情意[intellect, emotion과 will])라고 한다. 이것은 성경적 의미가 아니기에 조심스럽게 사용했으면 한다. 인간의 마음의 상태를 이렇게 분석하고 하나님도 그럴 것이라고 착각하는 가운데 그분과 인간이 같은 인격을 지녔기에 소통하거나 교제할 수 있다는 논리를 펴는 것은 위험한 생각이라 본다. 하나님께서 세 인격을 지녔다고 할 때는 세 위격이란 단어를 떠올리면 좋겠다.

다시 돌아와서, 신약성경이 그리스어로 쓰였기에 성경에서 위격에 해당하는 단어를 찾아본다면, 인격(위격, 본체)을 그리스어로 표기된 단어는 **휘포스타시스**(ὑπόστασις, *hypóstasis*)이고, 그 뜻은 성격(character)과는 다른 특성(property)이란 의미이다. 성경에서는 이 단어를 "믿음은 … 실상이다"(히 11:1)에서 사용한다. "실상"이란 뜻을 지닌 그리스어 휘포스타시스는 다른 성경 구절에서도 사용되는데 본체라는 말로 번역돼 있다(빌 2:6; 히 1:3). 휘포스타시스의 뜻은 특성(property)이다. 문맥에 따라 휘포스타시스는 확신 또는 믿음으로 번역하기도 한다(고후 9:4, 11:7; 히 3:14). 하지만 삼위일체 측면에서 볼 때 휘포스타시스는 특성(본체)이란 뜻을 지닌다고 여기는 것이 좋다. 그리스어 휘포스타시스를 삼위일체 하나님께 적용해 보면, 하나님은 동일본질 안에 세 특성(본체, 위격 또는 인격)이 있는 분이다.

하지만 이렇게 단순한 명제로 표현하기에는 아직 이르다. 세 특성이 단수의 형식을 취한 복수의 뜻을 지니다 보니 각각 구분된다고 오해하기 쉽다. 복수이지만 수적인 개념이 아니라 관계의 개념이며 구별된다는 의미를 지니고 있다. 이에 따라 우리는 삼위일체 하나님의 세 위격 또는 세 특성이 구별된다고 고백한다. 세 위격의 구별은 서로, 즉 세 특성의 관계를 말하려는 것이며 구분되는 숫자적인 복수가 아니다.

삼위 하나님께서 관계에서 구별된다는 설명은 매우 중요하다(1권 13장

19항, 128). 관계가 아니라 구분된다고 말하면, 삼위 하나님이 서로 우열이나 차등이 있다는 것을 의미하게 된다. 서로 구별된다는 고백은 그렇지 않다(①③; 『해설자용』, 96, 101). 관계에서 구별된다는 것은 하나님은 아들과의 관계에서 아버지이시고, 아버지와의 관계에서 아들이시고, 아버지와 아들의 관계에서 성령이심을 의미한다(『개혁신앙이다』, 145~146). 세 위격은 구별된 세 특성이라는 의미로 보는 것이 정확한 개념이다. 다시 정리한다면, 본질에서 동일하면서 구별된 세 특성이신 하나님이라고 표현하면 그나마 제대로 된 삼위일체 하나님에 관한 최선의 고백이라 여겨진다. 또는 동일한 본질을 지니고 있으면서 구별된 세 위격이신 하나님이란 표현도 좋다. 철학과 인간의 용어를 빌려 사용하다 보니 성경에 표현된 내용을 설명하는 데 한계가 있다. 그렇다고 이런 시도가 없다면 이단자들이 제멋대로 하나님에 관해 설명하거나 설득시켜 많은 자를 미혹시키기에 어쩔 수 없이 그 용어들을 사용할 뿐 그 의미까지 가지고 와서 문자적으로 해석하면 안 된다.

지금까지 가장 어렵고 신비로운 삼위일체 하나님에 관한 고백을 설명했다. 이것을 이해하려고 하면 안 되고 설명해야 한다(『개혁신앙이다』, 137). 이것은 우리가 믿고 고백하는 하나님에 관한 선언이고 설명이다. 피조물이 창조자를 이해할 수 있는 범위는 그분이 자신을 계시하는 만큼이다. 그 계시가 성경에 있다. 우리가 그분을 이해할 수 없는 것은 동물이 인간을 이해할 수 없는 것처럼 완벽하지는 않지만 조금 적당한 실례라고 본다. 그분의 사역을 통해 세 위격의 하나님을 조금 이해할 수 있다(「벨지카」 9항(1)①). 그분이 우리의 삶, 인류의 역사, 계시, 사건 또는 말씀에서 자신의 존재(substance[본질] 또는 subsistence[본체])를 가시적 존재(existence[실존])로 드러내는 만큼 우리는 알 수 있다. 하나님에 관해 우리가 불가지하지 않고 불가해하다는 말은 적절한 표현이다.

그래서 하나님에 관해 고백할 때(「벨지카」 1항①) 그분이 단일한 분이라는 것은 본질에서 동일하다(동일본질)는 뜻이다. 어떤 경우에 한 하나님이라고 할 때도 본질에서 동일한 하나님이라는 의미이다. 숫자상으로 하나라는 뜻이 절대 아니고, 동일본질이라는 의미이다.

끝으로, 삼위일체 하나님의 호칭에도 관심을 가졌으면 한다. 일반적으로 (지금까지 나 역시 다른 책에서처럼) 성부, 성자와 성령이라고 사용했다. 그런데 신앙고백서에서는 조금 다르게 표기하고자 한다. 앞으로 성부라는 용어 대신 하나님 아버지(God the Father 또는 Father of God)로, 성자(God the Son 또는 Son of God) 대신 하나님 아들로, 성령(Holy Spirit 또는 Spirit)은 그대로 표기한다. 성부와 성자라는 용어 대신 하나님 아버지와 하나님 아들이란 용어를 사용하는 것에 대해 독자는 낯설 수 있다. 이렇게 표기를 바꾼 이유는 하나님 아들인데 인간관계의 아들, 하나님 아버지인데 인간관계의 아버지와 혼동할 수 있기 때문이고, 성부와 성자는 인간관계의 부자 관계와는 상관없는 신학 용어인데도 불구하고 혼동할 수 있기 때문이다. 이단 중 어느 종파는 성자를 낳은 성모라고 억지 주장하기도 한다.

② 세 위격의 구별에 관한 성경적 고백이다.
우리는 삼위일체이신 하나님 아버지, 하나님 아들과 성령 하나님을

구별된 사역을 통해 알게 되고(「벨지카」 9항(1)①), 세 위격이 존재하고, 서로 구별된다는 것을 알게 된다. 그 이상도 그 이하도 아니다. 사역을 통해 구별된다는 것은 세 위격의 특성 또는 본체 자체를 말하는 것이 아니라 그것의 드러내심, 그분이 자신을 드러내심을 말하는 것이다. 다른 말로 하면 그분의 실존(existence)이다. 이것으로 우리는 구별된 세 위격의 하나님을 알게 된다. 개념상으로 이해하기 쉽지 않지만 우선 구별된 세 위격임을 인정하는 것이 중요하다. 한 하나님을 세 하나님으로 부른다거나 세 하나님을 한 하나님으로 부르는 수학적, 논리적, 과학적 상상을 그만두라는 고백이다.

아버지라는 표현이 성경에 사용될 때마다 만물과 만사의 원인, 기원과 시작을 떠올려야 한다. 아들은 말씀, 지혜와 형상을, 성령은 아버지와 아들에게서 진행되는 영원한 권능과 힘이다. 그렇지 않고 인륜 관계의 부자(父子)나 불러 일을 시키는 심부름꾼으로 여기면 큰 죄악을 범하게 된다.

우리는 구별된 세 위격(본체, 인격 또는 특성)의 하나님을 그분의 사역 또는 활동을 통해 아주 조금이지만 알아차리거나 경험할 수 있다(「벨지카」 9항(1)①). 이 사역으로 그분의 구별된 특성을 조금 간취할 수 있다. 다른 말로 그분의 실존을 조금 알아차렸다는 것이다. 그렇다고 그분을 이해한다거나 평한다는 경거망동(輕擧妄動)을 해선 안 된다. 하나님은 영적 존재, 영원하심, 무한하심, 불가해적이고 상상할 수 없는 분이라고 설명했고 고백했다(①). 만일 아주 조금이라도 그분의 임재에 관해 간취하게 된다면, 그것은 하나님의 전적으로 은혜로운 배려이다. 부분적으로 간취한 것이지만 온전한 지식이기에 구원의 진리이다.

좀 더 구체적으로는 섭리를 통해 설명되겠지만(「벨지카」 13항) 여기서는 간략하게나마 그 맛을 볼 수 있다. 삼위일체 하나님의 구별됨에 관한 지식은 세 위격의 사역의 차이를 통해서이다. 아버지는 권능으로 창조자, 아들은 보혈로 구세주와 구속자, 성령은 내주하므로 거룩하게 하는 자로 각각 불린다(「벨지카」 9항(3)②). 그렇다고 그 사역의 차이를 통해 위격의 구분을 상상한다든지 그분에 대한 지식의 전부라고 성급히 판단하면 안 된다. 이것은 단지 인식(consciousness)일 뿐이고 지식 또는 존재(knowledge 또는 subsistence)가 아니기 때문이다.

삼위일체 하나님에 관한 설명의 순서는 칼빈 선생의 『기독교강요』를 따른다. 그는 1권 10장에서 성경적 하나님을 무한하고 영원하신 분이라고 아주 간략하게 설명한다. 그런 후 1권 13장에서 삼위일체 하나님을 자세히 설명한다. 지금까지 「벨지카」의 순서를 떠올리면 이해하기 쉬울 것이다. 제1항에서 유일하신 하나님은 『기독교강요』 1권 10장과 관련이 있고, 제8항은 1권 13장과 관련이 있다. 그는 『기독교강요』 1권 16장부터 18장에서 섭리를 설명하면서 하나님의 두 지식 중 창조자 하나님에 관한 지식의 설명을 마무리한다. 이처럼 「벨지카」 8항에서도 삼위일체 하나님에 관한 고백(①)에 이어 그분의 사역에 관한 간략한 고백이 이어진다. 삼위일체 하나님 사역의 절정은 섭리인데 제16항에서 고백한다. 그 사이 제9항부터 제11항까지 창조자 하나님에 관한 고백을 마무리한다. 섭리에 관한 고백이 제16항에 나올 때까지 죄와 타락(12항~15항)을 고백한다.

「벨지카」에서는 삼위일체 하나님에 관한 고백(「벨지카」 8항~11항), 타락과 죄(「벨지카」 14항, 15항)를 설명한 후 왜 선택(「벨지카」 16항)에 관해 고백하는 순서를 따랐을까? 칼빈 선생 역시 제1판(1536)에서는 섭리와 예정을 함께 설명했지만 최종판(1559)에서 분리했다. 또 원죄와 타락(2권 1장과 2장)을 설명할 때 예정이란 단어(2권 1장 10항, 222; 『해설자용』, 174~175)를 한 차례 언급하고 3권 21장~23장에서 자세하게 설명할 것이라고 약속할 뿐이었다. 그는 하나님의 사역의 마무리인 섭리에 관한 설명(1권 16장~18장)은 예정과 관련시키고 타락과 죄(2권 1장, 2장)에 관한 설명을 이어갔다.

또 우리가 창조(「벨지카」 12항)와 섭리(「벨지카」 13항)에 관한 고백을 이어가겠지만 이 두 가지는 하나님의 영원한 작정의 명시이다(「소교리」 8항). 창조에 관해 천사와 그 타락한 영인 마귀를 고백하고, 섭리에 관해 인간과 타락을 고백하고, 영원에서 타락한 천사, 즉 마귀가 인간을 어떻게 타락시키는지를 밝히고 있다. 하나님의 비밀적 작정에 대해 「벨지카」는 칼빈 선생의 순서를 따라 창조와 섭리를 각각 예정과 관련짓는 것을 볼 때 놀라움을 금치 못하겠다.

여기서 주의해야 하는 점이 있다. 성령 하나님이 사역하실 때 아버지 하나님은 팔짱을 끼고 지켜보고 있었다고 생각하면 큰 오해이다. 구분된 하나님으로 여기는 데서 비롯된 설명이다. 이런 주장은 에피쿠로스 학파의 것과 다를 바 없다(1권 2장 2항, 38). 또 구약성경 시대에는 아버지 하나님께서, 신약성경 시대에는 아들 하나님께서 그리고 현재에는 성령 하나님께서 사역한다고 주장하면, 양태론(modalism)을 주장한 이단 사벨리우스주의자(Sabellianism)가 된다(『진리의 보고』, 380). 양태론은 삼위일체 하나님을 설명하면서 군주적으로 단일한 하나님이란 견해를 고수했다. 여기서 단일은 숫자상으로 하나이고 왕 노릇을 하다는 의미이고 이런 사상을 군주적 단일신론(Monarchianism)이라 부른다. 그 하나인 하나님이 시대마다 양태(mode)를 다르게 변환하여 나타나서 그것에 따른 역할을 한다는 것이다. 하나님 아들이든 성령 하나님이든 자신의 역할을 할 때 다른 위격은 존재하지 않는다고 상상한다. 하나님 아버지가 활동할 때는 아들과 성령이 존재하지 않고, 아들이 활동할 때는 아버지와 성령이, 성령이 활동할 때는 아버지와 아들이 없었다고 주장한다.

숫자상으로 하나이신 하나님이 세 가지 양태로 변환하여 나타난다고 주장하는 이 사상은 3세기에 성부고난설(Patripassianism)이라는 이단 사상까지 출산했다. 하나님 아버지(성부)가 하나님 아들(성자)의 양태를 바꿔서 신약성경 시대에 활동하여 십자가 고난을 받았기에 하나님 아들(성자)이 고통당하고 죽은 것은 하나님 아버지(성부)가 죽은 것과 다를 바 없다는 억지 주장이다. 19세기에 이르면 세대주의(Fundamentalism)가 등장하여 세상 역사를 7세대로 나누어 설명한다. 그 7세대는 낙원, 노아, 아브라함, 이스라엘, 이방인, 성령과 천년왕국 순이다. 이들은 선교 사역에 집중한다. 모든 선교사는 아니지만 제국주의 세력을 힘입어 일부 선교사들이 가시적인 선교 영역을 넓힌 것은 이상적이라고 주장하기도 한다.

게다가 혹자는 일반인이 삼위일체를 쉽게 이해할 수 있도록 양태론으로 해석하고 설명한다. 매우 위험한 시도이고 그 결과에 대해 전적으로 책임을 져야 할 것이다. 이런 이단 사상을 갖게 되면, 역할을 강조하는 반삼위일체론자 또는 양태론자가 된다. 물(water)을 실례로 들면, 동일한 물을 고체로서의 물(얼음), 액체로서의 물, 기체로서의 물(수증기)로 설명한다. 또 어느 한 사람의 역할이 때에 따라 아버지, 회사원, 교회 지도자로 바뀌는 것처럼 삼위일체론을 설명한다면 이단 양태론자가 틀림없다. 「벨지카」의 고백은 결코 이 설명을 따르지 않고 오히려 이것을 금지한다. 삼위 또는 세 위격의 구분이 아니라 구별로 설명한다. 그래서 이어서 이 구별이라고 고백한다(③).

아무리 세 위격의 구별을 강조하고 구분이면 안 된다고 설명해도 간취하지 않으므로 이와 같은 구별된 사역을 통해 구별된 세 위격의 존재를 알리고자 고백한 것이다. 동시에 우리는 실제로 기도하면서, 성경을 읽으면서, 설교를 들으면서 삼위일체 하나님에 관해 이렇게 체험하고 있다. 그렇다고 이런 체험이 곧 그분의 삼위일체 전체를 말하는 것이라고 성급히 결론 내리면 큰 과오를 범하게 된다. 이런 체험을 강조하는 이유는 모든 것의 기원, 말씀, 또는 힘과 같은 것을 삶 속에서 그분으로부터 느끼게 될 때 삼위 하나님의 존재를 인식하라는 것이다. 아무렇게나 삼위 하나님을 인식하게 되면, 미신이나 우상숭배로 빠지기 때문에 제한이나 한계를 두려는 것이다. 이어서 일체이신 하나님에 대해 고백한다(③).

③ 삼위일체 하나님은 삼신론(tritheism)이나 양태론(modalistic monarchianism)이 아니라는 고백이다.

구별된 세 위격의 하나님이 그분의 드러내심으로 (그분에 관한 실존을) 조금 느꼈다면(②) 여기선 좀 더 분명하게 삼위일체 하나님에 관해 고백한다. 반복해서 강조하지만 세 위격의 구분을 상상해선 안 된다. 이제 그분의 특성에 관해 고백한다. 유의할 것은 특성에 관한 고백이 곧 그분의 존재라고 착각하면 안 되고 구별을 고백하기 위한 것임을 명심해야 한다.

 그분의 구별된 세 위격은 **고유한 특성**의 구별을 의미한다. 그 특성은 아버지는 아들을 낳는 것이고, 아들은 아버지에게서 태어나는 것이고, 성령은 영원히 아버지와 아들에게서 나오는 것이다(「신앙고백서」 2장 3항 ③; 「대교리」 10문). 이것은 「아타나시오스 신조」(Athanasian Creed)에 따른 것인데 "아버지는 누구에게서 만들어지지도 창조되지도 태어나지도 않았다. 아들은 만들어지지도 창조되지도 않았고, 아버지에게서만 태어났다. 성령은 만들어지지도 창조되지도 태어나지도 않았고, 아버지와 아들에게서 나온다." 이것은 니케아 정통신앙에 근거한 세 위격의 특성에 관한 고백이다. 이 고백은 구별된 세 위격에 관한 것이다.

 근데 이와 같은 특성에 관한 고백을 마치 무슨 성격(본질)을 정의하는 것으로 착각하면 안 된다. 그분의 존재 양식 또는 관계를 말하는 것이지 그분의 성격(nature 또는 substance[본질])이나 본체(subsistence, 위격 또는 인격)를 정의하는 것이 절대 아니다. 성격 또는 본질로 받아들인다면, 아버지와 아들이니 당연히 어머니가 있을 것이다. 이런 억지 주장하는 이단이 이따금 등장하지만 인간 측면의 설명으로 이해하지 말라는 경고이기도 하다. 그래서 아버지, 아들과 성령은 인간 측면의 성격이 아니다. 구별에 관한 우리의 고백이다.

 세 위격은 **유일한** 하나님이라는 이 고백 역시 「아타나시오스 신조」에 기반을 둔다. "아버지는 하나님, 아들은 하나님, 성령은 하나님이시다.

하지만 삼신(*tres dii*)이 아니라 유일한(*unus*) 하나님이다."

그러면 우리 자신의 존재(특성 또는 본체)에 관해 뭐라 말할 수 있을까? 그것은 하나님의 형상이 반영된 존재라는 것이다. 그것에 따라 우리의 존재 또는 우리 자신에 대한 지식을 찾아갈 수 있다(1권 1장 1항, 32). 무슨 정의를 내린다고 하더라도 우리는 그것을 충분히 이해하지 못할 것이다. 시간, 형편, 대상, 대물, 대인 또는 일을 통해서 조금씩 실존(existence)이 드러나다가 결국에 가서 다 파악하지도 못하고 끝날 것이기 때문이다. 그렇다면, 하나님의 특성에 관해 설명하더라도 그 정의가 곧 그분의 존재 자체를 의미하지 않는다는 것을 인정해야 한다. 그 특성은 관계를 위해 말한 것이지 그분 자체를 말하는 것이 아니다. 그분은 인간의 이성에게 불가해적이다(「벨지카」 1항②). 실제로 우리 자신의 존재 자체에 관해서도 우리는 제대로 알지 못한다. 드러나는 실존으로 존재, 즉 본체의 한 면을 깨달을 뿐이다. 한평생 살아도 자신의 존재를 파악하기 어려운데 하나님에 관한 존재, 즉 본체를 알 수 있다는 것은 어불성설이 아닐 수 없다.

불가해성은 그분의 속성 중 하나이다. 우리 자신의 존재에 대해서도 분명히 정의 내리기가 불가능한데 그분의 특성에 관한 서술을 놓고 그분의 존재가 이러니저러니 따지고 논의하는 것은 지나가는 소도 웃을 일이다. 다시금 말하지만 세 위격의 구별은 서로의 관계에 관한 고백이다(1권 13장 19항~21항, 128~130). 관계의 구별에 관한 개념이 정확하지 않으면 이단 사상을 갖기 쉽다. 간단히 말하면, 이단의 근거가 된다고 말할 수 있다(1권 13장 21항, 130). 계속해서 그 구별의 관계에 대해 고백하자.

④ **세 위격의 구별은 관계에 관한 고백이다.**

아버지는 아들이 아니고, 아들은 아버지가 아니고, 성령은 아버지와 아들이 아니다. 서로 아니라는 의미는 관계에서 구별된다는 것이다. 서로 아니라는 것은 서로의 구별을 의미한다. 아버지는 아들과 구별되고, 아들은 아버지와 구별되고, 성령은 아버지와 아들과 구별된다. 구별을 이렇게 계속해서 강조하는 것은 하나님을 고백할 때 세 위격의 하나님임을 잊지 말아야 하고 세 위격을 구분해서는 안 됨을 주지시키기 위해서이다.

오~ 세 위격으로 관계에서 구별된 우리 하나님! 그분의 형상으로 창조된 나는 그분과 교제하며 지낼 때 비로소 나의 존재를 인식하며 그릇되고 장식된 실존을 버리고 진정한 나를 찾고 있으리라 믿습니다!

⑤ **신격의 세 위격은 구분(division)이 아니라 구별(distinction)임을** 강조하기 위해 다시금 나뉘지도, 혼합도, 섞여 있지도 않다고 고백한다.

이 고백 역시 「아타나시오스 신조」에 근거한다. 세 위격은 "섞여 있지도 않고 본질은 나눠 있지도 않다." 이 고백은 하나님 아들이 지닌 두 본성, 즉 신성과 인성에 관한 고백을 향한 입문이고 동시에 세 위격의 연합에 관한 고백이다. 또 세 위격의 신격은 위격적 연합이고, 아들이 지닌 두 본성의 연합이 같은 연합임을 암시한다.

인간이 가져야 하는 가장 고상한 지식은 두 지식이고(하나님에 대한 지식과 우리 자신에 대한 지식), 하나님에 대한 지식은 이중지식(창조자와 구속자)이다(1권 1장 1항, 32; 1권 2장 1항, 37). 물론 자세하게 구속자 하나님에 관해서 후에 고백하겠지만 하나님에 대한 이중지식을 암시하고 있다(「벨시카」 10

항, 18항, 19항). 구속자 하나님을 깨닫기 위해선 반드시 창조자 하나님인 동시에 두 본성(중보자)에 관한 고백을 전제한다. 그분의 두 본성의 연합을 고백하기 전에 먼저 세 위격의 연합을 고백한다. 창조자 하나님에 관한 고백은 평생의 경건을 위해 늘 이뤄져야 한다(시 8편 참고). 창조자와 구속자는 언제든 함께하고, 전자의 고백 없이 후자의 고백이 불가능하고, 후자의 고백 없이 전자의 고백이 불가능하다. 이것은 진리이기 때문이다.

세 위격의 연합은 **위격적 연합**(hypostatic union)이라는 신학 용어를 채택한다. 이 연합을 이해하기 위해 우리의 몸과 영의 연합을 떠올려 보지만 여전히 충분하지 못하다. 이 연합에 관한 고백은 하나님 아들이 지닌 두 본성의 연합을 고백하면서 나오고, 그 정통신앙은 성경과 「아타나시오스 신조」에 근거한다.

위격적 연합이란 단어를 처음 사용한 자는 아폴리나리스(Apollinaris of Laodicea, 382 사망)이다. 그에 의하면, 그리스도께서 지닌 두 본성의 연합은 단 하나의 본성이고 단 하나의 본질이라고 했다. 하지만 이것은 부족한 설명이었다. 5세기 에페수스 범종교회의(431)는 두 본성의 연합을 논의하면서 이성의 영으로 생기를 얻은 육체에 위격적으로 자신을 연합한 말씀(Word)이 불가해적으로, 불가해하게 인간이 되셨다고 고백했다. 그러다가 칼케돈 범종교회의(451)는 그리스도 안에 두 본성(양성[dyophysite])이 있는데 신성과 인성이고, 상응하는 두 위격이 공존하며 두 본성은 혼동도 아니고, 변하지도 않고, 나뉘지도 않고, 분리하지도 않는다(ἐν δύο φύσεσιν ἀσυγχύτως, ἀτρέπτως, ἀδιαιρέτως, ἀχωρίστως)는 고백을 채택했다. 이렇게 위격적 연합은 신성과 인성의 연합에 관한 고백에서 나온 것이다(2권 14장 5항, 398). 연합됐다고 하여 각 본성의 특성이 사라지거나 제거되지 않고 고유하게 보존하고 있다(「벨지카」19항(4)(6)(7)).

신격 안에 있는 세 위격의 연합을 위격적 연합이라고 말하는 것은 인간 이해를 초월하는 설명이지만 성경적 진술에서 벗어나지 않은 점에서 가장 정확한 용어이다. 하나님 아버지, 하나님 아들과 성령 하나님은 항상 존재하시고 우열이나 차별이 없이 공존하는 것처럼, 하나님 아들 안에 두 본성, 즉 신성과 인성의 연합도 위격적이다. 이 연합은 나뉘지도 않고, 혼합되어 섞이지도 않는다는 고백이다. 위격적 연합에 관해 상상할 때 전체가 그러하다고 묘사하면 좋을 것 같다. 전체가 아버지, 아들 또는 성령이거나 아들의 두 본성 중 전체가 신성이신 동시에 전체가 인성이라는 것이다. 이 의미는 구별이면서 분리, 혼동, 혼합되지 않는다는 것이다.

⑥ 위격적 연합에 덧붙인 고백으로 하나님 아들의 신성과 인성의 연합에 관한 것이다. 이것은 성육신하신 중보자를 말한다. 만일 두 본성의 연합을 위격적이라 말하지 않으면 삼위일체가 아니라 사위일체가 된다. 이것은 곧 이단 사상이다.

초대교회 시기에서는 삼위일체론 논쟁이 가장 뜨거웠다. 먼저는 그리스도의 신성에 관한 것이고, 다음은 그분의 인성에 관한 것이었다. 전자는 아버지와 아들의 동일본질에 관한 것이고, 후자는 아들의 두 본성의 연합에 관한 것이다. 전자는 삼위일체론(그리스도의 신성) 논쟁과 관련을 맺고, 후자는 그리스도론(기독론 또는 그분의 인성) 논쟁과 관련을 맺는다.

325년부터 451년까지 오랫동안 논쟁한 내용은 하나님 아들, 즉 그리스도의 두 본성(신성과 인성)에 대한 것이었다. 인성을 지녔기 때문에 그분의 신성을 논의했고, 이어서 두 본성의 연합을 논의했다.

하나님 아들이 육체를 입었다는 것은 인성을 취했다는 것을 뜻한다. 신성이 인성으로 변했다거나 하나님이 인간으로 변신했다는 뜻이 아니다(2권 14장 1항, 394). 둘이 됐다는 뜻도 아니다. 한 분이신 아들이 인성을 취했다고 해서 둘이 아니므로 입었다(취했다)는 단어를 사용한다(「벨지카」 18항(2)①②). 영어로 assume 또는 became like unto man이다.

⑦ 영원 공존(동일한 영원)에 관한 고백이다(⑧).

삼위일체 하나님에 대한 설명에서 여러 신학 용어가 사용되는데 이 단어는 그것 중 하나이다. 삼위, 즉 세 위격은 동일하게 영원 또는 영원함에서 동일하다. 이것 역시 「아타나시오스 신조」에 따른다. "아버지, 아들과 성령의 신성은 하나이고, 그 영광도 동등하고, 그 위엄도 공존한다. … 세 위격은 서로 완전히 영원공존하고 동등하다." 이것은 동일본질이라는 용어와 함께 중요한 신학 용어이다. 이단 사상 사벨리우스주의, 즉 양태론을 반박한다. 시대에 따라 세 위격이 다른 위격으로 변환하여 활동한다고 말하면, 이단 사상인 양태론이 된다. 언제든 함께 계시면서 구별된 세 위격을 지닌 하나님이라는 개념을 가지고 성경을 해석하고 우리 자신의 삶에 적용해야 한다. 심지어 그리스도께서 육체적으로 어렸을 때, 공적 사역을 하실 때, 죽었을 때도 신성은 여전히 계셨다(「벨지카」 19항(4)(6)(7)).

아버지는 아들과 성령에 대해, 아들은 아버지와 성령에 대해, 성령은 아버지와 아들에 대해 계신다. 이것은 관계를 말하는 것으로 아들과 성령 없이 아버지도, 아버지와 아들 없이 성령도, 아버지와 성령 없이 아들도 계시지 않는다는 것, 아니 있을 수 없다는 것이 우리의 고백이다. 영원히 세 위격이 함께 하는 동시에 그 관계는 영원하다.

⑧ 세 위격의 구별된 관계에 관한 고백이다.

삼위 또는 세 위격의 관계에 관련된 가장 중요한 두 신학 용어는 영원 공존(동일 영원함)과 동일본질(coeternal과 coessential)이다. 영원 공존(동일 영원함)이란 하나님의 영원하심을 세 위격이 동일하게 지니고 있다는 것이고, 동일본질이란 세 위격이 본질에서 동일 또는 동등하다는 것을 의미한다. 어떤 위격을 먼저 앞세우든 동일하고 등등하다. 어떤 경우에든 아버지가 아들과 성령보다 우선이거나 아버지와 아들이 성령보다 우선이라고 상상해서는 안 된다. 사역에서 차별 나는 것처럼 보여도 인간 측면일 뿐 그분에게는 아무렇지도 않다. 절대 차별이나 구분이 아니라 구별된 분으로 설명해야 한다. 구별되기에 차별이 있을 수 없고, 구분되면 차별이 난다.

심지어 축복기도 할 때(고전 13:13) 아들 하나님을 먼저하고 이어서 아버지와 성령의 이름을 부르든, 아버지를 먼저하고 이어서 성령과 아버지의 이름을 부르든, 또 아니면 성령을 먼저하고 이어서 아버지와 아들의 이름을 부르든 전혀 문제 되지 않는다. 축복기도에서 아들을 먼저 언급하는 것은 구속의 중요성을 나타내기 위함이다. 그리고 아들을 모독하는 자는 용서를 받고 성령을 모독하는 자는 용서를 받지 못한다는 말씀이 있다(마 12:31~32). 이 말씀에서 아들과 성령을 구분 지으려고 하던 안 된다. 동일본질이기에 성령을 훼방하는 것이나 아들을 훼방하는 것이나 동일한 죄이다. 굳이 성령께 우선을 두는 듯한 말씀을 한 이유는 인성을 지닌 예수 그리스도에게 인간적으로 반감을 품을 수 있지만 구속 사역을 거절해서는 안 된다는 것을 강조하기 위해서이다(3권 3장 22항, 507~508).

⑨ 삼위일체 하나님의 영원하심에 관한 고백이다.

일반적으로 하나님에 관해 고백할 때 어떤 의미를 담아야 하는지 말하고 있다. 그분이 처음과 나중이란 고백은 하나님의 영원성을 의미한다(계 21:6). 그분의 속성을 떠올릴 때마다 영원하다는 속성을 적용해야 함을 명심하자. 동시에 공유적 속성인 진실, 권능이나 자비함도 영원하심과 함께 떠올려야 한다. 하나님의 속성은 변하지 않고 영원하기에 하나이거나 동일하다고 말한다. 영원하심은 변하지 않고 동일한 것을 의미한다(히 13:8). 이 선언 또는 고백은 하나님과 인간, 창조자와 피조물, 영원과 시간을 인정하라는 것이다.

9항: 한 하나님 안에 세 위격의 증거

(The Proof of the Foregoing Article of the Trinity of Persons in one God)

(1) All this ① we know, as well from the testimonies of holy writ, as from their operations, and chiefly by those we feel in ourselves.

② The testimonies of the Holy Scriptures, that teach us to believe this Holy Trinity are written in many places of the Old Testament, which are not so necessary to enumerate, as to choose them out with discretion and judgment.

③ In Genesis, chapter 1:26, 27, God saith: Let us make man in our image, after our likeness, etc. So God created man in his own image, male and female created he them.

④ And Genesis 3:22. Behold the man is become as one of us. From this saying, let us make man in our image, it appears

(1) 이 모든 것을 ① 우리가 알게 되는 것은 거룩한 문서[성경]의 증거만 아니라 삼위 하나님의 활동(사역)에서 이고, 우리가 실제로 느끼는 그 활동에 주로 따른 것이다(요 14:16, 15:26; 행 2:32~33; 롬 8:9; 갈 4:6; 딛 3:4~6; 벧전 1:2; 요일 4:13~14, 5:1~12; 유 1:20~21).

② 이 성삼위일체 하나님을 믿으라고 우리에게 가르치는 성경의 증거들은 구약성경의 많은 곳에 기록되어 있기에 굳이 열거할 필요가 없지만 신중하게 판단하여 몇 가지를 선택해 본다.

③ 창세기 1:26~27에서 "하나님이 이르시되 우리의 형상을 따라 우리의 모양대로 우리가 사람을 만들고 … 하나님이 자기 형상 곧 하나님의 형상대로 사람을 창조하시되 남자와 여자를 창조하시고".

④ 또 창세기 3:22에 "보라 이 사람이 선악을 아는 일에 우리 중 하나 같이 되었으니 그가 그의 손을 들어 생명나무 열매도 따 먹고 영생할까

that there are more persons than one in the Godhead; and when he saith, God created, he signifies the unity.

(2) It is true ① that he doth not say how many persons there are, but that, which appears to us somewhat obscure in the Old Testament, is very plain in the New.
② For when our Lord was baptized in Jordan, the voice of the Father was heard, saying, This is my beloved Son: the Son was seen in the water, and the Holy Ghost appeared in the shape of a dove. This form is also instituted by Christ in the baptism of all believers. Baptize all nations, in the name of the Father, and of the Son, and of the Holy Ghost.
③ In the Gospel of Luke, the angel Gabriel thus addressed Mary, the mother of our Lord, The Holy Ghost shall come

하노라." 우리의 형상으로 인간을 만들자는 말씀은 신격에 한 위격 이상의 위격이 있음을 나타내고 있고, 하나님께서 창조하셨다고 말씀하셨을 때 그분이 단일함을 뜻한다.

(2) [구약성경에선] ① 몇 위격이 존재하는지 말하고 있지 않지만 구약성경에서 약간 분명하지 않게 나타나는 것이 신약성경에서는 매우 뚜렷하게 나타난다.

② 우리 주님께서 요단강에서 세례를 받았을 때 아버지의 음성이 들리면서 "이는 내 사랑하는 아들이요." 라고 말씀하셨다[마 3:17]. 여기서 아들은 물속에 있었고, 성령은 비둘기 형상으로 나타났다. 이 형식은 모든 신자의 세례로 그리스도에 의해 제정되기도 했다. "모든 민족을 제자로 삼아 아버지와 아들과 성령의 이름으로 세례를 베풀고"[마 28:19] 라고 말씀하셨다.

③ 누가복음에서 천사 가브리엘은 우리 주님의 모친인 마리아에게 선포하기를, "성령이 네게 임하시고 지극히 높으신 이의 능력이 너를 덮

upon thee, and the power of the Highest shall overshadow thee, therefore also that holy thing, which shall be born of thee, shall be called the Son of God: likewise, the grace of our Lord Jesus Christ, and the love of God, and the communion of the Holy Ghost be with you. And there are three that bear record in heaven, the Father, the Word, and the Holy Ghost, and these three are one. In all which places we are fully taught, that there are three persons in one only divine essence.

(3) And ① although this doctrine far surpasses all human understanding, nevertheless, we now believe it by means of the Word of God, but expect hereafter to enjoy the perfect knowledge and benefit thereof in Heaven.
② Moreover, we must observe the particular offices and operations of these three

으시리니 이러므로 나실 바 거룩한 이는 하나님 아들이라 일컬어지리라"[눅 1:35]. 이처럼 "주 예수 그리스도의 은혜와 하나님의 사랑과 성령의 교제하심이 너희 무리와 함께 있을지어다"[고후 13:14]고 말씀하셨다. 하늘에서 증언하는 삼위는 아버지, 아들과 성령이며, 한 분이다[요일 5:7]. 이 모든 것을 통해 우리가 충분하게 배운 것은 유일무이한 신적 본질 안에 세 위격이 존재한다는 것이다.

(3) 또 ① 이 교리가 인간 오성으로 이해하기에 턱없이 부족한데도 현재 우리는 하나님의 말씀을 수단으로 그 교리를 믿으며 하늘에 있는 완전한 지식과 혜택을 지금부터 즐길 것이라 기대한다.

② 더욱이 우리를 향한 이 세 위격(삼위)의 특유한 직무와 활동을 주목해야 한다. 아버지는 자신의 권능으

persons toward us. The Father is called our Creator, by his power; the Son is our Savior and Redeemer, by his blood; the Holy Ghost is our Sanctifier, by his dwelling in our hearts.

(4) This doctrine of the Holy Trinity, ① hath always been defended and maintained by the true Church, since the time of the apostles, to this very day, against the Jews, Mohammedans, and some false Christians and heretics, as Marcion, Manes, Praxeas, Sabellius, Samosatenus, Arius, and such like, who have been justly condemned by the orthodox fathers.
② Therefore, in this point, we do willingly receive the three creeds, namely, that of the Apostles, of Nice, and of Athanasius: likewise that, which, conformable thereunto, is agreed upon by the ancient fathers.

로 우리의 창조자라 불리고, 아들은 자신의 보혈로 우리의 구세주와 구속자로 불리고, 성령은 우리 심정에 거하심으로 우리를 거룩하게 하는 자라 불린다.

(4) 성삼위일체론은 ① 항상 참된 교회에 의해 사도시대 때부터 오늘에 이르기까지 유대인, 모슬렘, 일부 거짓된 그리스도교와 이단자들에 대해 변호되고 보존되었다. 이들은 마르키온, 마니, 프락세아스, 사벨리우스, 사모사테누스, 아리오스와 같은 자들로서 모두 정통 교부로부터 공정하게 정죄를 받았다.

② 그러므로 이렇게 볼 때 우리는 이 세 가지 신조, 즉 「사도신경」, 「니케아 신조」와 「아타나시오스 신조」를 기꺼이 수용한다. 이처럼 고대 교부들도 그것들에 일치하게 동의했다.

제8항이 삼위일체 하나님에 관해 설명했다면 제9항은 그 근거가 되는 성경 구절을 우리에게 제공한다. 삼위일체론을 자세히 설명하기 위해 철학과 신학 용어를 사용했지만 전적으로 성경에 근거한 진리이다. 우리는 성경에 근거하지 않는 것을 신앙으로 고백할 수 없다. 어떤 이는 삼위일체라는 단어가 성경에 나타나지 않는다고 하여 성경적이지 않다고 불평한다. 음흉한 이단자들을 드러내고 논박하기 위해 채택된 철학적 용어이지만 성경의 중심 사상과 어긋나면 안 되기에 신중하게 선별된 단어이다(1권 13장 4항, 115).

상식적이기도 하지만 간과하면 크게 실수하거나 잘못을 범하는 것을 여기서 하나 지적하고자 한다. 흔히 성부, 즉 하나님 아버지라고 하니까 인류를 떠올려서 아들과 아버지의 관계라고 오인할 수가 있다. 절대 그렇지 않다. 일반적으로 하나님이라고 부를 때는 위격, 즉 신격의 관계에서 아버지와 아들이 되시고(「벨지카」 10항①; 「하이델베르크」 33문①), 우리에게는 아버지 됨이고 우리는 입양된 아들이 된다(「하이델베르크」 33문②). 어떤 이단이 억지 주장하는 것처럼 하나님 어머니, 즉 성모가 있다고 하는 것은 정말 거짓된 말이다. 로마가톨릭은 공공연하게 성모라는 단어를 함부로 사용하기에 무의식으로 그렇겠거니 하며 사용하면 큰 죄를 범하는 것이다. 성모란 절대 없고 있어서도 안 된다. 성모가 있다면 그야말로 신격에서 아버지와 아들이신 분을 인류으로 여기는 죄를 범하는 것이다. 하나님은 아버지이시고, 아버지 되신 하나님이시다! 예수님은 이것을 「주기도문」의 머리말에 가르치셨다.

(1) 구약성경에 삼위 하나님의 사역으로 나타난 세 위격에 관한 증거

를 고백한다.

(1)① 이 모든 것은 삼위일체와 관련된 고백이 성경의 증거에 근거하고, 세 위격의 활동과 그것에 대한 우리의 체험을 말한다. 먼저 예수님께서 겟세마네 동산으로 가시기 전 제자들과 최후의 만찬을 하시면서 이렇게 말씀했다. "내가 아버지께 구하겠으니 그가 또 다른 보혜사를 너희에게 주사 영원토록 너희와 함께 있게 하리니"라고 하셨다(요 14:16). 여기서 "내", "아버지"와 "다른 보혜사"가 등장하는데 각각 아들, 아버지와 성령을 의미한다. 또 다른 곳을 보면, "사랑하는 자들아, 너희는 너희의 지극히 거룩한 믿음 위에 자신을 세우며 성령으로 기도하며 하나님의 사랑 안에서 자신을 지키며 영생에 이르도록 우리 주 예수 그리스도의 긍휼을 기다리라"(유 1:20~21). 이곳에서도 성령, 하나님과 주 예수 그리스도가 등장하는데 각각 성령, 하나님 아버지와 하나님 아들을 의미한다. 이 성경 구절 외에도 성경은 곳곳에서 삼위일체 하나님과 그 활동에 관해 서술한다. 이런 구절에서 나타난 활동을 통해 그 관계와 중보자 그리스도에 관해 깨닫게 된다. 구약성경은 구체적으로 세 위격에 관해 뚜렷하게 어떤 분인지 서술하지 않고 복수로만 표현했지만 신약성경은 구체적으로 서술하고 있다(「벨지카」 9항(2)①).

삼위일체 하나님에 관련된 진리는 성경만 아니라 활동을 통해서도 알게 된다. 그 활동 또는 사역으로 인해 우리는 더 분명하게 느끼게 된다. 이런 것을 이미 앞 항목(「벨지카」 8항②)에서 고백한 바 있다. 각 사역을 통해 우리는 세 위격의 구별을 알게 된다((3)②). 그렇지 않으면 우리가 느끼지 못하기 때문이다. 그렇다고 고유한 활동을 통해 우리의 느낌이 곧 세 위격의 존재를 정의할 수 있다고 착각하면 안 된다. 그것을 통해 우리는 그 존재의 지극히 작은 한 부분만을 느꼈을 뿐이다. 다시 말하면, 그분의 본체(subsistence)를 깨달을 수 없고 단지 실존(existence)만을 느낄 뿐이다. 전자는 그분의 존재 자체를 말하고, 후자는 시간 속에 드러난 그분의 존재를 말한다.

우리는 그분의 존재를 단지 그분의 활동으로 느낄 뿐이고, 이성으로 이해할 수도, 상상할 수도 없다. 우리의 상상과는 달리 성경은 엄숙하게, 엄격하게 세 위격에 관해 선언하고 서술하고 있다. 우리는 바늘귀와 같은 작은 구멍을 통해서도 부분적이지만 삼위일체 하나님에 관한 정확한 지식을 가질 수 있다. 작은 세포로 DNA를 파악하는 것으로 이해하면 좋을지 모르겠다.

(1)② 계속해서 삼위일체와 관련된 구약성경의 일부 구절을 열거한다. 이것은 단순히 있다고 인식하는 정도에 그쳐선 안 된다. 삼위일체 하나님을 믿으라는 것은 그분에 관한 믿음이 신앙고백의 큰 한 부분이고, 다른 부분이 순종에 관한 것임을 전제하고 있다(「벨지카」 7항(1); 「신앙고백서」 1장 2항; 「대교리」 3문; 「소교리」 3문). 이것은 성경적 믿음을 의미한다. 이에 따라 세례를 베풀 때도 이 고백을 조건으로 내세운다(「대교리」 166문①). 성경을 읽을 때 이 두 가지를 마음에 두면서 묵상해야 한다. 이성을 사용하여 믿는 것을 이해하려고만 하지 말고 그것에 따른 순종이 뭣인지 심정으로 자신에게 적용하는 경건 훈련이 요구된다.

(1)③④ 믿음의 대상인 하나님에 관한 구약성경 구절이다. 놀라운 것은 하나님 이름을 복수(plural)로 표현하고 있다는 것이나. 하나님이 복

수형? 하나님은 자신을 가리킬 때 우리라는 1인칭 복수를 사용한다. 신격에 몇 위격이 있는지 밝히지 않지만 창세기 1장부터 하나님은 스스로 복수임을 밝힌다. 그렇다고 동사를 복수로 사용하진 않는다. 이것은 의미가 복수이지 문법으로 복수가 아니라는 것이다(『개혁신앙이다』, 143~144). 영어의 예를 들어보면, 성직자(clergy)는 의미상 복수의 의미를 지니지만 문법상 단수로 취급하므로 동사도 단수형을 사용한다. 이처럼 우리라는 히브리어는 문법으로 단수로 취급하고, 의미는 복수이다. 하나님은 숫자로 하나라는 의미가 아니다. 굳이 하나라는 의미로 찾고 싶다면, 성경적 용어인 유일무이라는 단어를(one and only, 신 6:3; 요 17:3) 찾을 수 있다. 숫자상으로 하나라는 개념을 주장하면 군주적 단일신론(Monarchianism)에 치우치게 되므로 양태론과 양자론 이단 사상을 재고해 봐야 한다. 이 두 사상은 현대에 이르러 단일신론 또는 유니테리언주의(Unitarianism)로 우리 가까이에 도사리고 있다.

모세는 하나님에 관해 이렇게 묻는다. "그들이 내게 묻기를 그(하나님)의 이름이 무엇이냐 하리니 내가 무엇이라고 그들에게 말하리이까"(출 3:13). 이에 대해 하나님은 "나는 스스로 있는 자이니라 또 이르시되 너는 이스라엘 자손에게 이같이 이르기를 스스로 있는 자가 나를 너희에게 보내셨다 하라. 하나님이 또 모세에게 이르시되 너는 이스라엘 자손에게 이같이 이르기를 너희 조상의 하나님 여호와 곧 아브라함의 하나님, 이삭의 하나님, 야곱의 하나님께서 나를 너희에게 보내셨다 하라 이는 나의 영원한 이름이요 대대로 기억할 나의 칭호니라"(출 3:14~15). 여기서 우리가 주목해야 할 단어는 하나님께서 족장들에게 자신을 의미상 복수와 문법상 단수를 사용한다는 것이다. 하나님은 족장들에게 그렇게 보였고, 이스라엘 백성에게도 그렇게 말하라고 명한다. 우리 역시 이러한 하나님을 믿는다.

그리고 하나님은 "스스로 있는 자"라고 덧붙이는데 이것은 자존자임을 의미한다. 그분은 "내가 반드시 너와 함께 있으리라"(출 3:12)와 같은 동사를 사용하며 언제나 함께 하는 존재자라고 밝힌다. 신학적으로 말하면, 삼위일체 하나님의 속성을 밝힌 것이다. 하나님은 진실로 존재하시는 분, 영원하신 분, 한결같은 분, 어느 곳이든 있는 분이다. 하나님은 자신을 모세에게 새롭게 밝힌 것이 아니다. 이미 그들에게 자신을 밝히면서 처음으로 영원한 이름을 알리는 것이다. 그분은 세상 끝날까지 함께 하는 임마누엘 하나님이다.

하나님이란 칭호는 의미상 복수이고, 문법상 단수임을 강조하는 것은 삼위일체 하나님을 우리에게 연상시키는 것이다. 동일본질이면서 세 위격을 지닌 분이신 하나님을 복수로 나타내지만 동일본질이심을 망각하지 않게 하려고 **단일함을 뜻한다**고 하며 마무리한다. 한 본질이시며 세 위격이신(*una essentia vel substantia, tres personae*) 하나님!

(2) 삼위 하나님에 관련된 신약성경의 증거를 고백한다.

(2)① 구약성경에 이어 신약성경에 언급된 삼위일체 하나님에 관련된 구절들을 열거한다. 앞서도((1)③④) 지적했듯이 구약성경은 복수의 의미로 하나님의 이름이 등장하는 것에 반해 신약성경은 구체적으로 세 위격의 이름이 등장한다. 이런 면에서 구약성경에서는 **약간 분명하지 않다**고 고백하고, 신약성경에서는 **매우 뚜렷하다**고 고백한다. 그렇다고 신약성경을 더 중요하게 여겨선 안 된다. 우리는 구약성경의 관점을 통해

신약성경의 의미를 파악할 수 있고 하나님에 관한 이중지식에서 창조자의 관점을 통해 구속자의 지식을 파악해야 하고 그 역도 필요하다. 구약성경은 창조자 하나님에 중점을 뒀다면, 신약성경은 창조자보다 구속자 하나님에게 더 중점을 두고 있다 하겠다. 그 이유는 구속자 하나님께서 성육신하므로 모든 자가 가시적으로 보게 됐기 때문이다.

(2)② 삼위일체 하나님을 매우 분명하게 나타내는 대표적 성경 구절은 세례와 관련돼 있다. 먼저는 예수님께서 세례요한에게 세례를 받으실 때이고, 다음은 그분이 승천하기 직전 제자들에게 세례를 명령할 때이다. 여기서 아버지, 아들과 성령이란 세 위격의 이름을 구체적으로 밝힌다. 세례는 삼위일체 하나님의 이름으로 베풀어진다. 이것은 "주도 한 분이시오, 믿음도 하나요, 세례도 하나요, 하나님도 한 분이시니"에서 잘 드러난다(엡 4:5~6). 이 구절에서의 강조점은 한 또는 하나이다. 이것은 이교 신들과는 대조적으로 유일무이(one and only)하고 불변하는 하나님이심을 강조한다. 영원하고 진실한 그 하나님을 신뢰하는 것이다. 유일한 하나님은 아버지, 아들과 성령이시라는 것이다. 세례는 그 세 위격을 지닌 하나님의 이름으로 받는 것이다(1권 13장 16항, 124~125;『해설자용』, 100). 세 위격이 서로 동일본질인 것처럼, 세례를 통해 그분과 연합된 것으로 우리는 그분께 고백한다. 물론 우리가 그분과 연합된 것과 삼위 하나님의 구별된 위격의 연합은 이 세상에서 큰 차이가 있다. 달리 말하면, 그분은 본성적 아들이시고, 우리는 입양된 아들이라는 큰 차이가 있는 것과 같다(『하이델베르크』 33문).

근데 여기서 이단 양자론자는 세례식을 비중 있게 다루면서 인간 예수가 저급한 신성을 갖게 됐다고 억지 주장했다. 그리스도의 세례는 우리의 의를 이루기 위함이라고 하셨는데 곧 순종으로 의를 얻어 우리에게 전가하기 위함이라는 것을 이 이단자는 간과하고 있다. 예수 그리스도를 하나님으로 보지 않고 신이 된 인간으로만 보기 때문에 그런 주장을 하게 된다. 이것은 그리스도교를 일반 종교화시키고, 인간을 위한 종교로 전락시키는 처사이다.

(2)③ 신약성경에서 증명하는 삼위일체 하나님과 관련된 성경 구절로서(눅 1:35) 먼저 그리스도의 출생에 관한 것이다. 성령과 관련하여 누가복음 1장과 2장에서 6차례(눅 1:41, 67, 80; 눅 2:25, 26, 27)나 언급하는 가운데 그분은 성막을 덮은 구름처럼 자신을 마리아에게 임한 하나님의 거룩한 권능임을 밝힌다(출 40:35). 그분의 활동으로 태어나는 분은 하나님 아들이며 곧 예수님임을 밝힌다. 이런 과정에서 가장 높으신 분인 성령 하나님, 태어날 아들 하나님과 아버지 하나님을 언급하면서 세 위격을 선언한다. 성령 하나님의 권능으로 마리아가 잉태했다는 선언은 하나님 아들의 겸손한 순종을 의미하고 우리도 그분의 순종을 닮아야 함을 의미한다. 이에 따라 마리아는 그분의 말씀에 순종하여 출산하고 요셉도 그러했다. 그분의 인성을 강조하는 동시에 신성을 지닌 하나님 아들임을 밝히는 의미에서 성령의 권능으로 잉태됐다고 선언한다.

두 번째 성경 구절(고후 13:14)은 목회자가 하나님께 성도를 위해 간구하는 복된 기도(축복기도)이다. 삼위일체 하나님을 표현하는 전형적인 구절로 예배 시간에 이뤄진다. 이 구절은 신비로운 삼위일체를 나타내며, 그분에게서 오는 은혜가 먼저이고, 다음으로 사랑과 무상의 교세를 밀한다. 또 이 구절은 우리 구원의 총체를 요약하고 있다. 여기서 은혜는 환유적 의미로서 무상의 은혜만 아니라 구속의 모든 혜택을 의미하고, 사랑은 그 은혜의 근거를 제시하고, 교제는 그 은혜이신 그리스도와 그분의 모든 혜택을 우리가 소유하게 한다.

이 구절을 통해 구속 사역이 삼위일체 하나님의 것이며, 우리는 구별되신 세 위격의 존재(substance)를 실제로 느끼게 된다((1)①). 구속 사역을 통해 선언된 하나님의 속성은 존재에 대한 실존(existence)이고, 그분의 존재에 관해서 우리는 100% 알 수 없지만 구속 사역을 통해 드러난 그분의 존재에 대한 실존을 우리가 조금이나마 체험하게 되어 우리 자신의 존재(substance)를 하나씩 파악하고, 하나님 앞에서 드러나고 깨달은 실존(existence)을 발견한다는 점이다. 하나님에 대한 지식, 즉 존재를 알면 알수록 우리는 그만큼 우리 자신에 대한 지식, 즉 존재를 발견한다. 우리의 존재를 깨닫는 것만큼 그분에 대한 지식을 쌓으려고 부지런히 노력할 것이다.

(3) 영원한 하나님의 존재에 대한 지식은 오성이 아니라 그분이 행하신 사역에서 우리가 갖는다는 고백이다.

(3)① 하나님에 대한 지식은 인간 오성으로 불가해적이다. 불가해성은 하나님의 속성 중 하나임을 고백한 바 있다(「벨지카」1항②). 성경을 제외한 채 어떤 특별한 방법으로 하나님에 대한 통찰력을 가질 수 있다고 상상하는 자는 미친 자이다(1권 19장 1항, 84). 중생 되지 못해도 하늘의 일에 대해 어느 정도 영적 통찰력을 가질 수 있고, 그 통찰력으로 하나님을 인정하고, 부성애의 호의를 알고, 그리고 율법에 따른 삶을 구성하기

도 한다. 한 마디로 신성에 대한 인식 또는 의식(sense 또는 consciousness)을 가질 수 있다. 하지만 참된 하나님이 어떤 분이며 우리를 향한 그분이 어떤 분인지 절대 알 수 없다(2권 2장 18항, 240). 다시 말하면, 양심이나 자연을 통해 창조자 하나님에 대한 지식을 가질 수 있겠지만 구속자 하나님에 대한 지식은 반드시 성경, 즉 하나님의 말씀으로만 가능하다. 단순히 말씀이라 하지 않고 **하나님의 말씀**이라고 한 이유도 그분에 대한 말씀이고, 그분이 제1저자라는 의미이다.

성령 하나님은 말씀의 동반자(「대교리」1장 2문②)로서 그분의 말씀을 통해서만 우리 심정에 역사한다(「신앙고백서10항」). 저자인 성령 하나님이 우리의 지성을 밝혀 심정에 믿음을 심어 그리스도와 그분의 공로를 소유하게 한다면 모든 것을 믿고 신뢰하고 따를 수 있고(「벨지카」 22항①), **그분의 혜택**을 누릴 수 있다(「하이델베르크」 20문).

(3)② 세 위격의 고유한 사역에 관심을 가져야 하는 이유는 그나마 실존으로 구별된 세 위격을 깨달을 수 있기 때문이다(⑴①). 인간은 가시적인 것을 통해 불가시적인 것을 바라보게 훈련받는다. 예를 들면, 가시적 말씀인 성찬을 통해 불가시적 말씀으로 향하게 된다. 또 자연에 새긴 신성에 대한 인식을 통해 창조자 하나님으로 향하고, 그분으로부터 구속자 하나님으로 향한다. 이 과정을 계속해서 밟는다. 세 위격의 특유한, 고유한 활동과 사역을 통해 그분의 새로운 이름을 고백하게 되는데 아버지는 창조자, 아들은 구세주와 구속자, 성령은 성화자 또는 거룩하게 하는 자이다.

아버지를 창조자라 부르는 이유는 그분의 권능으로 인한 득유한 활동 또는 사역 때문이다. 우리는 이미 아버지를 다른 위격과 구별하기 위해 가시적이고 불가시적 만물의 원인, 기원과 시작이라고 고백한 적이 있다(「벨지카」 8항②). 이제 하나님은 자신의 권능으로 만물을 다스리고, 보호하고, 보존한다(「하이델베르크」 27문①②; 「대교리」 18문①). 우리는 이런 사역을 하시는 분을 부성애를 지녔다고 말하고, 그 부성애는 그분의 섭리와 깊이 관련돼 있다(1권 2장 1항, 37; 1권 5장 3항, 53; 「벨지카」 13항⑥). 하나님은 자신의 권능과 전능함으로 섭리를 수행한다(「하이델베르크」 27문①). 부성애, 즉 섭리하는 창조자 하나님에 대해 우리는 전능하신 하나님(the Almighty God)이라고 고백한다. 「사도신경」, 예레미야와 시편에서 전능하신 하나님(만군의 여호와[the Lord Almighty])은 그분의 섭리를 의미하고, 창조하신 만물이나 만사를 그냥 내버려 두지 않고 그분의 간섭 없이 어떤 것도 일어나지 않게 한다(1권 16장 3항, 168). 욥기(31번), 이사야(61번), 예레미야(81번), 스가랴(46번)와 말라기(24번)는 섭리의 하나님, 즉 만군의 여호와의 이름이 가장 많이 등장하는 대표적 성경책이다(『해설자용』, 132). 또 전능함은 곧 아버지 됨을 의미한다(「하이델베르크」 26문④).

그리고 하나님을 아버지라고 고백할 때 그분의 섭리와 전능함과 관련 있을 뿐만 아니라 창조와도 관련을 맺고 있다. 하나님은 무 또는 아무것도 없는 가운데서 창조하신 분으로서 영원한 아버지인데(「하이델베르크」 26문①) 자신의 권능의 영광을 명시하기 위해 창조하셨으므로 권능과 창조는 동반자이다(「신앙고백서」 4장 1항①). 또 창조와 섭리도 동반자로서 하나님의 영원한 작정이 실행되는 또는 드러난 사역이다(「대교리」 14문; 「소교리」 8문). 이 사역으로 우리는 하나님의 존재를 인식할 수 있다. 하나님의 권능은 만물을 다스리고 보호하는 것에 그치지 않고 하나님의 자녀를 끝까지 보호하는 데까지 이른다(「대교리」 79문). 이것을 우리는 견인이라고 부른다. 이런 면에서 예수님은 제자들에게 기도를 가르치시면서 "하늘에 계신 우리 아버지"에게 간구하라고 했다. 이 칭호에는 하나님께서 우리의 아버지가 되신다는 의미가 담겨 있다(「하이델베르크」 120문②; 「대교리」 189문①; 「소교리」 100문①).

하나님 아들은 자신의 **보혈로 인해 구세주와 구속자**라 불린다. 그 아들은 아버지의 말씀, 지혜와 형상이다(「벨지카」 8항②). 우리가 그분을 예수님, 즉 구세주라 부르는 이유는 그분이 우리를 구하고 우리 죄들로부터 구원하기 때문이고, 다른 누구에게서 구원을 발견할 수도 없고 찾을 수도 없기 때문이다(「하이델베르크」 29문①②). 죄로부터 우리를 구원하기 때문에 하나님 아들을 구세주 또는 예수님이라 부른다.

그러면 **구속자**는? 하나님께서 선택한 유일한 구속자는 주 예수 그리스도이시고, 하나님의 영원한 아들[하나님이신 영원한 아들]이시고, 구별된 두 본성, 즉 신성과 인성을 영원히 지닌 분이다(「소교리」 21문). 두 본성을 지닌 구속자는 우리의 중보자가 되셔서 우리를 죄로부터 구원하는 구원자이다. 그래서 예수, 구세주, 구속자와 중보자라는 칭호는 구속사역과 깊은 관련이 있다. 우리는 중보자이신 구속자로 인해 하나님과 은혜 언약을 맺게 된다(「돌드레히트」 2장 8항②; 「소교리」 20문). 또 구속자는 그리스도로서 두 신분, 즉 높아지심과 낮아지심의 상태에서 구속사역을 수행했다. 두 상태에서 3중직, 즉 제사장, 왕과 선지자 직무를 수행했다(「소교리」 23문). 우리가 그분을 구속자라고 고백한다면 반드시 그분의 모든 계명을 이행해야 한다(「소교리」 44문).

그렇다면 **그분의 보혈로** 하나님 아들이 구세주와 구속자라 불린다는 의미는 무엇일까? 죄 용서의 근거는 하나님 측면에서 보면 자비함이고(3권 8장 59항, 353; 3권 16장 3항, 636~637), 우리 측면에서 보면 그리스도의 보혈이다(3권 4장 27항, 526). 보혈은 속죄의 유일한 근거일 뿐만 아니라(「대교리」 152문②), 그리스도께서 십자가에서만 아니라 중보자로서 우리를 위해 받은 모든 저주의 고통을 대변하는 말이다(2권 16장 6항, 413). 보혈은 **십자가상에서 흘린 것을 상징하고**(「벨지카」 21항②), 죄 용서와 늘 관련을 맺으면서 고백된다(「벨지카」 34항②③). 이것을 한 마디로 십자가상에서 흘린 그리스도의 보혈로 우리가 무상으로 죄들을 용서받았다고 고백한다(「하이델베르크」 70문①). 어떤 경우엔 중보자의 보혈로 **죄 용서를 받았다고 고백하기도 한다**(「돌드레히트」 5장 7항③). 그 이유는 그분의 보혈로 죄에 대한 모든 만족이 이뤄졌기 때문이다(「하이델베르크」 1문②). 그래서 물이 더러운 것을 씻어버리듯이 보혈로 우리의 죄가 씻겼다고 말한다(4권 15장 1항, 996). 우리의 세례도 그 의미이다. 구속의 수단은 그리스도의 보혈이다(「하이델베르크」 34문①). 그래서 구속을 위한 대표적 표현을 보혈이라 부르고(2권 16장 6항, 413), 보혈은 곧 속죄의 상징으로 표현된다(2권 12장 4항, 385).

성령을 거룩하게 하는 분 또는 성화자라 부르는 이유는 우리 심정에 내주하기 때문이다. 성령 하나님은 아버지와 아들에게서 나오는 영원한 권능과 힘이다(「벨지카」 8항②). 그리스도와 우리 안에 내주하므로 그분께 점차 연합되고, 우리는 이 연합을 성찬으로 체험한다(「하이델베르크」 76문②). 성령께서 말씀과 더불어 실제로 또 개인적으로 우리 안에 거하므로 우리는 거룩하게 된다(「신앙고백서」 13장 1항①). 성령은 말씀을 우리 안에 거하게 하므로 또는 말씀으로 우리를 거룩하게 한다. 다른 말로 하면, 성령께서 우리 안에 내주하기 때문에 우리는 하나님의 성전이 된다(고전 3:16, 6:19). 우리 말 성경에는 우리가 하나님의 성전이라고 번역했지만 실제로는 하나님의 성령 때문에 우리가 하나님의 성전이라는 의미이다. 성령께서 내주하는 성전은 거룩하다. 그리스도인은 하나님의 성도로서 거룩한 삶을 살아야 하고, 죄의 잔재들과 싸워야 하고, 자유를 방임하거나 방종하면 안 된다. 성령 하나님은 이 사역을 우리 안에서 행한다.

우리는 그리스도, 즉 살아 있는 돌(a living stone)처럼 거룩한 제사장이 되어 자신을 희생해야 한다(벧후 2:5). 그렇다고 거룩함이 하나님의 자녀가 되는 조건이라는 의미는 아니다. 거룩함은 의롭다고 여긴 의를 붙잡는 것으로 보존하는 것이다(3권 16장 1항, 634). 이 사역을 성령께서 우리 안에 내주하므로 이뤄간다. 거룩함은 우리를 중생시킨 목적이다(3권 17장 5항, 643). 거룩함이라고 해서 죄를 짓지 않는 상태를 말한다고 착각하면 안 된다. 거룩함은 성령 하나님의 사역으로, 그 완성은 하늘나라에서 이뤄지겠지만 지상에서 견인으로 우리 삶에 나타난다. 동시에 거룩함은 하나님과의 관계를 유지하게 하므로 의를 붙든다고 고백하는 것이다. 다시 말하지만, 중생의 저자는 바로 성령 하나님이다(「돌드레히트」 3항~4장 3항, 12항⑤; 1권 13장 14항, 123; 2권 3장 10항, 266; 『해설자용』, 98, 201; 『개혁신앙이다』, 231). 거룩하게 하는 분은 성령 하나님이다. 우리가 의지적으로 성화 또는 거룩하게 되어 그분의 자녀가 되거나 구원을 받는 것은 아니다. 분명히 선언하는 것은 그분이 내주하셔야 우리가 거룩하게 된다는 뜻이다. 하나님의 자녀 외에는 성령은 거하지 않는다. 이제 성령이 우리 심정에 내주하므로 거룩하게 하는 자로 불린다는 의미를 이해할 수 있다.

(4) 삼위일체론에 대한 이단과 정통에 관한 고백이다.

(4)① 지금까지 복잡해서 이해하기 힘든 삼위일체론에 관해 철학적 용어와 성경 구절로 설명한 이유는 이단 사상에 미끄러지지 않고 이단자를 물리치기 위함이다. 이단자들은 갖가지, 다양한 철학 사상을 통해 진리를 왜곡하거나 혼란스럽게 하여 개혁신앙인이 좌충우돌하게 할 것이다. 이에 대해 신앙의 선배들은 이런 철학 용어를 사용하여 미연에 방지하거나 진리를 보호하려고 의도했다. 이단자들은 그분에 관해 진실한 지식을 가지려고 하지 않는데(『해설자용』, 80), 그 지식으로 인해 자신의 정체가 드러나기 때문이다. 하나님에 관해 알면 알수록 거짓 신의 정체는 드러나게 돼 있다. 하나님은 너무나 뚜렷하게 "영생은 곧 유일하신 참 하나님과 그가 보내신 자 예수 그리스도를 아는 것"이라고 말씀하신다(요 17:3). 여기서 유일하신 참 하나님은 삼위일체 하나님을 의미한다. 믿음의 대상은 가공되고 가시적인 하나님이 절대 아니다. 삼위일체 하나님에 대한 참된 지식 외에 인간 측면에서 이해하기 위해 만든 어떤 가시적인 고안물을 모두 배격해야 한다. 하나님은 이 지식을 자신의 백성에게만 알게 하고 유기된 자에게는 그렇지 않다(「돌드레히트」 1장 3항 참고). 이것은 하나님의 의지, 즉 뜻이다(「대교리」 154문③; 「소교리」 88문②).

여기에 열거된 이단자들은 초대교회 때 활동했던 자들이다. 마르키온은 영지주의자, 마니는 이원론자, 프락세아스와 사벨리우스는 양태론자, 사모사테누스와 아리오스는 양자론자이다. 양태론과 양자론은 대표적 반삼위일체론으로서 군주적 단일신론(Monarchianism)이라 불린다. 군주적 단일신론이란 하나님을 숫자적으로 하나의 위격으로만 본다. 전제 군주처럼 하나의 주권자가 상황에 따라서 다른 형태로 나타내면 양태론이며, 한 하나님만 있고 그리스도는 인간으로서 저급한 신이 된 자라고 주장하면 양자론이다(『개혁신앙이다』, 139~142). 근대에 오면 단일신론 또는 유니테리언주의(Unitarianism)란 이름으로 이단자가 등장한다. 이 이단 사상과 구별하기 위해 초대교회 때 횡행했던 이단 사상을 군주적 단일신론이라 부른다. 이 두 사상은 예수님을 인간으로만 취급하고 세례와 같은 의식을 통해 저급한 신성을 가진 자가 됐다고 주장한다. 양태론, 양자론과 유니테리언주의에 대한 경보를 늦추지 말아야 한다. 이 사상이야말로 팬데믹 또는 세계적 유행(pandemic)이다.

⑷② 초대교회에 등장하여 활동했던 이단자들에 반대하여 정통신앙인들은 신조를 만들어 성도들을 보존하고자 했다. 만일 정통 그리스도인이라면 누구라도 〈4대 신조〉를 고수한다. 여기서 그중 3대 신조를 제안한다. 「사도신경」(4세기 말), 「니케아 신조」(325)와 「아타나시오스 신조」(5세기 말~6세기 초)이다. 여기에 하나 더해야 하는 것은 그리스도의 신성과 인성의 연합(그리스도론)에 관한 「칼케돈 신조」(451)이다. 「아타나시오스 신조」는 1642년 네덜란드 신학자 헤렛 푸스(Gerrit Janszoon Vos[제라르두스 보시우스, Gerardus Vossius], 1577~1649)에 의해 아타나시오스가 작성한 것이라고 알려져 있다. 현대에 와서는 그의 이름을 빌려왔을 뿐 그가 작성한 것이 아니라고 본다. 하지만 이 신조의 고백은 아우구스티누스의 『삼위일체론에 대해』(De Trinitate)와 너무나 같은 내용이기에 정통신앙의 고백으로 여전히 인정받고 있다.

독자들 가운데 이런 신조의 중요성을 아직 인식하지 못하다고 하면 어떤 하나님에 관한 지식을 가졌는지 자문해 보기를 제안한다. 거짓 신자들은 어떤 하나님에 관해 무관심하다. 어떤 하나님이라도 좋으니 섬기는 것에만 관심을 둔다면 심각한 질병에 걸린 자이거나 거짓 신자임이 틀림없다. 이런 신앙고백을 하는 선배들의 노고만 아니라 교회 역사까지도 경멸하는 자이기 때문이다.

10항: 참되고 영원한 하나님이신 예수 그리스도
(That Jesus Christ is True and Eternal God)

① We believe that Jesus Christ, according to his divine nature, is the only begotten Son of God, begotten from eternity, not made nor created (for then he should be a creature), but co-essential and co-eternal with the Father, the express image of his person, and the brightness of his glory, equal unto him in all things.

② He is the Son of God, not only from the time that he assumed our nature, but from all eternity, as these testimonies, when compared together, teach us. Moses saith, that God created the world; and John saith, that all things were made by that Word, which he calleth

우리가 믿는 것은 ① 예수 그리스도께서 자신의 신성에 따라(신성의 측면에서 보면) 하나님의 태어난 유일한 아들(독생자 또는 외아들)로서(마 17:5; 요 1:14, 18, 3:16, 14:1~14, 20:17, 31; 롬 1:4; 갈 4:4; 히 1:2) 영원에서 태어났고, 조성되지 않았고, 창조되지도 않은 분이고, (그렇다면 피조물이 돼야 하기에; 요 5:18, 23, 10:30, 14:9, 20:28; 롬 9:5; 빌 2:6; 골 1:5; 딛 2:13), 아버지와 동일본질이고 영원 공존(동일하게 영원)하며(요 8:58, 17:5; 히 13:8), 그분(아버지)의 위격이 드러난 형상이며, 그분의 영광의 광채이며(골 1:15; 히 1:3), 모든 것에서 그분과 동등하신 분이라는 것이다.

② 그분은 우리의 본성(인성)을 입었을 때부터만 아니라 영원히 하나님 아들이심을 [다음의 증거와] 함께 비교해볼 때 이 증거들이 우리에게 가르치고 있다. 모세는 하나님께서 세상을 창조하셨다고 말하고(창 1:1), 요한은 만물이 하나님이신 말씀으로 만들어졌다고 말했다(요 1:1~3). 그리고 사도는 하나님께서 자기 아

God. And the apostle saith, that God make the worlds by his Son; likewise, that God created all things by Jesus Christ. Therefore it must needs follow, that he, who is called God, the Word, the Son, and Jesus Christ, did exist at that time, when all things were created by him.

③ Therefore the prophet Micah saith, His goings forth have been from of old, from everlasting. And the apostle: He hath neither beginning of days, nor end of life. He therefore is that true, eternal, and almighty God, whom we invoke, worship and serve.

들에 의해 세상(세상들 또는 우주)을 만들었다고 말한다(히 1:2). 그래서 만물을 창조했을 때도 하나님, 말씀, 아들과 예수 그리스도라 불리는 분은 존재하셨다는 결론에 이르러야 한다(고전 8:6; 골 1:16~18).

③ 그러므로 선지자 미가는 그분의 기원이 상고(上古)이고 영원하다고 말한다(미 5:2). 사도는 그분은 생명이 시작한 날이나 끝도 없다고 말한다(히 7:3). [이 모든 것을 고려해볼 때] 그분은 진실하고, 영원하고 그리고 전능한 하나님으로서 우리의 기원, 경배와 예배의 대상이 되신다.

삼위일체 하나님의 사역을 통해 느끼는 세 위격의 구별에 관한 성경적 증거를 살핀 후(9항) 제10항은 하나님 아들에 관해 고백한다. 예수님은 제자들에게 사람들이 자신에 대해 뭐라고 말하는지, 너희는 나를 누구라 하는지 물으셨다(마 16:13, 15). 이에 대해 베드로는 사람으로 보이는 예수님을 그리스도며 살아계신 하나님의 아들이라고 고백했다. 정말 정확한 신앙고백이다. 예수님을 신성과 인성을 지닌 그리스도 또는 중보자일 뿐만 아니라 신성을 지닌 하나님이라고 고백했기 때문이다. "나의 주, 나의 하나님"(요 20:28)이라고 한 도마의 고백도 유사하다. 이 고백 후 사도 요한은 이렇게 기록한다. "오직 이것을 기록함은 너희로 예수께서 하나님의 아들 그리스도이심을 믿게 하려 함이요 또 너희로 믿고 그 이름을 힘입어 생명을 얻게 하려 함이니라"(요 20:31). 이처럼 예수 그리스도가 하나님 아들이고, 중보자임을 고백하는 신앙은 우리의 바른 고백이다.

그렇다! 하나님 아들은 우리의 중보자로서 한 위격에 두 본성, 즉 신성과 인성을 지닌 분이다. 두 본성이 각각 무엇을 의미하는지 바르게 파악하지 않으면 균형 잡힌 신앙, 바른 신앙, 개혁신앙을 알고 보존하고 유지하기 어렵고, 믿음의 증거를 갖기 어려울 것이다. 제10항은 그분의 신성에 초점을 맞추고 중보자로서의 인성에 관해서는 후에 고백한다(「벨지카」 18항과 19항). 이 고백은 초대교회 때 삼위일체론 논쟁에서 그리스도의 신성을 논의하고 정리한 후(「니케아」[325]와 「콘스탄티노폴리스」[381]), 이어서 그리스도론 논쟁에서 그분의 인성에 대한 논의(「에페수스」[431]와 「칼케돈」[451])를 떠올린다.

① 예수 그리스도가 삼위일체 하나님 아들이라는 신성에 관한 고백이다.

예수 그리스도는 영원에서 태어난 유일한 아들(독생자 또는 외아들)이다. 신성에 따른다고 했으니, 신성의 측면에서 본다는 것을 말하는데 그렇다면 신격의 제2위격인 아들, 즉 하나님 아들이다. 그 증거로서 먼저 하나님의 유일한 아들이라고 선언한다. 유일하다는 고백은 하나님 외에 누구에게도 붙일 수 없다. 성경은 자주 하나님을 "유일하신 하나님"이라고 선언한다(신 6:4; 요 17:3). 잡신은 복수로 사용하지만 하나님은 단수만 아니라 유일무이한 분이다(「벨지카」 1항①).

변화산에서 3명의 제자(베드로, 야고보와 요한)는 얼굴이 태양 같고 옷이 빛처럼 밝게 변화된 예수님을 목격하였다. 얼마나 황홀했을지 상상해 보자. 그런 가운데 "이는 내 사랑하는 아들이요, 내 기뻐하는 자"라는 놀라운 음성을 듣게 된다(마 17:5, 3:17). 타락한 인류에게 들려주시는 놀라운 메시지이다. 하나님의 정의를 만족시키고 그분의 자비함을 전할 중보자에 대한 선언이었다. 일시적이고 지엽적인 중보자로서의 모세와 개혁자로서의 엘리야도 함께했지만 예수님은 영원한 중보자며 구세주이다. 상대적인 모습을 볼 수 있다. 또 율법과 선지자를 대표하는 두 사람의 등장은 그것의 목적 성취를 의미하였다. 더 중요한 것은 하나님께서 무턱대고 또는 무심코 세상에 오신 것이 아니라 약속한 것을 성취하기 위해 오셨다는 것이다(「벨지카」 18항⑴). 이것은 그들이 서로 대화하는 것에서 알 수 있다(17:3). 사랑하고 기뻐하는 아들이라는 하나님의 선언은 예수님이 세상의 인류를 위한 **중보자이심**에 대한 것이다.

중보자는 참 하나님이신 동시에 참 인간이셔야 한다(「하이델베르크」 15문①②). 두 본성은 중보자의 조건이다(「벨지카」 26항⑴①; 「신앙고백서」 8장 1항①; 「대교리」 36문; 「소교리」 21문, 22문). 3명의 제자는 이 놀라운 광경을 목격하면서 그토록 사모했던 메시아가 바로 자신의 선생인 예수님이라는 확신을 재확인하기에 이른다.

중보자인 구원자는 죄가 없어야 하고 엄청난 고난과 고통인 하나님의 진노를 견뎌야 하므로 신성을 지녀야 하고(「하이델베르크」 17문①; 「대교리」 38문①), 타락한 인류의 죄를 친히 담당하고 대신하여 저주를 받아 하나님의 정의를 만족시켜야 하므로 인성을 지녀야 했다(「하이델베르크」 16문①). 달리 말하면, 중보자는 자신의 죽으심과 순종으로 하나님의 정의와 진실함에 관한 우리 죄를 위한 만족이 되셨다(「하이델베르크」 40문). 죄가 있는 인류 중 어느 누가 죄를 용서할 수 있을까? 아무도 없다(「벨지카」 26항①). 중보자는 하나님이기에 죄가 없고 모두를 위해 행할 수 있는 제2의 아담이 되고, 인간이기에 하나님의 정죄를 만족시키기 위해 영원한 저주를 몸소 담당했다(「하이델베르크」 14문②). 또 하나님이기에 죄가 없을 수밖에 없고, 인간이기에 하나님의 정의를 만족시킬 수 있다. 그리고 하나님이기에 중보 사역은 영원하고, 인간이기에 우리를 체휼할 수 있다. 더욱이 하나님이기에 단번에 희생제물로 인류의 모든 죄를 사하시고, 인간이기에 그분에게 언제든 접근할 수 있다.

우리는 중보자를 **태어난 유일한 아들**(only begotten Son[독생자])로 고백함으로써 그분이 본래 하나님이심을 강조하고(「신앙고백서」 8장 1항①), 이어서 종이 되신 분임을 고백함으로써 그분이 인간이심을 강조한다(②). 이런 의미로 신앙고백서도 하나님 아들(신성)에 이어 동정녀 마리아에게서 태어났다(인성)고 고백한다(「신앙고백서」 8장 2항①②).

예수 그리스도의 신성을 명시하기 위해 **영원에서** 태어났다고 선언한다. 영원성은 하나님의 비공유적 속성 중 하나인데(「벨지카」 1항①; 「신앙고백서」 2장 1항②) 시간의 개념으로 착각하면 안 된다. 이 개념은 시작과 끝이 있거나 변한다는 것이다. 이와 정반대로 그리스도는 하나님이기에 시점이나 변함이 없다. 영원하시다는 고백은 어제나 오늘이나 변함이 없고 언제나 한결같은 분이라는 뜻을 남고 있다(히 13:8). 언세나 현새이다. 이것을 인정하지 않는다면 하나님에 관해 엄청난 왜곡에 휩싸이게 되고 그분에 관한 지식은 모두 파편이 돼 서로 조합할 수도, 적용할 수도 없게 된다.

그리스도의 신성인 영원성은 그분의 신성을 나타내는 동시에 중보자로서 한결같이 변함없이 우리를 위해 중보 하는 분임을 뜻한다(롬 8:34). 그분의 중보는 승천한 후에도 하나님 우편에서 계속되고 있다(「신앙고백서」 8장 4항④; 「대교리」 54문③, 55문①②). 이것은 그분의 신성, 즉 영원성을 의미한다. 3중직에서 본다면, 제사장으로서 중보 한다는 의미이다. 또 낮아진 상태에서도 병든 자와 죽은 자를 각각 낫게 하고 살리기도 하시므로 중보 사역을 수행했다. 유일한 대제사장으로서 십자가상에서의 죽으심은 중보 사역의 절정이다(「하이델베르크」 31문②; 「대교리」 44문②; 「소교리」 25문). 그뿐만 아니다. 그분은 부활로 우리를 위하고 속죄 사역의 종결을 의미하는 중보 사역을 수행했다. 그리고 그리스도는 재림, 즉 인류의 부활 직후 이뤄지는 최후의 심판에서도 우리를 위해 중보할 것이다. 우리는 그분이 영원에서 태어났다고 고백함으로 영원한 중보자이심을 표현한다. 그분은 우리가 하늘나라에 이를 때까지 믿음을 고수하게끔 중보 한다(「신앙고백서」 17장 2항②). 달리 말하면, 견인하도록 중보 한다는 의미이다(「대교리」 79문).

중보자, 영원하신 하나님을 찬양하자!

또 우리는 그리스도의 신성을 나타내고자 그분이 조성되거나 창조되지 않았다고 고백한다. 이 고백은 시작과 끝이 없는 영원하신 분임과 동시에 창조자이심을 의미한다. 이 고백은 「아타나시오스 신조」에 따른 것이다. "아버지가 지니고, 아들이 지니고, 성령도 지닌 속성은 아버지는 창조되지 않았고, 아들은 창조되지 않았고, 성령도 창조되지 않았다. … 아버지는 누구에게서 조성되지도, 창조되지도, 태어나지도 않았다. 아들은 조성되지도 창조되지도 않았을 뿐만 아니라 아버지로부터만 태어난 분이다." 그런데도 4세기 대이단자 아리오스처럼 그리스도께서 인간이었다가 세례식을 통해 저급한 신성을 입었다거나 16세기 소찌니파처럼 그리스도가 아예 인간이었을 뿐 신성을 가진 적이 없다고 주장하기도 한다. 절대 아니다! 그리스도는 알파와 오메가이기에(계 1:8, 21:6, 22:13) 시간의 제한을 받는 불연속이거나 일시적이지 않은 분이다. 이런 성품으로 이뤄진 구속 사역은 신실하고 진실하다.

우리의 구속자인 그리스도는 아버지와 **동일본질**(동일한 본질)이시며 **동일 영원**(영원 공존 또는 동일하게 영원)한 분이다(「벨지카」 8항⑧). 이 고백은 삼위일체론에서 충분히 다뤘던 것(「벨지카」 8항)으로 본질에서 동일하고 영원하신 분에 관한 것이다. 이것은 곧 그분이 하나님이시며, 하나님의 비공유적 속성을 모두 지녔다는 고백이다. 비공유적 속성(incommunicable attributes)이란 인간 측면의 상상력에서 벗어나 있는 영원과 시간의 구분을 의미한다. 인간이 도저히 경험하거나 인식할 수 없는 속성이다. 이와는 달리 공유적 속성은 인간이 어느 정도 경험하거나 인식할 수 있는 속성이다.

계속해서 하나님 아버지와 함께 동일하게 영원한(coeternal) 분임을 의미하기 위해 불가시적 하나님의 형상(고후 4:4; 골 1:15) 또는 하나님 영광의 광채며 그 본체의 형상이라고 고백한다(히 1:3). 형상이란 불가시석인

분을 의미하고(요 1:18), 영원한 아들이심을 의미한다. 또 하나님이 어떠한 분인지를 나타내신 분이라는 의미이다.

하나님에 대한 이중지식(창조자와 구속자)을 소유해야 구원받는다(『해설자용』, 59). 그분이 아니고서는 하나님을 알 수 없다. 이것은 그리스도가 하나의 통로, 수단 또는 도구라는 의미도 아닐뿐더러 반영체도 절대 아니다. 3중직 중 선지자 직무를 수행하시므로 하나님 또는 자신을 우리에게 가르치고 알린 분임은 틀림없지만 그것에 머물거나 제한되지 않고 그분 자체가 하나님으로서 자신을 우리에게 비춘 분이라는 의미로 광채(brilliance 또는 radiance)라는 용어를 사용한다(히 1:3). 곧 그분과 동일하신 분 또는 하나님이라고 고백한 것이다. 그분을 알면 하나님을 알고, 그분을 본 자는 하나님을 본 자이다(요 14:7, 9). 그리스도는 하나님의 영광을 지닌 분이기에 광채라고 선언하고, 본체(본질[substantiae])의 형상이기에 단순한 반사체(reflection)가 아니라 그분의 본질을 지닌다고 선언한다(히 1:3). 닮은 분이 아니라 동일한 본질을 가진 하나님임을 의미한다.

② 그리스도가 창조자 하나님이심을 고백하므로 그분의 신성을 증명한다.

그리스도는 두 본성을 지닌 창조자 하나님이심을 모세, 사도 요한과 히브리서의 말씀에서 명시하고 있다.

모세는 하나님이 세상을 창조하셨다고 선언한다. 이때 하나님은 히브리어로 엘로힘이고 의미상 복수이지만 문법상 단수이다. 성경에서 유일무이하신 하나님을 선언할 때 사용하는 그분의 이름이다. 조상들의 하나님이고 언약의 하나님이고, 창조자 하나님을 의미한다. 그렇다고 창조자 하나님을 하나님 아버지로만 제한하여 왜곡하면 안 된다. 삼위일체 하나님을 지칭한다.

또 창조하셨다는 동사는 하나님에게만 사용하는 단어이지 인간이나 그 활동에 사용하지 않는다. 이 동사나 **태초**(beginning; 창 1:1; 요일 1:1)라는 표현으로 인해 만물을 존재하게 하는 분으로 처음과 나중이 되는 분임을 알 수 있다. 이 표현은 영원에서 시간을 창조하신 분이고, 시간 너머에 계신 분임을 의미한다. 시간은 영원 가운데 찰나에 불과하다. 여기서 태초는 특정 기간의 시작점, 즉 하나님과 그분의 백성 이야기의 시작이라는 의미이다. 이런 의미로 "네 하나님 여호와께서 돌보아 주시는 땅이라 연초부터 연말까지 네 하나님 여호와의 눈이 항상 그 위에 있느니라"(신 11:12)에도 사용된다.

사도 요한은 **태초**에 말씀이 있었고 그 말씀은 아버지와 구별된 하나님임을 밝힌다(요 1:1~3). 여기서 태초는 창세기 1:1(요일 1:1)처럼 특정한 기간의 시작을 의미하지 않고 영원을 의미한다. 또 여기서 말씀이란 라틴어의 베르붐(*verbum*)이 아니라 영원한 말씀이신 세르모넴(*sermonem*)을 말한다. 일반적으로 말씀이란 단어는 라틴어로 세 종류가 있다. 목소리(voice)를 말하는 보쳄(*vocem*)이 있고, 말씀을 선포한다(preaching)고 할 때 베르붐이 있고, 세상을 창조하실 때 하나님을 의미하는 말씀은 세르모넴이다. 세르모넴은 영원한 말씀이신 제2위격의 하나님을 의미한다. 메신저의 말씀(베르붐)을 통해 청취자는 영원한 말씀(세르모넴)을 만나야 한다(『해설자용』, 97, 365, 375). 베르붐은 창조자며 구속자를 의미한다. 이 베르붐은 성령 하나님의 동반자로서 구원의 모든 사역에 동참한다. 달리 말하면, 성령은 베르붐 없이 사역하지 않는다.

물론 그리스어의 말씀을 의미하는 로고스(λόγος)도 소통하는 인격체를 의미한다. 히브리어에서도 하나님의 말씀은 신격의 자기주장을 의미한다. 그래서 사도 요한이 사용한 말씀도 가시적, 불가시적 물질계의 근원을 의미한다. 이런 말씀이 하나님과 함께했으니 동일한 분임을 알 수 있다. 특히 사도 요한은 세 차례나 말씀을 언급하므로(요 1:1) 각각 선재하신(preexistent) 분, 구별된(distinctive) 위격 그리고 제2위격의 하나님이심을 선언한다.

히브리서는 그리스도가 창조자 하나님이심을 선언한다(히 1:2). 그분이 세계들(worlds), 즉 우주를 창조하셨다고 한다. 이 단어는 "이 세상"과 같다(마 12:32). 제한되고 일시적인 세상을 말한다. 우주는 창조된 것이고, 시간 내에 제한된 물질계이다. 이것을 창조하신 아들 하나님은 영원하신 분일 수밖에 없고 영원하신 분이 시간에 제한된 세상들을 창조하셨다.

③ 삼위일체 하나님의 제2위격인 예수 그리스도는 영원한 분임을 고백한다.

그리스도의 기원은 **선재이고 영원함**이라고 한다. 그분은 옛날부터(of old) 존재했다고 선언하면서(시 78:2; 미 5:2) 생명의 시작과 끝이 없다고 했으니(히 7:3) 시간 내에 제한되는 분이 아니라 영원하신 분임을 말한다. 마리아에게서 태어났으니 생명의 시작이 있고, 십자가상에서 죽어 장사 됐으니 생명의 끝이 있었다고 주장할 수 있겠지만 이것은 그분의 육체를 두고 하는 말이고, 여기서는 그분의 신성을 두고 하는 표현이다.

그래서 "하나님의 아들[하나님 아들]과 닮아서"란 표현을 사용한 것이다(히 7:3). 이것은 하나님이신 아들로서 신격의 관계를 의미한다.

하나님이신 그리스도는 예배의 대상일 뿐만 아니라(「신앙고백서」 21장 2항①) 믿음과 기도의 대상이기도 하다(「대교리」 179문②). 이 표현 역시 그리스도의 신성을 강조한다. 피조물인 인간이나 천사는 경배의 대상이 될 수 없다. 오히려 천사는 그분의 이름을 찬양하도록 창조되었다(「대교리」 16문). 경배의 대상은 오직 하나님뿐이다(신 6:13; 마 4:10). 하나님은 자신만을 경배하게 하려고 영원한 섭리와 무한한 권능으로 만물을 다스리고 통치한다(「벨지카」 12항②).

11항: 참되고 영원한 하나님이신 성령(That the Holy Ghost is True and Eternal God)

① We believe and confess also, that the Holy Ghost, from eternity, proceeds from the Father and Son; and therefore neither is made, created, nor begotten, but only proceedeth from both;
② who in order is the third person of the Holy Trinity; of one and the same essence, majesty and glory with the Father, and the Son;
③ and therefore, is the true and eternal God, as the Holy Scriptures teach us.

우리가 믿고 고백하는 것은 ① 성령께서 영원에서 아버지와 아들에게서 나온다는 것이고, 그분이 조성되거나 창조되지도 않았고 태어나지도 않았을 뿐 아니라 두 분에게서 유일하게 나온다는 것이다(요 14:15~26, 15:26; 롬 8:9).
② 그분은 질서상 성삼위 중 세 번째 위격이고, 아버지와 아들과 매우 동일한 본질, 위엄과 영광을 지니셨으므로

③ 성경이 우리에게 가르치는 것처럼 그분은 참되고 영원한 하나님이다(창 1:2; 마 28:19; 행 5:3~4; 고전 2:10, 3:16, 6:11; 요일 5:7).

성령은 하나님이다. 아버지와 아들과 함께 동일본질을 지니신 분이다(②). 이것을 증명하기 위해 우리는 성령 하나님께서 중생의 저자일 뿐만 아니라(1권 13장 14항, 123; 2권 3장 10항, 266; 「돌드레히트」 3장~4장 3항, 11항 ②, 12항⑤; 「하이델베르크」 74문②) 새로운 삶을 살도록 한다고 고백한다(「벨지카」 9항⑶② 참고; 「하이델베르크」 70문②; 『개혁신앙이다』, 231). 이 사역은 그분이 하나님이심을 명시한다. 중생은 인간의 사역이 아니기 때문이고, 심정에 말씀을 새기거나 기억나게 하는 것도 인간의 사역이 아니기 때문

이다. 하나님만이 하시는 사역이다.

또 중요하면서도 간과하기 쉬운 내용을 밝힌다. 삼위일체 하나님은 영적 존재로서(「벨지카」1항①) 가장 순전한 영이시다(「신앙고백서」2장 1항②; 「대교리」7문①; 「소교리」4문). 이 의미는 삼위일체 하나님은 참된 영적 본성을 지닌 분으로 인간의 육체적이고 지상적인 사색으로 상상하지 말라는 것이다(전 5:2; 『개혁신앙이다』, 150; 1권 13장 1항, 112; 1권 14장 3항, 141 참고). 그러면 성령 하나님을 영(Spirit 또 Ghost)이라고 고백하는 이유는 뭘까? 삼위일체 하나님을 영이시라고 표현한 것은 하나님에 대한 인간의 태도를 말하는 것으로 함부로 하나님을 인간화하여 왜곡하지 말라는 뜻이고, 성령 하나님을 영이라고 고백하는 이유는 삼위일체 하나님의 관계에서 구별하라는 뜻이다. 성령은 왜 영이라 불리나? 이 대답도 간단하다. 아버지와 아들에게서 나오기 때문이다. 관계상 아버지와 아들과 구별되는 분이기에 영(Spirit)이시고, 관계에서 영(Sprit)이신 것이지 잡신이나 귀신처럼 유령(phantom)이 절대 아니다.

유령은 불가시적이며 착시일 수도 있지만, 영은 신적인 것을 간취할 수 있는 것이다. 그래서 전자와 후자를 헷갈려서 귀신의 역사를 성령 하나님의 역사로 혼동하는 경우가 흔하다. 이에 대해 사도 요한은 영들을 다 믿지 말고 하나님께 속하였나 시험하라고 경고한다(요일 4:1). 하나님으로부터 왔는지 시험하라는 의미이다. 성령으로 충만하게 되었다고 하면서 귀신에게 사로잡힐 수 있다. 거짓 영들이 여전히 있으므로 늘 유의해야 한다. 그래서 성령 하나님은 말씀을 떠나서 절대로 역사하지 않는다고 우리는 고백하는 것이다(「돌드레히트」3장~4장 17항(1)①②; 「하이델베르크」65문).

그러므로 성령이란 단어를 문자로 해석하면 큰 잘못을 범하는 것이다. 영은 삼위일체 하나님에 대한 우리의 태도, 성령은 신격에서 구별된 제3위격을 표현하는 것으로 아버지와 아들에게서 나온 분이다. 그 이상, 그 이하의 뜻이 아니다. 성령은 하나님이기에 우리 피조물이 감히 함부로 그분을 단순히 영으로 취급하여 오라 가라 명하는 것은 신성 모독죄를 범하는 것이다. 더욱이 천사가 영(spirits)으로써 우리를 돕는 것(「벨지카」 12항③)과 성령 하나님과 헷갈리는 죄악을 범하지 말아야 한다.

① 삼위일체 하나님의 제3위격이신 성령에 관한 고백이다.

제1항의 문장 서두처럼 여기서도 믿고 고백하는 것으로 시작한다. 성령께서 아버지와 아들에게서 나온다는 것은 그분의 신성을 말하고자 하는 표현방식이다. 두 위격이 심부름꾼 또는 메신저처럼 사명을 줘서 보냈다는 인간 측면의 해석은 금물이다. 나온다는 표현은 아들이 아버지에게서 태어나는 것처럼 장유유서(長幼有序)를 의미하지 않고 관계를 의미한다. 또 신플라톤주의처럼 유출설(emanationism)로 착각하면 안 된다. 이런 사상은 영지주의에서 설명하는 것이고, 현대의 신지학(Theosophy)이나 뉴에이지운동에서도 볼 수 있다. 20세기에 이르러 오순절 주의나 은사 주의도 이와 유사한 사상을 지니고 있다.

성령 하나님께서 아버지와 아들에게서 유일하게 나온다는 고백은 아버지와 아들과 동일본질을 지닌 분임을 일컫는 표현이다(②). 아들이 영원에서 태어난 것처럼(「벨지카」 10항①) 성령도 영원에서 나온다. 이 의미를 담은 표현이 유일하다(only)는 단어이다. 유일하다는 표현은 하나님의 인격과 사역에 대체로 붙여진다. 예를 들면, 그리스도를 일컬어 태어난 유일하고 영원한 아들(「벨지카」 10항①, 18항⑴; 「돌드레히트」 1장 2항, 2장 2항, 4항①; 「하이델베르크」 19문③, 23문②, 25문, 33문; 「신앙고백서」 8장 1항①, 12장 1항①; 「대교리」 71문②, 74문), 한 번의(only) 제사(「벨지카」 21항⑷③; 「돌드레히트」 2장 3항; 「하이델베르크」 31문②, 37문②, 80문⑴①; 「신앙고백서」 29장 2항③), 유일한 중보자와 보혜사(「벨지카」 26항⑴①; 「신앙고백서」 8장 2항④; 「대교리」 36문), 교회의 유일한 머리 … 유일한 구세주(「벨지카」 29항⑵①, ⑶①; 「벨지카」 31항③; 「벨지카」 35항⑷; 「하이델베르크」 30문; 「소교리」 21문), 유일한 주인(「벨지카」 32항①; 「대교리」 60문), 오직 그리스도의 공로(「하이델베르크」 21문②), 유일한 대제사장(「하이델베르크」 31문②), 그리스도의 유일한 만족, 의와 거룩(「하이델베르크」 61문②), 그리스도의 보혈만(「하이델베르크」 72문), 말씀과 성령만(「대교리」 2문②), 그리스도의 이름으로만 기도한다(「대교리」 181문②)등의 말씀이 있다.

하나님에 대해서 유일하고 참된 하나님(「벨지카」 1항①, 8항①③; 「하이델베르크」 94문④, 102문①, 117문①; 「신앙고백서」 2장 1항①; 「대교리」 8문, 104문①; 「소교리」 5문, 46문①), 성령 하나님의 사역만(「신앙고백서」 161문②), 오직 하나님만 믿음과 경배의 대상(「대교리」 179문①; 「소교리」 46문②, 107문①)등의 말씀이 있다.

성령은 아들처럼 조성되거나 창조되지 않았지만 아들과는 달리 태어나지 않았다고 고백한다. 그 이유는 아들과 구별하기 위해서이다. 아버지는 아들이 아니고 아들은 아버지가 아닌 것처럼 성령은 아버지와 아들이 아니다(「벨지카」 8항④). 더욱이 두 위격으로부터만 나온다고 했으니 다시금 동일본질이면서 구별됨을 강조하고 있다. 나왔다는 말은 관계에서 구별됨을 고백하기 위한 것이고, 아버지와 아들에게서라는 표현은 성령의 신성을 고백하기 위해서이다.

② 동일본질이신 성령 하나님에 관한 고백이다.

「아타니시오스 신조」가 선언하는 성령 하나님에 관한 고백을 보면, 세 위격은 하나이며 영광에서 동등하고(equal), 위엄에서 영원 공존한다(동일하게 영원하다; coeternal)고 고백한다. 이어서 세 위격은 동등하심(equality)에 관해 이렇게 고백한다. 세 위격은 창조되지 않았고(uncreated), 측량할 수 없고(immeasurable), 영원하다(eternal)고 한다. 세 위격은 동등한 속성을 가졌고 각 위격이 구분된 것이 아니라고 강조하면서 세 분의 영원한 존재가 있는 것이 아니라 한 분의 영원한 존재가 있으시고, 창조되지 않고 측량할 수 없는 세 분의 존재가 아니라 한 분의 존재가 있다고 말한다. 이처럼 세 분의 전능한 존재들이 아니라 한 분의 전능한 존재가 있고, 세 분의 신들이 있는 것이 아니라 한 분 하나님이 있고, 세 분의 주님이 계시는 것이 아니라 한 분의 주님이 계신다고 고백해야 한다.

그렇다! 성령 하나님은 제3위격 또는 세 번째 위격으로서 제1위격(아버지)과 제2위격(아들)과 함께 본질에서 동일하고(동일본질), 위엄과 영광에서 영원히 공존(동일 영원)한다. 이렇게 인간의 언어로 표현하는 것이 구별이 아니라 구분으로 해석될까 봐 서술하면서도 두렵기만 하다. 이렇게 구별을 위한 서술이지 구분을 위한 것이 아니라는 것을 강조하는 이유는 세 위격이 본질에서 동일하다는 「아타니시오스 신조」의 선언을 떠올려야 하기 때문이다.

③ 영원하신 성령 하나님에 관한 고백이다.

삼위 하나님이 본질에서 동일하다고 고백한다면(②), 영원함에서도 동일하다는 것이다. 이것은 우리의 가공된 고안물이 아니라 하나님의 기록된 말씀인 성경이 증명하는 것임을 선언한다. 이 모든 고백은 성령 하나님을 감히 부리는 영이나 잡신 중 하나로 취급하여 신성모독 하지 않게 하기 위함이다. 성경은 성령 하나님을 참되고 영원한 하나님이라고 선언한다. 성령은 제3위격으로서 하나님 아버지와 하나님 아들과 본질에서 동일하고 영원하신 분이시다. 또 참되고 영원하다는 속성은 하나님이심을 증명하는 표현이다(「벨지카」 8항①②).

이와 같은 삼위일체 하나님은 영원한 작정을 세웠는데 그것이 시간 속에 일부분을 명시한다. 그것은 창조와 섭리를 통해서이다.

12항: 창조(Of the Creation)

① We believe that the Father, by the Word, that is, by his Son, hath created of nothing, the heaven, the earth, and all creatures, as it seemed good unto him, giving unto every creature its being, shape, form, and several offices to serve its Creator.

② That he doth also still uphold and govern them by his eternal providence, and infinite power, for the service of mankind, to the end that man may serve his God.

③ He also created the angels good, to be his messengers and to serve his elect;

④ some of which are fallen from that excellency, in which God created them, into everlasting perdition; and the others have, by the grace of God, remained steadfast and

① 우리가 믿는 것은 아버지께서 말씀, 즉 자신의 아들에 의해 무(無)에서 하늘, 땅과 모든 피조물을 창조하셨다는 것이다. 이것이 그분에게 선하게(좋게) 보였기에 그분은 모든 피조물에게 그 자체의 존재, 형체, 형식과 창조자를 섬기는 여러 가지 직무를 주셨다(창 1:1, 2:3; 사 40:26; 렘 32:17; 골 1:15~16; 딤전 4:4; 히 11:3; 계 4:11).

② 또 그분은 인간이 하나님을 섬기게 하려고 영원한 섭리와 무한한 권능으로 그것들(피조물)을 여전히 붙들고 통치한다.

③ 그리고 그분은 천사도 선하게 창조하셔서 자신의 메신저가 되게 하고 선택된 자를 섬기게 하셨다(시 103:20~21; 마 4:11; 히 1:14).

④ 천사 중 일부는 하나님께서 창조한 탁월함에서 타락하여 영원한 멸망에 이르렀고(요 8:44; 벤후 2:4; 유 1:6), 나머지 천사는 하나님의 은혜로 계속 본래 상태를 굳게 유지했다.

continued in their primitive state. ⑤ The devils and evil spirits are so depraved, that they are enemies of God and every good thing, to the utmost of their power, as murderers, watching to ruin the Church and every member thereof, and by their wicked stratagems to destroy all; and are, therefore, by their own wickedness, adjudged to eternal damnation, daily expecting their horrible torments.

⑥ Therefore we reject and abhor the error of the Sadducees, who deny the existence of spirits and angels: and also that of the Manichees, who assert that the devils have their origin of themselves, and that they are wicked of their own nature, without having been corrupted.

⑤ 마귀와 악한 영은 너무나 타락하여 하나님과 모든 선한 것의 적이 되었는데(창 3:1~5; 벧전 5:8) 그들은 자신의 세력을 최대한 사용하여 교회와 교회에 속한 모든 일원(지체)의 멸망을 지켜보면서 자신의 사악한 전략을 사용하여 모두를 전멸시키는 살인자들과 같다 하겠다(엡 6:12; 계 12:4, 13~17, 20:7~9). 결국 그들은 자기 사악함으로 인해 영원한 저주의 판결을 받고, 매일 공포스러운 고통을 기다리고 있다(마 8:29, 25:41; 계 20:10).

⑥ 그러므로 우리는 영들과 천사들의 존재를 부인하는 사두개파의 오류를 거부하고 증오할 뿐 아니라 마귀가 자신의 기원을 자신에게 두는 것(행 23:8)과 마귀는 부패된 적이 없고 본질상 사악하다고 주장하는 마니교의 오류를 거부하고 증오한다.

「벨지카」 1항과 8항부터 11항까지는 삼위일체 하나님에 관한 고백이고, 12항과 13항은 창조와 섭리에 관한 고백이다. 이 두 주제는 구원을 위한 하나님의 영원한 작정을 구성하는 두 요소이다. 이것은 하나님의 작정이 실행되는 방법이다(「소교리」 8문). 이처럼 '웨스트민스터 기준서'는 삼위일체 하나님에 관한 고백 후 창조와 섭리의 주제로 옮겨가기 전 영원한 작정에 관해 꼭 고백한다(「신앙고백서」 3장; 「대교리」 12문~14문; 「소교리」 7문, 8문). 여기서 우리가 창조에 관해 고백할 때 작정의 실행 중 하나라는 것을 기억하도록 하자. 「벨지카」는 하나님의 영원하심을 고백하면서 자연스럽게 그분이 시간을 창조하는 그분의 영원한 기획, 즉 영원한 작정을 시간 속에 드러내신다고 고백한다. 영원하심의 지극히 작은 한 부분이라도 구원을 위해 드러내실 때 하나님을 정확하게 깨닫게 되는데 이것은 참으로 그분의 은혜이다.

창조와 섭리! 이 두 주제는 인류 구원을 위한 하나님의 영원한 작정을 시간 속에 드러내는 것만 아니라 하나님에 대한 지식과도 밀접한 관련을 맺고 있다. 일반적으로 창조는 신성에 대한 인식이고, 섭리는 하나님에 대한 참된 지식이다. 신학적으로 전자는 일반 계시이고, 후자는 특별계시이다. 전자는 자연과 양심에 새겨져 있고, 후자는 성경, 즉 하나님의 말씀에 기록돼 있다. 전자는 창조자 하나님에 관하여, 후자는 구속자 하나님에 관한 지식이다. 그렇다고 구분해서 이해하라는 것이 아니라 범주를 정하는 것이 그 진리를 이해하는데 도움이 될 것이기 때문이다. 아무튼 창조에 이어 섭리에 관한 고백(「벨지카」 13항)이 있고 그 후 구속자 하나님에 대한 지식을 고백하기 위해 타락과 관련된 주제를 고백한다. 전자는 「벨지카」 1장에서, 후자는 「벨지카」 8항~11항에서 다루고 있다. 후자를 설명하기 전에 「벨지카」 2항~7항까지 성경에 관해 고백한다. 섭리에 관한 고백이 구속자 하나님에 관한 고백 전에 있는데, 이렇게 전자와 후자로 범주를 정한 것을 통해 창조자 하나님, 구속자 하나님을 쉽게 이해할 수 있다.

영원한 작정은 하나님의 사역에 관한 불변한 기획이다(「대교리」 12문). 숙명이라는 단순한 단어로 하나님의 영원한 작정을 훼손하지 말아야 한다. 이 작정은 영원에서, 숙명은 시간에서 일어난 것이다. 전자는 영원히 현재이지만, 후자는 과거와 미래이다. 하나님의 사역을 언제나 영원히 현재라는 측면에서 우리는 살펴야 한다. 그렇지 않으면 왜곡하게 된다. 이로써 이단성을 가지게 된다. 하나님은 인간처럼 계획을 세웠다가 후에 마음에 들지 않는다며 수정하거나 보완하는 분이 절대 아니다. 인간은 언제든 변하지만 하나님은 절대 그렇지 않다. 인간은 시간 속에서 과거와 미래로 향하지만 하나님은 영원에서 한결같이 불변하다. 또 일어날 만사를 미리 정하는 것은 하나님의 영광을 위해서이다(「신앙고백서」 3장 1항①, 3항; 「대교리」 12문; 「소교리」 7문). 미리 정했다고 하니까 인간처럼 시간(원인과 결과) 속에 예견하여 계획을 세웠다고 오해하면 안 된다(「신앙고백서」 3장 2항). 구원의 진리를 파악하고자 할 때는 언제든지 영원이라는 하나님 측면과 시간이라는 인간 측면을 동시에 고려해야 한다.

이런 측면에서 영원한 작정에 있어 우리가 갖는 주된 관심은 예정이다. 하나님의 영원하심과 인간의 시간이란 측면에서 작정을 예정이라고 말한다. 각자, 인격(person) 또는 개인에 관한 것을 하나님은 자신과 계약한다. 이 의미는 **동등한 조건으로** 모두를 창조하지 않았다는 것이다(3권 21장 5항, 725). 예정은 두 가지로 구성돼 있는데 하나는 선택이고,

다른 하나는 유기이다. 이에 관한 자세한 고백은 제16항에서 다루도록 하겠다.

작정에는 인간을 비롯하여 만물과 만사와 영적 존재인 천사와 마귀도 포함돼 있다(「신앙고백서」 3장 3항~4항; 「대교리」 13문). 천사(④⑤)와 마귀(③⑥)의 시작, 그 목적과 결말에 관해 관심을 가져 본다. 이들도 인간처럼 하나님의 심판의 대상이다. 여기서 천사 창조와 타락한 천사인 마귀에 관해 고백하는 관점을 가지고 인간 창조와 타락을 해석해야 한다. 인간의 창조와 타락에 대한 고백은 여기서 다뤄지지 않고 「벨지카」 14항(섭리)에서 다뤄진다. 그 이유는 인간 타락의 원인이 마귀와 직접 관련을 맺고 있기 때문이다. 창조에서 천사와 마귀에 관한 고백을 통해 인간 타락이 어떻게 시간 안에서 발생했는지 파악할 수 있다. 이 고백 전에 섭리에 관한 고백을 하는데 하나님의 섭리가 시간적이지만 실제는 타락 전 영원에서 이뤄진 것임을 알리고 있다.

그래서 **창조**에서 **천사 창조**를 말하고, **섭리**에서 **타락한 천사**를 말하고 인간과 인간 구원에 관한 하나님의 드러남을 고백한 후 인간 타락을 설명하는 이 순서를 간과해선 안 된다. 이것은 구원의 진리를 논리적으로 고백하므로 바른 지식을 갖게 하기 위함이다. 이와 같은 측면에서 볼 때 칼빈 선생이 죄에 관해 설명하면서 예정을 처음으로 언급한 이유도 이해할 수 있다(2권 1장 10항, 222).

끝으로, **섬긴다**는 동사의 반복에 관심을 갖는다(①②③). 각각 모든 피조물은 창조자 하나님을 섬기고, 인간이 하나님을 섬기고, 천사가 선택된 자를 섬긴다. 노예적 섬김이 아니라 하나님의 피조물임을 인정하고 그분의 말씀을 따르는 것과 예배드리는 것을 의미한다(「돌드레히트」 2장 9항⑵② 참고). 이것은 외적이고, 형식적이고, 위선적인 섬김이 아니다. 그 자체의 존재, 형체, 형식으로 하나님을 섬기는 것이다. 만일 우리가 하나님을 섬기지 않으면 마귀나 자신을 섬기게 된다(「하이델베르크」 97문②). 우리에게 자유를 주신 이유도 전 생애 동안 그분을 섬기게 하기 위함이다(「신앙고백서」 20장 3항). 또 그분을 섬길 때는 온 심정, 온 영과 온 힘을 다해야 한다(「신앙고백서」 21장 1항①). **섬기는** 방법의 하나는 안식일을 준수하는 것이다. 안식일 준수는 순종의 모본이다. 하나님께서 쉬셨기에 우리도 쉰다(「대교리」 120문③④⑤;「소교리」 62문). 이 준수는 그 이후의 계명들을 준수하는데 기반이 된다.

섬긴다는 것은 단순히 봉사한다는 의미를 뛰어넘는다. 예배한다는 뜻을 지닌다. 그래서 예배를 서비스(service)라는 영어로 표현한다. 이것은 종됨(servitude)이란 의미이고, 그리스어 둘리아(dulia)라는 단어에서 나왔다. 둘리아는 존경하다, 섬기다 또는 예배한다(「벨지카」 10항③;「하이델베르크」 97문② 참고)는 뜻을 지닌다. 자발적인 존경, 섬김 또는 예배와 관련돼 있다(1권 12장 2항, 108~109;「신앙고백서」 21장 1항① 참고). 그래서 누군가를 존경해서 그를 섬기거나 예배하는 경우가 있다. 여기서 섬긴다는 것은 존경하므로 자발적인 종(servant)이 되는 것을 의미한다.

이런 섬김은 그분과의 교제를 의미하고(「신앙고백서」 4장 2항⑤, 20장 3항 참고), 그분께 영광을 돌리고 찬양하는 것을 의미한다(「하이델베르크」 6문). 섬긴다는 그 문자적 단어 의미에 매여서 깊고 넓은 뜻을 간과하지 않기를 바란다. 이 교제는 창조자와 피조물 간의 놀라운 교제이고, 「벨지카」에서 말하는 섬긴다는 것은 노예로서의 섬김이 아니라 예배하고, 그분과 교제하고, 그분을 찬양한다는 뜻이다.

더욱이 창조 역사에서 우리가 간과하지 말아야 하는 고백이 있다. 창조의 대상은 만물, 동식물, 인간과 천사이지만, 마귀는 그 대상에 포함돼 있지 않다. 특히 창조에 관한 고백에는 천사의 창조와 타락에 초점을 맞추고, 만물, 동식물, 인간에 큰 관심을 가지지 않는다. 이 관점은 「신앙고백서」 4장(창조에 관해)도 마찬가지이다. 창조의 성격과 행위언약에 관심을 두는 것은 「벨지카」의 관점과 다를 바 없다. 이것은 신앙고백을 이해하고 구원의 진리를 파악하는데 중요하다. 신앙고백서들은 창조에 있어서 세상 창조에 대한 것보다 하나님의 영원한 작정이 우리와 우리 구원에 관해 역사(시간) 속에 어떻게 드러났는지에 더 관심을 두고 있다. 창조에 관한 자세한 설명(창 1장)은 성경에서 찾을 수 있지만 그 창조 역시 구원의 관점으로 바라보고 해석해야 함을 잊어선 안 된다.

다시 한번, 창조에 관한 고백에서 「벨지카」는 왜 천사 창조에 관심을 두는지 질문을 하게 된다. 그 이유는 인간은 몸과 영으로 구성돼 있고, 천사는 영으로 창조됐다(「대교리」 16문). 천사의 타락으로 마귀가 존재하게 됐다. 전자는 선택된 자를, 후자는 유기된 자를 지배할 뿐 아니라 선택된 자를 괴롭히는 사역을 한다. 그런데 인간은 악의 문제를 직면할 때마다 마니교처럼 악과 선이 공존한다는 이원론(dualism)을 떠올린다. 악을 대표하는 마귀를 하나님과 수평적 관계에 있는 것처럼 착각하는 경우가 많다. 이것은 절대 아니다. 수평적 관계가 아니라 수직적 관계이다. 다시 말하면, 창조자와 피조물의 관계이다.

제한적이고 단순한 철학적 지식으로 악의 문제를 하나님 측면에서 보지 않고 인간 자체가 극복하고자 악에게 속하든지 선에게 속하려는 어리석은 발상을 한다. 절대 아니다. 마귀는 하나님이 만든 것이 아니고 천사의 타락으로 영원에 존재하게 된 피조물이다. 아니 마귀는 타락한 천사이다. 인간의 자유의지처럼 천사도 스스로 타락한 것이다. 이것은 우리에게 명시된 고백이다. 성경에서 이 이상 설명하지도 않는데 지적 호기심을 갖는 것은 그릇된 자세이다(1권 14장 4항, 142~143; 「벨지카」 13항③). 성경이 멈추는 곳, 침묵하는 곳, 가는 곳, 행하는 것을 우리는 따라야 한다. 만일 지나치거나 어긋나거나 또는 미치지 못하는 경우가 혹 있더라도 그분의 말씀만을 따라야 한다.

이것을 제대로 고백했다면 이제 **자유의지**를 가진 채로 타락하는 인간을 볼 수 있게 된다. 인간의 타락에 있어서 마귀(타락한 천사)가 어떤 역할을 했는지 관심을 가져야 한다. **마귀의 선동을 받아**(「돌드레히트」 3장~4장 1항⑥; 「하이델베르크」 9항②), 그의 말에 귀를 기울이면서 인간은 **의도적으로**(「벨지카」 14항②), 사탄의 치밀한 유혹에 빠졌다(「신앙고백서」 6장 1항①). 인간이 하나님의 말씀을 들었지만 무관심 또는 무시하고 불순종하게 할 만큼 마귀의 힘은 엄청 대단하다. 마귀는 심정에 새겨진 하나님의 말씀이라도 불순종하게 할 만큼 대단한 전략을 꾸미는 영적 존재이다. 이런 면에서 인간 창조와 천사 창조에 관한 고백을 우리는 잊어선 안 된다.

① 하나님 아버지와 하나님 아들의 창조 사역에 관한 고백이다.
이 고백은 하나님의 창조 사역에 관한 것으로 창조 역사에 왜 관심을 가지고 배워야 하는지 세 가지 이유를 알린다(1권 14장 20항, 152).

1. 아무것도 없는 것에서 하나님은 **자신의 말씀과 성령의 권능으로** 천지를 창조하셨다. 삼위일체 하나님의 사역이다. 아버지만이 아니라 아들과 성령도 함께 창조자라는 진리를 잊지 말아야 한다.

2. 만물의 수많은 종류를 만드시고 그것의 적절한 성품, 직무, 위치와 장소를 줘서 생산하게 하셨다. 만물의 개별성을 강조하는 것으로 각자는 나름대로 사역을 통해 하나님을 섬기게 돼 있다.

3. 세상이 아름답게 장식되게 만물의 각 종이 멸절하지 않고 지속하도록 보존하셨다. 만물이 없어지거나 종이 바뀐다는 진화론을 잠재운다. 시대에 따라 변이가 이따금 일어나지만 항상 일어나지 않는다. 사람도 특이한 외모를 가지고 태어나기도 하지만 일반적이지 않은 것과 같다. 특이한 변종이 마치 모든 만물에 임하는 것처럼 꾸미는 거짓된 망상을 잠재우는 설명이다.

1. 아버지는 아들에 의해 하늘, 땅과 모든 피조물을 아무것도 없는 것(nothing)에서 천지를 창조하셨다. 이것은 그분이 동일본질을 지닌 창조자임을 의미한다. 그 아들은 **말씀**(sermonem)이다. 여기서 말씀은 성경 구절의 문장에 따라 이따금 다른 의미로 사용되기도 한다. 심지어 한 성경 구절 안에도 세 가지 의미를 지닐 수 있다(요 1:1, 「벨지카」 10항② 주석). 이어서 신앙고백서에서 **그분의 말씀과 영**이란 표현도 자주 만날 것이다(「돌드레히트」 1장 7항②). 그 말씀은 그 신성, 그분이 하신 말씀 또는 하나님의 기록된 말씀인 성경을 의미하기도 하지만 여기서 그분의 아들이라고 고백하는 것을 보아 **그분의 신성**, 즉 제2위격을 의미한다.

특히 **권능으로**(by his power, ②)라는 고백은 창조자와 관련된 부사구이고, 보혈로(by his blood)는 구속자와 관련된 것이고, 내주함으로(by his dwelling)는 거룩함과 관련되어 있다(「벨지카」 9항(3)②). 근데 여기서 세 위격을 언급한 것을 볼 때 삼위 하나님이 창조자임을 밝히고, 동일한 본질임을 설명하고 있음이 틀림없다.

창조자 하나님은 세상을 **아무것도 없는 것**에서 창조하셨다는 말은 영원에서 시간을 창조하셨다는 의미이다. 만물을 존재하게 하신 절대 존재자라는 것이다. 아버지께서 **아들로** 만물을 창조하게 하셨다는 것을 좀 더 구체적으로 말하면, 아들에 의해, 아들로 말미암아, 아들을 위해서라는 말이다(골 1:16). 넓은 의미로 아들의 신성만 아니라 구속자 하나님임을 말한다(골 1:15~17). 이런 의미에서 그분 없이는 창조되지 않았다고 말한 것이다(요 1:3). 좁은 의미로는 다음과 같다.

1. 그분에 의해서란 그분의 권능으로 창조됐다는 것으로 만물의 원인, 중심이다.
2. 그분으로 말미암아서란 인류를 포함하여 존재하는 만물과 만사의 중보자임을 말한다.
3. 그분을 위해서란 존재하는 만물의 목적이고 활동의 향방이기에 그분의 의지에 따르고 그분의 영광에 이바지한다는 것이다.

2. 3. 모든 존재는 인격적으로, 즉 개인적으로(personally) 하나님 앞에서 심판을 받는다 (「벨지카」 37항(1)②). 그와 같이 그분은 개인적으로 섭리한다. **자체적으로** 개인의 직무로 창조자를 섬긴다. 그뿐만 아니라 모든 존재를 보존한다. 진화하여 나은 것이 된다는 말은 인간의 상난이다. 불

론 약간의 변화가 있을 수 있다. 아예 종류 자체가 다른 종류로 변한다는 것은 인간의 간교에서 비롯되어 스스로 창조자인 것처럼 나타내 보이려는 오만함에서 나온 처사에 불과하다. 이 내용을 좀 더 알려면, 예수님께서 사두개파에게 말씀한 것을 떠올려야 한다. "너희가 모세의 책 중 가시나무 떨기에 관한 글에 하나님께서 모세에게 이르시되 나는 아브라함의 하나님이요 이삭의 하나님이요 야곱의 하나님이로라 하신 말씀을 읽어보지 못하였느냐, 하나님은 죽은 자의 하나님이 아니요 산 자의 하나님이시라 너희가 크게 오해하였도다"(막 12:26~27). 여기서 죽은 자의 하나님은 시간 속에서 보는 것이고, 산 자의 하나님은 영원한 분으로 보는 것이다. 사두개파는 영, 천사와 부활도 믿지 않으니 영원을 인정하지 않는 자이다. 이런 측면을 예수님은 꾸짖은 것이다.

하나님에게 **선하게** 보였다는 고백은 하나님의 **아버지** 됨을 의미한다. 우리가 오해할 수 있는 해석은 세상을 창조하신 장면을 보고 하나님이 피조물 인간처럼 만족했을 것이라고 상상하는 것이다. 선하게 보였다고 하니까 하나님의 자화자찬으로 해석하는 사람도 있다. 창세기 1장은 7차례 반복하여 표현한다(창 1:4, 10, 12, 18, 21, 25, 31). 선하다거나 좋다는 표현은 하나님의 선하심을 말하는 것이다. 그분의 선하심은 창조의 유일한 이유이다(1권 5장 6항, 56). 인간을 위한 창조를 좋게 보셨을 뿐만 아니라 아버지로서 자녀를 위해 모든 것을 준비했다는 것을 의미한다. 그래서 만물에는 하나님의 선하심, 즉 아버지 됨이 새겨져 있는 것이다. 창조된 만물이 선하다는 고백은 그분의 부성애를 선언하고 그분의 섭리를 향하고 있다(『개혁신앙이다』, 159~160). 이런 의미에서 "아버지께서"로 시작하여 "선하게 보였"다고 고백한다. 그래서 이어서 그분의 섭리에 관해 고백한다.

인간 창조에 대해 분명하게 배워야 하는 이유는 우리 자신에 관한 지식을 얻는 데 매우 중요하기 때문이다. 먼저는 **영원과 시간**을 깨닫게 하는 데 있고, 다음은 인간의 현 상태가 타락한 상태 또는 중생 된 상태임을 깨닫게 하는 데 있다(1권 15장 1항, 155). 전자는 창조, 후자는 섭리와 관련을 맺는다. 전자는 창조된 상태, 후자는 타락 후의 상태, 즉 타락한 상태 또는 중생 된 상태와 관련돼 있다. 이 두 가지를 간과하면 우리 자신을 제대로 파악하지 못한다. 이러한 우리의 조건이 부당하다고 불평해선 안 된다. 창조 때 조건을 보며 감사와 회개를 동시에 해야 한다. 시간 속에 살아가는 우리의 형편에 대한 모든 것을 명시하는 것이기에 감사해야 하고, 그것을 인지하거나 벗어나야겠다고 고백한다면 구속의 길을 찾아야 하므로 회개하게 된다.

인간 창조에서 인간이 영과 몸으로 구성됐다는 것을 먼저 깨달아야 한다. 영은 영원, 몸은 시간과 관련을 맺는다(「신앙고백서」 32장 1항①). 부활 후에는 몸 역시도 불멸하게 된다(「벨지카」 20항②). 영은 인간 마음에 부여된 많은 재능이 새겨져 있는 것으로 본질에 관한 많은 증거이다. 영의 기능으로 불가시적 하나님과 천사까지 인식할 수 있다. 영은 지성의 좌석에 앉아 있다. 육체가 잠을 자더라도 영은 언제든 자유롭게 활동한다. 영이 육체에 갇힌 것처럼 착각하는 때도 많지만 절대 그렇지 않다. 언제든 영은 육체를 떠난다. 이런 일은 불행한 일이지만 이것을 죽음이라 말한다. 이따금 영과 육체가 함께 일하는 경우가 있다. 다른 말로, 사행일치라고 말한다.

어떤 경우엔 교대로 바꾸어 사용하기도 한다(1권 15장 2항, 157).

몸과 영으로 구성된 인간에게 영이 있다는 분명한 증거는 하나님의 형상, 거룩과 의로 지음 받았다는 것이다. 그 형상의 좌석에는 마음과 심정 또는 영과 그 능력이 있다(1권 15장 3항, 157). 영은 두 부분, 즉 지성과 의지로 구성돼 있다(2권 2장 12항, 235). 전자는 구별하는 기능을, 후자는 선택하는 기능을 지닌다. 전자는 영의 안내자와 지도자이고, 후자는 그 손짓을 따라 선택을 기다리는 것이다(1권 15장 7항, 161). 그래서 영은 사리를 아는 불멸의 영이므로 하나님의 율법이 새겨져 있다(「대교리」 17문②④).

타락으로 첫 번째 상태를 상실했지만 그분의 형상은 전멸되지 않았기에 중생을 통해 회복된다(1권 15장 4항, 158). 천사와 같이 인간의 영에 하나님의 형상이 새겨져 있다. 이 둘은 피조물이라는 것에서 벗어날 수 없다(1권 15장 5항, 159).

② 하나님의 주권과 피조물의 목적에 관한 고백이다.

하나님 아버지는 자신의 권능으로 창조자라 불린다(「벨지카」 9항⑶②). 하나님은 아무것도 없는 것 가운데 모든 만물을 인간을 위해 만드셨기에 좋았다고 말씀하셨고, 만물이 자체적으로 지닌 특유한 직무가 있어 그것으로 하나님을 섬기게 하셨다. 이에 따라 하나님은 대리자로서 인간을 세워 만물을 다스리는 권한을 그에게 줬다(창 9:7). 하나님께서 인간에게 그 권한을 준 이유는 인간이 만물에게서 섬김을 받아 창조자인 것처럼 하나님을 흉내 내라는 것이 아니라 창조자 하나님을 섬기게 하기 위함이다. 이것은 교제를 의미한다. 그런데 오히려 인간이 만물을 하나님으로 고안하여 창조자로 섬길 뿐만 아니라 그 형상으로 하나님을 만들고 있으니 웃을 수밖에 없는 꼴불견이 일어난다. 이에 대해 하나님은 「십계명」에서 엄히 경고하셨다(「하이델베르크」 92문②, 97문②; 「대교리」 107문; 「소교리」 49문).

하나님은 그의 섭리와 권능으로 붙들고 통치한다고 했으니 하나님의 주권을 나타내는 것이고, 불변한 작정임을 알 수 있다. 그분의 권능은 그분이 만물의 창조자임을 의미하는 것이고(「벨지카」 9항(3)②), 섭리는 창조한 만물을 그분이 다스리고 보호하는 것을 의미하고(「대교리」 18문①; 「소교리」 11문), 만물만 아니라 만사도 포함한다(「하이델베르크」 28문③). 섭리에는 어떤 것도 그분의 허락 없이는 일어날 수 없다는 의미를 담고 있는데 이것을 우연이나 운으로 여겨선 안 된다(「벨지카」 13항①; 「하이델베르크」 27문③). 그렇다고 그분을 만사와 만물의 책임자로 여겨서도 안 된다. 우연이나 운은 신자의 용어가 아니라 불신자의 용어이다. 이런 단어는 세상이 맹목적으로 돌아간다는 것을 전제하고 하나님의 섭리를 인정하지 않음을 의미한다. 우연과 운처럼 보이므로 혼동하는 경우가 많다. 이것은 하나님의 비밀적 섭리를 이해하지 못했기 때문이다(1권 16장 8항, 173~175).

우연과 운, 운명을 혼동하다 보니 하나님이 모든 것에 책임을 져야 한다고 억지를 부린다. 인간이 하나님의 비밀적 섭리를 이해할 수 없다고 해서 인정하지 않고 모른다고 하는 것은 불신앙을 표출하는 것이다. 최소한 하나님이 창조자이심을 인정한다면, 그분의 비밀적이고 신비로운 섭리도 인정해야 한다. 일이 그릇되면 하나님께 불평하고, 잘되면 자신을 치켜세우니 정말 적반하장이 따로 없다. 심지어 하나님께 인간의 타락이나 범죄에 대한 책임을 추궁하니 정말 방자한 심사가 아닐 수 없다. 하나님은 죄들의 저자가 절대 아니다(「벨지카」 13항②).

이와는 달리 그분께 책임을 돌리지 않기 위하여 인간의 자유의지를 대등한 선상에 두고 죄를 범하는 것은 전적으로 인간의 책임하에 두고 그 외에 다른 것은 하나님의 섭리에 두려는 것으로 하나님을 죄의 저자로 돌리려는 방자한 심사보다 훨씬 더 큰 죄악의 행위이다. 왜냐하면 하나님의 주권을 인정하지 않거나 제한하는 것이 되기 때문이다. 이것은 하나님의 창조자이심을 침해하는 것일 뿐만 아니라 그분의 전능하심을 인정하지 않는 것이 되고 만다.

우리는 그분의 작정 또는 그분이 제1원인자임과 인간의 자유의지를 동시에 인정하되 이 둘을 수평으로 놓고 판단하지 않아야 하고, 전자에는 후자가 포함돼 있다고 수직으로 세워놓고 설명하면 성경적이다. 하나님의 행위와 인간의 행동을 일대일로 대립시키는 행위는 위험한 심사가 아닐 수 없다. 영원하고 불변한 하나님의 작정, 즉 계획안에 인간의 자발적인 행동도 포함돼 있다고 설명하면 좋다. 피조물을 창조자의 위치에 올려선 안 된다. 이런 의미로 **영원한 섭리와 무한한 권능**이라는 전제를 말하고 있다. 그리고 그분을 섬기는 목적을 두고 있기에 대등한 관계가 아니라 그분에게 종속돼 있으며 주권을 인정하는 것을 전제하고 있다.

더욱이 만물을 창조하셔서 만물이 인간을 섬김으로 인간이 하나님을 섬기도록 하셨고, 천사를 창조하셔서 선택된 자를 봉사하게 했다(③). 이로써 만물, 인간과 천사 창조에 대하여 바른 진리를 깨닫게 된다. 천사가 인간을 섬긴다는 것은 교제하게 한다는 것이고, 하나님을 섬기게 한다는 것은 천사의 도움을 받아 하나님과 교제하게 한다는 뜻이다.

③ 천사 창조의 목적에 관한 고백이다.

하나님은 인간과 만물을 창조하셨을 뿐 아니라 **천사도 창조하셨다**(1권 14장 4항, 142~143). 그 이유는 자신의 자녀를 섬기게 하려는데 있었다(1권 14장 6항, 144; 1권 14장 9항, 145). 섬긴다는 것은 예배드리는 것만 아니라 하나님을 찬양하고(「신앙고백서」 5장 1항), 하나님과 교제를 가진다는 의미이다(「신앙고백서」 4장 2항⑤). 근데 여기선 천사가 선택된 자를 봉사한다는 의미로 해석해야 한다. 인간이 천사의 섬김의 대상이 되더라도 예배의 대상이 아니기 때문이다.

여기서 우리의 호기심 있는 두 질문이 생겨난다. 먼저, 천사는 언제 창조되었으며 그 목적은 무엇인가 하는 것이며 다음은 마귀에 대한 것이다. 간단히 대답하면, 천사는 영원에서 창조됐고, 그 목적은 선택된 자를 섬기는 데 있다. 선택된 자들은 이 섬김을 받고 하나님을 섬겨야 한다. 모든 피조물은 인간을 봉사하게 하려고 창조됐고, 천사는 인류 중 선택된 자를 봉사하게 하려고 창조됐다. 천사의 시작은 성경 어디서도 언급하지 않는다. 다만 인간 창조 전, 영원이다. 그런데도 이것에 관해 관심을 가지고 언쟁하는 것은 완악한 행위이다(1권 14장 4항, 143). 동시에 피조물이므로 완전한 상태가 아니라 변할 수 있는 또는 타락할 수 있는 상태로 창조됐다(「대교리」 16문). 이 의미는 자유의지를 지녔다는 뜻이다(「신앙고백서」 4장 2항③). 완전하다고 해서 신성을 지녔다는 것이 아니라

간섭 없이 자발적으로 선택하고 행할 수 있다는 것을 의미한다. 자유의
지를 가지고 **자발적으로, 자원해서, 임의대로** 행동했기에 심판의 대상이
되는 것이다(「벨지카」 37항⑶④; 「대교리」 89문②).

다음의 질문으로 마귀는 천사와는 달리 창조되지 않았고, 천사가 타
락한 영적 존재이다. 마귀의 기원은 천사 중 일부의 타락으로 말미암는
다. **천사가 타락했다**는 것은 선택된 자를 섬기는 원래의 목적에서 벗어
나 괴롭히고 핍박한다는 의미이다(「벨지카」 37항⑶③). 천사의 타락은 세
상 창조 전, 즉 영원에서 일어났다. 시간 가운데 일어난 것이 아니므로
그것은 우리 이성으로 인식 불가능하다. 괜스레 천사의 시작에 호기심
을 가지면서 미로에 빠지지 않기를 바라고, 오히려 천사의 사명과 활동
에 관심을 둘 것을 권한다. 마귀는 선택된 자의 적과 핍박자이고, 유기
된 자와 귀신들을 조무래기로 삼아 그들을 괴롭힌다. 철저하게 하나님
의 지배를 받고 있으며 그분의 허락 없이 제 맘대로 행하지 못한다(「벨지
카」 13항⑦).

여기서 큰 오해가 있는 것은 천사가 영이므로 성령 하나님도 인간을
수종 드는 영으로 착각하는 것이다. 이것은 큰 죄악이기에 유의하길 바
란다. 삼위일체 하나님이 영이시라는 고백, 성령 하나님과 천사가 영이
라는 고백을 헷갈려선 안 된다(「벨지카」 11항 서론 참고).

④ 천사 타락에 관한 고백이다.

창조된 천사 중 **일부가 타락하여** 마귀가 됐다. 달리 말하면, 천사가 배
교했다는 것이다(「신앙고백서」 33장 1항②). 어떻게 배교할 수 있느냐고 의
문을 가질 수 있겠지만 천사는 타락할 수 있는 상태로 창조됐기 때문이

다(「대교리」 16문). 이런 설명에 대해 하나님을 비난하면서 타락하게끔 했다고 억지 주장하는 자가 있는데 이것은 영원과 시간, 창조자와 피조물의 관계를 인정하지 않겠다는 무지에서 나온 발상이기에 논할 가치가 없다고 여긴다.

천사의 타락은 인간 타락을 살피는 데 있어 중요하다. 천사 창조의 목적은 하나님을 섬기고, 인간이 하나님을 **섬기게 하는** 데 있다. 근데 타락했다고 했으니 하나님을 섬기지 않았다는 것이다. 다른 말로, 하나님께 예배드리지 않았다는 것이다. 자신의 임무와 역할에 충실하지 않았던 모반이었다. 이런 모습을 아담과 하와에게서도 보게 된다(「벨지카」 14항 ②). 마귀의 치밀한 계획 속에 유혹을 받은(「신앙고백서」 6장 1항①) 두 사람은 마침내 하나님이 주신 탁월한 은사를 깨닫지 못하고 그의 말을 따르게 된다.

천사를 일컬어 **창조의 탁월함**이라 지칭한 이유는 하나님의 계명을 수행하고 그분의 이름을 찬양하는 데 있어야 하는 지식에서 탁월하기 때문이다(「대교리」 16문). **탁월하다**는 것은 하나님의 메신저로서 일을 수행하고 선택된 자를 섬기는 것을 의미한다. 마귀는 에덴동산에서 최초의 인간을 선동하여 하나님께 받은 탁월한 은사를 상실하게 했다(「돌드레히트」 3장~4장 1항⑥). 이것은 타락한 마귀의 주된 활동이다. 마귀는 선택된 자를 핍박하고 괴롭히고 힘들게 하여 이 세상에서 누릴 수 있는 많은 기쁨과 그분의 뜻을 따르고 섬기는 행복한 삶을 방해한다. 게다가 유기된 자를 자신의 심복으로 둬서 폭군으로 군림하면서 선택된 자를 핍박하도록 면밀하게 주도한다.

이와는 달리 타락하지 않은 나머지 전사는 원시적 상태를 유지했는데 선하게 창조된 메신저로서 선택된 자를 도와 하나님을 섬기게 한다(②).

⑤ 타락한 천사, 즉 마귀의 사역에 관한 고백이다.

타락한 천사 또는 마귀는 하나님의 피조물이지만 본성에 근거한 사악이 창조에서 시작한 것이 아니라 타락에 근거하고 있다(1권 14장 16항, 149). 마귀는 **하나님의 적**으로서 교회와 그분의 자녀를 멸망시키는 **살인자**와 같다. 처음 상태에서 타락한 천사이기에 그 목적을 이루는 것을 방해하는 것이 마귀의 본성이다. 이것에 대해 자신에게 임할 영원한 저주로 고뇌를 받고 제한된 시간 동안이라도 이 고통에서 벗어나기 위해 안간힘을 쓰는데 이것은 하나님의 자녀를 괴롭히면서 얻는 쾌락을 말한다. 성경은 "너희 대적 마귀가 우는 사자같이 두루 다니며 삼킬 자를 찾"는다(벧전 5:8)고 말한다. 최종적으로 마귀는 영원한 불에서 고통을 당할 것이고(「벨지카」 37항③④), 마귀와 그 조무래기들도 지옥에서 말할 수 없는 고뇌를 받는다(「대교리」 89문②). 마치 흡혈귀가 인간의 피를 마시지 않으면 갈증이 나서 어쩌지 못하는 것을 상상하면 마귀의 활동을 간취할 수 있을 것이다. 성경에서 마귀를 언급하는 이유는 하나님께서 그들의 음험한 음모로부터 어떻게 우리를 보호하는지 가르치고, 어떻게 그들을 물리쳐 내쫓을 수 있는지 가르치기 위함이다(1권 14장 13항, 148). 마귀의 존재를 가볍게 여겨 단순히 영감 또는 충동 정도로 과소평가해선 절대 안 된다. 엄연한 존재로서 육체적 본성을 일으키는 악한 영이다(1권 14장 19항, 151).

⑥ 천사의 존재를 부인하는 견해를 경고한다.

영과 천사의 존재를 부인하는 사두개파(Sadducees)는 항상 예수님의 비난의 대상이었다. 이들은 구두적 모세 5경을 믿는 바리새파(Pharisees)와는 달리 쓰인 모세 5경만을 고수한 사회적, 정치적, 종교적 단체였다. 운명을 믿지 않고 인간의 자유의지를 굳게 신뢰한다. 영의 존재는 불멸하지 않기에 사후에는 없어진다고 믿는다. 게다가 사후에 어떤 보상과 처벌도 받지 않는다고 믿는다. 부활과 지옥을 믿지 않는다. 그러니 천사의 존재는 당연히 거절한다. 사두개파는 현대판 자유신학자(Liberal theologian)라고 봐도 무방하다. 그리스도교는 사회와 인류를 위한 것이므로 그것의 빛과 소금 역할을 해야 한다고 주도적으로 주장하며 매달린다. 예수님은 바리새파와 더불어 사두개파를 맹공하셨는데 그 이유는 죽은 자의 부활을 믿지 않고, 하늘나라의 삶도 부인하며, 성경과 하나님의 권능을 믿지 않기 때문이었다(마 22:29). 그래서 예수님과 세례요한은 그들을 독사의 새끼라고까지 불렀다(마 3:7).

마니교(Manicheanism)는 2세기에 활동한 이원적 우주관(dualistic cosmology)을 가진 종파였다. 선한 세계는 영과 빛의 세계이고, 악한 세계는 물질과 어두움의 세계라고 보았다. 이것이 인류의 역사를 엮어간다고 믿었다. 영지주의의 한 분파로서 마니(Mani)를 조로아스터, 부처와 예수님을 이은 마지막 선지자로 보았다. 선한 힘에 대항하는 악한 힘을 강조하면서 신의 전능함을 부인한다. 단지 신의 절대적 주권만을 강조한다. 이 의미는 선만을 창조했지, 악을 창조하지 않았다는 것이다. 그저 선과 악이 존재한다는 것이나. 세상은 두 힘의 선생터이고, 이 선생은 세계와 육체에서도 일어난다. 이 두 힘은 세계와 육체 모두에게 내재해 있다. 이 전쟁의 목적은 악을 만들지 않은 신에게로 회귀하기 위해서이다. 여기서 무슨 자유의지나 천사의 존재를 믿겠는가. 단지 악의 상징인 물질세계와 선의 상징인 영의 세계 간의 투쟁만 있을 뿐이다. 그러니 영지주의의 한 분파라고 볼 수 있다.

13항: 하나님의 섭리(Of Divine Providence)

① We believe that the same God, after he had created all things, did not forsake them, or give them up to fortune or chance, but that he rules and governs them according to his holy will, so that nothing happens in this world without his appointment: nevertheless, God neither is the author of, nor can be charged with, the sins which are committed.
② For his power and goodness are so great and incomprehensible, that he orders and executes his work in the most excellent and just manner, even then, when devils and wicked men act unjustly.
③ And, as to what he doth surpassing human understanding, we will not curiously inquire into, farther than our capacity will admit of;
④ but with the greatest humility and reverence adore

우리가 믿는 것은 ① 그 동일한 하나님께서 만물을 창조한 후 그것들을 외면하거나 운이나 우연에 넘기지 않고 자신의 거룩한 의지에 따라 그것들을 지배하고 통치하기 때문에(요 5:17; 히 1:3) 그분의 지정함 없이 어떤 것도 이 세상에 일어나지 않는다는 것이다(시 115:3; 잠 16:1, 9, 33, 21:1; 엡 1:11~12; 약 4:13~15). 그렇지만 하나님은 (인간이) 범한 죄들의 저자도 아니고 그것으로 고발될 수도 없다(약 1:13; 요일 2:16).
② 그 이유는 그분의 권능과 선하심이 불가해할 만큼 너무나 위대하여 마귀들과 사악한 자들이 부당(불의)하게 행동할 때라도 가장 탁월하고 정의로운 태도로 자신의 사역을 명하고 실행하기 때문이다(욥 1:21; 사 10:5, 45:7; 암 3:6; 행 2:23, 4:27~28).
③ 그리고 인간의 오성(지각)을 훨씬 넘어 그분이 행하는 것에 대해 우리는 우리 능력의 허용을 넘어서서 호기심을 갖고 꼬치꼬치 캐묻지 않을 것이다.
④ 그래서 우리에게 감춰진 하나님의 공의로운 심판에 대해 우리는 가

the righteous judgments of God, which are hid from us, contenting ourselves that we are disciples of Christ, to learn only those things which he has revealed to us in his Word, without transgressing these limits.

⑤ This doctrine affords us unspeakable consolation, since we are taught thereby that nothing can befall us by chance, but by the direction of our most gracious and heavenly Father;

⑥ who watches over us with a paternal care, keeping all creatures so under his power, that not a hair of our head (for they are all numbered), nor a sparrow, can fall to the ground, without the will of our Father, in whom we do entirely trust;

⑦ being persuaded, that he so restrains the devil and all our enemies, that without his will and permission, they cannot hurt us.

⑧ And therefore we reject

장 겸손하고 존경하는 심정을 가져야 하고(왕상 22:19~23; 롬 1:28; 살후 2:11), 우리가 그리스도의 제자임을 스스로 만족하면서 이런 한계들을 범하지 않은 채로 그분의 말씀이 우리에게 계시한 것만을 배워야 한다 (신 29:29; 고전 4:6).

⑤ 이 교리는 우리(선택된 자)에게 말할 수 없는 위로를 준다. 그 이유는 어떤 것도 우연히 발생할 수 없고 우리의 가장 은혜롭고 하늘에 계신 **아버지의 지침으로 발생**한다고 가르침을 받기 때문이다.

⑥ 또 아버지는 **부성적 보호**로 우리를 돌보시고 자신의 권능 하에 모든 피조물을 지키시므로 우리가 완전히 신뢰하는 우리 아버지의 뜻 없이 우리의 머리카락 하나도(그것은 헤아려질 수 있다), 참새 한 마리도 땅에 떨어지지 않는다[마 10:29~30].

⑦ 그분은 마귀와 우리의 모든 적을 제지하고, 그분의 의지와 **허락 없이는** 그들이 우리에게 상처를 줄 수 없다(창 45:8, 50:20; 삼하 16:10; 롬 8:28, 38~39)고 우리는 확신한다.

⑧ 그러므로 우리는 하나님은 어떤

that damnable error of the Epicureans, who say that God regards nothing, but leaves all things to chance.	것에도 관심이 없고 모든 것을 우연에 맡겨둔다고 말하는 에피쿠로스학파의 지옥에 갈만한 오류를 거부한다.

하나님에 의해 영원에서 시간이 창조되면서 우주 만물은 존재하였다. 그 역도 사실이다. 창조 전(영원에서), 하나님은 영인 천사를 창조하셨고, 창조에서, 즉 시간을 창조하면서 우주 만물을 만들었다. 창세기의 창조 기사(창 1장과 2장)는 시간과 그 속에 존재하는 피조물의 기원을 말한다. 영원에서 영인 천사가 타락하여 마귀가 된 것처럼 시간에서 영과 몸을 지닌 인간은 타락하게 된다. 우리 측면에서 볼 때, 이때부터 하나님이 자신의 신비한 구원의 계획을 인간을 위해 보인다고 한다. 창조에서 보시기에 좋았던 천지 만물에 선하심을 나타낸 것처럼 하나님은 타락에서 인간을 위한 선하심을 나타낸다. 이것이 인간과 인간의 구원을 위한 청사진이다. 이것은 인간 측면에서만 보고서 인간이 타락하자 하나님이 부랴부랴 구조책을 세운 것이라 착각하면 안 된다. 영원하고 불변한 작정된 것이 시간 속에 드러난 것이고 또는 우리에게 인식된 것이 하나님의 섭리이다. 섭리는 하나님의 부성애와 밀접한 관련을 맺는다. 하나님이 우리의 아버지 됨을 인정하면서 그분의 섭리 또는 우리의 현실을 하나씩 파악해 가야 한다. 우리 아버지 하나님!(엡 1:2~3 참고)

영원에서 기획한 하나님의 작정은 인간에게 불가해적이다. **영원과 시간** 간에 무슨 공통분모가 있을까? 하지만 진리에 관한 설명이기에 하나님의 영원한 작정을 창조와 섭리로 설명한다. 창조에 관한 고백에서처럼 섭리에서도 인간의 불가해성을 인정해야 한다. 이것은 하나님의 속성에서 나온 것이다. 영원한 하나님과 영이신 하나님이라는 고백은 진리를 향한 우리의 접근 자세를 확인시킨다(「벨지카」 1항①②). 이 고백을 가장 먼저 한 이유도 이런 자세를 갖게 하기 위함이다. 인간 측면에서 진리를 선불리 추락시키지 말아야 한다. 진리를 향한 바른 자세는 하나님을 하나님 되게 하는 것이다.

하나님은 창조한 것에 대해 무관심하지 않다. 그분의 보호와 허락이 인간 측면에서 볼 때 간섭처럼 느껴질 수도 있다. 그래서 하나님을 가리켜 죄의 저자라고 말하고 발생하는 만사를 우연이나 운으로 표현한다. 이런 표현과 생각은 불신앙에 근거하기에 바른 신앙의 자세를 배워야 한다. 하나님을 피조물 인간처럼 추락시키지 않는 한 그런 표현과 생각이 떠오를 수 없다. 창조자의 지위를 피조물의 지위 밑으로 추락시키지 않고는 불가능하다.

하나님의 섭리 신앙을 제대로 갖추고 고수하려면 구약성경의 욥을 꼭 떠올려야 한다. 그를 통해 섭리 신앙이 어떻게 그의 삶을 이끌었는지 알게 된다. 섭리 신앙은 사두개파가 내뱉는 소리, 즉 울리는 꽹과리가 아니다. 신앙고백이고 삶이지 탁상공론의 언쟁이 절대 아니다.

① 창조자와 아버지이신 섭리의 하나님은 죄들의 저자가 아니라는 고백이다.

동일한 하나님이란 창조자이신 하나님과 섭리하는 하나님이 같은 분임을 의미한다. 창조처럼 섭리는 하나님의 행위에 속한 것이다. 창조한 후 창조자 하나님은 그냥 저절로 세상만사가 돌아가게 내버려 두는 분이 아니다. 영원한 작정을 창조를 통해 밝히고, 그것을 실제로 적용한다. 그래서 **창조**는 **원인**을, **섭리**는 **결과**라고 말할 수도 있다. 전자는 영원인 하나님 측면, 후자는 시간인 인간 측면과 관련 있다. 우리는 창조에서 하신 하나님의 일을 어떻게 실행하는지 파악하기 위해 섭리에 관해 고백한다. 이 고백을 이해하기 전에 하나님은 영이시기에 전지하다는 것을 전제해야 한다. 항상 현재이신 그분의 속성에 따라 모든 것의 전과 후를 한꺼번에, 한눈에 보신다. 인간의 행위와 하나님의 섭리를 착각하면 진리를 왜곡하고 말 것이다.

우연과 운이라는 표현은 참된 그리스도인에게 정말 적합하지 않은 단어로서(1권 16장 8항~9항, 173~176) 섭리 신앙을 묻어 버리고 만다(『개혁신앙이다』, 253). 그런데도 신자들은 무의식적으로 매우 자연스럽게 사용한다. 이것은 하나님에 관한 지식의 무지에서 일어나는 것이다. 다른 말로는 연약한 믿음을 가지고 있다는 것이다. 현실에서 일어나는 만사가 어떻게 하나님과 관련 있는지 파악하지 못하기에 일어나는 것이다(『해설자용』, 134, 136~137). 만사에 대한 하나님의 섭리가 어떻게 관련되어 있는지 모르면, 그 미묘한 관계를 깨닫지 못하면, 누구라도 자연스럽게 우연과 운이라는 단어를 사용하게 된다(『개혁신앙이다』, 253). 만사와 만물이 하나님의 전지 아래 있다는 신앙이 없다면, 자신의 신앙을 진지하게 점검해야 한다. 아니면, 이따금 하나님은 우리가 직면한 어려움을 살피고 간청하면 도와주는 분이라고 생각할 수 있다. 이것은 우리가 얼마나 인간 중심의 삶과 신앙을 고수하고 있는지 말해주고 있다. 일반 종교에서 세뇌된 헛된 신념이다. 하나님의 전능함에 관해 조금의 인식이라도 있다면,

우연과 운이란 단어를 사용하지 않을 것이다.

하나님께서 지정하지 않은 것은 일어나지 않는다. 이것은 하나님이 제1원인자라는 의미이다. 하나님의 섭리가 어떻게 나타났는지 그 실례를 든다. 에덴동산에서 최초의 부모가 범죄할 때도 하나님의 지정이나 작정 가운데 있었을 것인데 그렇다면 하나님은 죄들의 저자가 될 것이라며 억지 주장을 펼치는 자들이 있다. 에덴동산에서만 아니라 유기된 자에 대한 예정이 있었다면 이것 역시 하나님이 죄들의 저자가 되는 셈이라고 억지 주장한다(「돌드레히트」 1장 15항④). 이것은 하나님을 불의하고, 독재적이고, 위선적이라고 비난하는 것과 같다(「돌드레히트」 결론 (3)①). 이런 억지 주장은 하나님에 대한 지식의 부족과 무지에서 나온다. 하나님은 인간에게 자유의지를 주신 분이며 그것을 간섭할 것이라는 상상 자체가 그럴듯하게 여겨져도 그분은 의지에 폭력을 가하는 분이 절대 아니다(「신앙고백서」 3장 1항①, 9장 1항; 1권 16장 9항, 176; 『해설자용』, 131, 133, 139). 만일 그렇다면 하나님은 심판자가 될 수 없으니 이것은 그분을 구속자로 인정하지 않는 불신앙이다(「돌드레히트」 1장 15장④).

하나님의 섭리가 비밀적이어서 인간은 이해할 수 없다. 그러므로 억지로 이해하려고 하면 안 된다. 하나님의 속성 중 그분은 불가해적이고 가장 정의로운 분임을 우리는 고백한다(「벨지카」 1항②). 이 고백을 인정한다면, 어떻게 그분의 불의와 독재성을 감히 상상할 수 있겠는가. 하나님의 섭리와 인간의 자유의지를 충돌하는 두 요소로 보는 오류를 범하지 말아야 한다. 하나님의 섭리는 비밀적이고, 그 안에 인간의 자유의지가 보장돼 있다. 이런 설명에도 자신의 호기심이 해결되기를 바란다면 어쩔 수 없이 불신앙을 가진 자라고 말할 수밖에 없다. 이런 의미에서 우리는 최초의 부모가 자유의지를 가진 상태에서 죄를 범했다고 고백한다(「대교리」 13문).

하나님은 공의로운 심판자이기에 **죄들의 저자**가 아니며 그 책임을 묻기 위해 고발될 수도 없고 언제든 정의롭게 사역을 실행하는 분이다. 이것을 믿으라고 억지 부리는 것이 아니다. 다만 진리에 관해 논리적 설명을 할 뿐이다. 어떠한 하나님이심(불가해성)을 인정하느냐, 하나님의 속성(정의로움)에 관한 믿음을 고백하느냐, 하나님의 영원한 작정을 믿느냐는 질문은 그분의 섭리에 관한 신앙을 묻는 말이다. 인간이 불의하니까 하나님까지도 불의하다고 보는 것은 적반하장(賊反荷杖)이 아닐 수 없고, 죄인이 아가사창(我歌査唱) 하는 꼴이고, 도둑이 제 발 저리는 주적심허(做賊心虛)이다 보니 감히 하나님까지도 그렇게 보는 격이다.

여기서 꼭 기억해야 하는 고백은 하나님께서 만사와 만물의 창조자이신 동시에 제1원인자라는 것이다. 제1원인자라는 의미는 그분의 명령에 따라 만사가 일어난다는 것이 아니라 그분의 섭리에 따르고 만사의 근본적 원인이라는 것이다. 그러므로 그 원인을 파악하려고 애쓸 필요가 없다. 아쉽게도 그분의 비밀적 섭리가 우리에게 명시돼도 우리는 이해하지 못한다(『해설자용』, 132). 하나님은 만사의 작인자(agent)나 선동자(abettor)가 아니고 승인자(approver)도 아니다(「신앙고백서」 3장 1항②, 5장 4항③, 9장 1항). 모든 것의 원인, 즉 답변을 지닌 분이다.

하나님의 섭리는 유기된 자만 아니라 마귀까지도 포함한다. 하나님은 그들이 그분의 사역의 봉사자가 되게 비밀적으로 역사한다(1권 18장 2항, 194). 이집트 왕 바로의 심정을 강퍅하게 하여(출 7:3~4) 하나님의 도구로 사용하셨다. 이 의미는 인간의 범죄는 자신의 책임에 따른 것이고 그것의 결과로 어떤 일이 일어나는지 알리는 것이다(2권 4장 4항, 274). 악한 자라도 하나님의 섭리에 종속된 동시에 그 행동 역시 자신에게 기인한다는 것을 말하는 것이다. 그래서 바로는 행동의 보응을 받은 것이다. 이렇게 사악한 자에 대한 하나님의 섭리는 그분의 정의로움을 명시한다.

이런 면에서 인간에게 있어 가장 힘든 고난과 어려움을 당하면서도 하나님의 섭리 신앙을 절대 놓치지 않고 고수했던 욥을 잊을 수 없다. 그의 고백 중 하나를 들어보자. "피부와 살을 내게 입히시며 뼈와 힘줄로 나를 엮으시고 생명과 은혜를 내게 주시고 나를 보살피심으로(in your providence[thy visitation]) 내 영을 지키셨나이다. 그러한데 주께서 이것들을 마음에 품으셨나이다 이 뜻이 주께 있는 줄을 내가 아나이다"(욥 9:11~13). 욥은 자신이 당한 환난의 원인이 하나님께 있다는 것을 굳게 믿고 있었고 그것을 알고자 했다. 하지만 "내게 대답하시는 말씀을 내가 알며 내게 이르시는 것을 내가 깨달으랴"라고 하며 자신이 그 원인을 알 수 없다고 고백했다. "그러나 내가 가는 길을 그가 아시나니 그가 나를 단련하신 후에는 내가 순금같이 되어 나오리라"(욥 23:5, 10). 이 말씀을 볼 때 욥은 섭리 신앙을 가지고 모든 환난, 인내, 연단과 소망을 진정으로 이룬 것을 알 수 있다(롬 5:3~4).

② 신비하고 영원하고 정의로운 하나님에 관한 고백이다.

죄의 기원을 하나님께 기인시켜선 절대 안 된다. 인간이 타락하여 죄가 세상에 들어온 것이지 그분이 제1원인자, 창조자, 작정한 분이라는 단순한 명제를 가지고 어설프게 그분을 판단하는 것은 금물이다. 지나가는 소가 웃을 일이다. 이런 희극은 영원과 시간의 개념을 인정하지 않은 데서 일어나고, 하나님의 영원한 작정이 시간 안에 나타난 것이라는 착각에서 일어난다. 인간 측면에서 보면 죄를 범하는 것도 정해져 있고, 타락할 것도 미리 알고, 계획대로 그 해결책도 마련했다고 보니 도저히 이성적으로 이해할 수 없다. 이것은 모든 것을 수평적으로 펴놓고 살피기 때문이다. 어지럽게 펼쳐놓으니 머리만 복잡할 뿐이다. 하나라도 앞을 가리면 뒷면을 보지 못하는 눈을 가진 인간에게는 복잡할 수밖에 없다. 하지만 하나님 측면은 수직인 동시에 수평이다. 하나님 측면은 모든 것이 영원에서 이뤄지는 것이지만 인간 측면은 시간에서 일어난다. 그분의 권능과 선함은 인간의 이해력을 훨씬 넘어있고 너무나 커서 상상할 엄두도 못 내므로 불가능하다고 불평하는 것이다. 당연한 귀결이다.

하나님의 권능과 선함은 각각 창조자이시며 아버지이심을 의미한다(⑥). 권능으로 세상을 창조하시고(「벨지카」 9항⑶②), 창조한 것이 선하다고 하신다(「벨지카」 12항①). 권능으로 창조한 피조물을 지키고, 아버지로서 보호한다는 뜻이다. 그러기에 우리는 그분을 완전히 신뢰할 수 있다(⑥). 또 영원에서, 아무것도 없는 것에서, 말씀으로 시간 속에 만물을 창조하고 보존한다는 것을 의미한다. 시간 속에 창조가 일어났고, 인간은 타락했다. 이것에 대한 하나님의 사역, 즉 영원한 작정이 시간 속에 또는 역사 속에 두 가지로 명시된다. 하나는 **정의**(justice)이고, 다른 하나는 **자비함**(mercy)이다(「벨지카」 16항①, 20항①; 「돌드레히트」 2장 1항; 「하이델베르크」

11문①). 이 두 가지는 구원의 진리, 즉 그리스도의 구속 사역을 파악하는 데 매우 중요한 개념이다.

하나님의 정의는 죄를 범한 인류에게 몸과 영이 받는 영원한 처벌을 요구한다(「하이델베르크」 11문②). 다른 말로 영원히 정의로운 심판이라 부른다(「하이델베르크」 10문②). 이 처벌에서 만족해지지 않으면 절대로 하나님의 정의에서 벗어나지 못한다(「돌드레히트」 2장 1항). 타락의 대가는 지불돼야 하고, 그렇지 않으면 하나님과의 화해는 불가능하다. 그 대가는 영과 육의 처벌이고, 일시적이고 영원한 죽음을 맞는 것이다(「벨지카」 17항①; 「돌드레히트」 2장 1항). 그 처벌과 죽음을 해결하지 않고는, 그 대가를 해결하지 않고는 구원은 절대 불가능하다. 인간이 육의 처벌이나 일시적 죽음의 대가를 혹 해결할 수 있을는지 모르지만 영의 처벌과 영원한 죽음을 해결할 수 있을까? 이것을 해결하고자 중보자는 신성을 입어 하나님의 무한한 진노를 감당할 수 있었다. 무한한 진노는 그 처벌과 그 죽음을 포함한다. 인성을 지닌 어느 인간이든 불가능하다(「하이델베르크」 17문①). 그래서 반드시 중보자는 신성을 지녀야 한다(「대교리」 38문①). 단순한 답변 같지만 신성을 지녀야 한다는 의미는 영원성을 지닌 하나님이 인간으로서 받는 고난으로 인해 영의 처벌과 영원한 죽음을 해결한다는 것이다. 이것을 우리는 단번에 우리의 구원을 위해 희생제물이 되셨다고 고백한다(「대교리」 44문①). 이 의미는 영원히 효력을 가진 구원의 희생제물이 되셨다는 것이다(「벨지카」 21항(4)③).

정의에 관한 고백에서 우리를 흥미롭게 하는 것은 그리스도의 의를 전가 받으므로(imputed righteousness) 선택된 자는 의롭다 여겨진다

(justification). 전자를 전가 받았는데 후자로 여겨진다. 공의를 전가 받았는데 정의롭게 됐다!(「벨지카」 16항① 주석 참고).

하나님의 자비함은 그분의 영원한 작정이 명시되는 두 가지(정의와 자비함, 「벨지카」 16항과 20항) 중 하나이다. 정의는 유기된 자에게 임하고, 자비함은 선택된 자를 구원하는 것이기에 그들에게 임한다(「벨지카」 16항②). 자비함을 선택된 자에게 임하게 하려고 그분의 정의를 유기된 자처럼 그리스도, 즉 중보자를 쏟아낸다. 다시 말하면, 하나님의 사랑에서 나온 자비함과 선하심을 부으므로, 중보자이신 그리스도에게 정의를 쏟으시므로 획득한 의를 그분은 그들에게 전가하므로 그들을 의롭다 여기게 하여 하나님께 담대하게(당당하게) 접근하게 하는 것이다(「벨지카」 20항②). 선택된 자라도 원죄를 지니고 선천적으로 태어나기에 하나님의 정의를 피할 수 없다. 그렇지만 중보자가 그 정의의 대상이 되어 일시적이고 영원한 처벌을 받았다(「벨지카」 18항②④⑤; 「하이델베르크」 10문②, 11문②). 이것은 하나님의 영원한 자비함에서 나온 것이다. 이런 측면에서 칼빈 선생은 하나님의 자비함에 그리스도의 공로를 종속시켜야 한다고 말한 것이다(2권 17장 1항 423). 전자는 영원에서 일어나고, 후자는 시간에서 일어났기 때문이다.

③ 시간의 관점으로 영원을 해석하지 말라는 고백이다.
하나님의 작정은 영원에서 이뤄진 것이고, 그것의 실행 역시 신비한 것이다. 하나님은 인간이 충분히 간취할 수 있도록 행하지 않는다. 아니 행하셔도 인간이 알아차리지 못한다(마 13:11, 13 참고). 그 이유는 그분의

섭리가 비밀적이기 때문인데 이 의미는 **인간 이해를 넘어있다는** 것이다. 여러 번, 여러 사람을 통하여 보여주어도 인간이 깨달을 수 없는 이유는 자기중심적이기 때문이다. 지구와 다원우주 간의 차이를 생각해 보거나 피조물과 창조자 간의 차이를 떠올리면 쉽게 이해할 수 있는 고백이다. 호기심을 갖고 치근대며 묻더라도 원하는 답변을 얻지 못할 것이다. 하나님의 작정과 섭리에 대해 불평하고 언쟁하고 꼬치꼬치 캐묻게 되면 진리를 잘못 적용하게 된다(「대교리」 113문⑤).

진리는 선언이고 설명이지 설득이나 이해가 아니다. 믿음은 뇌에 머무는 것이 아니라 심정에 있는 것이기에(1권 5장 9항, 59; 로마서 10:10 주석; 『개혁신앙이다』, 137~138) 성령의 계몽이 아니면 이해가 절대 불가능하다(『해설자용』, 299). 이해하기 위해 성령의 도움만을 받겠다고 오순절파처럼 기도에만 매달리는 것은 맹신을 가진 것이다. 하나님의 말씀과 그것에 따른 실천이 삶 속에 있을 때 들었고 읽었던 말씀을 믿게 되는 믿음 역시 단순히 뇌에 머물지 않고 심정에 있게 된다(3권 2장 8항, 451; 3권 2장 14항, 459). 그 이유는 진리가 인간의 창작물이나 논리가 아니라 하나님에 근원을 두기 때문이다. 이에 따라 하나님에 대한 지식은 인간의 이해나 뇌에 있지 않고 심정에 있다(3권 2장 36항, 477).

하나님에 대한 지식에 관해 (돌밭에 떨어진 씨앗처럼[마 13:20~21]) 호기심으로 접근할 수 있으나 인간의 척도로 파악할 수 없다는 것을 견지해야 한다. 그렇지 않으면 인간의 마음은 미궁 속으로 빠져들고 말 것이다(1권 13장 21항, 130; 『해설자용』, 132). 아우구스티누스에게 누군가 호기심 가운데 왜 하나님께서 세상을 일찍 만들지 않았는지 묻자 그는 대답하길, 지옥을 만들고 있었다고 말했다(1권 14장 1항, 139). 그리고 유식한 무지를 부끄러워하지 말아야 한다고 권했다(3권 21장 2항, 723; 『해설자용』, 603).

이 외에도 사람이 죽은 후 심판 때까지 어디서 거하는지 그 장소에 관해 묻곤 한다. 하나님은 사랑이므로 그리스도에 관한 지식을 가지려면 호기심으로 접근하는 것이 아니라 사랑의 실천으로 배움에 열망을 가져야 한다(『개혁신앙이다』, 78, 93). 호기심을 가지고 하나님에 관해 접근하는 사람은 성경을 배울 때 성경으로만(sola scriptura)의 자세가 아니라 성경 제일로(prima scriptura)의 자세로 임할 것이다(『개혁신앙이다』, 117). 또 중생을 경험하지 않았거나 유기된 자는 학습자의 자세가 아니라 머리와 뇌를 통해 배우기 때문에 자만심을 갖게 된다(『개혁신앙이다』, 391).

그래서 우리가 하나님에 관해 알고 싶어도 또 호기심을 가져도 알 수 없는 것은 그분이 우리에게 필연적으로 알아야 할 만큼만 알리고 그만큼만 우리가 알 뿐이기 때문이다(「벨지카」 2항②). 이것은 이성의 한계를 말한다. 그분이 보여줘도 보지 못하고, 말해도 듣지 못하고, 있어도 말하지 못하는 우리의 이성이다. 하나님의 섭리에 대한 우리의 자세는 가장 겸손하고 가장 존경스러운 심정으로 임해야 한다.

④ 하나님의 감춰진 뜻에 관한 고백이다.

독일 종교개혁자 마틴 루터의 신앙고백처럼 하나님의 뜻은 인간이 알 수 있는 것이 아니라 감춰진 것이다. 전자는 로마가톨릭 영광의 신학, 후자는 프로테스탄트 십자가 신학을 말한다(『진리의 재발견』, 73~74).

섭리 신앙은 하나님의 공의로운 심판과 밀접한 관련을 맺고 있다. 하나님의 섭리가 인간의 범죄와 관련을 맺고 있기 때문이다(「신앙고백서」 5장 4항①). 창조에 관한 고백에서 전사의 타락을 통해 마귀의 존재를 알게 됐다. 그 마귀가 인간의 타락을 주도한다. 인간은 그의 충동을 받아 죄가 세상에 들어오게 했고, 자신도 영벌에 처하게 되었다. 타락한 인간에 대한 하나님의 **영원한** 작정은 섭리로 나타난다. 이것은 구원에 관한 그분의 은혜로운 사역이다. 그 섭리가 하나님 아들의 성육신으로 인간에 명시된다. 이것에 관해 율법과 선지자는 여러 모양으로 이것을 알렸다(히 1:1). 앞에서 하나님의 신성에 관해 알리는 우주와 자연과는 달리 하나님의 말씀은 우리와 우리 구원에 관한 것이라 고백했다(「벨지카」 3항 ②, 7항⑴②). 그 말씀이 기록된 성경은 그분의 섭리, 즉 우리와 우리 구원에 관한 작정을 알린다. 인간의 타락, 섭리와 심판이 서로 관련을 맺고 있음을 깨닫게 된다. 중보자는 하나님의 공의로운 심판을 받아 그분의 정의와 진실함을 만족시켜야 한다(「하이델베르크」 40문).

이따금 하나님은 자신의 자녀가 이전에 범한 죄에 대해 응징하시고 감추고 있는 심정의 부패성을 드러내신다. 이것은 자녀를 겸손하게 만들기 위함이고(「신앙고백서」 5장 5항①), 죄에 대한 회개로 자신을 더욱 경계시키고 하나님의 영원한 작정에 따른 삶을 살게 하기 위함이다(「신앙고백서」 5장 5항③). 이 과정에서 자녀는 악한 자들로 인해 많은 상처와 기만을 당해 힘든 고난의 길을 걷는다. 불의, 부정과 불법을 보고 겪으면서 당장 하나님의 심판이 임하기를 바라지만 그분의 섭리를 굳게 신뢰하면서 인내하고 참아낸다. 오히려 미혹과 유혹의 길을 걷게 하려는 사탄, 세상과 욕망의 정체를 깨닫게 된다(「신앙고백서」 5장 6항④). 이런 면에서 심판자이신 하나님을 신뢰하는 것이니 이것이 섭리 신앙인 것이다.

대표적인 예로서 요셉을 들 수 있다. 복수의 칼날 앞에 떨 수밖에 없는 형들에게 요셉은 "두려워 마소서. 내가 하나님을 대신하리이까"(창

50:19)라고 말했다. 억울한 세월을 보낸 요셉이 어떻게 복수하려는 심정을 버릴 수 있었을까? 요셉은 심판하는 하나님을 대신하여 자신이 심판자처럼 행하지 않았는데, 이것을 볼 때 요셉은 섭리 신앙을 고수하고 있었음을 알 수 있다.

또 섭리 신앙을 가진 자는 **그리스도의 제자**라는 신분으로 만족한다. 이 의미는 선생이신 예수님의 겸손을 실천한다는 뜻이다. 성경을 접할 때 제자의 자세로 임해야 하는데 그 이유는 하나님에 대한 지식은 순종으로 향하게 하기 때문이다(1권 6장 2항, 70; 『해설자용』, 448). 제자의 삶은 곧 순종의 삶이다. 하나님의 섭리 신앙은 그분이 제시한 것 안에서 만족하는 것이지 그 이상을 알려고 하지 않는다. 주어진 환경을 인간 의지로 극복하려는 자세는 좋으나 언제든 그분의 섭리를 인정하면서 앞서지도 뒤서지도 말고 그분의 말씀과 함께 가야 한다. 자신의 호기심을 절제하는 것은 섭리 신앙에 근거한다. 그렇다고 숙명과 운명으로 왜곡시키면 안 된다. 언뜻 보면 유사하게 보이지만 근본적으로 다르다.

숙명과 운명은 인간 자신이 보기에 그렇다고 결정하는 데서 시작한다. 누구도 그것이 운명이며 숙명이라고 말하지 않지만 스스로가 결정을 내리고 포기하거나 수용한다. 하지만 섭리는 다르다. 하나님의 작정을 알지 못하는 가운데 그분의 결정을 기다리는 것이다. 하나님에 대한 바른 지식이 먼저 전제돼야 하고, 그 후 바른 해석이 따르고 바른 적용이 있게 된다. 그래서 그분의 말씀에서 계시한 것만을 배워야 한다고 말한 것이다. 그분에 대한 지식을 우리가 이처럼 바르게 배우고 알려는 이유도 이 때문이다. 자칫하면 숙명과 운명으로 섭리 신앙을 가질 수 있기 때문이다. 인간 중심 또는 이기적 성경 해석에서 벗어나려는 이유도 이 때문이며, 교리를 배워 성경을 바로 해석하려는 이유도 이 때문이다. 스스로가 어떤 것이 하나님의 뜻이라고 오해하거나 자신이 내린 결정이 그분의 의지라고 하는 만용에서 벗어나려면 그분의 속성과 성경에 집요하게 매달려야 한다.

이런 만용은 중세시대 로마가톨릭이 자행한 온갖 만행에서 알 수 있다. 대표적으로 십자군 운동이다. 하나님의 뜻이라고 천명하면서 수십만 명의 목숨을 희생시키고 제 욕망을 채우려고 만용을 부렸다. 지금도 많은 교회가 개인의 야망에 따라 교인들을 질질 끌고 다니면서 하나님의 말씀이라고 한다. 그것이 정말 하나님의 뜻이고 말씀이라면, 바른 말씀 선포와 바른 신앙에 근거해 있어야 하고, 성도 각자가 하나님 앞에서 때마다 그분의 뜻을 찾아가게 가르치고 지키게 해야 한다. 바리새파와 사두개파처럼 외식과 위선으로 가장하여 경건한 체하는 무리는 섭리신앙을 불신하는 자이다.

⑤ 하나님의 **부성애**에 관한 첫 번째 고백이다(⑥⑦).

그분의 부성애를 맛볼 때 비로소 우리는 그분을 사랑하고, 경배하고, 자발적으로 그분께 헌신한다(1권 5장 3항, 53; 『해설자용』, 48; 『개혁신앙이다』, 153~161). 부성애는 성경에서 말하는 하나님에 관한 지식에서 핵심 사상이다. 천지 창조는 인간을 위한 것으로 우리에게 유익하고 유용한 것을 예시하고 준비하셔서 우리를 향한 그분의 섭리와 부성적 우려를 나타내고 있다. 여기서 말하는 부성적 우려는 부성애를 말한다(1권 14장 22항, 154). 하나님은 신격에서 그리스도의 영원한 아버지이지만 우리의 아버지도 된다(『하이델베르크』 26문①②④; 엡 1:2~3 참고). 그리스도는 우리에게 기도를 가르치면서 "하늘에 계신 우리 아버지여!"라고 부르라고 했다. 이것은 부성애를 의미한다. 우리는 그리스도 안에서 은혜의 자녀로서 양자가 되어 그분 아들의 영예를 갖는다(2권 20장 36항, 704). 아버지 됨은 탕자의 아버지를 우리에게 떠올린다. 동시에 참된 믿음은 하나님을 향해 아빠 아버지라 부르게 한다(3권 2장 11항, 455; 3권 13장 5항, 607; 갈 4:6). 그 이유는 우리가 하나님의 양자임을 그리스도가 보증하기 때문이다(3권 2장 11항, 507). 성경 구절에서 나의 하나님이란 고백이 자주 등장한다. 이 의미는 곧 나의 아버지를 말한다(시 38:23).

여기서 "우리"는 선택된 자, 즉 하나님의 자녀를 말한다. 섭리는 우리에게 **말할 수 없는 위안**이 된다. 예정이 거룩하고 경건한 영에게 말할 수 없는 위안이 되는 것과 같다(「돌드레히트」 1장 6항④; 「신앙고백서」 3장 8항③). 이 위로는 아버지로부터 온다(「돌드레히트」 5장 11항②). 섭리 신앙을 고수하는 자는 말할 수 없는 위로를 받으면서 견인한다(「돌드레히트」 5장 15항②). 큰 위안이 되는 이유는 이 세상에 살면서도 그 위안을 간혹 누리겠지만 궁극적으로 역경을 견딘 경건한 자는 심판 날에 최종적 위안을 받기 때문이다(「신앙고백서」 33장 3항①). 경건한 자에게 위안이 되는 것은 예정(「신앙고백서」 3장 8항③), 견인(「돌드레히트」 5장 15항②), 섭리, 최후의 심판(「신앙고백서」 33장 3항①) 등이다.

여기서 말하는 섭리 신앙으로 배우게 되는 것은 이 세상에서 어떤 일이 발생했을 때 그로 인해 우리가 잠시 당황스러울 수 있지만 절망하지 않는다는 것이다. 어떤 것이든, 무슨 일이든, 어디서든, 언제든, 아버지의 지정하신 것만 일어난다는 섭리 신앙을 굳게 붙들고 있으면 위로는 당연지사이다. 영원에서 불변하게 작정한 것에 따라 자신의 자녀를 완벽하게 보호할 것을 믿기 때문이다. 그분에게 알려지지 않은 것이 없을 뿐더러 피할 길마저 마련해 있다는 것을 신뢰하기 때문이다. 또 그분은 자녀를 보호하는 아버지이기에 그분이 모든 것을 아는 가운데 일어나는 일이라면 그것이 무엇이든지 간에 항상 감사하며 안정을 누리며 평강을 누릴 수 있다. 이 신앙은 심리적 압박이나 육체적 고통을 이 세상에서 완전히 면하게 하지는 않더라도 소망과 희망을 버리지 않게 한다. 영적 건강은 심리나 육체가 당하는 어려움을 없애는 만병통치약이 아니지만 끝까지 견디고 생존하게 한다. 위로를 받으며 견인하게 된다고 우리는 고백한다.

핍박받으며 생명의 위협을 받고, 고문과 학대를 받으며 삶의 고통을 받고, 오랫동안 질병이나 심리적 압박으로 핍절해가더라도 견딜 수 있는 것은 십자가 지시고 죽음을 이기신 그리스도를 바라보기 때문이다. 이런 면에서 예수님은 우리의 멍에가 무거우니 내려놓고 가벼운 멍에를 짊어지고 자신을 배우라고 말씀한 것이다(마 11:29~30).

우리에게 위로를 주시는 분은 **하늘에 계신 아버지**라고 고백한다. 이 고백은 「주기도문」의 서문을 우리에게 떠올린다. 우리의 몸과 영에 필요한 모든 것을 위해 그분의 전능한 권능을 믿고 기도할 수 있다(「하이델베르크」 121문②; 「대교리」 189문②). 인간의 상상으로 하나님의 권능을 제한하지 말아야 한다(3권 20장 40항, 589; 「하이델베르크」 121문①). 하나님의 섭리, 즉 보호하심은 인간의 상상을 훨씬 뛰어넘는다. 그럴 뿐만 아니라 경건한 자는 견인하는 가운데 늘 하늘나라, 즉 돌아갈 고향을 바라보는 소망을 가져야 한다. "내가 산을 향하여 눈을 들리라. 나의 도움이 어디서 올까 나의 도움은 천지를 지으신 여호와에게서로다"(시 127:1~2). 여기서 말하는 산은 일차적으로 예루살렘 또는 시온산을 의미하지만 천지를 지으신 창조자 하나님, 궁극적으로는 하늘에 계신 분을 말한다. 삼위일체 하나님의 임재로 어떤 역경이라도 견딜 수 있다는 놀라운 승리의 고백 시이다.

⑥ 하나님의 부성애에 관한 두 번째 고백이다(⑤⑦).

권능과 부성애는 창조와 보호를 의미하고, 그분의 권능과 선하심에 관한 고백을 의미한다(②). 창조한 것을 보시고 좋았던 아버지는(「벨지카」 12항①) 피조 세계를 보호하고 보존하고 통치하는데 그 이유는 그것이 인류를 섬기게 하여 그들이 하나님께 예배드리게 하기 위함이다(「벨지카」 12항②). 또 아버지는 천사를 창조하여 선택된 자를 섬기게 하였다(「벨지카」 12항③).

아버지는 자신의 권능으로 창조자로 불린다고 우리에게 상기시킨다(「벨지카」 9항(3)②). 그 아버지는 부성애로 우리를 보호하고 지켜 우리가 그분을 전적으로 신뢰하게 한다고 고백한다. 삼위일체 하나님의 신격 간에 아버지가 우리의 아버지가 된다고 고백한다. 놀라운 선언이다! 하나님이 우리의 아버지가 된다! 여기서 유의할 것은 하나님 아버지, 즉 성부가 우리의 아버지가 된다고 **왜곡하면 안 된다**. 삼위일체 하나님이 우리의 아버지가 된다는 것이다. 앞으로 더 깊게 고백하겠지만 이것은 우리의 양자 됨을 의미한다. 타락 후 하나님과 관계가 단절된 인류 중 자신의 자녀를 그리스도로 말미암아 양자 삼으므로 자신이 아버지 됨을 알리게 된다.

그런데 우리가 **그분의 아들 됨**과 그리스도가 **하나님 아들 되심**은 현격히 구분돼야 한다(「하이델베르크」 33문②). 이 점에 관해 바리새파와 산헤드린 공회는 예수님을 신성모독 죄로 죽일 것이라고 결의했다. 틈틈이 예수님께 질문하면서 그분을 죽이려고 한 이유는 바로 이 죄 때문이다. 그들의 범죄는 용서 불가하지만 이런 오해는 언제든 우리가 받을 수 있으므로 예수님이 하나님 아들이심과 우리가 하나님의 아들, 즉 양자 됨은 분명하게 구분해야 한다(「하이델베르크」 33문①). 하나님 아들(the Son of God)이란 하나님이신 아들이라는 신격의 관계 측면이지만 우리가 하나님의 아들, 즉 자녀 됨은 그분으로 말미암아 된 것임을 절대 간과해선 안 된다. 그래서 이 의미의 적당한 영어 표현인 더 산 오브 갓(the Son of God)은 한글로 하나님 아들 또는 하나님의 아들이라는 표현이 성자라는 표현보다 낫다고 여긴다.

하나님은 우리의 아버지! 창조된 만물과 만사를 섭리하는 하나님에 대해 선택된 자는 그분을 **아버지**라 고백한다. 이 뜻은 **그분을 전적으로 신뢰한다**는 의미이다. 아버지라 고백하면서 그분을 전적으로 신뢰하지 않으면 거짓 고백이다. 단순히 제외할 필요도 없거나 뺄 필요도 없다는 의미의 전적으로(wholly)도 아니고 총체적으로(totally) 볼 때 전적이라는 의미도 아니다. 정말 더는 더할 필요가 없이 **완전**(entirely)**이라는 의미이**다. 그러니 하나님 아버지는 아버지로서 완전하시기에 의심 없이 이유 없이 따질 필요 없이 그분의 의지(뜻)가 기록된 성경 말씀을 그 어떤 것보다 신뢰하고 순종하며 살아야 한다.

또 부성애는 탕자의 비유에서 하나님이 선택된 자의 아버지이심을 가장 분명하게 알려준다(눅 15:11~32). 자유의지를 마음대로 사용하여 실패와 좌절을 겪지만 회개하기를, "아버지 내가 하늘과 아버지께 죄를 지었사오니 지금부터는 아버지의 아들이라 일컬음을 감당하지 못하겠나이다 나를 품꾼의 하나로 보소서 하리라"고 한다. 정말 실제적인 회개이다. 당연히 아들이니까 아버지라 부르고 돌아가겠다는 것이 아니냐고 하겠지만 그렇지 않다. 선택된 자녀만이 이런 고백을 하게끔 성령께서 부어준다. 여기서 관심을 가져야 할 부분은 아버지가 아들을 매일 기다린다는 점이다. 거리가 여전히 멀리 떨어져 있었지만(when he was yet a great way off) 아버지는 그를 보았다고 한다. 부성애로 아버지는 그를 맞아 포옹하고 입을 맞춘다.

그리고 부성애, 즉 하나님의 섭리는 예수님께서 12명의 제자를 부르시고 악령을 내쫓고 병과 질병을 낫게 하는 권한을 주시면서 권면하는 데서도 알게 된다. 아무리 힘든 세상살이에서도 두려워하지 말아야 할 **세 번째 이유**를 알린다(마 10:29~30). 하늘에서 참새 한 마리 떨어지는 것도 그분의 뜻과 섭리에 따른 것이다. "너희 아버지"라고 하시면서 끊임없는 우리의 보호자임을 천명한다. 하나님은 큰일에만 관심을 두지 않고 작은 것에도 늘 관심을 두신다.

⑦ 하나님의 부성애에 관한 세 번째 고백이다(⑤⑥).

부성애를 전적으로 신뢰하는 신앙은 사탄도, 선택된 자를 공격하는 그 어떤 것도 다 하나님의 주권에 종속돼 있다고 믿는다. 아버지 하나님은 만사를 선택된 자에게 선이 되게 사역한다(롬 8:28). 그들은 하나님을 사랑하는 자이고 부르심을 받은, 즉 중생 된 자이다. 하나님은 그들의 영적 선을 위해 사역한다. 이것은 하나님의 섭리를 신뢰하는 고귀한 고백이다. 그 만사에는 그분의 자녀가 직면하는 현재든 미래든, 영적이든 육체적이든, 크든 작든, 많든 적든, 상관없이 총체적인 것을 포함한다. 우리 사랑을 위한 중보자 그리스도로 말미암아 참된 신자와 하나님 간에 있는 그분의 사랑은 곧 부성애를 일컫는다.

하나님의 섭리는 선택된 자에게 상처를 주는 것까지도 그분의 의지와 허락에 따른 것이다. **하나님의 뜻과 허락**이란 그분이 **만사의 제1원인자임**을 천명하는 것이다. 이 의미는 만사에 답변이라는 뜻이다. 그분의 뜻은 비밀적이기에 파악하고 이해하기 어렵다. 욥의 경우를 떠올리면 좋다. 그는 먼저 자신이 당하는 불행과 환난의 원인을 파악하고 싶었다. 욥은 친구들과 논쟁하면서 그 원인이 하나님이라는 사실에는 동의한다. 하지만 3명의 친구와 욥은 큰 차이가 있다. 그것은 바로 그 원인을 구체적으로 이해해야 한다고 여기며 회개하라고 욥에게 강요하고 비난하는 친구들과 하나님이 그 원인이지만 이 세상에서 알 수 없을 뿐 아니라 세속적이지 않고 영적이라고 여기는 욥 간의 차이다. 전자(친구들)는 회개하면 세상에서 그 결과를 볼 수 있다고 주장하고, 후자(욥)는 모든 것의 원인과 답변이 그분에게 있기에 세상의 결과로 판단할 수 없다고 주장한다. 이 두 차이는 큰 것이다. 전자는 하나님께 비난을 받지만, 후자는 하나님께 권면과 회복을 받는다. 전자는 불행과 환난이 부정적이고 죄악이라고 판단하지만, 후자는 그것이라도 하나님의 뜻과 허락에 의한 것이라고 믿는다.

하나님의 영원하고 불변한 의지(뜻)는 그분이 인간에게 알려줘도 깨

단지 못한다. 그러므로 아는 체하며 구체적으로 방법을 제시하지 말아야 한다. 단지 그분의 섭리, 즉 허락으로 만사가 일어난 것을 알고 성급하게 판단하지도 말아야 한다. 한두 시간 기도하고서 그분의 음성을 들었다거나 성급한 확신을 갖는 것은 문제를 넘어 위험 자체이다. 자기 소리를 들은 것이지 하나님의 의지를 깨달은 것이 아니다. 그런데도 잠시 묵상하고 일을 진행하는 것은 그분께 대한 신뢰를 나타내는 것이다. 이것과 그렇게 묵상했으니 그분의 뜻인 줄 알고 행한다는 것은 서로 다른 영역이다. 하나님의 말씀을 바르게 해석하고 적용했는지 늘 연구해야 한다. 그렇지 않으면 위험한 결과를 직면하고 만다. 하나님의 의지는 비밀적이며 불변하고, 그분의 허락 없이는 어떤 것도 일어나지 않는다는 단순한 신앙고백이 우리에게 필요하다. 이와는 달리 그분의 의지를 섣불리 판단하여 따르고 있다고 자만하는 것은 거짓 신앙일 가능성이 매우 크다.

⑧ 운과 우연은 불신자의 소유임을 고백한다.

반복해서 설명하지만 **운과 우연**은 불신자의 단어이다(1권 16장 8항~9항, 173~176). 이 말은 유기된 자의 전문 단어이고 심지어 지옥에 갈 만한 오류이다. 그 이유는 하나님께서 만사의 제1원인자가 아니라는 신념이고, 그분의 섭리를 불신하는 자세이고, 그분의 부성애를 신뢰하지 못하는 신앙이기 때문이다.

대표적으로 기원전 3세기에 플라톤주의에 기원을 둔 에피쿠로스학파 철학사상을 들 수 있다. 헬라주의(Hellenism)를 대표하는 두 철학사상 중 하나이나. 다른 사상은 스토아주의(Stoicism)이나. 흔히 에피쿠로스주의는 쾌락주의(hedonism), 스토아주의는 금욕주의로 알려져 있다. 에피쿠로스주의는 쾌락이 삶의 주요한 선이라고 주장한다. 평생 직면하는 고통을 피하려고 쾌락을 요청한다. 이 쾌락은 육체적이라기보다 정신적이다. 그래서 죽음의 공포와 신들의 두려움을 증오한다. 열정적 사랑을 반대하고 결혼까지도 회피한다. 어떤 종교라도 가르치는 것은 간섭으로 여기고 자신의 쾌락을 방해한다고 본다. 그러므로 하나님의 섭리를 수용할 수 없을 뿐 아니라 그분도 관심이 없다고 보는 것이다. 신의 간섭과 관심이 없기에 인간은 자신의 삶을 주도해야 한다고 주장한다. 다른 말로 이 철학사상은 무신론이고 인간이 주인이라는 의식에 가득 차 있다. 이 사상에 하나님의 섭리와 주권 신앙이 들어갈 틈이 있을 수 없다.

14항: 인간의 창조, 타락과 참으로 선한 것의 실행 불가능성
(Of the Creation and Fall of Man, and His Incapacity to Perform What is Truly Good)

① We believe that God created man out of the dust of the earth, and made and formed him after his own image and likeness, good, righteous, and holy, capable in all things to will, agreeably to the will of God.

② But being in honor, he understood it not, neither knew his excellency, but willfully subjected himself to sin, and consequently to death, and the curse, giving ear to the words of the devil. For the commandment of life, which he had received, he transgressed; ③ and by sin separated himself from God, who was his true life, having corrupted his whole nature; whereby he made himself liable to corporal and spiritual death.
④ And being thus become wicked, perverse, and corrupt in

우리가 믿는 것은 ① 하나님께서 땅의 먼지에서 인간을 창조하였다는 것(창 2:7, 3:19; 전 12:7)과 자신의 형상과 모양, 즉 선하심, 공의와 거룩을 따라 사람을 만들고 조성하셨으며 사람은 모든 면에서 하나님의 의지(뜻)에 일치할 수 있었다는 것이다 (창 1:26~27; 엡 4:24; 골 3:10).

② 하지만 영예로운 가운데 있었을 때 인간은 그것을 이해하지 못했고, 자신의 탁월성에 대해 알지 못했고 (시 49:20), 마귀의 말에 귀를 기울이면서 의도적으로 자신을 죄에 종속시켜 그 결과 죽음과 저주에 종속시키고 말았다. 왜냐하면 받은 생명의 계명(언약)을 어겼기 때문이다(창 3:16~19; 롬 5:12).

③ 또 인간은 참된 생명이신 하나님으로부터 자신을 분리한 죄로 인해 자신의 모든 본성을 부패시켰기에 육체적 죽음과 영적 죽음에 처할 수밖에 없게 되었다(창 2:17; 엡 2:1, 4:18).

④ 이렇게 인간은 자신의 모든 방면에서 사악하고, 패역하고, 타락한 상

all his ways, he hath lost all his excellent gifts, which he had received from God, and only retained a few remains thereof, which, however, are sufficient to leave man without excuse;

⑤ for all the light which is in us is changed into darkness, as the Scriptures teach us, saying: The light shineth in darkness, and the darkness comprehendeth it not: where St. John calleth men darkness.

⑥ Therefore we reject all that is taught repugnant to this, concerning the free will of man, since man is but a slave to sin; and has nothing of himself, unless it is given from heaven.

⑦ For who may presume to boast, that he of himself can do any good, since Christ saith, No man can come to me, except the Father, which hath sent me, draw him? Who will glory in his own will, who understands, that to be carnally minded is

태에 있으므로 하나님에게서 받은 자신의 모든 탁월한 은사를 상실했고(시 94:11; 롬 3:10, 8:6) 그것 중 겨우 몇 가지 남은 잔재를 유지할 뿐이며 그것으로 인간이 핑계할 여지가 없도록 하기에 충분하다(롬 1:20~21).

⑤ 그 이유는 우리 안에 있는 모든 빛이 어두움으로 변했기 때문이다(엡 5:8). 이것에 대해 성경은 "빛이 어둠에 비치되 어둠이 깨닫지 못하더라"[요 1:5]라고 말하고 있다. 여기서 사도 요한은 인간을 어두움이라 부르고 있다.

⑥ 그러므로 우리는 인간의 자유의지에 관해 이것과 모순되게 가르쳐진 모든 것을 거부한다. 그 이유는 인간이 죄의 노예일 뿐이고[요 8:34] 하늘로부터 주어지지 않으면 그분에 대해 어떤 것도 가지지 못하기 때문이다[요 3:27].

⑦ 그리스도께서 "나를 보내신 아버지께서 이끌지 아니하시면 아무도 내게 올 수 없으니"[요 6:44]라고 말씀하셨는데 어느 누가 스스로 어떤 선이라도 행할 수 있다고 감히 자랑할 수 있을까? "육신의 생각은 하나님과 원수가 되나니 이는 하나님의 법에 굴복하지 아니할 뿐 아니라

enmity against God? Who can speak of his knowledge, since the natural man receiveth not the things of the spirit of God? In short, who dare suggest any thought, since he knows that we are not sufficient of ourselves to think anything as of ourselves, but that our sufficiency is of God?

⑧ And therefore what the apostle saith ought justly to be held sure and firm, that God worketh in us both to will and to do of his good pleasure.

⑨ For there is no will nor understanding, conformable to the divine will and understanding, but what Christ hath wrought in man; which he teaches us, when he saith, Without me ye can do nothing.

할 수도 없음이라"[롬 8:7]라는 말씀을 이해하는 자라면 어떻게 자신의 의지를 자랑스럽게 여길 수 있을까? "육에 속한 사람은 성령 하나님의 일들을 받지 아니하"는데[고전 2:14] 그분의 지식에 대해 누가 말할 수 있을까? 간략히 말한다면, "우리가 무슨 일이든지 우리에게서 난 것 같이 스스로 만족할 것이 아니니 우리의 만족은 오직 하나님으로부터 나느니라"[고후 3:5]라는 사실을 알고 있다면 누가 감히 어떤 사상을 제안할 수 있을까?

⑧ 그러므로 사도가 말한 "너희 안에서 행하시는 이는 하나님이시니 자기의 **기쁘신 뜻**(선한 기쁨)을 위하여 너희에게 소원을 두고 행하게 하시나니"[빌 2:13]라는 말씀을 확실하게 또 확고하게 꼭 고수해야 한다.

⑨ 그리스도께서 인간 안에 역사하지 않으면 신적 의지와 오성(판단)에 순응하는 의지나 오성은 있을 수 없다. 이것에 대해 그분은 "나를 떠나서는 너희가 아무것도 할 수 없음이라"[요 15:5]라고 말씀하시며 가르치시는 것이다.

시간 속에 창조된 세상에 어떻게 죄가 만들어졌는지 밝힌다. 이것이 발생한 원인으로 마귀의 생성을 밝혔고(『벨지카』 13항④), 신비한 작정에 관해 인간의 호기심에 집착하지 말라고 경고하였다(『벨지카』 14항③). 이것은 각각 창조와 섭리라는 주제로 고백했다. 이제 하나님의 영원한 작정은 시간 속에서 나타나게 된 원인이 바로 인간의 타락이라는 사실을 밝힌다. 인간이 죄를 범하지 않았더라면 구속 사역이 일어나지 않았을 수 있다는 역사적 가정(hypothesis)을 설정할 수 있지만 어리석은 가정이다. 과거에 대해선 가정을 할 수 없다. 미련한 인간만이 이런 가정을 설정하여 은밀히 자신의 괴변이나 게으름으로 나타낸다.

이제 하나님의 영원한 작정은 창조와 섭리로 드러난다(『대교리』 14문). 영원에서 이뤄진 하나님의 비밀적 작정은 시간 속에서 비로소 드러나는데 이것은 창조와 섭리를 이해하는 데 매우 중요하다. 이 관점은 하나님이 우리의 아버지 됨, 즉 부성애에서 시작한다. 그것이 창조에서 고백한 후 타락과 어떤 관련을 맺으면서 드러났는지 주목해야 한다. 하나님은 창조를 통해 자신의 선하심을 나타낼 뿐 아니라(1권 5장 6항, 56) 섭리를 통해서 부성애를 나타낸다(『벨지카』 13항⑥; 1권 16장 8항~9항, 173~176). 이 섭리는 타락으로 인간과 관련되어 명시된다. 이로써 영원한 부성애는 우리 구원의 역사에 두드러지게 명시되었다.

최초의 인간이며 인류의 대표자(2권 1장 6항, 217; 『해설자용』, 169; 『개혁신앙이다』, 185, 279, 283) 아담은 자유의지를 핑계 삼아(의도적으로[willfully]) 방종하여 하나님의 명령을 무시하고 그것에 불순종하므로 자신만 아니라 오고 오는 모든 인류를 타락의 길로 걷게 했다. 이 엄청난 불행 가운데 있는 인류를 구원하는 하나님의 놀랍고 숭고한 역사는 우리에게 충격적이기보다 경이롭다. 그것도 영원에서 불변한 것으로 생각하면 겸손하지 않을 수 없다. 이 진리는 삶과 죽음에서 우리의 유일한 위로이다(「벨지카」 13항⑤; 「하이델베르크」 1문②③). 이 위로 없이 인생의 가치와 목적은 무의미하다. 이 세상의 그 어떤 금은보화를 얻어도 생명을 구원하지 못하면 무의미한 것처럼 영원한 생명을 얻지 못하면 짧다고 하면 짧고, 길다고 하면 긴 인생살이에서 무슨 의미를 갖고 살아갈 수 있을까? 병에 걸리거나 죽음 앞에서 그 어떤 것도 대체할 수 없다. 본인이 개인적으로 겪어야 한다. 작은 것 하나라도 누구와 공유하는 것은 없다. 지극히 제한된 시간과 세속적 삶에만 만족하면 이 놀라운 위로를 절대 맛볼 수도 가질 수도 없다.

칼빈 선생은 인간이 가져야 하는 가장 고상한 지식이 두 가지라고 설명하는데 하나는 하나님에 대한 지식이고, 다른 하나는 우리 자신에 대한 지식이다. 전자는 「벨지카」 1항~13항에서, 후자는 14항~17항에서 고백한다. 전자에 관해서는 이미 고백했고, 후자에 관해서 이제 고백하고자 한다. 들어가기 전에 인간에 대한 지식은 네 가지 상태로 접근해야 한다(『이것이 기독교인의 묵상이다』, 150~151). 타락 전의 순전한 상태, 타락 후의 부패한 상태, 중생 된 후의 하나님 자녀의 상태 그리고 부활 후의 영광의 상태 등이다(『개혁신앙이다』, 94~95). 첫 번째 상태는 아담의 상태, 두 번째 상태는 중생되기 전 상태, 세 번째 상태는 중생 된 후, 즉 하나님의 자녀며 언약의 백성인 상태, 그리고 마지막 상태는 하늘나라에서 누리는 완전한 영광의 상태이다. 칼빈 선생은 네 가지 상태를 하나씩 설명하는데, 첫 번째 상태는 1권 15장, 두 번째 상태는 2권 1장~2장, 세 번째 상태는 2권 3장 그리고 마지막 상태는 3권 25장에서 설명한다. 이처럼 「벨지카」도 첫 번째 상태를 14항, 두 번째 상태를 15항, 세 번째 상태를 22항~24항 그리고 마지막 상태를 37항에서 고백한다.

이번 항은 타락 전 인간의 상태에 관한 고백을 간략하게 살피고(②) 타락 후 인간의 상태에 관해 남은 내용에서 자세히 고백한다. 타락 전보다 타락 후 상태에 관해 많은 고백을 하는 이유는 우리가 직면하는 상태가 타락 전보다 타락 후이기 때문이고, 타락 후의 상태는 유기된 자에게서 쉽게 볼 수 있기 때문이다. 이러한 고백의 구성은 칼빈 선생의 『기독교강요』에 따른 것이다.

① 인간의 네 가지 상태 중 첫 번째 상태에 관한 고백이다.

하나님의 창조자이심과 인간의 피조물임을 밝히는 인간 창조에 관한 선언적 고백(「벨지카」 12항①②)에 더한 것으로 타락과 관련을 짓고 있다는 것에 관심을 가져야 한다. 이 관점은 천사 창조와 그 타락(「벨지카」 12항③④)으로 빚어진 마귀에 관한 것과 같은 맥락이다. 인간 타락이 일어난 상황을 설명하기 위해 인간 창조를 고백한다.

하나님은 인간을 땅의 **먼지**에서 창조하시고,(「대교리」 17문①) 그 이름을 **아담**(אָדָם)이라 명명했다. 히브리어 아담이란 단어는 붉다, 먼지, 땅 또는 흙이란 뜻이다. 땅의 먼지에서 창조됐고, 타락 후에는 흙(땅)이니 흙으로 돌아가라(창 3:19)는 말씀에서 그 의미를 알 수 있다. 인간 창조의 세 단계를 밝히는데 먼저는 단순히 인간을 창조하시고, 다음으로 땅의 먼지에서 형성되고, 또 다음으로 다양하고 많은 정신의 힘을 가진 영을 부여했다는 것이다. 하나님은 그 영에 불멸성이 있는 자신의 형상을 새겼고, 이렇게 창조된 아담은 생령(a living soul[살아 있는 존재])이 됐다(창 2:7).

육체적으론 동물과 유사하지만 인간은 하나님의 형상으로 지음을 받아 그분과 교제하게 됐다는 것이 전혀 다른 것이다(시 8:5~8 참고).

여기서 간과해선 안 되는 것은 아담이 **살아 있는 영**(존재[being])으로 창조됐지만, 그리스도는 **살리는 영**이시다(a quickening spirit)는 것이다(고전 15:45). 전자는 땅의 먼지에서 창조된 육체를 후손에게 줬지만, 후자는 자신의 죽으심과 부활로 구속된 자에게 영적 몸을 준다(요 5:26). 이것은 그리스도의 부활된 몸과 같은 것이다(「신앙고백서」 32장 3항②; 「대교리」 87문 ④). 그리고 전자는 땅에 그 기원을 두고, 후자는 하늘에 기원을 둔다(요 6:33; 고전 15:47).

이렇게 볼 때 하나님 측면에서 인간이 땅의 먼지에서 창조됐다는 고백은 타락한 후 재창조될 것을 암시하면서 대조하고 있음을 알 수 있다. 앞으로 이런 암시된 진리까지 이르려면 많은 과정을 밟아야 한다(「돌드레히트」 2장 8항① 참고). 더욱이 땅에 속한 자는 타락할 수 있는 상태와 썩을 육체로 창조됐지만(「대교리」 17문⑤), 하늘에 속한 분, 즉 하나님 아들로 인해 그분의 형상을 입어 썩지 않게 될 것이다(고전 15:49; 「벨지카」 37항 (2)②).

하지만 타락 전, 인간은 **하나님의 형상**으로 창조돼 그분의 의지(뜻)에 따를 수 있었다. 이것은 타락 전에 부여받은 탁월성을 말한다(②). 이것으로 아담은 하나님과 교제할 수 있었다. 그의 오성은 창조자와 영적인 것에 대해 참되고 구원하는 지식으로 꾸며졌고, 심정과 의지는 청렴했고, 모든 애정은 청결했고, 전인은 거룩했다(「돌드레히트」 3장~4장 1항②③④⑤). 이 모든 탁월성은 하나님의 형상을 따라 지음을 받았다(「돌드레히트」 3장~4장 1항①).

특별히 전인이 거룩했다는 것에 관심을 가져 보면, 인간이 거룩하였기에 **하나님과의 교제**가 이뤄진 것이었다. 하나님은 거룩하기 때문이다. 거룩함은 의를 붙잡고, 그 의는 하나님과 화해하게 한다(3권 16장 1항, 634). 그래서 거룩하게 창조된 인간은 하나님과 대면하고 교제할 수 있었다. 하지만 슬프게도 이와 같은 숭고한 상태에서 인간은 **스스로 타락**의 길을 선택하였다.

하나님과의 교제 단절의 길을 선택하는데 영적 존재인 마귀의 은밀한 계략이 있었다. 마귀는 하나님과 인간의 교제를 단절시키기 위해 거룩을 상실하게 해야 했다. 거룩을 상실시켜야 거룩이 인간의 어떠한 의를 붙들지 못할 것이기 때문이다. 그 의가 자유의지로 인한 의지적 의에 의존하게 했다. 이 모든 것은 마귀의 음흉한 계략에서 진행됐다. 마귀는 교활한 자이고 거짓의 아비이다.

하나님 형상의 구성에 관한 고백을 살펴보자. 그 형상은 **거룩과 의로** 구성됐고, 지식을 더하기도 한다(골 3:10).「벨지카」는 그 형상이 선하고, 거룩하고 의롭다고 한다. 하나씩 이 의미를 찾아보도록 하자.

먼저 중요한 것은 새 사람, 즉 중생 된 자는 하나님의 형상, 즉 **거룩함과 참된 의로** 형성된다는 점이다. 이 두 요소는 하나님의 형상을 구성하는 대표성인데 거룩함은 문자적으로 불결한 것에서의 자유함을 의미하고, 의는 하나님으로 올바로 지음 받은 자의 청결함을 의미한다. 사실상 문자적 의미는 단순히 그 뜻을 파악하는 데 그친다. 실제적 의미는 하나님의 형상을 생각하면서 떠올려야 하는데 거룩함은「십계명」의 첫째 돌판과 관련을 맺고, 의는 둘째 돌판과 관련을 맺는다. 알다시피 전자는 하나님과의 관계를, 후자는 인간과의 관계를 맺고 있다.

하나님은 아담에게 선과 악에 대한 지식의 나무를 먹지 말라는 도덕법을 주셨다(「대교리」92문). 이 법은 인간이 하나님과 자신에게 당연히 해야 하는 **거룩과 의를 위한 것이다**(「대교리」93문①). 도덕법은 후에 발전하여 「십계명」의 요약이라고 고백한다. 「십계명」은 다시 둘로 나뉘어 첫째 돌판은 제1계명에서 제4계명을, 둘째 돌판은 제5계명에서 제10계명을 구성한다. 전자는 하나님에 대한 우리의 의무, 후자는 인간에 대한 우리의 의무를 말한다(「대교리」98문②). 예수님도 이처럼 율법을 두 가지로 요약하신다(마 22:36~40). 또 전자는 거룩, 후자는 의와 관련을 맺고 있다. 결국 아담에게 주신 도덕법은 하나님의 형상과 관계를 맺고 있음을 알 수 있다. 다시 말하면, **첫째 돌판은 거룩과 관련을 맺고 있고, 둘째 돌판은 의와 관련을 맺고 있다**(눅 1:75 주석; 「대교리」93문①). 그래서 하나님의 형상으로 지음 받은 인간은 그것에 따라 하나님의 의지에 일치할 수 있다고 고백하고, 하나님의 법을 이행하는 능력을 갖추게 되었다고 고백한다(「대교리」17문④).

그러면, 이제 하나님의 형상인 거룩함과 의에 지식이란 요소가 더해진 것에 관해 설명해 본다(「대교리」17문③; 골 3:10). 여기서 말하는 지식은 단순하고 휑뎅그렁한 것이 아니고 성령의 조명으로 인해 진리의 빛으로 불붙은 전인을 변화시키는 것이다. 이 지식은 **하나님의 의지, 즉 뜻에 관한 것이다**(골 1:9). 이것은 모든 그리스도인의 **성격과 행동 지침**이다. 성경은 하나님의 의지 전부를 담고 있는데(「벨지카」7항①) 그분의 의지는 그리스도 안에 계시된 것처럼 하나님의 전체 목적이기에 그리스도인의 지침이다. 하나님의 의지에 관한 지식이 채워졌다는 것은 전인, 즉 사상, 애정, 목적과 계획 모든 것에 스며있다는 것을 의미한다. 이 지식은 이론적이지 않고 행위와 관련되어 있고 실천적이다(골 1:9 참고). 그 형상의 실천적인 면을 강조하기 위해 그 형상을 따라 지식으로 새롭게 되라고 명령한 것이다.

이제 하나님의 형상, 즉 거룩함과 의에 관한 뜻을 이해했다면, **선하심**이란 속성에 관한 고백으로 옮겨가자. 하나님의 선하심은 **부성애**를 의미한다(『개혁신앙이다』, 159~160). 하나님은 창조 사역에서 자신의 선하심을 명시하셨기에(「벨지카」 12항①) 창조의 유일한 이유를 선하심이라고 한다(1권 5장 6항, 56). 하나님은 창조를 통해 자신이 우리의 아버지임을 명시한다. 이 명시는 하나님의 섭리와도 관련을 맺는다. 이에 따라 예수님은 공중의 까마귀와 들의 꽃들을 언급하면서 "오늘 있다가 내일 아궁이에 던져지는 들풀도 하나님이 이렇게 입히시거든 하물며 너희일까 보냐 믿음이 작은 자들아"(마 6:30). 아버지 됨을 여실히 보여주는 은혜로운 권면이다.

이렇게 보면, **하나님의 형상**은 아버지이신 **그분과 우리가 관계**를 맺어 자녀답게 그분의 뜻에 일치하여(거룩하게) 살라는 의미를 담고 있다 하겠다.

② 타락한 천사인 **마귀의 간계**로 인간은 **의도적으로** 타락하게 된 것을 고백한다.

슬프게도 인간은 타락 전에도 하나님과 교제하는 상태의 기쁨을 이해하지 못했을 뿐 아니라 그가 지닌 탁월성도 알지 못했다. 마귀는 이런 가운데 있는 인간에 대하여 음흉한 계략을 세웠고, 인간은 그것에 귀를 기울인 동시에 자신도 자발적으로 죄를 범하므로 영원히 죽음과 저주를 초래하고 말았다. 이 결과는 하나님으로부터 받은 **생명의 계명**(언약)을 어겼기 때문이다. 위 ①의 고백과는 너무나 달라 우리는 당황할 수밖에 없다. 이렇게 쉽게? 이런 일이 타락 전 인간에게 일어날 수 있었나? 이런 의문이 일어나고 이성의 논리로 도저히 설명되지 않는다. 그런데 우려한 파탄이 일어났다. 견고할 것이라 믿었던 여리고 성이 처참하게 무너지는 것과 같은 일이 일어난 것이다. 이에 관련된 자세한 고백이 계속 이어진다.

이런 일이 **발생하는 과정**을 자세히 살펴 그 진상을 파악해보도록 한다. 여기의 고백에 관해 「돌드레히트」 3장~4장의 고백은 큰 안내자가 될 것이다. 인간의 네 가지 상태를 떠올리면서 타락 전의 상태(①)에 이어 여기서 타락 후의 상태에 관해 고백한다. **영예로운 가운데** 있던 최초의 부모는 두 가지 과정을 통해 타락하였다. 하나는 마귀의 선동이고, 다른 하나는 자신의 자발적 의지를 통해서이다.

먼저 최초의 부모는 **마귀의 선동**을 받는다(「돌드레히트」 3장~4장 1항⑥; 「하이델베르크」 9문②). 그 선동은 한 마디로 마귀의 유혹, 즉 치밀하게 계획된 유혹이었다(「신앙고백서」 6장 1항①; 「대교리」 21문①). 마귀는 자신의 목적을 이루기 위해 가장 적당하고 세상에 있는 어느 동물보다 교활한 뱀을 이용했다. 뱀은 지혜로운 또는 신중한 동물이다(마 10:16). 게다가 그 뱀에게 인격을 줘서 하와에게 접근시켜 그녀의 마음을 사로잡도록 했다. 성경은 뱀이 그 간계로 하와를 유혹했다고 선언한다(고후 11:3). 뱀은 마귀의 입에 불과했다. 거짓의 아비인(요 8:44) 사탄은 지밀하고 신중할 뿐만 아니라 교활한 전략을 세웠다. 사탄은 계책(고후 2:11), 깊은 것(계 2:24), 간계로(엡 6:11) 인간을 유혹한다. 동물(뱀)의 형상으로 사탄은 하나님의 형상으로 창조된 인간에게 접근하여 유혹한다.

이제 사탄은 하와에게 하나님의 말씀에 대한 **의심이 일어나게** 선동한다. 하와는 흔들리기 시작했고 그 결과에 관해 그 말씀에 관해 **무관심하게** 됐다. 더 적극적으로 사탄은 하와에게 접근하여 신성에 참여하는 자가 될 것이라고 약속한다. 하와는 그의 말에 따라 실과를 보면서 먹게 되고 남편 아담에게도 건넸다. 아담은 하와의 말에 따라 믿음과는 상관없는 행동을 자행하여 하나님의 말씀에 대해 **불순종**하게 되었다. 그 결과 자신만 아니라 자신의 모든 감각까지도 부패시켰고, 타락이 자신의 영만 아니라 몸의 모든 부분에 퍼지게 했다(「신앙고백서」 6장 2항). 이것을 **원죄**라 부른다(「소교리」 18문①). 그 기능들이 부패하여 청렴한 판단은 흐려졌고 방종하기에 이르렀다.

성경은 악의 기원이 아내 하와에게서 남편 아담에게 옮겨졌다고 선언한다(딤전 2:14). 아담은 하와처럼 운명적 야망에 빠져 같은 범죄에 동참했음을 알 수 있다. 그런 후 죄는 여자에게서가 아니라 아담 자신에게서 왔다고 선언한다(롬 5:12). 이로써 아담 역시 하나님의 말씀보다도 마귀의 아첨에 귀를 기울였고 그 한계선을 스스로(자발적으로) 넘어갔다. 아담의 불순종으로 세상에 죄가 들어왔다고 선언하는 이유는 그는 한 개인이라기보다 인류의 대표자며(2권 1장 6항, 217) 공인이었기 때문이다(「대교리」 22문).

아담은 자신에게 필요한 모든 선을 소유했지만 그 이상, 즉 하나님처럼 되려고 했다. 그는 이미 하나님처럼 된 상태, 즉 그분의 형상을 지닌 상태였다. 인간이 하나님을 신뢰하고 순종에 머물면 필요한 모든 선은 그에게 제공된다. 하와는 금지된 실과를 보고 선하게 보였다고 한다. 유혹은 하나님의 권위에 대한 도전보다도 그분이 주신 지혜와 선한 것에 대한 의심이었다. 슬프고 애통하게도 그들은 실과를 먹고 난 후 그들이 바랐던 선을 얻지 못했고 오히려 악을 얻었다. 사탄의 유혹은 눈에는 아름답게 보이지만 입으로 들어가는 순간 속에는 쓰라린 고통을 안겨다 줬다. 전혀 예측하지 못한 결과로 수백 년 동안 후회하며 지냈다. 하나님처럼 되려 했던 선과 악을 알게 하는 지식은 더는 그분처럼 또는 그분의 형상을 유지하지 못 하게 했고, 육체의 벌거벗음을 부끄러워하게 했다. 지혜를 얻으려 했으나 오히려 허망과 수고만 가졌을 뿐이었다.

다음으로 아담은 자신의 **자발적인 의지로** 도덕법에 불순종했다. 불순종은 그의 **의도적** 행위였다(「돌드레히트」 3장~4장 1항⑥; 2권 1장 4항, 214~215). 다른 말로는 제멋대로 불순종했다는 것이다(「하이델베르크」 9문 ②). 그 이유는 그가 의지의 자유를 지녔기 때문이다(「대교리」 21문①; 「소교리」 13문). 자유라는 말은 자발적이라는 의미이다(2권 2장 7항, 230). 아무리 사탄의 선동적인 유혹을 받았더라도 거부해야 했지만 자신의 의지로 수용하고 그의 유혹을 받아 그의 편에 서서 하나님을 모반 또는 대적했다. 그런데 어떤 무리는 타락의 책임을 감히 하나님께 돌리고 하나님을 죄의 저자로 만드는데 이것은 어리석고 망령된 시도가 아닐 수 없다. 자유의지를 가졌다는 것은 범죄 할 가능성을 지녔음을 의미한다(「신앙고백서」 4장 2항③).

인간의 타락은 **하나님의 허락** 없이 일어날 수 없나(「신앙고백서」 6장 1항

②). 인류에게 전해진 이 슬픈 결과는 **만사의 제1원인자 하나님**의 허락 없이 이뤄질 수 없다. 하나님의 허락 없이 어떤 것도 일어나지 않기 때문이다. 이것은 우리의 신앙고백이고 진리이다. 이것을 이해할 수 있느냐는 다른 문제이다. 하나님 측면에서의 섭리와 우리의 이성 간에는 우주와 지구보다도 더 멀고 먼 간격이 있다. 허락이란 단어를 보면 욥에게 시험을 허락한 하나님의 섭리를 떠올릴 수 있다. 아무리 하나님의 허락이 있었다고 해도 사탄의 간교한 전략을 알아차리지 못했던 하와는 어리석게도 사탄의 유혹을 하나님의 허락을 받은 것으로 말한다고 여겼기에 쉽게 넘어갔고 특이하게 보였던 것이 아니었다고 여겨진다(창 3:4).

허락(permission)이란 하나님이 **만사의 제1원인자**라는 의미이다(1권 16장 8항, 174). 물론 하나님은 이따금 공의로운 허락으로 자녀들이 사탄, 세상과 육체의 욕망에 떨어지게 한다. 그 예로서 다윗과 베드로를 들 수 있다(「돌드레히트」 5장 4항③). 이 의미는 그분의 뜻 또는 의지라는 것이지 그분이 선동자 또는 승인자라는 것이 절대 아니다(「신앙고백서」 3장 1항②, 5장 4항③, 9장 1항). 또 제1원인자란 모든 것의 근본적이고 궁극적 원인자 또는 답변자가 된다는 의미이다(1권 16장 3항, 168; 1권 16장 8항, 174; 『해설자용』, 132). 그들이 죄를 범하는 것을 허락하는 것이 하나님의 기쁨이었다. 제1원인과 **그분의 기쁨**이라는 단어를 떠올리면서 하나님의 허락이란 단어를 사용해야 한다. 그렇지 않고 단순히 원인자이기에 작인자라는 오해를 해선 안 된다.

이것은 **하나님의 영원하심**이란 속성을 떠올리지 않으면 왜곡하기 쉽다. 하나님은 만사를 전체로 동시에 보신다. 인간 측면에서의 예지, 예감, 예상 또는 예측이 아니다. 하나님에게는 만사가 언제든 현재이기 때

문에 하나님께서 예지하셨다고 우리는 표현한다(3권 21장 5항, 725;『해설
자용』, 131). 그래서 죄의 허락이 그분의 기쁨이라고 할 때도 마찬가지다.
이 기쁨은 단순히 인간 측면의 일시적인 기쁨 또는 즐거움이 아니라 구
원과 관련된 기쁨으로 영원에서 세운 작정임을 의미한다. 죄의 허락은
영원한 작정에 있었다.

참고로 칼빈 선생은 인간 심정에 역사하는 하나님의 섭리에 관해 자
신의 걸작『기독교강요』2권 3장에서 제1원인 하나님, 제2원인 인간, 그
리고 제3원인 사탄이라고 설명하는데(2권 3장 1항, 272) 이 설명을 통해
중보자 하나님에 관한 진리로 이끌고 있음을 볼 때 그의 놀라운 논리성
을 엿볼 수 있다.

하나님은 최초의 부모에게 **생명의 계명**을 줬다. 하나님은 그들에게
순종을 위한 양면의 법을 주셨다. 그들은 자유의지를 가졌기에 그 법을
지킬 수 있는 능력도 있었다(「신앙고백서」 4장 2항②). 하나는 심정에 기록
한 법이고(「신앙고백서」 4장 2항②), 다른 하나는 선과 악을 아는 지식의 나
무를 먹지 말라는 도덕법이다(「신앙고백서」 4장 2항④). 이 법을 지키면 생
명이 약속돼 있었기에 생명의 계명이라 불린다. 그 담보물로 **생명 나무**
를 줬다(「대교리」 20문⑤;「소교리」 12문①). 어기면 죽음의 고통이 따르기에
그 담보물로 선과 악에 대한 나무를 줬다(「대교리」 20문⑥;「소교리」 12문②).

생명의 계명은 영속적이고 완전한 순종을 조건으로 영생이 약속돼 있
었기에 생명의 언약이고(「대교리」 20문⑤;「소교리」 12문①), 신학적으로 **행위
언약**이고, 완전한 순종을 조건으로 요구하는 **도덕법**이라 불린다(「신앙고
백서」 19장 1항). 이와는 상대적으로 불순종했을 때 죽음의 고통을 받아야

만 했다. 최초의 부모는 사탄의 선동을 받고 자발적으로 불순종했다.

생명 나무는 지혜이고(잠 3:18), 궁극적으로 그리스도이다. 이 나무는 최초의 부모가 금지된 나무의 실과를 먹으므로 접근 불가능하게 됐다(창 3:22). 하지만 새 예루살렘에 있는 강가에 생명 나무가 있다(계 22:2, 2:7). 하늘의 지혜를 가진 자는 그 나무의 열매, 즉 생명 나무의 열매를 먹게 된다. 타락 직후 상실된 그 열매는 지혜를 소유하는 자에게 제공된다.

이 지혜는 문자적으로 장인(匠人)이 가진 기술을 뜻하지만 잠언의 지혜는 일차적으로 능수능란한 삶을 의미한다. 언약 백성의 도덕적 기준에 따라 지혜롭게 선택하고 사는 능력을 의미한다. 지혜는 궁극적으로 우리를 위해 하나님에게서 온 그리스도 예수님으로서 우리의 의로움, 거룩함과 구속함을 의미한다(고전 1:30). 그분을 통해 우리는 하나님을 알게 되고 구원에 이르는 지혜를 갖게 되고, 성령 하나님은 성경을 통해 우리로 그 지혜를 얻게 한다(딤후 3:15). 타락한 인류가 그 생명 나무를 먹지 못하게 된 것은 앞으로 중보자이신 그리스도를 통한 구속 사역을 암시한다고 하겠다. 구원은 반드시 그리스도를 통해서만 이뤄진다. 이 지혜와 세상의 지혜를 혼동하면 안 된다(고전 1:21). 세상의 지혜로 하나님을 아는 것은 어리석은 것이다. 십자가에 달린 그리스도를 선포하는 것은 세상이 볼 때 어리석은 것이다.

③ 불순종하여 이르게 된 타락의 결과에 관한 고백이다.

참된 생명을 주는 하나님에 대해 모반을 꾀했다. 하나님은 그들에게 생명의 계명(언약)을 주셔서 영생을 약속했다. 이것은 물이 필요하여 우물을 찾은 수가성 여인을 떠올리게 한다. 예수님은 그녀에게 "내가 주는 물을 마시는 자는 영원히 목마르지 아니하리니 내가 주는 물은 그 속에서 영생하도록 솟아나는 샘물이 되리라"(요 4:14)고 하셨다. 예수님은 그녀에게 영생의 물을 약속했다. 예수님이 곧 생명의 떡이며 물이기에 그분을 믿는 자는 절대 주리거나 목마르지 않는다(요 6:35). 이처럼 창조자 하나님은 흙으로 사람을 만드시고 영으로 생령(살아 있는 영)이 되게 했다(「대교리」 17문②). 이것은 창조자 하나님을 알고, 진심으로 그분을 사랑하고, 그분께 영광을 돌리고 찬양하므로 영원한 행복을 누리고 그분과 함께 사는 것을 의미한다(「하이델베르크」 6문).

최초의 부모는 하나님으로부터 자신을 분리한 죄를 범했다. 이것은 하나님이 주신 생명의 계약을 어기고 불순종하여 사탄의 편에 선 것을 의미한다. 이것을 흔히 도덕적 부패를 의미하는 타락(depravity)이라고 묘사하는데 문자적으론 떨어졌다(fell from)는 뜻이고, 하나님과의 관계 단절을 의미한다(「신앙고백서」 9장 2항; 「대교리」 27문①).

타락 또는 하나님과의 관계 단절의 결과는 영속적으로 처참했다. 그 단절은 **영적 죽음**을 의미했지만 육적 죽음까지도 초래했다. 전자는 하나님과의 단절 또는 분리로 인해 죽었다는 것이고, 후자는 영이 육체와 분리되기에 죽었다는 것이다. 또 몸과 영으로 받는 일시적 죽음과 영원한 죽음을 피할 수 없게 됐다고 한다(「돌드레히트」 2장 1항). 인간은 이런 두 죽음에 대한 하나님의 정의(justice)를 절대로 만족시킬 수 없다(「벨지카」 17항①). 이 정의를 만족시키기 위해 친히 하나님 아들의 몸과 영에 행해진 것이다(「하이델베르크」 10문②; 「신앙고백서」 6장 6항②). **일시적으로 겪는 처벌**은 지상의 것으로 내석과 외석으로 나뉘고 그 설정에 숙음이 있다(「대교리」 28문①②③). 이에 비해 **영원히** 겪는 처벌은 하나님과의 영원한 분리와 꺼지지 않는 지옥 불에서 겪는 가장 극심한 고통이다(「대교리」 29문).

인간은 하나님의 영원한 진노를 감당할 수 없고 견딜 수 없다. 제한된 인간이 영원한 고통을 감당할 수도 없거니와 육체를 가진 인간이 영적 고뇌를 견딜 수 없다. 누군가, 즉 다른 자를 요구할 수밖에 없다(「하이델베르크」 14문②). 바로 하나님이시며 인간이신 중보자가 요구된다. 하나님이 아니시면 그 끔찍한 영원한 진노를 견딜 수 없다(「하이델베르크」 17문①; 「대교리」 38문①). 그 진노가 영원한 것이 아니라면, 즉 육적이라면 어느 인간이라도 감당할 수 있겠지만 시간에 제한된 인간이 영원한 진노를 견딜 수 있을까? 이 진리를 수용하지 않는다면 영원한 진노를 지옥에서 받게 된다. 이 세상에서 육적 진노를 통해 영원한 진노를 깨닫지 못하면, 결국 영원한 진노를 피하지 못할 것이다.

또 육적 죽음은 영과 몸이 분리되는 것인데, 흔히 죽는다고 표현하거나 돌아간다고 표현한다. 영적 죽음에 관해서는 영과 몸의 모든 부분만 아니라 그 기능까지 전적으로 더럽혀졌다고 고백한다(「신앙고백서」 6장 2항). **타락**은 영적 죽음으로 하나님과의 교제를 단절시켰고(「대교리」 27문①; 「소교리」 19문①), **부패**(corruption)는 선을 향한 영의 모든 기능을 파괴했다(2권 1장 9항, 221). 결국 영적 죽음은 하나님과 분리된 영의 모든 기능을 부패케 한 것이다. 이것을 다른 말로는 본성의 부패 또는 부패성이라고 말한다. 그 부패성은 간략히 말하면, **극단적 이기심**이다(2권 1장 2항, 211; 「해설자용」, 179; 「개혁신앙이다」, 395). 이기심을 갖게 됐으니 하나님의 의지를 따르지 않고 자신의 의지를 따라, 즉 자기중심적 삶을 산다. 자신의 정체성이나 자존감을 느끼는 것과는 다른 의미이다. 이기심은 모든 자와 만물, 더구나 하나님까지도 자신을 위해 존재한다고 여기게 만든다. 얼마나 무서운 부패성인지 모른다.

세속적 모든 철학자는 인간의 타락성 또는 원죄를 인정하지 않는다. 인간은 일단 완전한 존재로서 자신을 인식하는 것이 중요하고, 자신의 능력을 발휘하므로 현실에서의 존재, 즉 실존(existence)을 깨닫는 것이 중요하다고 한다. 인간의 이성으로 이해되지 않거나 인식 너머에 있는 것에 관해 무관심하고 무지하다. 없다고 단정하고 자신이 보고 느끼고 사색하는 대상만을 존재한다고 보고 인식한다. 그러니 신의 개념은 그런 철학의 사고 대상이 될 리가 없고 사고할 자리가 있을 수 없다. 적반하장으로 인간이 곧 신이고, 신은 상상하여 가공한 것이라는 망상을 갖는다. 눈에 보이지도 않는 그 작은 바이러스에 감염되어도 죽을 수밖에 없는 동물과 같은 인간인데 이성을 가졌다는 것 하나로 만용을 부리는 것이 슬프기만 하다. 이것은 아담의 타락성이 유전됐음을 분명히 볼 수 있는 단적인 증거이다.

아무튼 인간은 타락으로 인해 하나님과 분리됐고, 본성의 부패로 인해 영의 기능이 극단적 이기성을 나타내게 됐다. 인간은 하나님이 주신 생명의 계명에 무관심하고 불순종하므로 타락하게 됐다.

④ 타락성에 관한 고백이다.

타락한 후 인간은 육체적 죽음만 아니라 영적 죽음으로 인해 타락 전에 가졌던 **탁월한** 은사를 모두 상실했다. 탁월한 은사는 다른 말로 하나님의 은사라고 불린다(「하이델베르크」 9문 ②). 타락 전 인간은 그 은사로 하나님과 교제할 수 있었고(「대교리」 20문③), 그분의 형상은 참된 지식을 가진 오성, 청렴한 심정과 의지, 정결한 애정과 전인의 거룩 등이다(「대교리」 17문③; 「돌드레히트」 3장~4장 1항②~⑤). 이것은 곧 영의 기능을 말한다. 인간은 받은 영의 탁월한 기능, 즉 이성, 지성, 신중과 판단으로 만물을 지배할 수 있었고 하나님과 교제할 수 있었고 자유의지도 지니고 있었기에 자원하여 선택했으면 영생을 얻을 수도 있었다(1권 15장 8항, 162~163). 슬프게도 그릇된 선택으로 타락의 길로 접어들었다.

영의 기능은 마음(mind)과 심정(heart)에 자리 잡고 있다(1권 15장 3항, 158). 또 영의 기능은 타락으로 부패됐다(『개혁신앙이다』, 285). 그 기능은 크게 두 부분으로 나뉜다. 하나는 지성이고, 다른 하나는 의지이다. 전자는 마음을 나타내는 대표적 개념이고, 후자는 심정을 나타내는 대표적 개념이다. 전자에는 오성 또는 지각(understanding), 지성과 이성이 있고, 후자에는 의지와 감성(emotion)이 있다(『해설자용』, 179~180). 탁월한 은사 또는 영의 기능을 상실했다는 것은 그 기능이 하나님의 선을 향해 또는 그분의 뜻에 일치하려 하지 않고, 자신의 **극단적 이기심**을 향해, 즉 자신의 선만을 추구하고 따른다는 것을 의미한다(『개혁신앙이다』, 395). 상실했다고 하여 그 기능이 망가졌다는 것이 아니라 방향이 달라졌기에 구원과는 전혀 무관한 것만을 추구한다. 다른 말로는 하나님께 모반적인 것만을 추구하고 그분의 뜻에 반대한다는 것이다. 이것은 그야말로 전적으로 불의한 것(unrighteousness)이다. 구체적으로 성경은 다음과 같이 밝힌다(롬 1:28~32).

또한 그들이 마음에 하나님 두기를 싫어하매 하나님께서 그들을 그 상실한 마음대로 내버려 두사 합당하지 못한 일을 하게 하셨으니 곧 모든 불의, 추악, 탐욕, 악의가 가득한 자요. 시기, 살인, 분쟁, 사기, 악독이 가득한 자요 수군수군하는 자요. 비방하는 자요. 하나님께서 미워하시는 자요. 능욕하는 자요. 교만한 자요. 자랑하는 자요. 악을 도모하는 자요. 부모를 거역하는 자요. 우매한 자요. 배역하는 자요. 무정한 자요. 무자비한 자라. 그들이 이 같은 일을 행하는 자는 사형에 해당한다고 하나님께서 정하심을 알고도 자기들만 행할 뿐 아니라 또한 그런 일을 행하는 자들을 옳다 하느니라.

정말 하나님의 선물을 상실할 때 드러나는 타락의 현장이 어떠함을 알 수 있다. 사악함(1:18)에 관한 설명이다. 타락 후 갖게 된 원죄는 **실제적 범죄를 낳는다**(「벨지카」 15항(1)③; 「신앙고백서」 6장 4항). 사악함은 공의의 반대 개념으로서 정의가 없는 상태이다. 이것은 하나님에 대한 지식을 억누르기 때문에 인간관계에 나타난 황폐한 상태이다. 상실된(depraved) 마음, 문자적으로 승인받지 못한(disapproved) 마음으로 온갖 죄를 범한다. 근데 여기서 주목할 점은 첫째 그리스도를 만나기 전에 일어나는 상태를 말하고 있고, 둘째 이교도의 모든 죄까지 정죄하기 위한 것이 아니라는 것이고 이런 죄가 있는 가운데 살아간 또 살아가는 그리스도인이 유의해야 하는 경계라는 것이다.

겨우 몇 가지 남은 잔재는 타락 후에도 남아 있는 하나님의 은사이다. 하나님께서 주신 두 은사가 있는데 자연적 은사와 초자연적 은사이다. 전자는 부패했고, 후자는 소멸했다.

초사원직 은사는 믿음의 빛과 의를 의미하는 것으로 타락으로 상실돼 중생의 은혜로 회복될 때까지 소멸의 상태에 있다. 본성의 빛 또는 이성은 타락 후 희미하게나마 남아 있다(「돌드레히트」 3장~4장 4항①). 자연적 은사에는 영의 기능 중 이성이 있는데 이것은 전적으로 부패 돼 진리를 추구하지도 않고 할 수도 없지만 어느 정도 선과 악을 분별하고 판단한다(2권 2장 12항, 235). 하지만 하나님이 어떤 분이며 그분이 우리를 향해 어떤 분인지 전혀 알 수 없고 진리에 관해 최소한의 접근조차도 시도하지 않는다(2권 12장 18항, 240). 지성도 그렇다. 타락한 지성은 하나님, 그분의 나라, 참된 의와 미래의 복과 관련된 것과는 무관하다. 그러나 이 세상의 삶에서는 그렇지 않다. 이 지성으로 문예와 교양에 탁월한 것을 성취한다. 중생되든 그렇지 않든 또는 선택된 자든 유기된 자든 지성으로 이 세상의 삶에서 본인의 노력 여하에 따라 뛰어나거나 그렇지 못하거나 한다. 신앙에 따라 뚜렷한 차이가 나는 것은 아니다(2권 2장 13항~14항, 236~237).

⑤ 부패성을 지닌 영의 기능으로는 구원을 향하지 못하는 이유에 관한 고백이다.

칼빈 선생은 타락(2권 1장)과 원죄(2권 2장)에 관해 설명한 후 타락한 영의 기능에 관해 자세히 설명한다. 타락한 자유의지(2권 2항 1항~9항, 224~232), 타락한 지성(2권 2장 12항~17항, 234~240), 타락한 이성(2권 2장 18항~27항, 240~251)에 관한 설명이다. 타락한 인간이 자신을 절대로 갱생시킬 수 없음을 명시한다. 그 이유는 맹목적 이기심 때문이다(2권 2장 26항, 249). 또 하나님의 선하심을 향한 것, 구원과 관련된 것, 죄와 관련한 것에 무관심하고 싫어하고 바라지도 못한다(「신앙고백서」 9장 3항①, 4항③).

그래서 자신을 중생, 즉 회심을 절대 시킬 수 없다(「신앙고백서」 9장 3항②). 그 이유는 우리 안에 있는 모든 빛이 어두워져 있기 때문이다. 그 어두움이 인간이라고 고백하는 이유는 타락한 상태, 즉 죄성을 지녔다는 것을 의미한다. 빛이신 말씀이 타락한 인류에게 전해져도 알 수 없다는 것을 말한다. 이사야 선지자는 빛과 어두움을 이렇게 예언한다(사 59:9~10).

그러므로 정의가 우리에게서 멀고 공의가 우리에게 미치지 못한즉 우리가 빛을 바라나 어둠뿐이요 밝은 것을 바라나 캄캄한 가운데에 행하므로 우리가 맹인 같이 담을 더듬으며 눈 없는 자같이 두루 더듬으며 낮에도 황혼 때 같이 넘어지니 우리는 강장한 자 중에서도 죽은 자 같은지라.

진리의 빛을 원치 않고 그것 없이 어두움 속에서 걷는 것은 시각 장애자가 길을 걷는 것과 같다. 이 말씀은 타락 후 인간의 상태를 정확하게 묘사하고 있다 하겠다. 정의와 공의는 하나님께 속한 것으로 자신의 자녀를 위해 명시한다. 여기서 어두움은 하나님께 불순종하는 상태를 묘사한다.

더욱이 부패한 잔재로 파악한다고 하더라도 미신화하거나 우상화한다는 것이다. 그 이유는 자기중심, 즉 이기심을 향해 있기에 자신이 원하는 대로 신을 가공하여 섬기거나 부린다. 어떤 하나님이 존재한다고 간혹 인식하더라도 그분의 권능을 부인하므로 그분의 영광을 빼앗아 자신의 것으로 만들어 버린다(1권 4장 2항, 47). 게다가 잡신을 공경하는 것처럼 외식적 예배를 드리면서 하나님이 기뻐한다고 크게 착각하며 자신이 고안한 의식으로 스스로 만족하며 지낸다(1권 4장 3항, 48).

인간은 동물처럼 어두운 동굴 안에 있으면서 밝은 곳을 내다보며 즐기는 선천성을 지니고 있다. 물론 타락했기 때문이다. 스크린이나 TV를 보며 자신을 투영시켜 영화나 연극에 등장하는 자가 자기 자신이라고 여기며 자신이 영웅인 것처럼 착각한다. 대리만족이라고 할까? 자신은 죄를 범하면서 진리를 추구하는 것처럼 정의를 외친다. 그래야 외형으로만 판단하는 대중에게 경건하게 보이기 때문이다. 정말이지 이것은 바리새파이고 하나님의 저주 대상이다. 욥은 자신의 과거를 이렇게 회상한다. "내가 의(righteousness)를 옷으로 삼아 입었으며 나의 정의(justice)는 겉옷과 모자 같았느니라"(욥 29:12).

⑥ 부패한 **자유의지**에 관한 고백이다(2권 2장 1항~9항, 224~232).

타락한 인간은 부패한 영의 기능을 지니고 있기에 영적 선을 절대로 추구할 수도, 하지도 않는다(「신앙고백서」 9장 4항③). 이것을 해결하기 위해, 즉 갱생하기 위해선 중생이 요구된다. 인간의 의지가 갱생되지 않고선 영적 선을 바라는 것이 전적으로 불가능하다(「신앙고백서」 10장 1항③). 의지가 영적 선을 바라게 하려고 성령 하나님은 믿음을 우리 심정, 즉 의지에 심는다(「돌드레히트」 3장~4장 13항, 14항④). 믿음을 심정에 심는 이유는 마음보다 훨씬 복잡한 것이 심정이기 때문이고, 심정이 확신을 갖기 때문이다(3권 2장 36항, 477). 이런 의미에서 성령 하나님께서 올바른 믿음을 우리 심정에 밝힌다고 고백하게 되고, 그 결과 그리스도를 자신의 구세주로 영접하게 된다고 고백한다(「벨지카」 22항①).

의지라는 단어가 반복해서 고백된다(⑥⑦⑨). 의지에 관한 주제의 중요성을 파악하게 된다. 철학자들이 주장하는 의지는 과연 바르고 정직한 것인가? 또 겨우 몇 가지 남은 잔재 중 이성과 지성 외에 의지는 어떨까? 자유의지는 단순히 선택하는 능력이라 말할 수 있고, 그것은 지성과 의지로 구성돼 있다(2권 2장 4항, 228). 자유의지를 지녔다는 말은 인간이 선과 악을 자유롭게 선택한다기보다 강압적이지 않고 자발적으로 행동한다는 것을 의미한다. 타락 후 의지는 죄를 자발적으로 범하기에 노예 의지라 부른다(2권 2장 7항~8항, 230~231). 성령 하나님만이 이 노예 의지에서 우리를 자유롭게 한다. 후에 이것은 중생이라 불린다. 의지의 전환이 중생이기 때문이다(「돌드레히트」 3장~4장 16항③⑤; 「신앙고백서」 10장 1항③; 2권 3장 9항, 264~265). 그것에 관한 고백에서 자세히 다루기로 하겠다. 의지가 죄를 범할 수밖에 없는 타락 후의 상태에 있다고 하여 노예 의지라 부른다. 이 상태의 의지는 원하는 대로 행하고자 하지만 원하는 대로 이뤄지지 않으므로 노예 의지라고 말하기도 한다(2권 4장 8항, 277).

자유의지에 관한 그릇된 주장은 주로 5가지로 나뉜다. 이 주장은 주로 펠라기우스주의에서 나온 것이다.

1. 죄가 필연적이라면 죄가 될 수 없고, 자발적이라면 피할 수 있다고 하는데 자유와 자발을 혼동하고 있다.
2. 자유롭게 선택한다면, 보상과 처벌은 무의미하다고 하는데 자발적이든 그렇지 않든 죄를 범하면 벌을 받아야 하고, 보상은 행위에 따른 것이 아니고 하나님의 너그러움에 따른 것이다(2권 5장 2항, 279).
3. 의지가 선과 악을 선택하지 못한다면, 모든 것이 선하거나 악하다고 주장하는데 예성과 예시의 의미를 모르고 있다.

4. 숙명론이라면 훈계가 무슨 소용 있냐고 주장하는데 훈계의 목적은 사악한 자들에 대한 증거로서 선택된 자만 받게 된다.

5. 하나님의 명령은 우리 능력에 적합하기에 내린 것이므로 수행할 수 있다고 주장하지만 능력에 맞춘 것이 아니라 연약함으로 주어진 것이다(2권 5장 1항~6항, 278~283).

이렇게 자유의지를 주장하는 자는 하나님 측면과 인간 측면을 혼동할 뿐 아니라 그분의 존재와 사역을 인정하지도 않는다. 또 인간 중심, 즉 인간의 의만을 주장하고 그것만을 보려는 세속 철학자와 다를 바 없다. 하나님은 인식의 대상이 아니므로 결국 존재하지 않는다는 허술한 결론을 내릴 뿐만 아니라 인간의 창조물이나 가공물이라고 억지 주장한다. 인간이 하나님을 가공한 것이다. 인간이 아니라 철학자 자신이 가공한 신을 하나님이라고 속이고 있다. 이런 주장은 허무주의에서 주로 강조하는 것으로 인간성의 한계를 극복하려는 부단한 노력이라고 여겨진다. 하지만 너무나 그릇된 자세가 아닐 수 없다.

노예 의지라는 단어는 매우 부정적으로 들렸기에 역사에서 논쟁거리였다. 타락한 상태에서의 인간이 지닌 의지는 노예 의지이다. 이 의미는 억지로 죄를 범하는 죄의 종이 아니라 자발적 노예로서 죄의 족쇄에서 벗어나지 못한다는 뜻이다(2권 2장 7항, 230). 노예 의지란 타락한 상태에서 인간이 죄를 지을 수밖에 없는 상태를 말한다. 성령 하나님의 역사가 아니면 이 노예 의지, 즉 죄의 족쇄에서 벗어날 수 없다(2권 2장 8항, 231).

타락 전, 즉 창조 상태에서의 의지는 청렴했다(「돌드레히트」 3장~4장 1항 ③). 사탄의 간계로 인해 의지는 동조하여, 의도적으로 또는 제 맘대로,

즉 의지적으로 하나님의 명령에 무관심하고 불순종했다. 타락했으니 부패하고, 부패했으니 이기적이고, 이기적이니 죄를 범한다. 노예 의지라는 단어를 불편하게 생각하지 말고 은혜만으로 구원받을 수 있다는 열린 창문을 바라보게 한다고 여겨야 하고, 인간의 존재를 깨닫게 하는 것이기에 오히려 감사해야 한다(『해설자용』, 182).

⑦ 중생의 필요성을 고백한다(2권 3장 1항, 253~254).
타락한 인간은 자신을 구원할 수 없고, 부패한 지성, 이성과 의지는 죄의 문제를 해결할 수도 없다. 이따금 덕행을 하는 자들이 역사 속에 있다고 하더라도 죄성까지 없는 것은 아니다(2권 3장 4항, 255). 게다가 유한한 존재가 무한한 저주를 해결할 수 없다. 죽을 수밖에 없는 존재가 불멸의 삶을 해결할 수 없다.

창조자 하나님의 구원 없이 피조물이 누구를 구원할 수 있을까? 복음은 모든 사람에게 선포되지만 회개하는 자만 구원을 받는데 회개하는 심정도 영원에서 선택된 자에게만 일어난다. 근데 여기서 하나님의 예정과 인간의 자유의지를 나란히 배열해 놓고 봐야 한다. 유기된 자가 아무리 발버둥 쳐도 어차피 믿을 수 없지 않으냐는 주장에 불평할 필요가 없다. 누가 그 범주에 속한 자인지 모르기 때문이다. 단지 **구원의 진리를 설명할 뿐이다**. 하나님의 사역은 비밀적이므로 결과론적으로 끝내 파악될 뿐이다. 자신이 유기된 자였기에 믿을 수 없었다고 불만을 털어놓지 말아야 한다.
진리는 하나님 측면에서의 예정과 인간 측면에서의 자유의지를 동시에 당연히 설명해야 한다. 제1원인이 하나님 측면이고, 제2원인이 인간 측면이다. 전자는 우리에게 알려지지 않고, 후자만 알려져 있다. 두 측면을, 전자가 우선임을 인정하는 데도 불만을 품는다면 어느 정도 이해가 된다. 그렇지 않다면, 인간 측면의 자유의지에서 본 구원을 논하는 것이 논리적이라고 주장해선 안 된다. 불만이나 불평하는 자에게 성경은 이렇게 말한다. "이 사람아! 네가 누구이기에 감히 하나님께 반문하느냐? 지음을 받은 물건이 지은 자에게 어찌 나를 이같이 만들었느냐 말하겠느냐?"(롬 9:20). 정말 무시무시한 경고이다. 피조물이 만일 자신의 구원에 관해 관심을 둔다면 순종하면 되는 것이지 그렇게 하지도 않으면 무슨 논리를 주장하고, 관용을 주장하는지!(「돌드레히트」 1장 18항). 이것은 하나님의 주권과 관련된 것이다. 하나님의 주권을 인정하지 않으면, 언제든 인간의 주권을 주장하면서 또는 인권을 옹호한다시고 알량한 대중의 지지를 받으려 할 것이다. 이런 무신론자에 대한 하나님의 경고이다.

육신의 생각에 가득 차서 죄의 문제를 해결하지 않은 자는 하나님의 계시를 언제든 왜곡하여 그분의 지식을 미신과 우상으로 전환한다. 이것은 하나님의 사역이 부패한 인간의 일과 유사한 것처럼 착각하는 데서 비롯된다. 철학적 신념이 신앙의 탈을 써서 신앙 인양 착각하는 꼴이다. 이것은 중생 된 척하는 자의 특성이다. 하나님이 어떤 분인지에 대해 무관심하다. 믿음을 지성에만 가둬두므로 성령 하나님의 사역을 거절한다. 결국 이것은 어두움 가운데 거하고 싶어 빛을 수용하지 않는다는 것이다. 더욱이 성령의 역사까지도 수용하지 않는다. 마치 우상처럼 눈이 있어도, 귀가 있어도, 입이 있어도, 보지 못하고, 듣지 못하고, 말하지 못한다. 보아도 알지 못하고, 들어도 깨닫지 못하며, 원하지도 않고 성령 하나님의 말씀에 자신을 굴복시키지도 않는다(마 13:14~15). 복음을 들어도 자신이 위험에 처해 있는 줄도 모르고 지성에만 머물게 하고 심정에 두지 않는다(「돌드레히트」 3장~4장 9항②). 이 모든 것은 성령께서 이끌 때만 들어 알고, 보고 깨닫고, 실제로 삶으로 옮긴다. 악인의 삶에 관해 욥은 다음과 같이 평가한다(욥 21:12~15).

> 그들은 소고와 수금으로 노래하고 피리 불어 즐기며 그들의 날을 행복하게 지내다가 잠깐 사이에 스올에 내려가느니라 그러할지라도 그들은 하나님께 말하기를 우리를 떠나소서 우리가 주의 도리 알기를 바라지 아니하나이다 전능자가 누구이기에 우리가 섬기며 우리가 그에게 기도한들 무슨 소용이 있으랴 하는구나

자신의 쾌락과 이기심에서 벗어나려고 하지 않는다. 하나님을 자신의 삶에 방해꾼으로 여기니 어쩔 수 없이 영원한 죽음을 맞이할 운명이다.

⑧ 내주하는 하나님의 **기쁘신** 뜻에 관한 고백이다.

하나님께서 영원에서 선택한 자에게는 정한 시간에 따라 거듭남, 회심 또는 중생이 일어난다. 정한 때가 되면 선택된 자는 성령 하나님에 의해 말씀을 듣고 그리스도에게로 오게 된다. 이것을 흔히 외적 부르심과 내적 부르심이라 부른다. 이것은 인간 측면에서 보면 신비로운 일이다. 인간의 이해가 불가능하기에 수동적 은혜 또는 부상의 선물이라고

말한다(「신앙고백서」 10장 2항, 15장 3항①; 「돌드레히트」 1장 5항).

하나님은 자신의 **기쁘신 뜻**에 따라 행한다. 다른 말로 선한 기쁨이다. 선한 기쁨은 영원에서 우리를 선택한 이유이다(『해설자용』, 143~144; 3권 22장 7항, 733; 「돌드레히트」 1장 10항). 하나님은 영원한 작정에 따라 행하고, 선택된 자에게 무상의 은혜를 베풀어 구원을 바라게 한다. 하나님의 선하심을 향한 심정이 일어나게 한다.

⑨ 부패한 영의 기능에 관한 결론적 고백이다.

영의 대표적 기능은 마음과 심정이다. 각각 오성과 의지라고 표현할 수 있다. 의지와 오성이 하나님의 의지와 오성에 순응한다는 것은 중생을 의미하는 것으로 하나님의 의를 향한 열망, 사랑과 연구를 우리 심정에 흥분시키므로 또는 심정을 의로 바꾸고 훈련시키고 인도하므로 우리 안에 착한 일을 시작하심을 의미한다(2권 3장 6항, 259). 이것은 창세 전에 선택한 것과 동일한 선한 기쁨에서 나온다(2권 3장 8항, 262). 우리가 이에 동의하든 불응하든 하나님은 우리의 의지를 전환시킨다(2권 3장 10항, 265). 중생은 우리의 동의를 받아서 일어나는 것이 아니고 우리에게 전적으로 수동적이기에 인식하지 못하곤 한다(『개혁신앙이다』, 307).

15항: 원죄 (Of Original Sin)

(1) We believe that, ① through the disobedience of Adam, original sin is extended to all mankind;
② which is a corruption of the whole nature, and an hereditary disease, wherewith infants themselves are infected even in their mother's womb,
③ and which produceth in man all sorts of sin, being in him as a root thereof;
④ and therefore is so vile and abominable in the sight of God, that it is sufficient to condemn all mankind.

(2) ① Nor is it by any means abolished or done away by baptism;
② since sin always issues forth from this woeful source, as water from a fountain;
③ notwithstanding it is not imputed to the children of God unto condemnation, but by his

(1) 우리가 믿는 것은 ① 아담의 불순종으로 원죄가 모든 인류에게 미치게 됐다는 것이다(롬 5:12~14, 19).

② 그 원죄는 전 본성의 부패(롬 3:10)와 유전적 질병이기에 심지어 유아들도 모친의 태에서 그것에 오염되고(욥 14:4; 시 51:5; 요 3:6),

③ 뿌리처럼 인간 안에서 모든 종류의 죄를 일으킨다.

④ 그러므로 원죄는 하나님 앞에서 너무나 비열하고 혐오스러운 것이기에 모든 인류를 정죄하기에 충분하다(엡 2:3).

(2) 그런데 ① 원죄는 어떤 수단으로도 폐지되거나 세례로서도 없어지지 않는다.
② 그 이유는 물이 샘에서 흘러나오는 것처럼 죄가 항상 이 흉한 근원에서 유출하기 때문이다(롬 7:18~19).
③ 그러하긴 하지만 원죄는 하나님의 자녀들은 정죄에 이르도록 전가되지 않고 하나님의 은혜와 **자비함**

15항: 원죄 | 245

grace and mercy is forgiven them.

④ Not that they should rest securely in sin, but that a sense of this corruption should make believers often to sigh, desiring to be delivered from this body of death.

(3) Wherefore we reject the error of the Pelagians, who assert that sin proceeds only from imitation.

으로 용서를 받는다(엡 2:4~5).

④ 그렇다고 그들이 죄 가운데서 안심하고 살아도 된다는 것이 아니라 이 부패를 인식하여 신자들은 이따금 한숨을 쉬면서 몸의 죽음으로부터 구조되기를 간절히 바라야 한다(롬 7:24).

(3) 그러므로 우리는 죄가 모방으로부터만 진행되는 것이라고 주장하는 펠라기우스파의 오류를 거부한다.

기원적 죄 또는 죄의 기원인 원죄(original sin)에 관한 고백이다. 원죄라는 단어 자체가 성경에 나오지 않지만 죄를 언급하면서 단수로 사용할 때는 원죄를 의미하고, 복수로 사용할 때는 실제 범죄를 의미한다. 원죄는 라틴어를 사용한 서방교회에서 사용하고, 그리스어를 사용한 동방교회에서는 원죄를 조상의 죄라고 불렀다(『개혁신앙이다』, 285). 원죄를 정의하면, 우리 영의 모든 부분에 퍼진 우리 본성의 유전적 타락과 부패이다(2권 1장 8항, 219). 원죄는 우리 모든 본성에 퍼져서 모든 실제 죄를 일으킨다(『대교리』 25문②; 『소교리』 18문②). 원죄를 단순히 죄성(sinfulness)이라고 말하기도 한다. 인류가 원죄로 오염됐다는 것은((1)②) 실제 범죄를 행했다기보다 언제든, 어디서든, 누구든 죄를 범할 수밖에 없다는 것을 의미한다. 이런 의미에서 우리는 원죄를 노예성을 지녔다고 말하기도

한다. 원죄가 속죄로 인해 없어진다고 착각하면 안 된다((2)①). 그 지배성이 사라진 것이지 중생 된 자가 이 세상 사는 동안 늘 괴롭힐 것이다. 그것은 원죄가 항목이 아니라 성격이기 때문이다.

(1) 원죄의 일반적인 정의에 관한 고백이다.

(1)① 원죄와 관련된 대표적인 성경 구절은 이렇다. "그러므로 한 사람으로 말미암아 죄가 세상에 들어오고 죄로 말미암아 사망이 들어왔나니 이와 같이 모든 사람이 죄를 지었으므로 사망이 모든 사람에게 이르렀느니라"(롬 5:12). 이 구절에서 한 사람이 누군지 구체적으로 밝히지 않지만 아담을 말하는 것이 틀림없다. 그의 불순종으로 인해 죄가 세상에 들어왔다는 것은 원죄를 말한다. 사탄의 충동이 있었지만 그 책임은 전적으로 인간에게 있다. 인간이 자발적으로, 자유의지로, 행했기 때문이다(「벨지카」 14항②). 하지만 사탄에게 아무런 책임이 없다는 의미는 절대 아니다. 사탄 역시 심판을 받을 것이다(「신앙고백서」 33장 1항②; 「대교리」 89문②, 90문①).

원죄의 유전에 관한 질문을 가질 수 있다. 왜 한 사람의 범죄가 모든 사람의 범죄가 되는지 하는 것이다. 실제로 교회 역사에서 의문을 가지고 물의를 일으킨 이단자도 있다(③). 이 의미는 "한 사람으로 말미암아 많은 사람이 의인이 되리라"(롬 5:19)라는 진리를 반대하기 위함이다. 죄가 세상에 들어왔다는 것은 이전에 없었다는 것을 선언한다. 그 뿌리는 한 사람, 즉 아담이다. 세상 창조 전에도 하나님에 대한 반역은 천사에게 일어났지만, 아담의 죄처럼 인류에게 임하지 않았다(「벨지카」 12항④).

그러나 그의 불순종은 세상에 죄를 들여놓아 인류에게 죄성을 안겨다 줬다. 그 죄성은 영의 모든 기능을 망가뜨려 하나님과의 관계를 단절시킨 상태, 즉 타락한 상태를 말한다.

"아담으로부터 모세까지 아담의 범죄와 같은 죄를 짓지 아니한 자들까지도 **사망이 왕 노릇 하였나니**"(롬 5:14)라는 말씀에서 태어나서 죄를 범하지 않은 유아에게도 사망 아래 있다는 것은 원죄를 일컫는 표현이다. 유아가 죄를 범한 범죄자라는 것이 아니다. 왜 아담의 범죄를 한 개인의 죄로 취급하지 않고 그것이 오고 가는 모든 인류에게 끼친다고 선언할까? 간략한 답변으로 아담의 죄는 자연 출생으로 태어나는 모든 인류에게 유전된다(①②). 이런 의미에서 원죄라 부른다(2권 1장 5항, 216).

아담이 범한 죄는 **불순종**이고, 불순종은 하나님의 말씀을 경멸하는 데서 나오고(2권 1장 4항, 213~214), 불신앙은 불순종에서 나오기에 불순종은 모반의 뿌리이다. 아담은 하나님의 명령에 자발적으로 불순종했다.(「벨지카」 15항①; 「하이델베르크」 7문①, 9문②; 2권 1장 4항, 213~214). 그의 범죄는 모든 죄의 대표적 성격을 지니고 있다(『해설자용』, 169).

아담은 모든 **인류의 대표자였고**(2권 1장 6항, 217; 『해설자용』, 169; 『개혁신앙이다』, 185, 279, 283), **인류의 뿌리였고**(2권 1장 6항, 217; 「신앙고백서」 6장 3항①), **최초의 부모였고**(「하이델베르크」 7문①), **공인이었다**(「대교리」 22문). 하나님은 단순히 한 개인에게 명령한 것이 아니었다. 대표자의 범죄는 모든 후손에게 전가돼 죄성을 갖게 했다. 이것은 그리스도의 순종 또는 의를 선택된 자에게 의가 전가되는 것과 같은 진리를 전제하고 있다. 그래서 아담의 죄를 선언하면서 동시에 그리스도의 의를 선언하는 것이다.

(1)② 원죄의 유전성에 관한 고백이다.

칼빈 선생에 의하면, **원죄**는 우리 영의 모든 부분에 퍼진 우리 본성의 유전적 타락과 부패라고 정의한다(2권 1장 8항, 219). 여기서는 **전체 본성의 부패**이고, 다른 곳에서는 의의 결핍과 본성의 부패라고 한다. 거의 같은 정의를 내리고 있다. 원죄의 결과는 영적으로 선한 모든 것에 무능하고 반대로 할 뿐 아니라 전적으로 악한 것만을 추구하고 만다(「대교리」25문①). 이러다 보니 원죄는 육체적이라기보다 내적 성향, 충동과 힘이라고 여겨진다. 이런 끔찍한 결과, 즉 원죄가 일어난 원인은 하나님이 주신 생명의 계약, 즉 행위언약에 무관심하고 불순종하였기 때문이다(「벨지카」14항②③). 그 죄로 인해 탁월한 은사들을 주신 하나님과의 교제는 단절되고(「소교리」19문①) 육적 죽음과 영적 죽음을 맞이하고 말았다(「벨지카」14항③④).

원죄는 화로의 불꽃과 같다(2권 1장 8항, 220). 아우구스티누스는 현세욕(concupiscentia) 또는 무의식적 욕정(involuntary sexual arousal)이라고 한다. 그런데 로마가톨릭은 현세욕을 죄 자체가 아니라 죄의 부싯돌로서 인간이 이에 동의하지 않으면 죄를 범하지 않는다고 주장한다. 인간이 의식을 가지고 의지적으로 행동하면 죄를 범하지 않는다는 것이니 이단 사상인 펠라기우스주의를 따른다고 말할 수밖에 없다.

유아들도 원죄에 오염됐다는 의미는 그들이 아담의 범죄에 대한 책임을 진다는 것이 아니라 그 원죄의 저주 아래 부패성을 가지고 하나님의 선하심을 바라거나 행할 수 없고 어쩔 수 없이 죄만을 추구한다는 것을 의미한다. 오염됐다는 것은 죄의 지배를 받고 있다는 것을 의미한다.

성경은 죄를 범하지 않은 자에게도 사망이 왕 노릇 한다고 선언한다(롬 5:14).

우리가 자발적으로 범하는 실제 죄들은 원죄에서 나온다(롬 5:17; 「신앙고백서」 6장 6항①; 「대교리」 25문②; 「소교리」 18문②). 원죄든 실제 죄들이든 하나님의 분노를 일으킨다. 실제라는 말은 행위로 나타내는 것을 말한다. 그래서 영의 기능들이 부패하므로 행하는 것마다 이기적이고 하나님께 모반적이므로 구원과 영적 선을 추구하는데 전적으로 무관심하다. 이것은 일상에서 쉽게 접할 수 있고, 우리 자신 역시 이런 실제 죄들을 범하고 있다. 이런 가운데 우리가 인간성을 회복하려는 시도는 어불성설일 뿐이다. 하지만 하나님 편에서는 가능하다. 그분의 구속 사역으로 부패성의 지배권이 사라지고 만다. 원죄로 오염됐으니 죄의 지배를 받고 있다는 것을 의미한다. 성경은 이렇게 선언한다(롬 5:6~8).

> 우리가 알거니와 우리의 옛사람이 예수와 함께 십자가에 못 박힌 것은 죄의 몸이 죽어 다시는 우리가 죄에게 종노릇 하지 아니하려 함이니 이는 죽은 자가 죄에서 벗어나 의롭다 하심을 얻었음이라. 만일 우리가 그리스도와 함께 죽었으면 또한 그와 함께 살 줄을 믿노니

여기서 "죄의 몸", "종노릇", "죄에서"와 같은 표현은 원죄를 의미한다. 이런 원죄의 지배는 그리스도의 십자가 공로로 인해 완벽하게 파괴됐다.

원죄는 후손에게 전해지는 유전적 질병으로 일반 출생법으로 태어나는 인류에게 유전된다(「돌드레히트」 3장~4장 2항; 「신앙고백서」 6장 3항②). 부패

성은 유전이고 죄의 범죄는 후손에게 전가된다. 아담의 범죄가 유전된다는 것은 그가 모든 인류의 최초의 부모이고(「하이델베르크」 7문①) 뿌리(2권 1장 6항, 217)이기 때문이다.

근데 여기서 우리의 중요한 신앙고백을 떠올려야 한다. 그리스도가 **마리아의 몸에서 태어났는데 원죄는 어떻게 될까?** 이 점에 관해 우리의 신앙고백은 맑은 수정처럼 밝힌다. 그분의 출생은 성령으로 잉태됐기에 일반 출생법과 무관하다. 우리는 이것을 동정녀 탄생이라고 고백한다(「벨지카」 18항②①②, (3)⑦; 「하이델베르크」 35문②; 「신앙고백서」 8장 2항①②). 신앙고백이 이러하기에 그분이 원죄와 무관하다는 것이 아니라 그분이 하나님이시기도 하고 죄와 무관하기에 동정녀 탄생이라는 고백으로 그 진리를 밝히는 것이다. 물론 **마리아의 육체적 본질을 가지고 태어났지만 죄와는 무관하다**(「대교리」 37문). 인성 면에서 그녀의 본질을 따른 것이지 신성 면에서는 그렇지 않다.

이 고백은 더 중요한 논쟁을 떠올리게 한다. 바로 로마가톨릭은 마리아론(Mariology), 즉 마리아를 성모라고 여기고 그녀의 무류성에만 그치지 않고 지나쳐서 그녀가 평생 동정녀로 지냈다거나 죽지 않고 승천했다고까지 억지 주장한다. 그리스도의 원죄를 반박하기 위해 동정녀를 이렇게까지 높이면서 그녀를 하나님의 모친이라고 하며 신성 모독죄를 서슴지 않게 범한다. 정말 너무하다고 생각하지 않는가?

또 다른 측면에서 원죄에 대한 그릇된 주장을 쏟아내는 아르미니우스주의를 소개한다. 아르미니우스파는 은혜 언약에 들이기면 원죄외 정죄는 사라지고 그 범죄, 즉 실제 죄들로부터 자유롭게 된다고 주장한다 (「돌드레히트」 2장 오류5). 하지만 실제 죄들을 일으키는 원죄(「대교리」 25문②; 「소교리」 18문②)는 어떤 수단으로도 세례로도 없어지지 않는다(「벨지카」 15항②①). 이들은 죄들의 용서 의미가 무엇인지 모르는 무지한 자들이다. 용서는 덮인다는 것이지 없어지거나 사라진다는 의미가 아니다. 칭의의 개념을 제대로 인지하고 있다면 로마가톨릭이나 아르미니우스파의 괴물적 주장이 얼마나 비성경적인지 알 것이다. 이들의 이단성은 여기서 끝나지 않고 원죄 자체가 전 인류를 정죄하지도 않았고 일시적이든 영원하든 어떤 처벌도 받지 않았다고 억지 주장한다(「돌드레히트」 3장~4장 오류1).

(1)③ 원죄는 **모든 죄의 근원**에 관한 고백이다.

원죄는 온갖 실제 죄들을 일으키는 **뿌리**와 같다. 구약성경에서 일부 선지자들이 조상의 죄들에 관해 깊게 회개하는 경우를 본다. 일차적 의미는 문자적으로 **조상의 죄들**로 인해 바벨론 유수를 하게 됐다고 하지만 이차적 의미는 의미상으로 우리에게 적용하는 원죄를 의미한다. 우리는 실제로 바벨론 유수(Babylonian Captivity)를 경험하지 못했다. 하지만 타락 전의 상태에서 사탄의 지배 아래서 유수, 즉 감금 상태에 있다고 말할 수 있다. 그런 상태에 대해 그들은 회개하면서 죄의 지배를 조상처럼 받고 있고 같은 죄를 범하고 있다고 고백한다. 조상들의 죄성, 즉 원죄를 고백한다. 동방교회에서는 서방교회의 원죄란 단어 대신 **조상의 죄**라고 말한다. 그 대표적 선지자는 느헤미야이다(느 9장).

원죄가 모든 죄의 **뿌리**라는 의미는 아우구스티누스가 말한 현세욕과 같다. 여기서 온갖 실제 죄들이 일어난다(「소교리」 18문②). 죄들의 용서는 원죄든, 실제 죄든 모두 포함돼 있지만 우리는 하나님의 정의에 대한 채무자이다(「대교리」 194문⑴①). 속죄함, 즉 용서받는다는 것은 원죄와 실제 죄가 함께 덮인다는 것을 의미한다(「돌드레히트」 2장 8항④).

⑴④ 원죄의 **심각성**에 관한 고백이다.

원죄를 단순히 아담이 범한 죄라는 항목에만 제한하면 이 의미를 제대로 파악하기 어렵다. 그가 범한 죄는 한 개인이라는 처지가 아니라 **인류의 대표자**로서 또는 인간이 행할 수 있는 **대표적 행위**를 말한다. 누구나 그의 위치에 있으면 당연히 죄를 범할 그런 성향이 있음을 의미한다. 타락 전의 상태에서 불순종하는 성향이 타락 후의 상태에서는 전적으로 부패성이 됐다는 의미에서 원죄의 영향 아래 있다는 것이다.

교회 역사에서 이단들은 이 관점을 무시하고 아담이란 개인의 범죄 행위에만 치중하여 원죄의 오염이나 유전을 공격했다. 이것은 인간의 어리석음을 여실히 드러내는 것이다. 인간은 다른 이의 실수를 바라보면서 자신이 행하면 절대 실수하지 않을 것이라고 착각한다. 실례로서 부모에게 불만을 가진 자가 자기 자녀는 그 부모의 악영향을 받지 않도록 키울 것이라고 애쓰지만 자신이 부모의 영향을 받은 것처럼 자신의 자녀도 끝내 자신에게서 악영향을 받는 경우를 종종 본다. 이것이 죄성 중 하나라고 보면 좋다.

아무튼, 역사의 교훈이라 하더라도 나는 그렇지 않다며 만용을 부리는 것이 대부분 인간의 성향이다. 조심하라고 아무리 권해도 잔소리로 여기거나 귀찮아하는 것을 쉽게 발견한다. 자신만만하게 대꾸하시만 그 자신 역시 실수하거나 실족하기 쉽다. 이런 경우 돌이킬 수 없는 결과를 직면한 후 후회하며 회오의 시절을 보낸다. 다시 말하지만 아담의 범죄는 타락한 상태의 인간성을 말하고, 우리 역시 지니고 있다는 것이다. 중생 된 후에는 이런 부패성이 사라질 것이라며 낙관하지만 그렇지 않다((2)①).

또 **아담의 범죄로 인해** 하나님께서 분노하시고 전 인류에게 **저주를 내린다**는 단순한 생각에서 벗어나야 한다. 타락 전 상태의 아담이 하나님의 명령에 불순종한다면 모든 인류 역시 그럴 것으로 추정할 수 있다. 인간은 창조될 때 **타락할 수 있는 상태**였다(「대교리」 17문③⑤). 이런 상태로 창조되지 않았다면 자유의지도 없는 로봇에 불과할 것이다. 인간은 자신의 의지를 하나님의 의지에 순종한다는 조건으로 영생이 보장된 것이다. 그런데 이런 방법이나 명령을 무시하고 하나님처럼 될 수 있다는 사탄의 계략에 의지적으로 동조하고 행동으로 옮겼다(「벨지카」 14항 ②). 이런 성향은 타락 전과 마찬가지로 타락 후에도 인류에게 이어졌다.

(2) 원죄의 **성격**에 관한 고백이다.

(2)① 상식적으로 예수님의 보혈로 죄 용서받으면, 원죄도 없어지고 사라질 것으로 생각하기 쉽다. 그러나 우리의 신앙고백은 성도가 견인하면서 주님 부르실 때까지 죄 죽이기를 수행해야 함을 전제하고 있다. **어떤 수단으로도**, **세례로서도** 사라지지 않는다. 그렇다면, 상식적인 죄 용서의 개념을 수정해야 한다. 죄들의 사면 또는 용서의 정확한 의미는 "허물의 사함을 받고 자신의 죄가 가려진 자는 복이 있도다"(시 32:1)에서 찾을 수 있다. 죄 용서의 의미는 **가려진 것**(covered)이라고 말씀한다.

죄 용서는 의의 전가와 같은 의미임을 사도 바울은 시편의 말씀을 인용하면서 밝히고 있다(롬 4:6~7). 죄 용서는 무상으로 이뤄진 것이고, 이때 칭의가, 그리스도의 의가 무상으로 우리에게 전가되어 하나님과 화해를 이룬다(3권 11장 4항, 579~580; 3권 14장 13항, 618;『해설자용』, 484;『개혁신앙이다』, 353). 이 선언에 따라 우리는 죄들이 하나님 앞에서 덮인다고 고백한다(「하이델베르크」36문②).

하나 추가하고 싶은 것은 사면과 용서라는 단어 사용에 관한 것이다. 사면(remission)은 선언적 측면이고, 용서(forgiveness)는 진노나 두려움의 면제, 빚을 면제하거나 혐의를 기각한다는 측면이다. 달리 표현하면, 전자는 하나님 측면, 후자는 인간 측면에 가깝다. 우리가 전자를 사용할 때 하나님 측면에서 죄의 용서를 의미하려고 하고, 후자를 사용할 때 우리 측면에서 죄의 사면을 보려고 한다. 의미에 차이는 없지만 보는 관점의 차이가 있다고 하겠다.

죄를 덮는 용서는 칭의와 함께 어떤 처벌도 받지 않는다는 것이다(3권 2장 29항, 527). 죄 용서는 전적으로, 영원히, 불변하고, 무상이다. 인간의 어떤 공로나 덕행에 절대 근거하지 않는다(「신앙고백서」15장 3항②). 그뿐만 아니라 우리의 **회개라는 행위로** 죄들이 용서받는다는 착각도 하지 말아야 하고, 왜곡도 하지 말아야 한다. 그러나 동시에 회개 없는 죄 용서도, 구원도 없다(「하이델베르크」87문). 죄들의 용서 근거도 아닌 회개를 해야 하는 이유는 회개가 **우리의 의무이고,**(「신앙고백서」15장 5항) 그분의 자비함을 깨닫고 신뢰하기 때문이다(「신앙고백서」15장 6항①; 「대교리」76

문②;「소교리」 87문). 회개는 타락한 아담과 하와가 죄들의 용서를 받기 위해 나름대로 자신을 무화과나무 잎으로 가렸다는 것에서 그 기원을 찾을 수 있다.

죄들이 용서받았다고 하지만 죄성이 없어진 것은 아니다. 부패성이 그리스도의 의로 가려졌거나 덮인 것이기 때문이다. 다른 말로 거룩함을 받았을 뿐이다. 평생 그 죄와의 전투 또는 영적 전투가 있다. 이것을 견인이라고 부르고, 회개의 양면 중 하나인 죄 죽이기를 의미한다.

세례라도 원죄를 없애지 못한다는 의미는 세례가 신앙생활을 의미하는 성찬과는 달리 **단번에 이뤄진 중생과 같기 때문이다**(「대교리」 165문①, 177문①). 죄들의 용서가 이뤄졌지만 죄들과의 싸움, 즉 죄의 잔재들과 싸워야 함을 의미한다. 중생 됐어도 그 영적 전투가 사라지지 않음을 의미한다. 하나님의 사역이 단번이라는 것이지 우리의 견인, 즉 영적 전투는 이 세상 사는 동안 지속해야 한다. 세례도 원죄를 없애지 못한다는 것은 그 성향이나 영향력이 사라진 것이 아니라 한동안이지만 성도가 치명적인 죄까지도 범하게 한다. 그렇지만 진지한 회개의 길로 돌아서서 하나님 아버지의 빛을 탕자처럼 볼 것이다(「돌드레히트」 5장 5항).

(2)② 원죄가 실제 죄들을 일으키는 것에 관한 고백이다.

원죄는 현세욕과 같은 성격을 갖고 있기에 죄를 범하는 성향, 즉 죄성이다. 그리스도의 보혈로, 의로, 십자가상의 죽으심으로 덮여 그 세력이나 지배는 없어졌다(「하이델베르크」 43문②;「신앙고백서」 13장 1항②). 다른 말로 죄의 잔재들이 남아 있다고 한다(롬 7:17~20). 그것들이 우리를 괴롭히고 온갖 실제 죄들을 범하게 하므로 우리는 평생 영적 전투를 수행해야 한다. 조금이라도 방심하면 미끄러진다. 마귀는 최초의 부모를 유혹하던 간교한 전략을 세워 쉴 새 없이 우리를 공격한다. 물론 성공하지 못하지만 괴롭힐 수 있다. 이런 자세를 가지고 1,000년 동안이라도 변함없이 버텨야 한다. 쉽게 끝날 것이라고 방심하지 말아야 한다. 이 세상에 사는 동안 원죄는 끊임없이 실제 죄를 범하게 한다(「신앙고백서」 6장 4항; 「대교리」 25문②; 「소교리」 18문②).

로마가톨릭은 세례로 인해 원죄로부터 또 후손에게 보급된 부패가 없어지게 된다고 한다(4권 15장 10항, 1002). 그들은 이것을 **세례적 중생**(baptismal regeneration)이라 부른다. 세례 의식을 중요시하여 중생과 같다고 여겨선 안 된다. **세례의 참된 뜻**을 제대로 고백한다면 죄가 없어진다거나 사라졌다고 감히 말하지 못할 것이다. 그 뜻은 그리스도의 보혈로 인해 죄가 씻기고(4권 15장 1항, 996), 그분의 죽으심에 참여하듯 육체의 난행고행을 통해 갱생된 삶을 살고, 그분과의 교제에 들어가는 것이다(4권 15장 5항, 999). 무슨 힘이 있어 죄를 말갛게 씻기는 데만 주력하여 인간의 어떤 견인을 인정하지 않는 것은 거짓 교리이다. 더욱이 세례로 인해 그때까지의 모든 죄가 지워진다는 주장은 억지일 뿐이고, 그 후에 범하는 죄들을 고해성사나 종부성사를 통해 지워진다는 주장 역시 억지이다.

(2)③ 성도의 견인과 섭리의 신앙에 관한 고백이다.

원죄의 지배는 없어지더라도 사탄은 남아있는 부패성을 이용해 성도가 붙든 확실한 소망을 방해하여 불안한 신앙생활을 하도록 교묘하게 전략을 꾸며 공격한다. 그리스도가 전가한 의가 부족하거나 구속 사역의 은혜가 제한적이라는 것이다. 절대 아니다. 그분의 죽으심과 대속 제물의 가치는 온 세상의 죄들에 대해 속죄하고도 **남는다**(「돌드레히트」 2장 3항). 그분은 영원한 중보자이므로 영원한 하나님이신 동시에 인간으로서 유일한 구세주이다(「돌드레히트」 2장 4항①).

그 지배는 없어졌지만, 그 잔재로 인해 성도는 이 세상에서 **영적 전투**를 치러야 한다(3권 3장 11항, 495; 「돌드레히트」 5장 3항①; 「신앙고백서」 13장 2항②③; 「대교리」 78문①). 하지만 성령의 권능으로 하나님은 우리를 보존하고 정복당하지 않게 보호한다(「돌드레히트」 5장 3항②). 하나님은 불변한 사랑으로 자녀를 보호한다. 암탉이 새끼를 보호하듯이, 눈동자처럼 젖 먹는 어린아이를 지켜보는 어머니와 같이, 우리의 출입을 영원히 살핀다(마 23:37; 사 49:15; 시 121:8). 이런 면에서 예수님은 「주기도문」 중 6번째 청원에서 이것을 위한 기도를 하게 하셨다(「하이델베르크」 127문②). 승리를 위한 전투도 아니고 승리를 바라는 것도 아니다. 승리한 전투이다. 이것을 **성도의 견인**이라 부른다. 영적 전투를 두려워해야 할 이유가 없다.

아무리 죄의 지배로부터 자유 했다 하더라도 남아있는 육체의 연약함은 우리를 힘들게 한다. 우리는 이것으로 인해 매일의 죄들을 범한다. 그러나 영적 전투를 하면서 자신이 얼마나 허약한지, 얼마나 쉽게 넘어지고 유혹에 빠지는 비참한 존재인지 매일 파악하므로 겸손을 유지할 수 있다. 괜찮을 것이라고 방심하는 순간 미끄러진다. 마치 **살얼음** 위를 조심스럽게 걷는 것과 같다 하겠다.

어떤 경우에는 하나님의 사랑마저 상실한 채로 **한동안** 살아가기도 한다(「돌드레히트」 5장 5항). 하나님의 은혜로 인해 양자가 됐지만 그 자격에 합당한 삶을 살지 못하는 자신을 정말 안타깝게 여긴다. 이런 정체성을 날마다 겪지 않거나 인식하지 않거나 실체화되지 않으면 언제든 교만하여 넘어지고 만다. 이 세상에 살면서 육체적 안정감을 느끼면 언제든, 어디서든 넘어지고 구원의 확신이 희미해지고 사탄의 공격 대상이 된다. 하나님의 전적인 보호 속에 살아간다는 것과 선을 향해 행하시는 부성애를 항상 명심하며 사는 것이 중요하다.

우리는 육신의 연약함으로 인해 죄를 짓지만 하나님은 정죄에 이르는 죄를 짓지 않도록 붙들어 주신다. 오히려 그런 과정에서 범한 죄들을 **은혜와 자비함**으로 용서하신다. 중생의 경험을 갖지 못해 이교도나 이방인처럼 행동하기도 한다. 성경적 서술을 빌리면, 본질상 진노의 자녀였다(엡 2:3). 하나님의 자녀였으나 깨닫지 못하며 살았기에 타락 후의 상태에서 벗어나지 못한 자였다. 그런데 (이미 선택된 자이기에) 이런 자를 긍휼히 여겨 깨닫게 하셨으니 놀라운 은혜가 아니면 무엇일까? 타락 후만 아니라 중생 된 후에도 깨닫지 못하여 유기된 자와 다를 바 없이 살아가는데도 간과하신다(롬 3:25). 다른 말로 용서하신다. 하나님은 대속 제물 되신 그리스도의 의로 인해 참으시며 탕자를 맞이하는 부성애를 베푼다. 여기서 용서받는다는 고백은 죄들이 즉시 제거됐다는 뜻이 아니라 하나님과의 화해된 칭의를 의미한다. 칭의는 죄들의 용서, 화해, 의의 전가 등의 요소로 구성돼 있다(『해설자용』, 478; 『개혁신앙이다』, 339).

은혜와 자비함으로 용서를 받는다는 의미는 영원에서 선택된 자녀를 향해 베푸는 하나님의 자비함, 곧 은혜를 의미한다. 죄 용서의 근거는 하나님의 자비함이기에(2권 8장 59항, 353) 영원과 관련을 맺고 있다. 이것은 용서의 근거가 인간에게 도저히 있을 수 없다는 것을 전제하는 것이다. 그래서 하나님의 선하심에 있다고 우리가 고백하는 것이다. 이 밀은 죄를 범하니 부랴부랴 하나님께서 대속의 계획을 세운 것이 아니라 영원에서 이뤄진 것이다. 회개로 죄들의 용서가 이뤄지지 않는다는 것도 이 때문이다. 우리의 몇몇 선행, 자선, 행위로 죄들이 용서된다는 망상은 금물이다. 전적으로 하나님의 은혜가 아니면 용서란 절대로 불가능하다.

(2)④ 선택된 자가 겪는 **중생의 경험**에 관한 고백이다.

중생은 비밀적이지만 그것을 경험하는 것은 선택된 자의 생애에서 반드시 일어난다. 그가 중생의 순간을 포착하여 인지하는 것은 불가능하다. 성령의 비밀적 사역이기에 당사자가 인식하거나 깨닫는 것은 불가능하다. 불가사의한 방식으로 성령께서 사역하므로 창조 사역과 부활과 다를 바 없다(「돌드레히트」 5장 12항⑤). 중생의 시기는 그렇게 중요하지 않다. **중생의 저자가 성령 하나님**(1권 13장 14항, 123; 2권 3장 10항, 266; 「돌드레히트」 3장~4장 3항, 11항②, 12항⑤; 「하이델베르크」 74문②; 「소교리」 29문)이라는 의미는 중생의 시기에 관심을 가질 필요가 없으며 인간의 사역과 무관하다는 것을 의미한다. 만일 누군가 중생을 인식한다면 이미 중생 된 것이지 인식하거나 느끼는 순간 중생 된 것이 아니다. 중생을 인식한다는 것과 중생이 이뤄진 시점은 다르다는 것이다. 성령의 사역이라는 사실로 만족해야지 그 시점에 호기심을 갖는다면 미로에 빠지고 말 것이다. 당사자는 하나님의 사역이 자신에게 드러났음을 인식할 뿐이다.

중생, 즉 부르심에 관한 고백에서 자세한 것을 알아보도록 한다. 「벨지카」에서는 중생에 관해 자세한 고백을 하지 않는다. 중생의 순간을 고백하지 않고 그 현상에 관해 고백한다. 중생은 복음의 부르심으로 드러난다.

일반적으로 외적 부르심이 먼저 있는데 메신저를 통해 복음을 듣게 한다. 이 복음을 통해 자신이 위험에 처한 것을 깨닫는다(「돌드레히트」 3장~4장 9항②). 이 위험은 성령 하나님께서 말씀 선포를 통해 마음을 조명하므로 깨달아진다. 다른 말로는 자신의 죄와 비참함을 깨닫게 한다는 것이다(「신앙고백서」 15장 2항①; 「소교리」 31문①). 위험, 죄와 비참함을 깨달았다면 그 구원책을 위해 하나님의 자비함으로 향한다.

이런 방향 전환은 반드시 회개를 수단으로 나타난다. 회개를 통해 하나님의 자비함을 깨닫기 때문이다(「신앙고백서」 15장 6항①; 「대교리」 76문②; 「소교리」 87문). 회개가 없으면 죄들의 용서도, 하나님의 자비함도 깨닫지 못한다. 그러나 **회개가 용서의 근거는 아니다**. 정말 그렇다! 죄에 대해 진실하게 깨달을 때 죄들의 위험, 그 더러움과 가증함을 인식하게 되고 하나님의 자비함을 이해하게 된다(「대교리」 76문②). 이런 의미로 육체의 죽음으로부터 구조되기를 간절히 바란다고 고백한다. 이것은 곧 하나님의 자비함을 바란다는 것을 의미한다. 그분의 자비함에 관해서는 후에 자세히 고백한다(「벨지카」 20항②).

(3) 이단 사상인 펠라기우스주의를 거부하는 고백이다.

원죄를 부정하고 자유의지를 강조하는 펠라기우스파는 신성모독의 죄를 범하고 있다(2권 1장 6항, 217). 아담 안에서 우리는 모두 본질상 진노의 자녀이고 **육체의 욕심**을 따른다(엡 2:3). 육체의 욕심이란 아우구스티누스가 말하는 현세욕(concupiscence), 즉 원죄를 의미하고, 본실상이란 본성적(natural)이란 뜻이다. 본성이란 타락 전의 상태가 아니라 타락 후의 상태에서 태어난 또는 선천적 성품을 말한다. 본질상 진노의 자녀는 아담의 원죄를 따라 태어난 모든 후손을 지칭하는 표현이다. 이 표현은 은혜로(by grace, 2:5)와 은혜에 의하여(by grace, 2:8)와 대조를 이룬다. 유대인이든 이방인이든 모든 자는 본래 죄인이었다(갈 2:15). 진노의 자녀였으니 영원한 죽음을 맞이할 수밖에 없는 자였다.

그런데 펠라기우스파는 아담의 죄가 모든 인류에게 퍼졌다는 유전(descent)을 부인하고 모방(imitation)이라고 주장한다(「돌드레히트」 3장~4장 2항②). 이런 억지 주장은 모든 자가 원죄의 범죄로부터 자유하고 심지어 그 죄로 정죄 받지 말아야 한다는 아르미니우스파와 같은 견해이다(「돌드레히트」 3장~4장 오류5). 이런 신성모독을 범하는 자들에 대해 하나님은 이렇게 경고한다. "내가 너를 순전한 참 종자 곧 귀한 포도나무로 심었거늘 내게 대하여 이방 포도나무의 악한 가지가 됨은 어찌 됨이냐 내가 너를 순전한 참 종자 곧 귀한 포도나무로 심었거늘 내게 대하여 이방 포도나무의 악한 가지가 됨은 어찌 됨이냐"(렘 2:21).

16항: 영원한 선택(Of Eternal Election)

① We believe that all the posterity of Adam being thus fallen into perdition and ruin, by the sin of our first parents, God then did manifest himself such as he is; that is to say, merciful and just:

② Merciful, since he delivers and preserves from this perdition all, whom he, in his eternal and unchangeable counsel of mere goodness, hath elected in Christ Jesus our Lord, without any respect to their works:

③ Just, in leaving others in the fall and perdition wherein they have involved themselves.

① 우리가 믿는 것은 아담의 모든 후손이 최초의 부모(자신의) 죄로 인해 멸망과 파멸에 빠졌지만(롬 3:12) 하나님께서 자신, 즉 자신의 자비함과 정의를 명시하셨다는 것이다.

② 자비함이란 순전히 선하신 자신의 영원불변한 방침으로(요 6:37, 44, 10:29, 17:2, 9, 12, 18:9) 또 행위와는 무관하게(말 1:2~3; 롬 9:11~13; 딤후 1:9; 딛 3:4~5) 그리스도 예수님 우리 주님 안에서 (요 15:16, 19; 롬 8:29; 엡 1:4~5) [영원에서] 선택한(삼상 12:22; 시 65:4; 행 13:48; 롬 9:16, 11:5; 딛 1:1) 모두를 하나님께서 이 멸망으로부터 구조하여 보존한다는 것이다.

③ 정의란 타락과 멸망 가운데 있는 다른 자(유기된 자)를 내버려 두신다는 것이다(롬 9:19~22; 벧전 2:8).

제12항부터 제15항까지는 하나님의 영원한 작정이 시간 속에 펼쳐지는 과정을 고백하고 있다. 그 작정은 창조와 섭리로 시간 속에 드러난다(「대교리」 14문; 「소교리」 8문). 시간 속이란 창조를 의미한다. 창조(12항)에서 천사 창조와 그 타락(마귀 또는 사탄)에 관해 고백하고, 섭리(13항)에서 인

간 창조와 그 타락에 관해 고백한다. 그리고 타락의 상태에서 인간은 노예 의지를 가졌기에 자발적으로 죄의 종이 돼 자연스럽게 죄만을 범한다. 노예 의지라는 단어가 거슬린다면, 아우구스티누스가 노예 의지라는 단어를 사용했는데 타락으로 인해 악만을 선택하고 실행한다는 의미였다. 억지로 죄의 종이 된 것이 아니라 자발적으로 죄의 족쇄에 자신의 의지를 묶었다는 의미이다(2권 2장 7항, 230). 또 인간 스스로 선을 추구하지 못하지만 전적으로 하나님의 은혜로 가능하다는 의미이다(2권 2장 8항, 231; 『해설자용』, 182). 이러한 비참함 가운데 하나님의 영원한 작정 중 섭리는 어떠한 구조책으로 진행될까? 제16항은 이 구조책의 서론이고 제20항에서 완전히 드러난다.

제16항은 하나님의 영원한 작정 중 선택의 주제인 구원의 계획에 관한 고백이다. 이것은 '웨스트민스터 기준서'에서 고백하는 은혜 언약의 서론이라 말할 수 있다. 타락에 관한 고백에 이어 하나님의 언약을 고백하고(『신앙고백서』 6장, 7장), 원죄에 관한 고백에 이어 은혜 언약을 고백한다(『대교리』 22문~29항, 30문~35문; 「소교리」 14문~19문, 20문). 그리고 그 언약의 성취를 중보자이신 하나님 아들이 수행한다는 고백이 이어진다. 그런 후 그분이 어떤 분이고 어떤 사역을 수행했는지 고백한다. 일반적으로 신앙고백은 이 순서를 따르고, 이것은 칼빈 선생의 『기독교강요』의 순서를 따른다.

제16항의 고백은 제20항에 이르러 보완된다. 이것은 제12항 창조와 제13항(섭리)에 관한 고백이 제14항(타락)에서 보완되는 것과 같다. 보완되는 것이니 한 주제로 서로 관련을 지으며 살펴야 한다. 이렇게 제16항과 제20항 사이에(17항~19항) 타락한 인류를 위한 하나님의 영원한 작

정 또는 **구조책은 중보자**였음을 고백한다. 여기서 우리가 주목해야 할 사항은 그 구조책은 영원에 있는 것으로 타락 후 시간 속으로 드러났다는 것이다. 제16항은 영원에서, 제17항부터 제20항까지는 시간에서 일어난 구조책이라 여겨진다. 그래서 제16항의 고백을 기억하면서 제20항까지 이르러야 한다.

① 영원에서 선택된 자에게 명시하는 하나님의 자비함에 관한 고백이다.

유일무이한 하나님(「벨지카」 1항), 삼위일체 하나님(「벨지카」 8항~11항), 창조와 섭리(「벨지카」 12항, 13항)에 관한 고백은 경이로운 분에 관한 것이므로 인간 측면에서 절대 상상할 수 없는 것이다. 성경적 설명을 통해 짐작할 뿐이지 육감으로 느끼거나 이성으로 인식하지 못한다. 그래도 조금 느낄 수 있는 것은 세 위격의 하나님의 활동 또는 사역을 통해서이다. 자칫하여 사역이 곧 삼위일체 하나님에 관한 고백 전부라고 섣불리 결론 내리는 위험에 빠지지 말아야 한다. 실제로 양태론과 양자론은 이런 위험성에 빠지고 있다. 한쪽으로 치우친 설명, 즉 인간 측면에서만 본 진리를 설명하면 이런 이단 사상이 이미 시작했음을 암시하고 있다. 세 위격의 사역은 신격의 구별을 알리고 인식하기 위한 것이므로 그것으로 그분을 구분 짓거나 정의 내리지 말아야 한다.

하나님의 영원한 작정이 있고, 인간의 자유의지가 있는 가운데 최초의 부모는 그분의 명령에 불순종하므로 언제든 그분께 접근할 수 있는 거룩한 관계를 단절시켰다. 그러는 동안 아버지 되신 하나님은 무엇을 하셨는지 궁금하지만 우리는 알 길이 전혀 없다. 게다가 알 이유도 없다. 인간의 궁금증을 풀려는 얄팍한 호기심은 위험하다.

우리가 확실히 아는 것은 하나님께서 다시금 자신의 활동을 명시하므로 자신에 관한 신뢰심을 우리로 잊지 않게 한다는 것이다. 하나님은 자신에 관한 일반 계시(자연과 양심)에서 일어난 왜곡과 불완전을 온전히 해결하기 위해 다른 방식으로 자신을 명시하셨다. 여기서 유의해야 하는 것은 구별된 세 위격의 하나님에 관해 아주 조금이나마 인식한다고 하더라도 여전히 영원하시고 영적 존재이시므로 우리 식의 상상이나 이해는 절대 불가능하다는 것이다. 하나님이 자신을 명시하는 온전한 사역 중 하나는 타락한 인류를 위한 제2위격이신 하나님 아들의 사역이다. 그 시작을 알리기 위해 자신의 자비함과 정의를 명시하셨다.

하나님의 자비함과 정의는 각각 선택된 자(②)와 유기된 자(③)를 향한다(「벨지카」 20항②; 3권 14장 6항, 612; 「돌드레히트」 1장 6항②③; 「하이델베르크」 11문①②). 그렇다고 선택된 자에게는 정의가 내려지지 않는다는 것이 아니다. 정의는 이 세상에서와 최후의 심판에서 모든 자에게 내려진다. 정의는 하나님의 무한한 위엄에 대해 범한 죄의 처벌을 요구한다(「돌드레히트」 2장 1항; 「하이델베르크」 11문②). 어떤 인간이든 하나님의 정의를 만족시킬 수 없다. 선택된 자가 유기된 자와 더불어 섞여 살고 있으므로 모든 인류에게 내려진다고 일반적으로 말한다. 동시에 자비함이 명시되는데 궁극적으로 선택된 자에게 내려진다.

반드시 누군가 하나님의 정의(justice)를 만족시켜야 하는데 타락한 상태에 있고 시간에 사는 인간으로선 영원한 처벌을 절대로 만족시킬 수 있다. 그 처벌이 중보자에게 내려진다(「돌드레히트」 2장 2항; 「하이델베르크」 12문). 그 중보자는 인간이 받아야 하는 처벌을 통해 정의를 만족시킨다. 일반적으로 의(righteousness)를 얻어 믿는 자를 의롭다 여기게 했거나 의를 전가했다고 말한다. 의롭다 여겨진 것을 칭의(justification)라 말한다. 흥미 있는 것은 정의(justice)를 만족시켜 의(righteousness)를 얻었고 그 의를 우리에게 전가하므로 칭의(justification)가 됐다는 영어 표현이다. 정의, 의와 칭의의 순서가 흥미롭다. 좀 더 깊은 해설을 제23항에서 하겠지만 정의가 제16항은 유기된 자에게, 제20항은 중보자에게 내려진다고 일단 정리하면 좋겠다.

결국 하나님은 온 인류의 구원과 멸망을 위한 것을 두 가지로 명시한다. 이것을 통해 우리는 하나님의 어떠함을 빙산의 일각만큼 조금 느낄 수 있다. 하나님께서 인류를 향해 자신의 사역을 드러내시는 만큼 우리는 그분에 대한 지식을 갖게 된다. 이 두 가지 명시는 하나님의 영원한 작정 중 선택된 자를 위한 도구로써 천사를 선정했고, 유기된 자를 위한 도구로써 마귀를 선정했다는 것이다. 이런 모든 사역의 작정이 타락 후에 부랴부랴 세워진 것이 결코 아니다. 영원에서라는 관점을 간과하면 진리를 왜곡하는 시작점에 서고 만다. 아무튼 하나님의 영원한 작정 중 인류 구원을 위한 사역이 드러나는데 우리는 이것을 그분의 자비함과 정의의 명시라고 고백한다.

여기서 주목해야 할 매우 중요한 것은 **정의와 자비함은 구원과만 관련을 맺는 것이 아니라 그 완성인 심판과도 관련을 맺고 있다는 것이다.** 하나님이 심판 날을 정하신 목적 두 가지가 있다(「신앙고백서」 33장 2항(1)①②).

1. 선택된 자에게 영원한 구원을 베풀고 자신의 자비함의 영광을 명시하고,
2. 유기된 자에게 저주를 베풀고 자신의 영광스러운 정의를 명시하기 위함

이다.

그러면 자비함과 정의에 관한 고백을 하나씩 살펴본다.

② 하나님의 자비함에 관한 고백이다.

하나님의 **자비함은 영원한 선택과 관련을 맺는다**. 그분의 자비함은 세 위격의 속성 중 하나로서 영원성을 지니고 있기 때문이다(「벨지카」 8항 ⑨). 또 자비함은 죄들의 용서의 근거이기도 하다(「벨지카」 15항(2)③; 3권 8장 59항, 353; 3권 16장 3항, 636~637). 그 용서가 영원에서 이뤄진 것이므로 우리가 일상에서 행하는 회개는 용서의 근거가 될 수 없다. 그런데도 우리가 회개해야 하는 이유는 그분의 자비함을 깨닫기 위해서이다. 회개를 통하지 않고는 죄들의 용서를 확신할 수 없고, 그 근거인 자비함을 깨닫지 못한다. 그 자비함 없이는 거룩한 삶도 없다. 그러므로 우리는 반드시 회개해야 한다. 회개의 대상과 내용은 많은 설명을 요구하지만 여기서는 단지 하나님의 자비함과 관련하여 회개가 중요함을 인식하면 좋겠다.

성경은 하나님의 대표적 속성을 이렇게 선언한다. 모세는 "자비롭고 은혜롭고(merciful and gracious) 노하기를 더디하고 인자[선하심]와 진실(goodness and truth)이 많은 하나님이라. 인자(자비함, [mercy])를 천대까지 베풀며 악과 과실과 죄를 용서하리라 그러나 벌을 면제하지는 아니하고 아버지의 악행을 자손 삼사 대까지 보응"한다고 서술한다(출 34:6~7). 이와 유사하게 하나님은 "나는 은혜 베풀 자에게 은혜(grace)를 베풀고 긍휼히 여길 자에게 긍휼(자비함, [mercy])을 베푸느니라"고 선언하셨다

(출 33:19). 여기서 하나님의 전체 속성이 어떤 것임을 말하고 있다고 본다. 그분은 자비로운 분이다. 그 자비함은 천천히 노하고, 인자와 신실함에서 풍성하다고 한다. 또 자비함은 일방적이지 않아서 일부에게는 그러하지만 그렇지 않은 자에게는 벌과 응보가 있다고 한다. 다른 말로는 하나님의 자비함(34:6)과 정의(34:7)를 말하고 있다고 하겠다.

또 선지자 예레미야는 사랑(자비함), 정의(심판)와 공의(렘 9:24)에 대해 말한다. 하나님에 대한 지식의 시작은 우리를 향한 그분의 사랑, 즉 자비함(mercy)이다. 그런 후 그분의 정의(justice)와 공의(righteousness)를 알게 된다. 이 자비함은 우리 자신의 비참함을 깨닫게 될 때 비로소 바라게 된다. 다른 말로 죄에 대한 슬픔 또는 회개를 통해 그분의 자비함을 바라게 된다. 자비함을 바랄 때 우리는 하나님의 정의(justice)와 공의(righteousness)를 떠올려야 한다. 전자는 하나님께 모반하는 자에 대한 분노이고, 후자는 하나님의 자녀를 신실하게 보호하고 보존한다는 것이다. 전자는 염소에게 베푸는 것이고, 후자는 양에게 내리는 것이다. 예레미야는 자비로운 하나님께서 정의와 공의를 실행한다고 말한다.

하나님의 자비함은 선택된 자에게, 정의는 유기된 자에게 명시한다(3권 14장 6항, 612;「돌드레히트」1장 6항②③;「신앙고백서」7장 1항). 하나님은 **선택된 모든 자**를 멸망으로부터 구조하여 보존한다. 달리 말하면, 하나님은 그들의 아버지가 되시므로 자비함을 명시하여 구원하여 견인한다는 것이다. 이런 면에서 선하심에서 자비함이 나온다고 말하는 것이다(1권 10장 2항, 91). 자비함은 선하심을 반영하고, 선하심은 자비함을 명시한다. 자비함은 영원에서 선택한 모든 자에게 명시하여 구조하고 보존, 즉 구원하고 견인하게 한다.

선택이란 영어 단어는 일렉션(election)이다. 이 단어에 주목해 보자. 일반적으로 선택된 백성이라고 말할 때 초즌 피플(chosen people)보다는 페큘리어 피플(peculiar people)이라고 사용한다(「돌드레히트」 1장 10항). 우리는 유대인을 하나님의 선별된 백성 또는 선택된 자라 부른다(「돌드레히트」 3장~4장 5항①). 중보자이신 그리스도는 하나님의 정의를 만족시키고 선별(선택)된 자를 위해 의를 획득하여 우리에게 전가했다(「대교리」 38문②). 페큘리어라는 형용사는 성격상 유별나거나 이질적이라는 뜻을 지닌다. 하나님은 영원에서 이런 자를 선택했다. 선택이란 단어로 동사로서는 추즈(choose)나 셀렉트(select)라는 단어 대신 일렉트(elect)를 사용한다. 의미상 차이가 있다. 앞의 두 단어는 개인적이고 무슨 나은 것이 있을 때 사용한다. 하지만 일렉션은 **합의에 따라** 공식적일 때 사용한다.

하나님의 선택은 순전히 선하신 자신의 영원불변한 합의에 따라 이뤄진 것이다. 삼위일체 하나님(신격)의 합의로(결정으로) 우리를 예정하셨다(엡 1:11; 「돌드레히트」 1장 6항①; 「하이델베르크」 26문②; 「소교리」 7문). 영원에서 누구를 선택할 것인지 삼위 하나님의 합의가 하나로 이뤄진 것이다(「돌드레히트」 1장 8항). 이 합의는 하나님의 지혜에 근거하고(「대교리」 12문), 이 내용, 즉 선택교리가 선지자, 그리스도와 사도에 의해 선언됐다(「돌드레히트」 1장 14항①). 구속 사역을 수행한 그리스도는 하나님 아버지의 주권적 합의에 따랐다(「돌드레히트」 2장 8항①). 이 합의는 불변하고(「돌드레히트」 5장 8항③; 「신앙고백서」 2장 1항③, 3장 5항; 「대교리」 14문), 어떤 세력이라도 수정할 수 없다. 구속에 관한 하나님의 합의는 비밀이고 신비한데 이것이 그분의 뜻이었다(「하이델베르크」 31문①; 「신앙고백서」 3장 7항; 「대교리」 13문 ③). 이 합의는 가장 거룩하다(「신앙고백서」 2장 2항⑥, 3장 1항①, 6장 1항②; 「대교리」 12문). 이런 합의에 관해서는 성경에 명백하게 규정돼 있다(「신앙고백서」 1장 6항①). 하나님은 섭리도 불변한 합의에 따라 수행한다(「신앙고백서」 5장 1항, 28장 6항). 따라서 복음 사역자는 이렇게 합의된 선택교리를 신실하게 선포해야 한다(「대교리」 159문③).

③ 하나님의 정의에 관한 고백이다.

하나님의 영원불변한 작정은 타락한 인류를 위한 구원으로 명시된다. 그것은 자비함과 정의로 명시되는데 각각 선택된 자에게, 유기된 자에게이다. 특히 하나님의 정의가 유기된 자, 즉 내버려 두는 자에게 내려진다는 것은 그들에게 임한 정의로운 심판을 의미한다(「돌드레히트」 1장 6항②, 13항③, 15항③; 「하이델베르크」 10문②; 「신앙고백서」 33장 2항⑴⑵).

다른 자는 유기된 자를 지칭하는 것으로 정의로운 심판이 이 세상에서와 최후의 심판에 내려질 것이다(「돌드레히트」 1장 6항②, 13항③, 15항③; 「하이델베르크」 10문②; 「신앙고백서」 33장 2항⑴⑵; 「대교리」 89문①, 90문①; 「신앙고백서」 3장 7항 참고). 하나님의 정의가 선택된 자에게 내려지지 않는 이유는 그들을 위하여 중보자가 비통한 수난과 죽으심으로 영원한 처벌을 받았기 때문이다(「벨지카」 20항①). 이와는 달리 중보자를 신뢰하지 않은 유기된 자에게는 당연히 하나님의 정의로운 심판이 내려져야 한다. 그 결과 하나님의 정의가 바로 세워지는 것이다. 정의는 마침내 최후의 심판에서 유기된 자에게 내려진다(「신앙고백서」 33장 2항②).

17항: 타락한 인간의 회복 (Of the Recovery of Fallen Man)

① We believe that our most gracious God, in his admirable wisdom and goodness, seeing that man had thus thrown himself into temporal and eternal death, and made himself wholly miserable, was pleased to seek and comfort him, when he trembling fled from his presence,

② promising him that he would give his Son, who should be made of a woman, to bruise the head of the serpent, and would make him happy.

우리가 믿는 것은 ① 우리의 **가장** 은혜로운 하나님께서 인간이 일시적이고 **영원한** 죽음에 스스로 빠지고 전적으로 비참하게 된 것을 보시면서 그가 그분 앞에서 도망쳐 떨고 있었을 때, 하나님께서 자신의 놀라운 지혜와 선하심으로 그를 찾아 위로하기를 기뻐하셨다는 것이다(창 3:9).

② 또 여인에게서 태어나게 하여 (갈 4:4) 뱀의 머리를 상하게 할 아들 (창 3:15), 즉 그를 행복하게 할 자기 아들을 주시겠다고 **약속하셨다.**(창 22:18; 사 7:14; 요 1:14, 5:46, 7:42; 행 13:32~33; 롬 1:2~3; 갈 3:16) [그가 그분 앞에서 도망쳐 떨고 있었을 때 자신의 놀라운 지혜와 선하심으로 그를 찾아 위로하기를 기뻐하셨다는 것이다(창 3:9).]

하나님의 뜻에 따른 가장 지혜롭고 거룩한 합의는 영원에서 또 불변하게 있었다(「신앙고백서」 3장 1항①). 하나님의 영원불변한 작정은 타락한 인류를 위한 사역으로 우리에게 부분적으로 명시된다. 달리 표현하면, **자신의 영광을 명시하려고** 그 작정으로 일부 인간과 천사를 예정하고

(「신앙고백서」 3장 3항, 7항①), 그 영원한 영광에 이르도록 선택한다. 이것은 하나님의 무상의 은혜와 사랑에 근거한다(「신앙고백서」 3장 5항, 6항①). 명시된 영광을 위해 자비함을 펼치시는 이유는 영광스러운 정의를 찬양하게 하기 위함이다(「신앙고백서」 3장 7항). 그리스도의 영광은 성령 하나님에 의해 하늘의 은혜를 받게 하는 유익, 그분의 권능으로 자기 백성을 끝까지 보호하고 보전하는 유익을 얻게 한다(「하이델베르크」 51문①②). 하나님의 작정은 자신의 자비함과 정의를 통해서 인간에게 명시한다. 이것은 그들에게 영광이고, 그 영광은 선택된 자가 그분의 실존을 간취한다는 뜻을 담고 있다. 이런 의미에서 그분이 자신의 영광을 우리에게 명시하므로 우리가 그분의 존재를 간취한다고 고백한다(「신앙고백서」 2장 2항②③). 하나님은 그 영광을 명시하려고 인간과 천사의 일부를 영원에서 선택하셨다(「신앙고백서」 3장 3항, 5항). 또 선택된 자가 그분의 영광에 이르도록 예정했다(「신앙고백서」 3장 6항①).

드러난 하나님의 자비함과 정의는 각각 선택과 유기와 관련을 맺는다. 이것에 관해선 이전의 항목(16항)에서 서론적으로 설명했고 여기서는 이 사역을 구체적으로 실행하는 과정의 서론이다. 당연히 이 사역은 중보자이신 그리스도의 임무에 관한 것이다. 중보자에 관한 비밀이 어떻게 밝혀지는지 살펴보도록 하자.

① 타락한 인간 구원을 위한 하나님의 영원한 작정에 관해 인간 측면에서 본 고백이다.

우리가 하나님을 **가장 은혜로운 분**이라 고백할 때 **가장**이란 표현은 세상에서 상상할 수 있는 단순한 은혜와 비교하지 말라는 의미이다. 어떤 경우엔 가장 지혜롭고 공의로운 은혜의 하나님이라 고백하기도 하는데(「신앙고백서」 5장 5항①) 순전한 은혜(「돌드레히트」 1장 7항①), 무상의 은혜(「하이델베르크」 60문③; 「신앙고백서」 11장 3항③, 15장 3항①; 「대교리」 70문①, 71문②), 이 둘을 합해서 순전하고 무상의 은혜(「신앙고백서」 3장 5항), 하나님의 영광스러운 은혜(「신앙고백서」 3장 5항), 불가항력적 은혜(「돌드레히트」 3장~4장 오류8), 수동적 은혜(「신앙고백서」 10장 2항), 은혜만으로(솔라 그라치아 [sola gratia]) 등으로 표현하기도 한다. 이런 다양한 표현에서 우리가 깨달을 수 있는 것은 은혜가 인간 측면에서 상상할 수 없는 영원하다는 것이다.

이해하려는 이성적 해석이 불가능한 하나님의 은혜는 경이롭다. 계속해서 고백하는 구원의 진리를 이러한 자세로 바라보지 않으면 우리는 절대로 깨달을 수 없다. 전체 문맥과 의도를 간과한 채로 진리를 단순히 문자적 해석이나 자기 해석을 시도하지 말고 부분이나 파편적으로 해석하지 말라는 고백이다. 그런 항목을 예를 들면, 부르심(「신앙고백서」 10장 2항)을 비롯한 믿음, 칭의(의화[義化]), 회개, 거룩함(성화) 또는 양자 됨 등이 있다. 이런 진리들을 언급할 때마다 은혜로운 하나님을 떠올리고 관련 지으면서 해석해야 한다. 진리를 이해하지 못하면서 하나님 측면에서 해설할 수 있을지 물을 수 있겠지만 이것은 인간적 이해를 우선하면 안 된다는 뜻이고, 진리에 접근하는 자세 두 측면 중 우순 선위는 하나님 측면임을 잊지 말라는 뜻이다.

그러면 **가장 은혜롭다**는 고백은 무슨 의미일까? 문법상 가장이란 부사를 영원이란 단어에 적용해야 한다. 단순히 은혜라는 의미에서 출발하겠지만 **영원한** 은혜라는 의미로 향해야 한다. 이것은 인간 측면에서 하나님 측면으로 향하라는 것이다. 그래야 정확한 의미를 간취할 수 있다. 은혜로운 분이신 하나님! 은혜의 하나님! 하나님의 은혜! 이런 감동적인 고백에 가장이란 부사를 덧붙여 영원이라는 개념을 떠올려야 한다. 그래서 가장 은혜롭다는 것은 무상의 은혜라고 말할 수 있다.

다음으로, **가장 은혜롭다는 표현은 영원에서 이뤄진 작정을 묘사한다.** 가장 은혜롭다는 표현은 자비함으로 대치할 수 있다. 가장 자비로운 하나님! "나는 은혜 베풀 자에게 은혜(grace)를 베풀고 긍휼히 여길 자에게 긍휼(자비 [mercy])을 베푸느니라"(출 33:19)는 말씀에서 읽을 수 있다. "네가 내 얼굴을 보지 못하리니 나를 보고 살 자가 없음이니라"(출 33:20). 이 말씀은 가시적이거나 육체적이지 않은 하나님은 영원하며, 영원한 하나님은 자비로운 분으로 자비를 베풀 자에게 자비를 베풀고, 은혜로운 분으로 은혜를 베풀 자에게 은혜를 베푸는 분이라는 의미이다. 가장 은혜롭다는 고백이 가장 자비롭다는 의미를 담고 있음을 알 수 있다. 이어서 인간이 볼 수 없다고 했으니 영원성을 의미한다. 하나님에 관한 고백에서 그분이 어떠함을 우리는 이렇게 고백하게 된다. 은혜나 자비함이란 단어가 하나님과 관련을 맺으면서 영원한 하나님과 관련을 짓게 한다.

일시적이고 영원한 죽음은 타락의 끔찍한 결과이다. 이것은 하나님의 정의가 죄를 범하고 불순종하는 모든 자에게 요구하는 것이다. 그 정의는 무시무시한 처벌을 원한다. 그렇지 않으면 구원이란 불가능하다. 그래서 일시적이고 영원한 죽음만 아니라 몸과 영의 죽음도 요구한다(「돌드레히트」 2장 1항; 「하이델베르크」 10문 ②; 「신앙고백서」 6장 6항 ②).

구원을 위해서는 이 정의의 만족은 반드시 이뤄져야 한다. 영원한 선택을 인정하지 않는 **아르미니우스파**는 이런 죽음이나 처벌을 인정하지 않는다(「돌드레히트」 3장~4장 오류1). 그 이유는 자신들의 주장(신념)과 원죄가 충돌이 일어나기 때문이다. 이들이 그렇게까지 원죄를 부인하는 이유는 죄 없는 의지를 주장하기 위해서이다. 원죄와 하나님의 영원한 선택은 그들에게 걸림돌이 된다. 원죄와 선택은 하나님의 주권을 드러내는 교리이다.

그들은 무죄하고 순전한 의지를 주장한다. 일반 철학자와 다를 바 없는 억지 주장을 쏟아낸다. 게다가 타락으로도 의지가 부패하지 않았다고 주장하기 위해 영적 죽음을 부인한다(「돌드레히트」 3장~4장 오류3①). 이들은 오로지 자유의지를 통해 구원을 획득하고 쟁취할 수 있다는 것을 강조하기 위해 타락이나 부패를, 가능하다면, 부인하고 전투적인 의지적 믿음을 추구한다. 그들은 원죄와 선택에 관한 진리가 성경에 명시돼 있으니 인정해야 하겠지만 피할 수 있는 데까지 피하려고 재간을 부린다. 왜곡된 의지와 선택을 주장하는데 로마가톨릭처럼 부분적 타락을 주장하고, 의지만큼은 타락하지 않았다고 주장한다. 간교한 뱀의 주장이 아닐 수 없다.

② 일시적인 죽음과 영원한 죽음 또는 처벌을 해결하는 길, **중보자**에 관한 고백이다.

몸과 영의 죽음만 아니라 일시적이고 영원한 죽음을 해결하는 길은 영원에서 이뤄진 작정이다. 이 사역을 수행하는 분으로 중보자를 지명하기에 이른다. 그분은 곧 제2위격이신 하나님 아들이다. 이 사역을 수행하기 위한 조건이 있는데 그것은 인성을 입어야 한다는 것이다. 그 이유는 그 죽음이나 처벌을 몸소 담당하고 겪어야 하기 때문이다. 중보자의 조건은 참 하나님이면서 참 인간이어야 하는 이유에 관한 고백은(「신앙고백서」 8장 2항③④; 「대교리」 38문, 39문) **성육신**이라는 주제인 다음 항목(「벨지카」 18항)에서 자세히 설명한다.

하나님은 타락한 인류에게 구속 사역의 작정에 관한 진리로 소망과 희망을 품게 하는 영원한 작정을 명시한다. 그것이 바로 **여인에게서 태어날 아들**이 뱀의 머리를 상하게 한다는 메시지이다(창 3:15). 그 아들이 바로 **중보자**, 즉 하나님과 인간이신 우리의 구세주이다.

그 아들이 **뱀의 원수**가 된다는 것은 뱀과 여인, 뱀의 씨앗과 여인의 씨앗 간에 있는 적대감을 의미한다. 그 여인의 씨앗인 아들은 뱀의 머리를 으깬다. 이 메시지는 거룩한 복음으로서(「하이델베르크」 19문①) 앞으로 오실 중보자가 어떤 사역을 하시며 어떤 희생제물이 되실 것인지에 관한 것이다. 곧 어린양으로서 죽임을 당해야 한다(「신앙고백서」 8장 6항②). 인류에게 내린 하나님의 진노를 몸과 영으로 참고 견디며 속죄 제물이 되어 우리 몸과 영을 구속하신다(「하이델베르크」 37문①②). 이것은 형언할 수 없는 십자가상의 괴로움, 고통, 공포와 지옥 같은 고뇌이고, 지옥에 가야 하는 우리를 구원하기 위한 것이다(「하이델베르크」 44문).

타락 전의 상태에 있는 최초의 부모에게 준 **행위언약**은 이런 거룩한 복음, 즉 **은혜 언약**을 이미 예상한다. 발생한 순서상 행위언약에 이어 은혜 언약이 약속된 것처럼 보이지만 이것은 인간 측면의 논리적 시술일 뿐 은혜 언약이나 행위언약이 영원한 작정 속에 (시간상 이미) 있었다. 서술 형식을 취하는 논리일 뿐이지 순서가 곧 하나님의 계획 순서라고 여기면 큰 오해를 불러일으킨다. 이것은 예정과 자유의지가 영원에서 이뤄져 있었고 창조로 드러났다는 것과 같은 원리이다. 그래서 거룩한 복음, 즉 여인의 씨앗에 관한 약속은 하나님 앞에서 도망간 인간에게 지혜와 선하심으로 위로했다고 고백하는 것이다(①).

선한 기쁨에 근거하여 일부를 영생에 이르도록 선택한 하나님은 그들을 위해 자신의 아들을 주기로 약속한다.

이 약속은 신학 용어로 은혜 언약이라 불린다(「신앙고백서」7장 3항①;「대교리」30문②, 31문, 35문①, 36문). 또 그 약속의 성취는 구속 사역이라 불린다. 자신의 아들을 주신다는 약속은 선지자와 조상에게 맺은 것이다(「벨지카」18항⑴). 그 사역을 수행하는 분을 우리는 그리스도, 즉 구속자라 부른다. 그리스도는 3중직을 맡아 수행하고, 그것은 각각 낮아지심과 높아지심이란 신분이 되면서 나타난다. 우리는 이것을 복음이라 부르고, 그분의 육신으로 오심을 "하나님의 아들[하나님 아들] 예수 그리스도의 복음의 시작"이라고 선언한다(막 1:1). 이것은 새 창조의 시작이라 말할 수 있다.

경탄할 지혜는 도망간 자를 찾아 위로하기를 기뻐하셨다는 고백이다. 하나님은 인간이 쉽게 간취할 수도 상상할 수도 없는 지혜로 구원을 이뤄간다. 그야말로 영원히 찬양할 지혜로 인류 가운데서 선택된 자를 찾아 구원한다. 그 지혜는 하나님의 속성 중 하나(「벨지카」1항②;「신앙고백서」2장 1항②;「대교리」7문②)인 동시에 궁극적으로 그리스도에 이른다. 작정도 섭리도 가장 지혜로움에 따른다(「신앙고백서」 3장 1항①, 5상 1항, 5장 4항②, 5장 5항①; 「대교리」 12문, 18문; 「소교리」 11문). 이것은 마귀의 치밀한 유혹에 대한 고백이기도 하다(「신앙고백서」 6장 1항①②). 지혜는 하나님의 구속 사역을 실천하는 면에서 잘 드러나고, 우리는 그것을 통해 그 본체이신 그리스도에 대한 지식을 갖게 된다.

하나님의 속성 중 하나인 지혜는 섭리를 비밀적으로 실행하실 때 가장 잘 드러나는데(「돌드레히트」 1장 11항) 중생에서 특별히 그러하다(「돌드레히트」 3장~4장 17항①③). 이것과 관련 지어볼 때 선택도 하나님은 자신의 지혜에 따라 행하셨다(「돌드레히트」 1장 14항①). 이런 면에서 사도바울은 "깊도다. 하나님의 지혜와 지식의 풍성함이여"(롬 11:33)라고 선언했다. 영원에 있었던 선택을 부정하는 아르미니우스파는 하나님의 지혜를 경멸하는 자들이다(「돌드레히트」 1장 답변1). 영원한 작정이 창조와 섭리에 명시되고, 창조와 섭리는 하나님의 지혜를 명시한다(1권 14장 20항, 152; 「신앙고백서」 4장 1항①, 5장 1항).

지혜와 함께 선하심, 즉 부성애는 동반자로서 섭리에서 명시된다(「신앙고백서」 5장 4항①; 「대교리」 18문①, 193문②①). 구원 사역에 있어 세속적인 인간의 지혜는 무의미하다. 그 지혜로서는 절대로 하나님을 알 수 없다(고전 1:21). 이와는 정반대로 하나님의 지혜는 십자가에 달린 그리스도를 향한다. 인간 측면에서는 도저히 상상할 수 없고 미칠 수 없이 뛰어난 창조자 하나님의 지혜이다. 그들이 볼 때는 십자가의 도가 미련하게 보이지만 하나님의 지혜 앞에서 그들의 지혜는 무용지물이 되고 말며 멸망하고 말 것이다. 세속적 지혜는 뱀과 같아서 세상살이에서는 내우 유익히고 유용하다. 약이 약한 독을 함유하듯이 지혜를 순결한 지혜로 견지하면서 사용해야 한다. 그래서 예수님은 뱀의 지혜와 비둘기의 순결을 동시에 언급한 것이다(마 10:16).

경탄할 지혜와 선하심으로 선택된 자를 **찾아 위로하기를 기뻐하신다**는 선언은 하나님의 **선한 기쁨**에 관한 것이다. 선한 기쁨은 선택과 밀접한 관련을 맺고 있다. 이 기쁨은 선한 의지, 착한 뜻, 선한 목적 또는 기쁘신 뜻으로 표현하기도 하고, 하나님의 신비하고 심오한 선택, 즉 영원한 선택과 관련돼 있기도 하다. 그 선택과 관련된 기쁨의 의미를 알 수 있는 대표적 성경 구절은 "그 기쁘신 뜻대로 우리를 예정하사 예수 그리스도로 말미암아 자기의 아들들이 되게 하셨으니"(엡 1:5)이다. 그 **기쁘신**이란 그리스어는 유톡키안(εὐδοκίαν)인데 선한 기쁨(good pleasure), 선한 목적으로 번역할 수 있다. 이 단어는 우리 말 성경에서 "아버지의 뜻"(마 11:26), "원하는 바"(롬 10:1), "그의 기뻐하심"(엡 1:9), "착한 뜻"(빌 1:15)으로 표현한다. 특별히 **하나님의 선한 기쁨**은 그분의 목적, 뜻 또는 의지이다. 창세 전 또는 영원에 있는 것이기에 우리를 **선택한 원인**은 오직 하나님의 선한 기쁨이라고 선언한다(엡 1:9; 사 46:10; 3권 22장 3항, 730; 「돌드레히트」 1장 10항). 그 의미는 선택의 근거가 인간 자신 안에 있는 그 어떤 것 때문일 거라는 상상을 던져버리라는 것이다(3권 22장 2항, 730). 이 말은 하나님 측면과 인간 측면의 큰 차이를 기억하거나 영원과 시간의 큰 차이를 떠올리면 쉽게 이해할 수 있다.

선택은 영원에서 행한 하나님의 불변한 목적이고, 순전한 은혜와 주권적 선한 기쁨으로 이뤄졌다. 영원에서 하나님은 선한 기쁨에 근거하여 일부를 영생에 이르게 선택했고 명시하기 위해 언약을 맺었다(「소교리」 20문). 또 하나님의 선한 기쁨이 드러나는 것은 그분의 자비함의 명시이다(「돌드레히트」 1장 7항①③). 이렇게 선택은 영원한 작정과 관련을 맺고 있다(「신앙고백서」 3장 5항).

하나님은 우리의 구원을 위해 영원한 작정 속에 있고, 그것의 명시는 그분의 의지 안에 있는 선한 기쁨, 목적과 방침이 **하나가 돼** 우리를 선택한 것이다(「돌드레히트」 1장 8항). **선한 기쁨은 하나님의 주권에 속한 것이**기에 인간 측면에서의 이해는 불가능할 뿐이다(「돌드레히트」 1장 15항②). 또 **하나**라는 것은 숫자적 개념이 아니다. 동일하며 불변하다는 의미이다. 이 선한 기쁨이 집행되기 위해 중보자와 성령 하나님과 말씀 선포자의 수행이 따른다(「돌드레히트」 2장 11항①). 그런데 아르미니우스파는 선한 기쁨과 목적에 선택이 포함되지 않는다고 주장할 뿐만 아니라 하나님의 선택은 일부를 나머지보다 더 좋아한 것에 근거한다고 주장한다(「돌드레히트」 1장 오류3①, 오류9).

하나님 앞에서 도망치고 숨어 있는 우리를 **경탄할** (지혜와) **선하심으로 찾아오셔서 위로한다는** 것은 구원에 관한 하나님의 무한한 사랑, 즉 **부성애**를 의미한다. 이 상태의 삶과 죽음을 직면한 인간에게 유일한 위로는 우리가 그리스도의 것이라는 것, 모든 죄가 그분의 보혈로 인해 우리에게 내려진 정의에 대한 일시적이고 영원한 죽음과 처벌이 만족된다는 것, 부성애로 이 세상에서 그분의 보호하심 가운데 소망을 가지며 감사하며 살아간다는 것이다(「하이델베르크」 1문①②③④). 하나님께서 선택한 자를 찾아 위로한다는 것은 죄로부터, 사탄의 지배로부터, 죽음의 공포로부터 자유, 양심의 자유 등을 의미한다. 이 모든 것은 곧 구원을 의미한다.

하나님께서 전적으로 비참한 가운데 있는 자를 찾아 위로하기를 기뻐한다는 말씀은 잃은 양을 찾은 뒤 기뻐하셨던 목자를 떠올리게 한다(눅 15:4~7). 선택된 자이나 아직 깨닫지 못하거나 중생되었으나 체험하지 못한 자를 찾아 위로하는 것은 하나님의 선한 기쁨이다. 잃어버린 한 마리 양, 잃어버린 한 드라크마(눅 15:8~10), 돌아온 아들(눅 15:24) 등은 중보자의 사역이 찾아 위로하는 것을 기쁨으로 삼는 것임을 알리고 있다. 그리스도는 "이스라엘 집의 잃어버린 양 외에는 다른 데로 보내심을 받지" 않았다(마 15:24; 눅 19:10). 이것은 선지자 에스겔이 메시아의 사역 중 하나라고 예언한 바 있다(겔 34:16).

끝으로 하나님은 구원을 성취하실 때 경탄할 지혜와 선하심으로 행하는데 일차적으로 세상의 지혜와 선하심이 아니라는 것이고 세속적 방법이 아니라 가장 지혜로운 방법으로 섭리한다는 의미이다. 더 중요한 것은 부성애를 말한다는 것이다. 아버지가 되시는 하나님의 심정을 조금이라도 우리가 깨달을 수 있는 길은 그분의 구속 사역을 알고 순종하는 데에 있다.

18항: 예수 그리스도의 성육신(Of the Incarnation of Jesus Christ)

(1) We confess, therefore, that God did fulfill the promise, which he made to the fathers, by the mouth of his holy prophets, when he sent into the world, at the time appointed by him, his own, only-begotten and eternal Son,

(2) who ① took upon him the form of a servant, and became like unto man,
② really assuming the true human nature, with all its infirmities, sin excepted,
③ being conceived in the womb of the blessed Virgin Mary, by the power of the Holy Ghost, without the means of man,
④ and did not only assume human nature as to the body, but also a true human soul, that he might be a real man.
⑤ For since the soul was lost as well as the body, it was

(1) 그러므로 우리가 고백하는 것은 하나님께서 자신의 거룩한 선지자들의 입을 통해 조상들과 맺은 약속은 정한 시간에(갈 4:4) 태어난 유일하고 영원한 자신의 아들(영원한 독생자)을 세상에 보냈을 때 성취했다는 것이다(창 26:4; 삼하 7:12~16; 시 132:11; 눅 1:55; 행 13:23).

(2) 그 아들은 ① 종의 형태를 취해서 인간처럼 되었고[빌 2:7],

② 모든 허약함을 가진 참된 인성을 실제로 입었지만(딤전 2:5, 3:16; 히 2:14) 죄는 없었고(고후 5:21; 히 7:26; 벧전 2:22),

③ 인간의 수단 없이 성령의 권능으로 축복받은 동정녀 마리아의 태에 잉태되었고(마 1:18; 눅 1:35),

④ 몸에 대해선 인성을 입었을 뿐 아니라 [인간의 애정과 감정도 가졌기에; 히 2:17 주석] 실제 인간이 되기 위해 참된 인간의 영도 입었다.
⑤ [인간의] 영만 아니라 몸도 파멸되었기에 [그분은] 이 둘을 구원하

necessary that he should take both upon him, to save both.

(3) Therefore we confess (in opposition to the heresy of the Anabaptists, who deny that Christ assumed human flesh of his mother) ① that Christ is become a partaker of the flesh and blood of the children;
② that he is a fruit of the loins of David after the flesh;
③ made of the seed of David according to the flesh;
④ a fruit of the womb of the Virgin Mary, made of a woman, a branch of David;

⑤ a shoot of the root of Jesse;

⑥ sprung from the tribe of Judah;
⑦ descended from the Jews according to the flesh;
⑧ of the seed of Abraham, since he took on him the seed of Abraham, and became like unto his brethren in all things,

기 위해 그 둘을 취해야만 했다.

(3) 그러므로 (그리스도께서 모친의 육체를 입었음을 부인한 이단 재세례파에 반대하여) 우리가 고백하는 것은 ① 그리스도께서 어린아이의 육체와 피를 지녔다는 것이고[히 2:14],

② 그분이 육신으로는 다윗의 자손으로[행 2:30]
③ 육신에 따라 **다윗의 씨**가 된 것이고[롬 1:3],
④ 동정녀 마리아의 태의 결실[눅 1:42], 즉 여인에게서 태어난[갈 3:3] 다윗의 줄기라는 것이고[렘 33:15],
⑤ 이새의 뿌리에서 나온 어린싹이라는 것이고[사 11:1],
⑥ 유다의 족속에게서 나왔다는 것이고[히 7:14],
⑦ 혈육을 따라서는 유대인의 자손이었다는 것이고[롬 9:5],
⑧ **아브라함의 씨**를 지녀 아브라함의 씨가 되고[갈 3:16], 만사에서 그의 형제처럼 되었지만 **죄가 없으므**로[히 2:16~17, 4:15] 진실로 그분

sin excepted, so that in truth he is our Immanuel, that is to say, God with us.	이 우리의 임마누엘, 즉 하나님이 우리와 함께 있다는 것이다[마 1:23].

구원의 역사에서 항상 염두에 둬야 하는 진리는 **하나님의 영원한 작정이다**. 그분의 측면에서는 **영원**이고, 우리 측면에서는 **시간이다**. 전자는 영원불변하고 끝이 없지만, 후자는 언제든 일시적이고 변하고 언젠가 끝난다. 영원 가운데 세우신 헤아릴 수 없는 하나님의 작정은 창조와 섭리로 드러난다(「대교리」 14문). 창조는 영원에서 이뤄진 것을, 섭리는 시간에서 이뤄지는 영원한 작정이다. 인간은 실제로 그 작정에 따른 것을 자발적으로 참여하게 된 사건이 타락이다. 타락이라는 충격적인 사건은 이 작정이 드러난 현장이다. 영원에서 시작하고 시간에서 일어났고 영원으로 돌아간다(롬 11:36). 창조와 섭리로 영원한 작정이 드러났다고 하여 하나님에 관한 지식 전부가 계시됐다고 착각하거나 상상하지 말아야 한다. 그분에 관한 지식을 그분의 사역을 통해 아주 조금 접하지만 완전하고 명확한 것이다. 그렇다고 그분에 관한 모든 지식을 가졌다고 착각해서는 절대 안 된다.

타락 사건에 관한 하나님의 영원한 작정은 무엇일까? 인류의 구원이다. 우리는 이것을 흔히 **은혜 언약** 또는 두 번째 언약이라고 부른다(「신앙고백서」 7장 3항①; 「벨지카」 17항). 타락의 사건으로 행위언약이 파괴되자 어리둥절해진 하나님께서 두 번째 언약을 임기응변으로 마련했다고 상상하면 절대 안 된다. 그렇다면 이것은 영원이 아니라 감히 하나님을 시간 속으로 추락시킨 증거이다.

영원한 하나님은 시간 속에 일어나는 일련의 모든 사건을 계획해 놓았다. 우리는 영원한 작정을 **시간에서 연속적이고 차례로 일어나는 것**으로 서술할 수밖에 없다. 영원과 시간을 조화할 수 없더라도 인정하는 것은 신앙에서 매우 중요한 자세이다. 은혜 언약은 영원에 있고, 시간 속에 드러났다. 시간 개념 속에서 살아가는 우리는 순서상 행위언약 후에 은혜 언약이 드러났다고 서술할 수밖에 없다. 이것이 우리의 한계이다. 또 구원의 진리에 있어 영원한 작정은 자비함과 정의로 드러나고, 그 사역은 하나님 아들에 의해 수행된다. 정리하자면 타락으로 행위언약을 범한 인류에게 대한 하나님의 작정은 은혜 언약이었다. 이 언약의 핵심 주체는 중보자이다. 이분의 이야기는 복음 그 자체이고, 구속 사역을 수행한 하나님 아들에 관한 진리이고, 이것은 모두 성경에 기록돼 있다.

중보자 하나님에 관한 고백은 크게 둘로 구성된다. 하나님((1))이시면서 인간(2), 즉 두 본성에 관한 진리이다. 그분의 인성에 관해 인용된 성경 구절은 우리의 신앙고백의 주요한 항목이 된다((3)). 인용된 각 단어는 중보자에 관한 지식을 폭넓게 깊게 높게 만들 뿐 아니라 그분을 칭송할 수밖에 없게 만든다. 여기서 성경에서 말하는 중보자의 정체성을 충분히 밝히고 있다. 이것은 칼빈 선생의『기독교강요』2권 9장에서 복음에 관해 구체적으로 설명한 후 10장과 11장에서 그 언약에 관해 각각 유사성과 차이점을 상기시킨다. 이것은 중보자 그리스도에 관한 고백이고 은혜 언약의 중심이기에 '웨스트민스터 기준서'에도 정말 중요하게 고백한다(「신앙고백서」 8장;「대교리」 36문~42문;「소교리」 21문, 22문). 더욱이 제18항은 중보자에 관한 교리(「대교리」 36문~42문;「소교리」 21문, 22문)에 이어 그리스도의 3중직(「대교리」 43문~45문; 「소교리」 23문~26문)과 두 신분(「대교리」 46문~50문; 「소교리」 27문, 28문)을 관련짓는다. 이 의미는 마지막 부분((3))에서 그리스도의 두 본성에 관한 용어를 주의 깊게 관찰하여 연관을 지어야 한다는 것이다. 예를 들어, 다윗의 자손((3)②), 다윗의 씨((3)③), 다윗의 줄기((3)④), 이새의 뿌리((3)⑤), 유다의 족속((3)⑥), 유대인의 자손((3)⑦), 아브라함의 씨((3)⑧) 등이다.

(1) 하나님의 약속은 영원에서 정한 시간에 하나님 아들을 통해 성취된다는 고백이다.

그 고백은 하나님께서 선지자들을 통해 구약성경에 기록했는데 **약속엔 정한 시간이 있다**는 것이다. 물론 창조에서 만들어진 시간에서 정해진 것이 아니라 영원에서 정해진 것이고, 이것은 시간에 드러났다는 것을 의미한다. 그 **약속**은 그리스도 안에서 선택한 자들을 구속하기 위해(엡 1:5, 7) 여인에게서 태어나게 하여 뱀의 머리를 상하게 한다는 것이다(「벨지카」 17항②). 궁극적으로 약속은 언약, 특히 은혜 **언약**을 말하지만 그것에만 제한해선 안 된다. 언약에는 행위언약도 포함돼 있기 때문이다. 은혜 언약을 강조하고 행위언약을 간과하거나 저급한 것으로 판단한다면, 언약에 관하여 바르고 균형 있는 신앙을 유지할 수 없다. 언약이라는 일반적 개념에서 행위언약 또는 은혜 언약을 살피는 자세가 유지돼야 한다(「신앙고백서」 7장 2항, 3항).

행위언약은 원죄 또는 타락과 관련을 맺고, 은혜 언약은 구속과 관련을 맺고 있다. 전자, 즉 죄에 관한 바른 신앙이 정립되면서 후자, 즉 구속에 관한 신앙은 바로 유지된다. 그렇지 않고 전자에서 후자로 단번에 옮겨졌으니 전자를 간과하고 후자를 강조하면 안 된다. 언제든 전자와 후자를 균형 있게 보존하고 유지해야 한다. 전자와 후자는 죽음에서 부활로 향하는 것으로서 그리스도의 죽으심에서 부활로 향하는 것과 같다. 죽으심을 무시하고 부활을 떠올릴 수 없는 것과 같다. 그렇다고 전자를 죄에 대해서만, 후자를 구속에 대해서만 말한다고 제한하지 말고, 언약의 관점에서 이해하기 위해 두 가지로 나누는 것임을 간과하지 말아야 한다. 더욱이 후자를 다시금 **옛 언약과 새 언약**으로 나누게 되는데 이것 역시 언약의 폭넓고 깊은 이해를 위한 것이지 그 분류에 우리의 이해를 제한해선 안 된다.

다시 말하면, **정한 약속**은 시간 속에 인간처럼 성급하게 부랴부랴 작정된 것이 아니라 영원에서 이뤄진 것을 의미한다. 이것은 역사의 시간 속에서, 인물들을 통해 조금씩 뚜렷해진다. 노아, 족장들, 모세와 선지자들, 다윗을 통해 하나님은 그 약속을 다양하게 명시한다(히 1:1). 하나님은 약속을 언약이란 방법으로 나타내는 것을 기뻐하셨다(「신앙고백서」 7장 1항).

그 약속의 성취는 **정한 시간**에 따르는데 영원한 작정을 의미한다. 우리 측면에서의 맺은 약속이란 개념이 아니라 영원불변한 약속이 시간 속에 이뤄지는 것을 의미한다. 마치 하나님께서 시간 속에 개입하는 것을 연상시킨다. 하나님은 갑작스러운 개입이 아니라 구약성경을 통해 점차로 다양하게 알렸다. "우리 조상에게 말씀한 것과 같이"(눅 1:55)라는 표현을 통해 알 수 있다. 또 "하나님이 약속하신 대로 이 사람의 후손에서 이스라엘을 위하여 구주를 세우셨으니 곧 예수라"(행 13:23). 다윗을 비롯한 구약성경의 여러 인물을 통해 알린 약속은 하나님은 예수 그리스도를 통해 이루고, 그분이 그 약속의 모든 것임을 밝힌다.

그리고 선지자들은 이것에 관해 알리면서 한결같이 율법에 기록된 말씀 안에서 메시아, 즉 중보자를 찾아내고 그분이 재림하셔서 속죄와 심판을 수행할 것이라고 예언했다. 여기서 중보자의 두 지식, 두 본성 또는 자비함과 정의가 겹쳐져서 하나로 보는 경향이 있는데 이것은 그들의 한계였다. 마치 두 산이 겹쳐 보여 하나로 보이는 것과 같이 그리스도의 초림과 재림이 겹쳐 보이는 것이라 하겠다. 아무튼, 그리스도께서 오신 이후의 신앙인은 겹쳐진 중보자의 양태(mode)를 분별해야 한다. 이것은 예수님께서 세례요한을 두고 말씀하실 때도 드러났다(마 11:11). 이처럼 칼빈 선생이 지적한 하나님에 관한 이중지식은(1권 2장 1항, 37~38;『해설자용』, 32, 59;『개혁신앙이다』, 90, 127) 성경을 균형 있게 해석하는 주요한 관점이라 여긴다.

약속, 즉 언약은 곧 **하나님의 태어난 유일하고 영원한 아들**에 관한 것이다. 한 마디로 하나님 아들이라고 요약할 수 있다. 이런 표현이 가장 잘 명시된 곳은 "하나님의 아들[하나님 아들] 예수 그리스도의 복음의 시작"(막 1:1)이다. 이 말씀은 예수 그리스도가 어떤 분이며, 복음과 시작의 의미가 무엇인지 잘 명시한다. 예수 그리스도는 하나님 아들, 즉 베드로의 고백에서처럼, 살아계신 하나님 아들이며, 이스라엘 백성이 그렇게 고백하고 고대하던 메시아이다(눅 1:41, 45, 49). 예수님의 제자들은 이 사실을 깨달았기에 그분을 따라 모든 것을 버릴 수 있었다(막 10:28). 예수님이 누구라는 사실을 아는 것은 생명이고 구원의 성격을 파악한 것이다(요 17:3). 이것은 한 번 의지적으로, 지성적으로 예수님이 누구시라고 고백한 것을 의미하지 않는다. 그분에 관한 지식은 **평생 경험과 함께**한다. 그분을 닮아가므로 그분에 관한 지식을 참되게 안다고 말하는 것이 좋을 것이다.

우리가 크게 실수하는 것은 하나님 측면에서 단번에 주신 은혜라고 인식하지 않은 채로 인간 측면에서 단번에 또는 한두 번 받은 은혜의 삶과 그 효과가 여전할 것이라고 오해한다는 것이다. 하나님의 은혜가 단번이지 우리의 삶이 단번에 또는 한두 번 행하여도 그 효과가 영원할 것이라고 여기는 것은 진리에 대해 크게 오해한 것이다. 한두 번 입술의 고백으로 평생 효과를 보겠다는 것은 어처구니없는 것이다. 계속해서 그 고백의 깊이, 높이, 너비와 길이를 통해 그분에게까지 자라가야 한다.

메시아, 구세주, 그리스도, 예수 또는 주님 등으로 고백하는 그분은 하나님이다. 이것을 위해 하나님 아들의 속성이 **유일하게 태어날 뿐 아니라 영원함**을 밝힌다(「벨지카」 10항①). 이 고백은 하나님 아버지가 하나님 아들을 보냈고 그분이 단순히 순종했다고 오해할 수 있다. 아니다! 하나님이 하나님 아들을 보낸 것이다. 전자는 삼위일체 하나님을, 후자는 제2위격의 하나님을 말한다. 인간 측면에서 아버지의 말을 아들이 따랐다는 식으로 해석해선 안 된다. 이것은 순종이라는 측면에서 표현한 것으로 실제는 하나님 자신이 자신에게 순종한 것이다. 정말 이해하기 어려운 내용이지만 믿어야 한다. 그분은 세 위격을 지닌 분이기에 이런 해석이 가능하다. 삼위일체 하나님의 세 위격(본체) 중 제2위격(본체)이 자발적으로 인간이 되신 것이다.

하나님께서 아들을 보냈다는 고백은 그분의 순종을 의미한다. 이것은 마치 부자(父子)간의 관계를 말하는 것처럼 인식되지만 그분의 순종을 우리에게 알리려는 의도이다. 그래서 아들이 아버지의 명령에 순종하는 것처럼 양자 된 우리는 아버지 되신 하나님의 말씀에 평생 순종을 고백하는 것이다.

(2) 중보자의 신성에 관한 고백((1))에 이어 인성에 관한 고백이다(「대교리」 37문; 「소교리」 23문).

다른 말로 하면 중보자의 두 신분, 즉 낮아지심과 높아지심이다(「대교리」 42문). 이 고백은 중보자의 신성과 인성에 관한 고백 중 성육신이 전체를 구성하고 있다(「신앙고백서」 8장 2항; 「대교리」 36문; 「소교리」 21문). 그리스도(또는 중보자)에 관한 고백에 앞서 그분의 신성과 인성에 대한 것은 구속 사역을 깨닫는 데 중요하다. 각각 그 중요성에 관해선 다음 항목(「벨지카」 19항)에서 자세히 고백한다.

(2)① 중보자의 참 인간 됨(성육신)에 관한 첫 번째 고백이다.

중보자는 인성을 종의 형태로 가지기 전에 **자신을 비워야** 했다. 자신을 비운다는 것은 신성의 포기가 아니라 그 영광을 가졌지만 발휘하지 않으면서 또는 감추면서 겸손하게 인성에 따랐다는 것이다. 이것은 부유한 자로서 우리를 위해 가난한 자가 됐다는 의미이다(고후 8:9). 그분은 우리를 대신하여 인간이 되셔서 율법에 순종하며 십자가의 끔찍한 고통을 담당하여 비참한 자가 되므로 우리를 부유한 자로 만들었다. 우리는 그분의 가난으로 부유하게 되어 양자가 되었다. 하나님 아들이 인간이 되셔서 타락의 저주를 친히 담당하므로, 정의의 대상이 되므로(「벨지카」 20항②) 하나님의 자녀로서의 삶이 무엇임을 친히 보이셨다.

신성을 발휘하지 않았다(감췄다)는 것은 가난하게 됐다는 의미이다. 그리스도는 육체적으로 어릴 때, 청소년 때, 성인일 때 여전히 신성을 지니고 있었지만 발휘하지 않았거나 감추셨다. 심지어 유아 때도 신성과 인성은 분리되지 않은 채로 신성을 보존하고 계셨고, 죽은 가운데서도 두 본성은 분리되지 않았다(「벨지카」 19항(4)(7)). 자신을 **비웠다**는 것은 발휘하지 않았거나 감췄다고 해석하는 것이 좋다. 하나님이심을 멈출 수 없는 이유는 영원성이란 속성을 지닌(「벨지카」 1항②) 분이므로 어떻게 그 본체를 멈출 수 있겠느냐는 답변에서 찾을 수 있다. 그분의 신성은 인성과 위격적으로 연합돼 있다. 이것은 영과 몸이 함께 조화를 이루는 것과 유사한 경우에서 간취할 수 있다.

종의 형태란 종의 본성이라고 말할 수 있는데 하나님께서 자신을 종의 형태로 바꿨다고 해석하면 안 되고, 덧입었거나 연합했다고 해석해야 한다. 그렇다고 가현론(Docetism)으로 이해해서도 안 된다. 가현론은 그리스도의 현상(phenomenon), 즉 그분의 역사적이고 육체적 실존이 실제가 아니라 유사하게 보이는 것이라는 이교적 주장이다. 신성과 인성의 위격적 연합은 인간 이성으로 완전히 이해할 수 없을 뿐이다. 이것은 삼위일체의 비밀과 같다고 하겠다.

하나님은 성육신으로 인간의 삶에 들어왔을 때 낮은 종의 형태를 취했다. 이것은 종의 본질은 순종이기에 율법의 요구나 명령에 전적으로 따랐고 완성했다는 의미이다. 그 완전한 순종은 이제 선택된 자에게 전가된다. 또 인간과 같이 된 겸손을 의미한다(빌 2:3~5). "사람의 모양"(빌

2:8)은 사람과 유사하다는 것이지 특이하게 다르다는 것을 말하지 않는다. 철학자들의 견해처럼 초인이라든지 성인이 절대 아니다. 실제 인간이셨다. 초인이나 성인이라는 주장은 그분이 한갓 인간이었는데 특유한 자로서 월등한 자라는 견해를 은밀히 나타내는 것이다.

(2)② 중보자의 참 인간 됨에 관한 두 번째 고백으로 성육신에 관한 내용이다.

중보자가 종의 형태를 입으면서 죄성도 함께 했을 것이라 섣불리 판단하면 안 된다. 종의 형태는 연합이고 그분의 인성은 **허약함**은 지녔지만 **죄성과 무관하다**(「신앙고백서」 8장 2항①). 마리아의 본질인 몸과 영을 지녔기에 인간의 육체적 무력함을 그대로 지니고 있어 피곤하고, 아프고, 힘들고, 배고프고, 슬퍼하셨다. 이것은 철저하게 인간이 짊어지는 일시적이고 영원한 처벌을 담당하고, 죽기까지 순종했음을 의미한다. 참 하나님이 참 인간이 되셨거나 입었다는 것이다. 이것은 성육신의 고백에서 매우 중요한 부분이다.

중보자는 겸손한 순종과 인간의 온갖 저주를 몸소 담당하시기 위해 허약한 인간의 몸을 입었지만 죄성, 즉 **원죄와는 전적으로 무관하다**. 그 이유는 그분이 신성을 나타내지 않지만 하나님이기 때문이다. 이 고백은 모든 신앙고백서나 교리 문답서에서 선언하는 바이다(「하이델베르크」 35문②; 「신앙고백서」 8장 2항①; 「대교리」 37문; 「소교리」 22문). 인간의 허약함과 죄성이 분리된다는 것을 인정해야 한다. 이것은 인성만이 아니라 신성을 지닌 분이시기에 가능한 것이다. 그래서 무죄성에 관한 고백의 중요성은 그분이 하나님이라는 데 있다. 우리는 이것을 그리스도의 **동정녀 탄생**이라고 고백한다(「사도신경」 참고). 동정녀 탄생이라는 고백이 주는 의미는 그분이 죄의 지배를 받지 않으시고 죄의 유혹과도 무관하다는 뜻이다. 게다가 그분이 창세 전, 영원에 계신 분임을 밝히는 것임을 잊지 말라는 것이다(3권 13장 4항, 392).

중보자는 허약한 인간성을 돕기 위해 인성을 입어야 했고, 몸과 영을 입어야 했다(「신앙고백서」 8장 2항①②; 「대교리」 37문). 여기서 정리돼야 하는 것은 인성을 입었다고 할 때 마리아의 본질을 입으셨다는 것이고, 동정녀라고 굳이 고백하는 것은 그녀의 본성을 입었지만 무죄함을 말하기 위함이다. 몸과 육을 입으셨다는 것은 저주의 고통과 관련 있는 것이다((2)②④⑤).

그야말로 구속자 하나님께서 중보자로서 신성과 인성을 참되게 지닌 분임을 고백하는 것은 무엇보다도 중요할 뿐 아니라 이단성을 밝히는 데도 중요한 준거기준이 된다(『복음이다』, 66).

(2)③ 중보자의 참 인간 됨에 관한 세 번째 고백으로 무죄성에 관한 내용이다.

중보자가 원죄와 무관한 또 다른 이유는 **죄의 유전**은 일반 출생법을 따르지만(「벨지카」 15항(1)②; 「신앙고백서」 6장 3항②; 「대교리」 22문; 「소교리」 16문②) 그분은 **성령의 권능**으로 잉태됐기 때문이다. 그리고 우리는 이것을 뒷받침하기 위해 그분의 동정녀 탄생을 엄숙하게 고백한다(사 7:14). 예배 때마다 「사도신경」을 통해 우리가 이것을 항상 고백하는 이유는 그분의 신성과 아울러 무죄성 때문이다. 그리스도의 무죄성을 간과하고 마리아의 동정녀성을 강조하면 로마가톨릭 마리아론에 빠지기 때문이다. 이 무죄성을 간과하게 되면, 그분이 중보자이심을 잊어버리게 되며,

신성과 인성을 균형 있게 고백하지 않으면 비뚤어진 신앙을 갖게 된다. 또한 균형을 이루지 않고 전자를 지나치게 강조하면 **로마 가톨릭주의**로, 후자를 지나치게 강조하면 **자유신학**으로 전락한다. 중보자는 참 하나님이신 동시에 참 인간이다(「벨지카」 19항⑻; 「하이델베르크」 15문①②, 47문; 「신앙고백서」 8장 2항④).

마리아론(Mariology)은 그리스도의 **신성을 지나치게 강조**하다가 육체의 모친인 마리아를 하나님을 낳은 자, 즉 테오토코스(Θεοτόκος)라고 주장하기에 이른 것이다. 로마가톨릭은 여기서 그치지 않고 마리아가 평생 동정녀(ἀειπάρθενος)로 지냈다는 억지 주장도 한다. 기원후 553년 어처구니없는 일이 발생하는데 원죄 없는 잉태설(Immaculata conceptio)을 억지 주장하다가 1869년에 이르러 로마교황 피오 9세(Pious IX, 1846~1878)는 제1차 바티칸 종교회의를 개최하여 로마교황의 무류설(Papal infallibility)과 마리아의 원죄 없는 잉태설을 선포한다. 그뿐만 아니라 더 황당한 주장을 하는데 1950년 로마교황 피우스 12세(Pius XII, 1939~1958)는 마리아가 승천했다고 하는 성모 승천설(Assumptio Beatae Mariae Virginis in coelum)까지 선언한다. 이것은 마리아의 동정녀성을 지나치게 강조하는데서 비롯된 불상사이다. 그리스도는 온데간데없고 그분을 이용하여 거짓 복음을 더하고 사탄의 행적을 따르고 말았다.

그리스도의 **인성을 지나치게 강조**하면, 17세기 영국의 자연신론자(Deists)처럼 그리스도를 인간으로 취급하여 인식의 대상으로 전락시킨다. 이러한 발전은 이미 그리스도교가 인간 사회를 위한 종교 또는 인간을 위해 가공된 것에 불과하다는 견해가 이미 퍼져있었음을 증명한다. 더 발전하면 인간이 하나님을 만든 창조자가 된다. 언어도단이시만 이런 주장은 현재 진행형이다. 이것은 그리스도의 인성만을 강조하다가 그리스도가 초인과 저급한 신이 되었다고 주장하는 4세기 아리오스주의(Arianism)와 16세기 소찌니주의(Socinianism)와 꼭 닮은 꼴이 된다.

중보자의 참 하나님이며 참 인간이심의 균형을 상실했을 때 빚어지는 신념은 이단 사상을 만드는 데 충분하다.

(2)④ 중보자의 참 인간 됨에 관한 네 번째 고백으로 인간 영에 관한 내용이다.

중보자는 성육신에서 실제 신성만 아니라 실제 인성도 취했다. 인간은 몸과 영으로 구성돼 있다. 그분이 지닌 **참된 인간의 영**은 인간이 지닌 영의 기능을 일컫는다. 영은 불가시적이고 무엇인지 알 수 없지만 그 기능을 통해 그 존재, 즉 실존을 안다. 인간의 존재 자체인 영의 기능은 크게 마음(mind)과 심정(heart)으로 나뉜다(2권 2장 2항, 226; 『해설 자용』, 52, 178~179; 『진리의 재발견』, 391~397). 마음은 다시 오성 또는 지각(understanding), 지성(intellect)과 이성(reason)으로 나뉘고, 심정은 의지(will)와 감성(emotion)으로 나뉜다. 불가시적 영을 이렇게 구분한다는 자체가 오해를 일으킬 수 있지만 간취하기 위한 것으로 너그럽게 보면 좋겠다. 이런 기능이 제대로 활동하면 바른 정신(spirit[영혼])을 갖고 있다 하고, 그렇지 않으면 정신이 없다 또는 정신 질환을 앓고 있다고 한다. 영과 정신은 다른 본성을 의미하지 않고 같은 것을 반복하는 것이다(1권 15장 2항, 156). 이것은 하나님의 형상과 모양이라 할 때도 같은 이치다. 성경은 이따금 같은 의미를 두 단어로 표현한다(시 27편; 29:3, 6).

중보자가 이 세상에서 참된 인간의 영을 가졌다는 것은 타락 후의 상태도 아니고 중생 후의 상태를 넘어선 완전한 상태, 즉 영화의 상태도 아니다. 하나님 아들이 취한 참된 인성은 인간의 네 가지 상태 중 하나가 아니라면 뭘까?(『기독교인의 묵상이다』, 150~151) 영화의 상태라고 생각할 수도 있지만 꼭 그렇지만은 않다. 이 세상에 살 동안 실제로 고통을 당해야 했기 때문이다. 아담의 상태인 타락 전의 상태도 아닌 것은 죄를 범할 수 있는 상태가 아니기 때문이다. 타락 후는 더욱 아니고 중생한 상태라고 말하는데 허약함을 지닌 것은 맞지만 그리스도에게 의지만의 전환인 중생이 있어야 할 이유가 없다. 그래서 그분이 지닌 참된 인성은 네 가지 상태가 아닌 완전한 상태라고 봐야 한다. 아마도 영과 육의 연합처럼, 신성과 인성의 연합, 즉 위격적 연합에서 암시하듯 인성은 이적을 하실 때 신성의 영향을 받기도 하지만 고통을 당할 때 인성으로 감당해야 하는 인성, 원죄나 죄성으로 인한 유혹을 받더라도 죄와는 상관없는 인성, 일반 육체처럼 직면하지만 그것으로 치우쳐 죄를 짓지 않는 인성이다. 그래서 그분이 취하여 이 세상에 있는 동안의 인성은 이와 같다. 하지만 부활 후의 상태에 있는 인성은 영화의 상태라고 여긴다.

그분은 죄와 전적으로 무관한 인성을 지녔다. 그리스도의 영의 기능은 **실제 인간**의 것이었다. 죄가 없는 분이시고, 죄성이 그분의 영의 기능을 지배하지 못하고, 사탄이 불쏘시개로 미혹할 수도 없는 분임을 알 수 있다. 실제 인간이기에 인간이 당하는 모든 희로애락을 지닌 분이다. 그리스도는 십자가에서 실제로 고통을 당하시고, 나사로의 죽음을 슬퍼하는 마리아와 문상객을 보시고 "심령(spirit)에 비통히 여기시고 불쌍히 여기"시고, "눈물을 흘리"셨다(요 11:33, 35). 예수님의 실제 인간의 모습을 여실히 볼 수 있는 서술이다. "자녀들은 혈과 육에 속하였으매 그도 또한 같은 모양으로 혈과 육을 함께 지니"신 분이다(히 2:14). 그분은 인간의 애정과 감정도 지닌 분이다(히 2:17).

(2)⑤ 중보자의 인간 됨에 관한 다섯 번째 고백으로 몸과 영의 파멸에 관한 내용이다.

중보자는 신성((2)③)과 인성((2)④)을 함께 지닌 분이다. 타락으로 인간의 **몸과 영이 파멸됐다**는 것은 육과 영의 죽음을 의미한다. 전자는 육체로부터 영이 단절되는 것이고, 후자는 영이 하나님과의 교제로부터 단절된 것을 말한다. 전자의 파멸은 육체적 고통을 말하고, 후자의 파멸은 그분을 떠났을 때 겪는 세상에서의 불의, 부정, 불법, 부당, 부조리한 모든 것이 자신에게도 일어나고 영원히 멸망함을 말한다. 이 세상에서 인간은 온갖 더러운 것을 경험하면서 산다. 전자는 육의 죽음 또는 처벌이고, 후자는 영의 죽음 또는 처벌을 말한다(「벨지카」 21항⑶①; 「돌드레히트」 2장 1항). 또 전자는 일시적 죽음, 후자는 영원한 죽음을 말한다(「벨지카」 17항①). 그리고 전자는 일시적인 정의로운 심판이고, 후자는 영원한 정의로운 심판이다(「하이델베르크」 10문②). 전자는 일시적 비참함, 후자는 영원한 비참함이라고도 고백한다(「신앙고백서」 6장 6항②).

이 모든 것을 친히 담당한 중보자의 대제사장 직무이다(「벨지카」 26항⑹ ①②). 그리스도의 3중직 중 대제사장직을 부인하는 16세기 소찌니파는 그리스도의 신성을 부인하는 4세기 아리오스파와 같은 계열의 이단자이다. 현재 자유신학은 소찌니주의를 따르기에 그리스도의 인간됨만을 바라보고 그저 최고의 모범 시민, 성인이나 위인 중 한 명, 신앙의 모범

자로만 취급하는 신념을 신앙인 것처럼 포장하고 있다.

(3) 서론에서 언급했듯이 그리스도의 신성과 인성에 대한 성경적 용어가 그분의 두 본성과 각각 어떤 연관을 맺고, 사역과 어떤 연관을 맺고, 신분과 어떤 연관을 맺는지에 주목해야 한다.

두 본성을 지닌 중보자와 관련된 주요한 성경적 용어는 다윗의 자손((3)②), 다윗의 씨((3)③), 다윗의 줄기((3)④)가 있는데 각각 중보자의 두 본성과 연관을 맺고 있다. 다윗이란 인물은 이중적 의미를 지니고 있다. 인성 측면에서 보면, 그 후손의 실패를 알리는 동시에 그리스도를 향한 것이기에 중보자의 두 본성을 의미한다. 그리스도의 선지자 직무와 관련을 맺는다. 또 이새의 뿌리((3)⑤)는 그리스도의 인성, 즉 비천한 가운데 태어난 그분의 낮아지심을 의미한다. 그리스도의 제사장 직무와 관련을 맺는다. 유다의 족속((3)⑥)과 유대인의 자손((3)⑦)은 그리스도의 신성과 그분의 높아지심만 아니라 그분의 왕 되심과 관련을 맺고 있다. 그리고 아브라함의 씨((3)⑧)는 그리스도의 인성만 아니라 우리를 위해 먼저 되신 분으로 누구든 그분을 통해 아브라함의 자손이 될 수 있음을 예상하는 성경적 용어이다.

(3)① 중보자가 실제 인간이라는 구체적 고백, 즉 내게로 오라 하신 주님의 인성에 관한 고백이다.

이 고백은 이단 재세례파에 대한 것으로 중보자는 동정녀 마리아의 **육체적 본질**을 갖고 태어났지만(「신앙고백서」 8장 2항②; 「대교리」 37문) 성령의 권능으로 잉태됐기에 새 창조에 관한 것이나. 한 편으론 비천한 출생이지만 다른 한 편으론 죄의 오염이 없는 출생이다. 한 편에서만 보고 그분의 출생을 고백해선 절대 안 된다. 일반 출생법에 따른 남편 요셉과는 상관없는 성령에 의한 잉태((2)③)이기에 원죄와는 무관하다. 동시에 마리아의 몸에서 실제 인간으로 잉태되어 자라서 태어났기에 그녀의 육체적 본질을 지녔다. 이것은 그녀의 영의 기능을 말하는 것이 아니라 육체의 기능을 지녔다고 봐야 한다.

(3)②③ 다윗의 이름과 함께 사용된 용어를 고백한다.

중보자는 **다윗의 씨** 또는 자손이다. 먼저 이 표현은 하나님께서 맹세하시며 다윗과 맺은 언약을 의미한다(시 132:11). 그 언약의 내용은 다음과 같다.

1. 다윗의 후손이 왕위에 영속하고, 그 조건은 하나님의 언약과 교훈을 준수하는 것이지만 슬프게도 그의 후손은 조건을 수행하지 못했다.
2. 이것은 그리스도에게 전가돼 그분이 이 조건을 성취한다는 의미를 담고 있다("그는 선지자라 하나님이 이미 맹세하사 그 자손 중에서 한 사람을 그 위에 앉게 하리라", 행 2:30).

죄들의 용서와 전가된 의를 전제하고 살피는 것이 좋다(시 32:1~2과 롬 4:5~8).

다윗에게 맹세한 **언약은 그 후손들에 의해 파괴됐지만**, 그들 중 그리스도에 의해 성취된다("주 하나님께서 그 조상 다윗의 왕위를 그에게 주시리니", 눅 1:32). 중보자는 약속의 조건을 완전히 성취하므로 아버지를 기쁘게 했다. 다시 말하면, 하나님의 정의를 완전히 만족시켰다는 것이다. 하나님은 자신의 영적 씨앗, 자녀 또는 선택된 자를 그분에게 줬다. 물론 이 놀라운 사역은 영원에서 작정 됐고 시간에서 하나씩 이뤄진다. 또 하나님은 다윗에게 "네 수한이 차서 네 조상들과 함께 누울 때에 내가 네 몸에서 날 네 씨를 네 뒤에 세워 그의 나라를 견고하게 하리라"(삼하 7:12)고 약속했다.

특히 다윗의 씨는 중보자를 의미한다. 이 씨(씨앗)는 여럿을 의미하지 않고 단 한 사람, 즉 그리스도를 의미한다("이 약속들은 아브라함과 그 자손에게 말씀하신 것인데 여럿을 가리켜 그 자손들이라 하지 아니하시고 오직 한 사람을 가리켜 네 자손이라 하셨으니 곧 그리스도라" 갈 3:16). 이런 의미에서 우리는 **육신에 따라 다윗의 혈통, 즉 씨앗**이라고 고백한다(롬 1:3). 이 씨는 죄를 제외하고 만사에서 선택된 자들처럼 되신 분임을 의미한다(「하이델베르크」 35문②). 하나님이신 중보자, 그리스도는 인간성을 입으면서 다윗의 아들이어야 한다(마 1:1; 눅 1:32). 이것은 메시아의 조건이었다(사 11:1). 하나님은 **다윗을 통해 중보자**를 맹세로 약속했다. 그 중보자는 언 듯 보기에 솔로몬과 같은 세속 왕들로 여겨졌겠지만, 아니다. 아니라고 해서 다윗의 후손까지도 아니라는 것은 아니다. 인간이 되시면서 그 약속도 문자적으로 성취되고 영적으로도 성취돼야 한다. 예수님은 자신을 인간으로만 보려는 바리새파와 서기관들에게 물었다. "다윗이 그리스도를 주라 칭하였으니 어찌 그의 자손이 되겠느냐?"(눅 20:44; 시 110:1) 그들은 함구무언이었다. 그들도 메시아가 다윗의 자손이어야 함을 인정하지만 왜 그가 자신의 후손을 향해 주님이라고 불렸는지 몰랐다. 이것은 그리스도의 신성을 의미했기 때문에 그들이 더 이상 대답하지 못했다. 예수님은 종려주간 목요일 하루 동안 있었던 논쟁을 통해 자신이 하나님이심을 밝혔다(20장~21장).

다윗의 씨란 이중성을 가진 것으로 그를 통해, 실패하는 왕들을 통해 메시아를 보게 했다. 영적 의미라고 해서 문자적 의미를 무시하지 않는다. 전자의 뜻은 후자를 통해 비춰봐야 성경의 의미를 참으로 찾게 된다. 성경해석은 동전의 양면과 같다(『개혁신앙이다』, 128).

1. 문자적으로 해석할지 상징적으로 해석할지 신중히 살핀다.
2. 대상이 모든 선택된 자인지 아니면 모든 인류인지 구별한다.
3. 특히 선지서에서 그리스도의 초림과 재림에 대한 것을 구별한다.
4. 단순히 강조하는 문장인지 부정적 표현이지만 강한 긍정을 의미하는지 살핀다.
5. 의미 충돌이 있을 때 일반적 진리인지 아니면 특별한 진리를 의도하는지 살핀다.
6. 하나님에 대한 이중지식 중 어떤 속성을 알리려는지 분별한다.
7. 하나님에 관한 것인지 인간에 관한 것인지 깨닫는다.

이렇게 성경 구절을 해석할 때 담고 있는 이중적 의미를 간과해서는 안 된다. 이것은 성례의 이중적 의미와도 관련을 맺는다. 성례는 표징과 **표징 된 것으로 나뉜다**(「신앙고백서」 27장 2항; 「대교리」 163문①②). 문자적 의미에만 집착하여 성경 신학자들이 문학적으로나 비평학적으로 해석하는 경우가 적지 않은 데 교리적 해석과 함께 해석하지 않으면 자유신학으로 미끄러지기 쉽다. 자칫하면 우리는 자신이 생각하는 메시아를 기대할 수 있다. 이런 헛된 기대는 우상을 만들어낸다. 하나님이신 중보자에게서 신성을 제외시키고 정치적이고 이기적인 메시아만을 학수고대한다. 다윗의 씨 또는 자손이라고 했으니 육체적으로 생각하기 매우 쉽다. 단순히 인간성 아니 성인 또는 초인이라고 기대한다. 인간의 모든 허약함을 능가하는 초인을 기대할 수도 있다.

이런 착각을 배제하려고 다윗은 성령에 따라 고백하기를 자신의 자손을 주님이라고 불렀다(마 22:43; 막 12:36). 예수님은 그리스도가 어떻게 단순히 다윗의 자손이 될 수 있는지 물었다(마 22:45; 막 12:37). 그렇다! 존경받는 다윗마저도 중보자를 하나님이라 불렀는데 어떻게 우리가 그분을 단순히 그의 자손이라고 여기고 정치적, 육체적, 이기적 메시아로 상상할 수 있을까?

(3)④ 중보자의 이중성, 신성과 인성에 관한 고백이다.

우리는 성령으로 시작했다가 육체로 마치면 안 된다(갈 3:3). 다시 한 번 중보자는 마리아의 태의 결실로 태어난 **다윗의 줄기**임을 고백한다. 제사장의 아내인 엘리사벳은 마리아가 젊은 동정녀로서 아이를 잉태한 것에 대해 복을 빌었다. 잉태된 아이가 하나님이심을 알고 있던 엘리사벳은 그녀에게 주님의 모친이라고 불렀다(눅 1:43). 이것은 다윗이 성령의 감동으로 자신의 씨앗을 가리켜 주님이라고 고백한 것과 같은 의미를 담고 있다. 그녀가 잉태한 아이가 하나님이심을 엘리사벳은 확신했다.

동정녀라는 의미는 두 가지를 담고 있다. 무쇠성을 의미하기에 완전한 신성을, 마리아에게 태어났으니 완전한 인성을 담고 있다. 특히 **다윗의 줄기**라는 고백은 문자적으로 다윗의 계보에 속한 분이지만 동시에 그가 바라보는 그리스도에 관한 신앙을 가지라고 말하는 것이었다. 이런 면에서 역대기는 열왕기에 이어 제2의 다윗이라는 관점으로 쓰인 것이다.

이 확신을 가진 선지자 예레미야는 심판과 공의를 세우시는 분임을 예언했는데(렘 33:15~16) 그는 이미 메시아, 즉 중보자가 어떤 분이며 어떤 사역을 할 분임을 알고 있었다. 생수의 근원(2:13), 선한 목자(23:3; 31:10), 의로운 줄기(23:5), 구속자(50:34), 공의로운 주님(23:6), 다윗 왕(30:9), 그리고 새 언약을 맺는 분(31:31~34)이라고 명명했다. 정말 그는 신성과 인성을 지닌 중보자에 관해 뚜렷하게 알고 예언했다.

(3)⑤ 중보자는 다윗의 씨만 아니라 **이새의 뿌리**에서 나온 분임을 고백한다(사 11:1).

단순한 뿌리라기보다 그루터기(stump 또는 dry stock)라고 보는 것이 좋다. 선지자 이사야는 하나님을 아버지로 묘사하면서 자녀가 실패를 거듭하는 가운데 있을 때 마침내 역사에 개입하는 분이라고 선언한다. 바벨론 유수가 끝난 후에 메마른 뿌리에서 새싹이 돋아나는 것처럼 하나님은 다윗의 약속을 메시아를 통해 이룰 것이라고 예언한다.

그런데 다윗의 가지 또는 씨앗이라는 데 그치지 않고 이새의 이름을 사용한 것은 특이한데 이것은 그리스도의 두 신분 중 낮아지심을 상징한다. 다윗이라면 왕직을 떠올리지만 그의 부친 이새라고 하면 **낮은 신분**을 떠올리기 때문이다. 이새는 양을 치는 사람에 불과했다(삼상 16:11;

삼하 7:8). 그리스도의 낮아지심은 선택된 자에게 놀라운 위로가 된다. 그분의 구유에서 태어나심 역시 우리에게 넘치는 위로이다. 이새의 뿌리라는 고백은 인간이 되심으로 허약한 인간에 대해 아시고 자비함을 베푸는 것을 상징으로 나타내고 있다(히 2:14~16 참고).

(3)⑥ 중보자의 신성에 관한 고백이다.

신성을 지닌 중보자는 유다로부터 났다(히 7:14). 이 말씀은 매우 특이한 의미를 담고 있다. 났다는 것은 나타나다 또는 일어난다(rise[눅 12:54; 벧후 1:19] 또는 spring up[마 13:6])는 것이고, 나무의 뿌리에서 나오다 또는 별이 나타난다는 뜻이다. 메시아는 다윗의 뿌리에서 나오고 제사장과는 무관한 **유다 족속 출신**이라고 밝힌다. 이것은 제사장 **멜기세덱**을 향하고 있다(7:15). 메시아, 즉 중보자는 한 편으로 다윗의 씨앗, 다른 한 편으로 멜기세덱의 반열을 따른다(「벨지카」 21항(1)①). 이것은 그분의 출신을 인간이며 왕인 다윗에게 제한하지 말고, 인간 측면의 해석에 머물러 정치적, 육체적, 이기적 해석을 하지 말 것을 경고하는 말씀이다. 동시에 하나님 측면의 해석을 적용해야 한다고 가르친다. 중보자는 신성과 인성을 지니신 분이다.

(3)⑦⑧ 중보자의 신성과 인성에 관한 고백의 결론이다.

그분은 유대인, 특히 족장을 조상으로 둔 것처럼(롬 9:5) 그들 중 한 명이고 아브라함의 씨앗이다. **아브라함의 씨앗과 다윗의 혈통**이란 그리스도의 인성을 강조하기 위함이다(「벨지카」 18항(3)①~⑧). 또 동정녀 탄생이란 의미는 그녀를 통로만으로 사용한 것이 아니라는 것이다(2권 13장 3항,

391~392). 그녀의 본질을 지녔기에 참 인간이었을 뿐만 아니라 성령으로 잉태됐기에 무죄하다는 의미이다(「대교리」 37문). 더욱이 그분의 무죄성을 나타내는 동정녀 탄생에 관해 고백하는 것은 그분의 신성을 의미하는 것이다(2권 13장 4항, 392).

유대인 중 한 명이지만 신성을 지닌 분이라고 바울은 선언한다. 이처럼 히브리서도 **아브라함의 후손**이지만 신성을 지닌 분이라고 선언한다(히 2:16~17). 유대인은 아브라함의 후손이라고 말할 때 그것이 갖는 특권을 생각한다. 이에 따라 선택된 자는 과거에 이방인이었지만 **하나님의 자녀**라는 특권을 갖는 것을 의미한다. 실제로 아브라함도 이방 나라에 있을 때 부르심을 받았다(창 12:1; 롬 4:9~10). 중보자는 이 사역을 대제사장으로 수행했다. 중보자는 천사와 같지 않고 인성을 지닌 분이기에 아브라함의 씨이며, 자신이 대속물이 되고 대제사장인 멜기세덱의 반열에 속한 분이다. 이렇게 중보자의 신성과 인성에 관한 고백을 마무리한다.

중보자의 두 본성은 아브라함의 자손, 즉 선택된 자를 돕기 위해 취하신 것이다. 돕는다는 것은 계산하다(to owe it, 몬 1:18), 빚을 지다(debt[눅 7:41; 롬 13:8]), 또는 마땅하다(have to 또는 ought to[롬 15:27]) 뜻을 지닌다. 도덕적 의무의 빚이 있거나 마땅히 수행해야 한다는 의미이다. 이것은 중보자의 성육신을 요구한다. 중보자는 신실하고 자비로운 대제사장으로 누구든 도울 수 있고, 누구든 의지할 수 있는 분이다. 우리의 대속자 또는 구속자는 곧 중보자이고, 우리와 같이, 즉 인간이 되신 분이다.

지금까지 성육신에 관한 진리를 소상하게 고백했다. 어떤 이는 그냥 간략하게 말할 수 있는 것을 굳이 성경적 증거를 통해 반복하면서 언급하는 이유가 뭔지 물을 수도 있겠지만 모든 진리는 성경에 근거해야 한다. 문자적 근거에 머물지 말고 그 의미가 어떤 의도에서 언급됐고 왜 계속해서 사용하는지 파악하지 않으면 진리를 왜곡하여 잘못 적용하고 잘못 믿게 된다. 이런 의미에서 성육신에 관한 진리에 이어 그분에 관한 지식이 다음 항목(제19항)에 이어진다. 게다가 성경 전체에서 의도하는 의미를 보지 않고 부분이나 단어에만 집착하다 보면 본래의 의미를 왜곡시킬 수도 있다.

19항: 그리스도의 위격에 있는 두 본성의 연합과 구별
(Of the Union and Distinction of the Two Natures in the Person of Christ)

(1) We believe ① that by this conception, the person of the Son is inseparably united and connected with the human nature;
② so that there are not two Sons of God, nor two persons, but two natures united in one single person:
③ yet, that each nature retains its own distinct properties.

(2) As ① then the divine nature hath always remained uncreated, without beginning of days or end of life, filling heaven and earth:
② so also hath the human nature not lost its properties, but remained a creature, having beginning of days, being a finite nature, and retaining all the properties of a real body.

(3) And though he hath by his

(1) 우리가 믿는 것은 ① 이 수태로 인해 아들의 위격은 불가분하게 인성과 **연합하고 연결돼** 있기에(요 1:14, 10:30; 롬 9:5; 빌 2:6~7),
② 하나님의 두 아들이나 두 위격(인격)이 아니라 두 본성이 **단 하나의 위격에 연합되었다는** 것이다.
③ 하지만 각 본성은 자체가 지닌 독특한 특성을 보유하고 있다.

(2) ① 신성이 하늘과 땅을 **채우면서**([통치하면서], 마 28:20) 날의 시작이나 생명의 끝도 없이, 창조되지 않은 채로 항상 남아있는 것처럼[요 17:5; 히 7:3]
② 인성도 그 자체의 특성을 파멸하지 않고 피조물로 남아있지만, 날의 시작이 있고 유한성이고 실제 몸의 모든 특성을 보유하고 있다(딤전 2:5).

(3) 비록 그분이 자신의 부활로 불멸

resurrection given immortality to the same, nevertheless he hath not changed the reality of his human nature; forasmuch as our salvation and resurrection also depend on the reality of his body.

(4) But these two natures are so closely united in one person, that they were not separated even by his death.

(5) Therefore that which he, when dying, commended into the hands of his Father, was a real human spirit, departing from his body.

(6) But in the meantime the divine nature always remained united with the human, even when he lay in the grave.

(7) And the Godhead did not cease to be in him, any more than it did when he was an infant, though it did not so clearly manifest itself for a

성을 몸에 주었지만 그분은 인성의 실재[본성]를 변화시키지 않았다(마 26:11; 눅 24:39; 요 20:25; 행 1:3, 11, 3:21; 히 2:9). 그 이유는 우리의 구원과 부활 역시 그분의 몸의 실재[본성]에 의존하기 때문이다(고전 15:21; 빌 3:21).

(4) 하지만 두 본성은 한 위격 안에 너무나 밀접하게 연합되어 있어 그분이 죽은 가운데서도 분리되지 않았다.

(5) 그러므로 죽을 때 그분이 아버지 손에 맡겼던 것은 자신의 몸을 떠난 실제 인간의 영이었다(마 27:50).

(6) 무덤 가운데 누워있을 때라도 신성은 항상 인성과 연합한 채로 있었다(롬 1:4).

(7) 그리고 신격(하나님 됨)은 그분 안에서 멈춘 적이 없고, 비록 한동안 분명히 드러나지 않았지만, 유아 때에도 그러하였다[눅 2:41~52].

while.

(8) Wherefore we confess, that he is very God, and very Man: very God by his power to conquer death; and very man that he might die for us according to the infirmity of his flesh.

(8) 그러므로 우리가 고백하는 것은 그분은 참 하나님이시고 참 인간이라는 것이다. 다시 말하면, 죽음을 정복하는 권능인 면에서 참 하나님이시고, 육체의 허약함에 따라 우리를 위해 죽으신 면에서 참 인간이라는 것이다.

중보자로서 지녀야 하는 두 본성, 즉 신성과 인성은 두 위격이 아니라 한 위격 안에 있는(위격적으로 연합된) 두 본성이다. 이 의미는 제2위격인 하나님 아들이 당연히 신성, 즉 다른 위격과 동일한 신적 본질을 지니고 있다는 것이다. 이에 따라 우리는 하나님 아버지와 그 아들이 단일한 본질 또는 동일본질을 지녔다고 고백한다(「벨지카」 8항①). 그렇지 않으면 한 분 그리스도는 하나님 아들과 인간 아들이 될 수 있다고 말하므로 두 본성이 아니라 시대에 따라 그 양태로 변화하거나 아니면 두 본성이 섞여 있다고 왜곡했거나 왜곡할 수 있으니 이번 항목에서 분명히 정립할 수 있기를 바란다.

두 본성이 위격적 연합된 그리스도는 각 본질, 즉 본성에 따라 고유한 사역을 수행한다(「신앙고백서」 8장 6항①). 신성은 신적 사역을, 인성은 인간적 사역을 수행한다. 전자는 높아지신 신분(「대교리」 51문~56문; 「소교리」 28문), 후자는 낮아지신 신분(「대교리」 46문~50문; 「소교리」 27문)과 관련을 맺는다. 이 두 신분은 중보자, 즉 그리스도가 3중직(「대교리」 36문~42문; 「소교리」 23문~26문)을 수행하면서 드러난다. 그렇다고 구분해서 봐선 안 되고 이해를 돕기 위한 구별일 뿐이다. 신성과 인성은 고유한 사역을 수행하면서 서로 연합돼 있으며 구분된 것이 아니라 구별될 뿐이다. 만일 구분됐다고 한다면 삼위일체 하나님이 아니라 사위일체 하나님이 되므로 끔찍한 괴물을 낳고 말 것이다. 한 위격 안에 구별된 두 본성이 있을 뿐이다. 이것은 두 본성의 연합이 위격적임을 의미한다. 두 본성은 위격적 연합으로 서로 관련돼 있다. 이 연합은 영원한 것이므로 연합됐다가 사역이 종결되면 결합도 종결되는 그런 것이 아니다. 어렸을 때부터 죽으셨을 때라도, 부활 후 승천하셔서도, 재림하신 후에도 영원히 두 본성의 위격적 연합은 지속된다.

두 본성의 위격적 연합((1)(4)(7)), 고유한 사역과 성격((2)(3)(5)(6)), 그 목적((8))에 관한 고백이 차례로 진행된다.

(1) 두 본성의 위격적 연합에 관한 고백이다.

(1)① 영원한 그분의 본성이 시간 속에 연합이 일어난 것에 관한 고백이다.

아들의 위격은 하나님 아들, 즉 제2위격의 하나님을 의미한다. 제2위격의 하나님은 인성과 위격적으로 연합돼 있다. 성령의 권능이 동정녀 마리아에게 예수님을 수태하게 하므로(「벨지카」 18항(2)③) 제2위격이신 하나님 아들은 육신을 입으면서 그녀의 본질을 갖게 됐고(「신앙고백서」 8장 2항②), 영원한 말씀은 육신이 됐다(요 1:14). 인간 측면에서 볼 때 됐다는 것은 상태의 변화를 의미하기에 하나님이 인간이 된 것이라고 고백한다. 그분은 출생의 출입구에 들어서서 인간 존재에 처하게 됐다. 우리

가운데 거하게 됐으니 마치 일시적인 장막을 친 것처럼 여겨진다. 인간의 비참한 삶과 환경, 제한된 삶을 지니고 허약한 인성을 지니게 됐다.

그런데 이단 가현론자(Docetists)는 그분이 인간처럼 보일 뿐이라 주장하지만 절대로 그렇지 않다. 그분은 현실에서 실제로 인간이 되신 것이다. 성육신이 은혜와 진리(진실한 은혜, 요 1:14)로 완전히 명시됐다는 선언은 인간을 향한 하나님의 불쌍히 여김과 진리를 이해하게 하는 가장 완전한 길이 나타났다는 것이다.

또 한 위격에 있는 신성과 인성은 위격적 연합(Hypostatic union)으로 연결돼 있다.「하이델베르크」48문;「신앙고백서」8장 2항, 7항②) 부분적 결합이나 공유를 한 것이 절대 아니다. 이 연합은 영과 육의 연합 또는 그리스도와 우리의 연합을 연상하면 이해하는 데 도움이 된다. 구분된 신성과 인성의 결합이 아니라 신성이면서 인성의 구별이다. 결합해서 섞이거나 하나로 변화되거나 분리된 것이 절대 아니다. 신성과 인성의 연합에 관한 신학 논쟁은 제1차 에페수스 범종교회의(431)에서 일어났고 그리스도론(특히 그리스도의 인성 중심) 정립에 있어 매우 중요했다.

마리아에게 붙인 하나님의 모친, 즉 테오토코스(Θεοτόκος)라는 칭호에 관해 콘스탄티노폴리스 대감독 네스토리오스(Nestorius, 약 386~약 450)와 알렉산드리아 대감독 키릴로스(Cyril of Alexandria, 약 376~444) 간에 논쟁이 있었다. 네스토리오스는 하나님이 절대로 태어날 수 없다고 주장하면서 그리스도의 구분된 두 위격을 주장하면서 나사렛 인간 예수님이 연합됐지만 하나님과 분리돼 있다고 했다. 이에 반해 키릴로스는 네스토리오스를 가리켜 신 양자론자라고 했다. 그것은 인간 예수님이 하나님 아들이라고 할 때 은혜에 의해서만이지 본성적이지 않다는 이유에서이다. 그러면서 키릴로스는 네스토리오스에게 서신을 쓰면서 그리스도의 신성과 인성 간에는 위격적(hypostatic)이란 단어를 사용했다. 그리고 칼케돈 범종교회의(451)에 이르러 그리스도 안에는 두 본성, 즉 신성과 인성이 위격적 연합하여 공존한다고 승인했다((1)③). 이 결정은 현재까지 정통신앙으로 수용된다.

두 본성의 연합에 관해 말씀이 육신이 됐다고 말할 때의 의미 3가지는 (1)의 각각의 순서와 동일한 것을 칼빈 선생에게서 볼 수 있다(2권 14장 1항, 393~394).

1. 그분이 육체로 변했다거나 육체와 혼합됐다고 혼동하면 안 된다.
2. 하나님 아들이 인간 아들이 된 것은 본질의 혼동이 아니라 위격적 연합이다.
3. 그리스도 안에 두 본성은 특성들의 교통이다.

(1)② 그리스도에 관한 **양성론**(dyophysitism)을 고백한다.

그리스도, 즉 단 하나의 위격(제2위격)에 있는 두 본성은 두 위격, 두 그리스도 또는 하나님 아들과 인간 아들이 절대 아니다. **두 본성이 한 위격 안에 있고, 한 위격 안에 두 본성의 연합**(unity)이지(「하이델베르크」 48문; 「신앙고백서」 8장 2항③) 결합(combination)이 아니다. 이 연합은 위격적으로 분리될 수 없다((4), 「신앙고백서」 8장 7항②). 위격적 연합은 구별된 세 위격의 연합처럼 분리, 구분, 혼동, 혼합된 결합이 아니라는 것이다. 칼케돈 범종교회의(451)에서 로마 감독 레오 1세(Leo I, 440~461)는 그리스도께서 신성과 인성을 가졌고 구별되고 완전히 연합돼 있어 혼동이나 나뉘지 않는다고 설명했다. 이 견해는 흔히 양성론이라 불리고 이것을 수상하는 양성론자를 칼케돈 지지자(Chalcedonians)라고 부른다.

양성론은 제2위격(하나님 아들) 안에 두 본성이 완전하고 완벽하게 연합하고 있음을 말한다. 이 정통신앙을 반대하는 자를 단성론자라 부른다. 양성론은 정통신앙이고, 단성론은 이단사상이다. 그리스도론(기독론)과 관련된 양성론과 유사한 신학 용어들이 있는데 대표적인 것이 단성론(monophysitism)과 합성론(miaphysitism)이다. 전자는 그리스도에게는 오직 신성이나 인성만이 있다는 것이고, 후자는 그리스도에게 신성과 인성이 있지만 한 본성이라는 것을 강조한다. 합성론은 두 본성 안에 있는 한 위격을 강조하는 양성론과는 사뭇 다르게 한 본성 안에 신성과 인성이 있다거나 두 본성이 한 본질(본성, physis)로 있다고 한다. 혹자는 단성론이나 합성론이 다를 바 없다고 주장하지만 그렇지 않다. 전자는 두 본성이 하나라는 것에 중점을 두지만, 후자는 두 본성이 하나가 됐다는 것에 중점을 둔다. 당시 칼케돈은 후자를 정통신앙으로 인정했고, 후에는 양성론으로 수정하였다. 크게 다를 바 없지만 헷갈릴 수 있으므로 그 취지를 충분히 살린 수정이라 여긴다.

(1)③ 한 위격 안에 있는 독특한 두 본성에 관한 고백이다.

제2위격 안에 있는 두 본성의 연합 형태는 위격적이다. 위격적이라고 해서 본성이 위격이 아니기에 두 위격의 연합이라고 생각하면 안 된다. 구별된 삼위 중 제2위격은 하나님 아들의 위격이고, 그 위격 안에 두 본성이 서로 위격적 연합으로 이뤄져 있다는 의미이다. 두 본성의 연합은 구분이 아니라 구별을 의미하지만 각자 독특한 특성이 있다. 이것은 삼위일체의 세 위격이 구별된 특성을 가진 것과 유사하다(「벨지카」 8항③).

신격 간의 구별은 우리가 알 수 없으나 세 위격의 고유한 직무와 활동을 통해 알 수 있다(「벨지카」 9항(3)②). 그렇다고 세 위격의 직무, 활동 또는 사역이 그 본체의 정체라고 보면 큰 잘못이다.

중보자의 두 본성 중 신성은 신적 본질을, 인성은 인간의 본질을 지니고 있다. 그렇지만 신성과 인성의 사역과 상태는 혼동이나 충돌이 있는 것은 절대 아니다. 앞 항목(18항(3))에서 언급했듯이 성경은 여러 이름을 사용하면서 그분의 사역과 그분에 관한 이해를 하도록 했다. 인간 측면에서는 신성과 인성이 연합되어 있으면서 혼동이나 충돌 없이 독특하게 활동할 수 있는지 이해하기 어렵다.

하지만 이것은 다시금 하나님 측면, 즉 영원과 영이라는 측면을 고려하지 않았다는 것을 의미한다. 이것은 하나님의 예정과 인간의 자유의지가 혼동되거나 충돌이 없는 것과 같은 이치이다. 하나님께서 복음을 인류에게 선포할 때도 선택된 자와 유기된 자에게 동일하게 선포하는 것처럼 보여도 구별 나는 것과 같은 이치이다. 한 위격 안에 두 본성의 연합에는 인간 측면에서 본 것처럼 변화, 구분, 혼합 또는 혼동이 없다 (「신앙고백서」 8장 2항③).

그리고 시민 정부와 교회 간에 있는 구별과 같은 이치이다(「신앙고백서」 30장 1항). 두 기관을 구분 짓는 것은 옳지 않다. 그렇다고 혼동해서도 안 된다. 한쪽으로 치우치면 단성론을 갖게 되는 것처럼 신성, 즉 전자를 강조하면 신권정치로, 인성, 즉 후자를 강조하면 녹재정치로 흐른다. 진정한 의미에서 인권을 위한 참된 정치란 역사에 있지 않았다. 누구든 나름대로 신앙이 있기에 그 신념에 따라 의도를 갖고 정치할 것이기 때문이다. 그런데 그리스도교를 신봉하면서 시민 정치에 적용한다는 자체가 혼동과 충돌을 부추기는 꼴이 된다. 중세시대 로마가톨릭이 전자의 경우였다면, 근대 시대의 계몽운동이 후자의 경우라고 여길 수 있다.

그리스도의 한 위격 안에 위격적으로 연합된 두 본성은 완전히 구별되고 영원하다(「대교리」 36문;「소교리」 21문). 그래서 하나님 아들이 인간으로 변했거나 그분의 신성이 인성을 삼켰다는 주장(유티케스주의)은 이단 사상으로 단성론의 부류에 속한다. 또 신성과 인성이 결합하여 두 위격처럼 있다고 하는 견해도(네스토리우스주의) 단성론의 부류에 속한다. 중보자는 신성과 인성의 고유한 사역으로 우리와 하나님 간에 화해를 이뤄낸다. 그래서 그분의 사역은 전인격적이라 말한다(「대교리」 40문).

독특한 특성을 보유하고 있다는 의미는 한 위격 안에 있는 구별된 두 본성이 사역을 통해 하나님의 존재를 인간에게, 인간을 위해, 인간 때문에 계시 또는 명시한다는 것이다. 신성은 신적 사역을, 인성은 인간적 사역을 수행한다. 하지만 구분해서 생각하려고 시도하지 말아야 한다. 두 사역이 충돌이나 혼동 없이 수행하면서 그분의 하나님 됨과 인간 됨을 우리에게 명시한다. 그렇게 되므로 우리는 그분의 실존에 관해 깨닫게 되고, 고백하게 되고, 찬양하게 되고, 신뢰하게 되고, 영광을 돌리게 된다.

(2) 중보자의 두 본성, 즉 신성과 인성의 성격에 관한 고백이다.

(2)① 성육신하신 하나님 아들, 즉 그리스도 또는 중보자의 신성에 관한 고백이다. 먼저 그분은 영원한 신성을 지녔기에 당연히 우리는 그분의 **편만성**을 고백한다. 신성은 죽음 가운데서도 인성과 함께했다((6)). 여

기서 말하는 인성은 단순히 육체를 의미하는 것이라고 말하기 쉽지 않다. 그 이유는 신성과 인성의 연합이 단순한 것이 아니고, 신비로운 것이기 때문이다. 위격적 연합이란 말 외에는 표현하기 어렵다. 이것은 두 본성의 영원성을 의미하는 것이라 본다.

또 그리스도의 선재(pre-existence of Christ)와 관련을 맺는다. 이것은 중보자의 신성이 영원하다는 것을 말한다. 그리스도는 세상을 창조하기 전에 계신 영원한 하나님 아들이다(요 1:1~4, 17:5). 먼저 날의 시작이나 생명의 끝이 없는 영원한 분이니 성경적으로 말하면 멜기세덱을 떠올리고(히 7:3; 「벨지카」 21항⑴①), 신성의 속성과 관련시켜보면 그분의 무한성 또는 영원성을 떠올린다(「벨지카」 1항②). 이 고백은 인간적이고 이성적 이해란 불가능하기에 그분의 속성에 관해 어떤 상상력도 가지지 말아야 할 것을 권한다. 신성, 하나님의 속성과 사역, 섭리 또는 작정과 같은 진리를 언급할 때마다 그분의 측면에서 본 영원을 항상 떠올리면서 적용해야 한다. 그렇지 않고 그리스도를 가시적으로 떠올리면 신약성경 시대에 바리새파, 장로와 대제사장이 고수했던 그런 자세를 취하게 된다. 교회 역사에서 이런 자세를 취하므로 이단 사상으로 흐른 경우를 종종 보게 된다. 인간적 상상과 이해만으로 그분에 관한 것이 그분에 대한 지식의 모든 것이라고 논하기 시작하면 큰 오류를 범한다.

이 고백은 그리스도께서 영원한 대제사장 멜기세덱과 같은 분임을 상기시킨다. 멜기세덱은 실제 인물인 동시에 그리스도의 성육신을 예시하는 인물이고, 그분이 무한하고 영원한 대제사장임을 예상하고, 성육신 전 그분을 명시하는 자였다. 예수님도 세상을 떠나기 전 제자들과 우리를 위한 기도에서 "창세 전에 아버지와 함께"와 "아버지께서 창세 전부터"(요 17:5, 24)라고 말씀하시면서 자신이 영원한 하나님이심을 밝혔다. 이와는 달리 그리스도의 선재에 대한 부정은 4세기 이단 아리오스파, 중세시대 토마스 아퀴나스, 종교개혁 시대 소찌니파, 근대 슐라이어마허(Friedrich Schleiernach, 1768~1834)와 리츨(Albrecht Ritschl, 1822~1889), 현대 루돌프 불트만(Rudolf Bultmann, 1884~1976), 이단 여호와의 증인과 모르몬교(예수 그리스도 후기 성도교회) 등이 있다.

(2)② 성육신하신 중보자의 인성에 관한 고백이다.

성경의 위대한 인물 중 욥은 자신의 중보자를 사람 가운데 찾을 수 없다고 불평한다(욥 9:33). 그는 자신의 형편을 대신 말해줄 자가 절실했지만, 죄들을 용서해주는 중보자가 아니라 단지 자신의 무죄를 증명해 줄 자를 바랐던 것이었다. 그는 친구들과의 논쟁을 통해 점차 그분이 어떤 분인지 깨닫고 그분에게 고백한다(욥 16:20~21, 19:26~29). 이처럼 중보자는 사람의 입장만을 변호하는 분도 아니고 하나님의 입장만을 선포하는 분도 아니다. 양편의 다리 역할을 하는 분이다.

중보자의 신성((2)①)에 이어 인성에 관한 고백으로 인간 육체의 모든 특성이 있었다는 것이다. 이런 면에서 유한성이라 고백한다. 부활로 인해 그분의 몸이 불멸성을 지니게 됐더라도 그분의 인성이 변화된 것이 아니다((3)①). 구속 사역에 있어서 인간의 본질인 허약함과 유한성을 온전히 지니시고 수행했다는 의미이지 그분의 인성이 부활 후 불멸하게 됐다는 것은 다른 이야기이다.

인간이 타락하여 하나님을 모반했으니 그 처벌을 받아야 하지만 누구도 그것을 감당할만한 자가 없다. 인간으로서 하나님의 정의에 따른 진노를 감당할 자가 없다. 엄청난 처벌일 뿐만 아니라 영원한 처벌이기에 불가능하다. 이제 하나님 아들은 마리아의 몸에 잉태되므로 그녀의 육체적 본질을 가지고 태어나서 **실제 인간**이 됐다(「대교리」 37문). 실제 인간으로서 그의 의무를 몸소, 완전히 수행하면서 고통을 당하고 허약함을 공감했다(「대교리」 39문①). 인류의 구원을 위해서 대신 죄인이 돼야(「돌드레히트」 2장 2항) 하나님의 정의를 만족시킬 수 있고(「벨지카」 20항①; 「돌드레히트」 2장 1항, 2항; 「하이델베르크」 12문, 16문①, 40문; 「신앙고백서」 11장 3항②; 「대교리」 71문①), 그분의 진노를 달랠 수 있고(「벨지카」 21항(1)②), 속죄의 대가를 지불할 수 있고(「벨지카」 34항(1)①), 유일하고 가장 완전한 만족이(「돌드레히트」 2장 3항; 「하이델베르크」 40문, 79문) 될 수 있기 때문이다. 인간이 되셨기에 모든 처벌, 진노, 죽음 또는 저주를 받으므로 하나님의 정의를 영원히 만족시키고 우리의 중보자가 될 수 있었다.

중보자는 실제 몸을 가졌기에 피곤했고 목말랐을 뿐 아니라(요 4:6~7) 인간이 겪는 성장, 고통, 아픔, 괴로움, 슬픔을 친히 담당했다. 그분은 인간에게 준수하라고 명한 모든 율법을 이행해야만 했다(롬 8:3~4). 율법에 순종해야만 했고, 불순종의 저주를 몸소 받으시며 자신을 희생제물로 드렸다. 인간이 겪는 극한의 고통과 처벌을 실제 몸으로 받았지만, 자신의 죄 때문이 아니라 전적으로 우리의 죄 때문이었다.

(3) 중보자의 인성에 관한 고백이다.

그분의 인성에 관한 고백((2)②), 즉 그리스도의 낮아지심((2); 「소교리」 27문①②)에 이어 높아지심에 관한 고백이다. 높아지심은 부활로 시작하여 승천, 우편에 계심, 재림과 심판으로 이어진다(「신앙고백서」 8장 4항④; 「대교리」51문; 「소교리」 28문). 이것은 중보자의 사역에서 낮아지시고 높아지신 신분을 의미하는 것이지 그분의 두 본성이 낮아졌다가 높아진 변화를 의미하지 않는다.

특히 구속 사역에서 그리스도의 부활을 언급하지 않으면 그 사역은 여전히 미완성이다. 그 이유는 다음과 같다(2권 16장 13항, 416~417).

1. 그리스도의 죽으심을 통해 우리는 하나님과 화해되고, 하나님의 공의로운 심판이 만족 되고 저주가 제거되고 처벌이 완전히 지불된다. 그래서 그분의 죽으심을 언급할 때마다 부활에 속한 것을 동시에 이해해야 한다.
2. 부활로 인해 육신을 죽이고 하늘을 바라보고 새로운 삶을 추구하고 의로 거듭난다.
3. 그리스도의 부활은 우리의 부활에 관한 증거이다.

영의 불멸성을 인정하지 않는 자는 육체에서 영이 떠나면 그것과 함께 영도 멸망한다고 주장한다. 게다가 육체와 영이 분리되기 전에는 밀접한 관련을 맺고 있다고 주장한다. 일반적으로 철학자나 불신자는 이런 주장을 펼친다(1권 5장 5항, 54; 1권 15장 6항, 161). 영의 불멸을 알 수 있는 가장 쉬운 방법은 영이 결코 변하거나 늙지 않는다는 것이고, 시공간을 넘나든다는 데 있다. 영적인 것에 무관심한 자는 종교성이나 경건함에 무관심할 수밖에 없다. 하나님은 창조할 때 인간이 불멸의 영을 갖게 했다(「신앙고백서」 4장 2항①; 「대교리」 17문②).

일반적으로 영이 육체를 떠날 때(죽을 때) 그 영은 하나님께로 돌아간다(「신앙고백서」 32장 1항①). 의인과 악인의 영은 각각 다른 곳으로 간다.

전자는 몸의 완전한 구속을 기다리면서 빛과 영광 가운데 계시는 하나님의 얼굴을 바라보지만, 후자는 지옥으로 떨어져 고뇌와 어두움 가운데 있으면서 마지막 심판을 고통스럽게 기다린다(「신앙고백서」 32장 1항①②③). 전자는 불멸의 미래를 바라보며 이 세상에 살지만, 후자는 죽음으로 모든 것이 끝난다고 보며 이 세상에서의 만족을 위해 산다. 전자는 죽음, 부활과 심판을 기대하며 살지만, 후자는 그 모든 것을 두려워하면서 살아간다. 그 이유는 이 세상에서 범한 모든 것에 대한 심판을 바라지도 원하지도 않기 때문이다. 이 세상에서 죄를 범해도 요령 있게 피할 수 있었는데 양심의 심판을 받을 때 그 모든 것이 백일하에 드러난다면 그 고통, 수치와 부끄러움을 감당할 수 없을 뿐 아니라 영원한 처벌이기 때문이다. 경건한 자는 현재의 삶과 미래의 삶을 살지만 불경건한 자는 현재의 삶에만 몰입하여 살아간다. 전자는 죽음을 늘 묵상하며 살아가지만, 후자는 죽음을 직면하고서야 슬피 울며 후회한다.

그리스도는 몸에서 영이 떠나 육체적으로 죽었지만 3일째 살아나서 불멸성을 지니게 됐다. 그분은 부활의 첫 열매이기에 우리 역시 심판 날에 부활하여 그분처럼 영광스러운 육체로 순식간에 변화하여 불멸성을 지니게 된다(「벨지카」 37항⑵②). 그 육체의 본질이 바뀌지만 고유한 것은 변하지 않기 때문에 죽었을 때와 같은 육체를 갖는다(「벨지카」 37항⑵①; 「신앙고백서」 32장 2항②). 우리의 육체는 그분의 영광스러운 것과 일치한다(「신앙고백서」 32장 3항②).

(4) 한 위격 안에 영원히 연합된 위격적 연합에 관한 고백이다.

한 위격 안에 위격석으로 연합된 두 본성에 대해 두 위격 또는 두 그리스도라고 말하면 안 된다((1)②). 그리스도는 구별된 두 본성이 한 위격 안에 연합된 영원한 하나님과 인간이다(「대교리」 36문; 「소교리」 21문). 어느 시점에서 인성을 입었다는 추론이 옳지 않음을 알 수 있다. 영원한 분이 어느 시점에서 시작된 것처럼 보이는 것은 우리 측면에서의 해석이고, 우리의 논리적 이해를 위함이지 실제는 그렇지 않다((3) 참고).

그런데 어떤 이는 신성과 인성이 연합됐다고 하니 신격과 인격의 결합으로 두 인격이거나 하나님 아들과 인간 아들의 결합이라고 설명하곤 하는데 그릇된 견해이다. 이런 그릇된 주장은 본성을 본체로 보고, 본질로 보지 않기 때문이다. 본질(substance)은 일반적 존재이고, 본체(subsistence)는 특유한 존재이다. 전자는 일반적 속성이고, 후자는 특별한 속성이라고 말해도 좋다. 본체는 위격(hypostasis)을 말하고 특성(property)이라는 뜻이다(「벨지카」 8항①; 「대교리」 9문③). 존재라는 의미는 성격, 속성 또는 특성을 말한다. 존재(being 또는 essence)라고 해서 실존(existence)처럼 이해하면 절대 안 된다. 이런 견해는 세속 철학자가 만든 가공된 것이다. 그렇다고 **존재를 성격으로만 제한시키면 더 큰 문제가 발생한다**. 성격으로 보는 것이 옳은 것이지 성격이 곧 존재라고 한다면 그릇된 견해가 된다.

삼위일체 하나님이 세 위격이라면, 구별된 세 본체가 있다는 것이다(1권 13장 2항, 114; 『해설자용』, 92~93). 그런데 한 위격 안에 두 본성이 연합돼 있지 않고, 두 위격(신격과 인격)이 있다고 주장하면 사위일체, 즉 하나님, 아들의 신성과 인성, 성령이 계신다는 것이다(1권 13장 25항, 133). 이런 오류는 본성을 본체, 존재 또는 실재로 보기 때문이다. 앞에서 존재를 성격이라고 이해하는 것이 좋다고 제안했는데 존재가 성격이라고만 제한시키면 네스토리오스파(Nestorists) 주장과 다를 바 없다(『진리의 보고』, 391). 정말 종이 한 장 차이로 정통과 이단이 나눠지므로 배우는 데 익숙해 있어야 한다. **본질이나 본체가 모두 성격, 즉 존재를 의미하지만 본질과는 다른 본체라는 존재이다.** 그리스도는 그 본질 안에 신성이라는 존재(본체)와 인성이라는 존재로 연합돼 있다. 이 놀라운 신비는 인간의 이성으로는 도저히 풀 수 없다. 굳이 이해하고자 한다면, 그분의 신성은 본질이고, 그 본질(신성)과 인성의 연합이 곧 성육신이다.

그리스도는 한 위격 안에 신성과 인성이 밀접하게 연합돼 있다. 이 연합의 개념을 설명하기 위해 영과 육의 연합을 떠올릴 수 있지만 다른 연합이다. 그 이유는 영과 육의 연합은 분리될 수 있지만 두 본성의 연합은 위격적이어서 **분리되지 않기 때문이다.** 후자의 연합은 위격적 연합이다(「하이델베르크」 48문). 아들의 두 본성은 어릴 때, 죽을 때, 장사 됐을 때, 심지어 부활한 후에도 영원히 연합돼 있다((5)(6)(7)(8); 「대교리」 36문). 육체적 또는 일시적 죽음은 단순히 영과 육의 분리이고((5); 「신앙고백서」 32장 1항④), 부활로 영과 육이 다시 연합된다. 두 본성은 분리되지 않은 위격적 연합으로 영원히 있다(「소교리」 21문). 성육신하신 아들의 몸, 즉 육은 인성만 아니라 인간의 영도 입었다. 죄성이 없는 인성이고 파멸의 가능성이 있는 영이다(「벨지카」 18항(2)②④; 「대교리」 37문). 그리스도의 죽으심은 그 인성을 입은 육과 영의 분리였다. 인성이 떠난 것이 아니다.

혼동하지 말아야 하는 것은 **본성과 본질이 같은 의미라는 것이다.** 결국 그리스도의 신성과 인성, 즉 두 본성은 신적 본질과 인간적 본질이라는 의미이나. 전자는 신성이고, 후자는 인성이다. 그 인성은 영과 육으로 구성돼 있다. 그 영은 본성 또는 본질과 다른 측면으로서 존재의 반영체로서 그 기능이다. 영은 개인에 따라 다른 성격을 가지고 있지만, 본성 또는 본질은 인간이라면 동일하게 지닌 존재이다. 영이 존재의 성격을 가지고 있지만, 존재 자체는 아니다. 존재는 본체와 본질인데 인간의 존재도 인성만 아니라 육과 영이 함께 포함돼 있다. 그리스도께서 인성을 입으셨거나 인간이 되셨다고 할 때는 인간의 존재, 즉 인간의 본질 또는 인성을 입은 것을 말한다. 본체를 입었다면 신격과 인격인 두 인격, 두 위격을 지닌 것을 의미하므로 잘못된 것이다.

본체와 인격은 같은 의미이다. 우리는 그분이 일부 인격을 구원하러 왔다고 고백한다(「신앙고백서」 10장 3항①). 우리의 인격으론 하나님을 만족시킬 수 없기 때문이다(「돌드레히트」 2장 2항). 그분의 고난과 순종은 결국 우리 인격이 하나님께 죄의 만족을 주게 했다는 것이다(「하이델베르크」 79문③). 하나님은 그분의 의로 일부 인격을 의롭다 여기고 수용한다(「신앙고백서」 11장 1항①; 「대교리」 70문). 인격이 수용되기에 선행도 그분 안에서 수용된다(「신앙고백서」 16장 6항①). 모든 인격은 하나님의 법정 앞에서 생각, 말과 행위에 대해서 변명해야 할 것이다(「신앙고백서」 33장 1항②).

아무튼 중보자의 두 본성의 연합은 인간의 본체(인격)와 하나님의 본질이 위격적으로 연합한 것을 말한다. 동시에 그분의 신격, 즉 본체를 지니고 있다. 하나님 아들의 성육신은 몸과 영만 아니라 인성, 즉 마리아의 본질까지도 지녔지만 죄성이 없다(「신앙고백서」 8장 2항①②; 「대교리」 37문).

(5) 그리스도의 육적 죽음에 관해 고백한다.

한 위격에 두 본성을 지닌 중보자가 십자가상에서 죽었을 때 그 본성이 떠난 것이 아니라 **영이 몸에서 떠난 것**이다. 이것은 육적 죽음을 의미한다. 위격적 연합된 두 본성은 영원한 것인데 불멸의 영이 육을 떠나므로 육적 죽음이 일어났고, 그 영이 부활로 육체와 재연합하므로 육체도 불멸하게 되었다. 그리스도의 죽으심은 실제 죽음이기에 실제 인간의 **영과 육의 분리**가 있은 것이다. 영이 육을 떠날 때, 즉 죽을 때 고통을 겪는다. 영은 무심코, 그냥 육을 떠나지 않는다. 사형에 해당하는 극형을 당해야 일반적으로 죽음을 맞이한다.

십자가형은 7일간 지속되는 극형으로 죽은 시신도 그냥 매달아 둔다. 일반적으로 십자가 나무의 무게는 135kg이나 된다. 밤새 채찍과 고문을 당하신 후 중보자는 그 무거운 것을 지고 가다가 지치고 힘들어하자 구레네가 대신 짊어졌다. 골고다에서 그리스도는 십자가에 못 박혔고 수 시간 동안 극한 고통을 겪은 후 육과 영의 분리가 일어났다. 그분의 영은 극형으로 인한 고통을 겪은 후 육을 떠났다.

그리스도의 죽으심으로 하나님의 정의가 완전히 만족되고(「신앙고백서」8장 5항①;「대교리」71문①), 우리를 죄와 멸망으로부터 구원하시고(「돌드레히트」2장 7항), 속량하셨다(「돌드레히트」2장 8항③). 죽으심으로 속량하신 것, 즉 우리를 위해 구입한 것은 공의이고(「하이델베르크」45문①), 그분의 죽으심으로 인해 얻게 되는 모든 혜택을 믿음으로 수용하게 하셨다(「대교리」170문③). 그래서 그분의 죽으심으로 죄들의 사면과 의에 대한 언약이 확인 또는 확언됐다고 말한다(4권 18장 5항, 1086). 그리스도의 죽으심은 낮아지심을 의미한다(「대교리」49문①).

우리는 여기서 주요한 진리를 파악하게 된다. 그리스도의 죽으심은 순종과 관련이 있고,(「신앙고백서」 8장 5항①, 11장 3항①; 「대교리」 71문①), 우리의 죄들이 용서받고 의를 전가 받는다. 동시에 우리가 칭의를 얻어, 즉 전가된 의를 얻어 의인으로 여겨지고 거룩함에 이르게 되는데 이것은 그분의 순종이 우리에게 전가된 것을 의미한다. 전가된 의가 순종의 의라는 뜻이다. 이것은 우리의 순종이 당연히 따라와야 한다는 것을 의미하고, 그 순종은 그리스도의 죽으심처럼 우리가 죄에 대해 죽는 것, 참된 회개 또는 자기 부인을 통해 이뤄진다는 것을 의미한다. 그리스도의 죽으심으로 순종이 성취되고, 그 순종이 우리에게 전가되어 가능해지려면 우리가 죽어야 한다는 것을 의미한다.

(6) 두 본성이 영원한 위격적 연합이라고 고백한다.

중보자는 하나님 아들로서 십자가에 못 박혔지만 성령 하나님의 권능으로 죽은 자 가운데서 부활했다(롬 1:4). 실제로 죽었지만 권능으로 살아났다. 이것은 그분이 신성과 인성을 지닌 채로 극한 고통 속에 영이 육체를 떠났지만 여전히 두 본성은 연합해 있음을 알게 해 준다. 누구의 조력으로 살아나신 것이 아니라 하나님이신 분이 자신의 권능으로 살아나시고 하나님이심을 증명하셨다. 이것은 두 본성이 위격적으로 연합돼 있음을 말한다.

그리스도의 영이 떠난 육체, 즉 몸은 여전히 두 본성의 연합을 보존하고 있었다. 이것은 그 연합이 위격적 연합임을 의미하고((1)①), 육체를 입으면서 마리아에게 출생했을 때 비로소 인성이 존재했다는 부족한 논리를 잠재우고 있다. 그분의 인성은 본성적이고 신성과 함께 영원함을 의미한다. 마리아로부터 인성을 입은 것도 아니고, 부활로 인성의 변화가 있는 것도 아니다((3)).

(7) 중보자의 신격(신성) 또는 하나님 됨에 관한 고백이다.

중보자는 성령의 권능으로 마리아의 태에 잉태되고, 그녀의 본질을 가지고, 실제 인간으로 이 세상에서 사시다가 죽었지만 부활하셨다. 그분은 누구에 의해 태어난 것도 아니고 자신(성령)의 권능으로((8)) 태어났고, 사시면서 영적 고뇌를 겪다가 극한 고통으로 영이 육을 떠났지만 부활하므로 그 육에 불멸성을 주었다. 태어난 지 8일에 돼 예루살렘으로 가서 할례를 행할 때 시므온은 주님의 구원을 보았다고 증언한다(눅 2:39). 육적으로 아이였지만 여전히 신성, 즉 하나님이시기에 그는 죽기 전에 주의 그리스도를 보았다고 고백했다(눅 2:26). 또 여선지자 안나는 하나님께 감사하였다(눅 2:38). 그리고 12살이 되어 예루살렘을 방문했을 때 그곳에 남아서 선생들과 대화하면서 자신의 지혜를 밝히셨다. 마리아에게 말하길, "내가 내 아버지 집에 있어야 될 줄을 알지 못하셨나이까?"라고 했다(눅 2:49). 이것은 자신이 하나님이심을 증명하는 내용이다. 그리고 육체는 자라고 컸다.

그런데 지혜와 키가 자랐다는 것(눅 2:52)은 신성이나 인성의 변화나 성장을 의미하지 않는다. 육체와 함께 하는 인성을 의미한다. 시간이 지날수록 지혜와 키가 자랐으니 영이 성숙해져 갔다는 것이고, 몸이 성장했다는 것을 의미한다. 몸과 영의 성장이 없다면, 참 인간이 아니고 외계인이거나 괴물일 뿐이다. 정상적으로 몸의 성장과 함께 영의 성장은 그 재능의 성장을 의미한다. 그분은 여전히 두 본성을 지닌 채로 육체와 영의 성장이 있었다. 게다가 이것은 중보자의 낮아지심을 우리에게 명시하고 있다. 잉태, 출생, 성장, 고통, 고뇌, 죽음, 장사, 지옥에 내려가심 등은 그야말로 그분의 겸손이 어떠함을 여실히 말해 주고 있다. 이렇게 볼 때 한 위격에 두 본성의 영원한 연합, 즉 위격적 연합을 다시금 확신하게 된다.

(8) 두 본성이 추상적이지 않고 위격적 연합임을 고백한다.

중보자는 두 본성을 가졌고, 그 연합의 형태는 영원하고 위격적이다. 언제든 어디서든 무엇을 하든 두 본성은 함께 하고, 각각 고유한 사역을 수행하셨다. 태어날 때라도 장사 될 때라도, 아니 지옥에 내려갈 때라도 그 연합은 깨어지지 않는다. 신성이라고 할 때는 그분의 권능이라는 측면에서 봐야 한다. 자신의 권능으로 태어나셨고 죽으셨고 부활하셨다. 인성이라고 할 때는 마리아의 본질을 가진 육체였기에 타락한 인간이 겪는 온갖 희로애락을 친히 겪었다. 신성으로 그 고통을 면하거나 감해졌다고 상상하면 안 된다. 참 하나님이고 참 인간이라는 고백은 고유한 성격을 행했다는 것이지 서로 도우면서 영향을 줬다고 보면 안 된다. 그렇다면 위격적 연합이 아니다. 구별되고 독특한 두 본성이 그분의 위격에 있는, 또는 두 본질이 한 본체에 있는 신비로운 성육신의 비밀은 중보자의 사역을 깨닫는데 필수조건이다. 신성의 사역은 권능으로 승리한다는 측면이고, 인성의 사역은 고통과 고뇌를 당한다는 측면이다.

참 하나님(「하이델베르크」 17문①, 18문), **참 인간**(「하이델베르크」 16문①)이신 그리스도는 죽음을 정복한 권능의 면에서 참 하나님이시고, 연약한 면에서 참 인간이신 분은 우리를 위해 속죄 제물이 되셨다. 그리스도의 구속 사역에서 전자는 인성의 측면인 낮아지심, 후자는 신성의 측면인 높아지심과 관련을 맺는다. 참 하나님과 참 인간이신 그리스도는(「벨지카」 19항⑻; 「하이델베르크」 47문) 중보자이다(「신앙고백서」 8장 2항④).

20항: 그리스도 예수님 안에 명시된 하나님의 정의와 자비함
(That God hath Manifested His Justice and Mercy in Christ Jesus)

① We believe that God, who is perfectly merciful and just, sent his Son to assume that nature, in which the disobedience was committed, to make satisfaction in the same, and to bear the punishment of sin by his most bitter passion and death.

② God therefore manifested his justice against his Son, when he laid our iniquities upon him; and poured forth his mercy and goodness on us, who were guilty and worthy of damnation, out of mere and perfect love, giving his Son unto death for us, and raising him for our justification, that through him we might obtain immortality and life eternal.

① 우리가 믿는 것은 완전히 자비롭고 정의로운 하나님께서 자신의 아들(독생자)을 보내 불순종에 처한 본성을 입도록 하시고(롬 8:3), 그 동일한 본성으로 만족하게 하시고 그리고 가장 비통한 수난과 죽음으로 죄의 벌을 받게 하셨다는 것이다(롬 4:25).

② 그러므로 하나님께서 자신의 아들에게 우리의 사악함을 두셨을 때(롬 3:25~26, 8:32) 그분에게 자신의 정의를 명시하셨고, 범죄 하여 저주를 받을 수밖에 없는 우리에게 순전하고 완전한 사랑에서 나온 자신의 자비함과 선하심을 부으셔서, 우리를 위해 그분을 죽음에 두시고, 우리의 칭의를 위해(롬 4:25) 그분을 일으키므로 그분으로 말미암아 우리가 불멸함과 영생을 얻게 하셨다.

타락한 인류를 위한 하나님의 영원한 작정은 시간 속에 창조와 섭리

(또는 자비함과 정의)로 명시된다. 그분의 영원한 섭리(16항), 그 개요(17항), 섭리의 명시인 성육신(18항), 성육신의 비밀인 두 본성의 연합(19항) 등을 고백한 후 제20항은 구원의 진리에 대한 시작인 제16항을 위한 보완된 고백이다. 제16항은 자비함이 선택된 자에게, 정의가 유기된 자에게 나타난다고 고백하고, 제20항은 아들에게 정의를, 우리에게 자비함을 명시한다고 고백한다. 이 두 속성은 구원의 진리를 이해하는 데 매우 중요한 단어이다.

자비함과 정의가 하나님의 영원한 선택과 밀접하게 관련된 이유는 그것에서 나오기 때문이다. 이 선택에 관해 고백하면서 그것을 수행할 중보자가 우리에게 선언되고(「벨지카」 17항), 시간 속에 그분이 실제로 어떻게 수행하는지를 알리기 위해 그분에 관한 성육신과 두 본성에 관해 고백한다(「벨지카」 18항, 19항). 제16항에서 알린 자비함과 정의는 '웨스트민스터 기준서'에서의 은혜 언약과 관련을 맺고 있다. 서로 보완하면서 연구하면 큰 유익이 있으리라 본다.

구원의 진리 전체(22항~25항)를 고백한 후, 마침내 그 구속 사역의 주체이며 정체가 바로 중보자였음을 고백하면서 그분에 관한 고백, 즉 제17항부터 제21항까지 그 주제에 관해 종합해서 제26항에 고백한다. 「벨지카」의 이 구조 또는 맥락을 파악하고 있으면 설명하기도 쉽고 실천하기도 즐거울 것이다. 그런 후 선택한 자를 불러 중생의 경험과 실천을 담당할 교회에 관한 고백(27항~35항)이 이어진다.

그리고 「하이델베르크」 9문에서는 인간의 타락에 관해 고백한 후, 10문~15문에서 각각 하나님의 정의와 자비함에 관해 고백한다. 명시된 이 누 가지를 수행할 분은 중보자 하나님 외엔 없다. 그분이 곧 구세주이신 그리스도이시다. 이렇게 구원의 진리를 전개해나갈 때 타락, 자비함과 정의, 중보자의 순서가 되는 것은 진리를 이해하는 데 있어 매우 중요하다. 「하이델베르크」와 「벨지카」를 서로 비교하면서 신앙고백의 의미를 살피는 것을 제안한다.

타락한 인류를 위한 하나님의 영원한 작정은 **시간 속에** 우리가 인식하게끔 하나씩 전개된다. 이것은 창조 기록의 주요한 목적이기도 하다. 우리 측면에서 볼 때 논리적 순서상 창조와 타락이 연이어 진행하지만 하나님 측면에서 볼 때는 변함없이, 항상, 한결같이, 불변하게, 동일하게, 영원에 있는 것이다. 우리에게는 타락과 구원이 시간상의 전후인 것처럼 보이지만 그분에게는 영원이기에 시간의 전후가 아니다. 시간에서는 앞뒤 또는 과거와 미래가 있지만 영원에서는 항상 현재이다. 우리 측면은 타락이 먼저 발생했고 그것에 대한 방안으로 하나님께서 구조책을 마련한 것으로 설명한다. 성경은 하나님의 영원성과 인간의 시간성을 동시에 언급하거나 선언하기에 항상 이 두 관점을 보면서 구원의 진리를 수용해야 한다.

① 타락한 인류에 대한 하나님의 **자비롭고 정의로움**(자비함과 정의)을 중보자가 담당한다는 고백이다.

타락한 인류를 위한 하나님의 구속 사역은 그분의 자비함과 정의를 인류에게 명시한다. 최종적으로 유기된 자에게 내려지는(「신앙고백서」 33장 2항(1)②) 정의는 반드시 처벌을 요구하는데(「하이델베르크」 11문②) 그 진노를 견딜 자가 인류 중에서 찾아볼 수 없기에 중보자가 요구된다(「대교리」38문①). 슬프게도 그 자비함과 정의는 이 세상의 어느 인간도 수행하지 못한다. 육적 죽음이나 일시적 처벌을 어느 인간이 혹시라도 견딜 수 있을지 모르지만 영적 죽음과 영원한 처벌을 과연 견딜 수 있을까? 게다가 그분보다 우리를 더 사랑하는 자도 없으므로 다른 자가 요구되지 않는다(「벨지카」26항(3)①, (4)①).

하나님은 자신의 아들을 중보자로 보내기로 영원에서 정하셨고(「신앙고백서」8장 1항①), 그 방법으로 인성을 입게 했다. 그 인성은 불순종으로 타락한 것이고, 타락성을 입게 되었으니 육적, 영적 죽음만 아니라(「벨지카」14항③;「돌드레히트」3장~4장 16항①) 일시적이고 영원한 처벌을 받아야 한다. 타락한 인간은 일시적이고 영원한 죽음으로(「신앙고백서」6장 6항②) 영적 모든 기능은 더럽혀졌고 상실됐다(「신앙고백서」6장 2항;「소교리」18문①). 이런 처참한 상황에서의 구조책은 어느 인간으로도 불가능하고 다른 자가 요구되고(「하이델베르크」12문), 그분은 곧 참 하나님이시고 참 인간이신 중보자이시다(「벨지카」26항(2)(6)⑨⑩;「하이델베르크」15문①②).

중보자는 저주받은 인성으로 타락의 결과를 겸허히 받아들이고 극한 고뇌와 고통을 겪어야 한다. 이로써 인간은 하나님의 자비함을 조금이라도 깨닫고 모른다고 핑계할 수 없을 것이고, 그분의 정의가 만족된 상태로 회귀할 수 있다. 회귀란 하나님과의 단절된 교제가 회복되었거나 화해됐다는 것을 말한다. 중보자가 우리를 대신하여 대속물이 되고 그 의를 우리에게 전가하므로 우리는 비로소 하나님의 정의를 만족시킨 자가 됐다. 다른 말로, 그리스도의 의를 전가 받아 의인으로 하나님께 접근할 수 있게 됐다. 하나님은 다시는 타락에 대한 책임을 지거나 책임에 대한 이유를 의롭나 여긴 자에게 묻지도 따지지도 않을 것이다. 이

제 의인은 엄숙하고 위엄에 찬 심판 날을 기다릴 수 있다(「벨지카」 37항⑴①). 그는 그날을 두려워하기보다 위로의 날이 될 것이라고 확신한다(「벨지카」 37항⑶①). 그 심판 날은 경건하고 선택된 자에게는 **하나님의 자비함**이 명시되고, 사악하고 유기된 자에게는 그분의 **정의**가 명시되는 날이다(「신앙고백서」 33장 2항⑴①②). 그날에 두 부류는 건너올 수도 없고, 건너갈 수도 없이 영원히 다른 길을 가고, 양과 염소가 갈라지는 것처럼, 슬기로운 처녀와 미련한 처녀가 분리되는 것과 같을 것이다.

타락성을 입은 중보자는 **가장 비통한 수난과 죽으심**으로 타락한 인류에게 내려진 무시무시한 처벌을 받았다. 수난과 죽으심은 동반자로 함께 표현되는데(「벨지카」 29항⑶②; 「하이델베르크」 81문②; 「벨지카」 24항⑺⑤) 이것은 유일한 속죄 제물이 됐음을 의미한다(「하이델베르크」 37문②; 「대교리」 49문②). 또 십자가상에서 육체로 가장 심하게 당한 고통과 함께 영으로 당한 고뇌를 포함한다(「신앙고백서」 8장 4항②). 우리는 이 세상에서 성도로서 그분의 고통과 죽으심을 담당해야 한다(「신앙고백서」 26장 1항①; 「대교리」 174문①). 이 수난과 죽으심은 순종과 깊은 관련을 맺고 있다(「벨지카」 34항⑹⑥, 35항⑸⑤). 이 의미는 그분의 고통과 죽으심으로 죄들의 용서를 받은 자가(「하이델베르크」 76문①) 반드시 순종의 증거를 명시, 즉 순종을 배운다는 것이다(「하이델베르크」 79문③).

② 하나님의 정의가 어떻게 중보자에게 임했고 만족했는지 고백한다. 그 정의는 자신의 아들(①)에게 **우리의 사악함**을 짊어지게 했다. 이것은 그분이 세상 죄를 짊어지게 됐고, 대속을 위한 희생제물이 됐다는 것

을 의미한다.

우리는 여기서 정말 중요한 구원의 진리에 주목해야 한다. 누구도 율법 준수로 하나님 앞에 나설 수 없다(롬 3:20). 타락한 인성을 가진 우리가 무슨 또 어떤 의를 행했다고 그분의 거룩 앞에 나설 수 있을까? 의인은 하나도 없고 모든 자는 예외 없이 죄인이다(롬 3:23). 그런데 복음을 통해 하나님의 의를 발견한다(롬 1:17). 그것은 바로 복음 자체이신 그리스도이다. 그분의 의, 즉 그분이 율법에 완전히 순종하신 것과 자신을 희생제물로 드림으로 죄인에게 의를 전가한다. 물론 믿는 것이 전제된다(롬 3:25). 이것은 무상의 은혜이다. 이어서 사도바울은 그 의로 여기는 칭의에 관해 로마서 4장에서 **여긴다**는 표현을 9차례나 사용하면서 설명한다. 핵심 진리는 이것이다. 죄인이 그리스도를 믿음으로 하나님께서 그를 의롭다고 선언한다는 것이다. 이것은 무상(free)이고, 은혜(grace)이고, 예수 그리스도로 말미암는 것이고, 그리고 믿음으로 말미암는다고 요약할 수 있다.

칭의라는 용어는 의롭다고 여기고, 무죄로 한다는 의미이다. 그런데 신약성경에서는 전자의 의미로 주로 사용한다. 칭의 개념을 잘 설명하는 성경 구절은 빌립보서 3:9이다. "그(그리스도) 안에서 발견되려 함이니 내가 가진 의는 율법에서 난 것이 아니요 오직 그리스도를 믿음으로 말미암은 것이니 곧 믿음으로 하나님께로부터 난 의라." 칭의는 하나님 아들과 관련을 맺은 죄인을 의인으로 여긴다는 의미이다. 칭의는 죄들의 용서와 상호관계가 있다.

하나님은 죄인을 위해 사신의 아들이 **우리의 타락성**을 갖게 했다. 이것은 성육신과 함께 마리아의 육체적 본질을 갖게 했다(「신앙고백서」 8장 2항②)는 의미이다. 그 이유는 하나님의 정의가 만족해야 구원이 이뤄지기 때문이다. 그 정의를 위해선 타락에 대한 온갖 극한 고뇌와 고통인 저주를 받아야 한다. 그 아들은 이런 처벌을 친히 받았다.

이것은 하나님의 **자비함과 선하심**을 명시한 것을 의미한다. 자비함은 인자와 바꿀 수 있는 단어이기에 성경 용어에 따르면 인자함과 선하심을 명시한 것이다(시 23:6 참고). 하나님은 영원한 자비함과 선하심을 지니고 있다(시 118:29). 그분의 자비함과 선하심은 불변하다. 영원에 있던 하나님의 두 속성은 중보자를 통해 명시된다. 이런 의미에서 "세 위격이 진실함, 권능, 선하심과 인자함에서 하나"라고 우리는 고백한다(「벨지카」 8항⑨). 또 하나님의 자비함과 선하심은 죄들의 용서의 근거가 된다(3권 4장 25항, 524; 3권 4장 27항, 526). 그 두 속성은 하나님의 부성애를 의미한다. 구속 사역을 통해, 성육신을 통해 하나님은 영원에 있는 자신의 부성애를 우리에게 드러냈다.

하나님의 부성애를 드러내시는 그리스도는 정의의 만족을 위해 죽었고, **칭의를 위해 부활했다**(롬 4:25; 「하이델베르크」 45문①; 「신앙고백서」 11장 4항; 「대교리」 52문②). 부활의 첫 열매로서 이 모든 것은 우리 때문이었다. 의로운 자가 됐으니 거룩한 자로 살아가야 한다. 전에는 죄의 종이더니 이제는 의의 종으로 살아간다. 또 우리에게 불멸함과 영생을 얻게 했다. 이것은 타락으로 상실한 것을 회복했다는 것을 의미한다. 타락의 결과인 일시적이고 영원한 죽음에서 영원한 생명을 얻게 되고 영원한 하나님을 바라게 됐다. 그리고 그리스도는 자신이 하나님이심, 즉 신성을 증명하기 위해 부활하셨다.

21항: 우리를 위한 유일한 대제사장인 그리스도의 만족

(Of the Satisfaction of Christ, Our Only High Priest, for Us)

(1) We believe ① that Jesus Christ is ordained with an oath to be an everlasting High Priest, after the order of Melchisedec; and
② that he hath presented himself in our behalf before the Father, to appease his wrath by his full satisfaction, by offering himself on the tree of the cross, and pouring out his precious blood to purge away our sins; as the prophets had foretold.

(1) 우리가 믿는 것은 ① 예수 그리스도가 멜기세덱의 반열을 따라 영원한 대제사장임을 맹세로 임명받았다는 것이고(시 110:4; 히 7:15~17, [21]),
② 또 (우리가 믿는 것은) 그분이 아버지 앞에서 우리를 위해 자신을 드리므로 그분의 진노를 달래신 것인데(롬 4:25; 5:8~9, 8:32; 갈 3:13; 골 2:14; 히 2:9, 17, 9:11~15), 이것은 그분의 충분한 만족으로(속죄로), 즉 **선지자들이 미리 말했던 것처럼**(눅 24:25~27; 롬 3:21; 고전 15:3) 우리의 죄들을 정결하게 하려고 십자가상에서 자신을 드리고 자신의 귀중한 보혈을 부으므로(행 2:23; 빌 2:8; 딤전 1:15; 히 9:22; 벧전 1:18~19; 요일 1:7; 계 7:14) 이루신 것이다.

(2) For it is written: ① He was wounded for our transgressions, he was bruised for our iniquities: the chastisement of our peace was upon him, and with his stripes we are healed.

(2) [선지자들의 기록에 의하면] ① "그가 찔림은 우리의 허물 때문이요 그가 상함은 우리의 죄악 때문이라 그가 징계를 받으므로 우리는 평화를 누리고 그가 채찍에 맞으므로 우리는 나음을 받았도다"(사 53:5).

② He was brought as a lamb to the slaughter, and numbered with the transgressors, and condemned by Pontius Pilate as a malefactor, though he had first declared him innocent.

(3) Therefore: ① he restored that which he took not away, and suffered, the just for the unjust, as well in his body as in his soul, feeling the terrible punishment which our sins had merited; insomuch that his sweat became like unto drops of blood falling on the ground. ② He called out, my God, my God, why hast thou forsaken me? and hath suffered all this for the remission of our sins.

(4) Wherefore ① we justly say with the apostle Paul: that we know nothing, but Jesus Christ, and him crucified;

② 그분은 "도수장으로 끌려가는 어린 양"과 같았고(사 53:7) "범죄자 중 하나로 헤아림을 받았고"(사 53:12), 비록 본디오 빌라도가 처음에는 그분을 무죄라고 선언했지만, 범죄인으로 정죄 받았다(요 18:38).

(3) 그래서 ① 그분은 취하지 않은 것을 반환했고[시 69:4], 우리의 죄들이 마땅히 받아야 했던 무시무시한 처벌을 느끼시면서 몸만 아니라 영으로도(시 22:15) 의인으로서 불의한 자를 위해 고통을 당하셨는데[벧전 3:18](롬 5:6), [그 고통은] 자신의 땀이 땅에 떨어지는 핏방울같이 될 정도였다[눅 22:44]. ② [마침내] 그분은 "엘리, 엘리 라마 사박다니 나의 하나님, 나의 하나님, 어찌하여 나를 버리셨나이까?" 라고[마 27:46] 외쳤다. [이렇게] 그분은 우리의 죄들을 사면하기 위해 이 모든 것을 견뎠다.

(4) 그러므로 ① 우리는 사도바울과 더불어 다음과 같이 당당하게 말한다. "예수 그리스도와 그가 십자가에 못 박히신 것 외에는 아무것도 알지 아니"하고[고전 2:2; 렘 9:24 참

② we count all things but loss and dung for the excellency of the knowledge of Christ Jesus our Lord, in whose wounds we find all manner of consolation. ③ Neither is it necessary to seek or invent any other means of being reconciled to God, than this only sacrifice, once offered, by which believers are made perfect forever.

(5) This is also the reason why he was called by the angel of God, Jesus, that is to say, Savior, because he should save his people from their sins.

고],
② "모든 것을 해로 여김은 내 주 그리스도 예수를 아는 지식이 가장 고상하기 때문이"다[빌 3:8], 그분의 상처에서 우리는 모든 위로의 방법을 발견하는데
③ 그것은 "그가 거룩하게 된 자들을 한 번의[단번에 드린] 제사로 영원히 온전하게 하"신[히 10:14] 이 유일한 희생 제사 외에 하나님과 화해될 수 있는 다른 어떤 수단을 찾거나 고안해 낼 필요가 전혀 없다는 것이다(히 7:26~28, 9:24~28).

(5) 이런 이유로 그분은 자기 백성의 죄들로부터 그들을 구원해야 하므로 하나님의 천사에 의해 예수, 즉 구세주라 불린 것이다[마 1:21](눅 1:31; 행 4:12).

중보자 또는 그리스도의 사역, 즉 성경적 구속 사역에 관한 고백이다. 영원한 하나님에 관한 고백(「벨지카」 1항, 8항~11항), 하나님의 영원한 작정(「벨지카」 12항~13항), 인류의 타락(「벨지카」 14항~15항), 구속 사역(「벨지카」 16항~20항)의 순으로 진행된 구원의 진리는 일차적으로 이번 항에서 요약 정리한다. 후에 다시금 최종적으로 정리한다(「벨지카」 26항). 중보자 그리스도에 관한 구약성경의 예언과 신약성경의 성취에 초점을 맞춘다. 그

분의 사역은 대제사장 직무를 수행하는 것으로 하나님의 진노를 달래기 위해 스스로 희생제물이 된 놀라운 은혜이다((1)). 구약성경의 선지자들은 이런 사역에 관해 구체적으로 예언하였다((2)(3)). 이 사역이 성취된 후 신약성경의 사도들은 그 사역에 관해 해석과 교훈을 하며((4)), 그분이 예수 그리스도임을 고백한다((5)).

또 이 고백은 「사도신경」에서 하나님 아들에 관한 것을 상기시킨다. 하나님의 영원한 작정은 시간에서 명시된 자비함과 정의를 구체적으로 고백한다. 영원하신 하나님(1항), 진리인 성경(2항~7항), 그 안에 기록된 삼위일체 하나님(8항~11항), 하나님의 영원한 작정(12항~13항), 시간 속에 나타난 인간의 타락(14항~15항), 이것으로 드러난 영원한 작정(16항~20항) 등의 순서이다. 한 마디로, 영원에서 시간으로이다. 영원한 하나님이 시간의 하나님으로 나타날 때 인류 타락에 대해 자비함과 정의를 나타낸다. 중보자는 그 두 가지를 어떻게 구속 사역을 통해 나타냈는지 살펴본다.

제21항은 중보자에 관한 고백인 제26항(6)과 짝을 이룬다. 이것은 제사장의 사역 중 가장 중요한 것이 중보 사역에 관한 고백이다.

(1) 중보자이신 예수 그리스도에 관한 고백이다.

(1)① 중보자는 평화의 왕이며 하나님의 제사장으로 멜기세덱의 반열을 따른다(히 7:1; 창 14:18~20). **멜기세덱**은 왕 직과 제사장직을 동시에 가진 분이다. 그는 그리스도의 사역을 이해하는데 중심적 인물이다. 일반 제사장 직책과는 달리 유일하고 위대한 사역을 행한다. 이것은 인간 측면에서만 아니라 하나님 측면에서의 구속 사역을 봐야 한다는 것을 암

시하고 있다. 몇 가지 주목할 것(히 7:2~16)은 아브라함이 멜기세덱에게 십일조를 드린 것(1, 5~6, 8~9), 아브라함이 멜기세덱의 축복기도를 받은 것(1, 6), 멜기세덱이 부모도, 족보도, 생명의 시작과 끝이 없는 것(3), 파멸되지 않은 생명의 권능을 가짐(16) 등이다.

중보자는 아론, 즉 율법에 따른 죄인인 제사장과는 달리 멜기세덱을 따랐다. 멜기세덱의 제사장직은 영원하다(시 110:4). 율법에 따르면 레위 지파에만 제사장직무가 임명됐지만 중보자는 멜기세덱의 반열을 따랐기에, "오직 불멸의 생명의 능력을" 따른 분이다(히 7:16). 그래서 그 직책은 영원한 것이다. 제사장인 동시에 왕이다. 의의 왕과 살렘 왕으로 불리는데 그리스도는 "평강의 왕"이다(사 9:6). 우리를 위한 구속 사역의 결과인 평화를 의미한다. 평화만 아니라 공의와 정의를 세우는 분이다(사 9:7).

창조자시며 구속자이신 예수 그리스도는 대제사장 직무를 수행하는데 그 직책은 레위 지파에 따른 것이 아니라 멜기세덱의 반열에 따른 것이다. 이것은 그분의 인성의 무죄와 신성을 의미한다. 멜기세덱과 관련하여 날의 시작이나 생명의 끝도 없다는 고백에서 그분의 신성을 알 수 있다(「벨지카」 19항(2)①).

하나님 아들은 중보자 직책을 **맹세로** 임명받았다(시 110:4). 이 맹세는 아론의 제사장직에는 없는 관례이다. 이것은 멜기세덱 제사장직과 대조되는 것으로 전자는 일시적이고 변하지만 후자는 영원하다는 것이다. 맹세는 하나님의 목적을 나타내는 대표적 표현이다. 인간의 연약함이나 죄성으로 인해 사역을 허용하지 않는다. 자신을 위해서도 속죄제를 드려야 하는 허약한 아론파 제사장직이 아니라 멜기세덱 제사장직은 절대 불변한 제사장직을 의미한다. 이렇게 중보자의 신성을 강조하는 이유는 그분의 중보 사역은 영원한 것임을 알고 언제든 무엇이든 신뢰하면서 이 세상의 삶을 살게 하기 위해서이다. 이 세상에서 그분의 구속 사역이 종결됐다고 하여 그분의 중보 사역이 마무리된 것이 아니고 과거도 아니고 현재임을 강력하게 알리기 위함이다. 그분의 신성에 관한 논쟁으로 그치면 안 되는 이유도 여기에 있다. 그분의 중보 사역은 불변하기에 그분의 말씀을 신뢰하면서 이 세상에서 경건하게 살아야 하는 이유가 있는 것이다.

(1)② 중보자가 자신을 희생제물로 드린 것은 이미 예언된 것이라고 고백한다.

중보자에 관해 우리가 믿는 또 ((1)①에 이어) 다른 진리는 그분이 자신을 드리므로 아버지이신 하나님의 진노를 달랬다는 것이다. 이것은 이미 선지자를 통해 알린 바 된 것이며 그 실체는 십자가에서 죽어야 한다는 것으로 구속 사역을 의미한다.

하나님 아들은 아버지의 **진노를 달랬다**(to appease). 달랜다는 단어는 히브리어로 카파르(Kaphar)로서 "예물로 형의 감정을 푼 후"의 의미로 사용된다(창 32:20). 성경은 이 단어를 속죄, 정결, 화해, 용서, 평화 등등의 뜻으로 사용한다. 절대적으로 가장 많이 사용하는 것은 71차례나 사용하는 속죄이다. 또 "아하수에로 왕의 진노가 그치매"라는 뜻으로 사용한다(에 2:1). 그리고 "시비를 그치게 하느니라"는 뜻으로 사용한다(잠 15:18). 그런데 화가 난 하나님을 죽음으로 달랜다는 의미로 이 고백을 이해하면 절대 안 된다.

이것에 관한 칼빈 선생의 설명을 들어보도록 한다(2권 17장 2항, 424).

형언할 수 없는 방법으로 하나님은 우리를 사랑하신 바로 그 시간에 **그리스도 안**에서 화해되실 때까지 우리에게 적이셨습니다. 다음의 성경 구절이 이것을 증명합니다. "그는 우리 죄를 위한 화목 제물이니"(요일 2:2)와 "아버지께서는 … 그의 십자가의 피로 화평을 이루사 만물이 그로 말미암아 자기와 화목하게 되기를 기뻐하심이라"(골 1:19~20) 등입니다. 창세 전에 사랑하는 자들에게 하나님의 은혜를 받게 하는 방법은 그리스도의 보혈로 그분과 화해됐을 때 나타난 그분의 사랑에 근거합니다.

달랜다는 단어를 화해라는 의미로 사용하고 있다고 여겨진다. 그런데도 달랜다는 단어를 하나님의 진노를 가라앉히는, 누그러뜨리는 것으로 이해하려는 것은 그분의 정의를 만족시켜야 한다는 또 다른 표현이기 때문이다. 전자는 인간 측면에서, 후자는 하나님 측면에서 본 해석이다.

달랜다는 표현은 하나님의 사랑은 영원에서 바라봐야 한다는 것이고, 구속 사역, 즉 예정과 죄들의 용서와 같은 모든 은혜를 하나님의 자비함의 관점에서 바라봐야 한다는 의미이다. 우리는 이것을 선한 기쁨 때문에 우리의 구원을 위해 중보자를 임명했다고 표현한다. 그러므로 그리스도의 구속 사역과 하나님의 자비함을 대립시켜선 절대 안 된다. 주종적인 관계이고, 하나님의 자비함의 전적인 결과이다. 그리스도의 공로, **즉 구속 사역은 하나님의 자비함에 종속된다**(2권 17장 1항, 423). 영원한 작정에 따라 구속 사역이 이뤄진 것이지 대등한 관계로 이해하면 충돌이 일어나 미로에 빠지고 말 것이다.

이런 관점은 칼빈 선생이 『기독교강요』 2권의 복음이란 주제, 즉 하나님 아들에 관한 설명을 시작할 때 예정이란 단어를 처음 사용하는 이유를 간취하게 한다(2권 1장 10항, 222). 복음을 영원, 즉 선한 기쁨 또는 자비함에서 출발하지 않고 해석하여 적용한다면 정말 형편없고 그릇된 결론에 이르고 말 것이다. 예를 들면, 그리스도의 구속 사역을 부인하기 위해 그분의 제사장직을 인정하지 않는다. 이것은 그리스도의 중보자이심만 아니라 그분의 신성을 부인하고자 한다는 것이다(2권 17장 1항~4항, 421~425). 이 모든 것은 우리의 순종을 위한 것임을 분명히 알아야 한다(2권 17장 5항, 426).

하나님은 우리에게 화를 내지 않고 오히려 **우리가 그분에게 적이었다**(2권 17장 2항, 424). 우리가 하나님의 적이었다는 것은 하나님의 진노 상태를 의미한다(롬 5:9~10). 칼빈 선생은 **하나님이 우리의 적이었다**고 설명하면서 그리스도의 죽으심으로 적대관계가 화해됐다고 설명한다(2권 16장 1항, 407). 율법에 따르지 않는 육의 생각은 우리를 하나님께 적대감을 느끼게 할 뿐 아니라 적대감 자체이다(롬 8:7). 적대감이 상호적 단어로서 하나님은 죄인을 증오하시고, 죄인은 하나님을 증오한다(슥 11:8). 하나님의 진노를 달랬다고 할 때의 의미는 그분의 화를 중보자의 희생제물로 달랬다는 것이 아니라 거룩한 하나님과의 관계가 단절된 죄인의 상태를 의미한다(「소교리」 19문①, 84문). 우리 측면에서 본 중보자의 사역을 고백하고 있다.

중보자는 인성으로 **하나님의 진노**의 엄청나고 고통스러운 짐을 짊어져야 한다(「하이델베르크」 17문①). 하나님과의 단절된 죄인의 상태를 몸소 담당해야 했다. 심지어 십자가에서 죽으실 때 "어찌하여 나를 버리시나이까?"라고 울부짖을 정도였다. 철저하게 외면당한 인간의 상태를 중보자는 감당해야만 했다. 이것은 우리가 얼마나 비참한 상태에 있는지를 잘 묘사하고 있다. 뼈가 떨리고 영이 떨리는 상태로서 언제까지, 어느 때까지라는 표현을 사용할 수밖에 없는 상태를 말한다(시 6:1~3).

중보자는 몸과 영으로 모든 인류의 죄에 대한 하나님의 진노를 받아 견뎠다(「하이델베르크」 37문①; 「소교리」 27문①). 어떤 순전한 피조물이라도 하나님과의 단절된 영원한 진노를 감당할 수 없다(「하이델베르크」 14문②). 우리는 죄 가운데 잉태하므로 천성적으로 진노의 자녀로서 죄인이다(엡 2:3; 「대교리」 27문②). 어떤 구조책이나 묘책을 세울 수도 가질 수도 없다. 오직 한 길뿐이다. 그리스도께서 우리를 대신하여 그 비참한 상태에서 진노를 겪는 극한 고통의 길 뿐이다. 그 결과 우리는 성령의 권능으로 죄들로부터 영이 깨끗하게 되어 진노의 자녀에서 하나님의 자녀로 거듭나게 된다(「벨지카」 33항②③). 이것을 위해 그리스도는 죽음의 공포, 어두움의 세력과의 투쟁과 하나님 진노의 중압감을 느끼면서 죄를 위한 제물로 자신의 생명을 내던지시며 십자가상의 고통, 수치와 부끄러운 죽음을 견뎠다(「대교리」 49문②). 슬프게도 중생 되지 못한 자에게, 유기된 자에게 하나님의 진노는 여전히 임해 있다(「돌드레히트」 1장 4항; 「대교리」 96문②).

하나님 아들의 구속 사역이 아버지의 진노를 달래므로 그분의 정의는 **충분히 만속됐다**. 만속하지 않으면 인류에게 몸과 영에 벌이 내려지고, 일시적이고 영원한 처벌에서 절대 벗어날 수 없다(「돌드레히트」 2장 1항). 하나님의 만족과 진노는 짝을 이룬다(「돌드레히트」 2장 2항). 타락 후, 인류는 하나님의 정의를 만족시킬 수 없고 그분의 진노로 인해 그분과의 관계는 단절됐다. 이것은 역으로도 진리이다. 인류 중 누구도 하나님의 정의로 내려진 진노를 달랠 수 없고 그 정의를 만족시킬 수 없을뿐더러 영원한 진노를 견디지도 못하고 그것에서 벗어날 수도 없다(「하이델베르크」 14문②). 다른 말로 하면, 하나님과 우리 간에 거리가 너무나 멀기 때문에 어떤 선행으로도 우리가 범한 죄들의 빚을 갚아 그분께 만족을 드릴 수 없다는 것이다(「신앙고백서」 16장 5항②; 「대교리」 194문⑴②). 그러면 자연스럽게 우리의 구원을 위해 누군가, 즉 다른 자를 요구하기에 이른다. 그 다른 자가 바로 중보자이다(「하이델베르크」 40문). 두 본성을 지닌 중보자는 우리를 위해 하나님의 진노를 만족시켰다. 하나님의 정의를 완전히 만족시켰다(「신앙고백서」 8장 5항①; 「대교리」 52문②).

특별히 충분한 만족이란 단어적 의미는 적당한(adequate) 만족이 아니라 약속한 대로 어긋나지 않을 정도로 충분히(sufficient) 만족했다는 것이다. 그런데도 아르미니우스파는 중보자의 희생이 속죄로서 불충분했기에 구원도 비효과적이라고 담대히 주장한다(「돌드레히트」 2장 오류3①).

이에 반해 우리의 신앙고백은 중보자의 단번에 드린 제물로(「소교리」 25문) 또는 그분의 보혈로 우리가 범한 죄들에 대한 모든 처벌을 완전히 지불했고 마귀의 모든 권세로부터 완전히 구원했다는 것이다(「하이델베르크」 1문②). 완전한 만족과 아울러 의와 거룩으로 구성된 하나님의 형상이 회복됐다(「하이델베르크」 60문③, 61문②). 하나님은 더 이상 나의 죄들과 부패성을 기억하지 않을 뿐 아니라 하나님의 심판 앞에서도 나를 인정할 것이다(「하이델베르크」 56문①②). 우리가 **그리스도의 보혈로 인격이 의롭다 여겨진다는 것은 그분의 순종과 만족이 우리에게 전가됐다는 의미이다**(「신앙고백서」 11장 1항①; 「대교리」 70문②). 다른 말로는 그분의 순종과 죽음이라고 말하기도 한다(「신앙고백서」 11장 3항①②; 「대교리」 71문①). 또 이 전가로 인해 우리는 믿음으로 그분과 그분의 의를 수용하고 신뢰할 수 있다(「신앙고백서」 11장 1항④). 이것을 우리는 무상의 은혜라고 명명한다(「신앙고백서」 11장 3항②, 15장 3항①).

이런 놀라운 복음은 구약성경에서 이미 선지자들이 예고했다. 선지자의 직무는 율법을 해석하고 그것으로 성도들이 중보자를 바라보게 적용하는 것이다(1권 6장 2항, 69). 그들의 율법 해석은 항상 그리스도 중심이었다(『해설자용』, 237). 그런데 문자적으로 그리스도를 설명하거나 구두로 언급한다고 해서 그리스도 중심적 해석이라 말할 수 없다. 이것은 귀신들도 입으로 평화, 선하심, 믿음과 같은 것을 고백할 수 있다는 것이다(약 2:19 참고). 성경해석을 그분 중심으로 해석한다는 의미는 성경의 인물들이 언제든 오실 메시아, 오신 메시아 또는 다시 오실 메시아에 대한 확고하고 확실한 지식을 통해 자신들의 삶을 얼마나 정결하고 경건하게 살았는지 살피고 자신의 삶에 적용한 것처럼 입술로만 주님을 사랑한다고 고백하는 것이 아니라 삶으로 그분의 말씀을 실행한다는 것이다.

여기서 우리는 중요한 진리 하나에 주목해야 한다. 단번에 드린 그리스도의 희생제물, 믿음의 선물, 중생, 칭의, 죄들의 용서, 예정, 부활, 심판 등등은 모두 하나님 측면에서 영원에 이뤄진 것이다. 이런 진리는 시간 속에서 명시되기 전 하나님의 영원한 작정 가운데 있는 것이다. 그런데 그런 진리를 우리의 삶에 적용하고 따를 때는 지속해서, 부지런히, 날마다, 항상 경건에 힘써야 한다. 이런 면에서 예수님은 "아무든지 나를 따라오려거든 자기를 부인하고 날마다 제 십자가를 지고 나를 따를 것이니라"(눅 9:23)고 했다. 우리는 항상 수행해야 한다. 그분의 은혜는 불변하고 한결 같다. 우리는 항상 변덕스럽기에 늘 훈련과 기강에 힘쓰지 않으면 언제든 기울어지고 미끄러지고 만다. 외적 은혜의 방편에 대해 조금이라도 방심, 방종, 게으름, 태만하면 곁길로 접어든다. 자신을 부인하면서, 날마다 십자가를 짊어지신 그리스도를 바라보며 자신의 삶에 적용하지 않으면 섰다고 하는 순간 이미 넘어진 것이다. 안다는 순간 잊어버린 것이다. 그래서 그리스도 중심적 해석이란 순종과 실천이 따르지 않으면 바리새파와 서기관의 부류에 빠지고 만다는 것이다.

(2) 중보자에 관한 성경의 진리에 대한 고백이다.

(2)① 선지자들은 오실 중보자, 하나님 아들, 메시아 또는 그리스도에 대해 무엇이라 예고했을까? 선지자 이사야는 그분이 오시기 수백 년 전에 그분을 바라보며 **종의 고난과 영**에 관해 4번의 노래로 찬송했다(사 42:1~4, 49:1~6, 50:4~9, 52:13~53:12). 그가 바라본 메시아는 종으로서 하나님의 영광을 명시할 이스라엘이지만(사 49:3) 세상의 죄를 대속해야 하는 대제사장이다(사 53:4~12). 이것은 왕이면서 제사장인 멜기세덱의 관점을 잇는다는 것이다. 특별히 가장 긴 네 번째 종의 노래에서 중보자는 고난의 메시아로서 구속 사역을 수행하기 위해 우리의 죄를 짊어지고

죽어야 하고 의를 위해 부활할 것이라고 했다(사 53:12; 벧전 2:24 인용). 이 노래는 3절씩 이뤄진 5연의 시로서 구약성경의 복음이라고 말할 수 있다. 세 번째 노래(50:4~9)를 구체적으로 표현하고 있다.

구약성경의 속죄양처럼 메시아는 우리 죄를 위해 희생제물이 돼야 한다. 충격적인 것은 하나님께서 중보자가 상처와 슬픔을 감당하면서 속죄 제물이 되는 것이 기쁨이라는 것이다. 그분의 기쁨은 곧 영원한 작정을 의미하는 것으로 영의 고뇌로 많은 자가 믿음으로 구원받는 것이다(사 53:11). 중보자는 무죄였지만 범죄자로 취급받아 십자가에 못 박혀 죽는 극형을 받아야 한다(사 53:12). 이것은 물이 땅에 쏟아지는 것처럼 우리의 범죄를 위해 자신의 영을 죽음에 맡긴 것이다. 이에 따라 신앙인들도 순교를 기쁨으로 맞이했다(계 12:11).

(2)② 중보자, 즉 그리스도를 어린양, 속죄 제물인 희생양으로 고백한다.
그리스도는 하나님의 어린양이다(요 1:29, 36). 우리 죄를 위해 고문, 학대, 조롱을 당하더라도 그분은 어린양처럼 묵묵히 따랐다(사 53:7). 이 의미는 우리도 그분을 닮아 인내와 순종이 있어야 한다는 말이다(벧전 2:23). 하나님의 진노를 달래므로 우리에게 거룩과 의를 전가했다. 다른 말로, 의를 얻어 우리에게 전가했고 순종을 우리에게 전가했다. 칭의를 얻은 자로서는 반드시 순종이 있어야 한다는 것이다. 중생이 됐는데도 또는 중생의 경험을 했는데도 거룩한 삶이 따르지 않는 것은 하나님의 은혜가 부족한 것도 아니고 중생이 불안한 것도 아니라 중생 된 척하거나 중생의 경험을 하지 않은 자이다. 이런 자는 중생, 구원의 확신 또는 믿음에 관해 심각하게 고민해야 한다. 더 나아가서 죽을 때까진 중생의 여부, 즉 구원의 여부를 모른다고 게으름을 피운다면 매우 심각한 영적 질병을 앓는 것이라 말할 수 있다. 또 이런 자는 살아 있는 믿음, 영의 확실한 확신, 양심의 평화, 순종과 같은 열정을 나타내지 못하기에 하나님께 드리는 영광을 경험하지 않은 자이다. 만일 그렇다면, 은혜의 수단을 부지런히 쓰면서 은혜의 시기를 경건하게 기다려야 한다(「돌드레히트」 1장 16항(1)①).

당시 성직 계열에 속한 대제사장, 장로와 서기관은 예수님을 죽이려고 함께 밤새 의논했다. 결론은 신성 모독죄와 사형에 해당한다는 것이었다(마 26:65, 27:1). 이제 사법권이 로마제국의 총독 빌라도에게 있으니까 예수님을 그에게 데려왔다. 보기 좋게 정교유착이 일어난 것이다. 그는 "그들이 얼마나 많은 것으로 너를 고발하는가 보라"(마 27:13; 막 15:4)고 말하면서 무죄를 세 차례나 선언한다(눅 23:4, 14, 22). 그런데도 그들은 그분에게 잔인한 십자가 형틀로 처형하라고 대중을 충동질하여 빌라도를 압박했다(눅 23:19). 무슨 죄를 범했느냐고 묻는 빌라도를(막 15:14) 더욱 압박하여 사형을 선고하게 강요하는 저 악한 자들을 도대체 어떤 자들일까? 악하고 음란한 세대를 위해서 요나의 표적 외에는 없다고 말씀하신(마 12:39, 16:4) 그리스도는 자신을 위해 가슴을 치며 통곡하는 자들을 향해 "예루살렘의 딸들아 나를 위하여 울지 말고 너희와 너희 자녀를 위하여 울라"고 하셨다(눅 23:28). 우리는 여기서 큰 진리를 깨닫는다. 그리스도의 고난을 슬퍼하는 것에 마냥 머물러 있어선 안 된다. 또 그분은 울고 있는 자를 향해 "잉태하지 못하는 이와 해산하지 못한 배와 먹이지 못한 젖이 복이 있다"(눅 23:29)고 했다. 이 의미는 자신을 부인하고 날마다 십자가를 지라는 것이다. 우리의 삶을 거룩한 삶으로, 순종의 삶으로 살라는 의미이다. 한 번이나 몇 차례로 겨우 끝내려고 하지 말고 평생 말씀에 따라 순종하며 선하고, 공의롭고, 진실하게 살아야 한다(엡 5:9).

(3) 중보자가 담당한 끔찍한 고통과 고뇌에 관한 고백이다.

(3)① 중보자 그리스도는 자신의 것도 아닌 것을 자신의 것으로, 우리는 우리 것도 아닌 것을 우리 것으로 가졌다. 그분은 자신의 것도 아닌 죄를 짊어졌고, 우리는 우리의 의가 아닌 것을 우리 의처럼 차지하고 있다(2권 12장 2항, 383). 죄가 전혀 없는 분은 죗값을 치르기 위해 죄인으로 극한 고통 속에 죽었고, 죄의 노예인 우리는 마땅히 영벌에 처해 영원한 죽음에 이르러야 하지만 그분이 대신 죽었기에 그 무상의 은혜를 받아 의롭다 여겨진다.

다윗 왕은 이 진리를 미리 바라보고 고백한다. 이 고백은 자신 역시 그런 어려움에 맞닥뜨려 있었기에 앞으로 그분이 당할, 피를 토할 수밖에 없는 십자가의 고통을 바라볼 수 있었다. 이것은 우리가 자기 잘못 때문에 받는 고통이나 어려움이 아니라 옳은 것을 위해, 진리를 위해, 그분을 위해, 바닥을 치는 실패를 경험할 때, 그분의 성품을 따라 살려 할 때를 말한다. 이것을 한 마디로 자기 부인과 십자가 지는 삶이라 말한다. 그분을 신뢰한다면 하나님의 자녀는 이 세상에서 이런 고통 가운데 사는 것이 당연하고 또 살아야 할 것이다. 그렇지 않으면 누구도 그리스도를 올바로 바라볼 수 없고 그분에 관해 알 수 없다. 이것은 독일 종교개혁자 마틴 루터의 십자가 신학을 생각나게 한다.

나는 당신의 모든 죄가 됩니다. 당신은 내 모든 것을 받아 주셨고 모든 것을 주셨습니다. 당신의 몫이 아닌 모든 것을 짊어지셨고 내 것이 아닌 모든 것을 내게 주셨습니다. ... 자신을 포기하고 자신의 행적을 전적으로 포기할 때 비로소 당신은 그분 안에서 평화를 발견할 것입니다. 그분은 자신의 의를 당신의 것이 되도록 하셨습니다. ... 그분은 형제들 가운데 계시면서 인내하시고 봉사하고 중보하시고 모본을 보이셨습니다(『진리의 재발견』, 72, 루터의 작품 48 재인용).

그분의 영적 고뇌는 육체로 표현됐는데 먼저는 목이 말라 마른 땅의 흙처럼 갈라지고 입천장에 붙었고(시 22:15), 기도 중 땀방울이 땅에 떨어지는 핏방울이 됐다. 이것은 그분의 극한 고뇌와 극한 고통을 영육 간에 당했다는 것의 물증이다. 우리가 평생, 아니 영원히 짊어져야 하는 지옥의 고통은 영육 간에 일어난다(『벨지카』, 24항③). 우리의 중보자는 **몸만 아니라 영으로도 고통**을 당했다. 이로써 우리는 몸과 영의 죽음에서 자유를 얻게 됐다.

(3)② 십자가상에서 부르짖는 절규, "엘리, 엘리, 라마 사박다니"(나의 하나님, 나의 하나님, 어찌하여 나를 버리시나이까!, 마 27:46)는 아버지에게서 철저하게 외면당한 자의 외침이다. 한 마디로 버림을 당하는 것이다. 이 버림은 인류가 타락으로 인해 하나님에게서 영원한 버림을 당한 것을 떠올린다. 물론 이런 표현은 우리 측면에서 본 것이지만 굳이 아람어로 표현한 이유는 실제로 그분이 십자가상에서 고통당한 것을 알리기 위함이다. 아버지의 버림을 당할 때 도와달라고 부탁하지 않은 것은 견딜 수 없는 슬픔을 당한 것을 의미한다. 그분은 정말 슬픔을 당한 분이었다(사

53:3).

하나님이시고 무죄한 중보자는 우리를 대신하여 하나님의 심판대 앞에 선 죄인으로 처절하게 죽음의 공포와 극한 고통을 느낀 분이다. 이것은 우리가 겪어야 할 지옥의 고통 자체였다. 그분을 이토록 고통받게 한 이유는 우리가 그분 안에서 하나님의 의가 되게 하기 위함이다(고후 5:21). 우리는 하나님의 언약의 자녀로서 세상에서는 버림을 당할 것이다. 이 의미는 "경건하지 않은 것과 이 세상 정욕을 다 버리고 신중함과 의로움과 경건함으로 이 세상에 살고 복스러운 소망과 우리의 크신 하나님 구주 예수 그리스도의 영광이 나타나심을 기다리"며 산다는 뜻이다(딛 2:12~13). 세상에 살면서도 세상을 무시하고, 세상의 지혜와 대항하면서 하늘의 자녀로 산다는 것은 그 자체가 심한 고통이다. 그런데 예수 믿어서 외적 복을 받으며 사는 것을 자랑한다거나 어려움을 직면하면 곧 토라져서 식어버리는 냄비 신앙이라면 자신이 과연 하늘의 자녀인지 재고해 봐야 할 것이다. 어느 형편에 있든지 경건함을 유지하는 것이 바른 것이다.

(4) 구속 사역을 위해 당한 중보자의 수난과 신자의 자세에 관한 고백이다.

(4)① 중보자는 우리가 응당 받아야 하는 극한 고뇌와 고통을 대신 담당하셨다. 이것은 우리의 고백이다. 그분이 우리의 **지혜, 공의, 거룩함과 구속**(지혜와 의로움과 거룩함과 구원함)이기 때문에(고전 1:30) 그분 외에는 어떤 것도 자랑하지 않는다. 구속받은 자는 구원이 하나님의 전적이고 무상의 은혜임을 고백한다. 우리는 이 은혜로 그리스도와 구원의 연합에

들어가는데. 이 연합은 그리스도가 우리를 위해 하나님에게서 온 지혜가 되기 때문이다. 그분을 통해 우리는 하나님에 대해 알게 되고(요 1:18, 14:6~9 참고), 구원에 관한 지혜를 갖게 된다(딤후 3:15). 이 지혜와 함께 우리는 연합된 그리스도가 우리의 지혜, 공의, 거룩함과 구속이 됨을 깨닫는다. 그렇다고 그분이 하나님을 알게 하거나 그분께로 접근하는 통로 또는 파이프라고 생각하면 큰 잘못이다. 그리스도 자신이 하나님이기에 그분에 대해 알고 그분을 깨닫는다는 것이다.

대속의 결과는 하나님의 영원한 작정에서 그 근거를 찾는다. 그리스도는 우리를 대신하여 죄가 되어 우리의 의(righteousness)가 됐다(고후 5:21). 또 그리스도인의 삶은 은혜 안에서 우리를 성장할 수 있게 하는 거룩함(성화)을 말한다(롬 8:9~10). 중생 된 자는 반드시 거룩함이 있거나 이뤄야 한다. 의롭다 여긴 자는 반드시 거룩함을 이뤄간다. 이 점에 관해 사도 야고보는 명료하게 명시한다(약 2:17, 20, 26). 의는 거룩함으로 유지되고, 거룩함은 의를 붙든다(3권 16장 1항, 634). 그리스도와의 연합 또는 효과는 우리를 위한 의, 거룩함과 구속함이다. 이것은 대속의 결과를 있게 한 하나님의 지혜에 관한 설명이다. 그래서 그리스도는 우리의 구속함이 된다고 고백하는 것이다.

개혁신앙인 중 이름뿐인 자들은 행하므로 구원받지 않고 믿음으로 구원받는다고 하며 행함 또는 행위에 관해 구원과 신앙을 고집한다. 이것은 유사 개혁신앙인이다. 다음 항목(22항)에서 이 주제에 관해 자세히 고백하겠으나 여기선 간략하게 설명하는 것에 그치고 싶다. 행함이 없는 믿음이란 믿음 자체가 우리를 의롭다고 여기는 것이 절대 아니고 그분이 우리에게 전가한 의를 수용하는 것에 불과하고, 그분의 혜택을 유지하는 도구에 불과하다는 의미이다(「벨지카」 22항④⑥). 믿음이 구원을 위해 무용지물이라는 것이 아니라 의지에 근거한, 즉 자유의지에 근거한 믿음을 경고하는 것이다. 첨가하여 말하면, 이신칭의에서 이신(by faith)의 의미를 제대로 파악하라는 것이다. 이신은 자신이 이룩한 행위에 근거한 의를 배제하라는 의미이다. 이것은 회개로 드러나고 실제로 거룩한 삶으로 드러난다. 행위는 의를 얻기 위함이 아니라 의를 얻은 후의 삶을 위한 것이다(『해설자용』, 407).

그리고 죄, 사탄, 지옥과 죽음으로부터 우리를 구원하신 분은 우리의 구속이 된다. 사도바울의 결론은 주님 안에서 자랑하라는 것이다(고후 1:31). 그분의 이름을 언급하면서 자신을 자랑하는 것이 아니라 그분만을 자랑하라는 것이고, 그분께 모든 영광을 기인하라는 것이다. 우리는 십자가에 달려 죽으신 **그리스도 외에** 무엇을 자랑할까? 이 고백은 의와 거룩함이신 그분과 연합하여 하나님과의 교제가 이뤄지고 있다는 증거이다.

이 고백은 베드로와 도마의 고백을 떠올린다. 베드로는 "주는 그리스도시요 살아 계신 하나님 아들이시니이다"(마 16:16)라고 했고, 도마는 "나의 주님이시요 나의 하나님이시니이다"(요 20:28)라고 고백했다. 이어 사도 요한은 이렇게 기록하고 있다. "오직 이것을 기록함은 너희로 예수께서 하나님 아들 그리스도이심을 믿게 하려 함이요"(요 20:31). 이 고백들은 그분이 어떤 분인지 잘 말하고 있다.

여기서 그리스도와 그의 십자가에 못 박히신 것 외에 알지 않을 것이라는 고백은 그리스도에 관한 고백과 함께 **그분의 사역에 관한 것이다**. 그리스도가 어떤 분인지는 「벨지카」 1항, 8항과 10항에서 충분히 고백했다. 영원한 분이신 하나님에 관한 것이다. 그런 후 인간의 타락과 관련된 창조와 섭리(12항과 13항), 타락과 관련되면서(14항과 15항) 하나님의 영원한 작정이 시간 속에 그분의 사역, 즉 선택(16항)과 회복(17항)으로 드러났다. 성육신(18항)과 두 본성(19항)으로 중보자가 되신 분임을 밝힌 후 제21항에서 그분의 사역인 대속과 중보를 밝힌다(「대교리」 44문①②).

(4)② 중보자의 **지식**에 관한 고백이다.

그리스도와 그분의 십자가 외에는 어떤 것도 알지 않을 것이라는 고백에 이어 그분을 아는 지식이 가장 고상하다고 한다. 여기서 지식은 단순히 파편적이거나 단편적이지 않다. 지식에 관한 대표적 영어로 사이언스(science)와 날리지(knowledge)를 들 수 있다. 전자는 특별한 것으로 인지의 결과 보다 조직적이거나 실험을 통해 얻은 파편적인 것이지만 후자는 인지의 결과로서 절대적 진리를 고백한 것을 말한다. 그리스도 또는 하나님에 대한 지식은 후자에 속한다.

칼빈 선생이 말하는 지식, 특히 하나님에 대한 지식은 그분의 존재(또는 실존[existence])를 말한다(『연구자용』, 29). 실존이란 본체(subsistence)와 본질(substance)과는 달리 그분 자체를 의미하는 것이 아니라 드러난 존재를 말한다. 철학자들은 실존을 논하지, 인간의 본체를 논하지 않는다. 만일 본체를 논하게 되면 하나님을 인정할 수밖에 없기 때문이다. 그분의 실존, 즉 그분에 대한 지식을 통해 우리 자신에 대한 실존, 즉 지식을 정확하게 알게 된다(1권 1장 1항, 32).

개혁신앙 고백서에서 너무나 중요하게 삼위일체 하나님에 관한 고백에 신중과 심혈을 기울이는 이유도 이 때문이다. 그분에 관한 고백이 곧 우리 자신의 존재를 파악하는 진리이기 때문이다. 「벨지카 신앙고백서」는 1항, 8항~11항에서 그분에 관해 고백하고, 그 고백은 우리는 그분이 우리에게 계시한 만큼 알 뿐이기에 영원한 분이 시간을 창조하면서 섭리하는 것을 통해 그분에 관한 지식을 갖는다는 것이다. 시간 속에 일어난 일이 곧 인류의 타락이고 그 구조책이 중보자 하나님, 즉 하나님이시면서 인간이신 바로 그분이다. 그분에 관해 자세하게 18항과 19항에서 고백하고, 그분의 사역에 관해 20항과 21항에서 고백하고, 22항은 그분에 관한 신앙고백을 선언한다.

(4)③ 중보자의 구속 사역의 영원성에 관한 고백이다.

삶, 정신, 구원, 진리 등이 어떤 면에서든 완전하고 충분하고 불변한 은혜와 위로가 되는 이유는 하나님이신 동시에 인간이신 중보자가 **단번에 드린 영원한 희생제물 때문이다.** 그 어떤 **다른 자**를 찾아야 할 이유가 전혀 없다(「벨지카」 26항(2); 「하이델베르크」 12문). 그분으로 완전히 만족할 수 있고, 완전한 안전을 보장받는다. 그분 외에 다른 중보자가 필요하다는 것은 막돼먹은 신성모독이 아닐 수 없다(「벨지카」 22항③). 욥의 친구 엘리후는 일천 천사 가운데 혹 있을지 모른다고 했는데 실제는 없다는 것을 전제하고 있다(욥 33:24). 있다고 말한다면 회개를 촉구한다. 온전한 중보자를 지상에서는 찾을 수 없다(「벨지카」 26항(7)③). 이것을 알고 있던 구약성경의 경건한 자는 오실 중보자에게 예배를 드렸다. 쉽지 않았을 것이다. 볼 수 없고, 만질 수도 없고, 들을 수도 없는 분을 바라고 그분께 예배를 드리며 살아가는 것은 그야말로 가물에 콩 나듯 힘들었을 것이다(「신앙고백서」 21장 2항②).

구원을 위해 다른 자, 다른 수단, 다른 것이 필요도 없을뿐더러 찾아서도 안 된다. 이 일을 위해 성령 하나님은 올바른 믿음을 우리의 심정에 심는다. 그 믿음은 그분을 수용하는 유일한 그릇이다(「벨지카」 22항①④).

단번에 희생제물을 드리신 중보자는 영원하고 불변한 은혜를 주셨다. 단번에, 또는 "한 번의 제사로 영원히 온전하게" 했다(히 10:14). **단번이란 의미는 영원하다는 뜻이다.** 이 고백은 멜기세덱을 연상시키며 중보자의 신성을 의미하기에 영원한 효력을 지닌다고 말한다. 단번에 거룩하게 한 자를(히 10:10) 단번에 드리는 제사로 온전하게 했다는 것은 단번에 거룩하게 된 자가 타락으로 하나님과의 영원히 상실된 교제를 중보자의 구속 사역으로 회복했다는 의미이다.

(5) 중보자가 곧 구원자 또는 구속자이심에 관한 고백이다.

하나님이신 동시에 인간이신 중보자는 우리의 유일한 **구세주**, 예수님이시다. 예수님과 구세주는 구원자라는 말과 같은 의미를 지닌 말이지만 구세주는 중보 사역에 중점을 두고 있다. 그 이유는 그분이 우리를 죄로부터 구원한 분이기 때문이다(「하이델베르크」 29문①). 구세주는 하나님의 영원한 진노와 파멸로부터 우리를 구원하고 영생을 선물로 준다. 그 근거는 복음을 통해 우리가 믿음으로 예수님을 구세주로 수용하기 때문이다(「돌드레히트」 1장 4항). 유일한 중보자, 유일한 구속자(대속자), 유일한 구세주, 유일한 그리스도, 예수님! 그분을 사랑하고, 그분의 말씀에 순종한다.

우리는 17항~21항에 이르는 고백으로 우리의 구세주, 중보자, 주 예수 그리스도, 하나님 아들에 관한 놀라운 지식을 갖게 됐다. 이제 그분이 이룬 구속 사역을 어떻게 수용하고 적용할 것인지를 22항~25항에서 고백한다. 긴장하고 기대하면서 진리의 문을 살포시 열고 안으로 들어가 보자.

22항: 예수 그리스도를 믿는 믿음 (Of Faith in Jesus Christ)

① We believe that, to attain the true knowledge of this great mystery, the Holy Ghost kindleth in our hearts an upright faith, which embraces Jesus Christ, with all his merits, appropriates him, and seeks nothing more besides him.

② For it must needs follow, either that all things, which are requisite to our salvation, are not in Jesus Christ, or if all things are in him, that then those who possess Jesus Christ through faith, have complete salvation in him.

③ Therefore, for any to assert, that Christ is not sufficient, but that something more is required besides him, would be too gross a blasphemy: for hence it would follow, that Christ was but half a Savior.

① 우리가 믿는 것은 이런 위대한 신비에 관한 참된 지식에 이르게 하려고 성령께서 예수 그리스도의 모든 공로와 함께 그분을 영접하고(요 16:14; 고전 2:12; 엡 1:17~18), 그분을 전유하고, 그분 외에 다른 어떤 것을 추구하지 않는 올바른 믿음을 우리 심정에 일으킨다(밝힌다)는 것이다(요 14:6; 행 4:12; 갈 2:21).

② 왜냐하면 다음의 고백이 반드시 따라와야 하기 때문이다. 우리 구원의 필요조건인 모든 것이 예수 그리스도 안에 없거나 아니면 모든 것이 그분 안에 있다면 믿음으로 말미암아 예수 그리스도를 소유한 자들이 그분 안에서 완전한 구원을 누린다는 것이다(시 32:1; 마 1:21; 눅 1:77; 행 13:38~39; 롬 8:1).

③ 그러므로 누구라도 그리스도로서 충분하지 못하기에 그분 외에 다른 어떤 것이 요구된다고 주장한다면, 이것은 너무나 막돼먹은 신성모독이 아닐 수 없다. 그렇게 되면, 그리스도께서 불완전한 [또는 반쪽짜리] 구세주일 뿐이라는 결론에 이르고 말 것이다.

④ Therefore we justly say with Paul, that we are justified by faith alone, or by faith without works. However, to speak more clearly, we do not mean, that faith itself justifies us, for it is only an instrument with which we embrace Christ our Righteousness.

⑤ But Jesus Christ, imputing to us all his merits and so many holy works which he has done for us, and in our stead, is our Righteousness.

⑥ And faith is an instrument that keeps us in communion with him in all his benefits, which, when become ours, are more than sufficient to acquit us of our sins.

④ 그러므로 우리는 바울과 더불어 당당하게 다음과 같은 선언을 하게 된다. 우리는 믿음으로만 또는 행함이 없는 믿음으로[우리의 행위와는 무관하게] 의롭게 여겨진다[롬 3:28]. 그렇지만 좀 더 정확하게 말한다면, 믿음 자체가 우리를 의롭게 한다는 뜻이 아니라(고전 4:7) 믿음은 우리의 의이신 그리스도를 영접하는 한갓 도구에 불과하다는 것이다.

⑤ 예수 그리스도는 자신의 모든 공로와 우리를 위하고 또 대신하여 행한 헤아릴 수 없이 많은 거룩한 사역을 우리에게 전가하신 우리의 의(공의)이다(렘 23:6; 마 20:28; 롬 8:33; 고전 1:30~31; 고후 5:21; 요일 4:10).

⑥ 그리고 믿음은 그분이 [우리에게] 베푼 모든 혜택으로 그분과 교제하도록 유지시키는 하나의 도구일 뿐이다. 그 혜택들은 우리의 죄들을 사면하고도 남는다.

이 항목은 믿음과 중생(회심, 부르심 또는 거듭남)의 관계에 관한 고백이다(「벨지카」 24항⑴). 크게 두 가지 주제로 나뉜다. 믿음의 대상인 유일한 구세주인 예수 그리스도(①②③)와 그분에 대한 믿음(④⑤⑥)에 관한 고백이다. 중보자 그리스도는 구원을 위해 우리의 협력이나 도움, 혹은 그분 외에 다른 자나 다른 것이 요구될 정도로 불완전한 구세주가 절대로 아니다. 그분 외에 다른 누구를 기다려야 하거나 다른 것이 절대로 필요하지 않다(「벨지카」 26항(2);「하이델베르크」 12문). 하나님이 정한 대로 단번에, 영원히, 불변한 구원 사역을 성취했는데(「벨지카」 21항(4)③) 다른 자, 다른 것, 다른 방법이 요구된다는 것은 어불성설이다.

만에 하나 있다 하더라도 타락한 인간은 하나님의 영원한 진노와 그것에 따른 처벌을 절대로 견디지 못한다(「하이델베르크」 14문②). 그런데도 있다는 헛된 가정을 설정하는 것은 그야말로 세기의 기만일 뿐이다. 구약성경과 신약성경의 신앙 선배들도 그 동일한 중보자를 바라보았고, 교회 역사에서 죽음과 희생을 통해 전해줬고, 우리는 그것을 순전히 받아 고수하고 후손에게 전해줘야 한다. 또 혹자는 그리스도도 필요하고 다른 수단도 필요하다며 양다리를 걸치기도 한다. 이것 역시 그분이 필요하지 않다는 것이나 그분의 신성을 부인하는 것이다.

믿음은 중생과 나란히 고백된다. 실제로 신자가 구원의 진리를 체험하는 것은 성령 하나님께서 믿음을 그의 심정에 심을 때 또는 일으킬 때 비로소 이뤄진다. 그래서 참된 믿음을 다루면서 중생을 고백하게 된다(「하이델베르크」 21문 참고). 또 믿음과 회개는 동반자인데 회심에 대한 설명에서 다루게 될 것이다(「돌드레히트」 3장~4장 10항②;「신앙고백서」 15장 1항;「소교리」 30문).

특히 여기의 고백 내용에서 주목할 것은 참된 믿음, 올바른 믿음, 거룩한 믿음 또는 헛된 믿음이란 용어이다. 이런 믿음은 의(칭의)를 얻기 위해 행위에 근거한다거나 의지적으로 힘쓰는 그런 것이 아니다. 이 믿음은 그리스도와 그분의 공로에만 근거한다. 믿음은 그분과 그분의 구속 사역을 수용하는 또는 담고 있는 도구에 불과하다. 정말 그것을 담은, 즉 수용한 자는 거룩한 삶을 동반자로 삼을 것이다. 우리는 이것을 선한 양심에 따라 산다고 표현한다. 신학 용어로는 회개의 삶인 견인이라고 부른다.

그리고 여기서는 믿음에 관한 정의를 내리지 않고 중생을 의미하는 믿음에 관한 고백을 한다. 중생과 믿음은 뗄 수 없는 동반자이다. 중생에 관한 깨달음은 믿음으로 시작하고 믿음으로 마무리한다. 중생의 시점을 의미하지 않는다. 중생은 성령 하나님의 신비하고 비밀적 사역이기에 인간으론 알 수 없지만 믿음으로 깨닫고 회개하기에 이른다. 믿음에 관한 바른 개념을 가지고 있지 못하면 이어서 등장하는 칭의(죄들의 용서)에 관해 그릇된 개념을 갖게 된다. 칼빈 선생은 『기독교강요』 3장 2장 1항~42항에서 믿음에 관해 깊고, 광범위하게 설명한다.

① 신비한 구원의 진리를 선택된 자에게 적용하는 성령 하나님의 중생 사역에 관한 고백이다.

하나님과 관련한 모든 지식은 신비로운데 이 의미는 인간의 이성이 미칠 수 없는 비밀적이라는 것이다. 그렇다고 그것에 관해 우리가 불가지가 아니라 불가해라는 의미이다(1권 5장 1항, 51; 『해설자용』, 45~46). 중보자에 관한 고백과 그분이 성취한 구속 사역은 **위대한 신비**에 속하고, 하나님의 영원한 작정에서 나온 것이기에 신비롭고 비밀적이다. 그것도 그냥 신비한 것이 아니라 놀라울 정도로 위엄을 가진 심오한 신비이다. 뭐라고 묘사할 수 없는 이 진리는 영원에 있었고 시간 속에 드러났다.

지금까지 하나님에 대한 지식과 구속 사역에 관해 고백했지만 경험하고 선택된 자가 아니면 질려 거부할 수밖에 없을 정도이고, 추구하려고 엄두도 못 낼 정도의 지식이다.

인간은 시간적이고 제한적이기에 가시적으로 드러나기 전까지는 그 지식에 관해 아주 작은 것이라도 간취하지도 깨닫지도 못한다. 그분의 작정은 성령 하나님의 사역을 통해 우리에게 드러나기 시작하고 우리가 인식하기 시작한다. 잠깐 여기서 간과하지 말아야 하는 것은 그 지식이 외적으로 드러났을 때는 이미 이뤄진 것임을 알아야 한다는 것이다. 물론 영과 육으로 구성돼 있어 영적이지만 영의 기능이 타락으로 인해 부패했기 때문에 자신이 보고 느낀 대로 이기적으로 행하고 싶어 한다. 우리는 일관성이나 객관성 없이 무턱대고 행하는 데 매우 익숙해 있다. 이런 인간에게 영원불변한 작정은 당연히 신비적일 수밖에 없다.

놀라운 구원의 진리를 갖는 것, 즉 수용하는 것은 성령 하나님의 전적인 사역이 아니면 인식 자체가 전적으로 불가능하다(고전 2:11~12). 성령 하나님은 구원을 위해 예수 그리스도 외에 다른 것을 추구하지 않는 사도바울의 고백처럼 우리가 고백하게 하려고(「벨지카」 21항(4)③) 믿음이란 도구를 우리 심정에 일으킨다. 이것은 인간에게 위대한 시작을 알리는 순간이고, 사건이고 기적이다. 많은 자 가운데 각자에게 일어나는 것은 기적 그 자체이고, 그 기적이 독자에게 일어나는 것은 은혜 그 자체이다. 믿음을 일으키거나 심는 사역이 성령 하나님의 주요한 사역이기에 우리는 그분을 내적 교사라 부르고(3권 1장 4항, 438~439; 4권 14장 8항, 979~980), 중생의 저자로 고백한다(1권 13장 14항, 123).

영원하고 신비한 작정에 관해 파악한다는 것은 인지력으론 절대 불가능하다. 하나님의 영원한 것이기에 당연히 그분이 계시할 때만 가능하다. 그분이 계시하는 대상, 장소, 시간, 수단은 그분이 영원에서 정한 대로 반드시 일어난다. 이런 계시를 깨닫는 방편은 믿음뿐이다. 성령 하나님께서 우리 심정에 **올바른 믿음**을 일으키는(밝히는) 한 우리는 깨닫게 된다. 올바른 믿음이라고 고백하는 이유는 거짓 믿음, 의지적 믿음, 가공된 믿음, 착각하는 믿음, 세속적 믿음(신념) 또는 철학 등이 있어 기만당하고 있기 때문이다. 올바른 믿음은 정직한 믿음 또는 순전한 믿음이라고 번역될 수 있다.

하나님의 것이기에 그분이 직접 우리에게 밝히지 않으면 어느 누가 알 수 있을까? 구원에 관한 모든 진리는 이와 같다. 그분의 것이기에 그분이 직접 밝히는 것이다. 삼위일체 하나님 가운데 성령 하나님을 지목하는 이유는 이것이 영적인 일이고 우리 영의 기능 중 심정에 역사하는 것과 관련 있기 때문이다. 진리는 우리의 것이 아니고 그분의 것이기에 그분이 우리 영에 직접 역사하지 않으면 우리는 그 어떤 것도 분별(파악)하지 못한다(고전 2:13~16). 중생의 저자인(1권 13장 14항, 123; 2권 3장 10항, 266;「돌드레히트」3장~4장 11항②;「하이델베르크」74문②) 성령 하나님께서 역사하지 않는데 유기된 자가 영적인 일에 관심을 두거나 분별하는 것은 절대 불가능하다.

성령 하나님께서 밝히는 **참된 지식**은 거짓된 지식을 전제하고 있다. 중생 된 척하며 창조자 하나님에 대한 지식에 머무는 경우, 삶의 변화가 전혀 일어나지 않는 외식과 위선인 경우, 거룩한 삶으로 드러내지 않고 탁상공론만 일삼는 단성론인 경우, 참된 진리에 관해 배우지 않으려는 경우들이 있다. 하나님에 대한 이중지식(창조자와 구속자)을 모르고 행함이 없이 입으로만 고백하고, 세속 원리에 따라 호기심을 가지고 온유와 겸손을 배우지 않는 것을 말한다. 그 지식은 존재(subsistence)를 의미하고, 존재는 실존(existence)을 의미한다. 전자는 본체를, 후자는 드러난 존재를 의미한다. 하나님의 드러난 존재인 실존을 그분의 존재라고 여기면 안 된다. 실존이란 구원과 관련돼 드러난 하나님에 대한 존재이나 지식이지 그것이 곧 하나님의 정체를 말하는 것이라 여겨선 안 된다. 물론 드러난 지식인 실존도 하나님에 대한 정확한 지식이다. 다만 그 지식이 바로 그분은 아니다. 그것으로도 그분에 대해 정확하게 알 수 있다는 것이지 우리가 아는 것이 곧 그분이라는 논리적 비약은 금물이라는 것이다.

구원의 진리를 깨달을 때, 죄인을 깨달을 때, 하나님의 아버지 됨을 확신할 때, 그분의 실존임을 깨달을 때, 그분에 대한 지식을 가질 때, 우리는 그분의 속성에 관해 고백한다. 그 속성은 그분에게만 속한 속성, 즉 비공유적 속성(incommunicable attributes)이 아니라, 인간도 어느 정도 경험할 수 있는 공유적 속성(communicable attributes)이다. 인간도 가질 수 있지만 너무나 큰 차이나 구분이 되기에 "완전히"(「벨지카」 1항②) 또는 "가장"(「신앙고백서」 2장 1항②; 「대교리」 7문②)이란 부사를 붙인다. 더 중요한 것은 그분에 관해 깨달을 때 비로소 후자의 속성을 그만큼 깨닫는다고 말한다. 인간이 하나님에 관해 깨닫게 된 실존은 공유적 속성이다. 현저히 구분된 것이지만 그분에 관해 정확하게 아는 것이다.

성령 하나님이 심정에 **올바른 믿음**을 일으킨다(밝힌다)는 고백(3권 1장 4항, 438~439 참고)은 **중생**을 의미한다. 구원의 주님이신 그리스도에 관한 참된 지식을 갖게 하려는 것은 믿음을 의미한다. 이것을 심정에 밝힌 다는 것은 어두운 곳에 빛을 비추는 것을 의미한다. 밤에 찾아온 니고데모는 어두움 속, 즉 진리에 관해 분명히 모르고 있었다. 예수님이 그에게 중생에 관해 언급하자 그는 당황했다. 예수님은 "너는 이스라엘의 선생으로서 이러한 것들을 알지 못하느냐"고 꾸짖었다(요 3:10). 이 중생의 비밀에 관해 말해도 수용하지 않기 때문에 예수님은 "광야에서 뱀을 든 것같이 인자도 들려야"(요 3:14) 한다고 하며 십자가상의 죽으심을 예시했다. 이것은 믿음을 갖는 방편이었다. 그 믿음은 빛으로 밝혀지는 것이고, 어두움 속에 빛이 비칠 때 비로소 형태들이 보이는 것처럼 죄들이 명시되고 얼마나 위험한 가운데 살았는지 깨닫게 되고 한숨과 비통함으로 회개할 것이다. 깨닫지 못하는 자에게 믿음을 심기 위해 그분의 죽으심이 따라야 한다는 것은 그분의 구속 사역을 의미한다. 이것을 심정에 밝힌다고 고백하는 것은 성령 하나님의 중생 사역을 의미한다. 이 사역은 믿음을 통해 우리로 깨닫게 한다.

구원과 관련하여 성령 하나님은 예수 그리스도를 그분의 공로와 함께 영접하고, 소유하고, **그분 외에 그 어떤 것도** 찾을 필요가 없는 올바른 믿음을 우리 심정에 밝히는 사역을 하신다. **밝힌**다는 것은 조명한다는 것이다. 성령의 주된 사역은 믿음을 우리 심정에 심는 것이다(3권 1장 4항, 439). 이렇게 그분에 관한 진리를 깨닫는 데 있어서 첫 번째 단계는 성령께서 우리 심정에 믿음을 심는 데 있다.

거짓된 믿음이 늘 존재하므로 특별히 **올바른 믿음**(upright faith)이라고 고백한다. 이 믿음은 새사람이 되어 새 삶을 사는 것과 관련하여 **참된**

믿음(true faith)이라고 표현하기도 하는데(「하이델베르크」 21문①②) 성령은 이 믿음을 가지게 하여 실제로 순종의 삶을 살게 한다(「벨지카」 24항⑴). 또 이 믿음은 우리를 의롭게 한다고 고백한다(「벨지카」 24항⑵①; 「하이델베르크」 60문①). 그리고 올바른 믿음은 거룩한 삶을 살게 하기에 **거룩한 믿음**이라고 고백하기도 한다(「벨지카」 24항⑶①). 참된 믿음을 가진 자는 반드시 감사의 결실을 본다(「하이델베르크」 64문). 삶과 무관한 믿음을 우리는 **헛된 믿음**이라 부른다(「벨지카」 24항⑶②). 마침내 참된 믿음은 칭의와 거룩을 갖게 한다고 고백하기에 이른다(「돌드레히트」 1장 7항②). 성령 하나님께서 그리스도와 그분의 모든 혜택에 참여하게 하려고 참된 믿음을 심는다(「하이델베르크」 53문②).

참된 믿음을 좀 더 구체적으로 말하면, 그리스도를 믿는 믿음(faith in Christ)이고, 이 믿음의 성격은 효성스러운 경외, 죄에 대해 슬퍼하고, 의를 갈망하고 그것에 대해 배고파하는 것이다(「돌드레히트」 1장 12항). 이 믿음을 가진 자는 그리스도 안에서 가지는 모든 혜택을 공급받는다. 이것을 우리가 그리스도 안에, 그분이 우리 안에 있는 연합 또는 접붙임이라고 부르기도 한다(「하이델베르크」 20문). 그 혜택은 성령 하나님께서 우리 안에 참된 믿음을 심길 때에야 비로소 가능하다(「하이델베르크」 53문②). 우리는 이것으로 "나의 하나님, 나의 주님"이라고 고백하게 된다(요 20:28). 또 참된 믿음은 그리스도의 공로로 인해 실제로 죄를 용서받은 것을 수용한다(「하이델베르크」 84문①).

성령 하나님은 믿음을 통해 예수 그리스도의 모든 공로를 **전유하고** 그분을 **영접하게** 한다. 믿음은 하나의 도구로서 우리에게 전가한 예수 그리스도의 모든 공로와 혜택을 보존하게 한다(「벨지카」 22항⑤). 그분의 공로와 혜택을 전가 받았다는 것에 의존하지 않는다면 수많은 유혹과 불행에서 흔들리고 괴로움을 당하고 만다(「벨지카」 24항(7)⑤). 아르미니우스파는 이러한 공로를 인정하지 않고 인간은 스스로 완결하고 완전하다고 억지 주장할 뿐 아니라 믿음으로 그것을 수용하더라도 의롭다 여겨지는데 아무런 효력이 없다고 억지 주장한다(「돌드레히트」 2장 오류1, 오류4). 믿음은 그리스도의 공로로만 우리에게 은혜로, 무상으로 주어진다 (「하이델베르크」 21문②).

② 그리스도만으로 만족하는 신앙의 고백이다.

이 고백은 ①의 고백에 관한 이유 또는 결과이다. 성령 하나님께서 우리 심정에 심긴 올바른 믿음은 구원을 완결하기에 충분하다. 그 믿음은 그리스도 외에는 다른 것을 찾지 않는다는 고백이다. 구원의 조건으로 필요한 모든 것은 그분 안에 완전하게 있다. 중보자는 두 본성을 지니고 있어 하나님과 인간의 중재를 완전히 하신다. 그런데 두 본성의 **위격적 연합**을 헷갈리면 그분에 관한 고백 역시 희미해진다. 그 본성의 연합을 각 본성의 조합이라든지 반반씩 자리를 차지하고 있다고 본다면 진리를 크게 왜곡하는 것이다.

신성과 인성의 연합을 위격적이라 보지 않고 인간 측면에서 본 대로 해석해 버리면 그분이 완전한 구원을 성취했다는 것을 인정하지 않게 된다. 그분의 인간됨에만 초점을 둔다면 자유신학을 추구하는 자와 같이 그리스도의 제사장직을 인정하지 않고 그분의 신성 역시 부인한다. 하나님이 우리의 협력이나 협조가 필요한 구원을 완성했다는 불신앙적 자세를 갖는 것이다. 그런데 반드시 믿음으로 그분을 소유해야만 그분이 완결한 구원의 혜택을 누리게 된다. 또 그분의 신성에만 중점을 둔다면, 거룩한 삶을 실천하지 않을 것이다. 그리스도가 모든 것을 이뤘으므로 인간이 감당할 것이 없다는 허무맹랑한 주장을 하게 된다. 무엇이든 구하면 받을 수 있다고 착각하고, 그분이 전지하기에 구할 필요도 없다고 억지 주장하고, 행하지 않아도 믿음만으로 구원받는다는 거짓된 믿음을 가질 수 있다.

그리스도 안에라는 표현은 우리에게 무엇을 떠올릴까? 가시적으로 교회 안에? 성도의 모임 안에? 믿음으로? 어떤 의미로 우리에게 와 닿아야 할까?

1. 영원성을 의미하는데 예정에서 잘 드러난다. 영원이기에 인간에게는 비밀적이고 감춰진 것이다(엡 1:3~4). 그분 안에서 선택됐다(「벨지카」 22항①).
2. 구원의 조건이 그리스도 외에는 다른 것에서 이뤄질 수 없다는 것으로(「벨지카」 22항②) 믿음이 그리스도에 대한 것인지 다른 것인지 어디에 근거한 믿음인지를 밝혀야 한다.
3. 하나님의 자녀, 즉 양자 됨을 의미한다(2권 20장 36항, 704). 그분과 접붙임 또는 연합돼(4권 1장 2항, 786) 하나님의 모든 혜택을 누린다. 교회 안에서 성도는 서로 의존하며 사랑 안에서 한 몸으로 자라가야 한다(4권 1장 2항, 786).
4. 중보자라는 의미를 담고 있다. 구원과 은혜가 그분에 근거하고, 그분으로 말미암고, 그분을 위한 것이다.
5. 그리스도로 말미암아 의식법이 완결된 것(「벨지카」 26항①; 「신앙고백서」 19장

3항①과 그분을 중심으로 성경을 해석하라는 것이다. 그리스도는 율법을 폐지하러 온 것이 아니라 완성하러 온 분이다(마 5:17; 2권 7장 11항, 315).
6. 그리스도 안에서 또는 그분과 함께 난행 고행하는 새로운 삶을 산다(4권 15장 5항, 999).

중생은 하나님의 영원한 작정, 즉 영원에서 그리스도 안에서 선택된 자에게 일어난다. 유기된 자에게는 절대로 일어나지도 않고 일어날 수도 없다. 본인이 일어난 척할 수는 있지만 오히려 그들에게 하나님의 진노가 머무르기에 절대로 예수님을 구세주로 수용할 수 없다(「돌드레히트」1장 4항). 만일 수용한 척한다면 자발적 의지, 즉 자유의지로 행하는 것이다. 자기 최면으로 자신이 그렇다고 인식하는 것이다. 복음 선포를 수용하거나 거절하는 것은 하나님의 영원한 작정에서 제1원인을, 사탄의 간계에서 제2원인을, 유기된 자에게서 제3원인을 찾을 수 있다. 제1원인과 제2원인은 영원에 속한 것이고, 제3원인은 시간에서 일어나는 것이다. 전자는 근본적 원인이고, 후자는 직접적 원인이다. 타락만 아니라 복음의 거절은 인간에게만 그 책임이 있다(「돌드레히트」1장 5항).

③ 구원을 위해 다른 것을 요구하는 것은 신성모독이라는 고백이다.
구원을 굳이 언급하지 않더라도 은혜를 받기 위해 은혜의 외적 수단인 말씀, 기도와 성례 외에 다른 수단을 쓴다면 어떨까? 같은 정죄를 받지 않을까? 세속적 방법 또는 프로그램을 동원하여 청중들을 흥분시키면서 은혜를 받은 것처럼 그들이 자기 착각에 빠지게 하거나 감정이입을 시킨다면, 같은 성죄를 받지 않을까? 이처럼 구원을 위해 그분에 대

한 지식을 등한히 하고 다른 수단에 무게 중심을 둔다면 정말 잘못된 것이라 확신한다.

두 본성, 즉 신성과 인성을 지닌 하나님 아들이신 중보자가 구세주임을 못 마땅히 여겨 다른 자를 찾거나 다른 것에 의존한다면, 신성모독이란 큰 죄를 범하는 것이다. 그분으로 또는 그분의 말씀으로 만족할 수 없다면, 마냥 하나님도 좋고 세상도 좋다면, 그분도 믿고 다른 것도 믿는 것이 인간적이라고 억지 주장한다면, 성경은 명백하게 선언한다. "한 사람이 두 주인을 섬기지 못할 것이니 혹 이를 미워하고 저를 사랑하거나 혹 이를 중히 여기고 저를 경히 여김이라 너희가 하나님과 재물을 겸하여 섬기지 못하느니라"(마 6:24). 남녀 주인의 손을 바라보는 남녀 종처럼 우리의 눈은 그분에게만 고정해야지 두 가지를 섬기거나 바라본다는 것은 이부지자(二父之子)가 아닐 수 없다. 구원의 확신을 가진 자가 세상의 소금과 빛이 되기 위해 세속적 방법, 문화, 삶도 알아야 하고 수용해야 한다고 주장한다면, 반쪽짜리 구세주를 알고 있다는 것이다. 이런 주장은 자유신학을 고수하는 자들의 특징이다. 하나님도, 세상도 좋아하는 종교로 그리스도교를 전락시키는 방자한 작태이다. 이것은 성경 외에 다른 것에서도 구원의 진리를 찾을 수 있다는 신념이기 때문에 성경적 신앙이 절대 아니다. 그리스도와 벨리알이 함께 할 수 없기 때문이다(고후 6:15). 그분도 좋고 세상도 좋다는 신념은 저주를 받기에 충분하다(「벨지카」 23항(4)①). 그렇다고 바른 신앙을 고수하기 위해 세상을 떠나라는 것이 아니라 영적 간음을 하지 말라는 것이다. 늘 유의하면서 역사적으로, 성경적으로, 교리상으로 항상 견줘보고 확신을 가진 후에 세속적 방법을 일시적으로만 사용해야 한다. 이것은 충분한 임상을 거친

후 의약품을 대중에게 사용하는 것을 떠올리면 충분히 이해할 수 있다.

④ 믿음만으로(by faith alone)의 의미에 관한 고백이다.

우리는 칭의와 관련된 올바른 믿음, 참된 믿음 또는 거룩한 믿음의 역할을 분명하게 규정한다. 성령 하나님은 우리 심정에 믿음을 일으켜 하나님에 관한 신비한 지식, 즉 그리스도, 중보자와 그분의 모든 공로를 우리로 수용하게 한다(①). 그 믿음으로 인해 예수 그리스도를 소유한 자는 그분 안에서 완결된 구원을 맛보게 된다(②). 그분 외에는 구원을 위해 어떤 것도 요구되지 않는다(③). 성령께서 우리 심정에 심는 믿음으로라는 의미는 우리의 공로, 우리의 의, 우리의 행위로 그분과 그분의 공로를 우리의 것이 되게 하기 어렵다는 것이다. 우리가 고수하면서 행하는 그 어떤 것이라도 그분의 의를 전가 받을 수 없다. 그분을 믿게 되는 것은 절대 우리의 공로에 근거하지 않는다(「돌드레히트」 2장 7항). 의지적 믿음이 아님을, 행위에 근거한 믿음이 아님을 명시한다. 심는 분이 성령이지만 그것을 가지고 활용하는 것은 우리의 몫 또는 의지가 아니겠느냐고 물을 수도 있을 것이다. 절대 아니다. 믿음의 선물이란 뜻은 믿을 수 있는 능력이나 힘을 우리에게 심어 자유의지가 실행하게 하는 것이 아니다. 단지 믿음만 심어주고 나머지는 인간의 역할이 요구된다는 것도 아니다. 그 의미는 그분이 직접 역사하여 믿게 한다는 뜻이다(「돌드레히트」 3장~4장 14항③④).

우리는 여기서 잠깐 시간을 가지고 생각하고 진행해야 하는 것이 있나. 흔히 **이신칭의**라고 하는, 즉 믿음으로 의롭다 여겨진다는 선언은 그리스도인에게 매우 익숙한 표현이다. 여기서 그 의미를 밝히고 있다는 데 주목하자.

거룩함(holiness)과 의(righteousness)는 하나님의 형상이다(엡 4:24;「하이델베르크」6문). 이 형상으로 인간은 하나님과 교제할 수 있었다(「신앙고백서」4장 2항⑤). 하나님과의 관계는 거룩함과 관련돼 있고, 행함으로 의를 얻어 하나님과의 관계를 회복할 수 있다. 즉 의를 통해 거룩함을 이루고, 하나님과의 관계를 회복한다는 것이다. 그러나 타락으로 인해 그 형상은 아무런 역할을 할 수 없게 됐다. 하나님과의 교제가 단절됐다는 것이다. 우리의 모든 행위가 불결한 것이기에 거룩함을 이룰 수 없다. 그분이 우리가 거룩하다고 선언하기 전에는 불가능하다. 이 거룩함을 이루기 위해 그리스도는 타락으로 상실한 의를 우리에게 전가한 것이다. 그 의는 순종, 즉 행위로 증명돼야 한다. 하나님 아들은 아담의 불순종으로 나타난 거룩함의 상실을 자신의 순종으로 그것을 회복했다. 하나님과의 관계, 즉 거룩함을 회복했다. 이런 면에서 **중생의 목적은 하나님의 형상 회복, 즉 거룩**이라고 말하는 것이다(1권 15장 4항, 158; 3권 17장 5항, 643). 거룩함이 하나님과 우리를 연합시키는 줄이고(3권 22장 12항, 748), 의를 붙잡는 줄이라고 말하기도 한다(3권 16장 1항, 634). **중생의 목표는 하나님의 형상을 회복하여 점차 하나님의 의에 일치하여 사는 것이다**(3권 6장 1항, 540~541).

그리스도, 즉 중보자의 순종으로 얻은 의를 믿음으로 수용하여 우리는 우리의 것이 되게 한다. 믿음은 그분과 그분의 공로를 우리의 것이 되게 한다. 그런데 그 믿음을 수단이라고 표현하는 이유는 그리스도의 순종 또는 행위에 근거하여 받은 의이기 때문이다. 만일 행위로 얻는 의라고 한다면 그리스도를 믿지 않는 것을 의미한다. 믿음으로라는 고백은 우리의 행위가 아니라는 뜻을 담고 있고, 그리스도의 행위에 근거한 의를 수용한다는 뜻을 담고 있다. 그 의를 전가 받아야 하나님과의 관계를 회복할 수 있다. 그 의는 거룩함으로 우리를 이끈다. 그래서 의롭다 여겨진 자는 거룩한 삶을 살게 되는데 이 둘은 떼려고 해도 뗄 수 없는 관계이다. 그리스도의 순종은 의를 얻게 하여 우리에게 전가시키고 그 의로 우리는 담대하게 하나님 앞에 접근하게 된다.

믿음으로 의롭다 여겨진다고(이신칭의를) 고백하는 이유는 그리스도와 그분의 공로가 우리의 것이 되게 하는 것이 우리의 어떤 행위에 근거한 것이 아니기 때문이고, 그분의 공로에 전적으로 의존하기 때문이다. 이 의미는 영원에서 선택된 자에게 믿음을 선물로 주기로 한다는 것이다 (「돌드레히트」 2장 8항①). 이런 관점에서 우리는 믿음만으로라고 하는 유명한 종교개혁 구호가 조성됐음을 깨닫게 된다. 다시 말하면, 믿음만으로의 고백은 우리의 행위를 배제한다는 의미를 담고 있다(2권 3장 7항, 261; 3권 11장 7항, 583; 3권 11장 19항, 591; 『해설자용』, 27, 202~203, 407, 487, 956). 믿는 행위를 부인하는 것이 아니라 행위의 믿음 또는 행위에 근거한 믿음, 즉 의지적 믿음을 경고하는 것이다. 전적으로 하나님의 은혜라는 의미를 내포하고 있다.

믿음 자체가 무의미하다는 의미는 행위에 근거한 구원이 아니라는 것을 말하는 것으로 믿음의 무용성을 말하지 않는다. 믿음은 한갓 도구라는 의미는 의지적 믿음이 아니라는 것이며 행위에 근거하는 것을 말하지 않는다. 우리를 거룩하게 한 분은 우리에게 자신의 의를 전가한 그리스도이다. 그분을 신뢰하며 사는 것이 믿음이다. 그분을 배제하여 아무렇게나 살아가거나 그분의 말씀에 따르지 않는 것은 무엇이든 배제한다는 것을 의미한다. 그분을 수용한다는 의미는 따른다는 것을 말한다. 그분을 위해 어떤 대가도 치르겠다는 의미이며 그분을 이용한다는 말이 절대 아니다.

이런 의미로 예수님의 말씀을 이해할 수 있다. 믿음을 성장시켜 달라는 제자들의 요구에 예수님은 비유를 들어 겨자씨 한 알만한 믿음을 언급하셨다. "이와 같이 너희도 명령받은 것을 다 행한 후에 이르기를 우리는 무익한 종이라 우리가 하여야 할 일을 한 것뿐이라 할지니라"(눅 17:10). 믿음과 행함이 어떤 관계인지 잘 알 수 있는 대목이다. 믿음 자체는 겨자씨라고 할 정도로 그렇게 중요하지 않으나 행함이 전제되어 자랑하지 말고 그저 행하고 순종한 후에도 종이라고 고백하는 것이 정말 중요한 믿음의 의미임을 예수님은 밝힌 것이다.

⑤ **전가된 의**(imputed righteousness)에 관한 고백이다.

우리의 행위, 의와 의지는 전적으로 부패해 있다. 부패한 행위로 어떤 의를 얻어서 하나님께 거룩하다고 여겨질 수도 없거니와 그분 앞에 접근조차도 못 한다. 우리는 타락한 상태에 있음을 간과하지 말아야 한다. 어떤 행위로 말미암는 의, 즉 공의를 가지려고 노력도 할 수 없다. 하지만 두 본성, 즉 신성과 인성을 지닌 중보자는 거룩하신 분으로 하나님께 접근하여 교제할 수 있다. 이 놀라운 은혜를 위해 중보자는 우리를 대신하여 희생제물이 됐다. 그분은 우리를 거룩하게 하여 하나님께 접근하게 하려고 의를 이뤄야 했다. 그 의를 이루기 위해 그분은 행해야 했다.

그 행위는 곧 하나님의 정의를 만족시키는 것이었다. 그러려면 인간이 되어서 그 정의에 따른 진노를 담당해야 했다. 그것을 위해 중보자는 성육신하여 온갖 극한 고뇌와 고통을 겪었다. 그것은 육체적이고 영적 죽음만 아니라 일시적이고 영원한 처벌이었다. 이제 하나님의 정의는 만족됐다. 그 만족으로 인해 그리스도는 공의를 얻어 거룩한 구원의 길을 여셨다.

인간의 어떤 단어로도 형용할 수 없는 무상의 은혜는 성령 하나님의 사역으로 타락한 상태에 있는 우리에게 이뤄진다. 그것은 심정에 새기는 믿음에 의해서이다(①). 그 믿음을 통해 예수 그리스도와 그분의 공로를 소유 또는 수용하게 된다. 그 믿음이라고 말할 때 그것은 흔히 말하는 의지적인 것이 아니다. 그 믿음은 우리 행위에 근거하지 않는 것이며, 그분을 수용하는 한갓 도구에 불과하다는 것을 의미한다(④).

그리스도께서 얻으신 공의는 올바른 믿음으로 (하나님의 전적인 은혜로, 무상의 은혜로 또는 수동적 은혜로) 우리에게 전가 된다. 그 의는 우리가 직접 행해서 얻은 의가 아니기에 **전가된 의**라고 부른다. 그 의는 우리가 아닌 그분의 행위에 근거된 것이기에 누구도 자랑해선 안 된다. 하지만 그 의를 진실로, 올바로 신뢰하는 믿음을 가졌다면 그것에 따른 또는 일치하는 삶, 즉 거룩한 삶을 산다. 그 삶이 올바른 믿음임을 증명하기 때문이다. 우리는 거룩한 삶이 있는 믿음을 거룩한 믿음, 삶으로 증명되는 믿음을 **참된 믿음**이라 부른다. 성령 하나님은 올바른 믿음을 심정에 심기 때문에 반드시 이 세상에서 거룩한 삶을 살게 된다. 이것을 다른 말로, **견인**이라 부른다. 그 견인은 참된 회개로 명시된다. 그 회개는 두 요소, 즉 **죄 죽이기와 영 살리기**로 명시된다(「하이델베르크」 88문; 3권 3장 3항, 488;

『개혁신앙이다』, 371~378).

⑥ 이신칭의에서의 이신, 즉 믿음에 관한 고백이다.

앞(④)에서 강조하면서 언급한 믿음은 성령 하나님께서 우리의 심정에 밝힌 또는 심긴 올바른 믿음이다(①). 이것은 그리스도가 행한 모든 공로와 그 혜택을 수용하는 도구, 즉 그릇에 불과하다. 이것은 우리의 행위로 얻은 공의가 아니라는 것을 강조하고 있다. 믿음은 단순히 보관하는 그릇에 불과하다. 또 그 믿음은 양심이라는 그릇에 담겨 있다(3권 2장 12항, 456). 그 양심을 보존하려는 진지하고 거룩한 열망이 있는데 그 보존은 선행을 말한다(「돌드레히트」 5장 10항④). 선행이라고 해서 외적 행위에 제한하면 안 된다. 악의 삼총사인 사탄, 세상과 욕망과 싸우는 것을 말한다(「하이델베르크」 32문③). 이것이 없이는 은혜의 상태에 거하지 못한다(「신앙고백서」 18장 1항②; 「대교리」 80문). 곧 선한 양심은 하나님께 예배를 드리고자 하는 살아 있는 의향이며 경건하게 또 거룩하게 살려는 진정한 바람이다(4권 10장 4항, 904~905).

믿음은 그분과의 교제를 유지하는 도구이다. 선한 양심의 그릇에 담긴 믿음은 의를 담고 있다(3권 2장 12항, 456). 이 의미는 유지한다는 것이고, 선한 양심에 따라 사는 것이고, 선한 싸움을 하는 것이고, 경건하고 거룩한 삶이고, 하나님의 의에 따라 사는 삶이고, 회개에 따른 견인을 말한다. 하나님의 의에 따라 사는 삶은 그분이 우리를 중생시킨 목표이다(3권 6장 1항, 540~541). 성경은 이렇게 말한다.

어두운 데에 빛이 비치라 말씀하셨던 그 하나님께서 예수 그리스도의 얼굴에 있는 하나님의 영광을 아는 빛을 우리 마음에 비추셨느니라. 우리가 이 보배를 질그릇에 가졌으니 이는 심히 큰 능력은 하나님께 있고 우리에게 있지 아니함을 알게 하려 함이라(고후 4:6~7).

위의 말씀은 제21항의 고백을 잘 담고 있다. 새 창조, 즉 중생에 관한 말씀이다. 바울의 심정에 비친 빛은 그리스도로 인해 명시된 하나님에 대한 지식이다. 이 지식은 곧 보배이고 이것을 질그릇에 담았다고 했다. 그 이유는 모든 권능이 우리에게 없고 그분께 있음을 나타내기 위해서이다. 성령께서 올바른 믿음을 우리 심정에 밝힌다(일으킨다)는 것은(①) 그분의 영광을 아는 빛과 관련을 맺고, 질그릇은 우리 심정이며 양심과 관련을 맺는 것이다. 그 안에 보배로운 그리스도와 그분의 공로를 담는 믿음, 지식을 심정에 심으셨다. 질그릇은 그저 담는 도구, 즉 한갓 도구에 불과하다. 이 의미는 보배가 우리의 어떤 행위에 근거하지 않고 그분이 우리 심정에 비추기 때문에 가능한 것이다(④). 한갓 도구이거나 수용하는 그릇이기에 믿음을 신뢰라고 표현한다(「신앙고백서」 11장 2항①; 「소교리」 86문).

믿음에 관한 실례는 백부장의 믿음에서 볼 수 있다(마 8:8~10). 예수님을 찾아와서 자기 하인의 병을 고쳐달라고 했고, 그분은 고쳐주겠다고 했다. 그러자 그는 "주여, 내 집에 들어오심을 나는 감당하지 못하겠사오니 다만 말씀으로만 하옵소서 그러면 내 하인이 낫겠사옵나이다. 나도 남의 수하에 있는 사람이요 내 아래에도 군사가 있으니 이더러 가라 하면 가고 저더러 오라 하면 오고 내 종더러 이것을 하라 하면 하나이다." 이 말을 들은 예수님은 놀랍게 여기면서 "이스라엘 중 아무에게서도 이만한 믿음을 보지 못하였노라"고 하셨다. 백부장은 그분을 전적으로 신뢰하는 믿음을 소유했다. 믿음은 신뢰이다. 그분을 수용하는 믿음을 가진 삭개오(눅 19:2~10)나 수로보니게 여인(막 7:26~30)을 통해 우리는 믿음의 성격을 잘 엿볼 수 있다.

지금까지 강조한 것으로 성령 하나님은 우리의 심정에 올바른 믿음을 심겼고, 그 믿음은 거룩한 삶을 살게 하고, 그렇지 않으면 헛된 믿음이라고 말할 수 있다(「벨지카」 24항(3)②).

이제 우리는 이 믿음이 담고 있는 칭의에 관한 지식으로 향한다. 이 칭의는 죄들의 용서와 밀접한 관련을 맺고 있다(「벨지카」 23항(1)①). 이 외에도 전가된 의와 하나님과의 화해라는 요소도 떠올린다.

23항: 칭의(Of Justification)

(1) We believe ① that our salvation consists in the remission of our sins for Jesus Christ's sake, and
② that therein our righteousness before God is implied:

③ as David and Paul teach us, declaring this to be the happiness of man, that God imputes righteousness to him without works.

④ And the same apostle saith, that we are justified freely by his grace, through the redemption which is in Jesus Christ.

(2) And therefore ① we always hold fast this foundation,
② ascribing all the glory to God,
③ humbling ourselves before him,

(1) 우리가 믿는 것은 ① 우리의 구원이 예수 그리스도로 인한 우리 죄들의 사면에 있고(존재하고),

② 하나님 앞에서 우리의 의가 그것[사면]을 의미한다는 것이다(요일 2:1).

③ 이것에 대해서는 다윗과 바울이 우리에게 가르치는 것처럼 하나님께서 **행함이 없는 자에게**[믿음으로] 의를 전가한[죄를 용서한] 것이 인간의 행복이라고 선언하였다[시 32:1; 롬 4:6].

④ 또 같은 사도(바울)가 말하길, 예수 그리스도 안에 있는 구속으로 말미암아 그분의 은혜로 인해 우리가 무상으로[믿음으로] **의롭다 여겨진다**는 것이다(롬 3:24; 고후 5:18~19; 엡 2:8; 딤전 2:6).

(2) 그러므로 ① 우리는 **이 기반을** 항상 굳게 붙들고 있어야 한다.
② [동시에] 모든 영광을 하나님께 **기인시키고**(시 115:1; 계 7:10~12),
③ 그분 앞에 우리 자신을 낮추고,

④ and acknowledging ourselves to be such as we really are, without presuming to trust in any thing in ourselves, or in any merit of ours,
⑤ relying and resting upon the obedience of Christ crucified alone, which becomes ours, when we believe in him.

(3) This ① is sufficient to cover our iniquities, and to give us confidence in approaching to God;
② freeing the conscience of fear, terror and dread, without following the example of our first father, Adam, who, trembling, attempted to cover himself with fig-leaves.

(4) And ① verily if we should appear before God, relying on ourselves, or on any other creature, though ever so little, we should, alas! be consumed.

④ 우리 안에 그 어떤 것이나 우리의 어떤 공로를 신뢰한다고 추정하지 않으면서 실제로 우리가 누구인지 인정하고(고전 4:4; 약 2:10),

⑤ 우리가 그분을 믿을 때 우리의 것이 된(롬 4:23~25) 십자가에 못 박히신 그리스도의 순종만을 의지하고 신뢰해야 한다(행 4:12; 히 10:20).

(3) 이것(그분의 순종)은 ① 우리의 사악함을 덮고, 하나님께 접근하도록 하는 확신을 주는 데 충분하다.

② 다시 말하면, 떨면서 무화과나무 잎으로 자신을 덮으려고 했던 우리 최초의 아버지, 즉 아담의 실례를 따르지 않을 때 오는 두려움, 공포와 무서움을 양심에서 벗어나게 한다는 것이다(창 3:7; 습 3:11; 히 4:16; 요일 4:17~19).

(4) 만일 ① 진실로 조금이라도 우리 자신이나 다른 어떤 피조물을 의존하면서 우리가 진실로 하나님 앞에 나타난다면, 오! 정말! [저주받아야 할 자로서] 소멸하고 말 것이다(눅 16:15; 빌 3:4~9).

② And therefore every one must pray with David: O Lord, enter not into judgment with thy servant: for in thy sight shall no man living be justified.

② 그래서 모든 자는 다윗처럼 기도해야 한다. "주의 종에게 심판하지 마소서. 주의 눈앞에는 의로운 인생이 하나도 없나이다"[시 143:2].

복음 중 복음, 진리 중 진리는 칭의에 관한 것이다. 모든 진리는 여기 한 곳에 모여서 여기서 실제로 우리에게 적용돼 뻗어나간다. 칭의 설명을 위해 그리스도 안에 있는 믿음에 관해 고백했다(「벨지카」 22항). 그 믿음의 대상인 하나님에 관해 고백했다(「벨지카」 1항, 8항~21항). 그분에 관한 말씀이 성경에 기록돼 있기에 성경에 관해 고백했다(「벨지카」 2항~7항). 칭의 설명 후에는 어떻게 살아야 하는지를 고백한다. 그 첫걸음으로 거룩함을 선언하고, 이어서 율법(「벨지카」 25항)과 교회(「벨지카」 27항~32항)에 관해 고백한다. 정말 칭의는 진리의 분기점이라 말할 수 있다.

행함이 없어도 의롭다 여기는, 즉 죄들을 용서하는 이신칭의의 기반을 고백하고((1)), 이 기반을 유지하고 고수하기 위해서는 하나님께 영광을 전적으로 돌리고, 그분 앞에서 항상 겸손하고, 자신의 공로를 언제나 의존하지 말고, 그분만을 무엇에든 신뢰해야 한다((2)). 그런 후 하나님과 화해되어 그분 앞에 담대하게 접근할 수 있는 것은 타락한 인간의 그 어떤 행위나 공로를 통해서가 절대 아닐 뿐 아니라((3)) 다른 어떤 피조물도 마찬가지이다((4)).

이 진리는 이미 성경에 기록돼 있었으나 희미하게 초대교회 때에 나타났고, 중세시대 동안 묻혀 있었고, 종교개혁자들은 한목소리로 이것을 드러냈다. 이신칭의! 구원에 관한 위대한 진리를 「벨지카」는 어떻게 고백하는지 긴장하며 살펴보자. 제23항(칭의)에 관한 선지식을 위해 『해설자용』, 406~408을 강력히 추천한다.

(1) 칭의와 죄들의 용서에 관한 고백이다.

(1)① 구세주인 **예수님**(『벨지카』 21항(5))으로 말미암아 받는 죄들의 사면은 그분의 이름에서 먼저 파악할 수 있다. 구원은 죄들의 용서와 필연적 관계이고, 예수 그리스도로 말미암는다. 예수님이라는 의미는 죄들로부터 우리를 보호하고 자유시킬 뿐 아니라 다른 이를 찾지도 말아야 하고 찾을 수도 없다는 것이다(『하이델베르크』 29문①). 또 하나님의 진노와 파멸로부터 구원함을 받고 영생까지도 선물로 받는다(『돌드레히트』 1장 4항). 이 모든 것은 믿음으로 수용된다. 믿음으로란 구원이 인간의 어떤 공로로 이뤄지지 않는다는 뜻이며, 그리스도를 수용 또는 담고 있는 도구 또는 그릇이다(『벨지카』 22항④). 그래서 믿음을 신뢰라고 말하기도 한다(『신앙고백서』 11장 2항①; 「소교리」 86문). 앞 항목(22항)에서 강조했듯이 믿음은 의지적이거나 행동에 기반을 두지 않고 단지 죄의 문제를 해결하는 길이 그리스도만으로 이뤄진다는 것을 수용하는 것이다.

구원의 첫 번째 요소는 **죄들의 사면**이다. 흔히 구원이라고 말할 때는 죄에서 벗어난다는 것을 말한다. 영어 세이브(save)라는 단어보다 딜리버(deliver)라는 단어를 선호한다. 전자는 보호하거나 지킨다는 의미이고, 후자는 벗어나다 또는 자유롭게 한다는 의미이다. 예를 들어 "나를 쫓아오는 자들로부터 구원해 내소서"(save and deliver me from all who pursue me, 시 7:1)의 말씀이 있다.

죄들의 용서는 무상이기에(『돌드레히트』 1장 5항) 영원히 그 값을 상상하거나 매길 수 없다. 그 이유는 죄 용서인 구원은 영원에서 선택하셨고 영원하기 때문이다(「돌드레히트」 1장 8항). 어떤 경우엔 무류한 구원이라고 부르곤 한다(「돌드레히트」 2장 8항②). 이렇게 죄들의 사면 또는 용서인 구원은 영원과 밀접한 관련을 맺고 있다. 이것은 시간상 영원이라기보다 무한하거나 그 효력이 영원하기에(forever and ever), 영원한 구원이라고 부르기도 하는데 매우 중요하다. 그리스도를 소유한 자 또는 신뢰하는 자는 완전한 구원을 갖는다(「벨지카」 22항②). 그분을 믿는 것은 구원의 은혜이고 그분에게서만 구원을 얻을 수 있기 때문이다(「소교리」 86문).

의롭게 여기는 믿음은 성령 하나님의 역사로 이뤄진다. 그분의 사역으로 인해 타락 후의 상태에 있는 선택된 자 또는 죄인은 죄를 심각하게 깨닫는다. 그 죄를 용서받고 구원을 얻기 위해 그리스도와 그분의 의, 즉 공의를 수용하고 신뢰한다(「대교리」 72문). 이렇게 구원에 이르기 위해서는 죄를 심각하게 깨닫는 것이 무엇보다 중요하다. 이것은 그 죄를 용서받는 것이 곧 구원을 의미하고 의를 얻는다는 뜻을 담고 있다(「하이델베르크」 21문②). 이 점은 사도바울과 다윗이 명시한 진리이다(시 32:1~2; 롬 4:6~8; 「벨지카」 22항④).

우리는 그리스도를 통해 죄의 용서, 즉 영원한 구원을 받았다고 고백한다(「신앙고백서」 7장 5항③; 「대교리」 34문). 또 그리스도는 무상으로 우리, 즉 죄인에게 구원을 제공한다(「대교리」 32문①). 이 의미는 죄를 깨닫게 하므로 구원에 이르게 한다는 것이다(「대교리」 4문③). 다시 말하지만, 죄들의 용서와 구원은 선택된 자에게만 명시된다(「신앙고백서」 33장 2항⑴②). 구원의 확신은 죄들의 용서에 대한 확신과 다를 바 없다. 구원의 모든 것이 죄와 관련되었다는 또 다른 근거는 그리스도의 십자가상의 죽으심이다. 그분의 희생제물 되심이 곧 우리의 구원을 위한 것이고 죄들의 용서를 위한 것이다(「하이델베르크」 43문, 67문). 그래서 구원은 죄들의 용서, 즉 죄 용서라 부른다.

(1)② 구원의 두 번째 요소는 하나님 앞에서 우리의 의(righteousness)이다. 이 의는 우리의 것이라고 고백 되지만 죄들의 용서에 근거하기에 예수 그리스도로 인한 것이다((1)①). 다른 말로 하면, 그분의 의가 우리에게 전가된 것이므로 흔히 전가된 의(rughteousness imputed)라고 말한다. 그리스도의 구속 사역으로 인해, 중보자의 순종으로 인해 또는 무상의 은혜로 인해 얻은 의(공의)를 우리의 것으로 주셨다. 이 의미는 우리의 의로 주신 것, 자신의 의의 옷을 우리에게 입힌 것(3권 17장 8항, 646), **하나님 앞에서 우리를 의인으로 여기는 것, 그분이 순종한 것을 우리가 순종한 것처럼 여긴다**(3권 11장 23항, 594)는 것이다. 이것은 죄들의 용서가 있어야 가능한 것이다.

죄의 용서 또는 죄들의 용서는 같은 의미이지만 보는 관점의 차이가 있다. 전자는 총체적인 의미이고, 후자는 실제로 범한 구체적인 의미이다. 전자는 하나님 측면이고, 후자는 인간 측면이다. 죄들의 용서는 하나님 앞에 설 수 있는 우리의 의를 의미한다. 이 말은 그리스도의 의가 우리에게 전가돼 그 공의를 가지고 하나님 앞에 접근하여 설 수 있다는 것을 의미한다. 그 의가 순종과 관련돼 있는데 의의 전가 또는 전가된 의는 곧 그리스도의 순종을 전가 받은 것을 의미하고, 그분의 순종으로 하나님 앞에 담대하게 접근하여 설 수 있다는 것을 의미한다. 그리스도로 인해 죄들의 용서를 받았다는 것이나 의의 전가를 받았다는 것은 같은 의미이다. 이것은 우리의 믿음이다.

(1)③ 두 진리(용서와 의)에 관한 성경적 근거를 제시하면서 **칭의의 정의**를 내린다. 다윗의 글을 인용하여 바울은 해석한다. "허물의 사함을 받고 자신의 죄가 가려진 자는 복이 있도다"(시 32:1). 그는 죄들이 용서받았다(forgiven)는 의미를 가려졌다(덮였다)(covered)고 말한다. 이 성경 구절의 중요성은 칼빈 선생의 책에서 찾아볼 수 있다(3권 11장 3항, 579~581). 칭의, 즉 의롭다 여겨짐은 다음과 같이 정의 내려진다.

1. 값없이 이뤄진 것인데(롬 3:24) 이것을 신앙고백에서는 무상(free)이라고 표현한다.
2. 일한 것이 없는 자에게 주어진다(롬 4:6~7).

칭의를 받은 것, 즉 의롭다 여겨진 것은 의의 전가 또는 전가된 의라고 불리는 동시에 죄들의 용서라 불린다. 그 결과 하나님과 화해가 이뤄졌다. 칭의와 화해는 동의어로 사용된다. 이로써 칭의는 복음의 총체이다(고후 5:18~21).

사실상 칭의에 관한 핵심적 단어는 여기에 모두 소개되었다고 본다. 하나 첨가할 것은 의의 전가가 곧 **순종의 전가**라는 것이다((3); 3권 11장 23항, 594; 2권 16장 5항, 410; 「하이델베르크」 60문④; 「대교리」 70문②, 71문①). 매우 중요한 의미를 담고 있는데 이것은 거룩한 삶과 관련돼 있다. 그리스도의 의가 우리에게 전가되고 그분의 순종이 우리가 순종한 것으로 여긴다는 의미이다. 칭의는 죄들의 용서, 의의 전가(전가된 의)와 화해를 동반 자로 삼거나 동의어이고 요소로 둔다(『해설자용』, 327, 484). 그리스도의 죽으심은 죄들의 용서를 이루고, 그 용서는 우리를 의롭다 여기고, 그 의미는 전가된 의이고, 이 의는 순종의 전가이다. 그리스도도 받으신 고난으로 순종을 배우셨다(히 5:8). 우리가 죄들의 용서를 받았고, 의롭다 여겨졌다는 확신을 가졌다면 당연히 순종의 삶 또는 거룩한 삶을 산다.

(1)④ 의롭다 여겨짐의 뜻에 관한 고백이다.

하나님과의 관계가 단절된 인류는 하나님의 영광에 이르고 싶어도 불가능했기에 신음하며 괴로워했다. 이들 중 하나님의 자녀도 구속을 갈망하면서 힘들어한다(롬 3:21~23). 이런 고뇌는 하나님 아들이신 중보자로 인해 영원히 구원의 길을 갈망하게 한다. 하나님과 화해의 길은 그리스도로 말미암아 열린 것이다(고후 5:18).

우리가 하나님 앞에서 의롭다 여겨지는 것(칭의)에 관해, 선언하길 예수 그리스도의 은혜 때문이고, 우리를 대신해서 값을 지급한 그분 안에 있는 구속으로 말미암기 때문이고, 무상이라는 것이다(롬 3:24). 사도바울은 의롭다 여겨짐이란 단어를 로마서에서 22차례나 언급하면서 믿음을 가진 자에게 주어진다고 한다. 하나님 앞에 의로운 자는 하나도 없으며(3:20) 하나님의 영광에 이를 수도 없다(3:10, 23). 그런데 하나님은 그리스도를 자신의 구세주로 믿는 자에게 죄를 범하지 않은 자로, 의인으로 선언한다. 이런 법정적 선언은 그리스도께서 우리 죄를 위해 처벌을 받고 죽으심으로 얻은 완전한 의를 우리에게 전가했기에 가능한 것이다. 그분이 얻은 의는 우리를 위해 하나님의 율법을 순종하고 희생제물이 된 것에 근거한다. 이것을 우리가 한 것처럼 여겨주시기에 의롭다 여긴다고 선언한다. 로마서 4장에서는 여긴다(merit, reckon)는 단어가 무려 10차례나 나타난다(롬 4:3~6, 9~11, 22~24).

(2) 전가된 의는 곧 순종의 전가라는 고백이다.

(2)① 이 **기반**((1))을 항상 굳게 붙들고 있어야 한다. 이것은 그리스도의 구속 사역을 믿음으로 붙드는 것을 의미한다. 예수님은 그리스도, 중보자 또는 메시아시고, 구세주와 주님이시고, 구속자 하나님이시면서 인간이셨다. 하나님 측면에서만 보거나 인간 측면에서만 보는, 어느 한쪽 측면에서만 보는 것은 바른 신앙관은 아니다. 전자에만 머물면 바리새파와 서기관이 될 수 있고, 후자에만 머물면 사두개파, 아리오스파와 소찌니파를 비롯한 현대 자유 신앙인으로 전락한다. 이런 면에서 칼빈 선생이 두 지식의 중요함에 대하여 지적한 것이었다(1권 1장 1항, 32~33). 두 지식은 하나님에 대한 지식과 인간에 대한 지식을 말한다. 두 지식을 동일선상에서 균등하게 보라는 것이 아니라 항상 두 지식의 관점에서 봐야 하고, 두 지식이 충돌할 때는 언제든 전자를 우선해야 한다.

하나님 아들이 인간으로 오시므로 구약성경에 예언된 메시아, 즉 그리스도 또는 중보자가 세상에 오셔서 구속 사역을 친히 완성했다. 이 과정은 인간 측면에서 볼 때 순탄치 않은 끔찍한 고난의 길이었다. 그분이 담당하므로 비로소 완결됐다고 여기는 해석은 주의를 필요로 한다. 예를 들어 동정녀 탄생으로 무죄가 입증되고, 십자가상에 못 박혀 죽었기에 죄들의 용서가 이뤄졌고, 부활했기에 하나님 아들로 입증됐다는 식의 주상과 선입관은 매우 위험한 신념이다. 그분의 신성, 즉 하나님이심을 인정하지 않는 무지에서 나왔기 때문이다. 입술로는 인정하지만 부족한 지식이다.

또 다른 큰 실수는 인간 측면에서만 보는 것으로 믿음에 관한 것이다. 인간의 믿음이 중요한 것이기에 예수님을 구세주로 믿을 때만 구속 사역의 역사가 이뤄진다는 신념이다. 물론 성령 하나님의 은혜를 전제한다. 성령 하나님에 의해 잉태되고, 기도 때에도 힘을 얻고, 부활 때도 수동적이었으니 그분의 신성에는 한계가 있다는 식의 해석은 매우 위험하다. 우리의 믿음은 그분을 담고 있는 또는 수용하는 그릇이나 도구에 불과하다. 그 보배가 중요하므로 그릇을 중요하게 보는 것뿐이다. 그분을 담고 있는 그릇의 역할은 신뢰하고 순종하는 것이다. 그분에 관해 알면 알수록 우리의 행위는 달라져야 한다. 그분을 알지 못하는 만큼 순종이 부족하고, 아는 만큼 순종이 뒤따른다. 이 **기반**이란 곧 이것을 말하는 것이다.

이 기반을 정말 제대로 고수한다면, 그 결과로 드러나는 **행위에 관한 고백**이다. 계속해서 현재 분사로 연결돼 있다. 그 기반을 항상 굳게 붙들고 있어야 한다고 강조하는 이유는 한두 차례 일시적으로 하는 것이 아니라 평생을 지속해야 하기 때문이다. 하나님의 은혜는 **언제나 단번**에 이뤄진 것이기에 **영원하지만** 우리의 거룩한 삶은 **언제나 간헐적이고 일시적이다**. 잊어버리고 간과하고 무관심으로 미끄러지기 쉽기에 습관적이어야 한다. 하나님의 안식일을 기억해야만 거룩하게 지킬 수 있는 것과 같은 맥락이다.

(2)② 항상 고수해야 하는 것을 연이어 고백한다.

모든 **영광을 하나님께만**(soli Deo gloria) 돌려야 한다. 이 이유는 구원의 진리를 하나님의 영원한 작정에서부터 봐야 하기 때문이다. 그 진리는 영원에서 작정되고, 시간에서 명시되고 체험하게 된다. 그래서 유일무이하고 영원한 하나님에 관한 고백(1항)에서부터 시작한 것이다. 하나님의 말씀인 성경에 기록돼 있고(2항~7항), 영원에서 이뤄진 것이고(8항~14항), 시간 안에서 드러난 타락이 단초가 되고(15항~17항), 영원한 작정이 성육신한 중보자로 명시되고(18항~21항), 성령 하나님께서 믿음으로 이 진리를 선택된 자에게 적용한다(22항). 이런 모든 진리는 하나님의 영광이 세상, 즉 시간에 드러나면서 우리에게 알려졌다.

이런 관점은 타락에 관한 고백에서 먼저 창조에서 천사의 타락을 논한 후(12항), 하나님의 섭리(13항)와 인간의 타락을 고백한다는 것(14항)에서도 간취할 수 있다. 구원의 진리를 고백할 때 인간의 의지적 믿음이 아니라 중보자 그리스도만으로 충분하고 만족해야 한다는 고백(21항~22항)에서도 간취할 수 있다. 더욱이 하나님의 영원한 작정이 자비함과 정의로 드러난 것을 두 차례 반복하는 데서(16항과 20항)도 충분히 밝히고 있다.

구원과 관련된 것만 아니라 모든 것이 **하나님의 영광을 위한 것**은 인간의 가장 주요하고 숭고한 목적이다(「대교리」 1문; 「소교리」 1문). 하나님께 영광을 돌린다는 것은 상대적으로 우리 자신의 영광을 내려놓는다는 것이다(3권 13장 2항, 603; (2)④). 이것을 실천하는 길은 자신의 확신을 추방하는 길밖에 없다(3권 14장 16항, 620). 구원이 우리의 행위나 공로와 전적으로 무관한데 영광이 우리에게 있어야 할 이유가 전혀 없다. 칭의에 관해 말할 때 기억해야 할 두 가지가 있는데 하나는 영광이고 다른 하나는 평화이다. 의롭다 여겨진 자가 하나님께 영광을 돌리는(또는 하나님의 실존을 경험하는) 것은 자연스러운 것이고, 하나님과의 평화, 즉 화해가 이뤄진다. 그분께 영광을 돌릴 때 그분과의 평화는 유지된다. 전자가 실천될 때 후자는 지속한다. 영광을 돌린다는 것은 칭의의 성격을 잘 말해준다.

하나님께 영광을 돌리는 것은 그분의 공유적 속성을 깨닫는 것으로 그분의 실존을 경험할 때 이뤄진다. 특히 그분의 사랑과 진실함을 기억하는 것이다. 이 두 가지는 언약 백성에게 주는 하나님의 혜택이다. 시편을 읽을 때 잊지 말고 기억해야 하는 동반자이다. 다윗은 이렇게 고백한다. 하나님의 사랑이 있기에 진실한 길을 걷는다(시 26:3). 하나님의 의를 심중에 지니고 있기에 모든 회중에게 하나님의 사랑과 진실함을 선포한다(시 40:10). 하나님의 언약과 증거를 지키는 자에게 그분의 모든 길은 사랑과 진실함으로 가득하다(시 25:10). 사랑(자비함 또는 인자)이 우리를 이끌지 않으면 하나님의 진실함을 깨닫는 것도 우리에게 아무런 유익이 없을 것이다. 그 사랑은 곧 그리스도이고, 그것에 대한 지식은 무엇보다 중요하다. 이것은 확신으로 발전한다. 이런 면에서 믿음은 하나님의 자비함에 대한 확실한 지식이라고 말할 수 있다(3권 2장 7항, 449~450). 이 지식으로 하나님의 약속이 진실하다고 확신한다(「하이델베르크」 21문 ①). 믿음의 정의에서 **지식과 확신**이란 요소를 늘 떠올려야 한다.

더욱이 **하나님의 영광**이라고 고백할 때의 의미를 분명히 알아야 한다. 하나님의 영광은 그분의 존재에 관한 묘사이다. 인간은 그분의 존재를 감히 상상할 수 없기에 어떤 분이라고만 고백할 뿐이다(1권 2장 1항, 36; 1권 3장 1항, 42). 어떤 하나님을 믿고 고백하는지 교리 문답서에서 묻지만(「대교리」 7문; 「소교리」 4문), 우리는 그분이 어떤 분인지 도무지 알 수 없다. 그분이 자신의 영광을 우리에게 비춰거나 나타날 때만 알 뿐이다. 그리스도는 종종 이적을 통해 자신의 영광을 나타내셨는데(요 2:11; 시 96:3) 이것은 바로 자신이 어떤 분임을 드러내시는 것이었다. 그 드러냄 또는 계시를 우리의 표현으로 그분의 영광이 드러났다고 말한다. 이것은 그분의 위엄(majesty)을 담고 있는 찬양이다. 하나님의 존재에 관해 우리가 표현할 수 있는 최고의 단어는 영광이란 단어이다. 하나님의 영광이 곧 그리스도의 영광이다(요 1:14). 곧 하나님이시라는 고백이다. 구원의 진리를 포함한 모든 영광을 하나님께 돌리자!

(2)③ 구원의 진리와 하나님의 전적인 은혜에 대한 겸손을 고백한다.

의롭다 여겨진 자는 반드시 그분 앞에서 **자신을 낮춰야 한다**. 곧 겸손을 의미한다. 자신의 공로나 행위로 구원받거나 영원에서 선택된 것이 아닌데 자신에게 감히 영광을 돌려야 할 이유가 없다. 그뿐만 아니라 자신의 행위를 볼 때 뭣 하나 선택이나 구원을 받을만한 덕행도 행하지 않았기에 자신을 치켜세울 근거가 없다. 은혜도 **수동적이고**, 자비함도 영원한 것이고, 믿음도 주신 것이고, 용서나 칭의도 베푼 것이기에 어느 하나라도 우리가 구원에 있어 가담해서 협조한 것도, 할 것도 없다. 그야말로 하나님의 전적인 은혜이기에 감사할 따름이고 겸손할 따름이다. 이와는 달리 파렴치한 자세에 관한 예수님의 비유를 떠올리면 겸손에 대한 경고를 들을 수 있다(눅 20:9~19). 또 무엇을 행하든지 그분의 은혜로 인한 것이기에 늘 무익한 종이라는 청지기 자세를 고수해야 한다(눅 17:6~10).

그리스도는 피조물 인간 앞에서 죽고 장사 되면서까지 낮아지셨는데 우리가 사람 앞에서 낮아지거나 비천함을 당한다고 불평이나 원망할 수 있을까? 그분의 겸손 앞에 감히 하나님이 내 편이라느니 그분이 나를 위한다느니 이런 교만한 말을 하면서 자신의 공로나 행적을 은근히 과시할 수 있을까? 온유와 겸손을 일삼는 자가 아니면 절대로 그분에 대한 지식을 가질 수 없다. 그분에 관해 배우는 자는 반드시 온유와 겸손으로 일관한다(마 11:29).

그리스도의 낮아지심으로 우리를 높였다는 것은 하나님과의 화해와 교제가 성취됐다는 것이지 우리의 신분이 상승했거나 그분으로 인해 이득이나 영예를 얻었다고 상상하는 것은 금물이다. 오히려 더 낮아져서 그분만을 높여야 한다. 우리는 그분의 낮아지심을 본받아야 하며 이용하려 해선 안 된다.

(2)④ 청지기라는 정체성에 관한 고백이다.

자신이 **하나님의 청지기**라고 인정한다면, 모든 것이 그분에게서 나온 것임을 안다는 것이다. 중생 된 자는 영원에서 그분이 정한 모든 것이 이뤄진다는 진리를 신뢰한다. 자기 뜻, 자기 판단에 따라 살지 않고 그분의 영원불변한 뜻을 추구하며 살려 한다. 다른 말로, 자화자찬에 빠지지 않는 것이다(고전 4:4). 그렇다고 사람이나 사회의 판단을 인정하지 말라는 것이 아니다. 하나님의 판단을 더 두려워해야 한다는 것이다. 이런 측면은 욥에게서 엿볼 수 있다. 자신의 환난에 대한 답변을 하나님에게서 찾으려는 욥을 세 친구는 비난하면서 네가 회개하지 않아서 환난을 겪은 것이고, 회개하면 지상에서 회복될 것이라고 했다(욥 4:7~11, 8:3~6, 11:1~20). 그러나 욥은 하나님, 즉 중보자에게 모든 판단을 맡겼다

(욥 13:1~12). 매사를 하나님 측면과 인간 측면에서 고려하고 언제든 전자를 후자보다 많이 우선해야 한다. 자신에게 영광을 돌리려 하지 않고 이기심에 종노릇하지 말아야 한다. 하나님의 뜻임을 깨달았다면, 그것을 수행하는 길도 그분의 뜻에 따라야 한다. 무슨 뜻과 어떤 뜻이 달라선 안 된다.

우리는 아무리 신중하게 어떤 것을 선택하든 부족하고 실수한다. 하나님의 뜻이라고 확신하며 선택해서 행동을 취할 때 유의해야 한다. 이보다도 그분의 뜻이라고 여기고 어떤 것을 선택하여 진행할 때 실수와 실패가 있더라도 그 과정에서 수단과 방편도 그분의 의에 따르고, 그분의 뜻에 따른다는 겸허한 심정을 유지한다면 그나마 실수와 실패를 적게 할 것이고 이런 과정을 통해 성공은 하나님께 전적으로 영광을 돌리고, 실수와 실패는 자신의 우매한 것임을 인정하는 신앙을 유지한다면 그것으로 하나님께 인정받을 것이다.

(2)⑤ 의의 전가는 순종의 전가에 관한 고백이다.

칭의를 언급할 때마다 떠올려야 하는 세 단어는 **죄들의 용서, 전가된 의와 하나님과의 화해** 등이다. 여기서 전가된 의(의의 전가)에 대한 것을 고백한다(『해설자용』, 327, 484). 전가된 의는 그리스도의 순종을 우리에게 전가한다는 것이다. 이 의미는 그리스도께서 율법을 순종하거나 저주를 받으므로 얻은 공의는 마치 우리가 **순종한 것처럼** 여기므로 하나님 앞에서 의롭다고 선언한다는 것이다(3권 11장 23항, 594; 2권 16장 5항, 410; 「하이델베르크」 60문④; 「대교리」 70문②, 71문①). 이 고백은 이신칭의의 의미를 정확하게 알리는 것이므로 매우 중요하다. 누구도 선한 행위를 나타내지 않으면 하나님 앞에서 의롭다 여겨질 수 없고 접근할 수도 없다. 도덕법만 아니라 그 요약인「십계명」을 준수하지 못하면 그분 앞에서 누구도 거룩함을 받을 수 없다. 그런데 중보자이신 그리스도께서, 하나님 아들 자신이 우리를 대신하여 그 율법이 정한 온갖 저주를 친히 받을 뿐만 아니라 모든 의무를 친히 이행했다. 이것이 그리스도의 의가 우리에게 덮였다, 우리의 죄들이 덮였다, 또는 그분의 보혈이 그것들을 씻었다고 할 때의 의미이다. 성경에 눈보다 희게 된다거나 동이 서에서 먼 것처럼 잊힐 것이라고 한 말씀은 상징적인 말씀이다. 그 근본 의미는 그분의 순종이 우리의 순종으로 여겨져 하나님 앞에 담대하게 접근하여, 화해되어 교제를 나눌 수 있다는 뜻이다. 이신칭의에 관한 자세한 설명은「하이델베르크」60문을 참고할 것을 강력히 추천한다.

(3) 칭의는 은혜만으로(sola gratia)이고 우리의 어떤 공로가 배제돼야 하는 믿음만으로(sola fide)를 덧붙인다. 우리의 고백은 언제든 성경에 근거한다는 성경만으로(sola scriptura)를 알게 된다. 자신의 어떤 것 그리고 다른 어떤 피조물도 의존하지 말아야 한다((4)).

(3)① 용서의 의미가 덮다 또는 전가한다는 것은 우리의 사악함을 덮어 하나님께 접근하게 한다는 것이다. 이것은 이삭 앞에 야곱이 다가간 것(창 27:15~16), 옛사람을 벗어버리고 의와 거룩한 새 사람을 입는 것(엡 4:24), 그리스도로 옷을 입으라는 것(갈 3:27) 등의 의미를 담고 있다. 이런 명령은 그리스도의 의가 우리에게 전가된 것을 의미하고 있다. 그리스도로 말미암아 멸망의 자녀였던 우리가 이미 영원에서 하나님의 자녀였음을 깨닫게 된다. 아무런 공로나 행위가 없어도 무상으로 의롭다 여

기시니 웬 은혜인가?

의롭다 여겨진 의인이 됐으니 하나님의 자녀로서 담대하게 그분 앞에 접근하게 된다. 다시 말하면, 악한 양심을 가진 우리 심정이 그리스도의 보혈로 뿌림을 받아 씻어졌다는 온전한 확신을 가지고 하나님께 접근한다는 것이다(히 10:22). 하나님께 접근하는 조건 네 가지가 있다.

1. 변하지 않는 진실한 심정,
2. 그리스도를 따르는 데 주저하지 않는 온전한 믿음,
3. 그분의 단번에 드리신 희생제물에 근거한 자유,
4. 씻음을 받은 몸이다.

이것은 외적 세례를 의미하지 않고 내적 청결함을 의미한다. 그분의 보좌 앞으로 담대하게 나아가는 이유는 은혜를 받기 위함이다(히 4:16; 「벨지카」 26항(6)④). 세상의 오염으로 묻은 때를 지우기 위해 언제든 그분 앞에 나간다. 그분께 접근할 때 누구도 자신의 의지나 힘으론 불가능하고 예수 그리스도로 말미암는다는 것을 항상 기억해야 한다. 곧 그리스도의 전가된 의, 즉 전가된 순종뿐이다. 그 의가 없이는 어느 사람도, 언제든, 가장 위엄에 찬 하나님께 절대 접근 불가능이다(「벨지카」 26항(1)②).

(3)② 자기 방식으로 하나님께 접근할 수 없다는 고백이다.

죄의 문제를 해결하지 않고, 죄들의 용서를 받지 않은 채로, 하나님께 접근하는 것이 절대 불가능했던 우리 자신의 형편을 아담이 취한 자기 방식의 예를 들면서 유의할 것을 고백한다. 이런 자세는 원죄의 영향,

즉 죄성을 가진 것을 증명한다. 우리는 자기 방식으로 양심의 자유를 얻으려고 한 것을 회개해야 한다. 아담은 불순종한 후 양심의 가책을 받아 무화과나무 잎으로 몸을 가리고 하나님의 낯을 감히 대할 수 없어 동산 나무들 사이에 숨었다(창 3:7~8). 악을 피하는 욥과 같지 않고(욥 1:1, 2:3) 하나님을 피하였던 우리의 부끄러운 모습이다. 아하! 불안과 공포에 떠는 비참한 우리 자신의 모습이다.

우리의 죄를 덮는 죄들의 용서는 그리스도의 의로 덮는 것, 즉 칭의를 의미한다. 그 기반은 오직 그리스도의 보혈이고(3권 4장 27항, 526; 3권 16장 4항, 637), 하나님의 교회와 나라에 들어가는 첫 관문이 된다(4권 1장 20항, 803). 그 근거는 **두려움과 자비함이다**(3권 16장 3항, 636~637). 두려워한다는 것은 항상 하나님 앞에 심판받을 자임을 묵상하면서 사는 경건한 자세를 의미한다((4)①). 이 두려움은 자신의 행위를 의존하지 않겠다는 결의에서 나온다. 또 자신의 의를 가지고 하나님께 접근하지 않으려는 것이다. 오직 중보자이신 그분의 의만을 의지한다는 것이다. 그렇지 않고는 삼켜지고 말 것이다.

그래서 임의대로 두려움을 감추려고, 숨기려고 하지 말아야 한다. 오직 하나님의 자비함에만 기반을 둬야 한다. 그리스도의 이름으로 죄들의 용서를 받는 것을 무상으로 사면받았다고 하는데(사 52:3[값없이, without money]; 롬 3:24~25[값없이, freely], 5:8[그리스도께서 우리를 위하여]; 골 2:13~14[그리스도와 함께]; 딤후 1:9[자기 뜻과 영원 전부터]; 딛 3:5[오직 그의 긍휼하심]), 이 의미는 다음과 같다.

1. 전적으로 하나님의 너그러움의 선물인 선하심이라는 뜻이다.

2. 그리스도의 이름이란 의미는 우리 자신의 것을 절대 가져오지도 않고 가지고 있지도 않고 오직 그분만을 의존한다는 것이다(3권 4장 25항, 524~525).

이런 자세는 행함이 없는 자에게 의를 전가한 것, 즉 죄를 용서한 것이란 다윗의 선언에 명시돼 있다(시 32:1; 롬 4:6; (1)③). 달리 말하면, 믿음으로만의 뜻이 행함이 없는 믿음으로 의롭다 여겨진다는 진리와 같은 맥락이라는 것이다. 이것은 하나님께 접근하기 위한 의(righteousness)를 얻기 위해 믿음 자체가 무슨 힘이나 근거가 돼서 칭의를 얻거나 죄들의 용서를 받을 수 없다는 것이고, 자신의 의를 의존하지 않는다는 것이다(「벨지카」 22항 ④). 우리의 행위로 얻을 수 있는 죄들의 용서란 없고 오직 그리스도의 긍휼(자비함)에 따르고, 중생의 씻음에 따르고, 성령 하나님의 새롭게 하심으로 가능했다(딛 3:5). 그런데 결점밖에 없는 우리 자신의 의를 갖고 어떻게 하나님께 접근하겠다는 것인가!(3권 16장 4항, 637) 자신의 선행을 의지하여 하나님께 접근하려는 것은 그야말로 사탄의 계략이다(3권 17장 1항, 638).

(4) 자기 방식으로 하나님께 접근 불가능한 것을 고백한다.

두려움과 떨림에 관한 의미를 파악하는 데 초점을 맞추면 좋겠다. 두려움과 떨림으로 구원을 이루라는 의미가 무엇일까?(빌 2:12) 이것은 "하나님을 가까이하라. 그리하면 너희를 가까이하시리라. 죄인들아, 손을 깨끗이 하라. 두 마음을 품은 자들아! 마음을 성결하게 하라. 슬퍼하며 애통하며 울지어다. 너희 웃음을 애통으로, 너희 즐거움을 근심으로 바꿀지어다"(약 4:8~10)라는 말씀과 같은 의미를 담고 있다. 하나님의 은혜를 상실하지 않으려는 자세이다. 하나님의 뜻에 순종하려는 경외하는 자세이다. 그리스도의 구속 사역을 자신에게 적용하여 그대로 보존하려는 자세이다. 자기 부인과 십자가 지는 삶에서 벗어나지 않으려는 경건함이다. 그것이 어떻게 드러나는지 살펴보자.

(4)① 그리스도만으로(solus Christus)에 관한 고백이다.

자신의 어떤 행위나 공로를 의존하지 말아야 할 뿐만 아니라 다른 어떤 피조물도 의존하지 말아야 한다. 이것은 그리스도 외에 다른 중보자를 찾는 것은 망상이고(「벨지카」 26항(2)), **다른 자를 찾는 것은 그리스도를 버리는 것이다**(「벨지카」 26항(6)⑨). 아무리 중보자가 요구되고 필요하다 하더라도 성급하게 다른 자를 중보자로 삼아선 안 된다. 구약성경 시대에도 성도는 하나님께만 드려야 하는 예배를 천사, 성자 또는 다른 어떤 피조물에게 드리지 않았고, **오직 중보자에게만 드렸다**(「신앙고백서」 21장 2항①②). 만일 다른 자를 의존하면서 하나님 앞에 접근하는 자는 하나님의 산에 오르는 자에게 저주와 죽음이 임했던 것처럼 보응을 받을 것이다. 그 이유는 하나님은 거룩하기 때문이다(출 19:21~24).

그런데 하나님과의 교제가 단절된 우리가 중보자 그리스도로 인해 화해가 이뤄졌고, 그분 앞에 담대하게 접근할 수 있게 되었다. 이것은 의롭다 여겨진 의인이기 때문이다. 의인이 됐다고 오인하거나 의가 주입됐다고 착각하면 안 된다. 우리에게 전가된 의는 우리 자신이나 다른 어떤 피조물의 것이 아니라 오직 그리스도의 의로 우리를 의롭다 여긴다는 것이다. 그분의 의로서만 하나님과 화해가 이뤄진다. 동시에 거룩하지 않으면 그분의 의를 붙들 수 없다(3권 16장 1항, 634). 이에 따라 우리는 그리스도가 **우리의 의, 거룩과 구속**이 된다(고전 1:30)는 진리를 이해할 수 있다.

하나님은 그 전가된 의를 보시고 우리를 법정적으로 의롭다 여긴다고 선언한다. 그 선언은 곧 거룩하다는 것이기에 거룩하신 하나님 앞에 나가도 저주를 받아 소멸되지 않는다. 혹 이런 기반이 아니라 의지적 믿음으로, 가상으로 만든 믿음을 가지고 의롭다고 여기며 자기 최면을 걸어 살면, 이 세상에서 일시적 죽음을 피할 수 있을지 모르지만 하나님의 심판대 앞에서는 절대로 어떤 관용이나 긍휼을 얻지 못한다. 영원한 벌을 받고 말 것이다. 하나님께서 당장 심판하지 않으며 벌을 내리지 않기 때문에 악인들은 담대하게 죄를 짓고 오만한 자세로 살아간다(전 8:11).

(4)② 신뢰에 관한 성경적 진리를 고백한다.

하나님만을 신뢰한 다윗을 실례로 든다. 우리는 자발적으로 하나님의 종이 된 자이다(②③④). 항상 그분의 호의나 은혜를 바라보고 그것으로 살아가는 자이다. 그분의 엄격한 심판에 결코 바로 설 수 없는 자임을 고백하면서 하나님의 전적인 은혜, 즉 무상의 은혜만을 바란다. 우리는 하나님 앞에 죄인이며 살아 있는 어떤 피조물이라도 의롭지 못하므로 심판을 피할 수 없음을 익히 알고 있다. 죄인은 이 세상에서 자신의 정의를 내세우면서 살았던 자이기에 영원한 심판을 받을 것이다. 하나님의 은혜가 아니면 절대로 그분께 접근할 수 없다. 이러한 고백은 죄들의 용서, 전가된 의와 화해를 의미하는 칭의에 관한 것이다.

그런데 우리의 행위나 공로가 구원을 받는데 무용지물이라면 왜 우리가 이 세상에서 바르게, 선하게 살아야 하나? 이것에 관한 고백을 다음 항목(24항)에서 살펴본다.

24항: 인간의 거룩함과 선행(Of Man's Sanctification and Good Works)

(1) We believe that this true faith being wrought in man by the hearing of the Word of God, and the operation of the Holy Ghost, doth regenerate and make him a new man, causing him to live a new life, and freeing him from the bondage of sin.

(2) Therefore it is so far from being true, ① that this justifying faith makes men remiss in a pious and holy life,

② that on the contrary without it they would never do anything out of love to God, but only out of self-love or fear of damnation.

(3) Therefore ① it is impossible that this holy faith can be unfruitful in man:

(1) 우리가 믿는 것은 하나님의 말씀을 듣고 성령의 활동으로 인간 안에 일어난(행 16:14; 롬 10:17; 고전 12:3) 이런 참된 믿음이 인간을 중생시키고 새 사람이[새로운 피조물로; 고후 5:17] 되게 하여(겔 36:26~27; 요 1:12~13, 3:5; 엡 2:4~6; 딛 3:5; 벧전 1:23) 새 삶을[거룩한 삶을] 살게 하고 그를 죄의 속박에서부터 해방한다(요 5:24, 8:36; 롬 6:4~6; 요일 3:9)는 것이다.

(2) 그러므로 ① 이런 의롭다 여기는 믿음(이신칭의)이 인간을 경건하고 거룩한 삶을 태만하게 살도록 한다는 것은 절대 사실이 아니다(갈 5:22; 딛 2:12).

② 이와는 정반대로 그 믿음이 없이는 인간은 하나님을 향한 사랑에서 나온 어떤 것도 행하지 못하고(요 15:5; 롬 14:23; 딤전 1:5; 히 11:4~6), 이기적 사랑에서 나온 것이나 저주의 두려움에서 나온 것만 행한다.

(3) 그러므로 ① 이런 거룩한 믿음이 인간 안에서 결실을 보지 못한다는 것은 불가능하다.

② for we do not speak of a vain faith, but of such a faith, which is called in Scripture, a faith that worketh by love, which excites man to the practice of those works, which God has commanded in his Word.

(4) Which works, ① as they proceed from the good root of faith, are good and acceptable in the sight of God, forasmuch as they are all sanctified by his grace:
② howbeit they are of no account towards our justification.

(5) For it is by faith in Christ ① that we are justified, even before we do good works;

② otherwise they could not be good works, any more than the fruit of a tree can be good, before the tree itself is good.

(6) Therefore ① we do good

② 그 이유는 우리가 헛된 믿음에 대해 말하는 것이 아니라 성경에서 말하는 바로 그 믿음, 즉 사랑으로 역사하는 믿음이 인간에게 그런 행위를 실천하게 고무시키기 때문이다 [갈 5:6].

(4) 그 행위가 ① 믿음의 선한 뿌리에서 나오는 것이기에 하나님 앞에서 선하고 그분의 심정에 드는 것이다. 왜냐하면 그분의 은혜로 인해 전적으로 거룩하게 되기 때문이다.

② 그렇지만 그 행위는 우리의 칭의로 여겨질 수 없다.

(5) ① 우리를 의롭게 여기는 것은 우리가 선행을 행하기 이전에라도 그리스도를 믿는 믿음에 의한 것이다(롬 4:5).
② 그렇지 않으면 나무 자체가 선하기 전에 나무의 열매가 선할 수 없는 만큼 그 행위는 선행이 될 수 없다(마 7:17).

(6) 그러므로 ① 우리가 선행을 행하

works, but not to merit by them, (for what can they merit?) nay, we are beholden to God for the good works we do, and not he to us,

② since it is he that worketh in us both to will and to do of his good pleasure.

(7) Let us therefore attend to what is written: ① when ye shall have done all those things which are commanded you, say, we are unprofitable servants; we have done that which was our duty to do.
② In the meantime, we do not deny that God rewards our good works, but it is through his grace that he crowns his gifts.
③ Moreover, though we do good works, we do not found our salvation upon them; for we do no work but what is

는 것은 그것이 공로가 되기 때문이 아니다. (우리의 행위가 무슨 공로가 될 수 있을까?) 우리가 행한 선행에 대해 하나님께 많은 신세를 졌을 뿐 그분이 우리에게 신세를 진 것은 결코 아니다(고전 1:30~31, 4:7; 엡 2:10).

② 그 이유는 우리 안에서 자신의 선한 기쁨을 바라고 행하도록 역사한 분이 바로 그분이기 때문이다[빌 2:13].

(7) 그러므로 ① 다음의 기록된 말씀에 주의하도록 하자. "너희도 명령받은 것을 다 행한 후에 이르기를 우리는 무익한 종이라 우리가 하여야 할 일을 한 것뿐이라"[눅 17:10].

② 그러면서 우리가 부인하지 말아야 하는 것은 하나님께서 우리의 선행을 보상하지만(롬 2:6~7; 고전 3:14; 요이 1:8; 계 2:23) 그 보상은 그분의 은사들을 우리에게 씌워 주신 그분의 은혜로 말미암는다는 것이다.
③ 더욱이 우리가 선행을 행하더라도 그것이 우리의 구원의 근거가 되지 못한다. 그 이유는 우리는 육신에 의해 오염된 것과 벌 받을 것 외에

polluted by our flesh, and also punishable;

④ and although we could perform such works, still the remembrance of one sin is sufficient to make God reject them.

⑤ Thus then we would always be in doubt, tossed to and fro without any certainty, and our poor consciences continually vexed, if they relied not on the merits of the suffering and death of our Savior.

는 행하지 않기 때문이다(롬 7:21).

④ 또 비록 우리가 그런 행위를 수행할 수 있다 하더라도 단 한 가지 죄에 대한 기억만으로도 하나님은 그것을 거부하는 데 충분하기 때문이다(약 2:10).

⑤ 그래서 우리는 어떤 확신 없이 의심 속에 항상 이리저리 흔들리고, 우리 구세주의 고난과 죽음의 공로에 의존하지 않는다면, 우리의 불쌍한 양심은 지속해서 괴로움을 당할 것이다(합 2:4; 마 11:28; 롬 10:11).

    제22항과 제23항에서 각각 믿음과 이신칭의에 관해 고백하면서 우리만 아니라 다른 어떤 피조물의 행위나 공로는 구원에 있어 또는 의롭다 여기는 데 있어 무용지물이라고 엄숙하게 고백한다(「벨지카」 22항④). 믿음으로(by faith)라는 의미 역시 그렇다. 자칫하면 그 믿음을 의지적 믿음이라 상상하여 실천하는 경우가 많다. 성령께서 우리를 하나님의 자녀로 회심시킬 때 믿음을 심정에 심는데 그것은 **올바른 믿음**이다(「벨지카」 22항①). 이신칭의에서 말하는 믿음을 **참된 믿음**이라 말한다. 그 믿음이 거룩한 삶을 나타내면 **거룩한 믿음**, 그렇지 않았을 때 **헛된 믿음**이라 부른다(「벨지카」 24항⑶①②). 거룩한 삶 또는 선행을 하는 거룩한 믿음은 참된 믿음이다. 행위를 배제하는 믿음이라고 해서 거룩한 삶을 배제하는

것은 절대 아니다.

또 제22항부터 시작된 믿음의 여정은 계속되어야 한다. 그것은 중생의 저자이신 성령 하나님의 사역으로부터 시작하는데 믿음, 즉 올바른 믿음을 우리 심정에 심는다. 뇌에 머무르는 메마른 것이 아니라 심정에 심겨 있기에 삶으로 나타나 거룩하게 살게 된다(3권 2장 8항, 451; 3권 2장 26항 477; 『해설자용』, 52). 그러므로 참된 믿음의 결과가 거룩한 삶이지, 거룩한 삶이 믿음은 아니다. 필요조건이 되더라도 충분조건이 아니다.

우리는 여기서 **참된 믿음과 삶**에 관해 두 가지를 정리한 뒤 이 고백에 임해야 이해가 될 것이다. 참된 믿음이 심정에 있다면, 새겨졌다면, 중생의 경험을 했다면, 반드시 회개로 이어진다는 것이다. 참된 믿음을 의롭다 여기는 믿음(이신칭의)이라 부를 수 있다((1)과 (2)① 비교). 믿음에 무슨 능력이 있어 중생 되는 것은 아니다. 반드시 영과 말씀, 즉 성령 하나님과 그리스도의 말씀으로 말미암는데 이것을 구원하는 은혜라 부르고, 이 은혜가 선택된 자에게만 임하고, 그들이 이 은혜를 받았다면 반드시 죄와 비참함을 깨닫게 된다. 그래서 자신을 의롭다고 여기는 선언을 수용한다(「대교리」 72문).

다음으로, 그런 의롭다 여기는 믿음을 가졌다면 선택된 자가 틀림없다. 선택된 자로서 그는 그분과 그분이 자신의 의임을 수용할 뿐 아니라 자신의 삶에 적용한다. 그분을 믿는다는 것은 그분을 수용할 뿐 아니라 그분의 삶을 따라 산다는 것을 의미한다. 거룩한 삶은 믿음의 증거이기 때문이다(「신앙고백서」 16장 2항①). 간단히 말하면, 믿음은 수용하고 적용하는 도구이므로(「대교리」 73문②) 자신이 하나님의 만듦새임을 안다(「신앙고백서」 16장 2항③). 하나님이 토기장이이고, 우리 자신이 토기라는 것을 안다는 말이다. 더욱이 영원에서 우리를 선택하신 하나님은 시간에서 인생을 통해 우리를 그것에 적합한 자로 만들어 가신다(3권 22장 8항, 734). 달리 말하면, 선행을 위해 예수님 안에서 창조됐다는 사실을 고백하면서 거룩에 이르는 결실을 맺고 그것으로 영생을 받았음을 안다. 그러나 역으로 그 결실이 영생을 얻게 한다고 억지를 부려선 절대 안 된다.

첫 번째와 두 번째가 분리된 것이 아니라 믿음의 양면이다. 감나무 밑에 앉아 감이 나무에서 떨어지기를 기다리거나 연신 한쪽 발로 감나무를 치면서 빨리 떨어지기를 기다려야 할까? 선행이란 주제는 모든 신앙고백에서 중요하게 다룬다. 이 선행에 대한 잘못된 견해는 개혁신앙인의 마음에 아르미니우스주의를 잉태시킨다. 칼빈 선생 역시 『기독교강요』 3권 11장~14장에서 이신칭의를 설명한 후 선행과 그것과 관련된 보상에 관해 15장~18장을 통해 다룰 정도로 중요하게 여겼다.

(1) **참된 믿음**은 새 삶을 살게 한다고 고백한다.

성령 하나님의 활동 또는 그분의 사역과 하나님의 말씀은 그리스도가 행한 구속 사역의 놀라운 진리를 선택된 자에게 적용하는데 그것을 깨닫게 하여 그분을 영접하게 하려고 우리 심정에 **올바른 믿음**을 밝힌다(「벨지카」 22항①). 이것은 중생을 말한다. 중생을 효과적 부르심(「신앙고백서」 10장 1항①②) 또는 그리스도와의 연합(「대교리」 66문②, 67문②; 「소교리」 30문)이라 명명하기도 한다. 효과적 부르심은 성령 하나님께서 그리스도의 구속 사역을 우리에게 적용하기 위해 믿음을 일으키므로 일어난다(「소교리」 30문).

그 믿음은 삶으로 반드시 드러나게 되는데 만일 결실을 맺으면 거룩한 믿음이고, 그렇지 않으면 **헛된 믿음**이다(⑶①②). 성령께서 우리 심정에 심은 **올바른 믿음**이 거룩한 삶을 나타낼 때 이신칭의의 믿음인 **참된 믿음**이라 부른다. 참된 믿음은 선택의 무류한 결실이지 인간 노력의 결과가 절대 아니다(「돌드레히트」 1장 12항). 참된 믿음은 복음으로 증명된 확실한 확신을 갖는다(「하이델베르크」 21문①). 참된 믿음은 그리스도께서 성취한 모든 혜택을 받게 한다(「하이델베르크」 20문). 이런 참된 믿음은 중생을 일으키고 새로운 사람을 만들어 새로운 삶을 살게 하며 죄의 속박에서 해방된다고 고백한다.

믿음을 선물로 받아도 의심도 없고, 걱정의 공격도 받지도 않는 확신을 가졌다는 것은 아니다. 계속되는 불신과 내적 투쟁으로 양심이 동요하기도 하고 하나님에게서 멀리 떨어져 있다는 괴로움에 사로잡힐 때가 많다. 다윗의 경우에서 이것을 잘 알 수 있다(3권 2장 17항, 461). 왜 이런 일이 일어날까? 이것은 견인에 관한 교리이다. 믿음의 증거나 결실을 통해 진정한 믿음을 소유하게 하기 위함이다. 내적에 남아있는 육체의 잔재가 잠자고 있는 불신앙을 공격하여 의심과 불신에 있는 암적 요소를 제거하게 한다(3권 2장 18항, 462).

여기서 주목해야 하는 것은 자칫하면 믿음이 무슨 역할과 힘을 발휘해서 거룩한 삶을 살게끔 한다고 착각할 수 있다. 지금까지 믿음은 한갓 도구에 불과하며 아무런 역할을 하지 못한다고 고백한바 있는데(「벨지카」 22항④), 그러면 믿음이 인간을 중생시킬 뿐만 아니라 새사람이 되게 한다는 의미는 무엇일까?

여기서 굳이 참된 믿음이라고 언급한 이유가 있다. 참된 믿음은 중생시키고 새사람이 되게 하는데 새사람을 만드는 것은 중생과 새사람 간에 미묘한 차이점이 있음을 암시한다. 중생은 성령 하나님의 사역이고, 인간의 능력이나 재능과는 전혀 무관하다. 그분은 우리의 자유의지를 사용하게 하여 중생시키지 않는다. 중생은 성령 하나님의 초자연적 사역이기 때문이다(「돌드레히트」 3장~4장 12항③④). 중생의 수단으로 성경의 저자이신 하나님은 자신의 말씀을 사용한다(「돌드레히트」 5장 17항②③).

참된 믿음은 심정에 복음으로 또는 말씀으로 사역하셔서 진실하다고 고수하고 확신하는 확실한 지식이다(「하이델베르크」 21문①). 이 정의는 칼빈 선생이 내린 정의와 다를 바 없다(3권 2장 12항, 455~456). 당연히 이런 지식과 확신은 선택된 자에게 성령께서 말씀으로 역사하여 심정에 새긴다. 복음이 모든 자에게 외적으로 선포되지만 믿음을 선물로 받은 자에게 그 효력이 일어난다(「돌드레히트」 2장 8항①). 다시 말하지만, 중생은 하나님의 자녀로서 영원에서 선택된 자에게 일어난다(「돌드레히트」 2장 9항⑴). 하나님께서는 선택한 자에게만 믿음과 회개를 준다(「돌드레히트」 3장~4장 10항②). 그 시기, 장소와 방법은 우리가 알 수 없다. 성령께서 믿음만 아니라 회개도 하게 한다.

믿음이 중생시키고 새사람이 되게 한다는 것은 우리 측면에서 본 고백이기에 "being wrought"라고 표현한 것이다(⑴). 믿음은 중생과 거룩함(성화)의 근거가 될 수 없다. 하나님 측면에서 본 선언과 우리 측면의 고백이 충돌이 이렇게 일어나는 것은 예정과 자유의지의 충돌과 유사하지만 두 측면의 관점에서 진리를 풀어 가면 쉽게 이해가 된다.

하나님께서 믿음과 회개를 줄 때 사용하는 수단은 외적으로 복음이 선포되든지, 도덕적 권고를 통해 깨닫게 하여 신령한 것을 올바로 이해하게 한다는 것이다(「돌드레히트」 3장~4장 11항①, 12항②). 심정에 빛을 비춘다(「벨지카」 22항①)는 구체적인 의미는 상한 심정을 갖게 하여 새로운 재능을 의지에 주입한다는 것이고, 그 결과 착하고 순종적인 삶을 살게 한다는 것이다(「돌드레히트」 3장~4장 11항③④). 이런 삶이 당연한 귀결인 이유는 의지가 전환됐기 때문이다.

이런 중생 또는 회심은 새로운 창조라고 불린다. 이성으로 온전히 이해하기란 불가능하지만 심정으로 믿고 그분을 사랑한다는 것으로 충분히 중생을 경험할 수 있다(「돌드레히트」 3장~4장 13항). 이 의미는 타락한 의지의 특성을 제거하고 영적으로 의지를 소생시켜 부드럽게 하였기에 자연스럽게 거룩한 삶을 살게 한다는 것이다(「돌드레히트」 3장~4장 16항②③⑥). 우리는 이것으로 중생을 경험한다. 모든 것이 중생의 저자이신 성령 하나님께서 말씀으로 역사한 것이기에 **참된 믿음이 인간을 중생시킨**다고 고백하는 것이다.

이제 교회는 말씀, 성례와 기강을 실행하면서 중생 된 자가 게으르지 않게 해야 한다(「돌드레히트」 3장~4장 17항⑴②). 그런데 아르미니우스파는 새로운 성품, 새로운 능력 또는 새로운 은사가 인간 의지에 절대로 주입되지 않는다고 억지 주장한다. 이들은 자유의지를 발휘한 행위로 회심, 즉 중생하게 된다는 것이고, 믿음의 선물이라는 것도 없다고 주장한다(「돌드레히트」 3장~4장 오류6①②③). 자연스럽게 이들은 중생이 성령의 사역이 아니라 인간 의지의 산물이라는 견해를 갖는다.

(2) **이신칭의와 관련된 거룩한 삶에 관한 고백이다.**

중생 된 자가 그 경험을 했다면, 새로운 삶을 산다. 세속에 물든 불경건이 아니라 경건한 삶을 산다. 하나님의 주권을 왜곡하면서까지 인간의 선행을 조장하거나 그분의 예정을 부인하면서까지 인간의 의지를 부추기려는 잔꾀를 피우지 말아야 한다. 이런 자세를 갖는 것은 신앙이 하나의 신념이나 이데올로기라고 착각하는 데서 비롯한다.

(2)① 새사람이 되게 하고 새 삶을 살게 하는 참된 믿음은 중생과 칭의와 관련돼 있을 뿐 아니라(⑴;「돌드레히트」1장 7항②, 12항;「하이델베르크」21문, 30문, 53문, 60문①, 84문①), 선행을 통해 증명돼야 한다(1권 7장 5항, 76;「하이델베르크」91문①). 참된 믿음과 살아 있는 믿음의 결실과 증거는 선행이다(「신앙고백서」16장 2항①;「대교리」73문①). 참된 믿음은 죽은 것이 아니라 살아 있기에 열매를 맺는다. 믿음의 결실은 자신의 믿음에 대한 확신을 갖게 한다(「하이델베르크」86문③). 이 믿음은 그리스도와 그분의 공의를 자신에게 적용하는 도구이다(「대교리」73문②). 믿음의 결실인 선행을 중생의 결실이라고도 말한다(「돌드레히트」3장~4장 11항⑤). 그리고 참된 믿음은 하나님을 아빠 아버지라 부른다(3권 2장 13항, 457; 3권 13장 5항, 607;『해설자용』, 357, 375;「하이델베르크」120문②). 이런 믿음은 완전한 확신이 있다는 것을 의미한다. 육적 확신이 몰래 들어와 믿음의 확신을 밀어내지 않게 자신의 겸손을 언제나 점검해야 한다(3권 2장 11항, 455). 이 확신이 있다면 참된 평강을 누린다. 자신의 인간적 확신을 내려놓을 때 갖는다. 이것은 하나님의 약속에만 관심을 갖기 때문에 가능하다(3권 13장 4항, 606).

참된 믿음을 **의롭다 여기는 믿음**으로 묘사하면서 경건하고 거룩한 삶을 더 두드러지게 강조한다. 열매를 보고 그 나무를 분별하는 것과 같은 원리이다. 의롭다 여기는 믿음(이신칭의)은 하나님이 주신 선물로서(「돌드레히트」 2장 8항①) 성령 하나님과 말씀이 심정에 역사하는 구원의 은혜이고, 죄인에게 자신의 죄와 비참함을 깨닫게 하고, 그리스도와 그분의 의를 굳게 붙잡고 신뢰하게 하고(「대교리」 72문), 그분을 본받게 한다.

거룩한 삶은 에녹의 삶을 상기하면 좋다. 거룩함을 받거나 거룩하게 된다는 것은 신학 용어로 성화(sanctification)라 말한다. 우리의 삶이 거룩해지기를 바란다거나 행위가 거룩해진다고 보면 안 된다. 이 거룩함은 에녹처럼 이 세상에서 하나님과의 동행, 즉 교제를 의미한다. 거룩하지 못하면 거룩하신 하나님과의 교제는 불가능하다. 이것을 가리켜 거룩한 삶이라고 말하는 것이다. 거룩하여서 그분과 교제하는 것이 아니라 교제를 유지하기에 거룩함을 이뤄가는 것이다. 의인이 아니거나 의(righteousness)가 없으면 거룩해지지 못한다. 거룩함은 의를 기반한다. **거룩함은 의를 붙들고 있다**(3권 16장 1항, 634). 또 중생의 목적이 거룩함이다(3권 17장 5항, 643). 우리에게 의롭다 여기게 하는 믿음을 주셔서 이 세상에서(「신앙고백서」 13장 2항①) 하나님과 교제하는 거룩한 삶을 살라는 것이다. 이렇게 될 때 그 믿음이 참된 것이라 말한다. 그래서 거룩함은 믿음의 진실한 증거라고 고백하는 것이다(「신앙고백서」 16장 2항①; 「대교리」 32문③).

거룩함의 선언은 창세 전에 이뤄진다. 선택된 자는 때가 돼 성령 하나님의 사역으로 그리스도와 그분의 공로를 수용하고 적용하게 하는 믿음이 심정에 밝혀지는 것이고(「벨지카」 22항①; 「대교리」 75문①), 곧 중생의 경험을 갖게 된다. 그래서 선택된 자만이 성령 하나님의 인치심을 받는다(1권 7장 5항, 76). 참된 믿음을 간직하려면 창조 사역에 늘 관심을 가져야 한다(1권 14장 20항~21항, 152~153). 참된 믿음은 아들처럼 기업을 바라며 헌신하지만 거짓된 믿음은 중생 된 척하는 종이기에 보상을 바라며 봉사한다(3권 2장 11항, 454; 3권 18장 2항, 654). 참된 믿음은 항상 믿음의 말씀을 배우고 순종하며 하나님의 자비함을 바라본다(『해설자용』, 376).

(2)② 중생 된 척하는 자의 거짓된 사랑에 관한 고백이다.

이 세상에서 거룩한 삶을 사는 참된 믿음, 곧 의롭다 여기는 믿음은 하나님을 향한 사랑에서 나온 것을 실천한다. 이와 상대적인 것은 이기적 사랑이다. 전자는 거룩함을 이루며 하나님께 접근하지만, 후자는 저주와 두려움을 일으킨다. 이기적 사랑은 부패성의 대표적인 성격으로(2권 1장 2항, 211) 중생의 경험을 하지 못했거나 중생 되지 않은 자의 특징이다. 이 사랑에 미쳐있기 때문에 하나님의 선하심을 향하지 못한다(『해설자용』, 125). 항상 자기중심이기에 하나님을 중심하며 사는 것이 어색하다. 또 인간 측면에서 성경을 읽고 해석하여 자기에게 유익하도록 적용한다. 그러나 중생 되면 하나님의 선을 향하게 되기에 중심체와 방향이 바뀌게 된다.

중생 되지 못한 자는 하나님의 사랑을 향하지 않고 자신의 유익을 위해서만 사랑이란 망토를 걸치고 산다. 이기적 사랑은 하나님을 사랑하는 척하기에 결국 자신을 파멸시키고 말 것이다. 또 이기적 사랑은 하나님의 사랑을 제외한 모든 사랑이다. 가장 고상하다고 여기는 부모·자식의 사랑마저도 이기적이다. 이 사랑은 교만의 길로 치달아서 자만, 자긍과 오만을 낳는다. 예수님은 이 사랑에 대해 자기 부인할 것을 명령하셨다. 이것은 구체적으로 회개를 의미하는 것으로 겸손으로 교만과 투쟁하는 길이다(『해설자용』, 166).

(3) 거룩한 삶을 나타내는 참된 믿음이 성경적임에 관한 고백이다.

(3)① 행함이 없는 믿음은 죽은 것이라고 할 때 사도 야고보는 거룩한 삶을 전제하는 **거룩한 믿음**을 말하고 있다(약 2:26). 이와 유사한 고백으로 거룩한 믿음은 반드시 결실을 맺는다는 것이고(『신앙고백서』 16장 2항①) 그렇지 않은 것은 불가능하다는 것이다. 믿음의 결실은 선행으로써 (『대교리』 73문①) 자기 믿음에 확신을 심어준다(『하이델베르크』 86문③). 이것은 믿음의 결과이기도 하지만 믿음 자체가 지닌 특성이라 하겠다. 그런데 그 역으로 명제를 설정하면 위험하다. 결실을 맺으니 거룩한 믿음이고, 이 믿음이 참된 믿음이니 의롭게 하는 믿음이라고 한다면 정말 어설프고 허술한 견해에 지나지 않는다. 외식주의나 율법주의에 미끄러지기 쉽다. 믿음의 결과인 선행이 나올 수밖에 없는 것은 믿음이 그리스도와 그분의 의를 수용하고 적용하는 도구이기 때문이다(『대교리』 73문②).

(3)② 헛된 믿음에 관한 고백이다.

거룩한 믿음과 상대적 개념인 **헛된 믿음** 또는 **거짓된 믿음**은 사랑을 실천하도록 고무시키지 못한다. 선행은 참된 믿음에서 나오고(『대교리』 73문②), 상상이나 가공된 것을 행하며 자랑하지 않는다(『하이델베르크』 91문②). 믿음은 하나님의 말씀에 언제든 뿌리를 깊게 내리고 있다. 하지만 이 의미를 왜곡하여 상징적으로 해석하면서 말씀에 근거를 둔다고 하는 거짓 선지자가 많으니 주의해야 한다. 하나님의 말씀 중 한 구절이나 본문을 그들이 언급한다고 해서 말씀에 바탕을 두는 것이 증명되는 것은 아니다. 성경을 해석할 때 로마가톨릭은 필요하면 상징으로 해석하거나 문자적으로 해석하여 문맥이나 전체의 의미를 깡그리 무시한다. 그릇된 해석을 하면서 믿음이 말씀에 근거한다고 주장하는 것에 늘 유의하지 않으면 안 된다. 이런 면에서「벨지카」는 2항~7항에 걸쳐 성경에 관한 고백을 자세하게 했고,「신앙고백서」도 제1장 1항~10항에 걸쳐 그 고백을 한다.

헛된 믿음은 거룩한 믿음의 정반대이고, 참된 믿음은 거룩한 믿음에 따른 삶이 나타난다. 참된 믿음은 이신칭의에서 말하는 믿음으로 거룩한 삶이 따르느냐에 따라 거룩한 것인지 아니면 헛된 것인지 구별된다.

성경에서 말하는 믿음은 거룩한 믿음으로서 사랑으로 역사하고, 선행을 고무시킨다. 지적으로 동의하는 것에 머물지 않고(약 2:18~19), 사랑으로 명시한 하나님의 은혜를 생생하게 신뢰한다(살전 1:3). 많은 자는 일반적인 **복음적 메시지**에 관심을 두지만 **복음의 진리**에 관심을 가져야 한다(『개혁신앙이다』, 31, 61). 또 많은 자는 믿음에 관해 기만을 당하고 있기도 하지만 그것에 관한 참된 성격에 대해서도 무관심하다(3권 2장 1항, 443). 믿음은 뇌, 지성의 문제라고 생각하고, 이해하고 동의하는 것에 관심을 둔다면 그것은 헛된 믿음이다(3권 2장 8항, 451;『해설자용』, 371). 실천이 따르지 않는 이유도 이 때문이고, 실천을 부추기려고 갖가지 세속적 방법을 동원하는 것도 이 때문이다. 하지만 믿음이 심정에 있기에 삶으로 옮겨진다. 믿음이 심정의 문제라는 것에 관심을 가질 때 순종과 거룩한 삶이 따른다. 진리의 이해를 전제하는 믿음은 헛된 믿음으로 미끄러진다. 참된 믿음은 신뢰로서 순종을 전제한다. 이것이 맹신으로 변질하지 않기 위해 부지런히 하나님의 말씀인 성경 연구에 힘써야 한다.

(4) 믿음과 선행에 관한 고백이다.

(4)① **선행**은 믿음의 뿌리, 즉 **선한 뿌리**에서 나오고, 선한 뿌리는 선한 양심을 말하고, 그 양심은 하나님의 선하심을 추구한다. 중생 된 자는 하나님의 선하심 또는 영적 선한 것으로 향하는 의지를 갖는다(「신앙고백서」9장 4항②). 선하심을 바라는 것은 회개의 다른 측면인 영 살리기에 해당한다(3권 3장 3항, 489). 그 선하심은 의의 근거이고(3권 2장 2항, 444), 죄들의 용서 근거이다(3권 3장 19항, 504). 선한 양심은 믿음의 보관소이다(3권 2장 12항, 456) 심정의 내적 고결성이다(3권 19장 16항, 673). 거짓된 믿음과 선한 양심은 정반대이다(딤전 1:5).

선행은 믿음의 선한 뿌리에서 나오고, 그 결과 우리는 거룩하다고 여겨진다. 거룩하지 않으면 하나님과의 교제는 불가능하다. 그런데 우리를 의롭다 여길 때 전적인 은혜에 기인한다(①④). 그 은혜는 예수 그리스도 안에, 그분으로 인해, 그분으로 말미암아, 그분과 함께, 그분을 위해 있다.

선행은 참된 믿음에 근거하기에 인간의 상상이나 제도에 기초하지 않는다(「하이델베르크」91문①②). 그렇다고 칭의를 얻게 한다고 여기면 안된다(「벨지카」24항(4)②). 선행을 행할 수 있는 능력이 인간의 재능이 아니라 전적으로 성령 하나님에게서 나온다(「신앙고백서」16장 3항①). 하나님의 말씀에서 명한 것만을 의미하고 인간이 고안한 것과는 아무런 관련이 없고, 믿음의 결실과 증거가 되기 때문이다(「하이델베르크」86문③; 「신앙고백서」 16장 1항, 2항①; 「대교리」 32문③). 결실로 믿음을 확인할 수 있다. 인간적 상상에서 나온 선행을 통해 칭의를 얻을 수 없는 이유는 최상의 선행이라도 죄성으로 인해 죄만 쌓일 뿐이다(3권 14장 19항, 623; 「하이델베르크」 62문②; 「대교리」 78문②). 또 선행을 통해 보상을 받으려고 하면 할수록 벌을 더 받을 것이다(3권 14장 3항, 610; 「벨지카」 24항(7)④). 일반적으로 행하는 선행에 대한 보상은 선행 그 자체 때문이 아니라 인격이 그리스도로 인해 수용되기 때문인 것이다(「신앙고백서」 16장 6항①). 이것을 달리 말하면, 그리스도 안에서, 하나님의 너그러움으로 수용되기 때문이다(2권 5장 2항, 279).

(4)② 우리의 행위가 선행이라 하더라도 믿음의 뿌리에서 나오고 그리스도로 말미암아 선하다고 여겨지기 때문에 우리의 공로라고 주장할 수 없다. 그래도 믿음의 뿌리에서 행한 것도 행한 것이 아니냐고 물을 수 있을지 모르겠다. 그 믿음이 하나님의 선물이고, 믿음 자체로 의롭게 여겨진 것도 아니고, 믿음 자체도 한갓 도구에 불과한데(「벨지카」 22항④) 믿음에 근거한 행위라고 자랑하며 공로라고 주장하는 것은 전셋집이나 월셋집에 살 만큼 살았으니 내 집의 소유권을 달라는 격이 아닐까 싶다. 아르미니우스파는 뻔뻔스럽게 신자로 불리는 것이 하나님께서 주입한 재능과 은사가 아니라 믿음 때문이라든지 인간의 행위 때문이라고 억지 주장한다(「돌드레히트」 3장~4장 오류3②). 선행 자체가 하나님의 은혜만 아니라 그것으로 인한 믿음에서 나온 것이기에 의롭다 여겨지는 것을 우리의 행위라고 주인행세 해선 안 된다. 그분의 은혜 없이 우리는 절대로 그분의 선하심을 향할 수도 행할 수도 없다. 믿음 자체가 그리스

도와 그분의 사역을 심정으로 수용하는 것이므로(「벨지카」 22항①), 그것에서 나온 선행을 우리의 행위라고 주장하는 것은 정말 어불성설이다.

(5)① 선행과 이신칭의 간에 관한 고백이다.

선행을 행하기 이전이란 중생(회심)의 경험을 갖기 전을 의미한다. 이 말은 하나님께서는 영원에서 자녀로 삼거나 미리 알고 있지만 그 사실을 시간에서 비로소 깨닫게 되기 전을 의미한다. 인간 측면에서 본 것을 말하고, 하나님 측면에서는 자녀인 것을 말한다. 깨닫기 또는 경험하기 전에라도 칭의가 그리스도를 믿는 이신(by faith)으로 이뤄졌다는 것은 믿음을 선물로 받았어도 자녀가 참된 회개가 있기 전에는 깨닫지 못한다는 것을 의미한다(3권 3장 1항, 487; 『해설자용』, 405, 565, 927). 또 칭의는 우리의 행위와는 무관하게 선물로 주어진 믿음이라는 것을 말한다. 그래서 믿음으로라는 의미는 행위와 무관하다는 고백이 다시 한 번 강조되는 것이다(「벨지카」 22항④).

선행을 정의 내려 보면, 참된 믿음에서 나오는 것으로 하나님의 율법과 그분의 영광에 따라 수행돼야 하고, 인간이 **상상하여 만든 것이나 제도로 만든 것**에서 선행은 절대로 나올 수 없다(「하이델베르크」 91문①②). 이것은 인간의 고안물이므로 정말 주의를 요구한다. 하나님의 말씀과 무관한 것을 가공하여 믿음을 강화한다고 고안하거나 대중을 무지하게 만드는 재간을 부리는 자들이 이 세상에 너무나 많다. 게다가 선행을 무슨 규칙으로 여겨도 안 된다.

그 대표적인 것이 **안식일 준수**이다. 이단 안식교가 나타날 정도이면 안식일이 중요한 주제임은 분명하다. 예수님의 공생애 동안 바리새파,

장로들과 대제사장들은 안식일에 관해 예수님과 논쟁했다. 예수님은 안식일의 주인이라고 선언한다(마 12:8; 막 2:28; 눅 6:5). 이들은 예수님을 고발하려고 안식일을 범하는지 염탐하였다(막 3:2). 이스라엘 백성이 범하는 죄 중 으뜸이 되는 죄는 안식일을 범하는 것이었다. 예수님께서 자신을 **안식일의 주인**이라고 하신 의미는 무엇일까? 예수님께서 전통의 안식일을 범했으니 우리도 안식일을 범해도 괜찮다는 말일까?

일련의 사건은 그분의 신성을 선언하는 데 있다. 생뚱맞게 예수님은 다윗의 진설병을 먹은 사건을 언급하면서 안식일에 제자들이 이삭을 잘라 손으로 비벼 먹는 것에 대해 답변한다. 그들은 이삭을 손으로 비빈다는 자체가 노동이기에 안식일을 범한 것이라고 해석한다. 그들은 하나님의 말씀을 왜곡하여 적용했다. 그들은 언제나 예수님을 인간으로만 취급했다. 그분은 하나님이시다. 수많은 이적에도 불구하고 그들은 그분을 인간으로만 취급했다. 그들이 요구하는 것에 그분은 요나의 표적 외에는 보일 것이 없다고 선언한다.

선해서 선한 열매를 맺는 선한 나무가 아니고, 선행과는 무관하게 선하다고 한 하나님의 전적인 은혜임을 의미한다. 선한 열매를 맺기 전, 선하기도 전에 의롭게 여겨진 것이기에 행위에 근거한 것이 아니다. 이 의미로 성경은 믿음만으로라고 선언한다. 칭의, 즉 의롭다 여겨진 후에 맺는 선행은 자연스러운 것일 뿐 구원에 아무런 영향을 주지 못한다. 그 선행으로 하나님께 감히 구원의 조건이라고 주장할 수 없다.

(5)② 선행 자체가 칭의나 거룩함을 주는 것처럼, 은혜를 베풀게 하는 것처럼 여기면 안 된다. 믿음의 결과이지 원인이 아닐뿐더러 칭의의 무

슨 근거나 시작도 될 수 없다. 선행이 믿음의 결과인 이유는 말씀에 철저하게 근거하고 하나님의 은혜에 근거하기 때문이다.

(6) 선행의 근거에 관한 고백이다.

선행의 근거가 인간에게서 나오는 것처럼 여길 수 있지만 절대 그렇지 않다. 가시적이고 느끼는 것이 모든 것이 아니기 때문이다. 선행의 근거가 하나님의 은혜이기에 자랑이나 교만이 허용되지 않는다. 선행의 근거는 영원한 작정에 있다.

(6)① 선행의 이유에 관한 고백이다.

선행이라고 하니까 인간을 위해 행하는 자선(charity)이라고 단순히 상상해선 안 된다. 그 자선이 용서의 값을 치르는 보속(satisfaction)이라고 상상해서도 안 된다(3권 4장 25항, 524; 『해설자용』, 435). 선행이나 희생이 죄들의 용서를 위한 대속물이 될 수 없다.

선한 자, 선인 또는 의인이 되기도 전에 의롭다 여겨졌으니 우리의 선행이 칭의를 얻는데 공로가 될 수 없다((5)②). 선한 자라는 의미는 하나님의 선하심을 추구하는 자이지 선행을 행하기에 붙여진 칭호는 아니다. 이제 선한 자 또는 의인으로서 반드시 선행을 해야 한다. 우리는 은혜의 **빚진 자**로서 선행을 행한다. 의롭다 여겨졌기에 자녀로서, 기업을 받은 자로서 자발적으로 거룩한 삶을 살아야 한다. 하나님은 우리의 선행과는 무관하게 의롭다 여겼다. 선한 자 또는 의인으로 여겨졌기에 하나님의 선하심을 따라야 한다. 거룩한 삶을 이 세상에서 살아야 한다. 이것은 빚진 것이며 당위성을 의미한다.

(6)② 선행의 근거는 선한 기쁨에 있다는 고백이다.

선행이 공로가 되지 않는 이유는 **영원에서 작정한 것**이기 때문이다. 자녀로 이미 정한 것이기 때문이다. 이것은 **선한 기쁨**이라는 고백에서 알게 된다. 선한 기쁨은 하나님의 영원한 작정을 의미하는 표현이다. **선한 기쁨**은 선택의 근거이고, 이 의미는 선택의 근거가 인간 안에 있다고 상상하지 말라는 것이다(3권 22장 3항, 730). 하나님께서 기뻐한다는 선언을 의인화시켜 해석해선 안 되고 그분의 영원성을 의미하는 것이다. 하나님의 자녀로 영원에서 선택하시고 중생시킨 이유는 거룩하게 하기 위해서이며, 자녀가 이 세상에서 행하는 선행은 당위성일 수밖에 없다. 선행을 보고 선택하지 않았기 때문에 선행이 무슨 공로가 돼서 칭의, 거룩함의 근거가 될 수 없는 것이다.

(7) 하나님의 자녀와 종의 구분에 관한 고백이다.

(7)① 하나님의 자녀는 이 세상에서 **나그네**로(3권 10장 1항, 570), 초소 또는 감옥(3권 9장 4항, 567~568)에서 **유배 생활**(2권 15장 4항, 403)을 하며 **청지기**(3권 7장 5항, 551)로 살아간다. 대표적 고백이 청지기에 관한 것이고, 그 삶은 하나님의 것을 맡은 청지기 또는 관리자의 삶이다(3권 7장 5항, 551). 이 삶은 다음과 같다.

1. 창조자를 인식하면서 그 목적을 고려하고,
2. 주어진 선물에 대한 지나친 관심을 금하고,
3. 위탁받은 것으로 여기고,
4. 하나님의 지침을 따르는 삶으로 모든 것이 하나님의 소유임을 인정한다

(『해설자용』, 472).

청지기의 삶은 이 세상에서 하나님의 자녀가 살아가는 삶의 양태이다. 우리가 행한 선행이 우리의 것이 아닌데도 불구하고 하나님은 그것을 우리의 것이라 여겨 보상까지 약속한다. 하지만 이것은 하나님의 은혜에 의한 것이기에 우리에게 공로를 기인시키면 안 된다. 이 의미는 그분으로부터 받은 은혜를 누리는 길이라는 것이다(3권 15장 3항, 628~629). 청지기의 삶은 곧 겸손을 의미한다.

그러나 노예와 청지기를 혼동하면 안 된다. 세속적 의미는 두 단어를 같은 의미로 사용할 것이다. 청지기의 삶은 자발적 종 됨의 삶을 의미한다. 보수를 받고 매매하는 노예와는 다른 것이다. 또 세속적 의미는 인간 대 인간이지만 성경적 의미는 창조자 대 피조물에 관한 것이다.

(7)② 선행의 보상에 관한 고백이다.

우리는 선행에 따라 보상을 받기도 한다. 그 보상은 **하나님의 너그러움에 근거한다**(2권 5장 2항, 279). 이 의미는 어떤 경우에 우리를 격려하고 고무하기 위해 하나님께서 달콤한 보상을 주심으로 그분을 사랑하게 한다는 것이다(2권 8장 4항, 322). 그런데 여기서 매우 중요한 경고를 받아야 한다. 만일 선행이라는 것을 하여 하나님으로부터 보상을 기대한다고 하자. 그렇다면 보상보다 벌을 더 받게 될 것이라고 한다. 그 이유는 심정의 오염으로 인해 또는 이기적 사랑으로 인해 죄를 범할 뿐이기에 그것에 대한 보응을 받기 쉽기 때문이다(3권 14장 3항, 609~610). 이런 의미에서 보상은 하나님의 너그러움이나 **은혜에 기인된다**고 말하는 것이다(3권 15장 3항, 628). 하나님께서 베푼 은혜로 선행을 행하므로 하나님의 계명과 명령에 약간의 순종을 했을 때 그것을 귀하게 보셔서 달콤한 보상을 베풀어 주시면 그저 그분의 은혜라고 고백하는 것이 당연지사(當然之事)이다.

성경은(마 5:12, 6:1; 막 16:27; 롬 2:9~10; 고후 5:10) 영생이 보상임을 말한다 (3권 18장 3항~4항, 655~656). 그 영생 또는 구원은 하나님의 전적인 은혜이기에 보상 역시 그렇다. 그래서 우리가 행하는 것은 하나님의 자녀로서 자발적인 선행이지 대가를 바라는 종의 복종이 아니다. 자녀는 기업을 바라지만 종은 보상을 바란다(3권 18장 2항, 654).

(7)③ 선행은 **구원의 근거가 아니라**고 고백한다.

혹시 선행과 같은 것을 행하여 그것이 구원의 근거가 될 것이라 착각하거나 기대할 수도 있을지 모르겠다. 단호하게 고백한다. 선행은 구원의 근거가 되지 못한다. 그 이유는 우리가 내뱉는 것이나 우리에게서 나오는 모든 것은 사람을 더럽게 하기 때문이다(막 7:15). 선행의 보상이 아니라 오히려 벌을 받을까 유의해야 한다(롬 7:21).

세미펠라기우스주의(semipelagianism)는 하나님께서 우리에게 은혜를 베푸시도록 최소한의 선행을 할 수 있다고 주장한다. 그러니 전적 타락을 인정하지 않고 부분적 타락을 말한다고 볼 수 있다. 은혜를 받을만한 행위를 하면 하나님께서 감동을 받아 우리에게 베풀 것이라고 주장한다. 여기의 고백은 이런 거짓 주장에 대해 경고한다. 하나님께 감동을 줄 만한 어떤 최소한의 행위도 우리는 시도하지도, 감당하지도, 실행하지도 못한다. 이런 사상은 **협력하는 은혜**(co-operating grace)라는 신학 용어로 표현된다.

중세시대 스콜라주의자 토마스 아퀴나스(Thomas Aquinas, 1225~1274)는 하나님의 은혜를 **역사하는 은혜**(operating grace)와 협력하는 은혜(co-operating grace)로 나눴다. 전자는 죄인에게 역사하는 하나님의 은혜 사역이고, 후자는 하나님의 역사에 인간의 노력이 첨가되는 것이다. 행위가 공로가 돼서 하나님께서 인간에게 은혜를 베푼다는 주장이다. 인간은 역사하는 은혜로 의롭다 여겨지고, 그 결과로 그 은혜에 동의한다고 한다. 전자는 인간의 의지를 움직여 행동하게 하고, 후자는 이에 따라 계속하여 은혜를 유지하기 위해 행동이 있어야 한다는 것이다. 협력하는 은혜는 인간 측면에서 행한 근면의 결과며 보상이라고 한다(2권 2장 6항, 229~230; 2권 3장 11항, 268; 『해설자용』, 631).

(7)④ 선행의 무력과 허약에 관한 고백이다.

타락 후의 인간은 이기적 사랑에 미쳐있어서 중생 된 후에도 죄의 잔재를 지니고 있다. 다른 말로 죄의 몸과 육체의 허약함이라고 말하기도 한다(「돌드레히트」 5장 1항②). 평생 그것으로 말미암는 죄들과 전투하며 살아가야 하기에(3권 3장 11항, 495) 늘 경성하거나 긴장 상태에 있지 않으면 언제든 간교하고 교활한 사탄의 조무래기가 되고 만다. 그런데 인간은 불과 얼마 되지도 않는 데 겨우 몇 가지 선행으로 하나님께 협력했다는 착각을 항상 한다. 이기적이기에 어쩔 수 없이 자신의 측면에서만 보고 판단하게 된다. 이에 대해 많은 죄가 아니더라도 단 한 가지 죄라도 하나님의 벌을 받거나 그분의 거절에 어떠한 평계도 대지 못한다. 예를 들면, 마음으로 범한 것이 곧 계명을 어긴 것이라 예수님은 경고한다. 많은 것을 지켰다고 하지만 한 가지를 범하면 모든 것을 범한 것이라고 경고한다. 이런 경고는 누구도 하나님 앞에 행위로 자랑하지 말라는 의미이다.

(7)⑤ 지금까지의 고백의 요약이다.

우리의 구원은 하나님의 은혜, 즉 수동적 은혜이다. 인간이 자발적으로 행하여 획득한 구원이 절대 아니다. 영원한 작정 가운데 일어난 선택도 우리와 상관하여 이뤄진 것이 아니고, 성령 하나님의 사역인 중생이 선택된 자에게 이뤄지는 것도 우리가 알아차려서 이뤄진 것이 아니고, 심정에 믿음을 심어줘 이 놀라운 은혜를 깨닫게 하는 것도 우리 지성이 이뤄낸 것이 아니고, 하나님의 말씀을 듣고 읽고 배우며 이 놀라운 사실을 깨닫게 하려고 교회로 이끄는 것도 인간의 의지가 이뤄낸 것이 아니고, 지속해서 하나님의 은혜를 받으며 이 세상에서 견인하며 살아가는 것도 인간의 무슨 공로가 이뤄낸 것이 아니다. 어느 하나 구원에 있어서 인간의 협력이나 행위가 들어갈 만한 틈새가 있을까? 전혀 없고, 절대 있을 수도 없다. 그렇지 않으면 은혜가 될 수 없다.

인간은 갈대와 같아서 풍파에 따라 좌충우돌하고, 조석으로 변한다. 인간의 행위나 공로에 의존된 구원이라면 얼마나 불안할지 짐작이 되고도 남는다. 잠시라도 하나님이시면서 인간이신 중보자 그리스도를 신뢰하지 않는다면 의심의 쓰나미에 휩싸여 갈지도 모른다. 평생 범하는 죄들로 인해 우리의 양심은 얼마나 고통을 받을까? 생각만 해도 끔찍하다. 우리의 구원을 행위에 둔다면 그 불안을 어떻게 해결할 수 있을지 상상이 안 된다. 세상 끝날까지 우리와 함께하시는 그리스도를 신뢰하지 않고 이 세상에서 신앙으로 참으며 견디면서 사는 것은 불가능하다. 믿음으로 산다는 대명제는 진리 중 진리이다(합 2:4). 그분을 신뢰하면서 살아가는 것, 인간의 행위에 근거하지 않는 것, 그분의 옷을 입는 것, 그분의 은혜를 받는 것은 전적인 하나님의 은혜이다. 아멘!

25항: 폐지된 의식법(Of the Abolishing of the Ceremonial Law)

① We believe, that the ceremonies and figures of the law ceased at the coming of Christ, and that all the shadows are accomplished;

② so that the use of them must be abolished amongst Christians;

③ yet the truth and substance of them remain with us in Jesus Christ, in whom they have their completion.

④ In the meantime, we still use the testimonies taken out of the law and the prophets, to confirm us in the doctrine of the gospel, and to regulate our life in all honesty, to the glory of God, according to his will.

① 우리가 믿는 것은 율법에 있는 의식들과 표상(상징)들이 그리스도의 오심으로 중지되었다는 것과 [그것들이 표징 했던] 모든 그림자가 성취되었다는 것이다(마 25:51; 롬 10:4; 히 9:9~10).

② 그래서 그것들의 사용은 그리스도인 가운데 폐지돼야 한다는 것이다.

③ 하지만 그것들의 진실과 본질은 그것들을 완결하신 예수 그리스도 안에서 우리를 [또는 우리의 유익을] 위해 남아있다(마 5:17; 갈 3:24; 골 2:17).

④ 동시에 우리는 율법과 선지자들이 준 증거들을 여전히 사용하므로 복음의 교리 안에서 확인하고, 하나님의 의지(뜻)에 따라 그분께 영광을 돌리기 위해 가장 성실하게 우리의 삶을 규정한다(롬 13:8~10, 15:4; 벧후 1:19, 3:2).

칼빈 선생은 『기독교강요』 2권에서 복음이 무엇인지 밝히는데 그것은 하나님 아들에 관한 내용이다. 그분은 곧 예수 그리스도이고 복음 자체이다(막 1:1). 복음을 풀어내기 위해 칼빈 선생이 그분과 관련짓고 그분에 관한 설명으로 복음의 진리를 시작하는 그 전개 과정은 매우 흥미롭다. 먼저 그는 원죄와 타락을 설명한다(1장~5장). 그런 후 중보자인 그리스도를 언급한다(6장). 그 중보자에 대한 자세한 설명은 그분의 성육신과 3중직에 관한 설명을 하기 전까지 하는데(12장~16장), 먼저 율법을 설명하고(7장~8장), 율법과 복음, 즉 구약성경과 신약성경에 나타난 언약을 설명한다(9장~11장). 이렇게 볼 때 복음에 관한 설명은 크게 죄, 중보자와 언약이다. 제25항의 고백 내용은 『기독교강요』 2권 6장, 7장과 10장에 담긴 것과 유사하다.

이상의 내용은 모두 「벨지카」만 아니라 '웨스트민스터 기준서'에도 나타나는 요소이다. 지금까지 「벨지카」는 삼위일체 하나님(1항, 8항~11항), 성경(2항~7항), 죄(14항~15항), 구속 사역(12항~13항, 16항~21항)과 은혜의 길(22항~24항)을 설명했다. 이제 모든 것을 마무리하기 위해 중보자 하나님에 관한 결론을 25항과 26항에 내리게 된다. 어떻게 보면, 진리이신 중보자 하나님을 중심으로 하나님 측면과 인간 측면에 관한 설명이라고 말해도 과히 틀리지 않는다. 또 레위기와 히브리서를 읽는 듯한 느낌이 든다. 율법과 복음의 관계에 대한 이해는 성경해석만 아니라 진리를 믿는 데 매우 중요하다. 율법을 통해 복음의 진리를 더 바르게 깨닫게 되고, 하나님 아들에 관한 진리를 더 정확하게 믿게 된다. 평생을 통해 선택된 자는 자신의 주님, 구세주(예수), 중보자(그리스도), 하나님 아들에 대해 알아가야 하고, 이것이 곧 이 세상 삶의 목적이기도 하다.

(1)(2) 율법의 폐기와 완결에 관한 고백이다.

이것은 그리스도의 3중직 중 선지자직에 관한 고백인 동시에 그분이 율법 수여자임을 밝힌다. 중보자 그리스도는 율법의 종결자, 목적, 완성자였다(롬 10:4). 이 의미는 율법의 모든 말씀이 그분을 향하여, 위하여, 그분에 의한 것이고, 그분에게서 나온 것인 동시에 율법 수여자인 그분이 율법의 대상자가 되어 그것이 명하는 모든 요구를 완전히, 영원히 성취했고 그것에 따른 모든 저주와 벌을 받았다는 것이다. 이것은 구속 사역을 완성하셨다는 것을 의미한다(2권 7장 2항, 305). 우리는 더 이상 율법에 얽매이거나 그 저주를 받지 않는다(롬 6:5).

또 구약성경 시대의 성도들도 중보자 없이는 하나님의 자비함을 깨닫지 못했다. 이 의미는 하나님이신 그분이 자신의 영원한 작정을 인류의 타락으로 인해 계시하심으로 우리가 비로소 그분의 영원불변하는 자비함을 깨닫게 된다는 뜻이다. 이것을 위해 하나님은 족장에게 직접 꿈이나 현현으로 나타내셨고 모세를 통해 그것을 기록하게 하여 보존하게 했다. 그래서 그들은 율법의 의식들을 통해 구원이 그리스도에 의해 완성될 속죄임을 알았고(2권 6장 2항, 299), 우리와 동일한 중보자를 통해 구원이 이뤄질 것이라고 바라고 믿었다(2권 10장 1항, 359). 그뿐만 아니라 우리와 동일한 언약을 소유하면서 살았다(2권 10장 2항, 360). 이것을 신학적으로 **언약 신학**(Covenant Theology)이라고 말한다. 이 신학은 성경적이고, 교리적이고, 역사적이다.

이렇듯이 구약성경, 특히 율법에 기록된 의식들은 상징적으로 뭔가를 의미하고 있다. 그것이 뭣이든지 간에 그리스도를 향해 있다. 이 말은 타락 전의 상태인 에덴동산에서부터 그분에 관해 언급하였고, 족장과 선지자를 통해서도 공시되었고, 모세의 율법의 희생제물과 의식을 통해 상징화되었기에 그분이 오심으로 완성된 것임을 의미한다(「하이델베르크」 19문①②). 이에 따라 우리는 성경해석의 원리도 **그리스도를 중심으로** 해석해야 한다(2권 7장 1항, 304). 이 말의 의미는 그분을 바라보고, 나타내고, 이해하고, 그분의 삶을 따른다는 뜻이다(2권 8장 7항, 325; 『해설자용』, 60). 그 목적은 그분의 순종이 우리의 순종이 되게 하는 데 있다.

하나님은 에덴동산에 있을 때 심정에 법을 기록하셔서 순종하라고 명하셨는데(「신앙고백서」 4장 2항②④) 순종의 조건으로 **생명의 나무인 생명의 언약**을 맺었고, **죽음의 고통을** 조건으로 **선과 악에 대한 지식의 나무**를 금하셨다(「대교리」 20문⑤⑥; 「소교리」 12문①②). 이것을 간단하게 순종의 규칙은 선과 악에 대한 지식의 나무의 실과를 먹지 말라는 것이라고 한다(「대교리」 92문). 이 외에도 **도덕법**을 주셨는데 이것은 인류를 향한 하나님의 뜻의 선언으로 거룩과 의, 즉 공의에 따라 모든 의미를 수행할 때 생명이 약속돼 있고 그렇지 않으면 죽음이라는 것이다(「대교리」 93문①②).

후에 하나님은 모세를 통해 출애굽 시킨 이스라엘에게 돌판에 새긴 「십계명」을 주셨다. 그것 안에 담긴 다양한 모형을 통해 그리스도, 그분의 은혜, 사역, 고난과 혜택만 아니라 도덕적 의무도 줬다. 하지만 이 모든 의식법은 **그리스도 안에서 폐지됐다**(「신앙고백서」 19장 3항①). 폐지됐다는 것은 더 이상 의미가 없다는 뜻이 아니라 그리스도 안에서 해석되어 우리 삶에 적용해야 한다는 것이다. 율법은 그분에 대한 것을 파악하는 데 중요한 역할을 한다. 그분은 율법을 폐하러 온 것이 아니라 완성하러 오셨다(마 5:17; 2권 7장 11항, 315). 이것은 율법주의를 지향하는 바리새파와는 다른 것이고, 그분을 향한 메시지를 담고 있다는 것이다.

더 나아가 율법을 준수하거나 그 명령이나 의무를 이행하면 의

(righteousness)를 획득한다. 그 의로 하나님께 접근 가능한 거룩함이 우리에게 이뤄진다(1권 6장 2항, 69). 우리는 그 거룩으로 에녹처럼 하나님과 교제한다. 이 교제는 하늘나라에서 영원한 교제로 향한다. 그런데 이런 자세는 타락성을 지닌 인간에게는 불가능하다. 하나님께서 본래 율법을 주실 때 그런 방법으로만 주신 것이 아니었는데 그것에 담겨 상징화된 그리스도에 관한 메시지를 읽지 못하고 외식적으로, 형식적으로 준수하여 의롭다 여겨진다고 해석했다. 하나님 아들은 성육신을 통해 이 의미를 완전히 밝히시고 그분을 통한 의를 획득하고, 즉 의롭다 여겨지고 그 전가된 의로 하나님 앞으로 담대하게 나가는 자를 거룩한 자가 되게 한 것이다. 이런 의미에서 그리스도께서 율법을 폐지하러 온 것이 아니라 완성하러 왔다고 말씀한 것이다.

③ 율법의 유용성에 관한 첫 번째 고백이다.

율법은 본래 **선택된 자를 위한** 것이다. 물론 모든 인류에게 두루 삶의 지침이 되기도 한다. 하지만 모든 자가 율법에 담긴 하나님의 뜻을 간취하고 따르는 것이 아니다. 산 돌이신 그리스도가 어떤 이에게는 거치는 돌이 되고, 다른 이에게는 머릿돌이 된다(벧전 2:7~8). 그분을 중심으로 해석해야 한다는 것도 우리를 위한 것임을 의미한다.

율법의 형태는 크게 셋으로 나뉜다.

1. 「십계명」과 종교의 형태,
2. 도덕법

3. 각종 민법, 형법과 의식법 등이다.

그 목적은 크게 둘로 나뉜다.

1. 죄성을 깨닫게 하고,
2. 영적이고 합당한 예배를 드리게 하는 데 있다(2권 7장 1항, 237).

신약성경과 구약성경, 즉 율법과 복음의 핵심적 내용은 **언약**이다(2권 10장 1항~5항, 8항). **개혁신학**은 언약 사상이라고 말하기도 한다. 구속에 관한 모든 진리는 언약이란 열쇠로 풀어야 한다. 그 언약의 핵심이 중보자이고, 언약 백성이 된다는 것이 칭의를 얻는 것이므로 언약 백성은 거룩한 삶을 살아야 한다. 언약을 맺은 것은 혼인과 유사한 것으로 그분을 바라보며 이 세상에서 살다가 그분의 나라에서 그분과 교제하며 영원히 사는 것을 말한다.

칼빈 선생은 복음을 설명하기 위해 타락(2권 1장), 죄(2권 2장), 중생(2권 3장)에 관한 설명에 이어 중보자(2권 6장)를 설명하고, 율법에 관해 긴 설명(2권 7장~11장)을 이어간다. 그리고 그분이 어떤 분임을 설명한다(2권 12장~16장). 이런 논리적 설명은 그리스도에 대한 지식을 가지기 위해 율법에서부터 시작해야 한다는 것을 암시하고 있다. 율법과 복음을 연결시키는 것이 곧 언약이라고 언급한 후(2권 10장, 11장) 그분에 대한 지식을 밝힌다. 다시 말하지만 율법을 그리스도 중심으로 해석하지 않으면 얼마나 잘못 나갈 수 있는지 알 수 있다.

④ 율법의 유용성에 관한 두 번째 고백이다.

율법을 이해하기 위한 이중 거울은 **모세와 다윗**이다. 전자는 율법을 전달받은 자로서 그 해석을 대표하고, 후자는 선지자로서(행 2:20) 그 해석을 대표한다(2권 7장 2항, 304; 『해설자용』, 238~239). 이런 면에서 그리스도는 율법과 선지자라는 문구를 자주 사용하셨다(마 5:17, 22:40; 눅 16:16). 선지자는 율법의 해석자로 율법을 해석하여 현실에 적용하였다(1권 6장 2항, 69; 2권 7장 1항, 303; 4권 3장 4항, 820; 4권 8장 2항, 993~994; 『해설자용』, 232, 670). 그들이 어떻게 해석했는지 그 관점을 살펴 현시대에 우리도 해석하고 적용하는 통찰력을 가져야 한다.

율법의 주님, 완성자, 수여자인 중보자 그리스도에 관한 내용을 이어서 본다.

26항: 그리스도의 중재(Of Christ's Intercession)

(1) We believe ① that we have no access unto God, but alone through the only Mediator and Advocate, Jesus Christ the righteous, who therefore became man, having united in one person the divine and human natures,
② that we men might have access to the divine Majesty, which access would otherwise be barred against us.

(2) But this Mediator, whom the Father has appointed between him and us, ought in no wise to affright us by his majesty, or cause us to seek another according to our fancy.

(3) For ① there is no creature either in heaven or on earth who loveth us more than Jesus Christ;
② who, though he was in the form of God, yet made himself

(1) 우리가 믿는 것은 ① 우리가 하나님께 절대 접근할 수 없지만 유일한 중보자(딤전 2:5)와 보혜사(변호자)며 인간 되신 의로운 예수 그리스도로만 가능하다는 것이다(요일 2:1). 그분은 한 위격에 신성과 인성이 연합된 분이다(엡 3:12).

② 또 그렇지 않으면 우리에게 접근 제한되었을 신적 위엄성에 [유일한 중보자와 보혜사로만] 우리 인간이 접근하게 됐다는 것이다.

(2) 이 중보자는 아버지께서 자신과 우리 사이에 지정한 분으로 자신의 위엄을 가지고 절대로 우리에게 공포를 주지 않으시고, 우리의 망상에 따라 우리에게 다른 자를 찾을 필요가 없게끔 하는 분이다.

(3) 그 이유는 ① 하늘이나 땅에서 예수 그리스도보다 우리를 더 사랑하는 피조물이 있을 수 없기 때문이다(마 11:28; 요 15:13; 엡 3:19; 요일 4:10).
② 또 그분은 하나님의 형상[본체]이었지만 스스로 높이지 않으시

of no reputation, and took upon him the form of a man, and of a servant for us, and was made like unto his brethren in all things.

(4) If then ① we should seek for another Mediator, who would be well affected towards us, whom could we find, who loved us more than he, who laid down his life for us, even when we were his enemies? ② And if we seek for one who hath power and majesty, who is there that has so much of both as he who sits at the right hand of his Father, and who hath all power in heaven and on earth? And who will sooner be heard than the own well beloved Son of God?

(5) Therefore ① it was only through distrust that this practice of dishonoring, instead of honoring the saints, was introduced, doing that,

고, 우리를 위해 인간의 형상[본체]과 종의 형상[본체]을 취하셨고[빌 2:6~7] 만사에서 **자신의 형제**처럼 된 분이다[히 2:17].

(4) 그래서 만일 ① 우리를 향한 큰 애정을 가진 **다른 중보자**를 찾아야 한다면, 과연 그분보다 우리를 더 사랑했고, 심지어 우리가 그분의 적이었을 때에라도 우리를 위해 자신의 생명을 포기한 분을 발견할 수 있을까?[롬 5:8~10] ② 또 만일 권능과 위엄을 가진 자를 찾는다면, 자신의 아버지 오른편에 앉으시고(히 1:3, 8:1) 하늘과 지상의 모든 권능을 가진 그분과 같은 위대한 분을 과연 찾을 수 있을까?[마 28:18] 또 어느 누가 사랑하는 하나님 아들보다 더 빨리 들을 수 있을까?(마 3:17; 요 11:42; 엡 1:6)

(5) 그러므로 ① 성도들을 영예롭게 하기보다 불명예스럽게 하는 **관행**들을 소개하여 그들이 절대 행하지도 않았고 요구하지도 않은 것을 행하는 것은 불신에서 나온 것이었다.

which they never have done, nor required, but have on the contrary steadfastly rejected according to their bounden duty, as appears by their writings. ② Neither must we plead here our unworthiness; for the meaning is not that we should offer our prayers to God on the ground of our own worthiness but only on the ground of the excellency and worthiness of the Lord Jesus Christ, whose righteousness is become ours by faith.

(6) Therefore ① the apostle, to remove this foolish fear, or rather mistrust(distrust) from us, justly saith, that Jesus Christ was made like unto his brethren in all things, that he might be a merciful and faithful High Priest, to make reconciliation for the sins of the people. For in that he himself hath suffered, being tempted, he is able to succor them that are tempted;

이와 반대로 성도들은 그들의 문서들에 나타나는 것처럼 그들의 의무에 따른 영예를 끊임없이 거절했다(행 10:26, 14:15).

② 또 우리는 여기에서 우리의 무가치성을 이유로 내세워서도 안 된다. 그 이유는 우리 자신에게 가치 있는 것에 기초하여 하나님께 기도를 드리라는 뜻이 아니라 믿음으로 자신의 의를 우리의 것이 되게 한(고전 1:30) 주 예수 그리스도의 탁월성과 그분께 가치 있는 것을 기초할 때만 기도를 드리라는 뜻이기 때문이다.

(6) 그러므로 ① 이런 어리석은 두려움이나 우리에게서 나온 불신을 제거하기 위해 [히브리서를 쓴] 사도는 다음과 같이 정확하게 말했다(렘 17:5, 7; 행 4:12). 예수 그리스도는 **자비롭고 신실한 대제사장이** 되어 백성의 죄들을 위한 화목제물이 되기 위해 만사에서 자신의 형제처럼 되었다! 이런 이유로 자신이 유혹받으면서 고난받았기에 그분은 유혹받는 자들을 구할 수 있다[히 2:17~18]!

② and further to encourage us, he adds, seeing then that we have a great High Priest, that is passed into the heavens, Jesus the Son of God, let us hold fast the profession.
③ For we have not an high priest which cannot be touched with the feeling of our infirmities; but was in all points tempted like as we are, yet without sin.
④ Let us therefore come boldly unto the throne of grace, that we may obtain mercy, and find grace to help in time of need.
⑤ The same apostle saith, having boldness to enter into the holiest, by the blood of Jesus; let us draw near with a true heart in full assurance of faith, etc.
⑥ Likewise, Christ hath an unchangeable priesthood, wherefore he is able also to save them to the uttermost, that come unto God by him, seeing he ever liveth to make

② 또 사도는 [그분에게 오는] 우리를 더 잘 격려하기 위함이라고 하면서 이렇게 덧붙여 말했다. 우리에게는 위대한 대제사장, 즉 하나님 아들 예수님이 있으므로 그 고백을 굳게 붙잡도록 하자![히 4:14]
③ 그 이유는 우리에게는 우리의 허약함을 동정하지 못하는 대제사장이 있는 것이 아니라 그분이 현재의 우리처럼 모든 점에서 유혹을 받은 분이기 때문이다. 하지만 [우리와 달리] 그분은 죄가 없다.
④ 그러므로 은혜의 보좌로 담대하게 나아가서 자비함을 얻고, 필요할 때 도울 은혜를 발견하자[히 4:14~16].
⑤ 그리고 같은 사도는 다음과 같이 말하길, 예수님의 보혈로 지성소로 들어갈 담대함을 가지면서 믿음에 대한 완전한 확신 속에 참된 심정으로 기꺼이 접근하자[히 10:19, 22] (요 10:9; 엡 2:18; 히 9:24)!
⑥ 이렇게 볼 때 그리스도는 [영원] 불변한 제사장직을 지녔기에 자신으로 인해 하나님께 오는 모든 자를 최대한 구원할 수 있다. 그분은 그들의 중재를 위해 항상 살아있다[히 7:24~25](롬 8:34).

intercession for them.

(7)① What more can be required? since Christ himself saith, I am the way and the truth, and the life: no man cometh unto the Father but by me.
② To what purpose would we then seek another advocate, since it has pleased God, to give us his own Son as an advocate?
③ Let us not forsake him to take another, or rather to seek after another, without ever being able to find him; for God well knew, when he gave him to us, that we were sinners.

④ Therefore according to the command of Christ, we call upon the heavenly Father through Jesus Christ our own Mediator, as we are taught in the Lord's prayer; being assured that whatever we ask of the Father in his name, will be granted us.

(7)① 그러므로 무엇을 더 요구할 수 있을까? 그 이유는 그리스도께서 나는 길이요, 진리요, 생명이니 나로 말미암지 않고는 누구도 아버지에게로 가지 못한다고 말씀했기 때문이다[요 14:6].
② 보혜사로서 자신의 아들을 우리에게 주는 것이 하나님의 기쁨이었는데 무슨 목적으로 다른 보혜사를 찾아야 할까?
③ 만일 그분을 찾을 수 없으면, 다른 자를 찾을 수 있겠지만, [이것이 불가능하기에 그렇다면] 다른 자를 찾기 위해 그분을 버리지 말아야 한다. 그 이유는 하나님께서 우리에게 그분을 주실 때 우리가 죄인임을 너무나 잘 알고 있기 때문이다.
④ 그러므로 그리스도의 명령에 따라 우리는 우리의 중보자이신 예수 그리스도로 말미암아 하늘 아버지에게 도움을 청한다(히 13:15). 이것은 주님께서 가르쳐주신 기도(「주기도문」)에서 가르치는 바이다(마 6:9~13; 눅 11:2~4). 그분의 이름으로 아버지께 구하는 무엇이든지 간에 우리는 얻게 될 것이라고 확신한다

(요 14:13[요 16:23]).

「벨지카」 26항은 1항, 8항~25항에 이른 모든 구속 사역을 요약한 고백이다. 이것은 마치 『기독교강요』 2권 16장 19항이 제2권 전체를 요약한 것과 같다 하겠다. 또 「웨스트민스터 신앙고백서」는 중보자에 관한 고백을 죄에 대한 은혜 언약(「신앙고백서」 7장)을 시작으로 구속 사역에 관한 진리를 전개한다. 그런 후 율법에 관한 고백(「신앙고백서」 19장과 20장)을 끝으로 구속 사역을 마무리하고 교회에 관한 고백(「신앙고백서」 25장~31장)으로 이어진다. 이와는 달리 「벨지카」는 은혜 언약과 유사한 고백을 17항~24항에서 전개한 후 율법에 관한 고백(「벨지카」 25항)에 이어 중보자에 관한 고백으로 구속 사역에 관한 진리를 일단 마무리한다. 그런 후 교회에 관한 고백이 전개된다. 이렇게 볼 때 중보자에 관한 고백이 얼마나 중요한지 두 신앙고백서를 통해 충분히 간취할 수 있다. 「웨스트민스터 신앙고백서」는 두괄식으로, 「벨지카 신앙고백서」는 미괄식으로 중보자 하나님에 관한 고백이 이뤄진다. 두 신앙고백서 모두 교회와 최후의 심판으로 모든 고백을 마무리한다.

「벨지카」 26항을 이해하려면 「벨지카」 1항부터 전개된 고백을 하나씩 되씹어 본 후 읽을 것을 권한다. 신앙고백서 연구는 서두른다고 빨리 깨닫는 것도 아니고, 반복한다고 시간 허비도 아니다. 전체 내용을 곱씹으면 곱씹을수록, 전체 흐름의 그림을 그리면 그릴수록 신앙고백서는 자신의 것이 돼 성경해석에 놀랍게 적용되고, 그 말씀이 자신에게 폭넓게 적용돼 새로운 삶으로 충분히 드러난다. 그러나 한약처럼 천천히 달여 먹으면 좋지 않겠느냐 하면서 미루고 게으름을 피운다면 그만큼 썩어 냄새를 피우고 말 것이다. 이 의미는 교조주의(Dogmatism)로 전락할 수 있다는 것이다. 전체를 항상 염두에 두고 항목별로 연구하고 다른 고백서들과 견주면서 연구해야 한다. 신앙고백을 신학으로 해석하지 말고, 신학을 신앙고백으로 해석하는 자세를 가져야 한다. 신앙고백과 조직신학은 다르기 때문이다. 신앙고백서는 공부가 아니라 연구이고, 개울가나 길바닥에 흐드러져있는 돌멩이가 아니라 땅에 묻힌 진주이다.

끝으로, ⑴은 제18항을, ⑵는 제16항과 제20항을 ⑶은 제8항부터 제11항을, ⑷는 제21항을, ⑸는 제21항과 제22항을, ⑹은 제21항을, ⑺은 제26항 전체를 다시 요약한다. 그야말로 제26항은 구속 사역을 수행한 중보자에 관한 교과서와 요약이란 느낌이 든다. 주요한 주제는 위엄하신 하나님의 보좌로 접근하는 것(⑴②), 다른 자(⑵, ⑷①, ⑺②③), 대제사장이신 중보자(⑹①②③), 그분에게 화해되기 전 우리가 하나님의 적이었다(⑷①)는 내용이다.

이 주제는 곧 복음의 진리로서 영원한 하나님으로 시작하여 성경에 기록된 그분의 말씀이고, 그분의 영원한 작정이 인간의 타락으로 시간에 드러나고, 그 주인공이 하나님 아들이고, 그분이 이 세상에서 행한 구속 사역을 성령 하나님이 영원에서 선택한 자에게 개인적으로 적용하고, 그들을 교회로 불러 이 세상에서 믿음의 경주를 충분히 완성하게 훈련시키고, 하나님 앞에 서게 하여 만민에게 그분의 자녀임을 선언한다. 이 놀라운 복음의 그림은 신앙고백을 통해 우리에게 나타낸다.

⑴ 중보자의 필요성과 사역에 관한 고백이다.

그분의 필요성에 관해 우리가 믿어야 하는 두 가지 중 하나(⑴①)는 그분이 절대 접근 불가능한 하나님께 접근할 수 있게 한 유일한 중보자며 변호자이고, 다른 하나((1)②)는 그 결과에 관한 고백이다((6)⑤).

(1)① 여기서 중요한 주제는 접근(access)이다. 이것은 이번 항 전체에 흐르는 주제이다. 다른 말로는 적((4)①), 듣는 것((4)②), 기도((5)②, (7)④), 화해((6)①), 보좌로 담대하게 나감((6)④, (7)④), 지성소로 들어감((6)⑤), 길((7)①) 등으로 바꿀 수 있다. 이 모든 주제는 중보자의 사역과 관련돼 있다.

누구도 거룩하지 않고는 거룩하신 하나님께 절대 접근 불가능하다. 인류는 전적 타락으로 인해 하나님의 형상인 거룩을 전적으로 상실했다. 거룩하신 하나님께 감히 누가 자신은 거룩하다고 말하며 접근할 수 있을까? 거룩하지 못한 우리가 어떻게 접근할 수 있을까? 그 길은 인류 중 어떤 사람도 마련할 수 없다(행 4:12; 「벨지카」 21항(4)(3), 22항①③, 23항(4)①, 26항(2), (4)①, (7)②③; 「하이델베르크」 29문②). 이것은 영원에서 이미 작정된 것이기에 불가능하다. 만약 있다면 타락이 우발적으로 발생했으니 하나님이 부랴부랴 마련했다고 느껴 보충하거나 보완하는 길이 있다고 할 수 있지만 정말 힘든 이야기이다.

하나님께 접근하려면, 거룩만으론 불가능하다. 이제 남은 것은 의(righteousness)이다. 율법을 통해서 의를 얻게 하였지만 이 길도 불가능하다. 율법을 지킬 자가 없기 때문이다. 다시 말하지만, 타락 전 인류는 하나님의 형상으로 그분과의 교제가 가능했지만 이제는 누군가 하나님의 형상인 거룩과 의를 회복시켜야 한다. 그분이 바로 중보자인 것이다. 그 형상이 거룩과 의로 구성돼 있으므로 회복하기 전에는 거룩함을 얻지 못하고, 그 거룩함 없이는 거룩하신 하나님께 접근 불가능하다. 이런 의미에서 중보자는 우리를 위해, 거룩하기 위해 의를 이뤄야 했다. 다른 자, 즉 중보자가 개입하지 않으면 언제든, 어디서든, 무엇에든 불가능하다(「대교리」 181문①). 중보자는 양심에 평안을 주기 때문에 우리가 하나님의 은혜 보좌 앞으로 담대하게 접근할 수 있다(「대교리」 55문②). 그런데 그 중보자는 우리를 대신하기 위해 반드시 인간이 돼야 한다. 그것으로 인해 우리는 양자 됨을 얻는다. 그분이 인간이 된다는 의미는 인간을 대신하여 율법의 모든 요구를 준수하여 우리를 위해 중재한다는 것이다(「대교리」 39문①).

그 의(righteousness)는 중보자의 율법 준수로 가능했을 뿐 아니라 불순종, 즉 타락으로 인해 빚어진 모든 일시적이고 영원한 처벌을 몸소 받아야 정의(justice)가 이뤄진다. 정의에 대한 처벌을 받지 않으면 정의의 심판에서 벗어나지 못한다. 그 의를 얻을 때 비로소 거룩함이 회복된다. 그분이 준수하고 받은 결과로 의를 얻어 거룩을 획득하여 그분은 우리에게 그 의를 무상으로 전가하여 우리가 거룩함을 얻은 것으로 여겨진 것이다. 그 거룩함, 즉 회복된 하나님의 형상으로 그분에게 담대하게 접근하기에 이른 것이다.

이렇게 볼 때 중보자이신 하나님 아들이 인간으로 와서 인간을 위해 대속하시고 하나님 앞에 접근 불가능한 사태가 은혜로 해결된 것이다. 그분이 반드시 인간이 되셔야 했고, 그것으로 인해 우리는 양자가 되었다고 말한다. 이런 의미에서 양자 됨이란 그리스도 예수님 안에서 의롭다 여겨진 자가 그분의 자녀의 수에 들어간다는 것이고, 자녀로서 그분의 보호와 배려만 아니라 영광까지도 얻는다는 것이다(「대교리」 74문). 양자 됐기에 하나님을 아버지라 부를 수 있고, 그분을 아빠 아버지라 부르기에 참된 믿음을 소유한 것이고, 그 믿음을 소유했기에 의롭다 여겨진 것이 틀림없고, 칭의를 얻었기에 죄들의 용서가 이뤄진 것이고, 그 용서로 인해 하나님과 우리 간에 있었던 죄의 담이 무너진 것이 틀림없고(사 59:1~2), 이로써 우리는 담대하게 하나님께 접근할 수 있다.

이런 담대한 접근은 **신성과 인성을 지닌 중보자**의 **성육신**으로 이뤄진다. 성육신 때문에 이뤄졌다고 하는 명제가 틀린 표현이 아니지만 자칫하면 그릇된 상상을 하게 된다. 그 이유는 이 진리가 우리 측면에서와 시간에서 본 논리적 이야기이기 때문이다. 언제나 하나님 측면에서 본 진리를 우선순위 하면서 우리 측면의 이야기를 다뤄야 한다. 그분의 성육신은 참 하나님이시면서 참 인간이 되심을 의미한다. 성육신은 하나님 아들이 종의 형상을 취하면서((3)②) 우리에게 알려졌다. 이것을 교리상으로 그리스도의 낮아지심이라 부른다(「대교리」 46문). 그 낮아지심으로 율법 아래 놓이게 됐고, 타락한 인간이 당연히 받아야 하는 하나님의 진노만 아니라 십자가상의 극한 고통을 받는 저주와 죽음을 겪어야 했다(「소교리」 27문①). 그분의 성육신은 하나님의 정의를 만족하는 조건인 처벌과 저주를 받기 위함이었다고 말할 수 있다.

중보자는 **유일한 분**이다. 그리스도 외에 다른 중보자가 있을 수도, 찾을 수도, 발견할 수도 없다(「하이델베르크」 29문②). 그 중보자는 인간이 되는 것으로 만족할 수 없고, 죄도 없어야 하고 영원한 효력을 지녀야 하는 하나님이셔야 했다. 이런 분은 하나님 아들 예수 그리스도뿐이다. 제사장은 끊임없이 제사를 드려야 하지만((6)③) 중보자는 **단번에** 자신을 드리므로 **영원히** 죄를 대속했다(⑥①②). 이분 외에 다른 자나 다른 수단을 찾는다는 것은 불가능하다(「벨지카」 21항⑷①③). 성령 하나님께서 심정에 올바른 믿음을 심어 주신 사람은 그리스도 외에 다른 어떤 것을 추구하지 않는다(「벨지카」 22항①). 만일 추구한다면 참된(true) 믿음이 아니라 그릇된(false) 믿음이다. 일시적으로 만족을 주는 프로그램이나 위안의 말을 원한다면 여전히 구약성경 시대에 사는 자이다. 영원한 물을 주는 그리스도로 만족해야 한다.

한 위격에 신성과 인성이 연합된 분은 중보자, 그리스도이다. 그분은 하나님 아들로 삼위의 제2위격인 분이다. 그 위격 안에 신성과 인성이 연합돼 있다. 이 연합을 가리켜 위격적 연합이라 한다(「벨지카」 19항⑴①②; 「신앙고백서」 8장 7항②). 죽음 가운데서도 이 연합은 여전했다(「벨지카」 19장 ⑹). 이것을 이성으로 이해할 수 없으나 그 의미는 영원하고 신비하다는 것이다.

(1)② 위엄에 가득 찬 하나님께 마침내 접근하게 된 것에 관한 고백이다.

우리가 직접 감히 하나님께 **접근**한다는 것은 불가능하다. 하지만 하나님 아들의 공로, 그분의 의, 그분의 이름으로는 가능하다. 만일 누군가 그분의 중보 없이 접근하게 되면, 저주를 받아 소멸하고 말 것이다 (「벨지카」 23항⑷①). 예를 들면, 아론의 두 아들, 나답과 아비후가 하나님의 명령을 따르지 않고 다른 불이 담긴 향로를 드리다 그분에게서 나온 불이 그들을 불살라 죽였다(레 10:1~2). 정말 슬픈 일이다. 이와 유사한 심판이 성령을 속이고 헌금을 드린 아나니아와 삽비라에게 내려졌다(행 5:1~11). 일련의 사건은 하나님의 경고이다. 제사장은 항상 향을 피워드려야 했다. 아론의 두 아들은 제사장이었고 직접 성막 안으로 들어가기 위해 모세나 아론의 지침을 받아야 했다. 그런데 이들은 그렇지 않고 낯선 불을 붙여서 들어갔다. 이것은 낯선 향을 피웠다는 것을 의미한다. 낯선 향은 금지된 것이다(출 30:9). 어떤 향이든지 드리면 된다는 자신들의 생각을 우선시했다. 아니면 허락하지 않은 절차를 밟았다. 아무튼 하나님의 명령에 일치하지 않은 다른 향을 피운 것이기에 죽음을 면치 못했다.

하나님께 접근하는 것은 인간의 무슨 거룩함 또는 공로를 가지고는 절대 불가능하다. **중보자 없이** 하나님께 접근하는 것은 **저주를 받는 길이다.** 인간은 세상 법정에서 자신이 가공한 정의를 뽐낼 수 있지만 하나님 법정에서는 불가능하고 저주를 더 쌓을 뿐이다. 그분은 인간의 인격이나 의향, 의도, 양심, 생각 등으로 판단하며 인간의 품위, 품격, 업적, 지위, 배경, 재산에는 무관심하다. 그 법정은 공의롭지 않으면, 즉 의롭다 여겨지지 않으면, 영원한 저주를 반드시 받게 될 것이다. 칭의(justification)는 가장 정의로운 것이기에 하나님의 저주를 면할 수 있다. 이것은 애굽에서 이스라엘 백성이 어린양의 피로 인해 저주를 면한 것과 같은 것이다.

(2) 하나님의 자비함에 관한 고백이다.

하나님은 죄인이 절대 접근할 수 없는 **위엄성**을 지닌 분이다((1)②). 위엄은 언어로 표현할 수 없을 정도로 엄청나게 높은 분이어서 감히 엄두도 낼 수 없는 위치에 있는 것을 의미한다. 그래서 왕과 왕비에게 전하

(highness)라고 하지만, 황제와 황후에게는 폐하(majesty)라고 칭한다. 폐하라고 말할 때는 도저히 접근 불가능하고 상상도 할 수 없다는 의미를 담고 있다. 실제로 위엄을 하나님께 적용하여 예배드리면서 그분의 주권과 권위를 칭송할 때 사용한다. 피조물로부터 당연히 칭송을 받으셔야 하는 이유는 그분이 위대한 왕이시기 때문이다(시 93:1). 이런 위엄성을 지닌 하나님께서는 중보자로서 우리를 절대 윽박지르지 않는 자비로운 분이다(출 34:6; 시 85:15). 위대한 권위를 지닌 하나님이지만 우리를 독재하거나 군림하지 않는다. 하나님은 선하심과 진실함이 풍부한 분이다 (「벨지카」 1항②; 「대교리」 7문②).

중보자는 하나님 아버지와 우리 사이에서 활동하는 분이고, 인자하고 자비로운 분이다. 우리는 우리보다 우리 자신을 더 사랑하는 분을 영원히 찾을 수 없다((3)①). 그분은 다른 중보자를 찾게끔 우리에게 공포를 주지 않는다. 이것은 중보자가 어떻게 낮아지심을 성취하셨는지를 고백하는 것이다. 그분은 털 깎는 자 앞에 서 있는 양처럼 아무 말 없이 세상 죄를 짊어지고 저주의 죽임을 당한 분이다(롬 8:36). 중보자는 온유하고 겸손하다(마 11:29). 그분의 이 속성을 어떻게 하면 깨달을 수 있을지.

중보자는 하나님이시면서 인간이라는 고백을 이렇게 한다. 그분과 우리 간에 화해할 수 있는 유일한 분이므로 다른 자가 끼일 수도, 끼일 필요도 없다. 신성과 인성을 연합한 유일한 분이다((1)①).

(3) 두 본성의 성격에 관한 간략한 고백이다.
(3)① 중보사의 신성에 관한 고백으로 그분은 우리를 너무나 사랑하

는 하나님이다(요 3:16). 우리는 자신을 사랑한다고 주장하지만 실제는 이용하거나 학대하는 경우가 많다. 우리 자신을 진정으로 사랑한다면 몸을 건강하게 하려면 어떻게 해야 하는지, 영을 어떻게 대해야 하는지 알고 실천해야 한다. 하지만 몸을 혹독하게 다루고 피곤하게 만들어 질병에 걸리게 하거나, 정신에 압박을 줘서 만사에 싫증을 갖게 만들어 눈을 뜰 기력조차 없도록 만들어 버린다. 우리의 창조자이신 중보자는 그렇지 않다. 우리 자신을 우리보다 더, 아니 완전히, 영원히 사랑하는 분이다. 우리가 받아야 하는 저주와 처벌을 대신 받으신 분이다. 그분은 창조자이기에 우리를 우리 자신보다 더 알고 더 사랑한다.

하나님보다 우리를 **더 사랑하는** 피조물은 없다. 이런 비교 자체가 무용지물이지만 우리를 너무나 사랑하는 것을 고백하기 위해 기술된 것이다. 중보자, 즉 그리스도는 자신의 생명을 속죄제물로 드렸기 때문이다((4)①). 하나님은 온전한 사랑이시기에 우리를 위해 자신의 생명을 바쳤다. 생명을 희생했기에 그분의 사랑이 우리에게 증명됐다고 우리는 고백한다. 하지만 그분의 사랑을 희생적 사랑으로만 제한하면 안 된다. 이 세상에서는 도저히 상상하거나 찾을 수 없는 사랑이고, 감당할 수 없는 사랑이다. 그분의 사랑이 희생으로 나타난 필수조건이지 희생이 사랑이라고 충분조건이라고 말하면 안 된다. 그분의 사랑은 측량할 수 없지만 성경에 기록된 대로 의하면, 영원에서 작정(예정)과 섭리로, 시간에서 구속 사역으로, 그 절정은 십자가상에서 잔인한 고통과 고뇌로, 부활과 중보로, 최후의 심판과 영원한 나라까지 포함한다. 하나님의 사랑을 어느 사건으로만 제한하는 것은 큰 실수이다.

거짓 선지자도 하나님의 사랑을 외치지만 이기적 사랑일 뿐만 아니라 사랑이신 그분을 향하지 않는다. 사랑이 하나님이고, **하나님이 사랑이라**는 이 놀라운 신비적 진리를 깨닫지 못하고 단순한 사건과 행위로 보는 그릇된 생각에만 머물 수 있다. 근데 유의할 점이 있는데 회복 운동(Restoration Movement)을 일삼는 자들도 하나님이 사랑이라고 외친다. 흔히 제2차 대각성운동의 하나인 캠벨 주의(Campbellism)라고도 부른다. 이들은 가시적 하나된 교회를 주장하면서 '그리스도의 제자', '그리스도의 교회', '하나님의 교회'라는 용어를 즐겨 쓴다. 신사도 운동(New Apostolic Movement)의 전형이라고 말할 수 있다. 무엇을 흉내 내면서 강조하던 신앙고백서, 교파나 교회 전통을 아예 부인한다. 이들은 말일 예수 그리스도교회(몰몬교), 밀러파(Millerites), 안식교(Sabbatarianism), 제7일 안식교(Seventh-day Adventists), 은사 회복주의(Charismatic Restorationism) 등으로 우리 곁에 있다.

또 이 세상의 사랑은 이기적인데 상대적으로 그렇지 않다고 여겨선 안 된다. 이 세상의 사랑 중 이기적이지 않은 사랑, 국가와 타인을 위해 처벌을 대신 받는 것 등 이상적 사랑을 꿈꾸며 하나님의 사랑을 외치는 경우도 있다. 그렇다! 대의명분을 위해 죽음을 택하는 것도 존경을 받아야 하는 고귀한 사랑이지만 죄인을 위해 죽는 자는 없다(롬 5:7). 이 표현은 세상의 사랑과 하나님의 사랑을 대조하면서 무엇과 비교할 수 있는 것처럼 여기지 말라는 말이다. 그 사랑의 유일성을 강조하는 것이다. 하나님의 사랑을 인성에서 살펴본다.

(3)② 하나님의 사랑이 인간 되심에 관한 고백이다.

여기서 유의하며 주목해야 하는 것은 **형상**(형태)이라는 단어이다. 중보자는 시간에서만 보인 인간이 아니고, 영원한 하나님이시고, 하나님의 형상, 즉 구별된 본체를 지닌 분이다. "하나님의"라는 표현은 하나님 아버지를 지칭하는 것이 아니라 삼위일체 하나님을 의미하기에 하나님이신 형태, 즉 형상이라는 고백이다. 굳이 형상 또는 형태라고 말한 것은 구별을 위해서이다(1권 13장 2항, 113~114). 하나님의 형상과 종의 형상이란 고백이 대조적이다. 신성과 인성을 지녔다는 것을 의미한다. 중보자는 두 본성을 한 위격에 지닌다.

하나님이신 중보자가 우리를 사랑하시기 때문에 다른 중보자가 필요없는 이유를 밝힌다. 하나님의 형태, 인간의 형태, 종의 형태 그런 후 우리를 **자신의 형제**로 삼았다. 달리 말하면, 우리를 양자 되게 했다는 것이다. 우리를 자신의 형제로 삼게 된 근거는 자신을 화목제물로 드린 것에 있다((6)①). 하나님이신 분은 인간과 종이 되어 우리처럼 되었고, 죄인인 우리는 양자가 되어 그분처럼 된 것이다.

비교할 수 없고 형용할 수 없는 사랑에 대한 실제적인 사건을 말한다. 하나님이 인간이 된 것이다. 이것은 도저히 이뤄질 수 없고, 상상할 수도 없는 것이다. 그런데도 하나님이 인간이 되었다! 단순히 인간 되심이 아니라 극한 고뇌와 고통을 받으며 타락하고 방탕한 죄인을 위해 죽음만 아니라 저주를 받았다. 하나님은 지렁이보다 못한 인류를 모두 지옥에 보내도 그분의 영광에 아무런 흠집이 나지 않는다. 그런데 인간이 되시므로 자신의 사랑이 이렇게까지 보이지 않으면 안 될 정도로 인간은 타락했다. 그러므로 뿌리 깊은 죄성에서 절대 벗어날 수 없다. 그분의 사랑은 영원하고 불변하고 공의롭고 공평하고 자비하고 선하다. 인간이 표현할 수 있는 단어를 다 동원하여도 하나님의 사랑을 표현할 수 없다.

그래서 이런 중보자 하나님을 거절한다는 것은 심판을 이미 받은 것이고 어떤 핑계도 댈 수 없을 것이다.

(4) 인간 되신 하나님의 사랑보다 더 나은 것이 없다고 고백한다.

(4)① 중보자보다 우리를 더 사랑하는 피조물은 이 세상에서만 아니라 영원히 찾을 수 없다(3)①). 이 고백은 그리스도의 신성에 근거한 놀라운 사랑을 말한다. 그런데 하나님 아들, 예수님, 그리스도, 주님 외에 **다른 중보자**를 찾을 수 있을까? 누가 하나님의 진노와 저주를 몸소 견딜 수 있을까? 그분의 죽으심은 하나님의 진노와 저주를 경험하는 것이고(「돌드레히트」 2장 4항②; 「하이델베르크」 39문①), 그 견딤은 인성으로써 절대 불가능하고 신성을 통해서만 가능했다(「하이델베르크」 17문①; 「대교리」 38문①). 그렇다고 신성이 고통을 덜어 주었다고 상상하면 안 된다. 인성으로만 완성할 수 없다는 의미이다. 그분의 희생제물 되심은 영원하고 단회적이기에 완전한 속죄라는 의미이고, 신성을 지닌 분이라는 의미이다.

죄인을 위해 죽으신 중보자의 자비함은 우리가 **하나님의 적이었을 때**라는 말로 표현하기도 한다(롬 5:10; 2권 16장 2항, 407). 예수님은 원수를 사랑하라고 자주 말씀하셨다. 혁신적인 교훈이기도 하지만 우리가 얼마나 그분에게 미운 오리였는지, 비참한 자였는지, 쓸모없는 자였는지, 죽을 수밖에 없었는지, 괴수였는지를 고백하는 것이다. 또 이 말씀은 우리가 원수를 사랑해야 할 정도의 판단과 복수가 우리의 몫이 아니라 하나님의 권한임을 명시하고 있다.

자신의 비참함을 욥처럼 느끼면 느낄수록 창조자 하나님에 대한 지식에서 구속자 하나님에 대한 지식으로 더 깊게 넓게 높게 길게 성장해

간다. 후자에 대한 지식이 더해질수록 전자에 대한 지식도 더해진다. 이런 과정은 평생을 통해 반복된다. 전자가 단회적인 것처럼 착각하면 안 된다. 전자와 후자의 관계는 가장 고상한 두 지식과 같이 반복적이다. 물론 하나님에 대한 지식과 전자가 우선적이지만 인간에 대한 지식과 후자가 다시금 전자를 풍성하게 하고, 전자가 후자를 풍성하게 한다.

구원을 위해 **다른 피조물**을 찾을 수도 없고((3)①), 찾지도 말아야 한다. 인간은 **스스로** 반신반인이라 착각하는 자들이 있고(1권 1장 2항, 34), 가공된 피조물을 의존하는 자들도 있다. 전자는 독재자나 독단자이고, 후자는 우상 숭배하는 자이다(1권 11장 10항, 103). 전자는 무신론자로서 종교를 정치적으로 이용하는 악한 자이고, 후자는 전자와는 달리 종교성이 있으나 하나님에 대한 지식 또는 어떤 하나님에 대한 지식에 무관심하고 나름대로 섬기고자 하는 무지한 자이다.

과거에 핍박받던 성도들은 끝도 보이지 않는 어려움 속에서 뭔가를 의지하고 붙잡을 수밖에 없어 말씀보다 육체적이고 가시적인 것에 의존했는지도 모른다. 쇠망치와 풀무 불같은 세속 권력을 등에 업고 학살하는 자들에게 굴복할 수밖에 없었을지도 모른다. 이런 자들에게 「벨지카 신앙고백서」(1561)의 저자 귀도 드 브레(Guido de Bres, 1567 순교)는 그리스도만이 참된 구원자, 구속자, 중보자임을 강력하게 반복하며 선언했다. 끝내 자신도 순교하는 자리에 임하지만 오직 그분만이 우리를 위해 자신의 생명을 포기한 분임을 고백하기에 죽음이라도 그분의 사랑에서 우리를 끊지 못할 것이라고 확신했다(롬 8:36).

(4)② 이에 따라 사자처럼 포효하며 독수리처럼 재빨리 낚아채는 세속 권력 앞에 굴욕 할 수밖에 없는 상황에서 핍박받는 성도에게 말한다. **권능과 위엄을 가진 자를 찾는다면** 이 세상에서의 생명을 앗아가는 자를 두려워하지 말고 영원한 영벌에 넣는 하나님을 더 두려워하라고 선언한다(눅 12:5). 추상적인 개념이 아니다. 실제적이다. 더욱이 위엄과 영광이신 하나님께 감히 접근할 수 있는 길은 그분이 인도하지 않으면 불가능하다. 하나님 아들이 친히 이 길을 마련하여 안내하고 있으니 뭐라 말할 수 없는 은혜이다.

중보자 그분이 하나님 오른편에 앉으신 것은 우리에게 다음과 같은 세 가지 혜택을 주기 위함이다(2권 16장 16항, 418).

1. 하늘길을 열고,
2. 중보와 변호하여 우리가 하나님의 보좌에 나아갈 수 있고,
3. 영적 삶으로 이끌어 거룩하게 하고 교회를 보호하고 적들을 막는 것이다.

하나님 오른편에 계시는 목적은 교회의 머리로서(「하이델베르크」 50문) 자신의 백성을 모으고 변호하고 적을 굴복시킬 뿐만 아니라 사역자에게 은사와 은혜를 채우며 중재하기 위함이다(「대교리」 54문②③). **권능과 위엄**을 지닌 하나님 아들의 중보는 누구보다도, 무엇보다도 놀랍고 영원하다. 이분 외에 다른 피조물을 찾는 것은 매우 어리석은 일이 아닐 수 없다.

억울하고 원통한 일을 당했을 때 누구에게 하소연도 못 하고 이유도 모른 채 연기처럼 사라지는 운명이라 하더라도 하나님에게는 기억된바

된다. 이것을 바라보는 자는 진정한 성도이다. 이 성도는 자신을 위해 **높은 보좌에서 대언하며 중보하는 분**을 바라본다. 혹자는 바라보고 있다면 그냥 보지만 말고 고통이나 어려움에서 구원해 내면 되지 않느냐고 물을 수도 있다. 절대 그렇지 않다! 더 나은 본향을 바라보므로 이 세상에서 당하는 불공정, 불공평, 불의, 부당, 부정, 불법을 감내해야 한다. 이 세상에서 사회적 정의를 실현하는 것은 그리스도를 정치적으로, 자신의 야망을 위해 이용하는 것이다.

초대교회 때도 그랬듯이 우리도 그들과 동일한 신앙과 자세를 취해야 한다. 신앙은 변하지 않는다. 만일 변한다면 신앙이 아니라 신념이다(『개혁신앙이다』, 20~25). 변하는 신념은 이데올로기이기 때문이다. 이 세상은 진흙탕이어서 아무리 조심해도 신발이나 옷이 더러워질 수밖에 없다. 그렇더라도 변함없이 걸어야 하고 지내야 한다. 진흙탕을 없애버리고 나면 신발이나 옷은 더럽혀지지 않겠지만 되돌릴 수 없는 어려움을 직면할 것이다. 지혜로운 성도는 이런 어리석은 일을 행하지 않는다. 우리의 뜻이 아니라 하나님의 뜻이 이 땅에 이뤄지기를 바란다.

하나님 아들이 **가장 빨리 듣는다**는 것은 기도를 말한다. 교제가 이뤄졌기에 기도할 수 있다. 이 세상에서 기도하는 삶은 곧 에녹처럼 하나님과 교제하는 삶이다. 물론 기도는 간구하는 자의 원대로, 뜻대로 이뤄지는 것을 말하지 않는다(「소교리」 98문). 그분의 뜻을 찾아 그분의 교훈대로, 그분의 인도를 따라 사는 삶이 기도의 삶이다(『해설자용』, 568; 3권 20장 8항, 683).

(5) 그릇된 기도에 관한 고백이다.

(5)① 중보자와 그분께 드리는 우리의 간구는 빼놓을 수 없는 관계이다. 중보자를 향한 바른 자세는 기도에서 찾아볼 수 있다. 올바른 기도의 자세는 곧 중보자에 대한 믿음의 자세이다.

이것은 하나님께서 주신 능력과 권위를 자신의 것으로 찬탈하는 자들에 대한 경고이다. 부패한 공무원이 공권력을 이용하여 각종 불법과 불의를 자행하는 것과 유사하다 하겠다. 또는 당장 하나님께서 벌을 내리지 않으니까 죄를 범하는데 담대한 것(전 8:11)과 유사하다 하겠다. 심판 때 주의 이름으로 귀신도 쫓아낸 선지자 역할을 했다고 장담하는 자들에 대해 주님은 불법을 행하는 자라고 판결을 내린다(마 7:22~23). 거짓 선지자 역할을 할 때 하나님은 그냥 두신다. 그가 바른 자이기 때문이 아니라 불법을 한 자들로서 심판 날에 멸망시킬 것이기 때문이다(마 13:42).

불법을 행하는 자들처럼 하나님의 중보자로 군림하며 세속 권력과 영적 권력을 장악한 로마가톨릭 교황을 보면 여기의 항목을 쉽게 상상할 수 있다. 이런 자는 불신, 즉 믿지 않는 자이다. 로마교황은 자신이 하나님의 대리자라고 주장한다. 사제들은 고해성사를 통해 죄들을 용서하고, 돈과 명예를 받고 용서를 선언하고, 달콤한 말로 물욕을 채운다. 겉으론 경건한 체하며 대중을 속인다. 대중의 입맛에 맞게 하는 것은 그리스도의 종이 아니라고 선언한 사도바울의 고백에 귀를 기울여야 한다(갈 1:10). 그렇다고 사람에게 반대되는 것은 언제나 하나님께 합당한 것이라고 억지 주장하면 안 된다. 하나님의 말씀에 대한 바른 해석과 적용임에도 불구하고 사람의 입맛에 따르지 않는다고 배척한다면 그는 참된 신자가 아니다.

성도들의 문서에서 성도는 성경의 위인들, 즉 족장, 선지자 또는 사도이다. 그들이 쓴 문서는 당연히 성경이다. 이들이 한결같이 경고한 것은 우상숭배와 거짓 신에게 아양을 떨며 굴복하는 것이다. 그들에게서 뭔가를 바라거나 간구하지 않고 순전한 믿음을 고수한 자를 기억하라고 권한다. 그런데 거짓 신에게 경배하라고 대행하는 업체가 막강한 세력을 가진 로마가톨릭교회이고, 이것을 모방하는 수많은 자가 과거에 있었고 미래에도 줄을 이을 것이다. 인간은 하나님 말씀의 권위보다 가시적이고 즉각적인 권위를 참된 중보자보다 더 선호한다.

성경에서 명시하는 유일무이한 하나님을 경배하지 않고 그분이 필요한 모든 것을 때를 따라 베푸는 것을 신뢰하지 않는 것은 불신에서 나온 것이다. 이 불신은 불순종에서 나오고, 이 불순종은 하나님의 말씀을 경시하는 데서 나온다. 이런 과정은 아담이 범한 죄악과 다를 바 없는 절차이다(2권 1장 4항, 214~215). 아담의 타락은 불순종에서 일어났다(「벨지카」 15항(1)①; 「하이델베르크」 7문①, 9문②). 금지된 실과는 순종에 대한 시험이었다(2권 1장 4항, 213; 「신앙고백서」 19장 1항). 우리는 여기서 매우 중요한 진리를 깨닫게 되는데 성도들의 신앙을 따라 살지 않고 불순종했기에 결국 불신에 이른 것이고, 그것이 타락의 원인인 것과 같은 것이다.

(5)② 잔인한 무지에 대한 경고의 고백이다.

잔인한 무지란 하나님의 속성을 자기 해석하여 경건의 수고나 연구를 하지 않는 파렴치한 행동을 말한다. 예를 들어, 하나님이 전지한 데 기도를 굳이 해야 하나?(『해설자용』, 569) 하나님이 미리 작정했는데 노력해

봐야 헛수고이지 않나? 하나님이 지존하신 데 우리의 헌신이 필요할까? 등등의 핑계를 대면서 자신의 잔인한 성정을 포장한다. 이와는 반대로 **유식한 무지**가 있다(3권 21장 3항, 723). 이 무지는 하나님께서 계시한 만큼만 알려 하고, 그 외의 많은 것이 이성으로 이해되지 않아도 호기심을 만족시키려 하지 않고 모르는 가운데서도 믿음으로 살려 하는 것을 의미한다(『해설자용』, 603~605). 이 무지와 유사한 **자발적 무지**가 있다(1권 14장 3항, 142). 이 무지는 성경에 계시하지 않은 것을 굳이 알려고 하지 않으며, 호기심으로 추구하는 것이 마치 진리의 열정과 유사하기에 인간적 호기심을 자발적으로 멈추는 것을 말한다. 헛된 사색에 빠지거나 지나친 상상에 빠져 실타래를 풀지 못하고 더 엉망진창으로 만드는 것을 멈추겠다는 바른 자세이다.

우리는 위엄하신 하나님 앞으로 감히 접근할 수 없다(⑴②). 중보자 없이 접근했을 때 불로 소멸되고 말 것이다(『벨지카』 23항⑷①). 그분 앞에 접근한다는 것은 이 세상에 사는 동안 기도한다는 것이다. 기도는 자격과 권리가 있어 하나님께 간구하는 것이 절대 아니다. 믿음, 즉 우리를 자녀 삼으시고 의롭다 여기신 전가된 의를 믿으므로 간구할 뿐이다. 이 믿음은 올바른 믿음으로 성령 하나님께서 우리 심정에 밝힌 것이다(『벨지카』 22항①). 우리는 그 믿음이라는 도구 또는 그릇에 그리스도를 담거나 영접한다. 이 의미는 그분이 구원의 주님, 즉 구세주라는 고백이고(『벨지카』 22항④), 그분만이 죄들을 용서하고(『벨지카』 23항⑴①), 우리의 어떤 공로나 행위가 아니라 그분의 의를 의지한다는 것이다(『벨지카』 23항⑴③). 그런데 이 믿음은 단순히 정신적 동의나 의식적인 것이 아니다. 그분의 순종이 우리의 순종으로 여겨졌기에, 전가됐기에 그 순종을 본받아 거룩한 삶을 사는 것이다. 이럴 때 그 믿음은 거룩한 믿음 또는 참된 믿음이라 불린다(「벨지카」 24항(3)①). 이 참된 믿음으로 하나님께 담대하게 접근하여 기도할 수 있다. 기도할 때 중보자 없이는 불가능하다. 기도자의 공로를 근거로 하여 기도할 수 없다. 그리스도의 이름으로 기도하면 무엇이든지 행한다고 그분은 약속했다(요 14:14, 16:26).

중보자 없이 하나님께 접근 불가능하다는 핑계로 아예 그분을 영접하거나 신뢰하고 싶지 않은 생각을 가질 수도 있다. 우리의 무가치성을 내세워서 자신의 게으름과 타락성을 두둔하려는 어리석음을 가지지 말라고 경고한다. 이것은 하나님 측면에서의 예정을 인간 측면에서 이해할 수 없으니 아예 언급도 하지 말라는 **잔인한 무지**를 주장하는 것과 다를 바 없다(『해설자용』, 569, 603~605; 3권 21장 3항, 723). 이것은 마치 예정을 숙명으로 바꾸거나 자유를 방종하는 것과 다를 바 없다.

그리스도의 탁월성이란 인간 피조물과 비교할 수 없는 그분의 속성, 그분의 신성과 인성이 구속 사역으로 완전히 드러남을 의미한다. 우리는 그분 외에 자신의 의지나 직감, 예감, 추측, 선지식, 선견지명과 같은 이성을 의지하지 않고, 피조물을 그분보다 더 신뢰하지 않는다. 그분은 인간 측면에서 볼 때 우리와 같은 사람이지만 하나님이심을 바라볼 때 비로소 구속자 하나님이심을 고백하게 되고, 그분 앞에 누구나 떨 수밖에 없다. 귀신들도 그분을 바라보며 떨 수밖에 없었다(막 1:24~27; 약 2:19). 우리가 어찌 그분의 탁월성, 즉 권능과 위엄 앞에 떨지 않거나 죽은 자처럼 되지 않을 수 있을까?(계 1:17)

그리스도의 의(공의, righteousness)는 우리의 의가 된다. 그분이 율법을 완전히 준수하여 얻은 의는 우리가 준수한 것과 같이 여겨진다. 이것은 전가된 의를 의미하는 것으로 우리의 순종으로 여긴다는 것이다. 이런 여김은 믿음으로 이뤄진다(「벨지카」 23항⑴②). 그 결과 우리는 담대하게 하나님께 접근할 수 있다(「벨지카」 23항①). 의를 전가 받아 하나님께 접근할 수 있다는 것은 의를 통해 거룩해지므로 거룩한 하나님 앞에 나설 수 있다고 말하는 것이다. 이것은 하나님의 형상인 거룩과 의의 의미를 떠올리면 이해될 수 있는 진리이다(골 3:10; 3권 16장 1항, 634). 여기에서 믿음은 의지적이거나 행위에 근거하거나 공로적이지 않고, 단순히 그분의 공로 또는 의를 수용하는 도구에 불과하다(「벨지카」 22항④).

(6) 중보자 외에 다른 것을 필요로 하는 어리석은 불신과 위대한 대제사장에 관한 고백이다. 그리스도께서 우리를 위한 유일한 대제사장이심에 관한 고백인 제21항과 관련하여 해석 해 보자. 그분은 완전한 중보자이므로 다른 어떤 것도 필요하지 않고 어떤 것도 있을 수 없다.

(6)① 성도의 신앙을 저버리고 불순종으로 일삼는 불신을 제거하기 위해 중보자 그리스도는 대제사장으로써 우리를 위해 희생제물이 되셨다. 하나님이신 그분은 일반 제사장과는 달리 자신을 단번에 희생제물로 드리므로 우리를 위해 영원히 중보 사역을 수행한다(「벨지카」 21항⑷③). 그분은 몸의 고통만 아니라 영으로도 고뇌도 당하셨기에 무시무시한 처벌이라 말하지 않을 수 없다(「벨지카」 21항 ⑶①). 그 처벌로, 순종과 죽으심으로, 하나님의 정의를 만족시키고 의를 획득한다(「돌드레히트」 2장 1항; 「신앙고백서」 8장 5항①; 「대교리」 71문①). 그 의로 우리의 죄를 넓는다. 셜

국 불신을 제거하기 위해 죄의 용서는 필연적이다.

이것은 타락으로 어떻게 죄가 세상에 들어왔는지에 대한 다른 측면의 이야기이다. 하나님의 명령, 즉 행위언약에 대한 무관심, 무관심에서 불순종, 불순종에서 불신앙, 이 불신앙으로 죄가 세상에 들어왔다. 죄의 문제를 해결하려는 심정이 없으면 중보자가 필요 없고 다른 것을 찾게 된다. 죄의 문제가 해결돼야 불신, 불신앙, 불순종, 무관심의 문제를 해결할 수 있다. 우리의 불순종은 결국 죄의 문제를 해결하지 않고는 순종으로 전환되지 않는다. 대제사장이 이스라엘 백성을 대신하여 속죄제를 드려 죄를 사하려고 했을 때 제물을 가져온 자는 죄의 용서보다 죄에 대한 고백과 중보자를 바라보았다는 것에서 이 진리를 깨달을 수 있다 (2권 7장 17항, 317; 『해설자용』, 251).

단순히 속죄 제물을 드리는 것으로 죄들의 속죄가 이뤄지지 않는다는 것을 알고 중보자를 바라보았다는 것은 놀라운 통찰력을 우리에게 준다. 더 놀라운 것은 그리스도께서 십자가상의 희생으로 의를 획득하여 우리에게 전가한 의가 곧 순종의 전가라는 사실이다(3권 11장 23항, 594; 2권 16장 5항, 410; 『해설자용』, 371; 「하이델베르크」 60문④; 「대교리」 70문②, 71문①). 순종의 전가는 율법의 준수로 인한 의를 획득하는 것과 연관을 맺는다. 중보자가 우리를 위해 율법을 온전히 준수했기에 의를 얻었고, 율법을 불순종하여 받아야 하는 저주와 벌을 온몸에 받아 의를 얻었으며, 그분의 순종으로 의를 얻었다는 것을 우리는 고백한다.

권능과 위엄에 찬 하나님 앞에 죄인인 우리는 도저히 접근 불가능할 뿐 아니라 두려움이나 불신을 가지고는 접근할 수 없다((5)②). 이것을 극복하기 위해 중보자 하나님의 3중직 중 제사장 직무가 성취되어야 한다. 그것은 그분이 우리를 위하여 인간이 되셔서 인간이 당하는 모든 것을 체험하시고, 인간의 죄를 속죄하려고 대신 죽으시고, 인간을 위해 지금도 중보하고 계시는 직무이다. 우리를 위해 도살자 앞에 선 어린 양으로써 범죄자 중 한 사람이 되어 범인으로 정죄를 받았다(「벨지카」 21항(2)②).

올바른 믿음을 선물로 받고 중생의 경험을 했지만 우리는 환경, 형편 또는 상태에 따라 풍전등화처럼 늘 불안해한다. 조금의 틈만 생기면 언제든 방심과 미련으로 인해 곁길로 미끄러진다. 비록 어렴풋한 확신을 갖고 이 세상에서 견인하면서도 약간의 시련을 받게 되면 그동안 감춰진 연약함의 모습을 여지없이 드러낸다(3권 2장 15항, 459). 그 이유는 죄들이 그리스도의 의 또는 보혈로 덮이거나 사면을 받았지만 여전히 신앙훈련에 임하지 않아 사탄의 유혹을 파악하지도, 견디지도 못하기 때문이다. 뇌로서는 이해된다고 하지만 심정으로는 실천하기 쉽지 않다. 믿음의 진실성은 이렇게 이 세상의 삶에서 시행착오를 겪으면서 그 실체를 드러낸다.

신자가 직면하는 **악의 삼총사**가 있다. 그리스도의 십자가의 적이라고 말할 수 있는데 악마, 죄와 사악한 자(3권 9장 6항, 569) 중 육체의 일, 죄와 사탄은 경건한 자를 위협하는 운명의 적이다(「돌드레히트」 5장 4항③; 엡 2:2~3; 「하이델베르크」 127문②; 「신앙고백서」 17장 3항①; 「대교리」 48문②, 195문(2)①; 『해설자용』, 206, 380). 이를 아신 예수님은 우리에게 기도하는 법을 가르치면서 『수기도문』의 6번째 청원에서 악에 빠지지 않게 해달라고 간구하라고 권했다. 그리하여 우리는 악의 노예가 되지 않게 된다. 미꾸라지 가운데 메기를 함께 넣는 것처럼 신자가 태만하여 비통한 죄에 빠지지 않기를 바라셨다(「신앙고백서」 17장 3항①).

그런데 중보자 하나님은 우리처럼 인간이 되셔서 인간이 겪는 모든 것을, 아니 더 심하고 고통스러운 죽음, 장사됨과 지옥에 내려가기까지 했기에 누구보다도 놀라운 위로자일 뿐 아니라 완전하고 영원한 중보자 또는 보혜사가 되신다. 우리는 누구를 더 신뢰하며 따를 것인지 순간마다 고민하면서 결정해야 한다. 순간마다 그분의 말씀에 귀를 더 기울이는 의향을 강화시켜 나가야 한다.

(6)② 위대한 대제사장이신 그리스도를 굳게 믿는다는 고백이다.

광명한 천사로 가장한 마귀의 속삭임이 여전하기에 사도바울은 우리가 거짓된 것에 빠지지 않게 하려고 중보자, 하나님 아들, 예수님은 하늘로 승천하신 **위대한 대제사장**이라는 고백을 고수해야 한다고 권한다(히 4:14). 특히 위대한 대제사장이라고 선언하는 이유는 일반적으로 알고 있는 대제사장과 구분하려는데 있다. 아론계열 대제사장은 백성들이 지켜보는 가운데 성소로 들어갔다(레 16:15). 이처럼 예수님도 제자들이 보는 가운데 승천하시고 하늘 보좌에 오르셨다. 그들은 매번 제사를 드렸지만 그분은 **단번**에 자신을 제물로 드렸다. 이것은 이 세상의 대제사장들과는 비교할 수 없는 하나님 아들이심을 강조하는 것이다. 이에 따라 우리는 누구를 의지할 것인지를 상기한다. 가시적이고, 일시적이고, 편파적이고, 유동적이고, 상대적인 인간 세력을 의지하여 흔들리지 말고 눈을 들어 하나님 아들을 바라보며 의지하고 살라는 간절함이 담겨 있다.

(6)③ 우리의 허약함을 돕는 중보자에 관한 고백이다.

인간은 표적이나 이적과 같은 가시적인 것에 꽂혀 있어 정말 바라봐야 하는 중보자를 보지 못하는 경우가 너무나 많다. 일반적 제사장은 우리의 허약함을 동정하는 경우가 매우 적다. 성경에 등장하는 아론, 엘리 또는 사무엘의 아들들을 보라. 심지어 모세와 다윗은 어떤가? 그런데도 인간의 혈육에 치중하여 혈통을 따지는 것은 너무나 미련한 것이 아닌가? 어떤 인간이 우리의 허약함을 돕고 함께 할까?

과거 중세시대 워낙 무식하고 기만적인 자들이 사제가 돼 사기와 범죄를 일삼자 11세기 로마가톨릭교회는 특단의 조처를 내렸다. 독신 제도! 이것으로 족벌제도가 과연 근절되거나 사라졌을까? 오히려 심해졌다. 중보자 하나님을 바라보는 순전한 신앙이 아니면 우리는 상처받고 좌절에 빠질 것이기에 다른 중보자를 찾으려고도, 신뢰하려고도 하지 말아야 한다. 이들은 우리를 일시적으로 돕는 자에 불과하다. 그들의 도움으로 정말 돕는 분인 중보자 하나님을 알게 하거나 보게 하는 자는 진실한 지도자로 여겨진다.

그분이 **죄가 없다**는 것은 타락한 인간과 같지 않다는 것을 강조하는 표현으로서 신성과 인성을 지닌 분이기에 구속 사역에서나 성도를 돕는 사역에서나 완전한 분임을 말한다. 또 이기적이고 변화무쌍한 인간을 의지하지 말아야 함을 말한다. 자신의 죄도 해결하지 못하는 인간이 누구의 죄를 해결할 수 없다. 해결할 여지가 있을 것이라는 허상을 가지지 말아야 한다. 동정녀 탄생에 관한 고백은 그분의 무죄성과 관련이 있듯이 그분이 죄가 없다는 고백은 하나님이심에 관한 것이다(「신앙고백서」 8장 2항①②;「대교리」 22문).

(6)④ 중보자를 항상 신뢰한다는 고백이다.

견인하면서 이 세상에서 거룩한 삶을 사는 동안, 믿음을 따라 사는 동안 성도는 하나님의 은혜가 있어야 한다. 그때 기억해야 하는 것은 우리의 중보자 하나님은 대제사장으로서 우리를 위한 영원한 중보자시라는 것이다. 그분이 마련한 **은혜의 보좌**로 항상 담대하게 찾아가야 한다. 권능과 위엄에 찬 하나님께 도움을 얻기 위해 그분의 보좌로 나간다는 것은 그분을 굳게 신뢰한다는 것이고, 믿음에서 믿음으로 산다는 것이다. 다른 말로는 자비한 보좌이다. 늘 실패하고 쓰러지는 허약한 우리는 그분의 보좌 앞으로 나가서 자비를 청원해야 하고, 평안과 위로를 받아야 하고, 자비함을 누려야 하고, 부성애를 신뢰해야 하고, 양자 됨의 확신을 가져야 한다.

(6)⑤ 영원한 중보자에 관한 고백이다.

중보자는 우리에게 **완전한 확신**을 심어 준다. 이 세상에서 우리가 예기치 못한 다양한 시련을 만나 맞서 싸워야 할 때 잊지 말아야 하는 것이 있다. 믿음에 대한 확신과 견인에 대해 확실함이다. 아버지 되신 하나님은 감당치 못할 시험 당함을 허락하지 않고, 시험을 당할 때 언제든 피할 길을 열어 놓기 때문에 **은혜의 보좌**로 담대히 접근해야 한다(「돌드레히트」 5장 11항①②). 이 확신은 **부성애**에서 나오는 것으로(「벨지카」 24항(4)④), 선택에 대한 확신(「돌드레히트」 1장 12항), 견인에 대한 확신(「돌드레히트」

5장 9항, 11항②, 13항②), 무류한 확신(「신앙고백서」 18장 2항②, 3항(1)), 은혜와 구원의 확신(「대교리」 81문①), 죄 용서에 대한 확신(「대교리」 167문④, 194문(2)②), 하나님 사랑에 관한 확신(「소교리」 36문) 등으로 표현된다. 이런 확신을 깨닫는 길은 결실을 통해서이고(「돌드레히트」 1장 13항①; 「신앙고백서」 18장 3항(3)③), 그 근거는 말씀에 일치, 약속에 대한 믿음, 성령의 증거, 선행 등이다(「돌드레히트」 5장 10항①~④).

참된 심정은 진실하게 회개한 양심을 말한다. 인간의 거짓과 외식의 망토로 자신을 가리지 않고, 심령이 가난한 자로, 청지기로, 의에 주린 자로, 청결한 자로, 순전한 자로 하나님의 도움을 청원해야 한다. 근데 간과하지 말아야 하는 분명한 한 가지는 그리스도의 이름으로, 그분의 공로로, 그분의 의로 접근해야 한다는 것이다. 그렇지 않으면 오히려 저주를 받게 된다. 아무리 성찬이 거룩한 은혜의 방편이더라도 죄를 먹고 마실 수 있기 때문이다(고전 11:27, 29I 4권 17장 41항, 1073). 하나님은 우리의 인격을 보시고 판단한다(3권 23장 10항, 745).

(6)⑥ 단번에 드린 대제사장에 관한 고백이다.

불변한 제사장이란 고백은 영원한 제사장이란 뜻을 담고 있다. 그분은 자신을 단번에 희생제물로 드린 분이라고 표현할 수 있다(「하이델베르크」 31문②). 영원, 불변 또는 단번이라는 표현은 같은 성격을 가진 것으로 그분의 구속 사역의 효과나 효력을 의미하고, 상대적으로 이 세상의 제사장과 구분하고 있다(히 7:23~25). 그들은 매번 바뀌거나 세대에 따라 달라지지만, 그리스도는 농일한 분이다. 그 이유는 그분이 영원한 분으로서 우리 죄를 대속했기 때문이다. 이것은 그분이 신성을 지닌, 아니 하나님이기에 성립될 수 있다. 일시적 피난처가 아니라 영원한 피난처가 되신다. 그 피난처에서의 구원은 남은 자가 차기까지 지속할 것이고, 우리에 속하지 않은 양을 찾을 때까지 우리를 위한 중보는 지속하고 불변할 것이다.

중보자는 하나님이시기에 모든 자를 구원할 수 있다. 여기서 **모든 자**는 선택된 자를 말한다. 그분의 권능이 한계가 있어 유기된 자를 구원하지 않는 것도 아니고, 몰라서 하지 않는 것도 아니다. 영원에 선택한 자를 위한 작정을 이루기 위한 구속 사역이기에 누구라도 취소하거나 수정할 수 없다. 영원한 분이기에 불변하고, 불변하기에 선택된 자만 구원받게 된다.

항상 살아있다는 고백은 그분의 신성, 즉 영원성을 의미한다(요 6:57 참고). 구원, 도움과 중보에 있어 언제든 변함이 없고 효과적이다.

(7) 영원한 중보자만으로 만족하는 고백이다(「벨지카」 21항 (4)①).

(7)① 요한복음의 특징 중 하나는 "나는 … 이다"라는 7가지 표현이다 (8:12, 9:5, 10:7, 9, 11, 14, 11:25, 14:6, 15:1, 15). 예수님은 자신을 생명의 떡이라고 선언하신 후 포도나무라는 표현으로 자신을 명시한다. 그분이 중보자이심을 여실히 보여주시는 고백이다. 특별히 예수님은 병들었다가 죽은 나사로를 방문했을 때 비통해하며 원망하는 듯 한 불평을 털어놓는 마르다에게, 또 자신과의 이별에 슬퍼하는 제자들에게 자신이 **생명**이라고 말씀한다. 그리고 **길과 진리**임을 덧붙인다(요 14:6).

특히 예수님이 아버지께로 가는 유일한 길 또는 도(the Way)가 되신다는 말은 초대교회 성도들의 고백이었다(행 9:2). 이것은 예수님이 아버지께로 사람을 이끄는 여러 통로 중 하나라는 단순한 의미가 아니라 유일한 길임을 의미한다. 이런 의미는 그분이 하나님이 아니시라면 얼토당토않은 소리이다. 이 표현은 그분이 하나님이시기에 그분을 통해 하나님에 대한 참된 지식을 가질 수 있다는 것을 말한다. 그분은 진리와 생명이기에 하나님을 알 수 있는 유일한 길이다. 이 표현은 무지한 자에게 길을 제시하는 공식이 아니라 인간 문제에 대한 실제적 답변임을 의미한다.

또 그분을 아는 것이 곧 하나님에 대해 아는 것인데 바로 구원과 영생이다. 하나님은 이중지식으로 깨달아진다. 하나는 아버지 되시는 창조자 하나님이고, 다른 하나는 구속자이신 하나님이다. 예수님은 이 두 성품을 지니고 계시기에 그분이 유일한 길이라는 것이다. 하나님에 대해 하나님 아버지, 하나님 아들과 성령을 안다고 하지만 지적으로만 동의할 때 그분을 안다고 말할 수 없다. 예수 그리스도가 주님, 아버지와 구속자임을 고백하며 순종하면서 살 때 비로소 그분에 대해 안다고 말할 수 있다.

중보자 그리스도는 자신을 단번에 희생제물로 드리므로 성소로 들어간 분이다(히 9:12). 이것은 통로라는 단순한 의미가 아니라 하나님의 사랑을 명시한 것을 의미한다(요일 4:9~10). 그뿐만 아니라 영원한 교사로서 진리이신 그분에 대해 아는 것이 곧 하나님을 아는 것임을 의미한다(4권 8장 7항, 884; 「하이델베르크」 31문①). 그분은 시작과 끝, 처음과 나중, 알파와 오메가 되신 분이다(계 1:8, 22:13).

중보자 그리스도는 하나님이시므로 그분을 통해 인류 관계, 즉 부자

(父子)간의 관계인 아버지를 알게 된다는 것이 아니다. 그리스도께서 **하나님을 아버지라 부르는 것**은 신격의 구별된 본체임을 의미하고, **우리가 하나님을 아버지라 부르는 것**은 아버지 됨을 의미한다. 이 두 해석을 혼동하면, 진리 해석에서 곁길로 빠지고 만다(『해설자용』, 96~97; 『개혁신앙이다』, 168~171). 예를 들어, 「주기도문」에서 기도를 가르치면서 하나님을 아버지라고 부르라고 할 때의 의미는 선택된 자의 아버지 됨이다(「하이델베르크」 120문②; 「대교리」 189문①; 「소교리」 100문①). 다른 말로 부성애이다. 우리가 고백하는 아버지와 그리스도의 아버지는 다른 의미를 담고 있다(「하이델베르크」 33문②). 전자는 우리 측면이고, 후자는 하나님 측면이다. 이런 면에서 참된 믿음을 가진 자는 하나님을 아빠 아버지라 부르게 된다(3권 2장 11항, 455; 3권 13장 5항, 607; 갈 4:6). 신학적으로 말하면, 양자 됨을 의미한다. 이것은 기도로 표현된다.

(7)② 영원에서 선택의 원인이 하나님의 **선한 기쁨**이라고 고백한다(2권 17장 1항, 423; 3권 23장 10항, 746; 엡 1:4~5; 「돌드레히트」 1장 10항; 『해설자용』, 623, 825).

중보자 하나님은 우리의 보혜사, 즉 변호자이고, 구속자 하나님으로서 심판자가 되신다. 그분이 보혜사가 되는 것은 **하나님의 기쁨**이라고 고백한다. 이 기쁨은 인간 측면에서의 표현이지만 영원성이 있는 것으로 해석해야 한다. 인간이 기뻐하는 것처럼 그분이 감성적이라는 의미가 결코 아니다. 그분의 기쁨은 영원하심을 의미한다. 초대교회 때 이단으로 정죄 받은 오리게네스(약 185~254)는 하나님께서 우리와 같은 지정의(知情意)를 가졌다고 주장하며 의인화시키려고 했다(『진리의 보고』,

199~205). 그는 553년 2차 콘스탄티노폴리스 종교회의에서 그의 서너 가지 이단 사상으로 인해 정죄를 받았다. 그중 하나가 신인동형동성론(anthropomorphism)이었다. 간단히 말하면, 이 사상은 성경에 서술된 하나님에 관한 인간적 표현을 문자적으로 받아들이는 것이었다. 이처럼 하나님의 기쁨을 우리의 기쁨으로 받아들여 해석하고 발전시킨다면 이런 위험성에 처할 수 있다.

하나님의 모든 작정은 영원에서 이뤄지고 영원하기에 불변하다. 우리는 이것을 자신의 기쁨이라고 표현한다. 이것은 언약이란 방법으로 나타난다(「신앙고백서」 7장 1항; 「대교리」 30문②; 「소교리」 20문). 만일 누군가 하나님이 왜 우리를 선택했느냐고 묻는다면 그분의 기쁨이라는 것 외에 다른 답이 없다(「돌드레히트」 1장 10항; 엡 1:4). 그래서 하나님은 영원에서 아들을 보혜사로 보낼 것을 작정하시고, 이 작정을 그분의 선한 기쁨이라고 표현하고, 선택의 근거 또는 원인이라고 고백한다. 이보다 더 완전하고 불변한 보혜사인 중보자를 어디서도, 누구에게서도 찾을 수 없다.

(7)③ 오직 그리스도로 만족한다는 고백이고, 『기독교강요』 2권 17장을 읽는 느낌이 든다.

우리는 권능과 위엄으로 가득 찬 하나님께 감히 접근 불가능이지만 중보자로 인해 가능하게 된다. 창조자이며 구속자 하나님이신 중보자 외에 영원히 우리에 관해 알고, 사랑하고, 희생하고, 부활하고, 승천하고, 중보 하고, 심판하실 분이 없다. 그런데도 그분을 제쳐두고 부족한 듯싶어 우상들 앞에 절하고, 다른 신에게 기도하고, 진리를 왜곡하고, 외식으로 예배드리고, 거짓된 믿음을 고수하고, 강퍅한 오만을 고수하고, 순종에 게으르고, 자신을 부인하지 않고, 날마다 십자가를 지지 않고, 악한 자의 잔꾀를 따르고, 재간을 자랑하고, 진리에 관해 배우지 않고 육욕에 따라 산다.

욥은 자신이 처한 형편에 대해 하나님이 무관심하신 것처럼 느껴져서 급기야 "누구든지 나의 변명을 들어다오 나의 서명이 여기 있으니 전능자가 내게 대답하시기를 바라노라. 나를 고발하는 자가 있다면 그에게 고소장을 쓰게 하라"고 말했다(욥 31:35). 이것을 듣던 엘리후는 그를 신랄하게 꾸짖는다. "하나님께서 사람의 말에 대답하지 않으신다 하여 어찌 하나님과 논쟁하겠느냐? 하나님은 한번 말씀하시고 다시 말씀하시되 사람은 관심이 없도다"(욥 33:13~14). 이어서 "욥이 무식하게 말하니 그의 말이 지혜롭지 못하도다 하리라. 나는 욥이 끝까지 시험받기를 원하노니 이는 그 대답이 악인과 같음이라. 그가 그의 죄에 반역을 더하며 우리와 어울려 손뼉을 치며 하나님을 거역하는 말을 많이 하는구나!"(욥 34:35~37)

나의 형편, 나의 환난, 나의 뜻, 나의 꿈, 나의 존재, 나의 생애, 나의 소유 등등에 관해 하나님이 즉각적으로, 가시적으로, 현상적으로 나타내지 않으면 언제든 돌아서서 원하는 신을 좇아가는 자는 적어도 되지 말아야 한다. 어떤 인간적 핑계를 구실로 삼아 그릇된 길에 들어서지도 말아야 한다. 그리스도 외에 다른 자를 찾기는 쉽고 편하지만 그릇된 신앙의 자세이다. 자신을 중심으로 편익에 따라, 편의에 따라, 편하게 일회용으로 취사선택했다가 버릴 수 있으니까. 하지만 바른 신앙은 그렇지 않다. 영원하셔서 동일한 하나님을 신뢰하는데 우상숭배 하는 자세를 취하는 신앙은 정말 위험한 자세가 아닐 수 없다.

(7)④ 그리스도와의 연합에 관한 고백이다.

우리는 그리스도로 인해 하나님께 접근하게 되고, 그분은 우리를 전적으로 위하는 중보자이다. 처음부터((1)①) 접근이란 단어에 주목하라고 했는데 우리는 그것을 완결한 그리스도에 관해 고백하고, 그것을 근거로 기도하고, 그분이 그것을 가능하게 한 중보자이고, 대제사장으로 모든 것을 순종한 분임을 고백한다. "그러므로 우리는 예수로 말미암아 항상 찬송의 제사를 하나님께 드리자 이는 그 이름을 증언하는 입술의 열매니라"(히 13:15). 그분으로 말미암아! 그 누구를 힘입는 것도 아니고, 그 누구의 도움도 아니고, 그 누구의 덕택도 아니고 그분으로 말미암아 하나님께 제사를 드릴 수 있게 돼 담대하게 접근할 수 있다. 그리스도는 자신을 희생제물로 드렸고, 우리는 그분으로 인해 영적 희생제물을 드리는데 그것을 찬양의 희생제물이라고 부른다. 이 제물은 지속해서 이뤄져야 한다. 그분은 단회적이지만 우리는 항상 드려야 한다. 입술의 열매는 그분의 이름을 고백하는 것이다(호 14:2). 이 열매는 시편 50편을 떠올린다. 감사하므로 하나님의 선하심을 인정해야 한다.

입술의 열매는 단순히 노래에만 그치지 않는다(히 13:15). 삶과 함께하는 기도가 동반돼야 한다. 이에 따라 우리는 「주기도문」을 인정하고 따른다.

27항: 보편적 그리스도 교회(Of the Catholic Christian Church)

① We believe and profess, one catholic or universal Church, which is an holy congregation, of true Christian believers, all expecting their salvation in Jesus Christ, being washed by his blood, sanctified and sealed by the Holy Ghost.

② This Church hath been from the beginning of the world, and will be to the end thereof; which is evident from this, that Christ is an eternal King, which, without subjects, cannot be.

③ And this holy Church is preserved or supported by God, against the rage of the whole world; though she sometimes (for a while) appears very small, and in the eyes of men, to be reduced to nothing: as during the perilous reign of Ahab, the Lord reserved

① 우리가 믿고 고백하는 것은 거룩한 회중인 참된 그리스도교 신자들로(시 111:1; 요 10:14~16; 엡 4:3~6; 히 12:22~23) 구성된 하나의 보편교회 또는 우주적 교회가 있다는 것이다(창 22:18; 사 49:16; 엡 2:17~19). 이들 모두는 예수 그리스도 안에서 자신들의 구원을 함께 바라고(욜 2:32; 행 2:21), 그분의 보혈로 씻겨 성령으로 거룩하게 되어 인침을 받은(보증된) 자이다(엡 1:13, 4:30).

② 이 교회는 세상 시작부터(태초부터) 있었고 세상 끝날까지 있을 것이다. 이것에 대한 증거로는 그리스도께서 백성 없이 있을 수 없는 영원한 왕이라는 것이다(삼하 7:16; 시 89:36, 110:4; 마 28:18; 눅 1:32).

③ 또 이 거룩한 교회는 온 세상의 격분에도 불구하고 하나님의 보존과 지지를 받는다(시 46:5; 마 16:18). (한동안) 그 교회는 가끔 매우 작게 보이기도 하고 인간의 눈에는 아무것도 아닌 것처럼 보이기도 한다(사 1:9; 벧전 3:20; 계 11:7). (비근한 예로서) 이것은 아합의 사악한 치리 동안 주

unto him seven thousand men, who had not bowed their knees to Baal.

④ Furthermore, this holy Church is not confined, bound, or limited to a certain place or to certain persons, but is spread and dispersed over the whole world; and yet is joined and united with heart and will, by the power of faith, in one and the same spirit.

님께서 바알에게 무릎 꿇지 않은 7천 명을 홀로 보존하셨다는 데서 알 수 있다(왕상 19:18; 롬 11:4).

④ 더욱이 이 거룩한 교회는 어떤 장소나 일부 인격에게 한정되거나 묶여 있거나 제한되지 않는다(마 23:8; 요 4:21~23; 롬 10:12~13). 온 세상에 퍼져있고 흩어져 있지만 매우 동일한 영으로 믿음의 능력으로 인해 심정과 뜻을 다하여 가입되고 연합된다(시 119:63; 행 4:32; 엡 4:4).

제27항은 교회론의 입문서이다. 지금까지(8항~26항)는 개인의 구원에 관한 진리였다면 이제부터(27항~32항)는 부르심을 받은 성도들의 모임인 교회에 관해 고백한다. 마치 전자는 『기독교강요』 3권, 후자는 4권과 각각 관련을 맺고 있다. 여기서 고백하는 교회는 하나님의 선택한 자의 총체이다. 또 그들은 언젠가 영원히 함께할 분들이다.

이 세상에서 이들이 누굴까 궁금한 생각이 든다면 온 지체의 연합을 떠올리면 좋다. 교회론을 언급할 때는 항상 **그리스도와의 연합**을 전제하고 있다. 다른 말로는 접붙임이고, 접붙임은 칭의를(3권 1장 1항, 435), 즉 의롭다 여긴 것을 뜻한다. 칭의를 얻은 자는 그분의 의, 즉 전가된 의에 힘입어 하나님 앞에 담대하게 접근할 수 있다(「벨지카」 26항(6)④).

이어서 이제 교제에 관한 주제를 다루게 된다. **교회와 교제**의 관계는 하늘나라에서 하나님과의 완전한 교제를 바라면서 이 세상의 교회에서 그 맛을 본다고 말할 수 있다. 칭의로 인해 하나님과의 교제가 이뤄진 것은 보장을 말하지, 완전한 교제를 말하지 않는다. 교회 생활을 통해 그 칭의 또는 교제가 참된 것인지 증명받게 될 것이다. 곧 믿음의 증거이다(「하이델베르크」 86문③; 「신앙고백서」 16장 2항①; 「대교리」 32문③; 3권 8장 2항, 556 참고). 다른 말로 하면, 연단, 환난, 훈련 또는 견인(인내)을 통과한다는 것이다(롬 5:2~4 참고). 이런 증명이 구원을 보장하는 것은 아니지만 확신을 갖게 하는 것은 틀림없다.

교회는 선택된 자로 구성된 불가시적 교회, 즉 무형교회(27항)와 이 세상에 있는 동안 단체로 모이는 가시적 교회, 즉 유형 교회가 있다(28항; 「신앙고백서」 25장 1항①). 전자는 선택된 모든 자를 의미하고, 그리스도 안에 연합한 자이고, 서로 의존하고 결합하여 사랑 안에서 한 몸으로 자라가는 교회이다(4권 1장 2항, 786). 또 그리스도의 배우자며 몸이다(「신앙고백서」 25장 1항②). 이 의미는 언약의 백성이라는 것이다. 후자는 모친이라 불리는데 그 이유는 부르심을 받은 자가 함께 모여 양육을 받아야 하는 책임을 교회가 지니고 있기 때문이다(4권 1장 4항, 788). 성도는 교회 교육을 통해서만 자라가야 하고, 목회자는 전적으로 이 책임을 맡고 있어 하늘 교리를 순전하게 선포해야 한다(4권 1장 5항, 662). 가시적 교회는 그리스도의 나라, 하나님의 집과 가족이다(「신앙고백서」 25장 2항②). 칼빈 선생은 교회에 관해 「사도신경」을 기초하여 설명한다(4권 1장 1항~3항, 785~787).

① 보편(우주적) 교회, 무형교회, 불가시적 교회, 선택된 자에 관한 정의를 다룬다.

거룩한 회중은 거룩한 교회(③④) 또는 모임이라 불리는데 이들 밖에는 구원이 없다(「벨지카」 28항①). 이들은 성도(聖徒[saints])라고 불린다. 모세는 이 세상을 떠나기 전에 하나님께서 "일만 성도 가운데 임하셨"다고 했다(신 33:2). 이따금 그리스도를 믿는 신자와 동의어로 사용한다(행 9:13; 골 1:2). 로마가톨릭교회는 거룩함에 이른 특정한 자를 성자라고 번역하지만 프로테스탄트는 선택된 자를 지칭하고 있다. 선택된 자에게는 거룩한 삶이 당연하고(『해설자용』, 626) 특정한 자에게만 주어지는 것이 절대 아니다. 거룩한 회중은 성도라고 말해도 좋다.

그 회중은 보편적 또는 우주적인 성격을 지니고, 하나님의 영원한 작정 가운데 선택된 모든 수를 말한다(「대교리」 64문). 그 구성은 참된 그리스도교 신자들로서 올바른 믿음을 가진 올바른 자들이고(시 111:1), 주님의 양들이고(요 10:14), 성령 하나님께서 삼위일체 하나님을 믿게 한 자들이고(엡 4:3~6), 하늘에 기록된 처음 난 자들의 총회와 교회를 말한다(히 12:22~23). 이들은 하나님의 영원한 작정 가운데 선택된 모든 자를 의미한다.

이들은 선택된 자인 동시에 그리스도의 보혈로 죄들의 용서를 받고, 거룩한 삶을 살고, 인침을 받은 자이다. 인침을 받는다는 것은 가시적 교회에 가입하여 양육을 받는다는 것을 의미한다(「벨지카」 33항①). 인침은 성령 하나님의 사역이기에 불변하고 지속적이다(「돌드레히트」 5장 8항③). 이것은 성례를 우리에게 상기시키기에 그것을 통해 가시적으로 체험하고, 죄의 용서와 회개, 즉 죄 죽이기와 거룩한 삶을 실천한다(「하이델베르크」 66문①②; 「신앙고백서」 27장 1항①, 28장 1항②). 특별히 성찬식에서 이것을 체험한다(「신앙고백서」 29장 1항②).

양자 된 자(「신앙고백서」 12장 1항②, 18장 2항②)와 언약의 백성은 이것이 가능하다(「대교리」 162문①; 「소교리」 92문②). 이들은 가시적 교회가 수행하는 양육을 통해 하나님의 자녀임을 재확인하고, 이 세상에서 그분의 자녀로서 사는 삶의 지침을 받는다. 이것이 교회 설립의 주요한 목적이다. 이것을 제쳐두고 무슨 센터로 전환해버리면 타락성이 충동을 받아 교회 내 성도는 혼란과 잡초의 온상지에서 한동안 방황하게 된다. 하지만 성도는 정신을 차리고 하나님의 말씀을 따르기 위해 심기일전하여 일어서서 바른길로 걷는다.

이들로 구성된 모임은 **보편교회** 또는 **우주적 교회**라 불리고 이들 모두는 선택된 자로서 머리이신 그리스도 아래 하나로 모였고, 모이고 그리고 모일 것이다(「신앙고백서」 25장 1항①). 그런데 보편이나 우주적이라고 말하는 이유는 **어느 시대, 어느 지역에 제한되지 않기 때문이다**(「신앙고백서」 25장 2항①). 「사도신경」을 통해 우리는 "거룩한 공회"라고 고백한다. 칼빈 선생은 교회를 보편이나 우주적이라고 불리는 이유를 이렇게 말한다. 그리스도께서 몇 조각으로 찢어지지 않는 한 두세 교회일 수 없고, 모든 선택된 자가 그리스도 안에 연합돼 있기에 그분을 머리로 하여 함께 의존하고 결합하고 엮어져 한 몸으로 자라간다고 한다(4권 1장 2항, 786). 이 교회는 가시적 교회, 즉 유형 교회를 포함한다. 그 이유는 그 안팎으로 거할 수 있기 때문이다. 보편교회(무형교회)는 모든 국가에 흩어져 있고 멀리 떨어져 있지만 하나님에 관한 하나의 진리에 한마음으로 동의한다(4권 1장 9항, 794). 이들은 동일하게 경건한 고백을 하고, 동일한 성령 하나님, 믿음, 소망과 사랑 안에서 함께 살아간다(4권 1장 2항, 786~787).

② 영원한 보편교회에 관한 고백이다.

하나님의 자녀는 창세 전, 즉 영원에서 세운 교회이다. 이 교회는 타락 이전부터 있었다. 아르미니우스파처럼 타락 후에 선택된 것이 아님을 명시한다. 보편교회가 이 세상의 시작만 아니라 끝까지 존속할 것인데 시작과 끝이라고 언급되니 시간이 존재하는 한 교회는 있다고 말하고 있고, 그 시간에 제한되지 않는다는 것을 말하고 있다. 굳이 이렇게 표현하는 것은 이 세상에 있는 동안 하나님과 교제가 있다는 것을 의미한다. 그 교회에 속한 각 사람은 이 세상에서 그리스도와 연합하고 교제하는 즐거움을 느낀다(「대교리」65문). 교제한다고 하여 인간이 신성을 갖게 된다거나 그리스도와 같은 수준에 이른다고 상상하면 안 된다. 이런 상상의 날개를 펼쳤던 자는 단성론자였다. 이 교제는 영광의 교제를 예상하는 것으로 죽은 후, 그리스도의 재림 때까지 하나님의 얼굴을 바라보고(「대교리」86문①), 하늘나라에서 부활과 심판 날에 비로소 완성된다(「대교리」82문, 83문①).

하나님은 선택된 자가 이 세상 사는 동안 한곳으로 모이고 그리스도를 머리로 하여 하나가 되게 하고, 그분과 교제하게 한다. 그 이유는 그 동안 수많은 일이 일어나겠지만 교회를 통해 서로를 돕고, 격려하고, 강화되면서 그분의 나라를 잊지 않게 하기 위함이다. 교회는 성도를 양육하는 모친이기에 그 나라에 이르기까지 가시적인 보호로 세워졌다. 교회가 이 임무에서 벗어나면 언제든 사탄의 회당이 된다(「신앙고백서」25장 5항①).

이런 의미에서 하나님의 자녀는 하나의 모임을 통해 서로의 교제를 가져야 한다. 백성 없는 왕이 있을 수 없듯이 그분이 머리가 되신다는 것은 하나님의 자녀가 하나가 되어 모인다는 것이고, 선택된 자가 없으면 머리이신 그리스도도 없다는 조건을 말하려는 것이 아니라 그만큼 그분이 우리를 모으셔서 보호하고 양육한다는 의미이며, 선택된 자의 모임인 유형 교회의 존재가 확실하다는 것을 의미한다.

그분의 나라는 **영원하고**, 그분은 왕이다. 이것은 다윗의 후손이나 왕국이 영원하다는 것으로 예언됐다(삼하 17:6; 시 110:4). 영원성을 강조하는 것은 일시적인 나라와 그 왕을 대조하기 위함이다. **영원한 왕**을 강조하는 이유는 왕으로서 그들을 지키고 보존하며 이끄시고, 영원하기에 불변하기 때문이다. 이로써 그 백성은 그분을 진실로 의지하며 이 세상의 어떠한 고난과 역경 속에서도 견인한다. 시간 속에 있지만 영원에 있었고, 있게 될 것이다.

③ 이 세상에 있는 하나님의 자녀를 변함없이 보존하고 후원하는 것에 관한 고백이다.

거룩한 교회는 하나님의 자녀가 온 세상의 **어떤 격분에도 불구하고** 그분과 교제한다. 세상은 악의 삼총사(세상, 사탄과 육체) 중 하나로서(3권 9장 6항, 569; 『해설자용』, 206, 380; 「돌드레히트」 5장 3항①; 엡 2:2~3; 「하이델베르크」 127문②; 「신앙고백서」 17장 3항①; 「대교리」 48문②, 195문(2)①) 여기선 아합왕을 실례로 든다. 세상은 언제든 죄의 잔재들을 사용하여 괴롭히고 핍박한다. 특히 세상은 우리를 유혹한다(「신앙고백서」 5장 6항④). 하지만 하나님은 세상의 유혹 가운데서도 그들을 **끝까지 보호하여** 견인하게 한다(「돌드레히트」 5장 3항①②; 2권 3장 9항, 265). 견인이 없으면 부르심과 믿음은 무가치하다(3권 24장 6항, 756). 중생 됐더라도 믿음의 선물을 통해 이미 이긴 전쟁이지만 죄의 잔재들과 영적 투쟁을 자연스럽게 실행한다(3권 3장 11항, 495). 견인은 하나님의 작정과 언약에 근거한다(「대교리」 79문). 그들이 언약 백성이기 때문이다.

이 세상에서 거룩한 백성, 자녀 또는 신자로서 그분과 교제한다. 또 이 교제는 부부의 관계를 떠올린다. 아내가 남편에게 헌신하고 순종하며, 남편은 아내를 사랑하고 보호한다. **교회는 왕과 백성의 관계(②)만 아니라 부부의 관계를** 역설하고 있다. 주로 전자는 구약성경에서, 후자는 신약성경에서 말하고 있다(엡 5:24~25; 골 3:18~19; 벧전 3:1~7). 교회나 성도를 가리켜 "거룩한 부녀"(벧전 3:5)라고 부르는 데서 이 진리를 짐작할 수 있다. 이 관계에서 우리는 하나님의 부성애에 모여지고 그분을 아버지라 고백하게 된다. 그렇다고 군신과 부부의 관계로 하나님과의 관계를 판단해선 안 된다. 하나의 실례일 뿐 애국하거나 금실이 좋다고 해서 거룩한 백성이라고 섣불리 판단해선 안 된다.

또 교회에 대한 칭호를 보면, **모친**(4권 1장 1항, 785), **신하**(②), **아내**(벧전 3:5) 등이 있다. 이 칭호의 역할을 통해 교회의 임무와 목적을 간취할 수 있다. 모친은 교육과 양육을, 신하는 보호와 보존을, 아내는 사랑과 동행과 같은 의미를 담고 있다 하겠다. 이런 면에서 교회론이 중요하고 그 임무가 중요하기에 성도인 하나님의 자녀는 반드시 지역교회를 참되게 해야 하고 그 참됨에 동참하고 역할을 해서 바른 신앙으로 자라가야 한다.

가시적이고 표적을 구하는 바리새파는 거룩한 교회가 이 세상의 단체처럼 수적으로 많아지고 지리적으로 확산하는 것으로 그 정체의 진성성을 판단할 것이다. 이 고백은 이것에 대한 경고이나. 인산의 눈에는, 즉 인간 측면에서는 아무것도 아니거나 작게 보일 것이다. 교회는 세상에서 남은 자(remnant) 또는 생존자(survivors)이다. 신약성경에서는 씨앗(a seed, 롬 9:29)이라고 묘사한다. 바다의 모래처럼 많아도 결국 그들 중 **남은 자**만 하나님께로 돌아올 것이다(사 10:22). 타락한 세상에 대해 하나님께서 정의로운 심판을 이따금 내리거나 진노를 쏟으실 때 그 가운데 사는 하나님의 자녀는 남은 자로 생존해야 한다. 아합왕 시대에서 생존하여 남은 자가 있다는 것에서 이 사실을 알 수 있다(왕상 19:18). 이것은 예수님께서 제자들(요 17:6~19)과 우리를(요 17:20~26) 위한 기도에서 잘 엿볼 수 있다.

세상, 즉 세속에 물들지 않으려고 몸부림치는 성도는 겸손과 교만 간에 전투하고 있다고 해도 과언이 아니다. 하나님의 은혜를 은혜 되게 하려고 세상과 등질 정도이다. 사도 바울은 다음과 같이 선언한다(고후 6:14~18).

너희는 믿지 않는 자와 멍에를 함께 메지 말라 의와 불법이 어찌 함께하며, 빛과 어둠이 어찌 사귀며, 그리스도와 벨리알이 어찌 조화되며, 믿는 자와 믿지 않는 자가 어찌 상관하며, 하나님의 성전과 우상이 어찌 일치가 되리요? 우리는 살아 계신 하나님의 성전이라. 이와 같이 하나님께서 이르시되 내가 그들 가운데 거하며 두루 행하여 나는 그들의 하나님이 되고 그들은 나의 백성이 되리라. 그러므로 너희는 그들 중에서 나와서 따로 있고, 부정한 것을 만지지 말라. 내가 너희를 영접하여 너희에게 아버지가 되고, 너희는 내게 자녀가 되리라. 전능하신 주의 말씀이니라 하셨느니라.

④ **거룩한 회중**(①) 또는 **거룩한 교회**(③)에 속한 자는 선택된 자의 총체이다. 그런데 이들이 누군지 인간 측면에서는 분별할 수 없다. 불가시적이고 무형교회일 뿐만 아니라 시대나 민족, 언어 또는 장소에 한정돼 있지 않기 때문이다(롬 10:12~13). 편의상 시대, 문화, 언어, 사상, 학력, 지역 등으로 분류하지만 영적 존재이신 하나님에게 인간의 이런 문화 인류학적 분류가 무슨 소용이 있을까? 인간들이 이렇게 분류해놓고 서로가 우월하다고 자만하다가 전쟁을 일으켜 자신과 다른 인격을 무참하게 학살하는 경우는 인류 역사에 늘 있었고 앞으로도 주님 오실 때까지 지속할 것이다. 그런데 이런 극단적 이기주의(부패성, 2권 1장 2항, 211)에 근거한 분류에 하나님의 자녀를 제한하거나 상상한다는 것은 어불성설이 아닐 수 없다.

거룩한 백성인 거룩한 교회에 관해 간취할 수 있는 길이 있다. **거룩한 교회**는 한 소망을 가지도록 부름을 받을 때 한 몸과 한 성령, 한 주님, 한 믿음, 한 세례 다시 말하면, 모든 것, 모든 자를 살피고 주도하는 아버지이신 한 하나님 아래 있다는 것이다(엡 4:4~6). **한 소망**이란 그리스도를 바라는 것에서 모든 신자나 선택된 자가 동일하다는 의미이다. **한 몸**은 가시적 하나의 공동체로서의 교회를 말한다. 이 교회 안에서는 인류 문화적인 차별이 있어선 안 된다. **한 성령**이란 교회에 내주하므로 모든 지체는 협력한다는 의미이다. **한 주님**이란 모든 신자는 그리스도를 주님으로 또는 교회의 주인이 그분임을 인정하라는 것이다. **한 믿음**이란 그리스도를 믿는 신앙으로 개인적으로 헌신해야 한다는 것이다. 한 세례란 성령의 세례를 의미하는 것이 아니라 물세례를 의미한다. 이 의미는 교회의 규례에 따라 한결같이 훈련받는다는 것이다(시 119:63). 죄 숙이기와 영 살리기를 이 세상에서 실천하는 것이다(「대교리」 167문③④⑤).

선택된 자는 믿음으로 그 거룩한 교회를 의미하는 참된 교회에 가입하고 연합해야 한다. 그 이유는 이 교회 외에는 구원이 없기 때문이다(「벨지카」 27항①②).

가입의 동기는 무엇인가? 믿음의 능력으로 이뤄지는 것인가? 믿음은 한갓 도구에 불과한데(「벨지카」 22항④) 무슨 능력이 있어 교회에 가입하게 할 수 있단 말인가? 믿음의 능력이란 그것의 정의에서 의미를 찾아야 한다. 믿음은 확실한 지식만 아니라 확고한 확신이다(「하이델베르크」 21문①; 3권 2장 12항, 455~456). 전자는 하나님께서 말씀으로 계시한 것이고, 후자는 성령께서 심정에 역사하는 사역을 말한다. 어떤 면에서 말씀과 성령으로 역사하는 지식과 확신이라고 말할 수 있다. 믿음의 대상은 단순히 하나님이 아니라 창조자이시며 구속자이신 하나님이어야 한다. 이것은 그분이 창조와 섭리하는 분임을 신뢰한다는 의미이다(창조-12항; 섭리-13항). 이처럼 믿음의 능력이란 의지적 믿음이나 신념인 믿음의 힘을 의미하지 않는다. 믿음이 구원 사역에서 무슨 협력을 발휘하지 않는다는 것이다. 그분에 관한 말씀이 그분에게서 나온 것임을 확실하게 인정하고 알고 고백하고, 그 고백의 진실함을 성령 하나님께서 증명해 주시기에 얻게 된 확신이다. 이로써 지식과 확신을 갖게 되므로 믿음은 담대한 믿음이 된다. 단순히 의지적 믿음이 갖는 힘이 아니라는 의미에서 매우 동일한 영이라고 덧붙였다. 여기서 영은 성령을 의미하는 것이고 인간 내면의 주체인 영을 의미하지 않는다.

성령 하나님께서 우리의 심정과 의지, 즉 영의 기능에 역사하므로 선택된 자만 그 교회로 모이게 된다. 누구든 성령 하나님께서 이끌지 않으면 아무도 하나님께로 올 수 없다. **가입하여 연합한다**는 것은 하나님께로 온다는 것을 의미한다. 효과적인 부르심을 받는다는 것을 의미한다(「돌드레히트」 1권 7항②; 「신앙고백서」 10장 1항①③; 「대교리」 67문①). 이 부르심을 받은 자는 가시적 교회, 즉 유형 교회인 참된 교회에 가입하게 돼 있다.

28항: 모든 자는 참된 교회에 가입해야 한다
(That Every One is Bound to Join Himself to the True Church)

① We believe, since this holy congregation is an assembly of those who are saved, and that out of it there is no salvation,

② that no person of whatsoever state or condition he may be, ought to withdraw himself, to live in a separate state from it; but that all men are in duty bound to join and unite themselves with it;

③ maintaining the unity of the Church; submitting themselves to the doctrine and discipline thereof; bowing their necks under the yoke of Jesus Christ; and as mutual members of the same body, serving to the edification of the brethren, according to the talents God has given them.

④ And that this may be the more effectually observed, it is the duty of all believers,

① 우리가 믿는 것은 이 거룩한 회중이 구원받은 자들의 하나의 모임이기에 이 모임 밖에는 구원이 없다는 것이고(마 16:18~19; 행 2:47; 갈 4:26; 엡 5:25~27; 히 2:11~12, 12:23),

② 어떤 지위나 신분에 있든지 상관없이 스스로 물러나서 이 회중과 분리하여 살 수 없고, 살아서도 안 되고 모든 자가 그 회중에 가입하고 연합돼 있어야 한다는 것이다(대하 30:8; 요 17:21; 골 3:15).

③ 또 교회의 연합을 유지하고, 그 교리와 기강에 굴복하고(히 13:17), 예수 그리스도의 멍에를 짊어져야 하고(마 11:28~30), 서로 같은 몸의 지체로서(고전 12:7, 27; 엡 4:16) 하나님께서 주신 재능에 따라 형제를 훈화하는데 헌신해야 한다(엡 4:12).

④ 그리고 이것이 더욱 효과적으로 준수되기 위해서 하나님의 말씀에 따라 지켜야 하는 모든 신자의 의무

according to the word of God, to separate themselves from all those who do not belong to the Church, and to join themselves to this congregation, wheresoever God hath established it, even though the magistrates and edicts of princes were against it, yea, though they should suffer death or any other corporal punishment.
⑤ Therefore all those, who separate themselves from the same, or do not join themselves to it, act contrary to the ordinance of God.

는 교회에 속하지 않은 모든 자와 자신을 분리해야 하고 하나님께서 세운 어느 곳이든 그곳에 있는 회중에 가입해야 한다는 것이다(시 122:1; 사 2:3; 히 10:25). 심지어 교회를 반대하기 위해 군주들이나 행정관이 칙령을 내리더라도 또 신자들이 죽음이나 다른 체벌로 고통을 받더라도 그렇게 해야 한다(민 16:23~26; 사 52:11~12; 행 2:20, 4:19~20; 롬 16:17; 계 18:4).
⑤ 그러므로 그 교회로부터 자신을 분리하거나 그것에 가입하지 않는 모든 자는 하나님의 규례(명령)에 정반대로 행하는 자이다.

불가시적 교회(무형교회)에 관한 고백(「벨지카」 27항)에 이어 가시적 교회(유형 교회)에 관한 고백(28항)이 따른다. 제28항은 불가시적 교회에 속한 자는 반드시 가시적 교회에 가입한다. 전자는 선택된 자를 의미하고, 후자는 참된 교회를 전제한다. 이것은 마치 죄들의 용서가 하나님의 영역이고, 회개가 인간의 책임이라는 것과 유사하다. 가시적 교회의 가입을 강조하기 위해 가시적 교회밖에 구원이 없다고 선언한다(①). 아니 실제로 그렇다. 특이한 경우, 즉 가시적 교회가 없는 경우를 제외하면 반드시 가시적 교회에 선택된 자는 가입한다.

참된 교회에 대한 두 가지 참된 신자의 자세를 말한다(②). 하나는 분리하거나 떠나지 말라는 것이고, 다른 하나는 가입하고 연합해 있느냐는 것이다. 두 번째 자세인 연합을 유지하기 위한 그 교회의 세 가지 역할을 고백한다(③). 그 역할을 효과적으로 수행하려면 두 가지 자세를 고백한다. 하나는 세상과 분리하고, 다른 하나는 참된 교회에 가입하되 어떤 환난에서도 떠나서는 안 된다고 강력하게 권한다. 결론적으로 이것을 준수하지 않는 것은 하나님의 명령에 전혀 따르지 않는 자라고 경고하면서 마무리한다(⑤).

① 자! 그러면 유형교회, 즉 가시적 교회에 관한 고백을 살펴보자. 우선 여기서 가시적 교회인 참된 교회의 중요성을 밝힌다.

거룩한 회중은 참된 그리스도교 신자 또는 무형교회를 의미하는 듯싶다(「벨지카」 27항①③④). 물론 건물인 교회당이나 가시적 교회인 유형교회나 지역교회를 의미하지 않는다. 앞항(「벨지카」 27항①③④)에서 언급한 거룩한 회중이나 거룩한 교회와는 다르게 정의를 내린다. 앞항에서 거룩한 회중은 참된 그리스도교 신자, 선택된 자인 보편교회 또는 우주적 교회를 의미하고(「벨지카」 27항①), 거룩한 교회는 하나님의 보존과 지지를 받고(「벨지카」 27항③) 온 세상에 퍼져있고 흩어져 있다(「벨지카」 27항④).

특히 그 회중을 **하나의 모임**(an assembly)이라고 부르는데 모임이란 단순히 모인 무리나 단체가 아니라 하나님 아버지께서 보낸 자로 그리스도에게 와서 자신의 멍에를 내려놓고 그분의 멍에를 짊어지고 그분에 관해 배우는 자들을 일컫는다(마 16:18~19). 구약성경 시대에도 이스라엘 백성을 이 모임이란 단어를 사용하곤 했다(신 29:35; 시 107:32; 잠 5:14).

그러나 **입술로 그분을 따르고**, 배우겠다고 인정하지만 실제로 고백하지도 순종하지도 않는 자들이 있다. 입으로 시인하여 구원에 이른다는 의미를 왜곡하면 안 된다. 왜냐하면 가시적 교회에는 중생 된 자, 중생의 경험을 하지 않은 자, 중생 된 척하는 자와 유기된 자 등이 섞여 있기 때문이다(『해설자용』, 493, 509, 671; 『개혁신앙이다』, 508~512). 거룩한 회중은 가시적으로 가려내거나 분별하기 쉽지 않지만 이 회중, 즉 모임은 구원의 백성이다. 그래서 이 모임에서 벗어나는 것은 구원받은 자가 아니라고 선언한다.

우리는 가시적 교회 중 참된 교회와 거짓된 교회의 분별이 가능하지만(「벨지카」 29항(2)②) 영적 존재이신 하나님만 유형인지 무형인지 또는 자신의 자녀인지 독보리인지 안다. 그분은 인간의 영의 기능, 인간의 내면, 심정의 비밀을 보시고 판단하는 분이기 때문이다(시 44:21).

이 거룩한 회중인 하나의 모임 **밖에는 구원이 없다**는 문장은 교부 키프리아누스의 명언과 유사하게 들린다. 그는 "교회밖에는 구원이 없다"(*Extra Ecclesiam nulla salus*)고 말했다고 하며 로마가톨릭은 자신들의 가시적 교회가 그 교회를 말한다고 주장한다. 과연 그럴까? 그렇게 부패하고 타락한 그 교회밖에는 구원이 없다고 하는 억지 주장을 누가 믿을 수 있을까? 지나가는 소도 웃을 일이지 않은가!

칼빈 선생은 이렇게 말한 적이 있다. 모친인 가시적 교회 경계(또는 품; pale) 밖에는 죄들의 용서나 구원도 기대할 수 없다(4권 1장 4항, 788). 우리는 그의 해석을 신앙고백으로 수용한다. 그래서 가시적 교회 밖에는 구원의 가능성이 없다(「신앙고백서」 25장 2항②). 여기의 가시적 교회는 참된 교회를 의미한다(「벨지카」 29항(2)①). 로마가톨릭교회가 참된 교회인가?

비성경적이고, 정치적이고, 부패한데 어떻게 참된 교회일 수 있을까? 그러니 그들의 주장은 거짓 주장일 뿐이다. 거짓되고 양의 탈을 쓴 교회인 로마가톨릭교회만 아니라 그와 유사한 모임이나 교회가 자기들 밖에는 구원이 없다고 유혹하는 것에 넘어가는 자도 같은 부류에 해당된다.

② 거룩한 회중의 역할에 관한 고백이 이어진다.

선택된 자는 반드시 가시적 교회, 즉 참된 교회에 가입하고 연합해야 한다. 그 연합을 유지하기 위해 교회의 자세는 무엇인지(③), 그 교회에 속한 성도는 어떤 자세를 가져야 하는지(④) 논리적으로 전개된다. 만일 하나님께서 선택한 자라면, 자신이 선택된 자라고 확신한다면, 반드시 두 가지를 실천해야 한다.

1. 거룩한 회중에 가입하고, 그 모임에 속해야 하고,
2. 그 회중에 연합해야 한다.

이 두 가지 실천은 제28항에서 매우 중요한 항목이다.

자신이 참된 신자 또는 성도라고 적어도 여긴다면, 혼자서 지탱하고 유지할 수 있다고 고집해선 안 된다. 특별한 경우 선교지에서 가시적 교회가 없을 수 있지만 이런 경우를 제외하고 참된 교회가 주위에 없다고 하며 혼자 신앙생활 하는 것은 옳지 않다. 이런 고집은 스스로 거짓된 모습을 갖고 있다고 자인하는 것이다. 하나님께서 교회를 이 세상에 설립한 목적이 양육이기에 교회는 모친이라 불린다(4권 1장 1항, 785; 4권 1장 4항, 788). 가입하지 않는다는 것은 가정을 떠난 고아나 방랑자처럼 지내

겠다는 것이고, 자유로운 방종을 즐기겠다는 것이고, 무교회주의(non-Church movement)를 주장하는 것과 다를 바 없다.

무교회주의는 특별한 상황에서 참된 교회를 찾기 어려울 때 혹 지지를 받을 수 있지만 종교의 자유가 보장된 국가나 사회에서는 그 지지를 받을 수 없다. 핍박을 받는 가운데서도 이렇게 교회의 가입을 고백하는 내용을 독자가 읽고 배우려고 하는데 무교회를 주장하는 이유는 그들이 그리스도를 따르는 신앙이 아니라 이런 핑계로 자신의 이데올로기를 따르기 위해서이다. 매일 죽음을 직면하는 개혁신앙인은 이런 허무맹랑한 주장에 대해 담대하게 맞서야 한다.

그 회중에 가입하고 연합한다는 것은 가시적인 가입과 연합만 아니라 하나님께로 돌아오는 것으로 자신을 그분께 굴복시키고 그분의 말씀에 복종한다는 것을 의미한다(대하 30:8). 정말 그분께 돌아온 자, 회개한 자 또는 선택된 자는 자신이 하나님의 것이라고 서명한다(사 44:5). 이것은 그분의 손을 붙잡는 것이고, 그분께 자신의 심정을 드리는 것을 의미한다. 하지만 하나님의 뜻에 반대하여 일어나는 의지와 부패성이 방해할 것이다.

그래서 끊임없이 그분의 말씀을 배우고 자신을 부인하려는 격렬한 노력을 해야 한다. 이것을 다른 말로, 죄 죽이기라고 한다. 우리는 좀처럼 자신의 뜻을 굽히려 하지 않는다. 진정으로 중생 됐다면 용이할 것이고, 그렇지 않은 경우에 언제든 자신의 뜻이 그분의 뜻보다 우선순위이기 때문에 그분의 것이라고 설명하기 불가능하다. 자기 부인은 중생, 즉 의지의 전환이 일어났을 때만 가능하다.

이런 의미에서 사도 바울은 심정에 하나님과의 평화가 이뤄졌다면 한 몸이 되게 부르심을 받았다고 한다. 평화란 이신칭의로 인해 하나님의 거룩한 백성으로 교제가 이뤄졌거나 접근할 수 있다는 것을 의미한다(롬 5:1). 이런 자는 심정에 하나님의 지배를 받을 것이고 한 몸이 될 것이다. 그 몸이 곧 거룩한 회중의 모임에 가입하는 것을 의미한다(골 3:15). 머리이신 그리스도께 연합돼 서로 그분의 지체가 돼 교제하며 사랑하는 것이 가시적 교회의 참된 모습이다. 교회 이름만을 빌려 사용하는 회칠한 무덤이나 양의 탈을 쓴 늑대와는 전혀 다르다. 자신의 선택됨을 확신한다면 반드시 참된 교회를 찾아 가입한다(『개혁신앙이다』, 503, 521).

각 신자가 가시적이고 참된 교회에 가입해야 하는 **가장 큰 이유**는 신앙의 훈련 또는 양육을 받기 위해서이다. 하나님은 이 세상에서 선택한 자를 **적합한 자로 만들어 가신다**(3권 22장 8항, 734). 훈련을 통해 하나님의 자녀로 만들어져 가야 한다. 다른 말로 하면, 견인 또는 믿음의 증거를 얻는 것이다. 이 세상에서 참된 신자는 베푼 은혜의 수단을 써 부지런히 견인해야 한다(「돌드레히트」 5장 9항; 「신앙고백서」 17장 1항). 그 이유는 내재하는 죄의 잔재들 때문이고(「돌드레히트」 5장 3항①, 11항①), 겸손하기 위해서이다(「돌드레히트」 5장 12항①). 믿음은 지식과 확신으로 구성되는데(「하이델베르크」 21문①) 전자가 후자로 증명될 때 비로소 구원의 확신을 갖고 담대하면서도 겸손하게 이 세상에서 살 수 있다. 이 견인의 수단은 교회가 특별히 제공하는 것으로 말씀 선포, 기도와 성례이다(「돌드레히트」 5장 14항; 「대교리」 154문②).

③ 두 번째 항목(②2.)인 참된 교회에 가입하고 연합한 것을 유지하기 위한 지침 세 가지를 구체적으로 밝힌다.

1. 그 교회의 교리와 기강에 굴복하고,
2. 예수 그리스도의 멍에를 메고,
3. 받은 재능으로 형제를 교회의 지체로 여겨야 한다.

여기서 1.과 2.는 각각 거짓된 교회의 두 가지 표지와 대조를 이룬다(「벨지카」 29항(4)①).

1. 교회의 교리와 기강에 굴복해야 한다.

교리에 치우치면 교조주의(Dogmatism)에 빠질까 봐 조심하는 교회나 성도가 많다. 실제로 그 위험성이 있다. 교리를 중요시한 것이 아니라 신학을 교리로 착각하는 경우가 더 많다. 18세기는 정통의 시대(Age of Orthodox)라고 불리는데 교조주의에 빠진 교회를 비판하는 말이다. 그렇다면 수정주의(revisionism)는 옳을까? 수정주의 신학이 있는데 이것은 자유 신학의 한 부류로서 데이빗 트레이시(David Tracy, 1939)라는 로마가톨릭 신학자는 양극화된 현 사회를 꼬집으면서 신학의 무능과 교리만을 붙들고 있는 외고집의 신앙을 비판했다. 양극단의 경험에서 공통점을 찾아내서 사회 정의에 대한 그리스도인의 책임을 강조했다. 그가 말하는 수정주의는 타협을 말하는 것이 아니라 상관관계를 파악하여 끊임없이 수정·보완해야 한다는 것이다. 어디까지? 무슨 감겼다 떠진 것을 제시하는 것처럼 들리고, 교조주의를 제거하면 그 공간에 자유 신학, 즉 반기독교인이 교회로 돌아올 것이라고 주장하니 환상에 빠진 주장이 아닐 수 없다. 시도는 좋으나 해결 방안이 아니라 그릇된 주장과 실천일 뿐이다. 교회를 교회 되게 하지 않고 공중분해 시키려는 사탄의 음모가 아닐 수 없다.

거짓된 교회는 1. 하나님의 말씀보다 자신의 규례에 더 관심을 갖는다 (「벨지카」 29항(4)①). 자신들이 가공한 것에 더 관심을 갖는다는 의미이다. 2. 그리스도의 멍에를 메지 않는다(「벨지카」 29항(4)②). 이 두 가지는 모두 어디에서 나올까? 교회의 연합을 유지하기 위한 역할 세 가지에서 나온다(③). 곧 **참된 교회**는 교리와 기강에 굴복하고, 그리스도의 멍에를 짊어진다. 그러나 거짓된 교회는 이것을 반대한다. 이 부류에 속하는 대표적인 교회가 19세기 회복 운동(Restoration Movement)을 일삼는 교회들이다(『가공된 진리』, 514~516).

아무튼, 교조주의에 대한 비판은 한 편으로 일리가 있다. 그러나 교리가 기강 없이 행해지기에 성도가 세상에서 소금과 빛의 역할을 하지 못한다는 것을 알아야 한다. 교조주의에 빠지지 않으려면, 교회는 성도를 항상 훈련시켜야 한다. 이 의미는 성도, 하나님의 자녀, 참된 신자답게 이 세상에서 살아가도록 기강을 세워야 한다는 것이다. 이런 의미에서 참된 신자는 교리와 기강에 굴복해야 한다고 고백하는 것이다. 기강에 관해선 제29항에서 자세히 설명할 것이다. 교리는 삶이다(『개혁신앙이다』, 79~82).

교회의 권한 중 교리를 제정하는 것과 **기강**을 세우는 것이다. 전자는 온 교회가 종교회의(총회)처럼 모여 믿음의 항목을 제정하는 것으로(『개혁신앙이다』, 562), 총회는 믿음에 대한 논쟁을 통해 진리를 견고하게 한다

(『신앙고백서』 31장 2항①). 다른 말로는 믿음의 규정, 믿음의 규칙을 세운다(『대교리』 3문). 유사한 단어로서 믿음의 말씀(롬 10:8), 믿음의 때(갈 3:23), 믿음에 따라(딛 1:4), 또는 믿음의 도(유 1:3)라고 불리기도 한다. 특히 믿음의 때라고 말할 때는 율법의 필요성과 그 사용을 설명할 때이다(『개혁신앙이다』, 557). 또 믿음의 도란 언제든 신자가 고수해야 하는 총체적 진리를 의미한다(『개혁신앙이다』, 558). 교회 기강은 29항과 32항에서 자세히 고백한다.

총회는 **믿음의 항목**을 제정할 때 성경에만 기초해야지 무슨 문화나 시대를 반영하면 이단성을 지니게 된다. 한번 정한 것은 거의 불변하다. 성경을 때마다 상황마다 수정·보완한다면 그 총회를 불신할 수밖에 없다. 언제든 수정·보완할 여지를 둔다는 것은 책임을 그만큼 담당하지 않겠다는 것이기 때문이다. 성경에만 기초한다는 것은 성경 본문 해석에만 기초하라는 것이 아니다. 흔히 문맥을 통해 본문의 의미를 파악하는 것이 시작이지만 **전체 흐르는 맥에 교리를 대입시키지 않으면** 자기 해석에 머물고 만다. 성경, 즉 하나님의 의도 자체를 정확하게 찾아야 한다. 시대, 개인, 문화, 주관에 따라 성경을 해석하여 무슨 새로운 것을 발견했다는 식으로 주장하는 것은 이단의 특성이다.

교회를 통해 훈련받는 것은 성도가 그리스도의 몸을 이루는 지체이기에 자신의 역할을 재능에 따라 실천하고 수행하기 위해서이다. 이런 실행은 쉬운 일이 아니다. 자신을 쳐서 복종시키거나 자신을 부인하지 않으면 불가능한 일이다. 겸손과 온유를 실천하는 일이다. 그리스도의 순종을 전가 받았다면, 즉 그분의 의를 전가 받았다면 그분의 겸손과 온유를 따른다. 부패성은 자신의 의에 따라, 제멋대로, 제 맘대로 살도록 부추길 것이다. 이런 방종은 자유의지를 수행하는 일이다. 정말 위험한 자세가 아닐 수 없다. 이런 억지 주장하는 자는 무시무시한 하나님의 심판이 기다리고 있을 것이다.

성도는 가시적 교회의 일원으로 지체의 역할을 해야 한다. 서로 돕고, 이해하고, 격려하고, 대신하고, 밀어주고, 끌어주고, 믿어주고, 돌봐주면서 자기 부인을 수행해야 한다. 이것을 지속해서 수행하기 어려우므로 교회를 통해 늘 바른 권면을 받아야 한다. 거짓 지도자의 권면이 아니라 바른 지도자의 훈계와 기강에 따라 자동차 휠의 균형을 정기적으로 맞추는 것처럼 자신을 교정해야 한다.

중생의 경험을 했다면, 선택된 자들은 참된 교회를 찾는다. 만일 찾았다면, 그 교회는 그들을 이끌어 믿음의 증거와 강화, 견인하게 훈련시켜야 한다. 학습하거나 훈련을 받지 않는 신자는 참된 신자가 될 수 없다. 참된 신자라면 하나님을 가리켜 **아빠 아버지**라 부를 수밖에 없는데(3권 2장 11항, 455; 3권 13장 5항, 607; 3권 20장 1항, 677; 갈 4:6), 그 이유는 우리가 하나님의 양자임을 그리스도가 보증하기 때문이다(3권 2장 11항, 507). 그분이 자신의 의를 우리에게 전가하여 그분께 담대하게 접근하게 했다. 양자 되게 했다(3권 17장 11항, 649; 3권 20장 37항, 705). 아쉽게도, 형식적으로, 위선적으로, 습관적으로, 입버릇처럼 그분을 아빠 아버지라 부를 수 있겠지만 하나님은 인간의 양심을 판단하는 분이기에 그분을 속일 수 없다. 이 세상에서 주위 사람들을 속이거나 자신의 양심을 일정한 기간 숨길 수 있으나 하늘 법정은 세상 법정과 달라서 절대로 그런 얄팍한 술수는 전혀 통하지 않고 숨긴 것들이 백일하에, 만천하에 드러날 것이다.

하늘 법정은 양심을 증거로 삼는다(4권 10장 3항, 903~904;『해설자용』, 748, 750, 942~944). 이것은 **양심의 책**이라 불린다(「벨지카」 37항(2)③). 이 법정의 심판자는 하나님(『해설자용』, 30), 변호자는 중보자 하나님이신 그리스도, 검사는 사탄이다(『해설자용』, 125~126, 246, 894~895). 참된 신자는 그 법정을 바라고, 그것으로 위로를 받는다. 그 이유는 마침내 그분이 모든 것을 공정하게, 공평하게 심판하여 자신의 나라에 거하게 할 것이기 때문이다. 이 법정은 그리스도의 법정이라고도 불린다(「신앙고백서」 33장 1항 ②). 그 이유는 그분이 공의로 심판하기 때문이다. 삼위일체론을 삼신론(Tritheism)으로 착각하지 말아야 한다. 이런 의미로 하나님의 법정에 자신을 드리고 하늘로부터 심판자로 오실 그리스도라고 고백하는 것이다(「하이델베르크」 52문①).

④ 교회가 연합을 효과적으로 유지하는 방편을 고백하는데 어떤 면으로 이것은 **교회의 의무**이다. 거룩한 회중의 의무라고 말할 수 있는 두 가지, 즉 분리하지 말고, 연합해야 한다는 것에 관한 보충 설명이다. 분리하려면 무엇을 분리해야 하고, 연합한다면 그 걸림돌이 뭔지 밝히고 있다.

1. 세상으로부터 자신을 분리하고,
2. 세상의 어떤 위협에도 불구하고 맞서야 한다.

교회의 훈계와 기강을 받고 수행하기 위해서는 성도가 세상과 단절해야 하는 경우가 많다(고후 11:14~17). 이 의미는 **세속화되지 말라**는 것이다. 세상을 변화시키려 시도하거나 세상처럼 살겠다는 두 자세 모두 금해야 한다. 세상에서 영적 전투를 수행할 때 선으로 악을 이겨야 한다 (롬 12:21). 부지런히 훈계와 교훈을 받지 않으면 언제든 세속화에 세뇌되어 물들 수밖에 없고, 그렇게 행하는 것이 자연스러울 정도이다.

이에 대해 예수님은 세상에 평화를 베풀기 위해 오지 않았다고 하시면서 대신 칼을 주러 왔다고 했다(마 10:34). 언뜻 보면, 평화의 왕(사 9:6), 평화를 베푼다는 말씀(요 14:27)과 충돌되는 것처럼 느껴진다. 하나님 아들이신 중보자 그리스도는 세상에 섞여 사는 선택된 자와 하나님 간에, 사람과 사람 간에 평화를 베풀러 오신 분이다. 하지만 빛과 어두움, 그리스도와 적그리스도, 하나님의 자녀와 마귀의 자녀 간에는 서로 넘나들 수 없는 공간이 있다.

세상 속에 평화를 보존하거나 세상 위에 군림하여 지배하라는 의미가 절대 아니다. 또 아니면 세상을 변화시키겠다고 시도해서도 안 된다. 세상은 하나님의 도움 없이도, 그분을 의지하지 않고도, 나름대로 시행착오를 통해 원리를 세워 질서를 지켜 나왔다. 물론 폭력과 공포를 통해 진행하는데 그 가운데 하나의 도구로써 자주 교회가 이용당하거나 반대로 만용을 부리는 경우가 허다했다. 그래서 세상과 분리해야 한다는 의미는 세속에 물들지 말아야 한다는 뜻이다. 세속적 방법으로 형제 사랑이나 신앙생활을 해서는 안 된다는 것이다. 그 방법이 아무리 대중적이고, 신속하고, 편익하더라도 천천히 걸어가야지 빨리 진행하려고 생각하지도 말아야 한다.

심지어 국가가 교회를 정치적으로 지배하려거나, 교회가 국가의 심복이 되려고 하는 자세를 가져선 안 된다. 초대교회 시대에 로마제국이 그리스도인을 무참히 학살하고, 프랑스에서 봐씨 대학살(Massacre of Wassy, 1562년 3월 1일)과 바돌로뮤 대학살(Macssacre of St. Bartholomew, 1572년 8월 23일)에서 보듯이 위그노파(Hugeunots)를 무참히 대학살하고, 영국에서 청교도만 아니라 언약도(Covenanters)가 무고히 핍박과 학살을 당하더라도 그들의 불신앙 요구에 순응하지 않았다. 과거 일제강점기 때 황국 시민이라 하여 신사참배를 요구했던 때에도 순교로 대항했던 것을 잊지 말아야 한다. 국민의 한 사람으로 준수해야 하는 것이 있지만 지나친 것을 입법화하여 공갈 협박을 할 때 위해(危害)와 고통을 당하더라도 감내해야 한다. 불신 가정에서 신앙을 고수하는 것도 유사한 실례이다. 예기치 않은 일들이 일어날 것이기 때문에 성도는 교회를 중심으로 서로 돕고 짐을 나누기 위해서 반드시 참된 교회에 가입해서 훈계와 기강을 받아야 한다(4권 1장 4항, 788; 『해설자용』, 668~669, 684).

⑤ 참된 교회에 가입하지 않거나 떠나는 자는 분파자(schismatic)이다. 그뿐만 아니라 그 교회를 분리시키고 분열을 조장하는 자는 하나님의 진노로 벼락을 맞아 멸망 받아야 할 것이다(4권 1장 10항, 796). 교회 역사에서 분열을 조장했던 대표적 분파자는 초대교회 시대, 노바투스파(Novatians)나 도나투스파(Donatists)가 있다. 이들은 교회의 기강을 원치 않았고 평화를 깨뜨리고 자신들의 주장만을 내세우면서 비성경적인 난폭한 행위를 일삼으면서 무리를 지어 분리했다(4권 12장 11항~12항, 945). 게다가 종교개혁 시대, 재세례파(Anabaptists)가 이와 같았다. 제 맘대로 임명받은 지도자를 제쳐누고 서로 재세례를 일삼으면서 종교개혁자들

의 회복된 교회를 단죄하고 자신들의 교회를 만들었다. 거짓된 교회로부터 분파하는 것은 성경적이고 진실한 것이다. **참된 분열은 교회 역사에서 종교개혁 외에는 없다.** 교회 분열 자체가 잘못된 것이라고 하며 그것만을 가지고 프로테스탄트들을 분파자로 정죄하는 로마가톨릭이야말로 사탄의 회당이다. 그들의 모임은 교회가 아니기에 종교개혁자들은 나올 수밖에 없었다. 그런데도 자신들이 참된 교회인 양 종교개혁자들을 이단자로 정죄하고 파문을 내리는 어처구니없는 일들이 과거에도 있었고 현재도 진행 중이다.

29항: 참된 교회의 표지와 거짓된 교회와의 차이점

(Of the Marks of the True Church, and Wherein She Differs from the False Church)

(1) We believe, ① that we ought diligently and circumspectly to discern from the Word of God which is the true Church, since all sects which are in the world assume to themselves the name of the Church.
② But we speak not here of hypocrites, who are mixed in the Church with the good, yet are not of the Church, though externally in it; but we say that the body and communion of the true Church must be distinguished from all sects, who call themselves the Church.

(2) The marks, by which the true Church is known, are these: ① if the pure doctrine of the gospel is preached therein; if she maintains the pure administration of the sacraments as instituted by Christ; if church discipline is

(1) 우리가 믿는 것은 ① 세상에 있는 모든 종파가 교회의 이름을 자신의 것으로 속여 말하기 때문에 참된 교회인지 하나님의 말씀에 근거하여 부지런히 또 신중하게 분별해야 한다는 것이다(계 2:19).

② 여기서 우리는 선한 자와 함께 섞여 있고 교회 안에 형식적으로 있지만 속하지 않은 외식주의자에 대해 여기선 말하지 않겠다(롬 9:6). 단지 여기서 말하고자 하는 것은 참된 교회의 몸과 교제가 자칭 교회라 말하는 모든 종파와 구별돼야 한다는 것이다.

(2) 참된 교회로 알려진 표지는 다음과 같다. ① (i) 복음의 순전한 교리가 교회 안에서 선포되고(갈 1:8; 딤전 3:15), (ii) 교회가 그리스도께서 제정한 대로 성례의 순전한 집행을 유지하고(행 19:3~5; 고전 11:20~29), (iii) 죄에 대해 처벌하는 교회 기강이 실행되는 표지를 갖는다(마 18:15~17; 고

exercised in punishing of sin: in short, if all things are managed according to the pure Word of God, all things contrary thereto rejected, and Jesus Christ acknowledged as the only Head of the Church.

② Hereby the true Church may certainly be known, from which no man has a right to separate himself.

(3) With respect to those, who are members of the Church, ① they may be known by the marks of Christians: namely, by faith; and when they have received Jesus Christ the only Savior, they avoid sin, follow after righteousness, love the true God and their neighbor, neither turn aside to the right or left, and crucify the flesh with the works thereof.
② But this is not to be understood, as if there did not

전 5:4~5, 13; 살후 3:6, 14; 딛 3:10), 간략히 말하면, 만사가 하나님의 순전한 말씀에 따라 관리되고(요 4:47, 17:20; 행 17:11; 엡 2:20; 골 1:23; 딤전 6:3~7), 이것에 반대되는 만사는 거절되고(살전 5:21; 딤전 6:20; 계 2:6), 예수 그리스도가 교회의 유일한 머리로 인정돼야 한다는 것이다(요 10:14; 엡 5:23; 골 1:18).

② 이렇게 볼 때, 참된 교회는 분명하게 알려질 수 있고, 어느 사람도 자신을 그 교회로부터 분리할 권한을 갖지 못한다는 것이다.

(3) 교회에 속한 지체는 ① 그리스도인의 표지, 즉 믿음으로 알려지는데, 다시 말하면 그들이 예수 그리스도를 유일한 구세주로 영접했다면(요 1:12; 요일 4:2), (i) 죄를 피해야 하고, (ii) 의를 따라야 하고(롬 6:2; 빌 3:12), (iii) 오른쪽으로나 왼쪽으로 치우침 없이 참된 하나님과 그들의 이웃을 사랑해야 하고(요일 4:19~21), (iv) 육체의 일들[죄의 잔재들]과 함께 **육체를 십자가에 못 박아야 한다**(갈 5:24).

② 그렇다고 자신들 안에 허약한 많은 것이 여전히 남아 있지 않은 것

remain in them great infirmities; but they fight against them through the Spirit, all the days of their life, continually taking their refuge in the blood, death, passion and obedience of our Lord Jesus Christ, "in whom they have remission of sins, through faith in him."

(4) As for the false Church, ① she ascribes more power and authority to herself and her ordinances than to the Word of God, and will not submit herself to the yoke of Christ.
② Neither does she administer the sacraments as appointed by Christ in his Word, but adds to and takes from them, as she thinks proper;
③ she relieth more upon men than upon Christ;
④ and persecutes those who live holily according to the Word of God, and rebuke her for her errors, covetousness, and idolatry.

처럼 이해해선 안 된다. 그들은 성령으로 말미암아 평생 그것들에 대해 싸워야 한다(롬 7:15; 갈 5:17). 또 "자신을 믿음으로 말미암아 죄들의 사면을 받게 한" 우리 주 예수 그리스도의 보혈, 죽으심, 수난과 순종 안에 지속해서 피난처를 찾아야 한다.

(4) **거짓된 교회**에 대해 말해본다면, ① 그 거짓된 교회는 하나님의 말씀보다 자신과 자신의 규례에 더 많은 권세와 권위를 부여하고 그리스도의 멍에에 절대로 굴복하지 않을 것이다(행 4:17~18; 딤후 4:3~4; 요이 1:9).
② 그 교회는 그분의 말씀을 따라 그리스도께서 정한 대로 성례를 집행하지 않고 자신이 합당하다고 생각하는 대로[소견에 옳은 대로] 성례들에 덧붙이거나 뺀다.
③ 그 교회는 그리스도보다 인간을 더 의지한다.
④ 하나님 말씀에 따라 거룩하게 사는 자들과 그 교회의 오류, 탐욕과 우상숭배에 대해 비난하는 자들을 핍박한다(요 16:2).

> (5) These two Churches are easily known and distinguished from each other.

> (5) 이 두 교회는 쉽게 알려지고 서로 구별된다.

영원에서 선택된 자는 참된 교회에 속해야 한다고 고백하고(「벨지카」 28항①), 그 교회의 역할을 고백한다(「벨지카」 28항③). 그렇다면 그 참된 교회는 어떻게 구별할까? 참된 신자, 즉 하나님의 자녀는 반드시 가시적 교회, 즉 지역교회에 가입해야 한다면, 어떤 종류의 교회든 상관없을까? 절대 그렇지 않다. "사탄도 자기를 광명의 천사로 가장하나니 그러므로 사탄의 일꾼들도 자기를 의의 일꾼으로 가장하는 것이 또한 대단한 일이 아니니라"(고후 11:14~15)고 했으니 조심스럽게 거짓된 교회를 구별하고 가릴 수 있어야 한다. 그 이유는 언제든 어디서든 무엇에든 거짓된 교회, 거짓 신자, 거짓 교사 또는 적그리스도가 파리떼처럼 어디서든 왱왱거리는 것을 잠시도 잊어선 안 된다. 이 모든 것은 마귀의 치밀한 전략이고 고도의 계략이다. 교회당 안에서 거하면 노아의 가족이라고 말할 수 있나? 그렇지 않다. 양의 탈을 쓴 늑대처럼 교회당이나 교회 내에 거짓 신자, 거짓 지도자, 적그리스도가 우글거린다.

가시적 교회(유형 교회) 중에서 참된 교회를 어떻게 구별할까? 「벨지카」는 단순명료하게 단언적이다. 그 명쾌한 고백을 여기서 접하게 된다. 먼저 기억할 것은 가시적 교회이기에 유기된 자 또는 거짓 신자도 섞일 수 있다는 것이다. 그들은 의식적이든 무의식적이든 그 교회에 가입한다. 의식적이면 중생 된 척하는 자이고, 무의식적이면 중생의 경험이 아직 없는 자이다. 아무튼 섞여 있는 성도 중 가시적인 것으로 분별하기 어렵다. 이 분별은 하나님만이 가능하다. 우리는 섞여 있다는 사실로 만족해야 한다. 가시적 교회 내에 네 부류의 사람이 들어온다고 봐야 한다(『해설자용』, 508~509; 『개혁신앙이다』, 508~512).

자신이 정말 참된 교회에 관심을 둔다면 여기의 고백을 지침으로 삼고 참되고 바른 교회를 찾으려고 노력해야 하고, 이 지침을 따라야 한다. 단지 외모로 판단하거나 자신은 참된 신자이고 구원받은 백성이기 때문에 타인을 판단한다면 그 자신감을 의심해봐야 한다. 무상으로 받았기에 자신의 주장을 내세워도 안 되고, 늘 청지기로서 평생 살아야 한다. 여기의 고백은 평생 자신에게 적용돼야 하는 진리이다. 항상 깨어있어야 한다.

(1)① 참된 교회와 거짓된 교회 간에 분별의 중요성을 고백한다.

지나온 교회 역사를 통해 분명히 알 수 있는 것은 예수 그리스도의 경고(마 7:15, 24:11, 24)처럼 이 세상에 어디서든, 언제든 거짓된 교회가 늘 있었고 그것이 재림할 때까지 있으리라는 것이다. 이런 교회는 **광명의 천사로 가장한 마귀**와 다를 바 없다(고후 11:14). 그런데도 하나님은 이들을 뽑아내지 않고 그대로 내버려 둔다. 그 이유는 독보리를 제거하려다가 밀까지 뽑을 수 있기 때문이다(마 13:29). 우리 측면에서 볼 때는 일찍 제거하는 것이 좋은 것처럼 보여도 그분은 이들을 이미 아시므로 심판을 준비하고 있다. 그들은 이를 아는지 모르는지 그 끝이 어떻게 될지 모르고 무관심 속에 버젓이 살아가는 이유는 당장에 벌을 받지 않기 때문이다(전 8:11). 견인을 통해 스스로 거짓인지 참인지 판단할 것이다.

인간이라면 예외 없이 가시적인 경험을 하게 되면 일정 기간 주의한다. 예를 들면, 생로병사를 통해 자신의 무력함이나 무지함을 인정하여 겸손을 일정한 기간 유지한다. 그렇지 않은 경우엔 인식도 자각도 없이 무개념으로 살아간다. 어떤 핑계나 이유를 대면서 긴장의 끈을 느슨하게 하고 만다. 마치 곰과 호랑이가 쑥 한 타래와 마늘 20개를 100일 동안 먹어야 인간이 될 수 있는데 그렇지 않은 경우가 많다. 영적 긴장을 상실하지 않고 평생 견인하는 것은 중생 됨과 그 경험을 가진 자가 아니면 불가능하다.

하나님의 자녀나 참된 신자는 말씀을 통해 죄의 위험과 자신의 비참함을 깨달으면서 늘 경계하고, 경성하고, 인식한다. 이것을 두렵고 떨림이라고 표현한다(빌 2:12). 이것은 시냇가에 심긴 나무처럼 주야로 하나님의 말씀을 묵상한다(시 1:2). 인생 90년이 길게 느껴져도 화살의 속도처럼 빨리 날아간다. 어떤 자세로 이 세상에 사느냐에 따라 길어도 짧게, 짧아도 길게 느껴진다. 신랑이신 그리스도를 만나볼 기대 속에 긴장하며 살아가기에 짧게만 느껴질 것이다.

우리는 참되거나 거짓된 교회 간에 분별이 어렵지 않기에((5)) 부지런히 살피는 동시에 쉽사리 외형으로 판단하지 말아야 하기에 **신중해야** 한다. 그 이유는 사탄의 심복인 거짓된 교회는 굶주린 사자처럼 삼킬 자를 찾기 때문이다(벧전 5:8). 하룻강아지와 같은 인간은 사탄을 매우 가볍게 여기고 방심하는 경우가 많다. 하지만 하나님은 사탄의 세력에 관해 말씀할 때 욥에게 부들부들 떨며 다리의 힘을 잃고 쓰러질 정도가 될 것이기에 허리를 대장부처럼 묶고 자신의 피조물 중 베헤못과 리워야단에 맞서야 한다(욥 40:7, 15, 41:1)고 하셨다. 이뿐만 아니라 겉으로 드러난, 즉 가시적인 표지가 참된 교회의 것인 줄 착각하는 경우가 허다하다. 장엄하고, 화려하고, 위엄차고, 웅장하고, 거대하고, 대단하면 이성적 생각을 멈추게 된다. 이성적 판단만 아니라 진실의 판단을 내리지 못하는 경우가 허다하다.

(1)② 참된 신자와 거짓된 신자의 구별이라기보다 참된 교회와 거짓된 교회의 구별에 관한 고백이다.

참된 교회밖에는 구원이 없다(「벨지카」 28항①; 「신앙고백서」 25장 2항②). 그렇다고 누구든 참된 교회 안에 있기만 하면 구원을 받을까? 그렇지 않다. 거짓 신자와 같은 중생 된 척 하는 자들이 그 교회 내에서 활동하기 때문이다. 마치 이단들이 교회 내로 들어와 참된 신자들을 괴롭히고 미혹하고 방해하는 것과 같다 하겠다. 가시적 **교회 안에는 네 부류의 사람들이 있다**(『해설자용』, 509, 671; 『개혁신앙이다』, 508~512).

1. 중생 된 자 또는 중생을 경험한 자.
2. 중생됐으나 경험하지 못한 자.
3. 중생 된 척하는 유기된 자.
4. 중생 되지 못한 유기된 자.

이처럼 쉽게 문자로 표기했지만 실제로 혼동할 수 있다. 특히 2.와 3.의 부류에 속한 자들은 너무나 유사하다. 교회 밖에 있지 않고 교회 내에 있기 때문이다. 1.과 4.에 속한 부류는 각각 가시적 교회 안팎에 있어 쉽게 드러나기 때문에 크게 문제가 되지 않을 수 있다. 교회밖에 있는 자들에 관해 우리가 뭐라 말할 수 있을까? 이 의미는 그들에게 기강을 행할 수 없는데 무슨 말을 더할 수 있을까? 그들이 거짓이거나 참이라는 판단을 내리기 어렵다. 게다가 그들에게 그리스도교 기강을 제안하거나 기준을 적용하는 것도 불가능하다.

그런데 교회 직분도 받고, 신앙생활도 하고, 교회 봉사도 하는 중생된 척하는 자 중에도 거짓 신자가 있을 수 있기에 참과 거짓을 분별하기가 매우 힘들다. 심지어 자신이 이 부류에 속한 자인지 모를 수 있고, 의도적으로 기만하는 자일 수도 있다. 외형만 보고 누구도 판단할 수 없고 하나님만 판별할 뿐이다. 여기에 우리의 경각심이 요구된다. 의심의 시각으로 누가 어느 부류에 속하는지 파악하라는 것이 아니라 자신을 포함하여 언제든 자신을 속일 수 있고 속이기 때문에 경성하라는 것이다. 성경을 열심히 배우고, 듣고, 지키는 훈련, 즉 기강에 힘써야 한다. 혹시나 하는 심정으로 자신의 내면을 고백서를 통해 자세히 살펴야 한다.

자칫하면, 순전한 교회라 하더라도 혼합이나 오류에서 벗어나지 못하면 변절하여 언제든 사탄의 회당이 될 수 있다(「신앙고백서」 25장 5항①). 대표적인 것으로 초대교회 때 로마교회가 중세시대와 현재까지 이르는 로마가톨릭교회로 둔갑한 것이다. 로마가톨릭교회는 서방교회에서 무력으로 주도권을 장악하기 위해 로마교회라는 이름만 가져왔을 뿐 그 정신이나 성격은 세속적이고 부패한 교회의 대명사이다(『이것이 교회사다: 묻어둔 진리』(중세교회사편), 91). 한 마디로 광명한 천사로 가장한 사탄의 회당이다. 로마가톨릭교회만 그럴까? 사탄이 그때만 역사하고 지금은 역사하지 않고 잠자코 있을까? 그렇다면 부지런히 참된 교회인지 거짓된 교회인지 파악해야 한다. 이런 분별에 관심을 가지지 않는다면 자신이 참된 신자인지 거짓된 신자인지에도 무관심한 자이다.

외식하는 자의 특징에 대해 성경은 명확하게 밝힌다(잠 6:12~14). 외식하는 자는 자신의 심정이 불결하다는 것을 인정하지만 착한 행위 몇 가지를 행하면 하나님께서 경멸하지 않을 것이라 기대한다(3권 14장 7항, 613; 『해설자용』, 954). 인간은 타락 후부터 자신을 가리거나 포장하는데 자연스럽다. 일말의 양심이 있어 심적 평정을 위해 스토아학파처럼 교회에 들어오기도 한다. 종교인이라는 그늘에서 자신이 세속적이지 않다는 것을 위선으로 포장하여 대중에게 전시한다. 외식이라는 망토를 입고 선택된 자가 지닌 유사한 믿음을 갖고 살아간다(3권 2장 11항, 455). 이렇게 살아가는 이유는 어느 정도의 지성을 가지고 있어서 최후의 심판에 대한 두려움이 있어서든지 아니면 자신의 철학이나 적성에 어울리기 때문이다. 이런 자들에 대해 하나님은 엄히 꾸짖으라고 명한다(딛 1:3). 그 망토는 무지이다. 잔인한 무지를 내세우면서 자신의 불경건을 포장하며 살아간다(2권 2장 18항, 240; 『해설자용』, 36). 우리가 쉽게 외식을 구별할 수 있는 이유는 실제로 배우지 않기 때문이다. 어떤 이유에서든 평생 배우지 않고 아는 척, 가진 척, 배운 척, 잘난 척하며 살아갈 것이다. 얕은 지식으로 상대방을 도마 위에 올려놓고 언제나 비판한다. 이것에 반해 그 망토를 벗기기 위해 참된 교회는 성도들을 훈련, 즉 기강에 속하게 해야 한다. 이것을 자기 부인 또는 죄 죽이기라 부르고 견인 가운데 있다고 말한다.

(2)① 참된 교회의 표지에 관한 고백이다.

참된 교회의 **영원한 표지는**? 참된 교회와 거짓된 교회를 구별하는 것은 그렇게 어렵지 않다((5)). 참된 교회는 신앙고백이나 성경에 관해 약간의 지식을 갖춘 자라면, 쉽게 분별할 수 있다. 「신앙고백서」와 『기독교강요』에서 정의를 내리는 것과 「벨지카」와 비교하면서 그 공통점을 정리하도록 하자. 칼빈 선생은 참된 교회에 관해 이렇게 정의 내린다(4권 1장 9항, 793).

하나님의 말씀이 순전하게 선포되고 들리는 곳마다 또 그리스도의 제정에 따라 성례를 집행하는 곳마다 하나님의 교회가 존재하고 있음을 의심할 수 없다.

간단히 말하면, "교회를 구별하는 상징은 말씀 선포와 성례의 준수"라고 말한다(4권 1장 10항, 795). 말씀의 순전한 선포, 성례의 순전한 집행이다.
「신앙고백서」는 뭐라 할까?(「신앙고백서」 25장 4항②)

개교회는 복음의 교리를 가르치고 채택함으로써 규례를 집행하고, 공적 예배를 그들 안에 어느 정도 순전하게 실행함으로써 어느 정도 순결하다 할 수 있다.

「벨지카」도 칼빈 선생의 정의와 거의 같다고 말할 수 있는데 복음의 교리가 순전하게 선포되고, 그리스도께서 제정한 대로 성례를 순전하게 집행하는 것이다. 여기서 주목해야 할 부분은 순전함(pure)이다. 여기에 덧붙여 죄에 대해 처벌하는 기강을 세우는 것이다.
「벨지카」 2항~7항은 부지런히 하나님의 말씀, 성경, 정경과 믿음의 규칙에 관해 고백한다. 말씀을 선포한답시고 **복음의 진리가 아니라 복음적 메시지**를 가공하여 설교가 아니라 강의를 할 수 있기 때문이다. 아는 것을 표절하든지, 아는 체하든지, 경험도 하지 않고 어디서 빌려온 예화를 가지고 값있게 보이려고 포장하든지, 성경의 의미를 부분적으로 보고 말하든지 다양한 방법으로 왜곡하는 경우를 말한다. 지식을 팔아먹는 장사치일 뿐이다. 하나님의 진리를 지식이란 상품으로 만들어 매매하는 것은 성직매매보다 훨씬 악하다. 그들의 메시지는 순금이 아니라 금처럼 보이는 **도금된 납덩어리와 같다**(『개혁신앙이다』, 30~32).

그런데 칼빈 선생이 순전한 선포만 아니라 순전히 들어야 한다고까지 했는데 일반적으로 개혁신앙인이 간과하기 쉬운 말이다. 선포된 말씀을 듣는 자세는 어떠해야 할까?(「대교리」 160문)

1. 부지런히 준비하고 기도로 선포된 말씀에 관심을 가지고,
2. 성경으로 듣는 것을 점검하고,
3. 믿음, 사랑, 온유, 준비된 마음으로 진리를 하나님의 말씀으로 수용하고,
4. 그것을 묵상하고 참고하고,
5. 그것을 심정에 담아 삶 속에 결실을 맺는다.

참된 교회는 하나님의 말씀을 순전히 선포할 뿐 아니라 신실하게 듣는다. 전하는 자만 아니라 청취자 역시 순전해야 한다. 자신이 듣고 싶은 것만을 취사선택하는 그릇된 신자가 활개 치기 때문이다.

순전하나는 형용사가 세 차례나 반복하는데 "복음의 순전한 교리",

"성례의 순전한 집행", 그리고 "순전한 말씀" 등이다. 이것은 말씀을 얼마나 진심으로, 진정으로, 진실하게 전해야 하는지 일깨우는 고백이다. 순전하게 말씀을 선포하는 사역자는 자신의 것을 말해서는 안 되고, 자기 생각대로 설교해서도 안 된다(4권 8장 2항, 880~881). 메신저(말씀 선포자)는 선포하는 말씀이 자신의 것이 아니고 주님의 것이라는 확신을 가져야 하고 자신의 것은 오직 겨일 뿐이라고 확신해야 한다(4권 8장 3항, 881).

　순전한 말씀을 선포, 복음의 교리나 순전한 교리를 가르치라는 것은 믿음의 항목(「벨지카」 5항①, 7항⑴①②)을 의미하며 우리에게 단번에 전해준 믿음의 도이다(『해설자용』, 667; 유 1:4). 참된 교회, 즉 가시적 교회의 연합을 유지하려면 그 교회의 교리와 기강이 따라야 한다고 고백한 적이 있다(「벨지카」 28항③). 교리 없이 말씀을 분석하고 해석하면 그릇된 적용으로 빠진다. 바른 교리에 서서 말씀을 바르게 분석하고 해석하여 바르게 적용해야 한다. 이런 측면은 선지자들에게서 볼 수 있다. 말씀 선포의 모본은 선지자들에게서 찾을 수 있다.

　복음에 관한 **순전한 교리**는 곧 하나님의 순전한 말씀이다((2)①). 만일 위의 정의를 수행하고 있다면 그리스도를 교회의 유일한 머리로 인정 또는 고백한다는 것이다. 이 의미는 그리스도의 이름으로 모인 자는 모두 형제라고 여기는 지체라는 것이다(「벨지카」 28항③). 성직 제도와 같은 계급제도가 교회에 있어선 안 된다. 우리는 신학적으로 이것을 만인 제사장직(Priesthood of all believers)이라 부른다. 이에 반해 로마가톨릭 교황은 스스로 높이고 있다(「신앙고백서」 25장 6항). 사제 중 사제라고 스스로 치켜세운다. 오직 그리스도만 불가시적 교회의 머리이다(「벨지카」 31항③; 「돌드레히트」 1장 7항①; 「하이델베르크」 49문②, 50문, 51문; 「신앙고백서」 30장 1

항; 「대교리」 64문, 66문①, 83문①, 87문④; 4권 2장 6항, 812; 4권 3장 2항, 819; 4권 6장 9항, 855; 4권 17장 6항, 1040). 이것은 그 교회에 속한 성도가 서로 지체라는 것을 의미한다. 어떤 직분이든지 일시적으로 맡은 동등한 청지기라고 인식하고(「벨지카」 31항③) 항상 내려놓을 것을 준비해야 한다. 순전한 교리로 서로 가르치고, 훈화하며 헌신해야 한다(「벨지카」 28항③).

만일 자신이 참된 교회에 속했다면, 서로 지체임을 인정하고 겸손하기 위해 날마다 자신을 부인한다. 동시에 육체의 일들에 관해 개인적으로 죄 죽이기를 늘 수행한다. 이것은 견인을 의미한다. 이런 난행고행은 그리스도께 접붙임 됐거나 그분이 자신 안에 내주한다고 인정하는 것이고, 진정 그렇다면 당연히 지체로서 서로에게 헌신하고 배우는 것은 필수사항이지, 선택사항이 절대 아니다(「하이델베르크」 90문 참고).

기강(「벨지카」 32항)에 관해 성경은 "교훈"(training), "교육"(instruction) 또는 "징계"(discipline)라고 표현한다(엡 6:4; 딤후 3:16; 히 12:5, 7, 8, 11). 이것은 다윗의 고백에서도 찾아볼 수 있다. "나를 훈계하신 여호와를 송축할지라 밤마다 내 양심[심정]이 나를 교훈하도다"(시 16:7). 자신의 양심이 밤마다 자신에게 기강을 세웠다고 고백하고, 어떤 경우엔 주님께서 지팡이와 막대기로 자신을 위로해 주셨다고 한다(시 23:4). 다윗이 어떻게 경건을 유지하려고 노력했는지 가늠할 수 있다. 하나님은 다윗을 가리켜 "그의 마음에 맞는 사람"(a man after his heart)이라고 명한다(삼상 13:14).

기강은 교회의 일치와 단일성을 육성하고 보존하기 위해 요구되고, 교회의 지체가 하나님께 지속해서 순종하기 위해 요구된다(「벨지카」 32항

③). 이 사역을 위해 교회는 일원에게 출교도, 제명도 시킬 수 있다(「벨지카」 32항④). 출교는 수찬 정지, 혹은 교회 일원의 자격을 박탈하는 것이다(「신앙고백서」 30장 4항). 출교는 교회가 행하는 가장 엄중한 처벌이다(4권 11장 5항, 927).

(2)② 참된 교회는 열매를 보아 알 수 있다(마 7:16~17). 그 열매는 성도의 참된 교제를 의미하며, 외적 번영이나 수적 성장이라고 착각해서는 안 되고, 빛의 3가지 열매와 성령의 9가지 열매를 떠올려야 한다(엡 5:9; 갈 5:22~23). 참된 삶인 거룩한 삶이 열매이다. 참된 교회만 아니라 참된 신자도 쉽게 구별할 수 있다. 참된 믿음을 가진 자는 그리스도를 통해 하나님을 아빠 아버지라 부른다(3권 13장 5항, 607). 그 이유는 우리가 하나님의 양자임을 그리스도가 보증하기 때문이다(롬 9:25; 2권 11장 9항, 378; 『해설자용』, 507). 그리스도는 우리에게 아버지라고 부르게 하셨다(3권 20장 37항, 706). 참된 믿음은 하나님과 화해되고, 그분의 너그러움에 소망을 두고, 의심 없는 확신으로 그분의 호의에 관한 약속을 신뢰하면서 그분을 아버지라고 부른다(3권 2장 16항, 460 참고).

또 참된 신자는 참된 교회에서 절대로 분리하지 않는다. 세상과 분리해야지 참된 교회와는 분리해선 안 된다(「벨지카」 28항②⑤). 참된 신자는 모친인 그 교회로부터 양육을 받아야 하고 성도 간 교제를 통해 자라가야 한다. 여기서 덧붙여야 하는 것은 교회를 언제든 우선순위에 둬야 하고, 다음은 가족, 자신 그리고 직장과 사회이다. 이 우선순위를 무너뜨려선 안 된다. 일반적으로 직장과 사회를 우선순위에 두고 교회를 맨 끝에 둬서 신자의 삶을 멍텅구리로 만들고 있다. 이 순서를 지키는 것이

쉬운 일이 아니지만 참된 신자는 이런 삶에 자연스러워야 한다.

(3)① 참된 교회의 표지((2)①)에 이어 그 교회의 지체인 성도 또는 그리스도인이라는 표지에 대한 고백이다.

이 고백은 "오직 너 하나님의 사람아! 이것(6:4~5)들을 피하고, 의와 경건과 믿음과 사랑과 인내와 온유를 따르며 믿음의 선한 싸움을 싸우라"(딤전 6:11~12). 이것은 개혁신앙인의 덕목이다. 그 핵심 단어는 믿음이다. **믿음**으로 참된 신자는 알려지거나 구별된다는 뜻이다. 믿음으로라는 의미는 예수 그리스도를 유일한 구세주로 영접했다는 것이다(요 1:12). 믿음은 곧 영접이라고 바꾸어 말할 수 있다. 이것은 어두움을 거절하고 빛을 수용하는 것과 같은 것이다(요 1:4~5). 하나님으로부터 믿음을 선물로 받을 때 우리는 그 선물의 실재와 신뢰에 대한 확신을 명시함으로 우리의 것이 된다. 이럴 때 예수님은 우리에게 자신의 가족의 일원이라는 권한을 베푼다.

믿음이 **하나님의 선물**이라고 해서 누구든 하나님의 자녀가 되는 자격을 획득했다고 주장해서는 절대 안 된다. 믿음이 선물일지라도 그것을 인간이 능력껏 잘 활용하여 획득한 것이라고 주장한다면, 아르미니우스파가 된다. 믿음이 하나님의 선물이라고 해서 인간이 원하는 대로 수용하거나 거절할 수 있는 것이 아니다(「돌드레히트」 3장~4장 14항①). 또 믿을 수 있게 하는 능력이나 힘과 같은 것을 줘서 의지가 강화돼 구원에 동의함으로 그분을 실제로 믿게 하는 것도 아니다(「돌드레히트」 3장~4장 14항③). 그분이 모든 것을 행할 수 있는 의지나 행위조차도 주시는 것이기에 인간의 그 어떤 협력이나 농조가 절대 필요 없다는 의미에서 믿음이 하나님의 선물이라는 의미이다. 이뿐만 아니다. 아르미니우스파는 믿음을 하나님의 선물이란 고백을 부인한다. 믿음으로 말미암는다는 것은 하나님께서 주입한 선물이 아니라 인간의 행위라고 주장한다(「돌드레히트」 3장~4장 오류 6②③). 정말 황당한 주장이 아닐 수 없다.

그리스도를 영접하는 자 또는 그분의 이름을 믿는 자는 하나님의 자녀였음을 깨닫게 된다. 창세 전, 즉 영원에서 그리스도 안에서 선택된 자임을 믿음을 통해 깨닫게 된다. 그 믿음은 특히 올바른 믿음을 지칭하는 것으로 중생의 과정에서 주어진다(「벨지카」 22항①). 이어서 성경은 이런 영접 또는 믿는 것은 인간의 혈통, 육체의 의지, 인간의 의지가 아니고 하나님에게서 나온 것임을 명시한다(요 1:12~13). 게다가 하나님의 자녀가 된다(to become)는 것은 자연적 출생으로 하나님의 영적 자녀가 될 수 없다는 것을 의미한다. 된다는 것은 본성의 변화를 의미하고, 인간의 혈통에 따르지 않았다거나 육정에 따르지 않았다는 것은 단순히 육체적 과정인 세습이나 유전을 배제한다. 게다가 법적 결혼을 의미하는 인간의 의지에 따른 것도 절대 아니다. 생물학적이지 않고 영적인 자녀임을 강조한다. 즉 중생을 의미한다(요 3장 참고). 중생은 믿음보다 선행하고, 그 결과 믿음이라고 말할 수 있다. 이것을 이해하지 못하는 자는 **믿음의 성격**을 알지 못하는 자이다(3권 3장 1항, 487).

믿음의 성격이란 하나님의 호의 또는 자비함에 대한 지식으로(3권 2장 7항, 449), 그것은 그분이 제안한 자비함의 약속에 근거해 있다(『해설자용』, 378, 400). 그래서 그분의 뜻을 아는 것과 그분의 진리에 대한 확신이기에(3권 2장 6항, 448) 그분의 자비함을 묵상하면서 미래를 의심하지 않는다(3권 2장 7항, 449). 이런 의미에서 믿음은 약속에서 시작하고, 안식을 누리고, 마무리한다(3권 2장 29항, 471).

진실로 그리스도인의 표지인 **믿음을 가졌다**는 것은 한갓 도구에 불과한 믿음을 가지고 그리스도를 영접한 것을 의미한다(「벨지카」 22항④). 믿음에 무슨 강력한 힘이 있다고 여겨서도 안 되고, 믿음이 의지를 강화하는 것으로 여겨서도 안 된다. 믿음은 하나님의 은혜를 수용하는 자체를 의미한다. 그 수용이 하나님에게 기원을 전적으로 둬야 한다는 의미로 선물이라고 말한다. 그 수용은 비밀적으로 일어나는 것이지 의식적으로, 믿을 것이다, 믿는다, 믿을 수 있다는 의지적 표명이 절대 아니다. 이런 의지를 강화시키기 위해 믿음을 간구한다는 것은 전형적인 로마 가톨릭주의 형태를 따르는 것이다.

그리스도를 영접하는 믿음은 **네 가지 행위**로 나타난다.

1. 죄를 피하고,
2. 의를 따르고,
3. 참된 하나님과 이웃을 사랑하고,
4. 육체의 잔재와 싸우고 육체 자체를 십자가에 못 받는다.

각각 행위의 의미는 무엇인지 살펴보자.

죄를 피한다는 것은 욥이 악을 의도적으로 피하는(to eschew) 것을 떠올리게 한다(욥 1:1). 죄의 어떤 모양이라도 피하고 죄에 접근할 수 있는 어떤 것이라도 피했다는 것이며, 이것은 하나님을 경외하기 때문에 가능하다(느 5:15). 하나님을 경외하면 악을 증오하며 피한다(잠 8:13, 16:6).

하나님을 경외하는 것은 죄들의 용서 기반이 된다(3권 16장 3항, 636~637). 용서를 받았기에 회개하게 된다. 그러나 회개를 죄들의 용서 근거로 삼아선 안 된다(「신앙고백서」 15장 3항②). 회개는 하나님을 경외하는 데서 나오고, 죄를 피하게 한다(3권 3장 3항, 5항, 7항, 488, 490~491). 그 회개는 믿음에서 나오기에 믿음의 결과라고 말한다(3권 3장 1항, 486~487). 죄를 피한다는 것은 믿음의 결과인 동시에 믿음의 행위이다.

의를 따른다는 것은 의에 대해 배고파하고 목말라하는 것과 같은 의미이다(마 5:6). 이것은 그리스도를 참되게 믿는 것에서 나오는 동시에 선택에 관한 확신이기도 하다(「돌드레히트」 1장 12항). 중생의 목표는 중생된 자가 하나님의 의에 일치하는 것이다(3권 6장 1항, 540~541). 다른 말로 하면, 하나님의 형상에 일치해 가는 것이다(「하이델베르크」 115문②). 그 이유는 중생의 목적이 그분의 형상을 회복하는 것이기 때문이다. 하나님의 명령을 따르고 순종하려는 것이기에 그분의 계명을 배워 그분의 뜻에 어긋나지 않으려 한다. 이것은 죄를 범하지 않으려는 자세와 노력을 의미한다. 그 수단으로 기도가 동반된다(「소교리」 98문).

참된 하나님과 이웃을 사랑한다는 것은 그분이 우리를 먼저 사랑했다는 것에 근거한다. 창세 전, 즉 영원에서 우리를 선택한 선한 기쁨을 떠올리면 좋다. 영원하기에 조건적 사랑이 아니라 무한하고 불변한 사랑이라고 표현한다. 측량할 수 없기에 지불이 불가능한 사랑이라고도 표현한다. 하나님 사랑과 이웃 사랑이 관련돼 있는데 그렇지 않으면 하나님을 사랑하는 자체가 성립될 수 없다. 전자와 후자를 분리한다는 것은 있을 수 없다. 하지만 전자와 후자의 순서를 바꾸어 이웃 사랑이 하나님 사랑의 증거라고 말해서는 안 된다. 이따금 그런 경우가 있겠지만 충분조건이라고 여겨선 안 된다. 하나님 사랑은 하나님 아들의 나타난 것에서 시작과 끝을 볼 수 있고, 그분을 믿어 영접한다면 사랑은 자연스러운 것이다. 이것을 강화하기 위해 성찬이 요구된다(「벨지카」 35항(7)③). 이웃을 미워하는 것은 인간성에 있어서 자연스러운 것이다(「하이델베르크」 5문). 이웃을 증오하는 것을 제어하기 위해 하나님은 자녀에게 「십계명」을 줬고, 예수님은 「주기도문」을 통해서 가르쳤다(「하이델베르크」 126문②).

육체의 잔재와 싸워야 한다는 것은 참된 회개, 거룩함 또는 견인을 의미한다. 참된 회개는 옛사람 죽이기와 새사람 살리기로 구성돼 있다(「하이델베르크」 88문). 참된 신자가 이 세상의 삶에서 늘 직면하는 악의 삼총사가 있다. 사탄, 세상과 육체이다(3권 9장 6항, 569; 『해설자용』, 206, 380; 「돌드레히트」 5장 3항①, 4항③; 엡 2:2~3; 「신앙고백서」 17장 3항①; 「대교리」 48문②, 195문(1)②, (2)①). 특히 육체는 욕망으로 우리를 지배하여 하나님의 계명에 불순종하게 이끈다. 세상은 영적 전투장이다(「돌드레히트」 5장 3항①, 4항①; 「신앙고백서」 9장 4항①). 승리를 위해 또는 구원을 얻기 위해 전투를 하는 것이 아니라 이긴 전투를 마무리하는 것으로 이해하면 좋다. 이것은 이미 거둔 그리스도의 승리를 일컫는다. 이 영적 전투는 곧 견인을 의미한다(「신앙고백서」 17장 1항; 「대교리」 79문). 이 전투는 회개에서 시작하고 거룩함으로 진행하고, 견인으로 거룩함을 이루어간다.

신자가 이 세상에서 완전한 거룩함을 이룰 수 없고, 이루지 못하는 이유는 육체의 모든 부분에 도사리고 있는 죄의 잔재들과 영에 대한 육체적 욕망 때문이다(「대교리」 78문). 육체와 싸우라는 것은 성령의 도움으로 영적 전투를 수행하라는 의미이며, 이원론자(Dualist)나 수도사들처럼 육체에 대한 금욕을 의미하지 않고 세상을 증오하라는 것이 절대 아니다. 그 육체와 싸우라는 것이지 증오하라는 것이 아니기 때문이다. 육체와의 전투가 매우 피곤하므로 하나님은 일주일에 안식일, 즉 주일을 허락하셔서 영적 쉼을 베풀어 말씀을 통해 영의 전투에서 쉬는 것을 허용하신 것이다(「대교리」 117문 참고).

(3)② 이 세상에서 육체의 일과 전투하는 것을 자세하게 고백한다.

영적 전투가 힘들고 외롭지만 이 세상에서 기나긴 세월 동안 행해야 한다. 늘 깨어있어야 하고 긴장을 풀지 말아야 한다. 영적 전투는 이 세상 사는 동안 실행하는 것이므로 단번에 끝내려는 생각을 버려야 한다. 몇 가지 실행하는 것으로 만족하는 것은 전투가 아닐뿐더러 견인도 아니다. 그냥 자기 반추나 후회에 불과하다. 하나님의 사역은 언제든 단번이지만 우리의 사역은 지속적이다. 전자가 단번이라고 하니까 우리도 한 번 하고 그 후로는 아무런 행동을 하지 않는다고 봐선 안 된다. 후자가 지속적이라고 하니까 한두 번이 별 의미가 없다고 봐서도 안 된다. **단번**이란 표현은 **영원하다**는 것을 의미하고, 지속적이란 표현은 완전을 향한 것임을 의미한다. 이 전투는 이 세상에 속하지 않은 하늘에 속한 참된 신자이기에 행하는 것이다.

죄와의 전투, 영적 전투, 육체와의 전투는 겸손을 위한 것이기에 그것을 유지하기 위해 피난처이신 그리스도에게 날아가야 한다(「돌드레히트」 5장 2항②). 이렇게 해야 하는 이유는 그분의 구속 사역 자체가 그 전투를 의미하기 때문이다. 그분이 우리를 위해 흘리시며 당한 격렬한 고통은 보혈과 십자가에서 죽으심으로 표현되고, 이것은 순종을 의미한다. 그래서 그분을 찾아 그분에 관해 알면서 그분과 함께 이 세상에서 영적 전투를 실행하는 자는 그야말로 그분을 믿는 것을 나타내는 것이다.

(4)① 지금까지 참된 교회((2) 순전한 말씀 선포와 성례)와 참된 신자((3) 믿음)에 관해 고백했다면, 이제는 **거짓된** 교회에 관해 고백한다.

이 고백은 참된 교회에 관한 것과 대조를 이룬다(3)①). 거짓된 교회는 하나님의 말씀을 순전하게 선포하기보다 자신의 신념과 규범에 더 큰 비중을 둔다. 이 일을 위해 자기 해석과 상징적 해석을 일삼는다. 하나님에 관해서도 언급하지만 자신이 본 **가공된 하나님**일 뿐 성경적 하나님이 아니다. 성경을 인용하지만 증명적 본문(proof-texting)을 사용하는 것 뿐이다(『가공된 진리』, 210). 증명적 본문은 특별한 교리나 신념을 위해 성경 구절을 여기저기서 인용하는 것을 말한다. 예를 들면, 제목 설교와 유사하다 하겠다. 성경 본문만 아니라 전체의 의미를 생략한 채로 선입관을 가지고 가공한다. 이런 작태는 인간을 위한 하나님이지 하나님을 위한 인간이지 않다. 인간 측면에서 본 하나님이지, 하나님 측면에서 본 인간이 아니다. 한 마디로 역사에 드러난 실존(existence)만을 하나님이라고 말하는 격이라 하겠다.

하나님에 대한 지식은 그분에 관해 설명하거나 그분의 말씀을 순전하게 선포할 때 매우 중요하다. 진리는 그분에 관한 것이기 때문이다. 그분에 대한 지식을 드러낸 하나님으로만 해석하여 인간화시키는 경우를 흔히 볼 수 있다. 일반 철학자들처럼, 마치 과학적이고 객관적인 견해를 펼치는 것처럼, 하나님을 가공하면서 인간의 해석을 우위에 둔다. 여기서 우리는 이성으로 합리화하여 하나님을 가공하는 거짓된 교회를 볼 수 있다. 그분에 관한 바른 지식 없이 그분의 말씀을 순전하게 해석할 수 없다. 이것은 제1계명의 금지사항이다. 그분에 대한 무지, 망각, 오해, 어리석은 견해, 무가치하고 사악한 생각을 금한다(「대교리」 105문④). 이뿐만 아니라 이런 것에 관용을 베푸는 것도 하나님은 금지하고(「대교리」 109문②) 분노하시며 복수한다(「대교리」 110문①). 그렇다고 인간이 심판장이 돼서 판단하고 복수자가 돼서 복수해서는 더욱 안 된다. 그분이 심판장이고 복수자이므로 그분의 방식대로 행한다는 것을 간과해서는 안 된다.

거짓된 교회는 그리스도의 멍에를 절대로 메지 않는다. 겸손과 온유한 삶을 절대로 살지 않는다. 교회의 연합을 유지하기 위해 교회의 역할 세 가지를 언급한 적이 있다(「벨지카」 28항③). 교리와 기강에 굴복하고(②①), 예수 그리스도의 멍에를 짊어져야 하고(④①), 지체로서 서로를 훈화하고 헌신하는 것이다. 거짓된 교회는 이런 것을 외식으로, 형식으로, 프로그램으로, 위선적으로, 대중적으로 일삼는다. 바리새파와 서기관과 유사한 자들이다.

멍에란 순종을 의미하는 것으로 준수해야 하는 책임이다. 성경 해석을 그리스도 중심으로 해야 한다고 설명한 바 있는데(2권 7장 1항, 304; 2권 8장 7항, 325; 『해설자용』, 60, 258) 이것은 말씀을 통해 그분을 바라보고 나타내고 이해하고 그분의 삶을 따른다는 것이다. 규범만 가공하여 흉내 내는 원숭이가 아니다. 성경 말씀을 통해 우리가 준수해야 하는 것은 율법, 규례, 법도, 율례 등을 들 수 있는데 이것은 성도의 마땅한 본분이다. 거짓된 교회는 이 본분을 다양한 해석을 통해 회피하려고 하지만 참된 교회는 그리스도의 멍에를 짊어진다. 그분의 겸손과 온유함을 닮는다.

이것은 성도의 연합을 위한 것으로 서로의 지체 역할을 하는 것이다(「벨지카」 28항③). 형식적 하나인 연합이 아니다. 이로 볼 때 거짓된 교회는 그리스도를 머리로 하지도 않을뿐더러 서로의 짐을 지는 지체 역할을 하지도 않는다. 그 이유는 그리스도의 교훈만 아니라 그분에 관한 고백에 무관심하기 때문이고, 그분을 형식적으로 닮으려고 하기 때문이다.

(4)② 참된 교회는 순전한 말씀 선포와 함께 교회의 머리이신 그리스도께서 제정한 성례를 집행하지만, 거짓된 교회는 그렇지 않다. 이 의미는 은혜받는 방편을 **제멋대로 고안하여** 배포할 뿐 아니라 **자기 수익을 위한 도구로 만든다는** 것이다. 로마가톨릭교회는 이것의 전문가이다. 그분이 제정한 두 성례, 즉 세례와 성찬 외에 은혜받는 방편을 마음대로 고안해낸다. 그것이 바로 거짓된 5성례이다. 그리하여 마음대로 양심을 묶고 강요한다(「벨지카」 32항②). 이 의미는 고안한 거짓 성례로 사람을 세뇌해서 영적 노예로 종속시키고 떠나지 못하게 족쇄를 채운다는 것이다(『해설자용』, 876). 성례를 제정하는 권한은 오직 하나님께만 있다. 그분만이 신자의 양심을 일으키고 위안을 주기 때문이다(4권 19장 2항, 1099).

(4)③ 거짓된 교회는 하나님을 신뢰하기보다 **인간을 더 의지한다.** 그분만을 의지하고 따르기보다 인간을 위해 그분을 섬긴다. **인간을 위한 종교이기** 때문이다. 인간애를 주장하면서 인간의 이데올로기를 이루는 방편으로 교회를 이용한다. 교회는 문화에 따라야 하고, 대중을 위해야 한다고 주장한다. 군중을 동원하여 여론을 조성하고 원하는 대로 이데올로기를 이뤄간다. 이런 과정에서 이웃 사랑이 하나님 사랑이라는

궁색한 논리를 펼친다. 이것은 신앙이 아니라 신념이다(『개혁신앙이다』, 21~25).

이웃 사랑만을 추구하면 거룩 없이 의를 이루는 것과 같다 하겠다. 하나님과 거룩한 관계없이 인간만의 축제인 정의를 이루는 것을 목표로 삼는다. 하나님은 단지 인간을 위해 요구된 존재일 뿐 인격적이며 신격이신 분임을 인정하지 않는다. 하나님에 관한 진리를 인간 측면에서 보기 시작하면 아르미니우스파나 펠라기우스파로 전락한다. 이것은 철학적 신념과 다를 바 없다. 그 대표적인 교회가 바로 로마가톨릭교회이다(『개혁신앙이다』, 152). 이런 사상이 곧 세미펠라기우스주의(Semi-pelagianism)이다. 그렇지만 하나님을 위한 것은 곧 진정으로 인간을 위한 것이다. 진리는 인간과 인간의 구원을 위해 기록됐고, 인간을 향한 하나님의 사랑이다.

(4)④ 거짓된 교회는 경건한 자를 핍박한다. 그 이유는 자신이 멸망의 자녀임을 이미 알고 있기 때문이다. 이런 고백은 시편에서 너무나 잘 명시하고 있다. 사탄은 자신의 때가 얼마 남지 않은 것을 알고 있으므로 하나님의 선택한 자를 핍박한다(계 12:12). 공권력을 사사로이 사용하는 것, 법을 악용하여 개인의 죄악을 합리화하는 것, 야망을 위해 양심을 어기고 거짓을 참으로 둔갑하는 것, 보고 싶은 것만을 보고 듣고 싶은 것만을 들어 편벽하게 결정하는 것, 부와 권력을 사용하여 약한 자를 지배하는 것, 정의와 공의를 분간하지 못하는 것 등을 행한다. 영적 존재인 사탄은 인간의 의도와 생각을 충분히 파악하고 있다. 교묘하게 덫을 놓고 기다리면 어리석은 인간은 그것에 걸려 종노릇하고 만다. 언제든

깨어있지 않으면 그에게 농락을 당하거나 괴뢰가 될 것이다.

(5) 참된 교회와 거짓된 교회의 **구별이 쉽다**는 고백이 놀랍다. 대개 어렵다고 생각하는데 그렇지 않다. 그 이유는 가시적 교회에 대한 구별을 알면 그 표지도 분명하기 때문이다((2)②). 구별이 쉽다는 것은 핑계할 수 없다는 것을 전제한다. 믿고 싶어도 믿을 수 없다는 말이다. 쉬우면 믿을 것 같은데 그렇지 않다. 쉬우므로 믿기 어렵고, 어려우므로 믿기도 어렵다. 이 핑계와 저 핑계를 대는 것은 자신이 거짓 신자임을 스스로 나타내는 것이다. 물론 여기서 간과해선 안 되는 것은 중생 된 척하는 자만 아니라 중생의 경험이 없는 자일 수 있다는 것이다. 아무튼 선택된 자만 그것의 구별에 관심을 두고 멸망 받을 자들은 구별에 관심을 두지 않는다. 유기된 자는 이 구별에 무관심으로 일관한다. 어떤 이유에서도 보고도 못 본 체, 알아도 모르는 체, 눈이 있어도 알지 못하고, 귀가 있어도 깨닫지 못한다. 살아있는 죽은 시신이나 조각하여 만든 우상과 다를 바 없다.

30항: 교회 정치와 직분자(Concerning the Government of, and Offices in the Church)

① We believe, that this true Church must be governed by that spiritual policy which our Lord hath taught us in his Word; namely, that there must be ministers or pastors to preach the Word of God, and to administer the sacraments; also elders and deacons, who, together with the pastors, form the council of the Church:

② that by these means true religion may be preserved, and the true doctrine everywhere propagated, likewise transgressors punished and restrained by spiritual means: also that the poor and distressed may be relieved and comforted, according to their necessities.

③ By these means everything will be carried on in the Church with good order and decency, when faithful men are chosen,

① 우리가 믿는 것은 이 참된 교회가 우리 주님께서 자신의 말씀으로 우리에게 가르친 영적 정책에 따라 통치돼야 한다는 것이다(행 20:28; 엡 4:11~12; 딤전 3:15; 히 13:20~21). 다시 말하면, 하나님의 말씀을 선포하고 성례를 집행하는 사역자 또는 목회자가 있어야 한다(눅 1:2, 10:16; 요 20:23; 롬 10:14; 고전 4:1; 고후 5:19~20; 딤후 4:2). 또 목회자와 함께 교회의 총회[공동의회]를 구성하는(빌 1:1; 딤전 4:14) 장로(행 14:23; 딛 1:5)와 집사(딤전 3:8~10)가 있어야 한다.

② 그래서 이런 수단으로 참된 종교(경건)는 보존되고 어디든 참된 교리는 보급되며, 죄인들은 영적 수단으로 처벌받고 억제될 수 있다. 또 필요에 따라 가난하고 억압받는 자들은 구제되고 위로를 받을 수 있다(행 6:1~4; 딛 1:7~9).

③ 또 이런 수단으로 모든 것은 디모데에게 보낸 서신에서 사도바울이 서술한 규칙에 따라(딤전 3장) 신실한 자들을 선택할 때(고전 4:2) 선한 질

| according to the rule prescribed by St. Paul in his Epistle to Timothy. | 서와 예절이 교회 내에 실행될 것이다. |

이 세상에 있는 가시적 교회가 참된 교회라면 어떤 정치를 행해야 하는지에 관한 고백이다.

아무리 참된 교회라 하더라도 가만히 들어오는 어두움의 세력이나 미숙한 성도의 삶이 있을 수밖에 없다(유 1:4;「벨지카」29항⑴②). 전자는 의도적으로 자신의 목적을 이루려고 하고, 후자는 영문도 모른 채 자신의 의를 따라 하나님의 의를 한동안 이용하기도 한다(롬 10:3). 물론 참된 신자도 그 교회 안에 있어 바른 정치가 이뤄지게 노력하고 힘쓴다. 그렇지만 완전하지 못하기 때문에 언제든 제어장치가 있어야 한다. 교회 정치는 마치 율법의 역할을 하는 것처럼 교회의 지체를 위한 울타리라 말할 수 있다.

이런 의미에서 구약성경 시대에 하나님께서 율법으로 인간의 육체적 욕망을 제어했듯이 교회는 권한, 즉 기강과 정치를 통해 통제, 제어, 권면, 지도, 도움을 줘야 한다. 또 하나님은 이런 귀중한 사역을 사역자에게 맡겼다(「벨지카」31항). 이들이 행하는 사역은 교회의 질서와 기강에 관한 것이다(「벨지카」32항). 이에 따라 참된 교회는 교회의 연합을 위해 교리와 기강을 세우고 그리스도의 멍에를 짊어져야 한다(「벨지카」28항③). 지상의 참된 교회는 이것을 실천하기 위해 정치가 요구되고 수행하는 책임을 맡을 직분자가 필요하다.

「벨지카」30항~32항은 교회에 관한 하나의 묶음이다. 제30항은「벨지카」 31항과 32항의 서론이다. 전자는 교회 정치와 직분자의 필요성을, 후자는 그 직무에 대해 고백한다. 「벨지카」 27항~29항은 불가시적 교회와 가시적 교회에 관한 고백이었다면, 30항~32항은 후자, 즉 가시적 교회의 구체적인 역할과 기능에 관한 고백이다. 전자, 즉 불가시적 교회는 하나님의 영역이고, 후자는 인간의 영역이기에 우리가 실제로 수행해야 한다.

① 가시적 교회에 필요한 교회 정치에 관한 고백이다.

이 세상에 있는 가시적 교회 중 **참된** 교회는 세 가지 표지를 지니고 있다. 순전한 교리 선포, 성례의 순전한 집행, 교회 기강의 실행 등이다(「벨지카」 29항(2)①). 이 사역을 책임지는 자는 사역자이다. 참된 교회는 사역자의 지도를 받아야 한다. 이것은 하나님의 뜻이다(4권 3장 1항, 819). 사역자는 교회의 근육과 같아서 하나님의 은혜를 베풀고 은사를 분배하는 임무를 수행한다(4권 3장 2항, 819). 직무 수행은 가장 높은 영예와 평가를 받아야 하고, 찬사까지도 아낌없이 받아야 한다. 그 이유는 복음 사역이 무엇보다 중요하고 고귀하기 때문이다(4권 3장 2항, 819~820). 하나님은 사도, 선지자, 복음 전도자, 목회자와 교사를 임명하셨다(엡 4:11). 이들의 사역은 말씀을 순전하게 선포하고 성례를 순전하게 집행하는 것으로 참된 교회의 표지를 따르고 교회를 유지하게 한다(4권 1장 9항, 793; 「벨지카」 29항(2)①).

목회자에 관한 구체적인 사역과 역할은 제31항에서 고백한다.

이것에 관한 지침으로 하나님은 우리에게 **영적 정책**을 주셨다. 그 정책에 따라 교회는 사역자를 통해 그 임무를 수행한다. 교회의 임무에 관해 고려할 때 그리스도의 3중직을 함께 떠올려야 한다. 천사가 인간을 위한 하나님의 메신저이긴 해도(「벨지카」 12항③) 하나님 아들은 직접 구속 사역을 위해 인간이 되셔서 기름 부음 받은 자의 직무를 수행했다. 그 구속 사역을 성령 하나님께서 선택된 각자에게 적용하지만 교회는 직분자를 통해 교회에 모인 선택된 자를 양육하고 훈계한다. 이것은 하나님의 영원한 섭리이다.

교회에서 목회자가 **중요한 이유**는 성도가 그들이 가르치는 하늘 교리로서만 자라가기 때문이다(4권 1장 5항, 788). 이런 면에서 교회는 성도를 양육하는 모친이고(4권 1장 4항, 788), 말씀 선포와 성례가 참된 교회의 표지가 된다(「벨지카」 29항②①; 4권 1장 9항, 793). 참된 교회에서 그 사역을 수행하는 목회자는 **하나님의 입**이다(4권 3장 1항, 881). 사역 또는 직무가 중요한 것이지 목회직이나 목회자는 계급이나 군주가 아니다. 사역자는 영권을 가지다 보니 하나님의 막강한 권력을 개인의 욕망에 따라 휘두를 수 있다. 이들 자신의 신앙이나 신념을 따르는 것이 아니라 하나님의 말씀을 수행하는 청지기이고, 대변자(speaker)일 뿐이다. 게다가 목회적 성공, 즉 수적이나 양적 성장, 업무의 성공이나 실패는 목회자 자신의 능력에 근거하지도 않는다. 그렇다고 이것이 목회자의 게으름을 부추기지도 않는다.

참된 목회자는 청지기로서 더 열심히, 진실하게, 진정으로 수행한다. 노예(slave)가 아니라 종(servant)이고, 고용된 자(employee)가 아니라 상속자(heir)이고, 보상을 바라지 않고 기업을 소유한 자이다(갈 4:7; 3권 18장 2항, 654; 3권 19장 5항, 666; 『해설자용』, 560). 목회자가 열심히 그 직무를 수행하는 힘은 자신의 이데올로기, 의지의 발로 또는 재능이 아니라 하나님의 자비함에서 나온다(3권 16장 3항, 636). 이것은 칭의, 즉 의롭다 여겨지는 것과 같은 맥락이다.

참된 교회의 표지 중 하나는 성례를 순전하게 집행하는 것이다(「벨지카」 28항③). 참된 목회자는 그리스도께서 제정한 두 성례 외에 다른 것을 슬그머니 집어넣어 희석하지 않는다. 자기 생각에 옳다고 판단하는 대로 성례가 은혜의 방편이라고 하여 가공하거나 조작하지 않는다. 언제든 무엇이든 하나님의 말씀에 따른다(「벨지카」 29항(4)②). 목회자도 연약하고 허약하기에 언제든 재간을 부릴 수 있다. 목회자는 자신을 언제나 긴장을 늦추지 말고 점검해야 하고 부지런히 말씀과 기강을 자신에게 적용해야 한다. 교회 지체는 이것을 빌미로 그들에게 고삐를 채우지 말고, 목회자는 스스로 기강의 훈련에 있어야 한다. 목회자만 교회를 전담하는 것이 아니라 그를 돕는 장로와 집사도 있어야 한다. 이들로 구성된 제직회, 노회 또는 총회가 있어 언제든 견제, 도움, 권고, 협력, 지도를 받고, 문제가 일어날 때 그것을 해결하는 역할을 해야 한다. 그래서 초대교회 때 지역 종교회의(Synod)나 범종교회의(Council)가 있었다. 현재는 노회(Presbytery 또는 Classis)와 총회(Assembly 또는 Council)가 그 역할을 한다(『해설자용』, 691).

② **이런 수단**은 교회의 직분자, 즉 목회자, 장로와 집사를 통해 사역한다는 고백이다.

장로의 역할은 다스리는 사역, 집사는 구제의 사역을 수행한다(4권 3장 8항, 824). 특히 집사는 구제 물자를 배분하고, 병든 자나 가난한 자를 돌보는 사역을 수행한다(4권 3장 9항, 824). 집사 선출의 목적은 구제를 위해서였다(행 6:13). 초대교회 때 장로직은 말씀을 선포하는 목회자만 아니라 다스리는 직무를 맡은 장로도 있었다. 이들은 목회자와 더불어 교회의 기강에 대한 책임을 맡았다(4권 3장 8항, 824).

말씀 선포와 기강은 장로의 직무였고, 각각 목회자와 장로가 수행했다. 물론 목회자도 장로이기에 기강의 책임을 맡는다. 기강은 교회가 지닌 열쇠들의 권한 중 하나이다(4권 12장 1항, 937). 근육과 같아서 서로 협력하여 교회를 건강하게 한다(4권 12장 1항, 937).

교회는 게으른 자를 부추기고 욕망을 억제하고 다툼을 화해시킨다. 기강의 단계는 개인의 훈계로 시작하지만 목회자와 장로의 권면에도 순응하지 않으려고 완강히 거절하면 교회의 단절자로 여겨야 한다(4권 12장 2항, 938). 교회의 단절이란 성도와의 교제 단절인 출교와 예배와 성찬에 참여하지 못하게 하는 것이다(『해설자용』, 772). 기강을 실천할 때 주의할 일은 성경에 열거되지 않은 죄들이라도 발각되면 수정한다. 아버지의 심정을 가지고 권면하고 징계한다. 그리고 엄격하게 시행해야 한다. 회개의 증거가 나타나기 전까지 성찬식에 참여시켜선 안 된다(4권 12장 6항, 941).

③ 교회 정치는 성경적이라는 고백이다.

이런 수단은 앞에서(②) 언급한 대로 교회의 운영을 직분자에게 맡기는 하나님의 영적 정책을 말한다. 말씀 선포만 아니라 기강은 성경의 진리이다. 교회의 직무를 수행하기 위해 그 직무를 맡길 사역자에 관한 것은 다음 항복에서 자세히 고백한다(『벨지카』 31항). 우선으로 신실해야 하고, 선한 질서와 예절이 있어야 한다. 여기서 정말 피하지 말고 정면으로 직시하여 순종해야 하는 것은 성경에 기록된 대로 장로나 집사만 아니라 목회자를 선출하는 것이다. 이상한 궤변을 쏟아내거나 토해내지 말고 교단은 목회자를 양육하고, 목회자는 교회를 섬겨야 한다. 그렇지 않은 교단이나 교회와 목회자는 거짓된 자이므로 하나님께서 심판할 것이다.

31항: 사역자, 장로와 집사 (Of the Ministers, Elders and Deacons)

① We believe, that the ministers of God's Word, and the elders and deacons, ought to be chosen to their respective offices by a lawful election by the Church, with calling upon the name of the Lord, and in that order which the Word of God teacheth.

② Therefore every one must take heed, not to intrude himself by indecent means, but is bound to wait till it shall please God to call him; that he may have testimony of his calling, and be certain and assured that it is of the Lord.

③ As for the ministers of God's Word, they have equally the same power and authority wheresoever they are, as they are all ministers of Christ, the only universal Bishop, and the only Head of the Church.

① 우리가 믿는 것은 하나님의 말씀을 선포하는 사역자, 장로와 집사가 주님의 이름으로 지명을 받고 하나님의 말씀이 가르치는 규정에 따라 각각 직무를 맡도록 교회가 합법적으로 선출해야 한다는 것이다(행 1:23~24, 6:2~3).

② 그러므로 모든 자는 부당한(상스러운) 수단으로 자신을 밀어붙이지 않도록 유의해야 하고, 자신을 부르신 하나님을 기쁘시게 할 때까지 기다려야만 한다. 그래야 자신의 부름에 관한 증거를 가질 수 있고 주님에게서 나왔음을 확실하게 확신할 수 있다(행 13:2; 고전 12:28; 딤전 4:14, 5:22; 히 5:4).

③ 하나님의 말씀을 선포하는 사역자는 어느 위치에 있든지 상관없이 같은 권력과 권위를 동등하게 지니고 있다. 그 이유는 그들 모두가 유일한 우주적 감독이며 교회의 유일한 머리이신(마 23:8~10; 엡 1:22, 5:23) 그리스도의 사역자이기 때문이다(고후 5:20; 벧전 5:1~4).

④ Moreover, that this holy ordinance of God may not be violated or slighted, we say that every one ought to esteem the ministers of God's Word, and the elders of the Church, very highly for their work's sake, and be at peace with them without murmuring, strife or contention, as much as possible.

④ 더욱이 하나님의 거룩한 이 규례가 위반되거나 경시되지 않기 위해 하나님의 말씀을 선포하는 사역자와 교회의 장로는 그들의 사역으로 인해 깊은 존경을 받아야 하고(살전 5:12~13; 딤전 5:17; 히 13:17) 가능하다면 성도들은 투덜대거나 다툼 또는 논쟁 없이 그들과 사이좋게 지내야 한다.

하나님은 교회를 이 세상에 설립하게 했고, 그것의 운영을 위해 사역자를 임명하게 했다. 이것은 하나님의 말씀에 따른 영적 정책이다(「벨지카」 30항①). 하나님은 자신의 백성을 부르셔서 이 세상에서 승리의 삶을 살게 하려고 훈련하는 장소로 가시적 교회(유형교회)를 세웠다. 천사가 선택된 자를 돕도록 창조됐지만, 그들은 영이다(「벨지카」 12항③). 몸과 영을 지닌 사람, 즉 그들을 돕는 사람이 필요하다. 이것을 위해 하나님께서 교회를 설립했다. 교회는 덜렁 세운 건물인 교회당이 아니고 몸과 지체인 성도의 모임이다. 그렇다고 교회 건물이 없어야 한다는 극단적 견해는 주의해야 한다. 교회는 그 지체들을 위한 훈련, 즉 기강과 양육의 임무를 수행해야 한다. 그 사역을 위해 하나님은 사역자, 장로와 집사를 임명하게 하신 것이다.

교회의 성격, 견책과 조직에 관심을 가진 「신앙고백서」와는 조금 달리 「벨지카」는 교회 직무를 맡은 자에 대해 더 큰 관심을 둔다. 핍박을 받는 가운데서도 사역자를 합법적으로 선출하고 바르게 사역하는 데 중점을 두고 고백했다는 것은 우리에게 큰 도전과 경고를 한다고 하겠다.

① 합법적 직분자 선출에 관한 고백이다.

여기에 언급된 세 직분, 즉 **사역자, 장로와 집사**는 하나님의 말씀에 따른 영적 정책에 따라 교회를 통치하거나 운영하는 직책이다(「벨지카」 30항①). 그래야 이들이 하나님의 말씀을 선포하거나 그것에 따라 집행할 수 있다. 합법적이지 않은 직책이 교회에 있어선 안 된다는 것을 우리에게 암시하고 있다 하겠다.

하나님은 교회의 임무를 수행하기 위해 직분자를 성경에서 제시하는 규정에 따라 **합법적으로** 선출하게 했다. 거룩한 직책은 하나님의 말씀에 근거하여 제정된 것이므로 그것을 선포하거나 집행하기 위해서는 하나님의 말씀에 따라 선출해야 한다. 그 직무가 고귀하고 고상하기에 합법적으로 선출하지 않으면 안 된다. 그 이유는 성도를 갱신하고 그리스도의 몸을 세우기 위해서이고, 머리이신 그리스도에게까지 자라가게 하므로 연합을 위하기 때문이다(4권 3장 2항, 819). 실제로 복음 사역보다 더 중요하고 영광스러운 것은 없다(4권 3장 3항, 820).

선출의 **합법성**을 위해선 하나님의 말씀이 가르치는 규정에 따라야 한다. 많은 표를 얻는 자를 선출하는 세속적 적법을 무시하지도 말아야 하지만 억지를 부려서도 안 된다. 또 합당한 모임에서 선출해야 한다. 그리고 누가 참된 사역자인지를 알려면 소명(calling)을 정식으로, 또 그 부름에 관한 답변을 고려해야 한다(4권 3장 10항, 825). 일반적으로 그 소명을 객관화시켜서 각 교회에서 추천한 목회자 후보생을 노회로 보내고,

노회는 총회에서 지정한 신학대학원에서 공부하도록 위탁한다. 이렇게 소명의 정당성을 객관화시키고 있다.

칼빈 선생은 사역자의 부름을 점검하는 방법 네 가지를 제시한다. 어떤 인물을 선출할 지, 선출 방법, 임명하는 자와 임명식 등이다(4권 3장 11항, 825). 이 네 가지는 사역자를 선출하는 것과 유사한 방법이다(4권 4장 10항, 836).

주님의 이름으로 지명받아야 한다는 의미는 교회의 머리 되신 그리스도이심을 인정하는 모임, 즉 교회에서 부름에 관해 선출이 이뤄져야 한다는 것이다. 단순히 교회라는 이름만을 가지고 선출된 직분자에 대해 부름을 받았다고 여겨서는 안 되고 자신도 그렇게 생각하면 안 된다. 직분이 계급화, 세속화, 물질화되면서 학력, 권력과 재력이 교회에 들어와 편법을 통한 성직매매가 퍼져있다. 합법적인 선출이라는 말은 케케묵은 옛말이 되고 말았다. 로마가톨릭이 저지른 타락한 모습까지 가서야 파멸을 직면하리라 본다. 아무튼 한국교회의 직분자 선출에 있어서 이 고백서와 어긋나는 방법이 있다면 그 직분을 받아서도 임명해서도 안 된다.

구약성경 시대에 선지자들을 임명하는 사례를 보면, 주님의 이름으로 지명 받는 것이 어떤 것임을 알 수 있다. 모세의 부름: "이제 내가 너를 바로에게 보내어 너에게 내 백성 이스라엘 자손을 애굽에서 인도하여 내게 하리라"(출 3:10), 사무엘의 부름: "여호와께서 임하여 서서 전과 같이 사무엘아, 사무엘아, 부르시는지라 사무엘이 이르되 말씀하옵소서 주의 종이 듣겠나이다 하니 여호와께서 사무엘에게 이르시되 보라 내가 이스라엘 중에 한 일을 행하리니 그것을 듣는 자마다 두 귀가 울리리라"(삼상 3:10~11), 이사야의 부름: "내가 또 주의 목소리를 들으니 주께서 이르시되 내가 누구를 보내며 누가 우리를 위하여 갈꼬 하시니 그때에 내가 이르되 내가 여기 있나이다 나를 보내소서 하였더니"(사 6:8), 예레미야의 부름: "내가 너를 모태에 짓기 전에 너를 알았고 네가 배에서 나오기 전에 너를 성별하였고 너를 여러 나라의 선지자로 세웠노라"(렘 1:5), 아모스의 부름: "양 떼를 따를 때에 여호와께서 나를 데려다가 여호와께서 내게 이르시기를 가서 내 백성 이스라엘에게 예언하라 하셨나니"(암 7:14~15) 등등이다.

신약성경 시대에 예수 그리스도는 제자들을 부르셨다. 베드로의 부름: "나를 따라오라 내가 너희를 사람을 낚는 어부가 되게 하리라"(마 4:19), 마태의 부름: "나를 따르라"(마 9:9), 바울의 부름: "너는 일어나 시내로 들어가라 네가 행할 것을 네게 이를 자가 있느니라"(행 9:6) 등이다. 이들은 모두 직접 하나님에게서 부름을 받았다.

우리의 부름은 어떨까? 자신의 음성을 듣고 하나님의 음성이나 부름이라고 착각하지는 않는가? 자신의 부름을 진지하게 고려하고 또 고려해야 한다. 직무를 수행할 재능을 지니고 있는지 살펴야 한다. 목회자에 관해서 장로교 헌법에 자세히 쓰여 있다. 제4장 제2조에 이렇게 돼 있다.

목사 될 자는 OO 신학대학원을 졸업하고 학식이 풍부하며 행실이 선량(善良)하고 신앙이 진실하며 교수에 능한 자가 할지니 모든 행위가 복음에 적합하여 범사에 존절함과 성결함을 나타낼 것이요, 자기 가정을 잘 다스리며 외인(外人)에게서도 칭찬을 받는 자로 연령은 만 29세 이상자로 한다. 단, 군목과 선교사는 만 27세 이상자로 한다(딤전 3:1~7).

이 지침에만 따르면 된다.

② 직분자를 선출할 때 사용하는 **부당한 수단**에 관한 고백이다.

부당한 수단의 대표적인 것은 성직매매이다. 중세시대 로마가톨릭교회는 성직을 매매했을 뿐 아니라 세습했다. 이것은 교회 타락의 전형적 모습이다. 성직매매(simony)는 교회를 타락시키는 영적 질병이다(『묻어둔 진리』, 147). 성직매매가 성행했던 이유 중 하나는 신분 세척 때문이다. 계급사회에서 성직자가 되는 것은 신분의 상승과 변화를 가져다주는 것이었다. 신학적 지식이나 부름이 없어도 권력자의 충복이면 누구라도 성직자가 됐다. 당시에는 세속 권력자가 성직을 임명하는 권한을 가지고 있었기 때문이다. 그들은 성직을 주면서 충성을 맹세하게 했고, 자신의 수하인으로 삼아 신자를 마음대로 지배하기를 원했다.

현재 한국교회 실정도 별 다를 바 없다. 목사를 양성하는 전문적 신학 지식이 없어도 누구든 교단을 만들어 목사를 양성하고 있다. 국가의 자격이라는 전제 아래 학위가 뭐 대단한 것처럼 여긴다. 심령을 사랑하는 영적 지도자가 아니라 직업의 한 종류로 전락한다. 게다가 자신이 설립한 교회 지도자 직위를 자식에게 세습하는 악습은 중세시대 로마가톨릭과 다를 없다(『묻어둔 진리』, 150). 목회자의 경우, 진정한 부름을 받았다면 교회의 초청을 **기다리든지** 아니면 그 부름을 증명하기 위해 교회를 주님의 이름으로 낯선 곳에 가서 개척하든지 해야 한다. 개척이 힘들다는 평계를 들어 인맥을 통해 몇 명을 데리고 시작하기도 한다. 돈 없으면 개척도 힘들다는 말이 공공연하게 돌고 있다. 전투력이 없는 목사들이 양성돼 교회를 개척할 수 있을는지 의문이다.

이뿐 아니라 교회 직분자 선출도 문제가 된다. 직분자를 선출할 때 온 성도가 참여하고 재적 2/3의 인원이 참여해서 선출해야 한다. 참여자도 그 비율에 차지도 않지만 1차에서 선출되지 않으면 2차, 3차까지도 가는 우스꽝스러운 광경을 보곤 하는데, 더 우스운 것은 선출된 자에게 임명식을 위해 헌금이라는 이름으로 돈을 거둔다는 것이다. 정말 이렇게 성직매매가 공공연하게 자행되어도 된다고 여기는가? 중세시대의 로마 가톨릭이 현재 한국교회 실상을 보면 비웃을 것이다. 이런 성직매매를 하나님께서도 엄히 경고한다(출 23:8).

또 **기다린다**는 것은 인간적 방법으로 서두르거나 재촉해선 안 된다는 의미이다(사 59:7 참고). 하나님의 때를 기다린다는 의미로서 그분이 환경이나 사람, 말씀을 통해 감당치 못하는 은혜를 깨닫게 한다.

장로교 헌법 제15장 제2조와 제3조에서 목사 선거와 준비를 아래와 같이 명시하고 있다.

> 지교회에 목사를 청빙하고자 하는 경우에는 당회의 결의로 공동의회를 소집하고, 임시 당회장이 강도한 후 공포하기를, 교회에서 원하면 목사 청빙할 일에 대하여 투표할 것이라고 그 의견(意見)을 물어 과반수가 찬성하면 즉시 투표한다.
>
> 투표하여 2/3가 가(可)라 할지라도 부(否)라 하는 소수가 심히 반대하는 경우에는 회장은 교우에게 연기하라고 권고하는 것이 가하다. 투표가 일치하든

지 혹 거의 일치하든지 혹 대다수가 양보하지 아니하는 경우에는 회장은 합동하도록 권면한 후 규칙대로 청빙서를 작성(作成)하여 각 투표자로 서명 날인하게 하고 회장도 날인하여 공동의회의 경과 정형을 명백히 기록(반대자의 수와 그 사람들의 형편도 자세히 기록한다)하여 청빙서와 함께 노회에 드린다. 단, 청빙서에는 투표자뿐 아니라 무흠 입교인 과반수의 날인을 요한다.

위의 방법대로 실행하면 부당한 수단이 개입되지 않고 하나님께서 기뻐하실 때까지 기다림이 이뤄질 것으로 본다.

③ 하나님의 말씀을 선포하는 자에 대한 6가지 자세는 다음과 같다 (「대교리」159문).

1. 건전하고 바른 교리를 언제든 부지런히 선포하고,
2. 꾸밈없이 하되 인간의 지혜의 매혹적인 말로 행하지 말고 성령과 권능을 명시하며 선포하고,
3. 신실하게 하되 하나님의 전체 방침을 알게 하며 선포하고,
4. 지혜롭게 하되 청취자의 필요와 능력에 맞춰 선포하고,
5. 열정적으로 하되 하나님과 그들의 영을 향한 열렬한 사랑으로 선포하고,
6. 진정으로 하되 그분의 영광과 그들의 회심, 훈화와 구원을 목적하며 선포한다.

목회자는 서로 같은 권력과 권위를 지닌 자, 즉 동급인 동역자이지, 계급 계층에 있지 않다. 초대교회 때 장로, 감독, 대감독이 있었다고 하여

계급이라 보지 말아야 한다. 초대교회 때 이런 직책이 생긴 이유는 문제가 생겼을 때 해결하기 위한 모임의 의장이 필요하기에 목회자 중 감독을 선출하고, 더 큰 문제의 해결을 위한 모임의 의장이 필요하기에 감독 중 대감독을, 대감독 중 총대감독을 선출하고 했지만 영속적이거나 권력을 남용하지 않았다. 이런 제도를 악용하여 로마가톨릭교회는 계급제도(hierarchy)를 만들었다. 심지어 로마가톨릭교회는 로마교황을 그리스도의 대리자로 억지 주장하면서 봉건사회의 계급제도에 따라 계급으로 여긴다. 다른 감독이나 장로 위에 군림하는 못된 버릇을 주님 오실 때까지 유지하려고 할 것이다. 교회의 머리가 그리스도이고, 그 일원은 지체인 것처럼 목회자는 모두가 그리스도의 종들이므로 도토리 키 재기하는 어린아이 장난감 놀이를 그만둬야 한다.

④ 사역은 존귀하게 여겨져야 한다. 이런 자세는 다윗이 기름 부음 받은 사울 왕을 존경한 것과 같은 자세이다. 그렇다고 말씀 선포의 책임을 맡은 자는 그 존경을 당연한 것으로 여기지 말고 언제든 겸손한 자세, 즉 종의 자세로 임해야 한다. 이것의 균형을 잡기가 쉽지 않기에 늘 자신에게 말씀을 적용하는 훈련을 실행해야 한다. 마치 자녀가 부모에게 존경을 나타내는 것과 같다 하겠다. 이것은 제5계명과 관련돼 성도는 자식처럼 부모인 사역자를 공경해야 한다(2권 8장 36항, 342; 「하이델베르크」 104문; 「대교리」 124문).

합당하게 선출된 목회자, 장로와 집사이지만 교회 내 거짓 신자들로 인해 어려움을 겪는 경우도 허다하다. 이럴 때 권리를 찾기 위해 세상 법정에 호소하는 것을 지양해야 한다. 비근한 실례로, 1662년 영국의 왕정복고(Restoration)로 인해 찰스 2세가 왕으로 복원됐다. 그는 '통일령'(Act of Uniformity 1662)을 1662년 8월 19일 발표하여 영국국교회를 위한 공공의 기도, 성례 집행과 다른 의식들을 통일시키려 하면서 〈공동 기도서〉(Book of Common of Prayer)에 서명하라고 청교도 목회자들에게 명령했다. 약 2,029명의 청교도가 서명을 거절하자 자신들의 교회에서 같은 해 8월 24일 추방을 당했다. 이것을 가리켜 '대추방'(Great Ejection)이라 부른다(『가공된 진리』, 104~105). 이들을 가리켜 비국교도라 명명하고, 서명한 자를 국교도라 칭한다. 이어서 그는 '비밀 집회 금지령'(Conventicle Act 1664)과 '5마일령'(Five Miles Act 1665)을 공포하여 비국교도가 목회하지 못하게 했다. 하지만 청교도는 추방을 당해도 저항하지 않았다.

32항: 교회의 질서와 기강 (Of the Order and Discipline of the Church)

① In the meantime we believe, though it is useful and beneficial, that those, who are rulers of the Church, institute and establish certain ordinances among themselves for maintaining the body of the Church; yet they ought studiously to take care, that they do not depart from those things which Christ, our only Master, hath instituted.

② And therefore, we reject all human inventions, and all laws, which man would introduce into the worship of God, thereby to bind and compel the conscience in any manner whatever.

③ Therefore we admit only of that which tends to nourish and preserve concord, and unity, and to keep all men in obedience to God.

④ For this purpose, excommunication or church discipline is requisite, with the

① 동시에 우리가 믿는 것은 교회의 지도자들이 **교회의 몸을 유지하기 위해** 스스로 몇몇 규례들을 제정하고 확립하는 것이 아무리 유용하고 유익하더라도 그들이 우리의 유일한 주인이신 그리스도께서 제정하신 것에서 벗어나지 않도록 매우 신중을 기울여야 한다(딤전 3:15).

② 그러므로 인간이 하나님께 드리는 예배로 채택하곤 했던 인간적 모든 고안물과 모든 법이 어떤 방법으로든지 간에 **양심을 묶고 강요하는 것을** 우리는 거절한다(사 29:13; 마 15:9; 갈 5:1).

③ 그래서 **일치와 단일성을** 육성하고 보존하고 하나님께 모든 자가 계속하여 순종하게 하는 것만을 우리는 인정한다(고전 14:33).

④ 이 목적을 위해 출교 또는 교회 기강은 하나님의 말씀에 따라 그것에 속하는 여러 상황에서 필수조건

| several circumstances belonging to it, according to the Word of God. | 이다(마 16:19, 18:15~18; 롬 16:17; 고전 5장; 딤전 1:20). |

보편교회(「벨지카」 27항), 교회 가입의 필연성(「벨지카」 28항), 참된 교회와 거짓된 교회(「벨지카」 29항), 교회 정치(「벨지카」 30항), 그리고 사역자와 직분자(「벨지카」 31항)에 관한 교회론을 연속으로 고백하고 있다. 그 마지막은 기강에 관한 고백이다. 기강은 참된 교회의 표지 세 가지 중 세 번째로서 죄의 처벌에 관한 고백이다(「벨지카」 29항⑵①). 이것은 교회의 권한 중 사법권에 속하지만 사회적이거나 사법적인 것이 아니라 영적인 것이다. 이 한계점을 넘어서 만용을 부린 단체가 로마가톨릭교회이다(4권 11장 3항~5항, 926~927).

하나님께서 교회를 위해 인간 사역자에게 그 사명을 맡겼다 하더라도 인간은 여전히 죄의 잔재들과 전투해야 하는 존재이기에 끊임없이 자기 부인하며 십자가를 짊어지지 않으면 넘어지거나 미끄러지기 쉽다. 이것을 제어하기 위해 교회는 질서와 기강을 세워서 입에 재갈을 물게 해야 한다.

하나님의 명령이 주어지더라도 무시하거나 간과하므로 최초의 부모가 불순종하여 죄를 세상에 들인 것을 기억해야 한다. 우리 역시 중생된 자더라도 이 세상에서는 죄의 유혹이나 죄성에서 완전한 자유가 이뤄진 것이 아니므로 스스로 거룩한 척해선 절대 안 된다. 교회는 성도를 양육하고 훈계해야 하므로 기강은 필연적이다. 이것은 교회의 연합을 유지하고, 그리스도의 멍에를 함께 짊어지기 위함이다(「벨지카」 28항②③).

① 교회의 프로그램 제정에 있어 주의할 것을 고백한다.

이 세상에서 가시적 교회 내에는 많은 부류의 사람이 들락날락하므로 교회는 자신의 순전함을 유지하기가 쉽지 않다. 참된 교회라 하더라도 그 안에 외식주의자도 포함돼 있기에(「벨지카」29항(1)②) 기강이 요구된다. 기강의 실행을 주저하면 할수록 교회의 타락은 가속화될 것이다. 섞이게 되면 썩게 돼 있다. 농작물도, 건물도, 자동차도, 기계도 늘 관리, 보강, 수리하지 않으면 썩고 무너지고 고장 난다. 어떤 것이라도 보살피지 않으면 썩거나 고장 난다. 참된 교회도 혼합이나 오류에서 완전히 자유하지 못하므로 사탄의 회당이 되기도 한다(「신앙고백서」25장 5항⑤). 늘 깨어서 바른길을 걷기 위해 부지런히 행하지 않으면 언제든 변질될 수 있다. 참된 교회이기 때문에 괜찮을 것이라며 방심한다면 미끄러져 거짓된 교회가 될 수 있다. 지도자가 참된 교회를 유지하기 위해 늘, 항상, 언제나, 반드시 기강을 세우지 않으면 서서히, 은밀하게, 쥐도 새도 모르게, 하나씩 타락해 간다. 긴장을 늦추지 말아야 한다.

그런데 교회의 몸을 유지하기 위해 **스스로 규례를 정하고 실행할 때 신중히 처리해야** 한다. 그분의 뜻에서 벗어나지 않기 위해 말씀, 역사와 교리로 늘 자신을 점검해야 한다. 교회 기강을 말하는 것이지 세속의 기강이나 세속법을 의존하라는 말이 아니다. 세속화되지 말라고 기강을 세우는 것인데 세속의 기강이나 기법으로 재간을 부리면 세속화를 가속화 할 것이고 그 순간 교회는 타락의 길에 들어서고 말 것이다. 교회는 영적 법에 따라야 한다. 시민 행정관이 아니라 교회 직분자가 담당해야 한다(「신앙고백서」30장 1항).

하나님은 직분자가 직무를 충분히 수행할 수 있기 위해 교회와 그에게 하늘나라의 열쇠를 맡겼다(「하이델베르크」 83문①; 「신앙고백서」 30장 2항①). 그 열쇠는 마태복음 16:19과 18:17~18과 관련을 맺고 있는데 전자는 말씀 선포, 후자는 기강과 관련을 맺는다. 전자는 말씀 선포자, 후자는 다스리는 장로와 관련을 맺는다(4권 11장 2항, 925). 이렇게 하늘나라의 열쇠는 말씀 선포와 기강으로 구성돼 있고 불신자에게는 닫혀 있고 오직 신자에게 열린다(「하이델베르크」 83문①②).

여기서 매우 조심해야 하는 것이 있다. 이렇게 막강한 영권이 교회와 직분자에게 맡겨졌으므로 그것이 얼마나 중요한 사항인지 깨달아야 한다. 그래서 교회에 가입하는 것이나 그 교회가 참된 것인지 거짓된 것인지 분별하는 것이 얼마나 중요한지 모른다. 직분 자체가 영적이고 고귀하고 존경을 받는 직책이기에(「벨지카」 31항④) 악용하는 사례가 언제나, 어디서나, 누구나 가능하므로 늘 경성하지 않으면 언제든 칼이 무기로 변한다.

말씀 선포의 측면에서 볼 때 열린다는 의미는 복음의 약속을 수용하여 죄들의 용서를 받는다는 것이고, 닫힌다는 의미는 진심으로 회개하지 않는 자에게 내려질 하나님의 진노와 영원한 진노를 말한다(「하이델베르크」 84문①②). 기강의 측면에서 볼 때 열린다는 의미는 그리스도인으로서 그분의 명령에 따라 순종하고 교회의 규례를 따른다는 것이고, 닫힌다는 의미는 훈계를 경시하고 성례에 참여하지 못한다는 것으로 그리스도의 나라에서도 제외된다는 것이다(「하이델베르크」 80문①②③). 일반적으로 말씀과 기강으로 회개하지 않은 자에게 하늘나라는 닫힌다고 말할 수 있다(「신앙고백서」 30장 2항②).

하늘나라를 열거나 닫는 권한이 직분자에게 맡겨졌다는 것은 은유적 표현인데, 말씀 선포가 그만큼 중요하기에 신중해야 함을 뜻한다(4권 6장 4항, 853). 또 말씀 선포가 인간에게 주어진 권한이 아니라 사역에 주어진 것이기에 자신의 권한으로 착각하지 말아야 한다(4권 11장 1항, 925). 지위나 직분이 사람의 인격을 대변하지 않듯이 말씀 선포와 기강의 권한을 가진 자가 하늘나라의 문을 특정한 사람에게 열고 닫히게 한다는 착각에 빠지지 말아야 한다. 이런 일은 교회 역사에 실제로 있었다.

9세기 토리노 감독이었던 클라우디오 디 토리노(Cladudio I di Torino, 약 817 사망)는 로마가톨릭교회가 타락해 가는 모습을 보고 신랄하게 비판했다. 말씀 선포보다 미신으로 가득 찬 것을 보면서 열쇠가 감독에게 주어졌다는 것을 어떻게 수용할 수 있겠느냐고 비판했다. 그는 자신의 책, 『변증서』(*Apology*)에서 이렇게 고발한다.

복음서를 기록한 자에 의하면, 구세주이신 주님의 말씀을 이해하지 못했다고 우리는 보고 있습니다. 예를 들면, "또 내가 네게 이르노니 너는 베드로라 내가 이 반석 위에 내 교회를 세우리니 음부의 권세가 이기지 못하리라. 내가 천국 열쇠를 네게 주리니 네가 땅에서 무엇이든지 매면 하늘에서도 매일 것이요 네가 땅에서 무엇이든지 풀면 하늘에서도 풀리리라"(마태복음 16:18~19). 이 말씀을 근거로 하여 모든 영적인 것들을 이해하는 데 무관심한 무지한 사람들이 영생을 얻기 위해 로마로 가라고 권하고 있지만, 위로부터 주어진 하늘나라의 열쇠들을 이해하는 사람은 축성된 베드로의 중재가 단지 한 지역에 제한된다고 여기지 않습니다(462).

기강으로 인해 교회는 갱신되고, 그리스도에게까지 자라가고, 교리를 보존하게 된다(『해설자용』, 688). 기강은 몸의 근육과 같고(4권 3장 2항, 819), 생명은 그리스도의 구원 교리이다(4권 12장 1항, 937).

② 인간의 고안물이 양심을 묶고 강요한다는 고백이다.

교회 지도자들은 교회에 속한 지체를 위해 하나님께 드리는 예배를 다른 방법으로 수행해선 안 된다. 각 교회는 그 지체의 양육을 위해 인간 법을 제정할 수 있지만 그 목적은 다음과 같아야 한다.

1. 하나님께 드리는 예배의 형태를 규정하고,
2. 구원에 필요한 것을 결합해 양심에 종교적 임무를 두는 데 있다(4권 10장 16항, 912~913).
3. 그리스도를 나타내는 데 사용돼야 한다(4권 10장 14항, 911).

프로그램을 만들기 위해 성경에 근거한다고 제멋대로 새로운 해석을 덧붙이지 말아야 한다. 성경적 바른 해석에 따르면 문제가 없겠지만 제 맘대로 해석한다면, 이것은 곧 미신의 시작이 된다(4권 10장 13항, 910). 또 상징이나 의미를 지나치게 부여해서 성경적이거나 합리적이라고 주장하면 로마가톨릭의 발자취를 따르는 것이다. 어떤 행사나 절기를 성경에 있다고 하며 의미를 상당히 부여하여 실행하는 경우가 많다. 이럴 때는 역사적으로 점검해서 실행할 것인지 그렇지 않을 것인지 판단해야 한다.

인간 법, 즉 프로그램을 제정할 때 그것이 **양심을 묶는 데 사용돼선 안 된다**. 이것은 제정할 때 매우 신중해야 함을 말한다(4권 10장 1항, 902). 하나님의 명령이다 보니 막강한 힘을 가졌고, 그것도 신적 권한과 힘을 받았다고 상상하니 그럴 만하다. 하지만 그것은 착각이다. 하나님께서 직무 수행을 위해 교회에 주신 것이지 개인에게 준 것이 아니다. 구원과 밀접한 관련을 맺다 보니 상대의 양심을 묶기도 하고 풀기도 하는 힘을 행사할 수 있다. 진정한 말씀 선포와 기강을 인간의 전통과 섞어 영들을 좌지우지하는 이단의 교주와 다를 바 없는 작태를 누구든 언제든 어디서든 실행할 수 있고, 그것을 핑계 삼아 조현병을 앓고 돈키호테를 모방할 수 있다. 이 의미는 그리스도인이 자유를 핑계 삼아 교회나 국가의 합법적 요구에 저항하는 것이라고 해석할 수 있다는 것이다. 이런 저항은 하나님의 규례에 저항하는 것일 뿐이다(「신앙고백서」 20장 4항①). 이것은 하나의 방종이다. 방종은 자신이 원하는 것을 행할 때 일어난다(2권 2장 23항, 245~246; 『해설자용』, 561). 또 방종과 불경건은 동반자이다(4권 1장 19항, 802).

여기서 우리는 **양심**이 무엇인지 알면 좋겠다. 그 이유는 양심은 믿음을 담는 그릇이고, 그 믿음은 의를 담는 그릇 또는 믿음의 보관소이기 때문이다(3권 11장 7항, 583; 2권 8장 51항, 273). 또 양심은 하늘 법정의 증인이기에(4권 10장 3항, 903), 그 법정을 양심의 법정이라 부른다(3권 19항 15항, 673). 그리고 양심은 하나님께 예배드리려는 살아 있는 의향이고 경건하고 거룩하게 살려는 진정한 소원이다(4권 10장 4항, 905). 더욱이 이 양심으로 부성애를 확신하고, 너그러운 하나님이 주신 약속을 수용하고, 자비함의 증거를 확신하며 구원을 바라게 된다(3권 2장 16항, 460).

이러한 양심은 무엇인가?(『해설자용』, 748; 4권 10장 3항, 903) 라틴어로 콘슈엔티아(consceintia/conscience])로서 영어의 칸션스라는 단어에서 나왔다. 이 단어는 두 단어의 합성어이다. 콘(con)과 슈엔티아(sceintia)이다. 전자는 누구 또는 무엇과 함께(with somebody)라는 뜻이고, 후자는 지식(science)이란 뜻이다. 문자적으로 양심은 누구와 함께 안다는 뜻이 있다. 결국 양심은 지식이라고 말할 수 있다(4권 10장 3항, 903). 선한 양심도 지식이고, 믿음도 지식이라 말할 수 있으므로(3권 2장 7항, 450) 선한 양심에 믿음이 담겼다는 것을 쉽게 이해할 수 있을 것이다. 이처럼 하늘 법정은 양심의 법정이란 말로 불리고(3권 19장 15항, 673), 그 법정에서 양심이라 불리는 책들을 공개할 것이다(「벨지카」 37항(2)③; 「대교리」 89문①). 양심은 하늘 법정의 증인이다(4권 10장 3항, 903). 그래서 하늘 법정은 양심의 법정이라 불리는 것이다(3권 19장 15항, 673; 『해설자용』, 246).

③ 질서와 기강이 순종에 관한 것이라고 고백한다.

가시적인 유형 교회에 속한 지체는 **일치와 단일성**을 이뤄야 한다. 이것은 가시적인 통일체를 의미하지 않고, 동일한 믿음을 고백하는 것을 의미한다. 동일한 정신 또는 영으로 하나 됨을 의미한다(「벨지카」 27문④). 교회의 머리이신 그리스도 안에서 지체인 성도의 교제를 의미한다. 우리는 이것을 위해 성례를 실행한다. 성례는 그리스도께서 직접 제정한 것으로 두 성례를 포함한다. 연약한 성도, 즉 믿음이 연약한 자를 위한 프로그램이 요구되나 늘 유의해야 한다. 그 프로그램이 그리스도에게까지 자라가는 것이 아니라면 그야말로 프로그램에 불과할 것이다. 더욱이 그것이 영구적이어서도 안 된다. 교회가 이 프로그램을 위해 제안하는 외적 수단은 말씀, 기도와 성례이다(「신앙고백서」 14장 1항; 「대교리」 154문 ②; 「소교리」 88문①). 이것 외에 다른 것으로 성도의 교제를 하는 것은 어불성설이다.

교회가 **하나 되기 위해** 성도는 하나님께 전적으로 순종해야 한다. 역으로 말하면, 하나님께 전적으로 순종하므로 교회 지체 간의 일치와 단일성을 이룰 수 있다고 말할 수 있다. 하지만 인간의 양심을 묶어서 가시적인 일치와 단일성을 유지하는 것은 비성경적이다. 이런 가시적 하나 됨을 주장하는 단체가 바로 로마가톨릭교회이다. 모든 교회가 로마가톨릭교회의 날개 아래 있어야 한다는 주장은 정말 한심하지 않을 수 없다.

또 참된 교회는 그 일치 또는 연합을 위해 자신을 그 교회의 교리와 기강에 굴복시켜야 하고, 예수 그리스도의 멍에를 메고 순종해야 한다고 고백한 바 있다(「벨지카」 28항③). 기강은 교회의 연합 또는 일치를 위해 참된 교회를 유지하고 보존하는데 필수조건이다. 그 목적은 그리스도의 순종을 삶에 적용하고 거룩한 삶을 살게 하는 데 있다.

④ 하나님의 말씀에 근거한 교회 기강에 관한 고백이다.

일치와 단일성을 위해 교회 기강은 필수조건이다. 이런 의미에서 「벨지카」는 참된 교회의 표지에 기강을 포함했다(「벨지카」 29항(2)①). 몸이 건강하기 위해 근육이 필요한 것과 같은 의미이다. 하늘나라의 열쇠는 두 가지인데 하나는 거룩한 복음 선포이고, 다른 하나는 기강 또는 제명이다(「하이델베르크」 83문①). 이 두 가지를 통해 신자와 불신자에게 각각 다르게 나타난다. 전자에게는 하늘나라가 열리지만, 후자에게는 닫힌다

(『하이델베르크』 83문②). 이것은 교회밖에는 구원이 없다는 고백과 같은 맥락을 가진다(『벨지카』 28항①).

기강은 권징(권선징악)이라고 말해도 좋다. 일반 신자를 향하거나 지도자를 향한 기강이 있다. 참된 교회가 가진 열쇠가 있다. 이것은 영적 사법권에 해당하는 것으로, 말씀 선포와 기강이다(『하이델베르크』 83문①). 전자는 목회자에게, 후자는 장로에게 맡긴 것이다. 이것은 그리스도께서 특정한 자(베드로)에게 준 것이 아니라 모든 사도에게 준 것이다(4권 6장 4항, 853; 4권 11장 2항, 925).

교회의 생명, 즉 뼈는 그리스도의 구원 교리이고, 근육은 기강이다(4권 12장 1항, 937). 기강의 목적은 질서를 위한 것이다. 근육 강화가 없으면 건강하지 못한 것처럼 기강이 없으면 교회는 건강하지 못하다. 기강의 첫 단계는 개인적 훈계이다. 목회자와 장로가 방문하여 권면한다. 그렇지 않으면 장로회에서 권면한다. 그래도 듣지 않으면 교회의 단절자라 칭해야 한다. 다른 말로 출교이다(4권 12장 2항, 938).

33항: 성례(Of the Sacraments)

① We believe, that our gracious God, on account of our weakness and infirmities hath ordained the sacraments for us, thereby to seal unto us his promises, and to be pledges of the good will and grace of God toward us, and also to nourish and strengthen our faith;
② which he hath joined to the Word of the gospel, the better to present to our senses, both that which he signifies to us by his Word, and that which he works inwardly in our hearts, thereby assuring and confirming in us the salvation which he imparts to us.
③ For they are visible signs and seals of an inward and invisible thing, by means whereof God worketh in us by the power of the Holy Ghost.
④ Therefore the signs are not in vain or insignificant, so as

① 우리가 믿는 것은 우리의 **연약함과 허약함** 때문에 하나님께서 우리를 위해 성례를 정하시므로 우리에게 자신의 약속을 보증하시고, 우리를 향한 자신의 선한 의지와 은혜의 담보물이 되게 하시고, 우리 믿음을 육성하고 강화한다는 것이다(창 17:9~14; 출 12장; 롬 4:11).

② 성례는 그분이 복음의 말씀에 결합한 것으로(마 28:19; 엡 5:26), 자신의 말씀으로 우리에게 상징하는 것과 우리 심정에 내적으로 역사하는 것 두 가지 모두를 우리 감각에 더욱더 잘 나타내서 그분이 우리에게 전한 구원을 확신시키고 확인시킨다.

③ 그 이유는 성례가 내적이고 불가시적인 것에 대한 가시적인 표징과 인(보증)이 되기 때문이고, 그것을 통해 하나님은 성령의 권능으로 우리 안에 역사하기 때문이다(롬 2:28~29; 골 2:11~12).

④ 그러므로 표징은 공허하고 무의미한 것이 아닐 뿐 아니라 우리를

to deceive us. For Jesus Christ is the true object presented by them, without whom they would be of no moment.

⑤ Moreover, we are satisfied with the number of sacraments which Christ our Lord hath instituted, which are two only, namely, the sacrament of baptism, and the holy supper of our Lord Jesus Christ.

속이는 것도 아니다. 그것이 의미하는 참된 대상이 예수 그리스도이기 때문에 그분 없이 그것은 중요하지 않다.

⑤ 더욱이 우리는 그리스도 우리 주님께서 제정한 두 성례만, 즉 세례의 성례와(마 28:19) 우리 주 예수 그리스도의 성찬으로만 만족한다(마 26:26~28; 고전 11:23~26).

성례의 정의에 주목한다. 중생 된 하나님의 자녀들은 죄의 잔재들과 육체의 연약함을 가지고 이 세상에서 살아간다(「벨지카」 29항(3)①;「돌드레히트」 5장 1항②). 우리는 연약해서 넘어지는 경우가 많다는 것은 시편을 통해 늘 접할 수 있다.

하나님은 고달픈 이 세상의 삶을 견디면서 이기게 하려고 사랑하는 자에게 달콤한 보상을 주셔서 그분의 선하심과 인자함을 맛보게 한다(2권 7장 7항~8항, 309~310). 마치 혈당이 떨어진 사람이 초콜릿이나 사탕을 먹고 순간적으로 힘을 얻는 것과 같다. 그러나 그것을 늘 먹으면 몸에 해롭듯이 이 달콤한 보상은 그렇게 지속적이지 못하다. 가시적인 상징을 필요에 따라 주시기도 하지만 우리가 그것에 종속되면 그것으로 인해 신앙은 그릇된 길로 접어들기 때문에 성례에 관한 바른 고백이 우리에게 있어야 한다. 더욱 근본적인 것에 관심을 끌게 하려는 하나님의 한 방편인 것을 깨달을 수 있으면 좋겠다. 그것은 그리스도에 관한 지식,

구속자 하나님을 바라는 신앙, 중보자를 구하는 소망을 말한다.

① **성례의 정의**에 관한 고백이다.

성례는 우리의 **연약함과 허약함**을 배려한 것으로 믿음에 중점을 둔다. 하나님은 부패한 우리의 무지와 게으름과 연약함을 아셔서 성례를 제공한 것이다(4권 14장 3항, 974~975). 연약한 믿음을 강화하기 위함이다. 말씀은 성례를 확언하고, 성례는 말씀에 대한 믿음을 확립한다. 우리의 믿음은 미덥지 못하므로 버팀목이 없으면 흔들리고, 들까불고, 떨다가 넘어지고 만다(4권 14장 3항, 975). 우리는 언제든 자신이 연약하다는 것을 고백해야 한다. 형식과 외식이 아니라 진심 어린 고백을 말한다. 한두 차례, 몇 차례 형식적으로 행사로 하는 고백이 아니다. 이 고백은 죄의 잔재들이 있어 견인하면서 믿음을 증명하는 것이다. 하나님이 베푼 복들을 감사하고 우리의 행함으로 믿음의 결실을 맺어야 한다. 이것으로 우리 믿음에 대한 확신을 갖는다. 이것은 경건한 행동 또는 생활방식(conversation)으로 드러난다(「하이델베르크」 86문②③④). 달리 말하면, 하나님의 명령에 순종하여 실행된 진실한 선행이라 말할 수 있고, 그것으로 확신이 강화된다(「신앙고백서」 16장 2항①②). 믿음은 은혜 언약의 조건이므로 그 진실성을 우리가 나타내야 하고, 그것은 전적으로 거룩한 순종으로 드러난다(「대교리」 32문②③; 3권 8장 2항, 556 참고).

또 성례는 그분의 약속을 우리에게 보증하는데 믿음이 그 역할을 한다는 것을 전제하고 있다. 성례의 정의에서 이 문구를 발견할 수 있다(4권 14장 1항, 795). 특히 믿음이 약속을 보증한다는 것은 믿음의 돌쩌귀 중 하나가 약속임을 암시하고 있다 하겠다(3권 2장 16항, 460). 믿음이 문이라면, 그것을 지탱시키는 돌쩌귀, 즉 두 개의 경첩이 있다. 하나는 하나님께서 제안한 자비함의 약속이고, 다른 하나는 화평이라 불리는 확신이다. 이 화평은 하나님의 심판대 앞에서도 침착하고 담대한 확신이다. 참된 신자라면 하나님과의 화해를 확신하고, 그분이 자신의 아버지이고, 그분의 너그러움에서 모든 것을 바라고, 그분의 호의에 관한 약속을 전적으로 신뢰한다(3권 2장 16항, 460). 성례가 이런 보증의 역할을 하는 이유는 가시적이기 때문이다(③).

그리고 성례가 믿음을 돕는다고 하여 영속적인 무슨 효력을 지니고 있다고 상상해선 안 된다. 그 효력은 일시적이고 제한적이다. 성령이 말씀과 더불어 동반되지 않으면 성례는 어떤 직무도 실행할 수 없다(4권 14장 9항, 981). **성령, 말씀과 성례**의 관계는 『기독교강요』 4권 14장 8항~11항에 자세히 설명하고 있다. 이 설명을 통해 독자는 성례의 한계성을 파악할 수 있기를 바란다. 우리는 가시적인 것에 쉽게 동화하기 때문에 많은 주의가 요구된다. 그 저자이신 하나님께로 향해야 함을 절대 잊어선 안 된다(4권 14장 12항, 984).

더욱이 **성례의 정의**에 관한 고백으로 이 정의는 칼빈 선생의 정의, 즉, 주님께서 우리의 연약한 믿음을 보존하게 하려고 우리를 향한 선한 의지와 약속을 우리 양심에 인친 외적 상징이다(4권 14장 1항, 795)라는 정의와 거의 같음을 볼 수 있다. 성례는 그리스도께서 제정한 거룩한 규례로서 새 언약의 혜택이 보증되고 묘사된 것이다(「소교리」 92문). 그 혜택은 중보자이신 분이 우리에게 베푼 것이고, 그것으로 우리 믿음은 강화되고 증진될 것이고, 믿음이 강화된다면 서로의 사랑과 교제가 이뤄진다(「대교리」 162문①②④).

② **성례와 말씀**의 관계에 관한 고백이다.

성례는 우리 안에 구원의 확신과 확인시키는 두 가지 수단 중 하나이다. 다른 하나는 **복음의 말씀**이다. 성령께서 우리 심정에 밝히거나 심긴 믿음을 확신과 확인시키는 두 가지도 성례와 말씀이다(「돌드레히트」 3장~4장 17항(1)①②; 「하이델베르크」 65문).

그런데 여기서 **성례와 말씀**의 관계에서 말씀으로 가시적 수단을 해석하지 않는다면 우상숭배로 전락할 수도 있다. 말씀이 성례를 확언하는 것이지 성례가 말씀을 확언하지 않는다. 성례는 말씀에 대한 믿음을 확립한다(4권 14장 3항, 975). 말씀은 가시적 표징이 의미하는 바를 우리에게 이해시킨다(4권 14장 4항, 976). 그 이유는 말씀엔 약속이 있어야 하기 때문이다. 아무리 가시적 말씀인 성례라 하더라도 성령과 말씀의 사역이 없으면 형식에 치우치게 되므로 반드시 약속이 동반돼야 한다(『해설자용』, 794). 그 약속의 내용은 죄들의 용서, 육체 죽이기, 영의 부활과 그리스도와의 교제 등이다(4권 15장 16항, 1009; 「하이델베르크」 66문②). 성례는 하나님의 증거 또는 약속의 인이다(4권 19장 2항, 1099).

복음의 말씀이란 복음에 관한 말씀으로 복음의 요약이 죄들의 용서와 회개이기에(3권 3장 1항, 486) 이것에 이르는 말씀 선포를 의미한다(「돌드레히트」 1장 3항 참고). 이 복음에는 하나님으로부터 온 의가 담겨 있고(롬 1:17), 십자가에 못 박힌 그리스도를 믿는 자에게 약속하는 영생이 있다(요 3:16; 「돌드레히트」 2장 5항①; 「하이델베르크」 22문). 성령 하나님은 복음 선포로 우리 심정에 믿음을 역사하고 성례로 확인시킨다(「하이델베르크」 65문). 성례는 복음의 약속을 더 충분하게 선언하고 보증한다(「하이델베르크」 66문①).

가시적 말씀이기도 한 성례는(4권 14장 6항, 978) 우리에게 구원에 대한 확신과 확인을 준다. 예를 들어, 그리스도의 보혈이 우리에게 새 언약을 확인시키고(「돌드레히트」 2장 8항②), 성령 하나님이 성례로 믿음을 확인시키고(「하이델베르크」 65문), 성찬이 그리스도와의 연합과 교제를 확인시킨다(「대교리」 168문③). 성찬의 요소 중 잔을 피로 맺는 언약이라고 부르는 이유는 믿음을 확인시키려는 약속이 표현되었기 때문이다(4권 17장 6항, 1041). 성례는 믿음을 증진, 강화와 확인시킨다고 말할 수 있다.

그렇다고 하여 성례가 영속적이거나 실제적인 무슨 비밀적 효력을 지녔다고 여기면 안 된다. 믿음을 확립하고 증진시키는 도움을 주려고 제정한 것이라는 것을 잊어선 안 된다(4권 14장 9항, 980). 성례를 통해 말씀이 효력 있는 것이 아니라 믿어지기 때문에 믿음을 유지하고 확인하고 증진한다고 말해야 한다(4권 14장 7항, 979). 또 성례가 그분의 말씀을 확인하는 것이 아니라 말씀에 대한 믿음을 우리에게 확립한다고 고백해야 한다(4권 14장 3항, 975).

③ 성례가 우리의 구원을 확신시키는 이유에 관한 고백이다.

성례는 불가시적인 것, 즉 구원에 관한 가시적 표징과 보증이다. 그만큼 보지 않고는 믿지 않으려는 우리의 성향이나 허약함을 말한다(①). 인간은 눈으로 보면 먹음직하고 보암직하고, 지혜를 얻을 것으로 여긴다(창 3:6). 백번 양보해서 그렇다 하더라도 성례에는 성령의 역사가 있어야 하는데 그분은 말씀을 동반자로 삼는다(「돌드레히트」 1장 7항②, 3장~4장 17항(1)①②; 「하이델베르크」 65문). 신앙고백서나 교리 문답서에서 말씀과 영이란 고백의 표현을 자주 만날 것이다. 일차적으로 전자는 복음 선포,

후자는 성령 하나님과 관련을 맺지만, 궁극적으로 전자는 그리스도로서 후자에 의해 알려진다.

성례는 내적이고 불가시적인 것, 즉 약속들에 관한 표징과 인임을 간과해선 안 된다(4권 14장 12항, 983; 4권 14장 20항, 990). 만일 약속이라면 반드시 그리스도를 나타내고 그분에게까지 이르러야 한다. 이 의미는 구속자 하나님에 관한 고백이라는 것이고, 그분의 순종을 우리의 순종으로 삼는 것이다. 구약성경 시대 유대인은 할례라는 성례를 통해 하나님과 언약을 맺은 백성임을 깨달았다. 할례는 세례와 밀접한 관련을 맺고 있다(「벨지카」 34항(1)②; 4권 16장 3항~16항, 1014~1024). 이런 면에서 성례는 하나님의 자녀임을 보증하는 것이라 고백된다. 이것은 마치 복음과 율법과의 관계라고 봐도 무방하다.

④ 성례의 유용성에 관한 고백이다.

그렇다고 성례라는 가시적 표징이 불필요하다고 주장해선 안 된다. 성례에는 약속이 있어 말씀으로 해석되고 그리스도를 향하게 한다면 그야말로 성례는 믿음을 강화하는 것이 된다. 그 이유는 성례가 내적이고 영적 은혜를 담고 있기 때문이다. 예를 들어, 성찬은 빵과 잔의 표징(signs)이지만 그 표징 된 것(signified)은 상징을 의미하는 것으로 그리스도의 몸과 보혈을 나타낸다. 표징은 물질적이고 가시적이지만 표징 된 것(상징)은 영적이고 불가시적이어서 표징으로 비유돼 나타난 영적 진리이다(「신앙고백서」 27장 2항). 표징 된 것은 표징이 의미하는 참된 대상이라 표현하기도 한다(「벨지카」 33항④).

또 연약하거나 허약할 때 도움이 되는 성례라고 해서 그것으로 자신이 연약하지 않거나 허약하지 않다고 주장하기란 쉽지 않다. 성례가 무의미하다고 자만하지 말고 그것을 허락한 하나님께 감사하면서 어떻게 하면 잘 선용하고 은혜를 받을 것인지에 관심을 가지는 것이 훨씬 바른 신앙의 자세일 것이다. 성례는 은혜받는 수단이며 참된 교회를 쉽게 구별하는 기준이 되므로 이것을 거부해야 할 이유가 없다.

⑤ 그리스도께서 제정한 두 성례에 관한 고백이다.

성례가 성도의 믿음을 강화하는 도움이라고 해서 지도자나 각 교회는 제멋대로 고안해내선 절대 안 된다. 반드시 말씀에 근거해야 한다. 말씀에 근거한다고 하여 자기 해석과 상징을 통해 제멋대로 성례를 제정하면 안 된다. 죄성을 가진 인간은 이것을 지나치게 사용하여 우상숭배로 빠지게 된다. 빠지지 않기 위해 살얼음판을 걸어야 하는 데 아예 사용하지 않는 것이 훨씬 나은 것이지 쉽거나 일시적인 효과를 위해 사용했다가 낭패를 당하고 타락에서 벗어나지 못한 경우가 있다. 이런 측면에서 놋 뱀까지도 하나님은 제거하라고 하셨다(왕하 18:4). 믿음을 강화한다는 핑계로 온갖 죄악을 저지른 로마가톨릭의 만행을 절대로 잊어선 안 된다. 그리스도는 우리에게 두 가지만 제정하셨다. 세례와 성찬이다. 이것은 하나님의 말씀을 성경으로 제한하셨다는 것과 같은 고백이다. 하나님의 말씀은 성경 외에도 많이 있었지만, 이것만으로도 우리를 향한 하나님의 말씀을 충분히 수용할 수 있다. 성례 역시도 세례와 성찬 이 두 성례로 우리의 믿음을 강화하는데 충분하다는 것이다. 이런 면에서 두 성례의 참된 의미를 파악하는 것이 신앙에 관한 바른 자세라 여긴다.

34항: 거룩한 세례(Of Holy Baptism)

(1) We believe and confess ① that Jesus Christ, who is the end of the law, hath made an end, by the shedding of his blood, of all other sheddings of blood which men could or would make as a propitiation or satisfaction for sin:
② and that he, having abolished circumcision, which was done with blood, hath instituted the sacrament of baptism, instead thereof;
③ by which we are received into the Church of God, and separated from all other people and strange religions, that we may wholly belong to him, whose ensign and banner we bear:
④ and which serves as a testimony to us, that he will forever be our gracious God and Father.

(2) Therefore ① he has

(1) 우리가 믿고 고백하는 것은 ① 율법의 종결자인 예수 그리스도께서[롬 10:4] 자신의 피 흘림으로 죄에 대한 속죄나 만족을 위해 인간이 할 수 있었던, 하곤 했던 다른 모든 피 흘림을 끝낸 분이라는 것이다.

② 또 피로 맺은 할례를 폐지하신 후 그분이 그것을 대신하여 세례라는 성례를 제정하셨고(골 2:11),

③ 그 세례로 우리는 하나님의 교회에 [공식적으로] 수용되고, 다른 모든 자와 낯선 종교들과 분리되어 우리가 그분의 기장과 깃발을 들고서 전적으로 그분의 것이 된다는 것이다 (출 12:48; 벧전 2:9).

④ 세례는 그분이 영원토록 우리의 은혜로운 하나님과 아버지임을 우리에게 증명하는 하나의 증거이다.

(2) 그러므로 ① 그분은 자신에게 속

commanded all those, who are his, to be baptized with pure water, "in the name of the Father, and of the Son, and of the Holy Ghost":

② thereby signifying to us, that as water washeth away the filth of the body, when poured upon it, and is seen on the body of the baptized, when sprinkled upon him;

③ so doth the blood of Christ, by the power of the Holy Ghost, internally sprinkle the soul, cleanse it from its sins, and regenerate us from children of wrath, unto children of God.

(3) Not ① that this is effected by the external water, but by the sprinkling of the precious blood of the Son of God;

② who is our Red Sea, through which we must pass, to escape the tyranny of Pharaoh, that is, the devil, and to enter into the spiritual land of Canaan.

한(자신의 것인) 모든 자에게 "아버지, 아들과 성령의 이름으로" 깨끗한 물과 함께 세례를 받으라고 명령했다 [마 28:19].

② 그것이 우리에게 상징하는 것은 물이 부어질 때 몸의 더러운 것이 씻기고 세례받은 자에게 뿌려질 때 그의 몸에 보이는 것처럼,

③ 그리스도의 보혈은 성령의 권능으로 내적으로 영에 뿌려져서(마 3:11; 고전 12:13) 죄들로부터 영을 깨끗하게 하고(행 22:16; 히 9:14; 요일 1:7; 계 1:5) 진노의 자녀로부터 하나님의 자녀로 거듭나게(중생케) 한다(딛 3:5).

(3) 그런데 ① 세례의 효력은 외형적 물에서 비롯되는 것이 아니라(벧전 3:21) 하나님 아들의 고귀한 보혈의 뿌림에서 비롯된다(롬 6:3; 벧전 1:2, 2:24).

② 그분은 우리의 홍해로서(고전 10:1~4) 그곳은 바로의 독재, 즉 마귀로부터 해방되어 영적인 가나안 땅으로 들어가기 위해 통과해야 하는 곳이다.

(4) Therefore ① the ministers, on their part, administer the sacrament, and that which is visible, but our Lord giveth that which is signified by the sacrament, namely, the gifts and invisible grace;
② washing, cleansing and purging our souls of all filth and unrighteousness;
③ renewing our hearts, and filling them with all comfort;
④ giving unto us a true assurance of his fatherly goodness;
⑤ putting on us the new man, and putting off the old man with all his deeds.

(5) Therefore we believe, that every man, who is earnestly studious of obtaining life eternal, ought to be but once baptized with this only baptism, without ever repeating the same: since we cannot be born twice.

(4) 그러므로 ① 사역자 측은 그 성례와 가시적인 것을 집행할 뿐이고, 우리 주님은 성례로 표징 된 것, 즉 은사와 불가시적 은혜를 주는 분이다.

② 다시 말하면, 우리 영의 모든 더럽고 불의한 것을 씻고, 깨끗케 하고 청결케 한다(고전 6:11; 엡 5:26).
③ 우리 심정을 갱생시켜 모든 위로로 가득 차게 한다.
④ 우리에게 자신의 부성적 선하심에 관해 진실한 확신을 주시고

⑤ 우리에게 새 사람을 입히고, 자신의 모든 행위의 옷을 입고 있는 옛사람을 벗긴다(롬 6:4; 갈 3:27; [골 3:10]).

(5) 그래서 우리가 믿는 것은 간절하게 영생을 얻으려는 모든 사람은 이 세례를 유일한 것으로 **한 번만** 받아야지 반복하지 말아야 한다(마 28:29; 엡 4:5)는 것이다[재세례란 없다]. 그 이유는 우리가 두 번 태어나지 않기 때문이다.

(6) Neither doth this baptism ① only avail us, at the time when the water is poured upon us, and received by us, but also through the whole course of our life;

② therefore we detest the error of the Anabaptists, who are not content with the one only baptism they have once received, and moreover condemn the baptism of the infants of believers,

③ whom we believe ought to be baptized and sealed with the sign of the covenant, as the children in Israel formerly were circumcised, upon the same promises which are made unto our children.

④ And indeed Christ shed his blood no less for the washing of the children of the faithful, than for adult persons;

⑤ and therefore they ought to receive the sign and sacrament of that, which Christ hath done for them;

(6) 이 세례는 ① 물이 우리에게 부어지고 수용될 때 유익할 뿐만 아니라 우리 전 생애를 통해 유익하다.

② 이런 이유로 우리는 재세례파, 즉 단 한 번 받은 유일무이한 세례로 만족하지 않고 신자의 유아에게 베푸는 세례를 정죄한 자들의 오류를 혐오한다.

③ 우리가 믿는 것은 이전에 이스라엘 자녀들이 할례를 받은 것처럼 우리 자녀에게 맺어진 동일한 약속에 기초하여 유아들이 언약의 상징으로 세례를 받고 보증받아야 한다는 것이다(창 17:10~12; 마 19:14; 행 2:39).

④ 정말 그리스도는 성인(성숙한 인격)을 위하는 것과 다를 바 없이 신실한 자(신자)들의 자녀를 씻기 위해서도 자신의 피를 흘렸다(고전 7:14).

⑤ 그래서 유아들은 그리스도께서 그들을 위해 행한 것의 표징과 표징의 성례를 받아야 한다.

⑥ as the Lord commanded in the law, that they should be made partakers of the sacrament of Christ's suffering and death, shortly after they were born, by offering for them a lamb, which was a sacrament of Jesus Christ. ⑦ Moreover, what circumcision was to the Jews, that baptism is for our children. And for this reason Paul calls baptism the circumcision of Christ.	⑥ 율법에서 하나님이 그들이 태어난 후에 얼마 되지 않아 어린 양을 드리라고 명한 것처럼 그들은 그리스도의 고난과 죽으심의 성례에 참여자들이 돼야 한다. 그것은 예수 그리스도의 성례였다(레 12:6). ⑦ 더욱이 할례가 유대인과 관련을 맺는다면 세례는 우리 어린아이들과 관련을 맺는다. 이런 이유로 바울은 세례를 그리스도의 할례라 부른 것이다[골 2:11].

세례에 관한 고백에서는 세례의 성격((1)), 표징과 표징 된 것((2)(3)), 효력((4)), 순전한 집행((5)), 그릇된 집행((6))이란 주제를 다룬다.

구약성경에서 언약의 백성에게 할례를 행하던 시대, 기록된 말씀이 없었고 직접 하나님의 말씀이 들리던 시대에 하나님은 선지자들의 선포로 해석된 율법과 적용을 통해 연약한 믿음을 가진 자들에게 외적 상징을 이따금 보이셨다. 이제 그 언약의 방식이 그림자였기에 그 실체이신 그리스도는 새 언약의 방식을 제정했다. 그것이 세례(34항)와 성찬(35항)이다.

세례에 관해 아래와 같은 선개념을 가지고 귀한 고백을 다뤘으면 한다.

1. **죄들의 용서**에 관한 증거로 그리스도께 접붙임 되어 **그분과 함께 죽고 살므로** 새로운 삶을 살면서 자신을 하나님께 드리하는 것이다(『신앙고백서』 28

장 1항②).

2. 세례와 **할례**는 밀접한 관련을 맺고 있다(4권 14장 21항, 991;「벨지카」 34항(1)②, (6)③⑦).

3. 참된 교회의 표지는 두 가지, 즉 말씀 선포와 성례 집행이다(4권 1장 9항, 793;「벨지카」 29항(2)①).

4. 세례는 하나의 신앙고백이고, 죄들의 씻음과 청결을 증명하는 것이다(4권 14장 22항, 992;「하이델베르크」 73문).

5. 중생과 양자 됨의 표징과 보증이고, 가시적 교회의 일원이다(「대교리」 165문).

6. 죄에 대해 죽고 거룩하고 흠 없는 삶을 산다(「하이델베르크」 70문②).

세례에 이어((5)(6)) 유아세례에 관해 고백하는데 이것을 반대하는 재세례파를 언급할 수밖에 없다. 이들은 단회적 세례를 부인할 뿐 아니라 유아세례도 부인한다. 그들이 말하는 세례의 의미는 개혁신앙의 고백과 다를 뿐 아니라 비성경적이고, 임의대로 해석하여 적용하는 큰 죄를 범하고 있다.

(1) 율법의 종결자인 예수 그리스도가 제정한 세례의 의미에 관한 고백이다.

일반적으로 세례의 전반적인 개념을 명시하는 내용이다.

(1)① 율법의 종결자에 대한 고백이다.

율법을 수여하신 하나님 아들은 종결자로서(롬 10:4) 그것에서 명하는 피 뿌림의 죄를 사하는 모든 희생 제사를 완결시켰다. 이 의미는 자신이 중보자인 대제사장으로서 **단번에** 희생제물이 되시므로(「하이델베르크」 31문②, 66문②) 죄에 대한 정의에 따른 모든 저주를 담당하므로 완전히 용서받았다는 것이다(「하이델베르크」 80문⑴①; 「신앙고백서」 8장 5항①). 단번에 드렸다는 것은 그분이 하나님이신 중보자이기에 그분의 진노를 받은 인류를 충분히 구원할 수 있고, 그 효력 역시 영원하다는 의미이다. 완전히 용서를 받았다는 것은 우리를 의롭다 여기는 칭의 선언과 같다(3권 11장 22항, 593). 말씀과 성례는 그분이 **단번에 드린 희생제물에 의존한다**(「하이델베르크」 67문). 화목제물이 되셨다고 고백하기도 한다(「대교리」 44문①). 단번에 드려진 희생제물이란 의미는 구약성경의 의식 가운데 언약이 희미하게 확인됐지만 그분으로 인해 완전히 확인됐다는 것이다(2권 11장 4항, 375). 바울은 그리스도께서 율법의 종결자라고 말하면서 남은 자, 즉 믿는 모든 자를 위한 완전한 성취라고 말했다(롬 10:4). 그러면서 이신칭의를 언급한다(합 2:4; 롬 1:17).

이 선언이 나오게 된 배경은 이스라엘이 모두 이스라엘이 아니고, 아브라함의 씨가 다 그의 씨가 아니고, 이삭의 두 아들 모두 선택된 것이 아니라고 선언하는 로마서 9장이다. 중요한 것은 인간의 의가 아니라 하나님의 의를 따르는 자만 구원을 받는데 그들은 하나님께 열심히 있지만 올바른 지식, 즉 그리스도에 관한 지식을 따른 것이 아니라고 한다(롬 10:1~4). 이 무슨 청천벽력 같은 소리인가! 이것은 자신의 의냐, 하나님의 의냐에 관한 문제이다.

그런 후 "만일 네 입으로 예수를 주로 시인하며 하나님께서 그를 죽은 자 가운데서 살리신 것을 네 마음에 믿으면 구원을 받으리라"고 선언한다(롬 10:9). 이 말씀과 "누구든지 주의 이름을 부르는 자는 구원을 받으리라"는 선언은 같은 맥락을 갖고 있다(롬 10:13). 이 구절에서 시인한다(to confess)는 것은 믿는다(to believe)는 것과 같은 뜻이다(고후 4:13~14). 또 입(mouth)과 마음(heart)을 함께 나열하면서 같은 의미가 있다고 말한다(신 30:14). 같은 맥락에서 하나님 아들을 구세주이신 예수님이라 부르는 이유에 관한 질문이 중요함을 알게 된다(「하이델베르크」29문). 이 질문은 그분이 중보자이심을 암시한다. 예수님을 주님이라(Jesus is the Lord)고 고백하는 것은 초대교회에서 전형적이었다. 그리스도의 주권, 믿음을 위한 머릿돌, 즉 믿음의 주님 되심을 의미한다(히 12:1).

거룩한 세례에 있어서 주님의 단번에 드린 희생제물이 의미하는 것은 그분의 보혈과 영으로 우리 영의 모든 오염 또는 죄를 확실하게 씻긴다는 의미이다(「하이델베르크」69문). 성례는 그리스도께서 십자가에서 자신을 단번에 드리는 것을 기념할 뿐이지(「신앙고백서」29장 2항①) 죄들을 용서하지는 못한다. 단번이라는 단어는 영원하다는 의미를 함축하고 있으므로 완전히 용서받은 그 효력이 영원하고 무한하다는 것을 말한 바 있다(「신앙고백서」8장 5항①). 인간에게는 반복이 과학적이고 합리적이지만 하나님에게는 단회적, 단번이며 불변이다. 이것은 피조물인 인간과 창조자이신 하나님의 **영원한 구분**을 말한다. 그리스도께서 드린 유일한 또는 단번에 드린 희생제물 외에 하나님과 화해하는 길 또는 수단은 찾을 수도 없고 찾을 필요도 없다(「벨지카」21항⑷③).

피 흘림, 보혈은 희생제물이 흘리는 피를 말하고, 그 의미는 죄 용서라고 쉽게 말할 수 있지만 그렇지 않다. 구약성경 시대의 성도는 죄들을 용서받기 위해 희생제물을 드린 것이 아니라 죄에 대한 고백을 위해서였다. 처절하게 죽는 희생제물을 바라보면서 자신도 그렇게 죽을 수 있다고 인식했다. 그리스도는 단번의 희생제물, 즉 영원한 것으로 죄를 멸하지도 못하는 매일의 희생 제사들을 폐지했다(2권 7장 17항, 317). 구속의 형태를 언급할 때마다 우리가 피 흘림, 즉 보혈을 언급하는 이유는 우리의 더러움이 놋대야에서 청결하게 됐기 때문이고, 무상적 속죄의 상징이기 때문이다(「하이델베르크」 70문①, 72문).

인류는 죄의 속죄나 만족을 위해 희생 제사를 늘 드렸다. 인간이 할 수 있는 것은 이것 외에 달리 다른 방법이 없었다. 이것을 통해 죄가 얼마나 잔인하고 추악한지 깨달았다. 늘 있어야만 하고 있었던 이유는 인간이 죄에 대한 개념을 잊어버리고 살아가지 않기 위해서였다. 그렇다고 죄의 속죄나 만족이 성취된 것이 절대 아니다. 그런데도 해야만 했던 이유는 하나님의 의를 얻기 위해 인간의 어떤 힘도 필요 없다는 것을 깨닫게 하기 위해서이고(2권 7장 9장 310~311), 죄의 속죄가 목적이 아니라 고백이 있었기 때문이다(2권 7장 17항, 317).

(1)② 할례와 세례의 연계성에 관한 고백이다.

율법의 종결자이신 그리스도는 할례를 폐지하는 대신 세례를 성례로 제정했다. 할례의 의미는 세례를 이해하는데 길잡이가 된다. 율법과 복음의 관계와 유사하다. 할례에서 받은 약속을 세례에서도 동일하게 받는다((6)③).

1. 할례가 하나님의 자녀와 그렇지 않은 자를 구별하는 것처럼 세례도 불신

자와 우리를 구별시킨다(「하이델베르크」 74문①).

2. 할례는 구약성경, 즉 율법 시대에 언약의 방법으로서 오실 메시아를 예표했다(「신앙고백서」 7장 5항②; 「대교리」 34문).

3. 율법 시대의 할례와 복음 시대의 세례는 형식만 다를 뿐 본질에서 같다. 다시 말하면, 동일한 은혜 언약을 말하고 있다(「신앙고백서」 7장 6항③). **죄들의 용서와 육체의 난행고행**은 두 성례(세례와 성찬)의 기반이 된다(4권 16장 3항, 1015).

세례와 할례의 유사성과 상이성은 세례의 의미를 파악하게 한다(4권 16장 5항~6항, 1015~1016). 세례가 그리스도의 보혈로 우리의 죄를 씻는 것을 말하고, 그분의 죽으심으로 우리의 삶이 갱생돼 그분과의 교제에 들어감을 말한다는 것은 그리스도인임을 증명하는 것이다(4권 16장 2항, 1013~1014). 세례와 할례가 중생에서와 그 완성에서도 동일하지만 단지 상이점은 외적 의식으로(4권 16장 4항, 1015) 신약성경과 구약성경, 즉 복음과 율법의 유사성과 상이점과 같은 방식이다. 언약의 측면에서 유사하고, 그것의 형식에서 상이할 뿐이다(2권 10장과 11장 참고). 은혜 언약의 방식은 구약성경과 신약성경에서 차이를 둔다(「대교리」 33문). 하지만 모두 선택된 자를 증진하기 위한 것이다(「대교리」 34문).

(1)③ 선택된 자는 세례로 하나님의 것이 된다는 고백이다.

선택된 자는 참된 교회와 분리해선 안 되지만 세상과는 분리해야 한다(「벨지카」 28항②④⑤, 29항②②). 이 의미는 교회를 통해 양육 받고 거룩함을 이뤄 가면서 세속화되지 않으려고 부지런히 열정적으로 평생 죄와 전투를 치러야 한다는 것이다. 이것을 위해 선택된 자는 교회에 가입하여 세례를 받고 교회의 양육과 훈계를 받는다. 교회가 제공하는 은혜의 수단으로 성도는 위로받고 성장할 수 있다.

세례는 일차적으로 교회의 교제에 들어간다는 **입회의 표징**으로 그리스도에게 접붙임 됐기에 하나님의 자녀 또는 그분의 것임을 나타낸다. 이 의미는 소유물이나 노예라는 의미가 아니라 그분의 보호와 양육을 받는다는 뜻이다. 이어서 그분이 우리의 아버지임을 밝힌다((1)④). 그런데 우리가 그분의 것이 아니라 그분이 우리의 것이 되는 줄로 착각하는 신앙생활을 할 때가 많다. 적반하장도 유분수지 그분은 창조자이고 주님이시라는 사실을 간과하고 부리는 영인 줄 착각하여 모독할 때가 많다. 그분께 순종하지 않고 오히려 우리의 요구에 순응하라고 하나님께 떼를 쓸 때가 많다. 그분이 명하는 것에 따르지 않고 우리가 원하는 방향으로 해결해 달라고 주장할 때가 많다. 세례는 우리가 그분의 것임을, 그분이 우리의 창조자만 아니라 아버지 됨을 고백하는 것이다.

또 세례는 성례로서 우리를 세 가지 **방법**으로 돕는다.

1. 그분에 대한 믿음을 사람 앞에서 고백하도록 우리를 돕는다(4권 15장 1항, 995~996). 세례는 구원의 표로서 선한 양심이 하나님을 향하여 찾게 한다(4권 15장 2항, 997).

2. 우리의 난행 고행, 즉 죄 죽이기와 그분 안에서 새로운 삶을 살게 돕는다(4권 15장 5항, 999).

3. 하나님의 자녀로 그리스도께서 베푼 모든 복의 참여자가 되게 하므로 연합됨을 확신시킨다(4권 15장 6항, 1000).

(1)④ 세례가 하나님이 아버지 되심이라는 고백이다.

세례는 우리를 돕는 성례로서 양육과 보존하시는 **하나님의 부성애를 깨닫게 한다**((4)④). 이 깨달음은 세례의 성격을 핵심적으로 알리는 고백이다. 이것은 세례가 그리스도에게 접붙임 되고, 하나님의 자녀임을 깨닫게 하기 때문이고(4권 15장 1항, 995~996; 4권 15장 6항, 1000), 그리스도로 말미암아 죄들을 용서하신 속죄의 은혜를 깨닫게 하므로 하나님의 아버지 됨을 확신시키기 때문이다((4)④). 마침내 하나님께서 내 안에, 내가 그분 안에 있는 연합을 깨닫게 된다. 이런 깨달음은 의롭다 여겨졌다는 것이고, 그분의 것이라는 의미와도 같다((1)③).

세례가 하나님의 자녀임을 깨닫게 하는 면에서 성찬과 같은 성격을 지니고 있다. 하나님 아들이 하나님 아버지에게 단번에 드린 희생제물로 자신을 드린 것을 기념하는 성찬이기에 우리가 그분의 자녀임을 깨닫게 된다(「신앙고백서」 29장 2항①). 또 세례로 새로운 가족이 되어 교회의 지체와 형제임을 인식하게 한다(4권 15장 13항, 1006; 「대교리」 167문⑦). 이것은 결혼을 통해 배우자의 가족을 맞이하는 것과 같은 것이다. 세례로 성도는 교회의 지체와 한 몸과 한 가족이 되고, 아버지는 그들의 하나님이 된다. 그리고 하나님의 자녀인 성도는 그리스도와 함께 옷을 입고 세례의 성취를 보게 되는데 이 모든 것이 세례의 목적이다(4권 15장 6항, 1000).

(2) 세례식은 하나님의 자녀에게 내려진 명령이고 사용되는 표징인 물이고, 표징 된 것인 그리스도의 보혈로 인해 죄들의 용서를 의미하는 성례이다.

(2)① 세례식은 하나님의 명령이라는 고백이다.

몸과 영을 가진 우리가 삶과 죽음에서 유일한 위로가 되는 것 중 하나는 구세주 예수 그리스도에게 속했다는 것이다(「하이델베르크」 1문①). 우리는 세례식으로 이것을 공개적으로 선언한다. 오직 그리스도의 것이 됐다는 공개적인 선언(「대교리」 165문③)과 엄숙한 서원이다(「대교리」 167문②; 「소교리」 94문②). 그분의 것이 됐다는 의미는 노예라는 것이 아니라 비로소 우리가 하나님의 자녀임을 깨달았다는 것이다.

또 이것은 세례로 인해 접붙임 되고,(「소교리」 94문①) 그분의 의의 옷을 입어 의롭다 여김을 받았다는 것을 의미한다. 다른 말로 하면, 죄들의 용서에 대한 확신을 가진 자에게 베풀어지는 예식이라는 것이다. 죄의 문제가 해결되지 않으면 그분의 자녀임을 깨달을 수 없다. 깨달은 자는 세례를 받으므로 죄 사함을 받았고, 의롭다 여김을 받았고, 양자로서 하나님의 자녀가 됐고, 언약의 백성이고, 그분의 내주하심을 확신하고, 그분과 교제하고, 의인임을 고백한다.

이제 세례받은 자는 자신을 위해 사는 것이 아니라 그분을 위해 살아간다. 이 의미는 하나님의 종이 되겠다는 신학생이나 목회자라는 것이 아니라 그리스도의 왕 되심을 인정하고 그분의 말씀과 명령에 순종하여 이 세상에서 소금과 빛으로 경건하게, 거룩하고 의롭게, 착하고 진실하게 살아간다는 것이다. 세상과 구별된 삶을 사는 것은 거룩함을 이루는 삶이다. 이것이 부르심을 받은(중생의) 목적이기 때문이다(1권 15장 4항, 158; 3권 3장 9항, 417; 3권 17장 5항, 643).

(2)② 세례의 표징에 관한 고백이다.

세례의 외적 요소는 깨끗한 물이고((2)①), 이것을 표징이라 부른다. 그것을 집행하는 자는 합법적으로 수임을 받은 목회자여야 하고(「신앙고백서」 28장 2항), 가시적 교회 밖에서 임의로 아무에게서 세례를 받아선 안 된다(「대교리」 166문①; 「소교리」 95문①). 물은 몸의 더러운 것을 청결케 하는 것인데 이것은 그리스도의 보혈이 우리의 죄들을 청결케 한다는 상징적인 것으로 하나님의 담보물과 표징이다(「하이델베르크」 73문①②). 물로 씻는 것은 그리스도께서 정한 것으로 죄들의 용서와 성령의 중생을 표징하고 보증한다(「대교리」 165문①). 그렇지만 물로 인해 세례의 효력은 발생하지 않는다((3)①). 단지 외적 상징, 즉 표징이기에 그 표징이 가리키는 것이 있는데 그것이 바로 죄들의 씻김, 즉 용서이다(「하이델베르크」 69문).

(2)③ 세례의 표징 된 것에 관한 고백이다.

세례의 표징이 물이고, 표징 된 것은 그리스도의 보혈이다. 세례로 인한 은혜를 받기 위해 평생 실행해야 하는 **6가지 지침**이 있다(「대교리」 167문).

1. 세례의 성격과 목적을 진지하게 묵상하고 숙고하여 세례식에 엄숙하게 임하고 서원해야 한다.
2. 더러운 죄성을 씻는 것이기에 겸손하게 임해야 한다.
3. 죄 용서의 확신만 아니라 이에 따른 복까지도 확신해야 한다.
4. 이 세상에서 참된 회개, 즉 죄 죽이기와 영 살리기를 해야 한다. 이것은 우리가 수행해야 하는 것으로 견인이라 부른다. 언제든 그리스도의 죽으심과 부활에서 힘을 얻어야 한다.

5. 믿음의 삶을 살기 위해 거룩하고 공의로운 행동에 힘써야 한다.
6. 동일한 성령으로 세례받은 형제를 사랑해야 한다.

또 그리스도 **보혈**의 효력은 성령으로 선택된 자의 영에 뿌려진다. 여기서 보혈이란 구속의 상징으로서(2권 17장 2항, 424) 죄들의 용서를 위한 그리스도께서 받은 고난을 의미하는 데 사용한다(3권 4장 27항, 526; 3권 16장 4항, 637; 4권 15장 4항, 998~999). 그래서 죄들의 용서, 즉 구속의 형태를 언급할 때마다 보혈을 떠올리는 것은 그분이 우리를 위한 구속 사역을 기억하기 위함이다(2권 16장 6항, 413). 보혈을 십자가상에서 흘린 그리스도의 피라는 것에만 제한하면 안 된다. 그리스도의 구속 사역 전체를 묘사하는데 사용하는 상징어이다.

내적이란 성령의 권능으로 선택된 자의 영에 역사한다는 것을 강조하는 것으로 중생을 의미한다. 불순종으로 인한 타락은 육체적 죽음과 영적 죽음을 일으켜 영의 기능을 부패시켰을 뿐 아니라(「벨지카」 14항③) 일시적이고 영원한 죽음을 일으켰다(「돌드레히트」 2장 1항). 이것은 모든 영의 기능이 부패했음을 의미한다(『개혁신앙이다』, 285). 성령 하나님은 그 기능 중 의지를 전환시키므로 선택된 자가 중생의 경험을 갖게 한다. 여기서 주의할 것은 우리가 죄들을 인식하고 깨달았을 순간 중생이 일어났다고 보면 안 된다. 중생의 일시를 함부로 말할 수 없다는 것이다. 그 이유는 중생이 내적이고 비밀적이므로 언제 어떻게 일어났는지 모른다. 다만 죄들을 깨달아 생명에 이르는 회개가 일어난 것으로 우리가 인식할 뿐이다(「대교리」 76문②).

(3) 세례의 효력이 표징에 따라서 달라지거나 집행자에 따라서 달라지는 것이 절대 아니다. 그러면 세례를 받는 자의 믿음에 따라서 달라지는가?

(3)① 세례의 효력은 표징(물)에 의해서도, 그것을 집행하는 사역자에 의해서도 아니고((4)①), 반드시 성령의 권능으로만 그리스도의 보혈이 우리 심정, 즉 영에 뿌려지므로 이뤄진다((2)③; 「신앙고백서」 28장 6항).

세례는 은혜 언약의 표징으로서 그리스도와 그분의 혜택을 상징한다(「신앙고백서」 27장 1항①②). 성례인 세례는 표징과 표징 된 것을 각각 구성하는데 전자는 이름이고, 후자는 그 효과를 의미한다(「신앙고백서」 27장 2항). 세례의 표징은 삼위 하나님의 이름으로 물로 씻는 것이고, 그 표징 된 것은 그분께 접붙임, 죄들의 용서, 양자 됨, 영생에 이르는 부활이다(「대교리」 165문①②). 이처럼 세례는 은혜 언약의 혜택에 참여하고 주님의 것임을 서약하는 것이다(「대교리」 165문③; 「소교리」 94문①②). 이런 고백을 포함하여 그리스도의 보혈을 상징하는 외형적인 물로 세례를 받는다.

세례를 받을 때 수세자에게 물을 뿌리거나, 붓거나, 또는 물에 잠기게 하는 형식이 있다. 세례라는 의미가 침례라는 의미가 있지만 그 형식만을 고집해서는 안 된다. 교회 역사에서 항상 다양한 환경에 따라 물을 뿌리거나 붓기도 했다(4권 15장 19항, 1011). 형식에 얽매이면 율법주의나 외식주의로 미끄러지기 쉽다.

청교도 중 급진파에 속하는 침례파 또는 분리파는 네덜란드의 재세례파 침례식만 세례의 형식이라고 주장했다. 그래서 1611년 12명과 함께 27개 항목으로 구성된 「홀런트의 암스테르담에 머무는 영국민의 신앙선언」(A Declaration of Faith of English People Remaining at Amsterdam in Holland)을 작성하고, 다음 해, 즉 1612년 런던의 동부지역, 스피탈필즈(Spitalfields)에서 침례교를 시작했다(『해설자용』, 822). 예수님께서 세례 요한에게 침례 받았으니 그 방식만이 성경적이라고 주장하는 것은 억지 주장이다. 그렇다면, 세족식은 흉내 내면서 그분의 금식, 십자가 형틀의 고통, 매일 한적한 곳에서 기도하는 것 등은 왜 흉내 내지 않나? 다시 말하지만, 표징과 표징 되는 것을 분별하지 못하면 새로운 형태의 미신이나 우상숭배가 등장할 수도 있다.

세례의 효력은 전적으로 이것을 제정한 그리스도에 의해 일어난다. 세례를 집행하는 자도 아니고, 표징인 물도 아니고, 받는 자의 신앙에 따르는 것도 아니다. 정말 주목해야 하는 고백이다. 누구에게 받았든지, 어디에서 받았든지 간에 세례의 효력은 사람이나 장소에서 나오는 것이 아니라 오직 그리스도의 보혈 뿌림에서 비롯된다. 세례를 받는 자의 믿음에서도 나오지 않는다. 이것은 형식인 물과는 상관없이 그리스도의 보혈, 즉 구속 사역에서 비롯된다는 것을 의미하고, 그분의 은혜로 말미암는 것이지 인간의 어떤 것도 개입할 수 없음을 의미한다.

(3)② 세례는 그리스도에 의해 신약성경에서 제정된 것이지만 그 표징은 이스라엘 백성이 홍해를 육지처럼 건널 때 나타났다(고전 10:1~4). 사도바울은 고린도 교인들에게 모세 시대에 범한 이스라엘 백성의 죄들을 지적하면서 이적으로 홍해를 건넜고, 구름 아래에서 하나님의 보호를 받은 것이 곧 세례임을 지석한다. 모세는 마지 세례를 집행하는 목

회자이고, 홍해는 물세례를 표징하고, 구름은 하나님의 보호함, 가나안은 영적 구원, 바로는 마귀를 각각 상징한다. 이렇게 구약성경 시대의 성도들은 이런 이적을 통해 세례의 의미를 충분히 깨닫고 거룩하고 경건하게 살았다.

구름과 바다에서 세례를 받았다는 것(고전 10:2)은 전적으로 하나님의 은혜로 말미암는다는 것을 의미한다. 구름은 하나님의 현현하는 영광을, 바다는 하나님의 구속과 인도를 각각 의미한다. 전적으로 하나님의 은혜로 바로 왕의 억압에서 구조된 것처럼 구속 역시도 그렇다는 것을 의미한다. 세례받은 자는 그분의 권능과 은혜를 인정하고 순종해야 한다. 죄와의 단절은 마귀가 더는 하나님의 자녀에게 지배권을 행사하지 못한다는 것을 의미한다. 세례가 하나님의 자녀로서의 삶의 시작처럼 홍해 건넘이 이와 같다는 것을 말한다.

근데 여기서 간과하지 말아야 하는 것은 이렇게 세례를 받았어도 20세 이상인 자가 광야에서 모두 죽고 광야에 들어가지 못했고 오직 신앙을 지킨 여호수아와 갈렙만 들어갔다(민 14:34~35). 이런 이유로 악한 마음을 가지지 않게 주의하라고 경고한다(히 3:13). 세례라는 의식이 구원과 무관하다는 것을 알 수 있다. 세례의 삶을 사는 것이 그것의 목적임을 잊지 말아야 한다. 성례의 표징보다 표징 된 것에 더 치중해야 한다는 것이다.

(4) 세례의 효력이 인간 사역에 있지 않고 전적으로 그분의 은혜임을 고백한다.

우리는 늘 이런 유혹에 빠진다. 누구에게서, 어디서, 누가 받았다는 가시적인 것으로 자족하려는 성향을 가지고 있다. 하지만 신앙고백은 이것을 단호히 거절한다.

(4)① **세례의 효력**은 사역자에게 있는 것도 아니고 표징인 물에 있는 것도 아니다(3)①). 성령께서 오직 그리스도의 보혈을 우리 영에 뿌림으로 일어난다(2)③, (3)①; 「신앙고백서」 28장 6항). 이 의미는 성령 하나님께서 그리스도의 구속 사역을 심정에 수용하도록 믿음을 심어 주시고 우리 마음을 밝혀 주실 때 일어난다는 뜻이다. 성례가 연약한 믿음을 돕는 외적 상징이기에(4권 14장 1항, 973; 「벨지카」 33항①③) 말씀과 성령의 역사가 없으면 무용지물이 되고 만다(「벨지카」 33항④).

말씀과 영의 역사는 선택된 자를 효과적으로 부를 뿐만 아니라(「신앙고백서」 10장 1항①) 참된 믿음, 칭의와 거룩함을 이루고(「돌드레히트」 1장 7항②), 자신과 하나님의 뜻을 우리에게 계시하고(「대교리」 2문②, 43문), 우리 심정을 통치한다(「신앙고백서」 8장 8항②). 그래서 이 역사는 그리스도의 3중직 중 선지자(「소교리」 24문)와 왕(「하이델베르크」 31문③) 직무에 속한다. 성령은 선택된 자에게 내적으로 역사하고, 말씀은 그가 의를 실천하고 새로운 피조물이 되게 한다(2권 5장 5절, 281). 그래서 말씀과 영이란 표현이 신앙고백에 묘사되면 칭의와 거룩을 각각 떠올려야 한다(「하이델베르크」 86문①, 70문①②). 우리의 기도 가운데 말씀과 영으로 지배해 달라고 간구해야 한다(「하이델베르크」 123문①).

주님께서 우리에게 표징(물)이란 외적 요소를 통해 표징 된 것(보혈)이 나타나게 한다. 이것은 은사와 불가시적 은혜라 불린다. 그것에 관해서는 (4)②~⑤에 열거돼 있다.

(4)② 세례의 혜택에 관한 고백이다.

세례가 주는 은사((4)①)는 생명에 이르는 회개를 의미하는 것으로(「대교리」 76문). 죄에 대한 통렬한 뉘우침과 위험성을 깨닫게 한다. 세례는 이런 자에게 죄들의 용서에 관한 확신을 심어 준다. 여기서 중생을 경험한 자가 세례를 받으면서 깨닫는 세 가지 혜택을 고백한다. 그것은 죄들이 씻기고, 거룩하게 되고, 의롭다 여겨짐이다(고전 6:11). 이것은 각각 **죄들의 용서, 거룩함**(성화)**과 칭의**이며, 세례의 약속 또는 의미라고도 불린다. 세례의 약속은 두 가지인데 **죄들의 용서와 중생에 따른 새로운 삶**이다(4권 15장 5항, 999). "물로 씻어 말씀으로 깨끗하게 하사 거룩하게 하시고"(엡 5:26)라는 말씀에서 알 수 있듯이 씻음은 중생의 씻음과 죄들의 씻음인 세례의 약속을 말하고(딛 3:5), 죄들의 용서를 의미한다(「하이델베르크」 71문). 세례를 중생의 씻음과 죄들의 씻음이라 부르는 이유는 몸의 더러운 것을 물로 청결하게 하는 것처럼 우리의 죄들이 그리스도의 피와 영(성령 하나님)으로 청결케 되기 때문이다(「하이델베르크」 73문①).

방금 언급한 세례가 주는 세 가지 혜택을 알아본다.

1. 죄들을 용서받았다는 청결에 대한 상징 또는 증거이다(4권 15장 1항, 996).
2. 그리스도 안에서 난행 고행과 새로운 삶이다(4권 15장 5항, 999).
3. 그리스도의 죽으심과 생명에 접붙임 되고 모든 복에 참여한다(4권 15장 6항, 1000).

(4)③ 세례와 중생의 관계에 관한 고백이다.

계속하여 세례로 주어지는 은사 또는 불가시적 은혜는((4)①) 심정을

갱생하고 위로로 가득 채운다는 것이다. 이것은 중생을 의미하는 것으로 (「신앙고백서」 10장 1항③; 「대교리」 67문②) 심정의 갱생은 곧 의지의 갱생이다(「돌드레히트」 3장~4장 12항⑦; 「소교리」 31문③). 또 어떤 경우에는 하나님의 형상을 따라 전인을 갱생시킨다고 하는데(「소교리」 35문) 이것은 거룩함(성화)을 의미한다(「대교리」 75문①). 그리스도의 말씀과 영은 우리를 갱생시켜 회개케 하고 죄들에 대해 진지하게 슬퍼하도록 한다(「돌드레히트」 5장 7항②; 고후 7:10~11). 중생 또는 갱생의 저자는 성령 하나님이다(「하이델베르크」 70문②, 86문①; 「신앙고백서」 10장 2항). 중생의 목적은 상실된 하나님의 형상을 회복하는 것이며(1권 15장 4항, 158), 이 회복은 회개의 단 하나의 목표이다(3권 3장 9항, 494).

이 갱생이 우리의 **위로**가 되는 이유는 심판대 앞에서 담대함을 갖게 하기 때문이다(「하이델베르크」 39문②). 심판이 성도에게 큰 위로가 되는 이유는 모든 슬픔과 핍박 가운데서라도 그분만을 바라며 살게 하기 때문이다. 또 **심판과 위로**가 하나로 여겨지는 이유는 그리스도는 우리의 구속자만 아니라 심판자가 되기 때문이다(「하이델베르크」 52문①). 이 위로는 하나님의 말씀에 기록된 약속을 믿는 믿음과 우리 영에 증언하는 성령의 증거에서 나온다(「돌드레히트」 5장 10항②③). 이 위로는 확신, 즉 믿음을 말한다. 우리를 보존하고 절대로 버리지 않는 부성애에서 나온다(「돌드레히트」 5장 11항②).

이 위로를 확신하고 깨닫기 위해 세 가지를 알아야 한다. 1. 죄와 비참함, 2. 그것에서의 구원받는 길, 3. 그 구원에 대한 감사 등이다(「하이델베르크」 2문①②③). 이 세 가지는 각각 용서, 칭의와 거룩함을 말한다(④②). 이것은 하나님의 말씀인 성경에서 뚜렷하게 선언하고 있다(「하이델베르크」 4문③). 이런 면에서 성경은 구원에 이르게 하는 효과적 수단이 된다 (「대교리」 155문⑤). 성령 하나님은 이 말씀을 읽게 하고 선포되게 하고 죄를 깨닫고 구원에 이르도록 믿음을 강화시킨다(「소교리」 89문).

(4)④ 세례가 주는 은사 또는 불가시적 은혜는((4)①) **부성애**에 관한 참된 확신이다. 그 이유는 세례가 우리에게 영원히 은혜로운 하나님이 아버지 됨을 증명하는 증거이기 때문이다((1)④). 세례를 받으므로 우리는 하나님의 자녀임을 깨닫고 그분의 자녀로서 살겠다고 고백하게 된다. **선하심**은 하나님의 속성 중 하나로서(「신앙고백서」 2장 2항①) 하나님의 아버지 됨을 의미하고, 자비함을 깨닫게 한다(1권 10장 2항, 91). 그분의 선하심을 깨닫게 되면 영원한 자비함으로 향한다. 이 자비함은 인간의 그 어떤 재능이나 업적을 통해서 시간에서 선택되지 않은 것을, 즉 그리스도 안에서 선택되고 구원받는 것을 알린다(「벨지카」 16항②). 영원에서 하나님의 선택을 깨닫는 길은 그분이 자신의 아버지 됨을 인정하고 신뢰하는 것이고, 그 아버지의 사랑이 영원한 자비함에서 나오는 것을 깨닫게 한다. 영원한 작정은 선택된 자에게 그분의 자비함을 나타낸다(「벨제카」 16항②). 이 선하심은 곧 하나님의 섭리와 밀접한 관련을 맺고 있다(「벨지카」 13항②;「신앙고백서」 1장 1항①, 5장 4항①, ⑦).

(4)⑤ 세례는 새사람의 삶을 살게 한다는 고백이다.
진정으로 세례받은 자는 **옛사람**의 옷, 즉 구습을 벗어버리고 거룩함을 이뤄간다. 세례를 받게 한 이유는 옛사람을 죽이고 새사람으로 살게 하기 위함이다. 곧 견인을 의미하고, 참된 회개를 의미하기도 한다(「하이델베르크」88문). 아우구스티누스는 견인에 대해 이렇게까지 표현한다. "나는 항상 싸워야 한다"(ergo semper pugnandum est, [Augustine, *Sermons*, 5장]). 남아 있는 죄의 잔재들과의 전투가 얼마나 치열하면 이렇게 표현 했을까 생각해 본다(4권 15장 12항, 1005).

세례는 단순히 의식에 머무르지 않는다. 홍해를 건너는 것처럼 다시는 구습을 되돌아보지 않고 잊어버리는 것이다(고전 10:2 참고). 세례가 그리스도와의 연합이므로(③) 그분이 죽으시고 묻힌 것처럼 우리도 옛 자신을 죽이고 묻어야 한다. 옛사람, 구습이란 아담처럼 불순종하는 것을 의미한다. 그것을 묻었기에 새로운 삶, 즉 갱생된 삶을 살아야 한다. 이것은 죄들의 용서에 관한 증거이고,(「신앙고백서」 28장 1항②), 세례의 도움 중 하나이기도 하다(「대교리」 167문⑥).

구습을 벗는다는 것은 그리스도로 입는다는 것을 의미한다. 늘 회개하는 거룩한 삶, 즉 견인하며, **죄 죽이기와 영 살리기**인 참된 회개를 한다(「하이델베르크」 88문, 90문; 3권 3장 3항, 489). 죄 죽이기가 없다면(②; 애 3:1~21) 영 살리기(애 3:22~39)도 없다. 전자는 죄들에 대해 진정으로 슬퍼하고 그것들로부터 도망치는 것이고, 후자는 하나님의 의지(뜻)에 따라 모든 선을 행함을 사랑하고 기뻐하는 것이다(「하이델베르크」 89문①②, 90문). 또 전자는 회개의 첫 번째 단계로서 죄에 관한 참된 지식을 가지므로 그것을 미워하고 증오하기 시작하여 그것에 속한 자신을 미워하면서 다른 자이기를 바라는 동시에 하나님의 심판에 대해 두려움을 느끼며 떠는 것이다. 후자는 회개의 두 번째 단계로서 믿음에서 일어나는 위로이기에 거룩하고 경건하게 살고자 하는 열망이고 중생에서 일어나는 열망이다(3권 3장 3항, 488~489).

또 다른 말로는 **자기 부인**이 없다면 **십자가 지는 삶**도 없다. 죄 죽이기는 자기 부인을 의미하고(『개혁신앙이다』, 373, 584), 순종의 삶은 십자가 지는 삶이다(3권 8장 1항, 556; 『개혁신앙이다』, 397~398).

(5) 단번에 드린 희생에 관한 고백이다.

하나님의 사역은 **단번**에 이뤄지지만 우리는 이 세상에서 반복하고 지속해서 이뤄가야 한다. 하나님의 사역과 효력은 영원하고 불변하지만, 우리는 그 사역의 혜택을 받고 지속해서 격렬한 노력을 하며 두렵고 떨림으로 믿음의 증거를 쌓아가야 한다. 언뜻 보면, 우리의 노력과 선행이 사역을 성취하게 하거나 완성하게 하는 것처럼 보이지만 절대 그렇지 않다. 완성은 하나님 편에서 이뤄진 것이고, 그것의 증거는 우리 편에서 행해야 할 일이다. 그렇다면 성급한 논리로 세례 역시 **단번**에 행해지는 것이 불가능하고 여러 차례 행하면서 은혜를 받는 수단의 역할을 해야 할 것이라고 말하기 쉬울 것이다. 이런 논리적 주장은 세례의 의미를 어설프게 파악했기 때문에 일어나는 불상사이다.

하나님의 사역이 단번이라고 고백하는 이유는 그분에게는 무엇이든, 언제든, 어디서든 현재이기 때문이다. 이것은 시간에 갇혀 과거와 미래를 거쳐 원인과 결과가 아니라는 의미이다. 현재에 계시기에 불변하고 영원하고, 시간에 있기에 변하고 반복해야 한다. 그래서 그분의 구속 사역을 단번에 드린 것이라고 고백하는(『벨지카』 21항(4)③; 「하이델베르크」 31문②, 66문②, 67문) 이유는 완전함과 영원한 효력을 지니고 있기 때문이다. 죄 용서도 완전하고 영원하다(4권 18장 3항~4항, 1083~1085). 그런데 단번이란 의미를 숫자로 단정하면 로마 가톨릭주의처럼 미사를 드리게 된다(「하이델베르크」 80문⑴①⑵③; 「신앙고백서」 29장 2항①). 단번이란 영원을 의미하지, 숫자가 아니다. 이렇게 착각하면 우상숭배로 이미 미끄러진 것이다(「하이델베르크」 80문⑵③). 그리스도의 신성만 아니라 인성을 지닌 영원한 중보자를 부인하는 것이다(「신앙고백서」 8장 5항① 참고).

지금까지 세례의 참된 의미를 파악하는데 긴 여행을 했다. 단순히 세례를 의식으로만 수용한다면 구약성경 시대의 율법 의식 체계로 돌아가고, 단순히 은혜를 돕는 수단으로 여긴다면 말씀, 즉 복음을 무시하게 된다.

혹자는 **세례와 성찬**을 혼동하는 경우도 있다. 세례가 단회적인 것처럼 성찬도 그러하다고 착각한다. 전자는 중생과 그리스도께 접붙임 된 것의 표징과 보증이기에 단회적이지만 후자는 영의 영적 자양분이기에 늘 먹어야 한다(「대교리」 177문①②). **전자는 출생이고, 후자는 성장이다.** 전자는 전적으로 이뤄진 하나님의 사역이고, 후자는 그 사역의 혜택을 수용한 자의 삶을 의미한다.

이런 분별없이 세례가 성례이니 반복하면 좋겠다고 여기면 큰 오산이다. 아니면 이것은 지극히 인간 측면인데, 세례의 의미를 제대로 알고 믿음이 성숙해졌을 때 받아야겠다고 한다면 그때가 언제인지, 어떻게 알 수 있을지 의문이 든다. 감성과 이기성에 집중한 주장은 제발 그만둬야만 한다.

이런 면에서 세례의 성례는 **단회적이어야** 한다고 우리는 고백한다(「신앙고백서」 28장 7항). 그 이유는 세례의 효과는 의식이 집행되자마자 나타나는 것이 아니라 올바로 사용될 때 나타나기 때문이다(「신앙고백서」 28

장 6항).

(6) 단회적인 세례((5))에 관한 주장을 부인하고, 세례의 의미를 왜곡하는 자들을 반박한 고백이다. 이것은 유아세례와 밀접한 관련을 맺고 있다. 이런 자들은 종교개혁 시기에 스위스에서 활동했던 재세례파(Anabaptists)이다.

(6)① 세례의 요소 또는 표징은 물이고(「신앙고백서」 28장 1항), 물이 몸의 더러운 것을 씻어낸다는 외적 상징으로 그 표징 된 것은 그리스도의 피와 영이 우리 영의 모든 죄를 씻어낸다는 뜻을 담고 있다(「하이델베르크」 69문). 이것은 예수님께서 친히 제자들의 발을 씻으시는 것에서 쉽게 이해할 수 있고(요 13:4~13), 세례를 홍해와 관련짓는 것에서도 그렇다((3)②; 4권 15장 9항, 1002). 그래서 물 자체에 무슨 힘이나 능력이 있지도 않거니와 집행하는 자의 자질에 의해서 또는 받는 순간에 무슨 세례의 효력을 기대하지 말아야 한다(「신앙고백서」 28장 6항). 이것은 마치 중생됐으나 인식하지 못하고 있다가 그 경험을 나중에 하는 것과 같으며, 아기가 출생됐지만 후에 자신의 존재를 인식하는 것과 같다 하겠다. 중생의 경험은 평생에 일어나지만 어떤 경우엔 흔들리기도 한다. 하나님의 아버지 됨(선하심)을 늘 체험해야 하나님의 자녀임을 확신하며 살아 낼 수 있다. 아무튼 태어나는 것, 즉 중생은 단번이지만 그 효력은 영원하다(「신앙고백서」 28장 7항).

(6)② 재세례의 부당성에 관한 고백이다.
세례는 영적 중생으로 육적 출생과 유사하다. 세례는 성령 하나님에 의한 중생 된 표징이고 보증이다(「대교리」 165문①). 반복하면 안 되는 이유는 하나님의 사역이기 때문이다. 구약성경의 제사장들이 희생제물을 반복해서 드리는 것처럼 인간의 사역은 반복돼야 깨닫고 잊지 않지만 하나님의 사역은 영원하고 불변하기에 단번이다. 이런 면에서 그리스도가 "속죄나 만족을 위해 인간이 할 수 있었던, 하곤 했던 다른 모든 피 흘림을 끝낸 분"이라고 고백하는 것이다((1)①). 중생의 표징인 세례는 형식적으로 목회자가 집행하지만 그 효력은 영원하기에 단회적이어야 한다. 그런데 인간은 반복해야 과학적이고 합리적이라고 억지 주장하기 때문에 세례도 반복하는 것이 매우 인간적인 것처럼 여겨진다. 이런 주장이나 견해는 어리석은 것일 뿐이다.

(6)③ 세례와 할례의 유사성에 관한 고백이다.

구약성경의 할례와 신약성경의 세례가 서로 밀접한 관련이 있는 것으로 유아세례에도 마찬가지라고 한다. 여기서 다시금 **세례의 세 가지 의미**를 살피는 것이 좋다.

1. 그리스도의 보혈로 죄의 용서(4권 15장 1항, 966; 「하이델베르크」 70문①),
2. 그리스도와 함께 죽는 난행 고행(「하이델베르크」 70문②),
3. 그분과의 교제처럼 교회에 가입하거나 접붙임 된다(4권 15장 6항, 999).

이처럼 할례도 인간의 부패성과 잘라버려야 하는 것을 기억하는 외적 상징, 복을 받을 것이라는 약속, 즉 그리스도에 관한 약속에 근거했다(4권 14장 21항, 991). 세례의 의미와 유사함을 볼 수 있다. 할례와 세례는 언약에 있어서 유사성을 갖고 있고 형식만 차이가 있음을 알 수 있다(2권 11장 10항, 378~379).

세례와 유아세례의 관계는 **언약에 근거한다**. 죄들의 용서가 회개를 통해 이뤄진다는 것에 매여 있으면 이 관계를 왜곡하게 된다(「신앙고백서」 15장 3항①). 용서는 하나님의 영역이고, 회개는 우리의 임무라 말할 수 있다. 전자의 시기는 우리에게 알려지지 않지만 영원일 것이고, 후자의 시기는 우리가 실행하는 것이기에 인식할 수 있다. 용서를 영원에 두라는 것은 시간에 두지도 인간 인식의 범주에 넣지도 말고, 그분의 권한임을 인정하라는 의미이다. 그 용서는 유아에게도 이미 약속돼 있다(「하이델베르크」 74문②).

세례가 중생 된 것을 의미하지만 증명하는 것은 아니다(「신앙고백서」 28장 5항). 자칫하면, 로마가톨릭의 세례적 중생(baptismal regeneration)에 빠질 수 있다. 이 사상은 구원이 세례와 본질적으로 관계가 있으므로 세례 없이 구원받을 수 없다는 것이다. 로마가톨릭교회, 성공회, 루터파와 정교회가 주장한다. 요즘에 와서는 회복 운동(Restoration Movement)에서도 주장한다(『가공된 진리』, 428, 514~516). 이 교파들이 이것을 주장하는 이유는 의식을 중요시하기 때문이다. 이들은 중생이 과연 무엇인지에 관해 무지할 것이다.

재세례파처럼 믿음을 진실하게 고백하는 자에게 세례가 집행돼야 한다면 평생 세례를 못 받을지도 모른다. 약속을 전제하고 부모 중 한 명의 고백으로 자녀에게 세례를 받게 한다(「신앙고백서」 28장 4항; 「대교리」 166문①). 굳이 유아세례를 자녀에게 받게 하는 이유를 묻는다면, 불신자의 자녀와 구별하기 위함이라고 대답할 수 있다(「하이델베르크」 74문④; 「대교리」166문②). 유아세례는 자녀를 언약의 자녀로 양육할 것이라는 부모의 약속이다(『개혁신앙이다』, 591).

(6)④ 유아세례의 정당성에 관한 고백이다.

재세례파처럼 그리스도의 속죄를 인간 측면에서만 보고서 성인을 위한 것이라는 억지 주장을 펼쳐선 안 된다. 하나님의 권능을 바라보지 않고 인간의 능력만을 바라보는 어리석은 주장이다. 그분의 용서는 인격에 임하는 것이지(「신앙고백서」11장 1항①; 「벨지카」23항①②) 인간의 나이와 경륜에 따라 임하지 않는다. 잘못하면 하나님의 권능을 인간의 능력 아래에 두는 큰 잘못을 범하게 된다. 이것은 영이신 하나님께서 인간의 외모에 무관심하고 인격을 보신다는 고백과 같은 맥락으로 이해하면 좋다(3권 23장 10항, 745; 『해설자용』, 526).

(6)⑤ 유아세례의 필요성에 관한 고백이다.

유아는 구약성경의 할례((6)③; 「하이델베르크」74문④), 약속의 자녀((6)③), 언약의 백성((6)④; 「하이델베르크」74문①; 「대교리」166문②)이므로 부모의 서약으로(「신앙고백서」28장 4항) 세례를 받는다(「소교리」95문). 유아는 부모나 성인이 받는 세례처럼 표징과 표징의 성례를 받는다. 표징과 그것의 성례란 몸이 물로 씻기는 것처럼 그리스도의 보혈로 영이 깨끗하게 되고((2)③), 성령에 의해 중생되고(「대교리」165문①), 양자 되고 영생에 이르는 부활(「대교리」165②)을 말한다. 표징을 받는 이유는 유아 역시 가시적 교회의 일원이기 때문이다(「소교리」95문②).

근데 유아는 아직 인격이 갖춰지지 않았으므로 세례를 받는 것이 옳지 않다고 하는 가벼운 생각을 버려야 한다. 이런 착각은 세속적 생각일 뿐이다. 유아를 인격으로 대하거나 세례를 받게 하는 이유는 영원에서 하나님의 자녀임을 전제하는 것이고 인간 측면에 근거하지 않기 때문이다. 재세례파는 하나님의 영원한 작정 또는 예정을 믿지 않으므로 단지 가시적으로 보이는 나이와 스스로 고백하지 못하고, 지적으로 성장하지 못했다는 것을 예상하여 부인한다. 그러나 바른 주장이 아니다. 인간 측면에서만 보고 심리학적으로 판단하는 것은 매우 우둔한 처사가 아닐 수 없다.

(6)⑥ 유아세례 후의 신앙훈련에 관한 고백이다.

성례는 성인들의 전유물이 아니므로 선택된 자임을 고백하는 자가 참여할 수 있다. 그리스도의 구속 사역은 성인들만을 위한 것이 아니라 선택된 모든 자를 위한 것이다. 하나님은 인간의 외모를 보고 판단하지 않고 인격을 보신다(1권 18장 4항, 199; 3권 23장 10항, 745). 이런 면에서 우리는 칭의, 죄들의 용서나 양자 됨이 인격에 임한다는 것을 고백해야 한다(『신앙고백서』 11장 1항①, 19장 5항①; 『돌드레히트』 1장 10항; 『대교리』 70문①, 72문). 유아도 인격을 가진 자라고 확신하기에 세례도 가능한 것이다.

부모의 신앙고백으로 유아가 세례를 받았다면, 그 부모는 그리스도교 신앙으로 양육하고 훈육하여 유아가 성인이 돼 부모의 신앙을 스스로 고백하게 부단히 노력해야 한다. 받게 하는 것에만 치중하고 양육하는 데 게을리한다면 부모의 고백은 거짓일 수도 있다. 유아세례를 받게 할 때 매우 신중해야 한다(『개혁신앙이다』, 591).

(6)⑦ 유아세례와 할례의 관련에 관한 고백이다.

구약성경의 할례는 신약성경의 유아세례와 관련을 맺고 있다(「하이델베르크」 74문④). 성경적 근거는 할례가 그리스도께서 집행한 것이기 때문이다(골 2:11). 이 의미는 이스라엘 백성이 가진 믿음은 그리스도와 언약을 맺었다는 것에 근거하고, 그 언약의 주체가 그리스도라는 뜻이다. 세례는 영적 할례이기에 심정의 할례라고 불린다(롬 2:28). 하지만 할례를 받았다고 모두가 영적 이스라엘이 아닌 것처럼 세례를 받았다고 하여 모두가 언약의 백성은 아님을 유의해야 한다. 언약의 백성이기에 받는 것이지 세례를 받으므로 언약의 백성이 되는 것은 아니다.

35항: 우리 주 예수 그리스도의 성찬 (Of the Holy Supper of Our Lord Jesus Christ)

(1) We believe and confess, that our Savior Jesus Christ did ordain and institute the sacrament of the holy supper, to nourish and support those whom he hath already regenerated, and incorporated into his family, which is his Church.

(2) Now those, who are regenerated, have in them a two-fold life, ① the one corporal and temporal, which they have from the first birth, and is common to all men: ② the other spiritual and heavenly, which is given them in their second birth, which is effected by the word of the gospel, in the communion of the body of Christ; and this life is not common, but is peculiar to God's elect.

(3) In like manner ① God hath

(1) 우리가 믿고 고백하는 것은 우리 구세주 예수 그리스도께서 성찬의 성례를 정하시고 제정하셔서(마 26:26~28; 막 14:22~24; 눅 22:19~20; 고전 11:23~26) 이미 중생시키고 자신의 가족, 즉 자신의 교회에 입적한 자들을 육성하고 부양하게 한다는 것이다.

(2) 이제 중생 된 자는 ① 이중의 삶(요 3:5~6)을 살게 되는데, 하나는 첫 번째 출생인 육적이고 현세적인 것으로 모든 자에게 일반적인 것이다.

② 다른 하나는 두 번째 출생인 영적이고 하늘의 삶으로(요 5:25) 그리스도의 몸과의 교제 가운데 복음의 말씀으로 성취된 것이고, 이 삶은 일반적이지 않고 하나님께서 선택한 자에게 특이한 것이다.

(3) 이와 마찬가지로 ① 하나님은 육

given us, for the support of the bodily and earthly life, earthly and common bread, which is subservient thereto, and is common to all men, even as life itself.

② But for the support of the spiritual and heavenly life, which believers have, he hath sent a living bread, which descended from heaven, namely, Jesus Christ, who nourishes and strengthens the spiritual life of believers, when they eat him, that is to say, when they apply and receive him by faith in the spirit.

(4) Christ, that he might represent unto us this spiritual and heavenly bread, hath instituted an earthly and visible bread, as a sacrament of his body, and wine as a sacrament of his blood, to testify by them unto us, that, as certainly as we receive and hold this sacrament in our hands, and eat and drink

적이고 지상적 삶을 부양하기 위해 이 삶에 도움이 되는 지상적이고 일반적인 빵을 주셨다. 이 빵은 생명이 모든 사람에게 공통인 것처럼 모든 사람에게 공통적이다.

② 하지만 신자들이 갖는 영적이고 하늘의 삶을 부양하기 위해(요 6:63, 10:10) 그분은 하늘로부터 내려온 [요 6:51] 살아 있는 빵, 즉 예수 그리스도를 보냈다(요 6:48~51). 그분은 신자들이 그분을 먹을 때, 즉 영으로 믿음에 의해 그분을 적용하고 수용할 때 그들의 영적 삶을 육성하고 강화하는 분이다.(요 6:40, 47).

(4) 그리스도는 우리에게 이런 영적이고 하늘의 빵을 묘사(상징)하기 위해 자신의 몸의 성례로서 지상적이고 가시적인 빵과 자신의 피의 성례로서 잔을 제정하셨다. 이것이 우리에게 증명하는 것은 손으로 우리가 이 성례를 받아 취하여 입으로 똑같이 먹고 마시므로 우리의 생명이 양육을 받는 것처럼, 우리 역시 영적 삶을 부양하기 위해 우리의 영에 우

the same with our mouths, by which our life is afterwards nourished, we also do as certainly receive by faith (which is the hand and mouth of our soul) the true body and blood of Christ our only Savior in our souls, for the support of our spiritual life.

(5) Now, as it is certain and beyond all doubt, ① that Jesus Christ hath not enjoined to us the use of his sacraments in vain, so he works in us all that he represents to us by these holy signs, though the manner surpasses our understanding, and cannot be comprehended by us, as the operations of the Holy Ghost are hidden and incomprehensible.
② In the meantime we err not, when we say, that what is eaten and drunk by us is the proper and natural body, and the proper blood of Christ.
③ But the manner of our partaking of the same, is not

리의 유일한 구세주 그리스도의 참된 몸과 피를 확실하게 (우리 영의 손과 발을 의미하는) 믿음으로(엡 3:17) 받는다는 것이다.

(5) 이제 확실하고 분명해진 것은 ① 예수 그리스도께서 자신의 성례를 헛되게 사용(성례들에 참여)하라고 우리에게 명하신 것이 아니라, 성령의 활동이 감춰져 있고 불가해적인 것처럼 비록 (그것이) 우리의 오성 너머에 있고 우리에게 불가해적이지만, 그분은 이 거룩한 표징으로 우리에게 나타내고자 하는 모든 것을 우리 안에 역사한다(요 3:8)는 것이다.

② 동시에 우리가 먹고 마시는 것이 그리스도의 고유하고 자연적 몸이며 고유한 피라고 말하는 것은 잘못된 것이 아니다.

③ 하지만 우리가 그 동일한 것에 참여하는 태도는 입이 아니라 영에

by the mouth, but by the spirit through faith.

④ Thus then, though Christ always sits at the right hand of his Father in the heavens, yet doth he not therefore cease to make us partakers of himself by faith.

⑤ This feast is a spiritual table, at which Christ communicates himself with all his benefits to us, and gives us there to enjoy both himself, and the merits of his suffering and death, nourishing, strengthening and comforting our poor comfortless souls by the eating of his flesh, quickening and refreshing them by the drinking of his blood.

(6) Further, though the sacraments are connected with the thing signified, nevertheless both are not received by all men: the ungodly indeed receives the sacrament to his condemnation, but he doth not receive the truth

의한 믿음으로 말미암는 것이다.

④ 그래서 그리스도께서 항상 하늘에서 아버지의 오른편에 앉아 있지만(막 16:19; 행 3:21) 그분은 믿음으로 우리를 자신에게 참여하는 자가 되게 하는 일을 절대 쉬지 않는다.

⑤ 이 축제는 영적 식탁으로, 여기에서 그리스도께서 우리에게 자신의 모든 혜택을 전달하고 자신과 자신의 고난과 죽으심의 공로를 즐기게 하고(롬 8:32; 고전 10:3~4), 그분께서 자신의 육체를 먹게 하므로 우리의 비천하고 쓸쓸한 영들을 양육하고 강화하고 위로하고, 자신의 피를 마시게 하므로 소생시키고 새롭게 한다.

(6) 더욱이 성례가 표징 된 것과 연결됨에도 불구하고 그 두 가지는 모든 자가 받는 것이 아니다(고전 2:14). 다시 말하면, 불경건한 사가 성례를 받게 되면 정죄를 받을 뿐 아니라 성례의 진리를 받지도 못한다. 유다와 마술사 시몬이 성례를 받았지만, 그것으로 표징 된 그리스도를 영접

of the sacrament. As Judas, and Simon the sorcerer, both indeed received the sacrament, but not Christ, who was signified by it, of whom believers only are made partakers.

(7) Lastly, ① we receive this holy sacrament in the assembly of the people of God, with humility and reverence, keeping up amongst us a holy remembrance of the death of Christ our Savior, with thanksgiving: making there confession of our faith, and of the Christian religion.
② Therefore no one ought to come to this table without having previously rightly examined himself; lest by eating of this bread and drinking of this cup, he eat and drink judgment to himself.
③ In a word, we are excited by the use of this holy sacrament, to a fervent love towards God and our neighbor.
④ Therefore we reject all

한 것은 아니었다(눅 22:21~22; 행 8:13, 20~21). 신자들만 성례의 참여자가 돼야 한다(요 3:36).

(7) 끝으로, ① 우리는 하나님 백성의 모임에서 이 거룩한 성례를 겸손과 경외하는 심정으로 받고(행 2:42, 20:7), 그리스도 우리 구세주의 죽으심을 감사하는 심정으로 거룩하게 기억하면서 우리 가운데 지켜야 한다. 다시 말하면, 우리의 신앙(믿음)과 그리스도교에 대하여 고백해야 한다(행 2:46; 고전 11:26).
② 그러므로 누구든지 이 빵을 먹고 이 잔을 마시므로 자신이 스스로 심판을 먹고 마시지 않으려면[고전 11:28~29], 미리 자신을 정직하게 점검하지 않은 채로 이 식탁에 임하지 말아야 한다.
③ 한마디로 말해서, 우리는 하나님과 우리 이웃을 열렬하게 사랑하기 위해 이 성찬을 사용하므로 감동을 받아야 한다는 것이다.
④ 그래서 우리는 인간이 성례들에

mixtures and damnable inventions, which men have added unto, and blended with the sacraments, as profanations of them:	섞어 덧붙인 모든 혼합물과 저주스러운 모든 고안물을 신성 모독한 것이기에 거절한다.
⑤ and affirm that we ought to rest satisfied with the ordinance which Christ and his apostles have taught us, and that we must speak of them in the same manner as they have spoken.	⑤ 또 우리는 그리스도와 그분의 사도들이 우리에게 가르친 규례로 만족해야 하고, 그들이 말한 것과 같은 태도로 그것들에 대해 말해야 함이 분명하다.

이 세상의 가시적 교회(유형 교회)는 하나님의 자녀를 모아 교회와 목회의 도움으로 자라게 하고 완전한 믿음에 이르도록 양육하는 모친과 같다(4권 1장 1항, 785). 교회는 그들에게 도움이 되는 외적 수단인 말씀, 성례와 기도를 사용한다(「신앙고백서」 14장 1항; 「대교리」 154문②; 「소교리」 88문①). 그 수단은 각각 「십계명」, 세례와 성찬, 그리고 「주기도문」과 관련돼 있다. 그래서 「하이델베르크」만 아니라 「대교리」와 「소교리」도 이 세 가지 수단을 비중 있게 고백하며 묻고 답한다.

제35항은 외적 수단 중 하나인 성찬에 관한 고백이다. 성찬의 성격((1)), 성찬의 목적((2)), 순전한 집행((3)(4)), 성찬론((5)), 참여자((6)(7)) 등의 내용으로 구성돼 있다. 칼빈 선생은 『기독교강요』 4권 17장에서만 50개 항목으로 구성할 정도이다. 「십계명」을 다룬 2권 8장(59항)과, 기도를 다룬 3권 20장(52항)에 이어서 세 번째로 많은 항으로 구성돼 있다. 하지만 성찬과 관련된 18상 미사(20항)나 19장 거짓 성례(37항)를 합친다면, 성

찬은 107항을 통해 설명하고 있으므로 매우 중요한 주제임이 틀림없다.

성찬의 의미는 크게 두 가지이다. 하나는 표징인 가시적인 포도 잔과 빵이 부서지는 것을 시각적으로 보면서 표징 된 것, 즉 우리 죄를 위해 희생제물 되신 그리스도의 찢어진 살과 흘리신 보혈을 떠올리는 것이고, 다른 하나는 십자가에서 죽으심으로 인해 받는 혜택, 즉 약속을 떠올리는 것이다(「하이델베르크」 75문②③). 그 약속은 죄들의 용서, 육체 죽이기, 영의 부활과 그리스도와의 교제에 관한 것이다(4권 15장 16항, 1009). 간략히 말하면, 이것은 복음의 약속(「하이델베르크」 66문①)인 죄들의 용서와 회개이다. 이 두 가지는 복음의 요약이다(3권 3장 1항, 486; 3권 3장 19항, 503~504). 이 약속 없이 어떤 외적 상징으로 연약한 믿음을 도왔다고 하더라도 성례가 될 수 없다(4권 14장 3항, 974~975).

(1) 그리스도께서 성찬을 성례로 지정한 목적에 관한 고백이다.
성찬을 성례로 지정한 목적은 그것이 **중생 된 자를 위한 것**이라는 데 있다. 이것은 세례가 중생 된 것에 관한 표징과 보증인 것과 같은 의미이다(「대교리」 165문①). 성례는 중생 된 자, 선택된 자, 하나님의 자녀 된 자, 세례받은 자를 위한 것이다. 이들은 참된 신자로서 참된 교회에 가입하고 분리하지 않는다(「벨지카」 28항②). 이들은 모친인 그 교회를 통해 양육을 받고(4권 1장 4항, 788), 믿음(의 분량)에 따른 모든 혜택과 영적 자양분을 받으며 성장을 위해 성찬, 즉 그리스도의 몸과 피에 참여한다(「소교리」 96문②). 이 의미는 그리스도의 순종을 닮거나 그분의 온유와 겸손을 실행한다는 것이다.

성찬에 참여하는 그들을 보고 외부인, 비그리스도인, 불신자, 심지어 로마제국 시민은 그들에게 **식인종**이라는 혐의를 씌어 핍박하고 죽였다. 하지만 성찬은 육적 양식이 아니라 영적이다. 이것을 표징(signs)이라 말하고, 그리스도를 표징 된 것(signified)이라 말한다(「신앙고백서」 29장 5항①; 「대교리」 177문②). 다시 말하면, 그리스도께서 이루신 구속 사역을 의미한다(「소교리」 96문①).

중생 된 자는 성찬의 두 요소(표징)인 포도 잔과 빵을 통해 자신의 죄를 위해 죽으신 그리스도의 희생제물 되심(표징 된 것)을 기억한다(「신앙고백서」 29장 1항①). 동시에 그분의 죽으심으로 받는 모든 혜택을 누린다. 다른 말로 믿음의 삶을 의미한다(「신앙고백서」 29장 7항①③). 하지만 중생 되지 않은 자 또는 유기된 자는 표징, 즉 두 요소를 받더라도 표징 된 것을 절대로 받지 못하고, 누구라도 부당하게 성찬을 먹고 마시면 저주를 받는다(「신앙고백서」 29장 8항①).

입적된 자는 참된 교회에 세례받은 자를 지칭하고, 그리스도께 접붙임 된 자이다(「대교리」 177문①). 다른 말로는 의롭다 여겨진(칭의를 받은) 자이다. 모친인 교회는 이들을 양육하고 부양해야 할 임무를 맡았다. 교회는 중생의 경험을 통해 하늘의 시민권을 가진 자임을 각성시키고 이 세상에서 진실한 자로 의롭게 살게끔 훈련해야 한다.

(2) 중생 된 자는 이중 국적, 이중 시민권을 가진 것에 관한 고백이다. 하늘의 시민권과 이 세상의 것이다. 이 두 나라의 의무를 균형 있게 유지하고 산다는 것은 무엇보다 어려운 삶이다. 불가시적 하늘의 시민권은 세상의 시민권만 소유한 자에게 유별난 것이다.

(2)① 중생 된 자에게 필요한 성찬에 관한 고백이다.

그들은 이 세상에서 **이중의 삶**을 산다. 이중 시민권을 소유한 자로서 이 세상의 삶과 오는 세상의 삶을 산다. 이중의 삶은 정말 힘들지만 견디고 이기게 하려고 그리스도는 성찬이란 성례를 제정했다. 이 삶은 이중지식에 관한 하나님에 대한 지식에서 그 해결책을 찾아야 한다. 그 이중지식은 궁극적으로 하나님 아들에 관한 것이다. 그분이 신성과 인성을 한 위격에 연합하신 분이기에 그분에 대한 지식과 그분을 닮는 것은 이중의 삶을 푸는 유일한 열쇠이다.

중생은 선택된 자가 그리스도와 그분의 모든 공로를 영접하고 그분 외에 어떤 것도 추구하지 않으려고 성령 하나님께서 그의 심정에 올바른 믿음을 밝히는 것이다(「벨지카」 22항①). 달리 말하면, 하나님은 영원에서 선택된 자에게 선한 기쁨으로 참된 일을 사역할 때 복음이 그들에게 외적으로 선포되게 하고 그들의 마음을 강력하게 조명하여 하나님의 것을 올바로 이해하고 분별하게 한다는 것이다. 그래서 닫힌 심정이 열리고, 강퍅한 심정이 부드럽게 되고, 그 심정에 할례가 행해지고, 새로운 재능들이 의지에 주입되므로 죽은 의지를 살리는 것이다(「돌드레히트」 3장~4장 11항①②③). 또 달리 말하면, 마음이 영적으로 도움을 받아 하나님의 것들을 이해하도록 조명되고, 굳은 심정이 제거되고 부드러운 심정이 주어지고, 의지가 갱생되고, 하나님의 전능한 권능으로 인해 선한 것을 결심하게 되고, 예수 그리스도에게로 효과적으로 이끌린다는 것이다(「신앙고백서」 10장 1항②③).

중생을 다른 말로 효과적 부르심이라 말하기도 한다. 이 부르심은 하나님의 인정한 때에 자신의 말씀과 성령으로 자신에게로 이끄는데 이 때 구원에 이르도록 그들의 마음을 조명하고, 의지를 갱생하고 강하게 하여 그분의 부르심에 자발적으로 또 자유롭게 응답하고, 전달된 은혜를 수용하게 한다(「대교리」 67문①②). 하나님의 자녀가 부르심을 받았다는 것은 세상과 분리, 즉 교회에 속하지 않은 자와 분리했다는 것을 의미한다(「벨지카」 28항④). 중생의 저자이신 성령 하나님은 정한 때에 선택된 자의 마음을 조명하여 그분에 대해 알게 하고 심정의 의지를 갱생시키므로 순종하게 한다.

이렇게 중생 된 자는 하늘의 시민권을 소유한 사실을 깨닫게 된다. 더 정확하게 표현하면 하나님의 자녀였던 사실을 깨닫게 되었다는 것이다. 본래 육신의 자녀였다고 생각하지만 이미 영원에서 하나님의 자녀였다는 것을 깨닫는다. 이 의미는 중생 된 자가 선택된 자이기에 진정한 고향이 이 세상이 아니라 오는 세상, 즉 하늘나라임을 안다는 것이다(3권 9장 4항, 567; 3권 10장 6항, 573). 이것은 야곱과 에서가 출생하기 전에 하나님께 예정하셨다거나 예레미야가 태어나기 전에 성별했다는 말씀에서 알 수 있다(롬 9:11~13; 렘 1:5). 중생 된 자는 현재의 삶을 경멸하고, 하늘의 삶, 즉 미래의 삶을 묵상한다(3권 9장 1항, 564). 이런 삶은 구약성경 시대 신앙인들의 삶이었다(2권 10장 10항, 364~365).

두 삶의 중간 지대는 없다(3권 9장 3항, 566; 『해설자용』, 468). 그렇다고 이원론과 유사하다고 착각하면 안 된다. 이원론은 두 원리를 주장하는 것으로, 하늘의 것은 영원하고, 이 세상의 것은 일시적인 것에 불과하다고 한다. 그러나 이중의 삶은 하늘의 삶을 묵상하면서 이 세상의 삶을 증오하지는 않고 경멸하는 삶이다. 그러므로 이원론과 비교할 수도 없고, 비교의 대상이지도 않다.

이중의 삶은 그리스도의 두 본성에서 그 원형을 찾는다. 성육신의 비밀은 이중의 삶을 잘 반영한다. 이것이 너무나 조화로운 것처럼 중생 된 자에게는 자연스러운 것이다. 이 자연스러운 삶을 위한 훈련이 곧 견인이고, 그 과정은 거룩함을 이루는 것(성화)이고, 그것에 요구되는 것은 회개이고, 끝까지 참된 믿음을 고수하며 그 증거를 갖는다. 이것이 중생 된 자의 이중의 삶을 요약한 것이다. 당연히 이 과정에서 충돌이 일어날 수밖에 없다. 끊임없이 자기 부인을 실행하지 않으면, 양다리를 걸치고 있으면, 지겹고 부담되고 힘들 것이다. 우리는 이로써 스스로 하나님의 자녀인지 사탄의 자녀인지 간취할 수 있다.

(2)② 중생 된 자의 삶이 중생 되지 않은 자의 것과 다르다는 고백이다.

첫 번째 출생은 육신의 출생을 의미하고, **두 번째 출생**은 영적 출생, 즉 중생을 의미한다. 니고데모는 예수님과의 대화에서 두 번째 출생의 비밀에 대해 듣게 된다. 전자는 부모로부터 태어나는 것으로 내 존재가 이 세상에 현존하는 것이고, 후자는 성령 하나님으로부터 중생되는 것으로 이 세상과 오는 세상에 동시에 현존하는 것이다. 또 전자는 **외적 부르심**(「돌드레히트」 2장 6항; 「신앙고백서」 10장 3항②; 「대교리」 68문②), 후자는 **내적 부르심**이라 불릴 수도 있다(「대교리」 66문②, 67문①).

하나님의 부르심은 두 가지로 구성되는데 전자는 **일반적 부르심**, 후자는 **특별한 부르심**으로 불린다(3권 24장 8항, 757). 내적 부르심을 복음의 부르심이라고도 하고,(「돌드레히트」 2장 6항), 성령 하나님께서 그리스도의 구속 사역을 우리가 믿게 하려고 우리 심정에 역사하는 것을 의미한다(「소교리」 30문). 그렇지만 외적 부르심은 내적 또는 효과적인 부르심과는 달리 그리스도를 믿지 않고 순종 역시 수행하지 않으므로(「돌드레히트」 2장 6항), 구원에 이르진 못한다(「신앙고백서」 10장 4항①). 이 의미는 복음을 믿지 않기 때문에 하나님의 진노에 여전히 머무른다는 것이고(「돌드레히트」 5장 4항), 그리스도교를 고백하지 않기 때문에 구원을 받을 수 없다(「신앙고백서」 10장 4항①). 그렇다고 불평할 수 없는 이유는 구속 사역에 무슨 결점이나 부족한 것이 있어서가 아니라 전적으로 자신의 잘못 때문이다(「돌드레히트」 1장 5항, 3장~4장 9항①).

두 번째 출생인 중생은 내적 부르심 또는 효과적 부르심이라 불린다. 하나님의 정한 시간이 이르면 성령 하나님은 선택된 자가 그분을 믿도록 효과적으로 불러 의롭다 여기고(「신앙고백서」 11장 4항), 양자 되게 하고, 거룩하게 하여 구원에 이를 때까지 보존, 즉 견인한다(「신앙고백서」 3장 6항②). 이런 과정은 논리적이지 시간적이지도 않고 인과적이지도 않다. 여기서 간과해선 안 되는 진리는 선택된 자 외에는 구속의 은혜, 효과적 부르심, 의롭다고 여겨짐, 거룩하게 됨이나 구원을 절대 받을 수 없다는 것이다(「신앙고백서」 3장 6항③). 물론 형식적으로, 의도적으로, 중생 된 자처럼 행동하겠지만 대부분 그렇게 오래 지탱하지 못하고 호랑이처럼 참지 못하고 박차고 나가고 만다.

외적 부르심 또는 첫 번째 출생의 대상은 모두이지만 내적이고 효과적 부르심 또는 두 번째 출생은 영원에서 하나님의 자비함으로 선택된 자에게만 일어난다. 다시 말하면, 그리스도의 말씀과 성령께서 역사하심으로 하나님께서 정한 시간에 선천적인 죄와 죽음의 상태에 있는 무리 중 선택된 자에게만 일어난다(「신앙고백서」 10장 1항①). 이 부르심은 성령의 내적 조명으로 선포된 말씀이 심정 깊은 곳에 자리 잡도록 한다(3권 24장 8항, 757). 선택된 자는 그 말씀을 들을 때 마음이 조명돼 하나님의 것을 이해하게 되고, 굳은 심정이 제거되어 부드러운 심정을 갖게 된다. 이것은 중생을 의미한다. 그래서 의지가 갱생되고 선한 것을 찾으려고 결심하게 된다. 이 고백은 당사자 측면에서 보면, 전적으로 자원하는 마음으로 자유롭게 자발적으로 그리스도에게 온다고 여긴다(「신앙고백서」 10장 1항②③④).

이렇게 두 번째 출생은 인간에게서 출발하는 것이 아니라 영원에서 예정된 것에 근거를 둔다. 이런 측면에서 인간의 무슨 내적 능력이나 행위에 따른 것이 아니며 무상의 은혜 또는 수동적 은혜라 부른다(「신앙고백서」 10장 2항). 또는 불가항력적 은혜라 부른다(「돌드레히트」 4장 참고).

선행적 은혜(先行的 恩惠 [Prevenient grace 또는 preceding grace])라는 단어도 기억하면 좋겠다. 이것은 아르미니우스주의에 근거를 두는데 인간의 결정 이전에 선행하는 하나님의 은혜라는 말이다. 언뜻 들으면 성경적 용어처럼 들린다. 하지만 함정이 있다. 모든 인류에게 하나님의 은혜를 베풀어 하나님의 초청에 응답하고, 복음을 믿도록 하는 것이다. 무분별하게 받은 은혜를 개인이 증진해야 하고 그렇지 않은 책임을 개인이 져야 한다. 그래서 선행적 은혜는 불가항력적(irresistible)이지 않고 가항력적(resistible)이다(「돌드레히트」 3장~4장 오류8②). 하지만 성경 어디에서도 이런 주장을 뒷받침하는 말씀은 없다.

두 번째 출생이나 삶은 선택된 자의 것이기에 유기된 자에게 특이한 것(peculiar)이다. 특이한 자 또는 선별된 자(peculiar people)로서(「돌드레히트」 3장~4장 5항①) 거룩한 삶을 사는 것도 일반인이 보기에는 특이하게, 유별나게, 이상하게 보인다. 로마제국 시기 그리스도인이 핍박과 죽임을 당한 이유는 이런 특이하고 유별난 비사회성을 지니고 있었기 때문이었다(『진리의 보고』, 142). 부도덕하고 불결한 로마인과 어울리지 않는 그리스도인은 눈엣가시처럼 여겨졌다. 더 잔인하게 핍박하면서 경기장에 수백 명씩, 어떤 경우엔 수십 명씩 세워놓고 사자나 야생동물의 먹잇감이 되게 하거나 참수형이나 화형을 시키는 것을 즐겼다.

참된 그리스도인은 정말 특이하고 유별난 자이다. 그런데 매우 주의해야 하는 것은 이단자도 이런 성향을 지니고 있기에 특이한 관습만을 보고 판단하면 안 된다. 바른 교리와 신앙을 고백하면서 그런 삶을 살아야 한다. 세속화 되지 않으려기에 비사회성을 갖는 것이고 그 기준은 성경과 교리이다. 이런 면에서 하나님이 주신 도덕법은 중생 된 자나 유기된 자를 위한 것인데, 유기된 자는 그 도덕법을 특이하게 느끼지만(「대교리」 94문②), 중생 된 자는 특이한 자이기에 그 특이한 도덕법이 매우 친근하게 느껴진다.

(3)(4) 성례에서 중요한 개념인 표징과 표징 된 것에 관한 고백이다. 특히 성찬의 표징은 빵과 포도 잔이고, 그 표징 된 것은 그리스도의 몸과 보혈이다.

(3)① 이제 중생 된 상태, 효과적 부르심 또는 두 번째 출생한 자를 향하여 하나님은 부성애로 양육하고 믿음을 강화하기 위해 교회가 성례,

특별히 성찬을 수행하게 한다(「대교리」 172문④). 우리는 성찬에 참여하여 우리를 위해 희생제물 된 그리스도의 몸과 보혈이 표징하는 빵과 잔을 먹고 마신다. 빵과 잔이 우리 육체에 에너지를 주고 삶을 유지하는 음식과 음료가 되는 것처럼 그 요소의 표징인 그리스도의 몸과 보혈은 우리의 영적 양식이 된다. 이 의미는 그분이 수행한 구속 사역을 우리의 것으로 수용한다는 것이다.

성찬의 참여는 인류가 받는 모든 저주를 그리스도께서 우리를 대신하여 받으신 것에 실제로 참여한다는 뜻을 담고 있다. 다시 말하면 그분이 행한 구속 사역으로 얻은 의가 우리에게 전가됐다는 것이다. 우리가 **전가된 의**를 믿음에 담고 있음을 확인하기에 믿음이 강화된다고 말한다. 그 전가된 의는 우리가 율법을 완전히 시행하고 순종한 것처럼 여겨지기에 하나님 앞에 담대하게 접근할 수 있게 한다(「하이델베르크」 60문④, 79문①②③). 그리스도께서 우리에게 베푼 의의 전가 또는 전가된 의는 **순종의 전가**이기 때문이다(3권 11장 23항, 594; 『해설자용』, 327). 우리는 그리스도와 더불어 죄를 일으키는 육체와 싸우며 고통을 겪어야 한다. 그 결과 세속의 악한 욕망에 종노릇 하지 않고 하나님의 뜻을 따를 수 있다(벧전 4:1~2).

이에 따라 의의 전가, 전가된 의는 순종의 전가라 말하고, 이것은 성찬을 통해 그분의 몸과 피를 먹고 마시게 되므로 그분이 나를 위해 저주와 처벌을 받은 것이 내가 타락의 결과에 대한 대가를 치른 것처럼 하나님이 여긴다는 뜻이다. 이 얼마나 놀라운 은혜인가! 값없이 받은 은혜, 무상의 은혜, 영원한 은혜, 형용할 수 없는 은혜 ...

(3)② 성찬이 영적 양식이 된다는 더 깊은 뜻을 고백한다.

몸과 피의 표징인 빵과 잔을 단순히 먹고 마신다고 하여 구속 사역의 효력이 누구에게나 나타나는 것은 아니다. 당연히 선택된 자에게며, 성찬의 표징을 먹고 마실 때 반드시 **믿음으로** 취해야 우리의 연약한 믿음이 강화되고 영적 삶을 유지하는 표징 된 것, 즉 그리스도의 몸과 보혈을 취할 수 있다. 믿음으로 먹고 마신다는 의미는 무엇일까?

1. 예수 그리스도의 참된 몸과 참된 피를 우리 영이 인정하고 수용한다는 것이고, 그분이 우리의 머리가 되고 우리는 그분의 지체가 된다는 것이다. 이것은 그분과의 연합을 말하고 가시적인 것에 종속되지 말라는 것이다(4권 17장 6항, 1040~1041; 4권 17장 34항, 1066).
2. 그리스도께 접붙임 된다는 것이다(「하이델베르크」 65문). 접붙임은 우리가 그분의 것이 되고 그분이 우리 안에 내주한다는 것이고, 그분의 의의 옷을 입는 것이기에 칭의를 의미한다(3권 1장 1항, 435; 3권 11장 10항, 585).

위의 뜻을 잘 새겨서 자신의 삶과 대조하여 실행하고자 하는 고백이 요구된다. 이런 믿음이 의지의 결단과 이성의 판단과 다른 이유는 그리스도, 하나님 아들, 영원한 하나님의 속성에 대해 떠올리는 것이기 때문이다. 믿음으로 먹고 마실 때 영적 삶을 육성하고 강화하는 분은 그리스도이시다. 이는 성령의 인도를 받는 삶을 말하는 것으로 하나님 우편에 계신 그리스도의 중보 사역으로 가능하다(2권 16장 16항, 418). 올바른 삶, 즉 올바른 믿음에 따른 삶은 영적 삶의 시작을 의미한다(3권 6장 5항, 544). 영적 삶은 하늘의 시민권을 가신 사의 삶이고(3권 19장 15항, 672) 선택된 자의 삶이다(3권 22장 2항, 730). 영적 삶의 담보물과 확신은 성찬의 신비에 놓여 있다(4권 17장 29항, 1061). 중생 된 자가 영적 삶을 사는 이유는 성령 하나님에 의해 중생 됐기에 그분의 선하심을 향하고, 그분의 의지를 따르고, 그분의 의에 일치하려 한다(3권 6장 1항, 540~541). 의지의 전환이 일어난(중생 된) 자가 영적 삶을 살거나 죄와의 전투가 힘들 수 있겠지만 어차피 이 길을 걸어야 한다면, 간구와 기도로 창공을 향해 올라가는 독수리가 돼야 한다. 그래서 성찬이란 영적 양식을 제정하신 것이다.

믿음으로 먹고 마셔야 한다는 우리의 고백을 강조하는 이유에 관심을 가져보자!

믿음으로 먹고 마신다는 것은 **칭의**라고 말할 수 있다. 이것은 이신칭의를 말한다. 믿음으로 의롭다 여김을 받는다! 믿음으로 성찬을 먹고 마시므로 칭의를 깨닫는다. 칭의의 세 가지 혜택은 죄들의 용서, 전가된 의와 화해이다(『해설자용』, 342, 354, 350). 성찬의 혜택도 이것을 담고 있다. 성찬은 중생 된 자의 이 세상 삶을 위한 영의 양식이다. 그 양식은 믿음으로 먹고 마셔야 한다. 그 '믿음으로'는 이신칭의에서의 이신(by faith)과 같은 의미이다. 성찬을 믿음으로 먹어야 하는 이유는 칭의를 실제로 시각적으로, 성찬식 때마다 기억하기 위해서이다. 성례의 순전한 집행을 통해 성례의 약속인 죄들의 용서, 칭의와 거룩한 삶(성화)을 깨닫게 된다.

(4) 영적 삶을 위한 성찬에 관한 고백이다.

우리가 믿음으로 표징, 즉 두 요소를 먹고 마시면, 그리스도의 구속 사역이 효력을 발하여 영적 삶이 강화된다((3)②). 성찬식에서 신자는 그 두 요소를 입으로 취해서 먹고 마시지만 믿음으로 먹고 마시므로 영적으로 그분 안에, 그분과 함께, 그분에 의한 삶을 산다는 것을 고백한다. 하지만 형식에 매여서 어떤 종류의 빵과 포도주를 준비해야 하는지에 관한 논쟁은 무의미하다. 포도주의 색깔이 흰색이든 적색이든 무슨 상관이 있을까? 중요한 것은 성찬식은 성례이기에 일주일에 한 차례 정도, 자주 하면 할수록 유익하다(4권 17장 43항, 1075).

믿음으로 먹고 마신다는 것은 그분의 순종이 나의 순종으로 여겨졌기에 하나님의 말씀을 따라 살아가도록 은혜와 힘을 공급받고, 거룩함을 이루는 순종의 삶을 살고, 끝까지 믿음을 고수하는 견인의 삶을 사는 것을 의미한다. 그렇지 않고 입술로만, 형식으로만, 의식으로만, 성찬에서 먹고 마시면 죄를 먹고 마시는 것이 된다. 지치고 힘들 때마다 성찬을 기억하면서 그분의 온유와 겸손을 본받아 살려고 다짐하는 것이 믿음으로 먹고 마시는 것이다. 이신칭의의 뜻을 떠올리면 성찬의 효력이 무엇인지 깊게 이해할 수 있다.

(5) 순전한 집행((3)(4))에 이어 거짓된 집행에 관한 고백이다.

(5)① 성례가 가시적이다 보니 그릇된 여러 행위가 드러난다. 집행에 있어 인간의 해석과 적용이 첨가하면서 좌로나 우로 치우치거나 좌충우돌한다. 이것은 영이신 하나님에 대해 어떤 형상이라도 만들지 말라는 제2계명의 경고를 떠올리게 한다. 불가시적이고 영적 하나님의 은혜가 가시적인 표징을 통해 뜻이 전달되다 보니 가시적인 것에 유약한 인산은 보는 대로 해석하고 적용한다. 인습에 매여 하나님의 은혜를 불성

건한 수단으로 전락시키는 오류는 주위에서 늘 일어난다. 예를 들어, 로마가톨릭 미사나 거짓된 5성례가 대표적인 사례이다. 이것은 은혜를 베푼다는 핑계로 사제주의나 성직주의를 일삼는 못된 주장이다. 인간을 위한 것이라면 일시적인 방편이어야지 그것을 영속적으로 사용한다는 것은 큰 죄를 범하는 것이다. 가시적인 수단으로 일시적인 은혜를 받는 것은 인간적으로 충분히 이해되지만 그것이 언제까지나, 누구에게든, 어디서든 통용돼선 안 된다. 임시방편이어야지 영속적으로 사용하여 하나님의 말씀에 눈을 멀게 한다거나 그분에 대한 지식에 무관심하게 하는 것은 큰 죄를 범하는 것이다.

성찬을 그분이 제정하신 의도대로, 즉 순전하게 집행해야 한다. 이것은 참된 교회의 요소 중 하나로서 "그리스도께서 제정한 대로 성례의 순전한 집행을 유지"해야 한다(「벨지카」 29항(2)①). 그렇지 않고 임의대로 집행하는 교회는 거짓된 교회이다. 만일 그분의 의도대로 집행했다면, 그분께서 그 표징으로 우리 안에 역사한다. 그렇다고 바르게 집행했으니 은혜는 받아 놓은 당상이라고 착각하는 것 역시 그릇된 방식임을 자증하는 것이다.

은혜는 그분이 주시는 것이고, 바른 방식의 집행은 우리의 임무이기 때문이다. 이것은 바른 자세로 기도를 드리는 것과 같다고 하겠다. 이미 다 아시는 하나님 앞에 무슨 기도가 필요할까?(『해설자용』, 569)(마 6:8) 전지하신 하나님은 우리가 부탁해야 아시는 분이 아니다. 그런데도 기도해야 하는 이유는 우리의 의무이기 때문이다. 죄 용서 역시 그분이 행하는 것이지만 회개해야 하는 것은 우리의 임무이기 때문이다(「신앙고백서」 15장 3항①, 5항).

(5)② 로마가톨릭 화체설을 반박하는 고백이다.

그들의 주장에 따르면, 주님의 만찬에서 빵이 그리스도의 몸으로 변한다는 것이다(「하이델베르크」 78문②). 변한다는 믿음을 가져야 그런 변화가 일어난다고 주장한다. 속에 들어가서 변하는 것은 삶으로 증명된다고 하니 그럴듯하게 설득력이 있다. 하지만 단연코 아니다. 성찬이 효력을 발하여 삶이 변한다는 것은 일리가 있는 듯싶지만 그들이 말하는 삶은 성경적 선행(「하이델베르크」 91문①②; 「신앙고백서」 16장 1항)을 의미하지 않고 사회적, 문화적, 세속적, 인간적 자선 행위를 말한다. 하나님과는 무관하고 세상을 기쁘게 하고 대중적 지지를 받는 것에만 치중된 것이다.

지나가는 소가 웃을 일이지만 현재도 그런 주장을 하고 있다. 빵과 잔은 표징일 뿐 그것의 표징 된 것에 중점을 둬야지(「대교리」 163문②; 「신앙고백서」 27장 2항) 표징이 마치 실제 몸과 피가 된다고 주장하는 것은 정말이지 언어도단이 아닐 수 없다(4권 14장 23항, 993). 칼빈 선생은 화체설에 대해 많은 페이지를 할애하면서 논박한다(4권 17장 32항~37항, 1062~1070). 로마가톨릭은 그리스도의 육체가 영적 음식이 된다는 화체설을 주술처럼 여긴다(4권 17장 15항, 1048). 마술을 부리는 마술사처럼, 재주를 부리는 원숭이처럼 행동한다. 성찬을 집행할 때 과도한 행위를 통해 참석자에게 은혜를 끼치는 식 또는 은혜를 주는 식의 쇼를 유의해야 한다. 그렇다고 엄숙한 자세가 집례자의 신적 행위를 의미한다고 착각하지 말고 자신도 그 성찬식에 참여하는 자임을 언제나 인식해야 한다.

(5)③ 믿음으로 임하는 성찬에 관한 고백이다.

다시 한번 성찬의 표징, 즉 두 요소는 입으로 먹는 것이 아니라 믿음으로 먹는다고 강조한다((3)②, (4) 참고). 로마가톨릭은 표징이 실제 그리스도의 몸과 피로 변환된다는 그 믿음으로 먹고 마시는 자에게 실제로 변한다고 억지 주장한다. 믿음으로 먹는 것을 이렇게 왜곡할 수도 있다. 믿음의 의미를 재차 물어본다면, 개인의 바람이지 참된 믿음이 아니다. 변했으면 하는 간절한 희망 사항이고, 그것이 은혜가 돼 구원에 이르기를 바란다. 이것을 유지하기 위해 로마가톨릭은 미사라는 이름으로 여전히 그리스도의 희생제물 드림을 강조한다.

(5)④ 승천하셔서 하나님 아버지 우편에 계시는 중보자는 우리를 자신에게 참여하는 자가 되게 하는 일을 절대 쉬지 않는데 이 사역은 중보 사역이라 불린다. 우리 측면에서 보면, 그리스도는 하늘에서 우리를 위해 중보하고 있다. 이것에 관해 우리는 승천하셔서 하늘 아버지 우편에 앉아 있다고 말한다. 그분의 중보 사역은 이 세상에서 구속 사역으로 종결된 것이 아니다. 현재 진행 중이다. 불완전한다는 것을 의미하지 않는다. 우리가 그분의 중보를 필요로 한다는 것을 의미한다. 하늘에 계시다는 것은 영원 가운데 계신다는 것을 의미하기 때문에 시간 속에 있는 우리에게는 현재 진행형처럼 보여서 우리를 위한 중보 사역이 필요하다거나 요구된다고 하지만 실제는 단번이고, 영원하고, 불변하고, 완전한 사역이 완료됐다. 아무튼 우리 측면에서 볼 때 그분의 중보 사역을 우편에 앉으심이라고 표현한다는 것이다(「신앙고백서」 8장 4항④). 그 중보 사역의 내용은 자신의 교회를 모으고 변호하고 그들의 적들을 굴복시키고 자신의 사역자와 백성에게 은사와 은혜로 채운다는 것이다(「하이델베르크」 51문②; 「대교리」 54문①②③).

육체적으로 이 세상에 계시지 않지만 **신격으로 우리와 함께**한다. 성찬식에서 그 요소를 먹고 마시는 순간 그분이 우리 존재에 임재 한다고 착각해서는 안 되고, 이미 내재해 있는 하나님의 임재를 깨닫게 하려고 성찬에 참여케 한다. 이것을 우리는 **믿음으로** 먹고 마신다고 고백하는 것이고, 이런 의미로 이해해야 한다. 이미 하나님의 자녀 된 자들이 먹고 마실 때 믿음이 강화된다. 임재해 있는 하나님을 떠올리기 때문이다.

(5)⑤ 성찬은 그분의 주권자임을 고백하는 것이다.

우리는 성찬식에서 그분의 중보 사역을 인식하거나 기억해야 한다. 이것은 그분의 3중직 중 제사장 직무라면, 그분의 왕 되심도 고백해야 한다. 구원만 아니라 보호하며 위로하며 함께 하여 끝까지 지킨다는 만군의 야훼임을 고백한다. 어느 환경에서든, 무슨 일에든, 언제까지나 하나님은 우리의 아버지이다. 무슨 일이 예기치 않게 일어났을 때 당황하지 말고 이미 아는 하나님께 조용히 머리 숙여 그분의 왕 됨을 인정하는 고백으로 확신을 점검하며 찬양해야 한다. 영원한 제사장만 아니라 영원한 왕도 되는 그리스도를 영원히 찬송하자!

이상에서 살펴본 결과 당시 그리스도께서 제자들을 위해 성찬을 함께 먹은 것처럼 현재도 성령 하나님을 통해 우리를 위해 여전히 중보하고 계신다는 것을 기억해야 한다. 성찬은 중보 사역을 통해 우리 믿음을 강화한다.

(6) 성찬에 임하는 자의 자세에 관한 고백이다.

성찬식에 선택된 자만 참석해야 하고, 성찬은 그들만 먹어야 한다. 진리에 관해 무지하고 불경건한 자는 성찬이 주어지더라도 먹어선 안 된다. 혹시 그들이 무심코 먹게 되면 저주를 피하지 못한다(「신앙고백서」 29장 8항②). 이 의미는 참석시켜서는 안 된다는 말이다. 성찬식을 집행하면서 그 규례를 낭독하는 것도 이 때문이다(고전 11:23~29). 표징인 포도 잔과 빵을 마시고 먹더라도 모든 자가 표징 된 것을 받는 것이 아니다. 일종의 부적처럼 먹고 마시면 조금의 효과라도 있지 않겠느냐는 망령된 생각을 가지지 않게 집례자는 매우 유의해야 한다.

(7) 성찬식에 참여하는 자녀들의 자세에 관한 고백이 이어진다.

(7)① 성찬에 참여하는 자는 자신만 아니라 참여자에 대하여 사랑과 용서를 베풀어야 한다. 성찬에 참여하는 성도끼리 알지도 못하거나 미워한다면 이것이야말로 망령된 자세가 아닐 수 없다. 성찬은 성도가 그리스도의 식탁에서 교제를 나누며 서로 형제자매임을 고백한다(「대교리」 168문④). 시기, 분쟁, 언쟁, 증오, 수군수군하는 것을 잠시 내려놓고 일단 예식부터 실행하고 보자는 식의 성찬식은 은혜가 아니라 저주가 임할 수 있기에 믿음으로 성찬에 임한다는 의미를 깊이 새겨야 한다(⑤⑤). 이뿐만 아니라 그리스도를 따르려는 열망과 새로운 순종을 고백하고, 이를 위해 기도해야 한다(「대교리」 171문④⑤; 「소교리」 97문①). 진정한 신앙고백 없이 성찬에 임하면 저주를 받게 된다. 성찬식은 신자들만 참석한다((6)).

(7)② 참여하는 성도는 자신을 점검해야 한다(4권 17장 40항, 1072). 이 뜻은 다음과 같다.

1. 그리스도가 베푼 구원을 의지하고 입으로 시인하고 인정하라.
2. 청결과 거룩을 향한 열정을 가지고 그리스도를 닮으려고 갈망하라.

이와 유사한 방법으로 다음과 같이 자신을 점검해야 한다(「대교리」 171문).

1. 자신이 그리스도 안에 있는지, 자신의 죄들과 부족함이 뭣인지 점검하라.
2. 자신의 지식, 믿음, 회개의 진실함과 분량을 점검하라.
3. 하나님의 사랑과 형제자매임을 인정하고 서로 용서하라.
4. 그리스도의 순종을 따르는 열망을 가져라.
5. 은혜의 실행, 진지한 묵상과 열렬한 기도를 준비하라.

(7)③ 그리스도를 향한 진정한 고백과 열정이 있다는 것은 참석자들에 대한 사랑으로 파악된다. 함께 먹고 나누는 것은 형제애를 증명하는 것이기 때문이다(「대교리」 174문④). 하나님 자녀의 삶을 살기를 원한다면, 당연히 성찬을 기대한다. 성찬을 준비했다면 그분의 순종을 따라 거룩한 순종이나 삶이 따른다. 그래서 열망과 기도가 늘 삶에서 이뤄져야 한다.

(7)④ 가공된 고안물에 대한 경고이다.

성찬이 주는 은혜와 감동은 크다. 은혜를 받는 세 가지(말씀, 성례와 기도; 「대교리」 154문②; 「소교리」 88문①) 외적 수단 중 하나이기도 하다. 그러다 보니 은혜를 베푼다고 속여 거짓 성례를 고안하기 쉽다. 그렇다고 그 외적 수단만 사용하면 은혜를 받는다고 섣불리 낙관해서도 안 된다. 순전하게 사용해야지 그릇되게 사용하면 거짓된 자가 된다. 순전한 교리, 성령의 순전한 집행과 순전한 말씀이 따라야 한다(『벨지카』 29항(2)①). 성경에 언급되지 않은 것이라도 또는 문맥과는 상관없이 상징 또는 풍류(allegorical)로 해석해서 가시적 감동을 줘서 감성적 열정을 갖게 하는 데 목적을 두는 교회가 있는데, 대표적 거짓된 교회는 로마가톨릭교회이다. 로마가톨릭은 두 가지 성례에 5가지 거짓 성례를 덧붙여 양심을 묶어 조종한다(4권 18장 20항, 1097). 그 5가지는 고해, 견진례, 병자례, 수임례와 혼인례 등이다.

성경 제일로(prima scriptura)라고 외치는 자들이 즐기는 방법(『개혁신앙이다』, 114~118)은 성경 구절을 제 입맛에 따라 해석하여 적용하면서 "이것이 하나님의 말씀이다" 또는 "이것이 하나님의 뜻이다"라고 한다. 이런 저급한 방법은 십자군 운동을 일으켜 수십만 명을 죽음으로 몰아간 로마가톨릭의 작태였다. 함부로 하나님의 뜻이라고 외치는 자들을 주의해야 한다. 하나님의 뜻을 찾는 바른 기도는 하나님의 속성을 사랑하고 자신의 기도 제목에 반영하여 자신에게 적용하는 것이다(『묻어둔 진리』, 215). 물론 일반적으로 기도는 자신의 뜻이 그분이 뜻이 되고자 하는 것으로 시작할 것이다. 하지만 하나님 측면에서 자신의 뜻을 살펴야 한다. 자신의 뜻을 하나님께 적용하려는 자세를 그만둬야 한다. 그분의 뜻이 자신의 뜻이 돼야 한다. 물론 기도를 시작할 때 자신의 뜻을 분석하고 그분의 뜻에 합당한지 파악하려고 할 것이다. 이때 주의할 것은 그분의 속성을 떠올리면서 전지하신 분이 이런 제목을 갖고 간구하는 자신의 심정을 이미 안다는 것을 고백하고 신뢰한다면 자신의 뜻을 그분께 반영하려는 자세를 내려놓을 것이다. 그리고 그분의 속성을 전적으로 신뢰한다면 자신이 무엇을 하고 따르고 수행해야 하는지 지혜를 얻게 될 것이다. 그것이 비록 일이 더디게 해결되거나 악화된다 하더라도 그분을 환경이나 상황보다 더 신뢰해야 한다(『묻어둔 진리』, 216~218).

이런 기도와 간구와는 달리 성경 중심(오직 성경만으로)이라고 대중을 속이고 성경 제일 신앙으로 양심을 속여 마음대로 이리저리 끌고 다닌다. 로마가톨릭교회가 이처럼 행한 작태와 만행을 흉내 내는 한국교회들이 주위에 즐비할 것이다. 은혜를 받고 받지 않는 것이 하나님께 달려 있다고 넌지시 말하면서 외적인 열심을 충동질한다. 정말이지 성례가 외적 상징이고, 믿음을 강화하는 수단이기에 이런 고안된 것이 나올 수밖에 없다. 이것도 가능한 것이 참여자의 믿음에 따라 그 효력이 나타난다고 명시됐으니 악용하기 적합하다. 이런 면에서 교리로 자신을 늘 점검하지 않으면 곁길로 미끄러지는 것은 흔한 일이다.

(7)⑤ 성경적이고 역사적 신앙에 머물라는 고백이다.

인간의 본성은 가시적이든 불가시적이든 은혜의 방편은 지나쳐 넘어가기 쉽다. 항상 하나님의 기록된 말씀의 인도나 참된 해석에 근거하지 않으면 패망에 이른다. 하나님의 권위를 지닌 것이다 보니 아무도 도전하지 못하다는 것을 잘 알고 있는 일부 지도자는 역발상 하여 교권제도를 창출해 낸다. 정말 인간 측면에서 볼 때 판단하기 어렵다. 아니면 말지라는 식으로 쏟아내는 많은 프로그램을 유기된 자는 그것을 즐기고 기뻐한다. 선택된 자는 그래도 작은 희망을 품고 살아가지만 그 희망이 기만당하기 전에 속히 참된 교회를 찾아 양육을 받으며 자기 부인하며 십자가 지는 삶을 살아야 한다.

교리가 인간의 저작물이라고 외치면서 자신들은 성경과 성령 중심이라고하며 자만에 빠진 자를 쉽게 찾을 수 있다. 성경 구절의 말씀을 해석하는 자신은 인간이 아닌가? 자신의 해석은 인간의 저작물이 아닌가? 해괴망측한 주장을 떠벌리면서 선지자나 사도처럼 성령의 영감을 받아 성경을 해석한다고 자만에 빠진 자는 역사 속에 구더기처럼 헤아릴 수 없을 만큼 많다. 지금도 이런 착란에 빠지거나 그 희극을 추종하는 자들이 난무한다. 지극히 정상적인 인간의 본성의 활동이다.

이런 거짓되고 허약한 인간성을 방지하기 위해 당대에 가장 우수하고 존경받는 분들이 함께 모여 수년 동안 또는 수개월 동안 성경을 읽고 연구하고 분석하고 적용하여 만든 신앙고백을 무시하지 말아야 한다. 이미 신앙의 선배들은 이런 인간의 타락성을 인정하고 후손을 위해 바른 신앙 교리를 이처럼 마련했다. 이것을 통해 성경을 분석하고, 해석하고 적용하는 것이 최소한 신앙인의 양심적 행위일 것이다.

36항: 행정관(Of Magistrates)

(1) We believe ① that our gracious God, because of the depravity of mankind, hath appointed kings, princes and magistrates, willing that the world should be governed by certain laws and policies;
② to the end that the dissoluteness of men might be restrained, and all things carried on among them with good order and decency.

(2) For this purpose ① he hath invested the magistracy with the sword, for the punishment of evil-doers, and for the protection of them that do well.
② And their office is, not only to have regard unto, and watch for the welfare of the civil state; but also that they protect the sacred ministry; and thus may remove and prevent all idolatry and false worship (see note below); that the kingdom of anti-Christ

(1) 우리가 믿는 것은 ① 인류의 타락 때문에 우리의 은혜로운 하나님께서 왕, 군주와 행정관을 임명하셔서(잠 8:15; 단 2:21; 요 19:11; 롬 13:1) 세상이 일정한 법과 정책으로 통치를 받게 하시고

② 인간의 방종이 억제되고(출 18:20) 모든 것이 선한 질서와 예의 바름으로 그들 가운데 실행되기를 원하셨다는 것이다(신 1:16, 16:19; 삿 21:25; 시편 82편; 렘 21:12, 22:3; 벧전 2:13~14).

(2) 이 목적을 위해 ① 그분은 행정 직무에서 무력 사용을 허용하여 악을 행하는 자들을 처벌하고 선을 행하는 자를 보호하게 했다[롬 13:4].

② 그들의 직무는 국가의 복지를 중시하고 주의하는 것만 아니라 신성한 사역을 보호하여 모든 우상숭배와 거짓된 예배를 제거하고 방지하는 것이다. (아래의 유의할 점을 살펴보길 바란다.) 또 적그리스도의 나라가 전멸될 수 있고 그리스도의 나라가 증진될 수 있다.

may be thus destroyed and the kingdom of Christ promoted. ③ They must therefore countenance the preaching of the Word of the gospel everywhere, that God may be honored and worshipped by every one, of what state, quality, or condition so ever he may be, ④ to subject himself to the magistrates; to pay tribute, to show due honor and respect to them, and to obey them in all things which are not repugnant to the Word of God;

⑤ to supplicate for them in their prayers, that God may rule and guide them in all their ways, and that we may lead a quiet and peaceable life in all godliness and honesty.

(3) Wherefore we detest the Anabaptists and other seditious people, and in general all those who reject the higher

③ 그러므로 그들은 어디든 복음의 말씀이 선포되도록 후원하여(시편 2편; 롬 13:4; 딤전 2:1~4) 어떤 지위, 신분 또는 조건에 있든지 간에 하나님께서 모든 자에 의해 영예와 예배를 받게 해야 하고,

④ 그들 자신을 행정관들에게 종속시켜야 한다. 예를 들면, 세금을 바쳐야 하고, 그들에게 속한 영예와 존경을 나타내야 하고, 그리고 하나님의 말씀에 거슬리지 않는(행 4:19, 5:29) 모든 것에서 그들에게 복종해야 한다(마 17:27, 22:21; 롬 13:7; 딛 3:1; 벧전 2:17).

⑤ 하나님께서 모든 방면으로 그들을 지배하고 인도하도록, 그리고 우리가 경건하고, 정직하게, 조용하고, 평화로운 삶을 살도록, 그들을 위해 간절히 구해야 한다[딤전 2:1~2].

(3) 이런 이유로 우리는 재세례파와 다른 모반자들을 증오하고, 높은 권력과 행정관을 거절하고, 정의를 전복하고(벧후 2:10; 유 1:8), 물질 사회를

powers and magistrates, and would subvert justice, introduce community of goods, and confound that decency and good order, which God hath established among men.

NOTE: ① This phrase, touching the office of the magistracy in its relation to the Church, proceeds on the principle of the Established Church, which was first applied by Constantine and afterwards also in many Protestant countries.
② History, however, does not support the principle of State domination over the Church, but rather the separation of Church and State.
③ Moreover, it is contrary to the New Dispensation that authority be vested in the State to arbitrarily reform the Church, and to deny the Church the right of independently conducting its own affairs as a distinct territory alongside the State.

소개하고, 하나님께서 인간 가운데 확립한 예의 바름과 선한 질서를 훼방하는 모든 자를 일반적으로 증오한다.

[유의할 점] ① 교회와 관련하여 행정관의 직무를 다룬 이 부분은 콘스탄티누스(306~337)에게 처음 적용되었고 그 이후 많은 프로테스탄트 국가들이 국교의 원리로 실행했다.

② 하지만 역사는 교회에 대한 국가 주도권의 원리를 지지하지 않고 오히려 정교분리를 지지한다.

③ 더욱이 교회를 마음대로 개혁하고 국가와 함께 특별한 영역으로서 자신의 업무를 독립적으로 행동할 권한이 있는 교회를 거절하는 권위가 국가에 있다는 것은 새로운 시대와는 정반대가 된다.

④ The New Testament does not subject the Christian Church to the authority of the State that it should be governed and extended by political measures, but to our Lord and King only as an independent territory alongside and altogether independent of the State, that it may be governed and edified by its office-bearers and with spiritual weapons only.
⑤ Practically all Reformed churches have repudiated the idea of the Established Church, and are advocating the autonomy of the churches and personal liberty of conscience in matters pertaining to the service of God.

"The Christian Reformed Church(CRC) in America, being in full accord with this view, feels constrained to declare that it does not conceive of the office of the magistracy in this sense, that it be in duty

④ 신약성경은 정치적 기준에 의해 통치되거나 확장되도록 그리스도교 교회가 국가의 권위에 종속되지 않게 하며 오직 국가와는 다른 독립적인 영역으로서 우리의 주님과 왕에게만 종속되게 한다. 이는 교회가 직분자와 영적 무기로만 통치되고 교화되기 위함이다.

⑤ 실제로 모든 개혁교회는 국교에 대한 착상을 거부해 왔고 하나님께 예배를 드리는데 관련된 주제에 관해 양심의 자유와 교회의 자율성을 옹호하고 있다.

"미국에 있는 그리스도교 개혁교회는 이런 견해를 충분히 받아들여 부득이하게 이렇게 선언하는 바이다. 교회는 다음과 같은 의미에서 행정관직을 상상도 하지 말아야 하고, 국교를 설립하고 주장하거나 유일한 참된 교회와 동일한 것을 제출하고

bound to also exercise political authority in the sphere of religion, by establishing and maintaining a State Church, advancing and supporting the same as the only true Church, and to oppose, to persecute and to destroy by means of the sword all the other churches as being false religions; and to also declare that it does positively hold that, within its own secular sphere, the magistracy has a divine duty towards the first table of the Law as well as towards the second; and furthermore that both State and Church as institutions of God and Christ have mutual rights and duties appointed them from on high, and therefore have a very sacred reciprocal obligation to meet through the Holy Spirit, who proceeds from the Father and Son. They may not, however, encroach upon each other's territory. The Church has rights of sovereignty in its own

지지하므로 종교의 영역에 정치적 권위를 실행하지 말아야 하고, 거짓 종교들과 같은 다른 모든 교회를 무력을 수단으로 하여 반대하고 핍박하고 전멸하지 말아야 하고, 어떤 특별한 영역 내에 행정직이 율법의 첫째 돌 판만 아니라 둘째 돌 판에 있는 신적 의무를 지닌다는 것을 단언적으로 주장하며 선언하지도 말아야 하고, 더욱이 국가와 교회 둘 다 하나님과 그리스도의 제도로서 높은 곳에서 그들에게 임명한 상호적인 권한과 의무를 지니고 있고 아버지와 아들에게서 나오는 성령에 따르는 매우 신성한 상호적 임무를 지닌 것을 선언해야 한다. 그렇지만 그들은 서로의 영역을 침범해선 안 된다. 교회가 자신의 영역에서 주권을 가진 것처럼 국가도 그러하다."(1910년 총회 헌법에서).

sphere as well as the State."
Acta. Synod, 1910.

　하나님께서 교회를 이 세상에 세우고 관리하도록 주님의 이름으로 사역자, 장로와 집사를 지명했다(「벨지카」 31항①; 「신앙고백서」 30장 1항). 그 이유는 죄성을 지닌 성도를 교화하고 죄를 범하지 않게 하려는데 있다(「신앙고백서」 30장 3항①②). 이처럼 하나님은 국가를 설립하여 공공의 선을 수행하고 자신의 영광을 나타내게 했다(「신앙고백서」 23장 1항①). 교회와 국가는 궁극적으로 하나님의 자녀가 지닌 두 시민권을 위한 것이다. 하나님은 그들이 이 세상에서 균형 잡힌 신앙생활 하기를 원한다. 이 세상에 살면서도 하나님 나라를 소망하는 자녀이므로 이 자세가 더욱 요구된다. 칼빈 선생 역시 이 세상의 시민 정부에 대한 자녀의 자세를 『기독교강요』 4권 마지막 장에서 설명하고 있다(4권 20장). 어떻게 보면, 지금까지는 성도의 개인적 신앙고백을 강조했다면, 여기서는 이 세상에 사는 동안 직면하는 세속 문화, 사회, 정치와 삶과의 관계에 대한 자세를 고백하고 있다.

　시민 정부에 관한 말씀은 롬 13:1~7; 딛 3:1~2; 벧전 2:13~17에서 읽을 수 있다. 두 번째 성경 구절에서 우리는 인상적인 부분을 읽을 수 있다. 행정관에게 복종하라(3:2)고 명한 후 그리스도인이 되기 전과 후의 신앙고백을 자세히 명시한다. 이것은 바른 신앙고백으로 시민 정부에 대한 바른 자세를 가질 수 있음을 의미한다. 로마서 13장 역시 1장~12장까지 구원의 도에 관해 충분히 설명한 후 시민 정부에 대한 바른 자세를 명시한다. 이런 점은 베드로전서 2장도 마찬가지다. 지금까지 우리는 바른 신앙을, 즉 개혁신앙 고백을 살폈으니 시민 정부에 관한 바른 자세도 고백하게 된다. 진정한 두 시민권의 삶을 실천하는 것이라 하겠다.

제36항은 이 고백을 위해 크게 두 주제로 구성돼 있다. 하나는 하나님께서 국가를 임명하신 이유에 관한 고백이다((1); 4권 20장 1항과 2항; 「신앙고백서」 23장 1항①). 다른 하나는 그 이유에 따라 국가에 허락한 것에 관한 고백이 그 뒤를 잇는다. 그것은 국가의 권한, 직무, 제한, 국가에 대한 국민의 의무와 기도 등이다((2); 4권 20장 3항~7항; 「신앙고백서」 23장 1항②, 2항~4항).

(1) 국가와 그 행정관은 하나님께서 임명한 것으로 그분의 자녀가 이 세상에서 두 시민권 중 이 세상의 삶을 바르게 살게 한다. 그렇다고 그들이 그 영역에서 벗어나 교회 영역을 침범, 침해, 침략하지 말아야 한다.
(1)① 국가와 그 행정관의 필요성에 관한 고백이다.

행정관이 필요한 이유는 먼저 **인류의 타락** 때문임을 명시한다. 필연적임을 의미한다. 좀 더 정확하게 표현하면, 하나님의 자녀에게도 있는 죄의 잔재들 때문이고 견인을 위한 방편이다. 인류의 타락에 관한 진리를 알기 위해 창조에 대해 고백해야 한다(「벨지카」 12항). 창조에서 명시된 천사와 그 타락으로 생겨난 마귀가 인류 타락의 근거이다. 우리는 죄에 관해 하나님의 섭리를 고백한다(「벨지카」 13항). 그 타락이 어떻게 일어났는지 이어서 고백한다(「벨지카」 14항).

그런데 여기서 인류의 타락으로 인해 다른 하나님의 섭리가 있다는 것이다. 바로 행정관의 임명이다. 이것은 하나님의 은혜이지 타락한 인간이 마음대로 만든 것이 아니다. 물론 하나님의 지배에서 벗어나고자 하는 방자한 행위로 해석하기도 하지만 다른 국가처럼 제왕을 원했던 이스라엘 백성의 작태 역시 하나님의 작정 가운데 일어난 것이다. 하지만 인간이 먼저 서두르고 원하는 대로 행했다면 그에 대한 책임을 져야만 한다. 행정관의 임명은 **하나님의 은혜**이다. 이것은 하나님에게서 나온 것이고 그분의 자녀를 위한 것임을 의미한다.

그러면 하나님의 자녀로 새로 태어난 우리가 이 세상의 정부에 대해 어떤 태도를 보여야 할까? 먼저 우리는 이 세상에 사는 동안 **이중 정부**와 관련돼 있다. 하나는 교회이고, 다른 하나는 정부, 즉 국가이다(4권 20장 1항, 1125). 왜 하나님은 우리를 세속 정부 아래에서 살게 할까? 이 세상은 하나님의 자녀만 살지 않는다. 광란적이고 야만적이고 무법한 자들도 함께 살아가기에 국가가 법률로 그들을 다스리고 질서 있게 함으로 하나님의 자녀가 평화로운 삶을 살게 된다(4권 20장 1항, 1125~1126). 한마디로 공공의 선을 위해 하나님은 국가와 행정을 수반하는 지도자를 임명하셨다는 것이다(「신앙고백서」 23장 1항①). 예외 없이 모든 자는 일정한 법과 정책에 따라 통치받아야 한다. 엄밀히 말해서 인간의 부패성이 없다면, 없는 곳에선, 세속 정부가 요구되지 않겠지만 이 세상에서는 불가능하므로 필연적으로 요구된다. 이 세상 끝날까지 그 정부가 필요한 이유는 **인류의 타락** 때문이다.

하나님께서 임명한 직책을 악용하는 그릇된 행위들이 교회 역사에서 일어났다. 자신도 하나님의 직무를 수행한 자이기에 교회의 말을 무시하거나 깎아내린다는 것이다. 이런 자세는 사울 왕과 영국 왕 제임스 1세에게서 엿볼 수 있다. 중세시대에 성직자 수임권 논쟁(Investiture Controversy)이 이것을 잘 말해준다. 교회를 보호한다는 평계로 그 업무를 간섭하였다. 이와는 반대로 교회가 국가의 업무를 간섭할 뿐 아니라 지배하려고 하였다. 설상가상으로 국가가 교회를 신뢰하지 않고 하나님의 임명을 받지 않았다고 하며 국가의 권력은 국민에게서 나온다고 주장한다. 어느 경우든 그릇된 자세이다. 국가는 교회를, 교회는 국가를 침범, 찬탈, 이용하지 말아야 한다. 엄격하게 울타리를 쳐서 넘어가지 말아야 한다.

(1)② 세속 정부를 임명한 목적에 관한 고백이다.

타락한 인류는 하나님 없이 살아가기에 무법의 삶과 이기적 삶만을 추구한다. 다른 인격은 자신만을 위해 존재한다는 구태의연한 프톨레마이오스의 이데올로기에 집착해 있다. 이런 선천적 질병을 세상 법으로 제어하거나 억제하지 않으면 이 세상은 무질서로 난무할 것이다. 인류 역사를 보면, 항상 침략, 전쟁, 모함이 끊이지 않았다. 역병, 사고, 질병으로 생명을 잃었다. 인간은 스스로 이것을 해결하고자 부단히 노력하여 나름의 역사와 문화를 만들어 삶을 개정해 나가고 있다. 슬프게도 부정, 부패, 불의, 불법이 항상 있어 흔히들 자신이 필요할 때는 법이요! 라고 외친다. 그렇지 않으면 법을 악용하여 약한 자와 무력한 자를 압박한다. 바른 법 제정만 아니라 바른 법 집행을 통해 방종의 자유를 억제해야 한다. 이런 면은 율법의 목적 중 하나와 유사하다 하겠다. 율법의 목적은 세 가지이다(「신앙고백서」 19장 6항 ③④⑤).

1. 율법 준수가 불가능하다는 것을 통해 자신의 비참함을 깨달아 중보자를 찾게 된다(2권 7장 6항, 308; 「하이델베르크」 3문; 「대교리」 96문①, 97문②).
2. 위협과 처벌로 인해 욕망을 자제시킨다(2권 7장 10항, 311~312).
3. 신자에게 중요한 것으로 하나님의 뜻을 배우고, 순종하는 마음을 갖게 된다(2권 7장 12항, 314; 「대교리」 95문③, 97문③).

(2) 세속 정부의 직무에 관한 고백이다.

(2)① 이 세상의 세속 정부가 공정하고 공평하다는 전제 아래 하나님께서 설립한 단체라고 여기는 정부는 다음과 같은 일을 한다. 한 편으로 율법의 목적 중 두 번째 혜택을 수행하는 것으로(2권 7장 10항, 312), 국민이 평안히 지내게 하면서 우상숭배, 신성모독, 종교에 대한 탄압을 금한다. 또 공적 평정을 유지한다. 그리고 개인 재산을 보호한다. 더욱이 상업의 자유를 허용한다. 금지, 유지, 보호와 자유에 덧붙여 정직하고 중용을 유지해야 한다(4권 20장 3항, 1127~1128).

이것을 위해 무력을 사용하여 악을 제어하고 선을 장려할 수 있다고 우리는 고백한다. 이것은 막강한 공권력을 갖게 하는 것이기에 합법적으로 무력을 사용하는 것은 가능하지만 공공의 복수를 위해 전쟁을 일으킬 때 이성을 사용하여 합법성을 고려해야 한다(4권 20장 11항, 1133; 「신앙고백서」 23장 2항③). 지도자의 야망과 이기적 복수에 가득 차서 욱하는 심정으로 전쟁을 일으키는 것은 자승자박이 되고 말 것이다. 무죄한 시민을 죽이는 큰 죄악에 대한 책임을 져야만 한다. 역사에서 지도자의 야망과 욕망, 체면과 자긍심으로 인해 수많은 자가 희생을 당해야만 했다. 이런 작태는 앞으로도 반복될 것이다. 또 사회를 선동하고 대중의 관심을 다른 곳으로 옮기거나 공포 정치를 통해 대중의 자유를 억제하여 노예적 평정을 누리려고 폭력을 추구하는 것은 그릇된 것이다.(4권 20장 11항, 1133).

개혁신앙의 고백에서 무력을 사용하는 것이 허용되지만 박애주의와는 다르기에 무분별하게 무력을 사용해서는 안 된다. 전쟁의 합리성은 구약성경에서도 허용되기도 했지만 언제든 유의해야 한다. 그래서 모든 권위자는 가장 작은 것이라도 개인적 열망의 수단으로 삼아선 절대 안 된다(4권 20장 12항, 1134).

(2)② 종교의 자유에 관한 고백이다.

국가나 정부의 권한은 생명과 재산을 앗을 수 있고 인권마저도 빼앗을 수 있으므로 자신의 직무 영역을 넘어가지 말라고 엄히 경고한다. 세속 권력자는 정부가 하나님의 임명된 단체라고 하여 교회의 영역을 넘봐선 절대 안 된다. 그들은 교회의 업무인 말씀 사역, 성례의 집행, 하늘나라 열쇠의 권세만 아니라 믿음의 주제에 관한 것을 간섭해선 안 된다(「신앙고백서」 23장 3항①).

정부와 교회의 관계 정립은 교회 역사에서 뜨거운 감자였다. 초대교회에서 콘스탄티누스 1세(337 사망)부터 국가는 교회를 보호하는 자라고 자천하면서 교회의 업무에 간섭하고 주도하려고 했다. 교회는 세속 권력을 이용하여 세력을 확장해 갔다. 국가는 이것을 너무나 잘 알고 있다. 서로를 위한다고 하지만 실제는 서로를 이용하고 있다. 그럴 때마다 교회는 타락하고 부패했다. 이와는 반대로 국가는 교회를 핍박해서도 안 되고 지배하려고 해서도 안 된다. 이 역도 마찬가지이다. 교회 역시 정부나 국가의 일을 넘봐서는 안 되고 간섭하며 지배하려고 해서도 안 된다. 중세시대에 이런 그릇된 행동이 늘 있었다. 신성로마제국 건설에 이바지한 페팡(Pepin the Short, 768 사망)이나 그의 아들 샤를마뉴(814 사망)는 교회의 보호자라는 미명 아래 교회를 간섭하고 성직자들을 마음대로 임명하였다. 이것이 당연하다고 여겨지는 이유는 로마가톨릭교회 자체가 세속 정부의 무력을 통해 로마교회의 탈을 쓰고 등장했기 때문이다. 그래서 중세시대에 큰 이슈 중 하나는 **성직 수임권 논쟁**(Investiture Controversy)이었다(『묻어둔 진리』, 29, 172).

아무튼 교회는 정부에, 정부는 교회에 어떤 권력을 행사하려고 꿈도 꾸지 말아야 한다. 다른 영역에서 하나님의 뜻을 수행하는 것이지 그 영역을 침범하고 통합하여 세상을 장악하려는 사악한 심정은 금지돼야 한다. 이를 경고하듯이 정부나 국가의 직무를 제한하고 있다. 공권력을 바르게 행사하기 위해 지도자는 그것이 하나님에게서 주어진 것이라고 여겨야 한다. 하나님의 권한 대행자로 착각하면 안 된다.

17세기 영국 왕 제임스 1세(1063~1625)는 이에 대한 경고의 대상자이다. 그는 왕권신수설(Divine right of kings)에 집착하여 제멋대로 하나님의 대리자라고 착각하여 청교도의 진정한 청원을 거절하였다. 그의 아들 찰스 1세(1625~1649)에게 「왕의 선물」(Basilikon Doron [Βασιλικὸν Δῶρον])이라는 글을 써서 주므로 그 아들은 왕이 되어 청교도를 잔인하게 학살하기에 이른다(『가공된 진리』, 76). 그 결과 3차에 걸친 시민전쟁(1642~1646, 1648~1649, 1649~1651)이 일어났고 찰스 1세는 끝내 1649년 1월 30일 자신의 궁전 뜰에서 참수형을 당하고 만다. 무슨 이유에서든 왕을 죽이는 것은 합당하다고 말할 수 없지만 그 자신에게는 자승자박이라고 평할 수 있다. 찰스 1세 역시 죽임을 당할 만한 잘못을 범했지만 그를 죽인 회중파 청교도의 처형은 정당하다고 할 수 없다. 누구의 잘잘못을 따지기 전에 하나님에게서 임명받은 권한임을 인정했더라면 이런 범죄와 참상을 면할 수 있지 않았을까? 그런데 과연 역사에서 이런 제한된 권한 행사를 실행한 자를 과연 얼마나 찾을 수 있을까? 자칫하면 에라스투스주의(Erastianism)나 정·교 유착이 되어 오히려 교회의 타락을 부추길 수 있다. 수정된 부분을 부가해 놓았다.

(2)③ 신앙의 자유에 관한 고백이다.

국가는 모든 이에게 종교의 자유 또는 **신앙의 자유**를 보장해야 한다. 누구라도 종교의 문제로 고통, 모멸, 폭력, 학대, 상해를 받아선 안 된다. 그뿐만 아니라 모든 종교의 모임이 방해받아서도 안 된다. 이것을 보장하는 것이 곧 행정관의 의무이다(「신앙고백서」 23장 3항④). 유럽만 아니라 여러 나라에서 군주의 종교와 다르면 언제든 정치적 압박, 핍박, 추방, 죽임 등을 실시하고 있다. 종교개혁 시대 이후 유럽에 많은 종교 전쟁이 있었다. 대표적으로 슈말칼덴 전쟁(1546~1547), 프랑스의 종교 전쟁(1562~1598), 30년 종교 전쟁(1618~1648), 80년 전쟁(1568~1648), 영국의 시민전쟁(1642~1651) 등이다. 이 모든 전쟁은 군주들의 야망과 욕망에 이끌린 전쟁들로서 수많은 사람이 죽어야만 했다. 독재자들은 개혁신앙을 포함한 모든 종교인에게 종교의 자유를 허용하지 않는다. 그 이유는 이 자유가 독재에 방해물이 되기 때문이다.

(2)④ 국민의 한 사람인 그리스도인은 국민의 의무를 준수해야 한다는 고백이다.

국가가 직무를 수행할 수 있도록 모든 이는 **세금을 국가에 바쳐야 한다**(「신앙고백서」 23장 4항①). 이 고백은 칼빈 선생의 견해와 같다. 그는 세금과 공물이 국가의 합법적인 수입원이기 때문에 유지해야 하고 직무수행을 위해선 모든 국민은 납세 의무를 지켜야 한다고 했다. 단 어느 지도자든 이 수입을 개인의 목적으로 사용하면 안 된다. 세금은 국민의 피와 같기 때문이다(4권 20장 13항, 1134~1135).

이뿐만 아니라 국가의 합법적인 명령에 복종해야 한다(「신앙고백서」 23장 4항①). 법을 합법하게 집행하는 권위를 무시해서는 안 된다(「신앙고백서」 23장 4항②). 합법이란 말은 법 집행에서 누구에게나 언제나 공정하고 공평하게 적용해야 한다는 것이다(4권 20장 17항~18항 참조). 합법적 명령을 내리는데 복종하는 체하지 말고 진심과 진정으로 임해야 한다(4권 10장 23항, 1142). 불의한 지도자라도 합법하게 선출되었다면 핍박하고 폭력을 쓰고 의무를 게을리하더라도 개인적 욕망을 위해 행하지 않는 한 복종해야 한다(4권 20장 24항, 1143).

합법이라는 판단을 국민 각자가 자기 처지에서만 보고 판단해서는 안 된다. 판단하는 주체자 역시 핍박자나 독재자가 내리는 명령이 공공의 유익을 위한 것이라고 여기면 복종해야 한다. 이런 판단이 어려우므로 각자가 나름대로 판단하고 행동을 취하는 것이 현실이지만 극단적인 상황에 대한 답변을 내리기 어렵더라도 일반적인 상황에서는 복종해야 한다. 바른 지도자인지 그렇지 않은 것을 조건으로 복종을 결정한다면 어리석은 자임을 자인하는 것이다(4권 20장 29항, 1146). 종교인이라고 해서 치외법권에 있다고 착각하면 안 된다(「신앙고백서」 23장 4항③). 그 이유 가운데 하나는 이단도 종교 단체로 분류되기에 그들의 확산에 면제를 주는 꼴이 된다. 그들의 확산을 간접적으로 막기 위해서는 합법적인 종교 단체들이 특권을 내려놓아야 한다.

(2)⑤ 국가를 위한 신앙인의 의무에 관한 고백이다.

정부나 국가가 자신의 직무에 충실하도록 개혁신앙인은 그들을 위해 기도해야 한다. 그 이유는 그들이 하나님께 임명받았기 때문이다. 시작은 좋았으나 네로(54~68)처럼 점차 폭군으로 변할 때 그 시작을 바라보고 그의 명령에 복종해야 한다(4권 20장 26항, 1144). 국가의 지도자가 그릇된 것을 누구든 명백하게 판단하더라도 하나님의 처벌에 맡겨야 한다. 그릇될 때마다 혁명이나 쿠데타를 일으키는 것이 하나님의 명령이라고 한다면 이 세상 역사는 피로 물들었을 것이다.

일반적으로 모든 지도자를 위해 존경과 경건에 따른 최선의 것을 나타내 보이고 국민이 평안히 종교의 삶을 살기 위해서라도 그들을 위해 기도해야 한다. 핍박받는 가운데서라도(4권 20장 28항~29항, 1145~1146) 역사의 주권자이신 하나님의 심판에 맡겨야 한다. 독재자며 살인자인 히틀러를 살해하려고 음모해서도 안 되고, 기독교인을 잔인하게 죽이더라도 살해 음모를 꾸며서는 안 된다. 주관적인 인간의 욕망이 있을 수 있기 때문이다.

이런 태연한 자세를 유지하는 것이 힘들지만 하나님의 심판에 맡겨야 한다. 그 이유는 모든 것을 아시는 하나님을 신뢰하기 때문이다. 그분의 행위보다 앞서가선 안 된다. 자칫하면 하나님의 대리자가 되어 마음대로 심판할 수 있는데, 그러면 언제나 후폭풍이 있다. 더욱이 개혁신앙인은 최후의 심판을 그분이 하실 것이라는 확신을 하고 이 세상의 삶이 모든 것이 아니므로 소망을 가지며 살아간다. 이 세상에서 명명백백 밝혀지지 않더라도 그분이 남김없이 드러내실 때를 바라보면서 눈물과 고통을 참아야 한다. 이런 자세는 하나님의 법이 공포와 폭력의 법보다 더 두렵기에 유지할 수 있다(4권 20장 32항, 1147).

(3) **재세례파**(Anabaptists)는 정교분리, 즉 자유교회(free church)를 주장했다(『진리의 재발견』, 146~147). 개혁신앙인은 이들의 주장을 반박한다. 왜냐하면 그들은 이 세상에서 유토피아를 꿈꾸기 때문이고 이중 시민권에 관한 개념이 없기 때문이다. 국가가 교회를 위해 존재한다고 한다면, 지극히 집단적 이기주의에 세뇌된 것을 말한다. 이들은 자신의 왕국을 선호하고 자신의 규율을 따라 살아갔다. 이에 반해 우리는 하나님께서 인류를 위해 국가나 정부를 임명했음을 믿는다. 국가를 인정하지 않는 것은 이 신앙을 수용하지 않는다는 것이다. 극단적으로 선택된 자만을 위한 세계관을 지닌 이러한 삶은 매우 위험한 삶이다. 이런 자세는 세상을 등지고 산속이나 외딴곳에 살겠다는 것이다. 이상적이기에 유토피아라는 것이다.

우리는 이중 시민권을 지니고 있으므로 하나님께서 이 세상에 우리를 살게 하신 이유를 찾으며 살아가야 한다. 그렇지 않고 하늘나라를 미리 이 세상에서 맛보는 정도는 몰라도 분리해서 살아가는 것은 비성경적이다. 우리는 중생했더라도 선과 악의 법, 죄의 잔재들과 늘 영적 전투를 한다. 신학적으로 규정하면 재세례파는 **단성론**이다. 그리스도의 두 본성을 어느 한쪽, 그러니까 신성 쪽으로만 치우쳐 살아가는 것이다. 로마 가톨릭주의를 피하려고 했지만 사상적으로는 여전히 그들과 다를 바 없다.

37항: 최후의 심판 (Of the Last Judgment)

(1) Finally we believe, ① according to the Word of God, when the time appointed by the Lord (which is unknown to all creatures) is come, and the number of the elect complete, that our Lord Jesus Christ will come from heaven, corporally and visibly, as he ascended, with great glory and majesty to declare himself judge of the quick and the dead; burning this old world with fire and flame, to cleanse it.

② And then all men will personally appear before this great judge, both men and women and children, that have been from the beginning of the world to the end thereof, being summoned by the voice of the archangel, and by the sound of the trumpet of God.

(2) For ① all the dead shall be

(1) 끝으로 우리가 믿는 것은 ① 하나님의 말씀에 따르면, 주님께서 (어떤 피조물에게도 알려지지 않은) 정한 때가 가까워지고(마 24:36, 25:13; 살전 5:1~2) 선택된 자의 수가 완결될 때, 우리 주 예수 그리스도께서 승천하셨던 것처럼[행 1:11] 유형적으로 또 가시적으로(계 1:7) 하늘로부터 큰 영광과 위엄으로 오셔서(마 24:30, 25:31) 그분 자신이 산 자와 죽은 자에 대한 심판을 선언하며(마 25:31~46; 딤후 4:1; 벧전 4:5), 동시에 옛 세상을 불과 화염으로 불태워 깨끗하게 할 것이라는 것이다(벧후 3:10~13).

② 그런데 모든 자, 즉 태초부터 세상 끝까지 있었던 남성, 여성과 어린아이는(신 7:9~11; 계 20:12~13) 천사장의 소리와 하나님의 나팔 소리를 듣고 소환되어 심판장 앞에 개인적으로 (인격적으로) 나타날 것이다[살전 4:16].

(2) ① 죽은 모든 자는 지상에서 일

raised out of the earth, and their souls joined and united with their proper bodies, in which they formerly lived.

② As for those who shall then be living, they shall not die as the others, but be changed in the twinkling of an eye, and from corruptible, become incorruptible.

③ Then the books (that is to say the consciences) shall be opened, and the dead judged according to what they shall have done in this world, whether it be good or evil.

④ Nay, all men shall give an account of every idle word they have spoken, which the world only counts amusement and jest: and then the secrets and hypocrisy of men shall be disclosed and laid open before all.

(3) And therefore ① the consideration of this judgment, is justly terrible and dreadful to the wicked and ungodly,

어날 것이고(단 12:2; 요 5:28~29) 그들이 이전에 살았던(가졌던) 자신의 본래(고유한) 몸과 결합되고 연합될 것이다.

② 그때 살아 있는 자는 다른 자처럼 죽지 않고 순식간에 변화되고 썩은 것에서부터 썩지 않게 될 것이다(고전 15:51~53; 빌 3:20~21).

③ 그런 후 (양심이라 말할 수 있는) 책들이 공개되어 죽은 자는 그들이 이 세상에서 행한 모든 것에 따라 그것이 선했든지 악했든지 간에[고후 5:10] 심판을 받을 것이다[계 20:12](히 9:27; 계 22:12).

④ 정말 모든 자는 단지 오락과 농담으로 여기며 무의미하게 말한 것마다 변명할 것이다[마 12:36]. 인간의 비밀과 외식은 드러날 것이고 모든 자 앞에 공개될 것이다.

(3) 그러므로 ① 이 심판에 관한 생각은 사악한 자와 불경건한 자에게 당연히 무시무시하고 두려운 것이지만(마 11:22, 23:33; 롬 2:5~6; 히 10:27; 벧

but most desirable and comfortable to the righteous and elect:

② because then their full deliverance shall be perfected, and there they shall receive the fruits of their labor and trouble which they have borne.

③ Their innocence shall be known to all, and they shall see the terrible vengeance which God shall execute on the wicked, who most cruelly persecuted, oppressed and tormented them in this world;

④ and who shall be convicted by the testimony of their own consciences, and being immortal, shall be tormented in that everlasting fire, which is prepared for the devil and his angels.

(4) But on the contrary, ① the faithful and elect shall be crowned with glory and honor;

② and the Son of God will confess their names before

후 2:9; 유 1:15; 계 14:7) 의인과 선택된 자에게는 가장 바람직한 위로가 될 것이다.

② 그 이유는 그들의 모든 구원은 완전해질 것이고, 그곳에서 그들이 겪은 수고와 어려움에 대한 결실을 받을 것이기 때문이다(눅 14:14; 살후 1:3~10; 요일 4:17).

③ 그들의 무죄는 모든 자에게 알려질 것이고 그들은 하나님께서 사악한 자에게 집행할 무시무시한 복수를 볼 것이고, 그 사악한 자들은 이 세상에서 그들을 가장 잔인하게 핍박하고, 억압하고 고통을 준 자들이고(계 15:4, 18:20),

④ 그들의 양심이 증거가 되어 유죄를 받을 것이고, 불멸하기 때문에 영원한 불, 즉 마귀와 그 조무래기들을[그 천사들을] 위해 준비된 영원한 불에서 고통을 당할 것이다[마 25:41](계 20:10).

(4) 이와는 정반대로 ① 신실한 자와 선택된 자는 영광과 영예의 관을 쓸 것이고,

② 하나님 아들은 자신의 아버지 하나님[마 10:32]과 그분이 선택한 천

God his Father, and his elect angels; all tears shall be wiped from their eyes; and their cause which is now condemned by many judges and magistrates, as heretical and impious, will then be known to be the cause of the Son of God.

③ And for a gracious reward, the Lord will cause them to possess such a glory, as never entered into the heart of man to conceive.

(5) Therefore we expect that great day with a most ardent desire to the end that we may fully enjoy the promises of God in Christ Jesus our Lord. AMEN.

"Even so, come, Lord Jesus."- Revelation. 22:20.

사들 앞에서(계 3:5) 그들의 이름을 부를 것이고, 모든 눈물은 눈에서 씻길 것이고(사 25:8; 계 7:17), 그들이 많은 재판장과 행정관에 의해 이단성 있고 또 불경건하다고 정죄 받은 이유는 하나님 아들로 인한 것이었다고 알려질 것이다.

③ 은혜로운 보상을 위해, 주님은 인간의 심정이 결코 **상상할 수 없는 그런 영광**을 그들이 소유하도록 할 것이다(단 12:3; 마 5:12, 13:43; 고전 2:9; 계 21:9~22:5).

(5) 그러므로 우리는 그리스도 예수 우리 주님 안에 있는 하나님의 약속을 완전히 즐기게 될 그 위대한 날을 가장 간절한 열망을 가지고 기대한다.

"아멘, 주 예수여! 오시옵소서!"[계 22:20].

마침내 우리는 마지막 항목인 최후의 심판에 관해 고백하게 되었다. 이 세상에서 핍박받았고 어려움을 겪은 개혁신앙인이 이 고백을 하면서 어떤 심정이었을지 마음에 그려보면서 우리의 고백을 성실히 마무리했으면 한다.

이 마지막 고백은 무시무시하기도 하지만 바른 신앙을 제대로 고수하고 보존해야 한다는 생각이 드니 정신이 바짝 차려진다. 이 항목은 일종의 간략한 종말론이라 말할 수 있다. 슬프게도 혹자는 언제, 어디서, 어떻게 그렇게 바라는 하늘나라, 재림, 구세주, 주님을 맞을지 숫자로 계산한다. 다른 혹자는 긴장돼서 그런지 몰라도 일찌감치 회중과 분리하여 일종의 수도사처럼 신앙생활을 한다. 일부 신학자들은 전기 천년설(premillennialism), 후기 천년설(postmillennialism) 또는 무천년설(amillennialism)을 각각 주장하면서 탁상공론으로 서로 논박하곤 한다.

간략히 비교하자면, 전기 천년설은 평화의 황금시대 천 년 전에 예수님께서 지상에 육체적으로 재림한다는 주장이다. 핍박 시대 때 절박한 성도들이 대체로 추구하던 신앙관이다. 환난이 극치에 달할 때 지상에 강림하는 주님과 함께 1,000년 동안 지낸 후 최후의 심판이 있다는 것이다. 이와는 유사하지만 이단 사상인 전기 천년 휴거설(pretribulational 또는 dispensational premillennialism)이 있다. 성도가 휴거한 후 환난이 있고, 예수님의 재림이 지상에 이뤄지는데 1,000년 후에 최후의 심판이 있다는 것이다. 그러니 두 사상의 차이점은 휴거가 환난 전에 있다고 하면 전기 천년 휴거설이 된다. 후기 천년설은 천년 후 재림과 최후의 심판이 한꺼번에 이뤄지고, 무천년설은 천년을 상징적으로 해석하고 재림과 최후의 심판이 한꺼번에 이뤄진다고 한다. 이 두 사상은 재림, 부활과 심판이 동시에 일어난다는 특징을 갖는다.

그러면 「벨지카 신앙고백서」 37항은 종말에 관해 어떻게 고백하는지 살펴보자.

세상 종말에 관한 고백에 앞서 죽음에 관한 고백이 있다(「신앙고백서」 32장: 죽음 후의 인간을 참고). 예외 없이 누구든 죽으면 몸은 먼지가 되어 부패하고, 영은 불멸의 본체이기에 하나님께로 즉각적으로 돌아간다(「신앙고백서」 32장 1항①). 이 세상에서 몸(육체)은 시간에 제한되지만 영은 그렇지 않다. 인간은 이 세상에 사는 동안 불멸의 영을 통해 영원을 알고 있다. 영원과 시간이 함께 연합된 인간의 삶이 종결될 때 죽음이란 문을 통해 영원과 시간의 분리가 일어난다. 영은 영원으로, 육은 시간으로 남아 없어진다. 누구든 육이 없어진다는 것을 움직이는 생물이 죽은 후 땅에서 먼지가 되는 것을 통해 언제든 간취한다. 의인과 악인의 영은 몸과 분리되어 각각 다른 곳으로 간다. 우리는 구분된 영에 관해 관심을 가져야 한다. 전자의 영은 환영을 받고 몸의 완전한 구속을 기다리면서 빛과 영광 가운데 하나님의 얼굴을 바라보지만(「신앙고백서」 32장 1항②), 이와는 달리 후자의 영은 지옥으로 던져져서 고뇌와 어두움 가운데 최후의 심판을 기다린다(「신앙고백서」 32장 1항③). 그런 후 재림 시에 홀연히 본래의 몸(육체)과 영원히 결합하지만, 심판대에 소환되고 평결이 내려진 후 두 부류의 영원한 이별이 이뤄진다. 영원한 분리, 영원한 이별!

(1) 간략하지만 총체적인 종말에 관한 고백이다.

(1)① 우리가 믿는 최종적 고백으로 재림, 부활과 최후의 심판에 관한 것이다. 하나님에 대한 지식은 이중지식으로 창조자와 구속자이다. 구속자 하나님의 다른 측면은 심판자 하나님이다. 창조자 하나님의 다른 측면은 아버지 하나님이다. 전자는 자비함과 관련을 맺고, 후자는 정의와 관련을 맺는다. 창조자 하나님에서 구속사 하나님에 대한 믿음으로

언제든 향해야 한다. 그 역도 마찬가지이다. 어느 하나에 머물면 안 된다. 구속자는 **심판자이다**(시 50:6, 94:2; 사 33:22; 1권 5장 7항, 57; 2권 8장 4항, 322; 2권 16장 1항, 407; 『해설자용』, 231~232, 936; 「돌드레히트」 1장 15항④; 「대교리」 45문③).

신부인 교회는 이 세상에서 하늘나라를 소망하고, 그 나라에 들어가기 전 반드시 거쳐야 하는 심판을 기다린다. 이것은 성도가 구속자 하나님을 바라보는 것이라 묘사할 수 있다. 다른 말로 하면, 제사장이신 그리스도를 통해 왕이신 그리스도로 향한다는 것이다. 그 과정에서 선지자이신 그리스도를 통해 그분이 어떤 분임을 더 구체적으로, 포괄적으로, 깊게 간취하며 신뢰한다. 이 신뢰는 확신과 관련을 맺어 믿음이 강화된다고 표현한다. 신학에서는 견인이라고 하고, 성경에서는 연단이나 징계라고 말한다.

최후의 심판에 관한 고백은 **하나님의 말씀**에 따른 것이다. 그 말씀은 이 세상에서 우리가 필연적으로 알아야 하는 하나님의 영광과 우리의 구원에 관한 것을 담고 있다(「벨지카」 2항②). 그 말씀은 기록돼 성경으로 우리에게 전해진다(「벨지카」 3항③). 그 성경은 하나님의 의지의 모든 것을 담고 있어 구원에 이르는데 인간이 믿어야 하는 모든 것이다(「벨지카」 7항⑴).

그 말씀에 의하면, 하나님의 **정한 시간**이 영원에 있었는데 인간에게 알려지지 않은 것이다. 하지만 성경을 통해 하나님은 선택된 자가 완결되는 때가 있음을 알린다. 이들만 아니라 유기된 자에 대한 영원한 운명을 알린다. 영원에 있던 신비한 지식이 시간에 나타나리라는 것이다. 영원과 시간은 마치 홍해가 영원이고, 홍해 길이 시간인 것과 같다. 특히 여기에 언급된 정한 시간은 홍해가 다시 합쳐지듯 시간이 없어지는 때, 영원으로 회귀하는 때, 홍해 길을 이스라엘 백성이 모두 건넌 후 모세가 손을 바다 위로 내밀어 홍해가 다시 합쳐진 때를 말한다.

하나님께서 **심판의 날**을 정한 이유는 선택된 자에게 영원한 구원과 자신의 영광을 명시하고, 유기된 자에게 저주와 정의를 명시하기 위함이다(「신앙고백서」 33장 2항(1)). 시간에서 이뤄진 것은 시작이 있었기에 끝이 있는 것이다. 그 끝을 말한다. 태초부터 시작된 시간의 그 끝이 곧 심판이다. 이 사실을 홍해 사건에서 볼 수 있다(출 14:17~18). 선택된 자로 상징되는 이스라엘 백성과 유기된 자로 상징되는 이집트 군이다. 그렇다고 이스라엘 백성 모두가 선택된 자라고 섣불리 판단하면 안 된다. 아무튼 정의로운 자는 부활하여 그리스도의 몸처럼 영광스럽게 될 것이고, 불의한 자는 부활하여 분노한 심판장 앞에서 치욕을 받게 된다(「대교리」 87문④⑤). 그때는 선택된 자의 수가 완결되거나 완성된다는 것은 더해지거나 다듬는다는 의미가 아니라 영원에서 선택된 자가 이 세상에서 믿음의 증거를 **완성하는 때**를 말한다. 다른 말로는 그분이 정한 **복수의 날**로서 이날을 위해 칼을 가셨다는 말이다(시 7:11~12). 이 복수는 그리스도의 왕 되심의 직무이다(「대교리」 45문③).

그때 구속자, 구세주이신 우리 주 예수 그리스도는 심판자로 임한다. 재림은 초림과 매우 다르다. 그리스도의 두 신분, 즉 낮아지심과 높아지심처럼, 초림은 인간으로 잉태되고 비천한 구유에 출생하는 것이었다면, 재림은 큰 **영광과 위엄**으로 임하는 것이다. 하나님이시면서 인간이신 그리스도의 두 본성이 완전히 드러난다. 그 심판 날에 모든 천사와 더불어 그리스도는 자신과 아버지의 영광과 위엄을 명시한다(「대교리」 56문).

영광이란 단어를 흔히 누군가 누구에게 돌리는 영예 정도로 간취하곤 한다. 성도가 하나님께 뭔가를 드리는 것으로 이해하곤 하지만 실제로 그런 뜻보다 하나님께서 자신을 나타내는 것으로 보는 것이 좋다. 하나님은 자신의 영원한 작정을 나타내는 면에서 영광이 비췬다고 본다. 그래서 영광은 선택과 관련되고(「하이델베르크」 52문②) 영원한 자비함과 함께 사용된다(「신앙고백서」 33장 2항(1)①). 영광스러운 은혜 또는 은혜와 영광으로 표현되어 구원을 의미한다(「돌드레히트」 1장 7항③, 8항). 인간은 누구라도 자신에게 영광을 돌려서는 안 되고 하나님께만 영광을 돌려야 하는데 그 이유는 구원이 하나님의 전적인 은혜, 즉 그분이 자신의 작정을 나타내기 때문이다(엡 2:9 참고) (「돌드레히트」 3장~4장 10항②).

구원의 수단, 결실과 효과는 전적으로 하나님께만 영광을 돌릴 때 가능하다(「돌드레히트」 3장~4장 17항(3)③). 하나님께 영광 돌리는 것이 찬양과 동반하는 것은 모든 구원의 은혜를 그분에게만 기인해야 한다는 의미이다(「하이델베르크」 6문, 122문①). 구원과 관련하여 인간에게 영광을 돌리지 말고 그분에게만 또는 그분의 거룩한 이름에만 기인해야 하기에 「주기도문」 마무리 결론에서 예수님은 "… 영광 … "이라고 명한 것이다(「하이델베르크」 128문②). 이 영광을 바라는 소망은 선택된 자에게 기쁨이 된다(「신앙고백서」 18장 1항②). 영광은 우리의 것이 아니므로 그분에게서만, 그분께만, 그분만을 기인시켜야 한다(「벨지카」 23항(2)②). 그분의 나타남이기 때문이지 우리의 것을 그분에게 돌린다는 것이 아니다. 이것은 하나님 앞에 우리의 비참함과 겸손으로 나타나고, 오직 십자가에 못 박힌 그리스도의 순종만을 의지하고 순종한다는 의미이다(「벨지카」 23항⑵③⑤).

정말이지 가장 숭고한 목적은 이 세상에 사는 동안 하나님의 영광을 위해 사는 것이다(「대교리」 1문; 「소교리」 1문). 하나님은 영광스러운 은혜를 찬양하게 하려고 일부 천사와 인간에 대한 영원하고 불변한 작정을 세웠다(「대교리」 13문①, 104문②). 이뿐만 아니라 이 영광에 이르도록 모든 행동을 질서 있게 명한다(「대교리」 18문②). 이것에 관해 조금의 오류나 오차도 없다. 영원에서 행하신 것이기에 정한 시간에 정확하게 반드시 일어난다. 게다가 그분께 영광을 돌리는 것은 제3계명에서 명하는 것처럼 우리가 책임질 수 있는 행동 또는 생활양식으로 나타낸다(「대교리」 112문②). 제5계명에서 위에 있는 자들은 아래 있는 자들에게 진지하고, 지혜롭고, 거룩하고, 모범적 자세로 임하라고 명한다(「대교리」 129문⑥). 「주기도문」의 첫 번째 청원에서처럼 사상, 말과 행실로 하나님께 영광을 돌려야 한다(「대교리」 190문②).

그래서 선택된 자는 이 세상에 사는 동안 중생 되어 그리스도와 더불어 영광의 교제를 나누고 심판 날에 완전해진다(「대교리」 82문). 그 **영광의 교제**는 하나님의 사랑, 양심의 평화, 성령 안에서의 즐거움, 영광에 대한 소망 등이다(「대교리」 83문②). 부활 직후에 갖는 이 교제는 거룩함에서 영이 완전해지고, 가장 높은 하늘로 수용돼 육체의 완전한 구속을 기다리며 빛과 영광 가운데 계시는 하나님의 얼굴을 바라본다(「대교리」 86문①). 달리 말하면, 죽음 직후 즉각적으로 영광에 이른다(「소교리」 37문①, 38문). 이로써 선택된 자는 완전하고 충분한 교제를 나누게 된다(「대교리」

90문③).

　이와는 달리 유기된 자에게도 하나님의 영광이 드러나는데 그것에서 영원한 멸망을 보게 된다(「신앙고백서」 33장 2항⑵②). 이 세상에서 하나님의 영광에 이르지 못하게 제한된다(「대교리」 19문①). 유기된 자는 그 영광의 교제가 금지되어(「대교리」 89문②) 하나님의 진노, 양심의 공포, 심판에 대한 두려움을 예감하고, 죽음 후에 직면해야 할 고통을 이 세상에서 시작한다(「대교리」 83문③). 사탄은 선택된 자들에게 심판 날에 이뤄질 영광과 그것에 대한 소망을 지워서 불신앙과 불경건으로 살게 하려고 온갖 노력을 다할 것이다(「대교리」 121문④).

　그리스도의 영광은 높아지심으로 드러났는데(빌 2:11) 하나님의 보좌 앞에서 우리에게 나타난다(「하이델베르크」 51문②). 이것은 우리의 구원의 완성을 의미한다. 그분으로 인해 우리의 구원은 시작하고 진행하고 완성된다. 하나님은 우리와 우리 구원을 위해 하나님의 말씀인 성경을 기록하게 하셨다(「벨지카」 3항②). 하나님의 영광은 말씀과 동반자가 돼 선행의 지침이 된다(「신앙고백서」 16장 7항③). 성경은 하나님께 모든 영광을 돌리려는 의도로 기록된 것이다(「대교리」 4문②; 「소교리」 2문). 특히 그분의 영광과 우리의 구원에 대해 필연적으로 알아야 하는 것만을 말하고 있다(「벨지카」 2항②).

　하나님의 **영광**은 **위엄**에 차 있다. 영광은 하나님의 속성 중 하나로서 영원한 것인데(「벨지카」 10항①, 11항②; 「대교리」 7문①; 「소교리」 6문) 이 영광을 비워 인간이 되신 그리스도의 겸손을 고백해야 한다. 그래서 그 영광을 찬탈하지도 말아야 하고 헛되게, 성급하게 사용해서도 안 된다(「대교리」 130문①). 특히 하나님의 영광을 위한답시고 맹세하는 것은 정말 죄를 범하는 행위이다(「신앙고백서」 22장 2항②). 선택된 자가 이 세상에서 자신의 사명과 사역을 끝낸 후 육체를 떠날 때 그의 영은 영광 가운데 계시는 하나님의 얼굴을 바라보게 된다((4)③;「신앙고백서」 32장 1항②;「대교리」 86문 ①). 선택된 자가 그리스도의 재림 직후 부활할 때 그의 몸은 그분의 영광스러운 육체와 같게 된다(「신앙고백서」 32장 3항②;「대교리」 87문④). 이것이야말로 가장 큰 영광이 아닐까? 감히 엄두도, 고개를 들지도, 죽을 수밖에 없는 죄인이 그분의 영광을 바라며 살게 하신 것만으로도 영광인데 그분처럼 영화롭게 된다는 것은 언어도단이 아닐 수 없을 정도이다. 여기서 우리가 분명히 짚고 가야 하는 것은 그분의 영광은 무한하다는 것이고,(「대교리」 7문①), 이 의미는 영원하다는 것이다.

이렇게 하나님은 영원에서 자신의 영광을 위해 시간 속에서 인간과 천사에게 일어나는 무엇이든 불변적으로 예정했다(「대교리」 12문).

그분의 초림이 구원이라면, 재림은 **심판**이다. 초림은 아버지 하나님이라면, 재림은 구속자 하나님이다. 구속자 하나님은 복수자 하나님이다(「돌드레히트」 1장 15항④). 초림은 현시점에서 볼 때 시간 속의 과거이고, 재림은 미래이다. 과거는 교훈이고, 미래는 약속이다. 초림은 구속을 위함이고, 재림은 심판을 위함이다. 심판은 시간을 멸절시키는 의미로 옛 세상을 불과 화염으로 **불태워** 깨끗하게 한다. 한 마디로 불의 심판이다. 홍수로 세상을 심판하신 것처럼 이제는 불로 임한다. 물은 씻는 것을 의미하는 것으로 재생이지만 불은 태워 삼키는 것이기에 없애는 것이다. 흔적 자체를 없앤다는 것이다. 이 의미는 시간이 사라지고 영원으로 회귀한다는 것이다. 역사 속에서 지켜봤던 세상과는 전혀 다른 세상, 아니

하늘나라이다.

(1)② 심판은 개인적이라는 고백이다.

심판의 대상은 죽은 자와 살아있는 모든 자이다. 예외가 없다. 로마 가톨릭주의에서는 성자가 심판에서 제외되거나 최종의 의(final righteousness)를 만족했다고 억지 주장하는데 오히려 이런 자들이 심판대에서 큰 저주를 받을 것이다. 심판의 대상에서 누구도 제외나 예외는 없다. 다음의 성경 말씀에 귀를 기울이어야 한다(시 14:1~3).

> 어리석은 자는 그의 마음에 이르기를 하나님이 없다 하는도다. 그들은 부패하고 그 행실이 가증하니 선을 행하는 자가 없도다. 여호와께서 하늘에서 인생을 굽어살피사 지각이 있어 하나님을 찾는 자가 있는가 보려 하신즉 다 치우쳐 함께 더러운 자가 되고 선을 행하는 자가 없으니 하나도 없도다.

위의 말씀을 사도바울은 인용하면서 이렇게 선언한다(롬 10:1~3).

> 기록된 바 의인은 없나니 하나도 없으며 깨닫는 자도 없고 하나님을 찾는 자도 없고
> 다 치우쳐 함께 무익하게 되고 선을 행하는 자는 없나니 하나도 없도다.

위의 말씀은 인류가 지닌 죄의 보편성과 보급성을 선언한다. 여기서 예외가 없다. 성자들은 동정녀에게서 탄생했나? 신성을 지니고 있었나? 부활했나? 도대체 뭘 했기에 남아있는 공로가 있어 누구에게 줄 수 있다고 로마 가톨릭은 새빨간 거짓말을 천 년 이상을 사용하고 있나?

심지어 심판의 대상은 인간만이 아니라 마귀, 그 조무래기까지도 포함한다((3)(4)). 그야말로 포괄적이고 우주적이다. 이런 의미로 **남성, 여성과 어린아이**라고 표현한다. 어린아이라는 표현에서 심판 날 직전 또는 재림 때까지 장가가고 시집가는 일이 있을 것이고, 여전히 인간은 바쁘게 분주하게 살 것이다. 그래서 죽은 자만 아니라 살아있는 자도 대상에 포함한다고 굳이 표현한다.

태초부터 세상 끝까지는 영원의 상대적 개념으로 시간을 말한다. 시간 속에 있기에 죽음이 있다. 시간의 제한을 받지 않으면 변화도 없고 반복도 없고, 죽음도 없다. 심판의 범위는 시간 속에서 일어난 것이다. 이것만이 인간의 경험 대상이다. 그 경험 역시 겨우 시간의 일부분일 뿐이다. 심판은 시간에서 영원으로 옮겨간 것을 의미한다. 이것은 홍해 사건에서 쉽게 이해할 수 있다. 홍해를 육지처럼 건넌 이스라엘 백성에게는 그 홍해가 양 벽이 되어 안전한 길을 내어줬지만 바로 군대에는 그 바다가 전혀 다르게 나타나 몰살시켰다(출 14:22, 29). 이것은 하나님의 복수의 날을 상상하게 한다. 양 벽은 마치 영원이고, 바다 가운데 이스라엘 백성이 지난 것은 시간이라고 생각하면 좋고, 홍해의 벽을 이룬 물이 합쳐졌다는 것은 시간에서 영원으로 이르게 됐다고 보면 좋다. 영원 가운데 시간을 창조하시고 다시 영원으로 회귀하는 것을 말한다. 이스라엘 백성에게는 놀라운 위로였지만 애굽 군대에는 끔찍한 죽음이었다.

천사장의 소리와 나팔 소리라는 의미는 죽음에서 깨어나라는 알람이다. 죽음이 사라진다는 것이고, 영원으로의 선언이다. 천사장의 소리는 꾸짖는 소리이고(유 1:9), 소환을 알리는 소리이다. 죽은 자가 먼저 일어나고 살아 있는 자도 중보자이셨던 심판자 앞에 소환된다(살전 4:16~17). 이 나팔 소리는 계시록 8:6~9:21의 말씀과 관련을 맺는다. 구약성경 시대에는 양각 나팔을 전쟁의 위험만 아니라 새로운 달과 평화를 알리는 데 사용했다(계 8:6). 뿐만 아니라 적들을 당황하게도 했다(삿 7:18~20). 결국 나팔 소리는 주님의 날을 알리는 신호이다. 재림 시, 그리스도와 아버지의 영광이 모든 천사와 더불어 완전히 명시될 때 외침, 천사장의 소리 하나님의 나팔 소리가 동원된다(「대교리」 56문). 이것은 그리스도의 높아지심의 마지막 단계인 재림으로 온 우주에 그분의 신성을 공포한다는 의미이다. 천지개벽이 일어나는 것이다.

소환되는 곳은 **심판장 앞이다**. 그분은 하나님이신(「돌드레히트」 1장 15항 ④; 「신앙고백서」 5장 6항①) 예수 그리스도이다(「신앙고백서」 33장 1항①). **세상 법정**이 아니라 **하늘 법정**이다. 두 법정은 상상을 초월할 정도로 다르다. 전자처럼 후자일 것이라고 착각하지 말아야 한다. 이 세상에서 교묘하게 전자에서 피해간 자들이 이따금 있지만 후자에서는 절대 불가능하다. 그 이유는 하늘 법정은 양심의 법정으로 양심이 인간 자신이 알고 있는 모든 것을 드러 내기 때문이다. 그 양심은 하나님과 인간의 중간 위치에 있다. 모든 것을 목격한 보초와 같다. 하나님의 심판대 앞에 인간을 끄집어 내고 모든 비밀을 관찰했기에 어떤 것이라도 어두움이 삼키지 못한다(4권 10장 3항, 903~904). 이 세상에서 자행한 갑론을박은 무용지물이 되고 만다(3권 12장 1항, 595). 영원을 시간으로 상상하지 말아야 한다. 시간 속에 사는 인간이 하늘의 영광에 대해 쏟아낸 이론들은 아무런 가치를 지니지 못한다. 누구든, 무엇이든 심판장 앞에 감추거나 묻어버리지 못한다.

하늘 법정은 **그리스도의 법정**(「신앙고백서」 33장 1항②) 또는 **하나님의 법정**(「하이델베르크」 56문②)이라 불린다. 이 법정의 심판장은 하나님이시고(『해설자용』, 30), 변호자는 중보자 하나님이신 그리스도이시다. 검사는 사탄이다(『해설자용』, 125~126, 246, 894~895). 이런 표현은 우리 측면의 이해를 위한 것일 뿐 이러한 상상은 하늘 법정에 아무런 영향도 주지 못하고 무의미한 것이다.

하늘 법정은 양심을 근거로 삼기에 **개인적**(인격적)이다. 누구와 함께, 누구를 대신하여 소환되는 것이 아니라 각각 심판을 받는다. 죄들의 용서나 칭의도 개인적, 즉 인격적이고(「신앙고백서」 11장 1항①; 「대교리」 70문①, 72문), 양자 됨도 인격적이고(「돌드레히트」 1장 10항), 심판도 개인적, 즉 인격적이다. 거룩함도 인격적, 즉 개인적이고 실제적이다(「신앙고백서」 13장 1항①). 하나님께서 행위언약을 아담에게 주셨을 때 인격적 또는 개인적 순종을 조건으로 삼아 생명의 언약을 맺었다(「신앙고백서」 7장 2항; 「대교리」 20문⑤). 이뿐만 아니라 후손에게 개인적(인격적)으로 율법을 주셨다(「신앙고백서」 19장 1항). 더욱이 하나님은 도덕법을 통해 개인적(인격적)으로 하나님의 뜻에 일치하고 순종하라고 하셨다(「대교리」 93문①). 구원은 개인적이다. 하나님은 인격을 보시며 판단한다(3권 23장 10항, 745). 다른 말로 존재를 보신다는 것이다. 하나님은 인간이 행할 수 있는 것을 보시지 않고 행하려는 의도를 본다. 다시 말하면, 인간의 의지, 뜻과 목적을 살핀다(1권 18장 4항, 199; 『해설자용』, 526). 인간의 영의 기능을 살핀다. 결국 개인적 심판은 인격적 심판이다.

아버지가 신 포도를 먹더라도 아들이 그 신맛을 느끼지 못한다(렘

31:29~30; 겔 18:2~4). 한 사람의 죄가 후손에게 부정적 결과를 끼칠 수 있다고 느껴 하나님의 심판, 즉 예루살렘 멸망이 현재 자신들의 죄 때문이 아니라 조상들의 죄 때문이라고 주장하며 불평한 것에 대한 하나님의 선언이다. 자신의 죄로 말미암아 모든 각자는 죽을 것이다. 아무리 타인이나 환경 탓이라고 불평하고 원망하더라도 자신의 허물도 있음을 간과하지 말아야 한다. 동시에 원죄를 언급하면서 구원의 진리를 설명한다고 하여 그 원죄 때문에 인류가 이렇게 됐다는 해석은 위험하다. 원죄 언급은 그 진리의 설명을 위함이고, 온전히 구속 사역을 깨닫기 위함이지 죄들의 책임을 하나님께 떠넘기라는 의미가 아니다. 이런 신성 모독 죄를 일삼는 자들은 그에 상응하는 벌을 받을 수밖에 없을 것이다.

부활, 천사와 영의 존재를 믿지 않는 사두개파가 예수님을 곤란하게 만들기 위해 기업 무를 자(redeemer)와 관련된 질문을 던졌다. 7명의 형제 모두와 결혼한 여인은 천국에서 누구의 아내가 되겠느냐는 질문이었다(눅 20:26~38). 이때 예수님은 죽은 자의 하나님이 아니라 살아있는 자의 하나님이라고 하시면서 그분에게는 모든 자가 살아 있다고 하셨다. 이것은 오늘의 고백을 쉽게 이해하게 한다. 하나님의 영원성을 생각하지 못하는 인간의 상상력과 인간관계의 포기를 명한다. 하나님에 대한 그릇된 착각을 가진 사두개파를 꾸짖으면서 예수님은 우리에게도 이런 자세를 경고하고 있다.

(2) 최종의 심판을 그린 그림에 관한 고백이다. 순식간에 일어난다. 잠을 자듯이 죽음을 맞이하고 잠에서 깨어나듯이 심판대 앞에 서 있을 것이다. 알람 소리로 잠에서 깨어나듯이 천사장의 소리로 심판대 앞에 서

있다. 언제 영과 육체가 결합했는지도 모른 채로 순식간에 일어난다. 아! 잠에서 깨어날 때 심판대가 아닌 것을 감사해야 할 것이다. 그래도 회개할 기회가 있으니!

⑵① 그리스도의 재림 시 죽었던 자와 산 자의 육체와 영의 상태에 관해 고백한다⑵①②).

최후의 심판 날, 즉 그리스도께서 재림하는 날은 정해있고 그 정한 날은 반드시 이른다⑴①). 영원에서 정한 것이기 때문에 불변한다. 하나님께서 영원의 날을 정한 목적은 선택된 자에게 영원한 구원을 베풀고 자비함의 영광을 명시하고, 불순종한 유기된 자에게 저주를 베풀고 영광스러운 정의를 명시하기 위함이다(「신앙고백서」 33장 2항⑴①②).

정한 날에 이르기까지 육체적으로 죽었던 자는 이 세상에 있었을 때 가졌던 것과 동일한 몸과 영이 순식간에 연합돼 영원히 함께하게 된다(⑵②; 「하이델베르크」 57문②; 「신앙고백서」 32장 2항②). 죽었을 때 육체는 부활 때까지 잠을 자는 것처럼 무덤에서 쉬지만(「대교리」 86문①; 「소교리」 37문②) 그 후 정의로운 자의 육체는 부활로 불멸하게 되고(「신앙고백서」 32장 3항②; 「대교리」 87문④), 사악한 자의 육체는 치욕을 받기 위해 일어날 것이다(「신앙고백서」 32장 3항①; 「대교리」 87문⑤). 전자는 성경에서 의인이라 불리는 자로 의롭다 여긴 자, 칭의를 얻은 자이다. 후자는 성경에서 불의한 자 또는 악한 자로서 경건한 자를 가장 잔인하게 핍박하고 억압하고 고통을 준 자들이다(⑶③). 이들은 양심이라 불리는 책에 따라 또는 그것이 증거가 돼(⑵③) 유죄를 받고 불멸하기 때문에 영원한 불에서 마귀와 그 조무래기들과 함께 영원히 고통을 받는다(⑶④). 정말 전자는 행복과 위로를 받지만 후자는 끔찍하고 상상도 할 수 없을 정도로 치가 떨리는 형벌을 받는다(「신앙고백서」 33장 3항①).

(2)② 재림 시, 살아 있는 자는 죽지 않고 **한순간에 변화되어**(「신앙고백서」 32장 2항①; 「대교리」 87문②) 불멸의 육체가 되는데 이것은 썩는 것에서 **썩지 않은 상태**로 변하는 것을 말한다. 각자의 몸과 영은 재결합돼 그리스도의 영광스러운 몸처럼 된다(「하이델베르크」 57문②). 한 마디로 변하는 시간이 끝나고 영원에 이른다는 것이다. 이렇게 연합된 영과 육은 분리되지 않고 영원하다. 부활 때 육체는 이전과 본질이 같더라도 성질이 다른 육체이다(「신앙고백서」 32장 2항②; 「대교리」 87문③ 참고).

(2)③ 심판의 기준이 양심이라는 고백이다.

그리스도의 재림과 우리의 부활 직후 최후의 심판을 직면하는데 누구든 하나님의 법정에 개인적으로 소환된다((1)②).

양심이라 불리는 책은 양심의 증거를 말한다((3)④). **하나님의 법정**(「하이델베르크」 52문①), 즉 **하늘 법정**은 세상 법정과 전혀 다르다(『해설자용』, 30, 499; 3권 12장 1항, 595). 이 법정에 대하여 누구든지 두려워하고 떨게 되는데 그 공포 때문이고, 하나님께서 마음에 심긴 양심 때문이다. 양심은 하늘 법정의 증인으로서 하나님과 인간 사이에 있는 어떤 것이다(3권 19장 15항, 673; 4권 10장 3항, 903~904). 이 법정의 심판장은 그리스도이기에 **그리스도의 법정**이라고 불리기도 한다(「신앙고백서」 33장 1항①②). 그분을 찌르기도 하고 조롱하는 자는 그분 앞에 서게 될 것이다(계 1:7).

누구든 하늘 법정에서 보잘것없는 행위의 정당성을 어설프게 주장하려고 시도하지 말아야 한다. 경건한 자는 이 사실을 너무나 잘 알고 있고, 그분의 판단만을 바라며 이 세상에서 두려운 심정으로 살았고, 항상 어디서나 무엇에서나 하나님의 심판을 바라본다. 이것을 시편에서는 하나님의 성전과 보좌를 바라보므로 위로와 소망을 갖는다고 한다(시 11:4). 또 하나님의 편만함에 관해 이렇게 고백한다(시 139:3~4).

내가 주의 영을 떠나 어디로 가며 주의 앞에서 어디로 피하리이까? 내가 하늘에 올라갈지라도 거기 계시며 스올에 내 자리를 펼지라도 거기 계시니이다.

(2)④ 심판의 항목에 어떤 것도 제외하지 않는다는 고백이다.

심판의 항목은 이 세상에서 행했던 모든 것으로 선악 간에 판명될 것이다(2③). 하나님의 법정, 즉 그리스도의 법정에서는 모든 인격이 개인적으로 또는 인격적으로 서게 되는데 자기 생각, 말과 행위에 대해 빠짐없이 뚜렷하게 답변해야 한다(「신앙고백서」 33장 1항②). 심지어 농담까지도 심의 대상이 된다니 두려울 수밖에 없다. 양심의 증거이기에 이런 고백은 자연스럽다.

비밀리에 행한 것, **외식**이었던 것까지 포함한다. 하나님은 인간의 눈을 피해 은밀하게 행한 것을 드러낸다(욥 12:22; 엡 5:12). 그 대표적인 실례로, 다윗에게 고발한 나단 선지자의 경고이다. "너는 은밀히 행하였으나 나는 온 이스라엘 앞에서 백주에 이 일을 행하리라 하셨나이다"(삼하 12:12). 이런 행위는 특이한 것이 아니라 일반적이고 선천적이다. 하지만 하나님은 선택된 자에게 경고한다. 그 이유는 그들은 중생 됐기 때문이다. 늦게 중생의 경험을 한 자는 적게 깨닫지 않겠느냐고 불평하는 자는 여전히 중생의 경험을 하지 않은 자이다. 그 이유는 전지하신 하나님을 신뢰하지 않기 때문이다. 양심은 원죄로 인해 외식적인 것에 익숙하다 (『해설자용』, 125).

외식은 매우 인간적이고 선천적으로 매우 익숙한 것이다. 인간은 자신의 불의, 불법, 비열, 어리석음, 불결을 정직한 것으로 가장하고 포장하고 장식한다(1권 1장 2항, 34). 다른 말로 외식의 망토를 입는다(3권 2장 11항, 455). 예외 없이 인류는 모든 자가 자신을 위한 배경이라고 착각한다. 인간은 배려와 용서, 관용과 양보란 경쟁에서 뒤처지는 것이라 여기고 악착같이 앞서려고 한다. 자포자기도 쉽게 하고 자기 성냄도 쉽게 한다. 그러다 보니 신앙의 측면에서 하나님을 기쁘게 한다는 핑계로 예배를 드리지만 형식적이고, 이기적인 잡신을 공경하고 경배한다. 고안된 의식으로 예배하는 것은 자신을 예배하는 것이다(1권 4장 3항, 48). 이런 외식을 하는 이유는 노예적 두려움에서 벗어나고 싶어서이다. 종교의 그림자 안에서 피하여 자신의 뒤틀린 길을 걸을 때마다 하나님께 돌아오는 척하면서 양심적 평안을 도모한다(1권 4장 4항, 49). 이와 같은 외식이 겉으로 드러난 것이라면, 내면적 외식은 착한 행위 몇 가지를 행하면 하나님께서 싫어하지 않을 것이라고 착각한다(1권 4장 4항, 49; 3권 14장 7항, 613). 이런 외식적 행위는 우상숭배의 첫걸음이 된다(1권 11장 4항, 96). 이런 잡다한 외식을 하나님은 심판대에서 모두 공개할 것이다.

(3) 의인의 심판과 악인의 심판을 대조하는 고백이다.
(3)① 최후의 심판 현장은 너무나 다르다. 양과 염소의 구분과 같다(마 25:32). 위치의 전환도 없을뿐더러 기회조차도 영원히 사라진다. 누구든

닥쳐봐야 후회하지 말로만 유의해야 한다고 하는 것은 소용이 없다. 실제로 직면하기 전에 최후의 심판의 두려움으로 이 세상에서 경건한 훈련 생활을 하는 것 외에는 단 한 번의 기회를 맞이하지 못할 것이다.

경건한 자는 위로와 소망으로 바라보지만, **불경건한 자**는 공포와 두려움 자체이기에 피하려고 몸부림칠 정도이다. 이 양편에 대한 상반된 모습을 각각 「대교리」 90문(「소교리」 37문, 38문)과 89문은 자세히 고백하고 있다. 전자는 공개적으로 무죄가 선언되고 모든 죄와 비참에서 영원히 자유롭게 될 것이다(「대교리」 90문). 후자는 양심의 가책으로 두려움을 느끼고 말할 수 없는 고뇌의 벌을 마귀와 그의 조무래기들과 함께 받는다(「대교리」 89문). 전자에게는 그 심판이 영원한 기쁨의 시작이지만(「하이델베르크」 58문) 후자에게는 그리스도의 권능으로 받게 될 치욕의 날이 될 것이다(「신앙고백서」 32장 3항①). 전자는 영원한 구원을 받게 되고 하나님의 자비함이 온전히 명시되지만, 후자는 저주를 받게 되고 하나님의 영광스러운 정의가 명시된다(「신앙고백서」 33장 2항(1)①②). 전자는 큰 위로를 받는 날이므로 그분이 오시기를 간절히 바라지만(「신앙고백서」 33장 3항①), 후자는 영원한 고뇌가 시작되고 영원한 멸망의 벌을 받게 될 것이다(「신앙고백서」 33장 2항(2)②). 그야말로 최후의 심판 날은 의인과 선택된 자에게는 가장 바람직한 **위로의 날**이다.

(3)② 최후의 심판에 대해 엇갈린 기대를 하는 이유에 관한 고백이다.

선택된 자에게 가장 바람직한 위로의 날이 되는 이유는 모든 **구원이 완전해질 것**이고 수고의 결실을 받을 것이기 때문이다. 찬송가 236장(우리 모든 수고 끝나 세상 장막 벗고서)이 떠오른다. 그들은 그리스도 안에서 맺어진 하나님의 약속을 소망하면서 이 세상에서 **견인한다**((5)). 이 약속은 복음의 약속이라 불리기도 하는데 요한복음 3:16이 대표적이다(「돌드레히트」 2장 5항①). 선택된 자는 이 약속을 붙들고 이 세상을 살아간다. 이 약속은 절대로 폐지되거나 취소되지 않는다(「돌드레히트」 5장 8항③). 이 약속은 죄들의 용서, 칭의와 새로운 삶 등으로 구성돼 있다(4권 15장 6항, 999; 「하이델베르크」 70문①②). 참된 믿음은 이 약속을 수용하고, 이 약속은 그 믿음을 붙드는 두 경첩, 즉 돌쩌귀 중 하나이다(3권 2장 16항, 460). 이 약속을 보증받기 위해 성례에 참여한다(「하이델베르크」 66문①).

(3)③ 선택된 자와 유기된 자를 위한 최후의 심판 날에 대한 고백이다. 상반된 내용이 간략하게 전개된다. 특히 전자는 후자에게 내려지는 무시무시한 복수를 본다는 것이다. 그 이유는 전자는 후자에게서 잔인하게 핍박을 받을 뿐만 아니라 억압과 고통을 받았기 때문이다. 전자는 복수자 하나님께서 후자에게 내리는 가혹한 형벌을 목격한다. 통쾌하다는 느낌보다 독자를 비롯한 나 자신도 후자에 속할 수 있으므로 더 두렵기만 하다. 이런 강력한 표현을 사용한 이유는 이 고백서 자체가 핍박받는 가운데 작성되었기 때문이라고 추정해 볼 수 있다. 하지만 현재까지 수정하지 않는 것을 미루어 볼 때 굳이 복수적 성격이라기보다 성경이 이것을 명시하고 있다는 것을 강조하기 위함이라 본다.

(3)④ 계속해서 유기된 자가 직면하는 형벌에 관한 고백이다.

유기된 자에게 **양심의 심판**이 이뤄지는데 이것을 정의로운 심판이라 부르기도 한다(「돌드레히트」 1장 15항③; 「하이델베르크」 10문②). 이 심판은 영원한 선택에서 이뤄진 것으로 타락한 인류를 향한 하나님의 정의와 자비함의 명시가 각각 유기된 자와 선택된 자에게 나타나는 것에 근거한다. 정의는 유기된 자에게 주어지므로(「벨지카」 16항①③) 정의로운 심판이 그들에게 최종적으로 내려진다. 게다가 지옥은 유기된 자만을 위한 곳이 아니라 **마귀와 그 조무래기들**을 위한 곳이기도 하다(「대교리」 89문②).

(4) 선택된 자가 직면하는 재림의 날, 심판의 날 또는 부활의 날에 관한 고백이다.

(4)① 선택된 자는 먼저 영광과 영예의 관을 쓴다. 그야말로 영광의 날은 상상할 수 없는 날이다((4)③). 그분이 나를 아는 것처럼 온전히 그분을 알게 된다(고전 13:12). 우리는 자신의 존재를 알지 못하고 드러난 실존만을 파악하고 슬퍼하면서 이 세상에서 지냈지만 그분이 나의 존재를 알리는 것만큼 그분을 안다. 이것이야말로 진정한 영광이다. 이들이 쓰게 될 관은 노력이나 행위의 결과가 아니라 하나님의 선택과 칭의 때문이다(2권 5장 2항, 279; 3권 18장 5항, 657). 이런 의미에서 사도바울은 의의 면류관이 준비됐다고 고백한 것이다(딤후 4:8). 면류관은 문자적 의미가 아니라 상징적이다.

(4)② 하나님의 자녀가 받는 위로에 관한 고백이다.

하나님 아들, 즉 그리스도는 하나님과 천사들 앞에서 선택된 자의 이름을 부르며 눈물을 씻길 것이다. 얼마나 감격스러운 순간일까? 형용할 수 없는 위로의 순간일 것이다. 이뿐만 아니라 사악한 자들이 내린 온갖 평결과 핍박은 그리스도를 위해 받은 것이고 그분의 뜻을 따른 것이라고 그분의 변호를 받게 된다. 이보다 더 위대한 기쁨의 순간이 또 있을까? 눈물을 닦아준다는 의미는 그들에게서 받은 모든 수치를 제거한다는 뜻이다(사 25:8, 54:4). 이런 위로의 표현은 부활과 관련을 맺는다(고전 15:54). 하나님의 백성이 받은 수치는 선지자들의 예언 속에 자주 등장한다(겔 5:13~17). 구원을 위해 정해져 있으며 그 백성들이 밟아야 하는 절차다.

또 환난 가운데 눈물을 흘리게 되는데 하나님은 그 **눈물을 씻길 것이**다(계 7:17, 21:4). 이것은 영원한 위로를 의미하고, 다시는 눈물을 흘리지 않게 한다는 의미이다. 눈물을 흘리며 환난을 극복한 성도는 이제 생명의 신선한 물을 즐기게 된다.

많은 재판장과 행정관이 저지른 거짓된 판결에 대한 심판이 내려진다. 초대교회 때만 아니라 현재까지, 아니 주님 오실 때까지 양심에 어긋나게 내린 온갖 그릇된 판결에 대한 책임을 반드시 지게 될 것이다(잠 20:8). 여기엔 거짓말과 뇌물을 받으며 행한 거짓 판결을 포함한다. 정의롭게 행하지 않고 굽게 행한 판결에 대한 책임을 하나님은 반드시 물을 것이다(시 58:1). 하나님은 이 세상에서 행한 모든 판결을 가장 정의롭게 판단한다(시 75:2). 이런 그릇된 판결은 제9계명의 거짓 증거 하지 말라는 경고를 무시했기 때문이다. 거짓 증거나 증언을 하고, 진실을 거스르고, 부당한 판결을 내리며 선을 악이라 악을 선이라 행한 것을 경고한다(「대교리」 145문 ②③).

(4)③ 참된 보상은 영광이라는 고백이다.

상상할 수 없는 영광은 영광과 영예의 관을 의미한다((4)①).

보상이란 은혜로 받는 것으로 이것은 행위의 보상이 아니다. 행위의 보상이라 여겨지는 것이라도 하나님의 너그러움에 근거한다(2권 5장 2항, 279). 이 너그러움으로 행위들이 수용된다(4권 10장 5항, 911). 신자의 행위를 수용하는 하나님의 너그러움에 세 가지가 있다. 1. 그리스도 안에서, 2. 부성적 관대함으로, 3. 용서로 수용한다(3권 17장 10항, 647).

(5) 완전한 기쁨에 관한 고백이다.

우리는 마침내 감격의 순간을 맞이한다. 영원에서 작정한 하나님은 이제 시간에서 드러난 타락으로 인해 그것의 구조책을 창조로 알리고 섭리로 수행한다. 이 모든 것은 만왕의 왕이시고 만군의 주님이신 그리스도께서 재림하시므로 완전히 종결될 뿐 아니라 본래의 영원한 상태로 회귀한다. 선택된 자는 이 진리를 알고 있기에 그분의 약속을 신뢰하면서 이 세상에서의 시간 속에서 바른 삶을 산다. 어떤 역경과 어두움이 있더라도 강력하게 생존한다. 죽음 후의 세상에 관해 많은 자가 허상이라고 유혹하고, 상상이라고 미혹하더라도 미끄러지지 않고 곁길로 빠져들지 않기 위해 몸부림친다. 어떤 경우엔 죽음과 질병을 직면하지만 더 두려워해야 하는 것이 무엇인지 알기에 굳건하게 견인한다. 이 세상이 끝난 후, 즉 시간이 종결되면, 그 누구도 상상하지도 보지도 알지도 못했던 영원한 것이 기다리고 있음을 안다. 수많은 무리 가운데 외톨이로 버티며 좁은 문으로 들어가서 좁은 길과 협착한 길을 평생 걸어갈 수 있는 사람이 얼마나 될까?

마침내 선택된 자는 **그리스도 안에서 맺은 언약**의 성취를 보며 완전히 즐거워한다. 이것은 영원에서 이뤄진 것이고, 시간에서 말씀을 통해 알린 것이고,(「벨지카」 18항(1)), 성례로 그 맛을 본다(「벨지카」 33항①; 「돌드레히트」 5장 14항; 「하이델베르크」 84문①). 이 **약속**은 우리 자신이 이 세상을 떠난 후에도 후손에게도 이뤄질 것이라는 소망을 갖게 한다. 이따금 복음의 약속이라 불리기도 한다(「돌드레히트」 2장 5항①; 「하이델베르크」 66문①). 모든 자에게 차별 없이 평등하게 제시되기 때문에 복음인 것이다(「돌드레히트」 2장 5항②). 복음 안에서 반드시 믿어야 하는 것은 의심 없이 그리스도를 믿는 믿음의 항목으로 이것은 「사도신경」에 잘 명시돼 있다(「하이델베르크」 22문).

현재 이 세상에서 살아가는 선택된 각자는 영원한 약속이 이뤄질 날을 바라보며 살아가기에 그분의 오심을 기대한다. "아멘, 주 예수여! 오시옵소서!"(계 22:20). 이런 열렬한 소망은 의지적이지 않다. 이 기도는 초대교회 성도들이 기도 때마다, 성찬 때마다 고백했다. 그리스어로 "마라나타"(Μαρανα θα; 고전 16:22)이다.

색인

ㄱ

가시적(유형) 교회 370, 449, 474~476, 478, 480, 483, 484, 485~488, 490, 494, 502, 503, 504, 510, 523, 525, 526, 532, 543, 548, 549, 564, 572, 587, 595

개혁신앙 7, 8, 14, 15, 24, 27, 30, 36, 106, 154, 623, 627, 629

개혁신앙인 7, 8, 14, 30, 41, 42, 85, 92, 150, 304, 408, 489, 509, 513, 631, 632, 637

개혁신학 7, 14, 20, 23, 24, 36, 39, 106, 433

거듭남 243, 320, 345, 361, 560

거룩함(성화) 56, 78, 149, 179, 222~224, 230, 256, 274, 326, 353, 354, 355, 374, 375, 396, 403, 413, 414, 432, 442, 443, 446, 475, 517, 568, 571, 577~580, 600, 607, 643, 649

거룩한 삶 106, 149, 268, 349, 350, 363, 365, 368, 370, 375, 377, 380, 387, 388, 390, 403, 406, 407, 409, 411~415, 421, 464, 475, 512, 549, 581, 603, 606

견인 56, 60, 67, 102, 149, 158, 207, 208, 254, 256~258, 269, 363, 377, 378, 409, 426, 461, 464, 474, 478, 479, 490, 494, 503, 504, 507, 511, 517, 518, 553, 572, 580, 581, 600, 601, 607, 623, 640, 655, 659

겸손 19, 92, 143, 192, 203~205, 258, 291~293, 328, 366, 383, 393, 394, 412, 415, 423, 447, 480, 490, 493, 504, 511, 518, 520, 539, 572, 594, 596, 607, 643, 644

공의(의; righteousness) 29, 191, 197, 201, 203, 204, 215, 228, 235, 237, 269, 274, 304, 320, 325, 341, 351, 353, 354, 377, 378, 385, 386, 395, 412, 431, 446, 450, 458, 495, 522, 540, 573

공의로운 심판 191, 203, 204, 320

광채 48, 153, 159, 160

교만 67, 235, 259, 395, 414, 415, 419, 480

교회(거짓된) 88, 482~494, 497~513, 519~521, 523~528, 542, 543, 549, 550, 558, 564, 568, 596, 597, 608, 615, 620

교회(참된) 47, 487, 491, 492, 498, 499, 501~504, 507, 519~523, 542, 608,

614
구별(위격) 109~113, 115, 117, 118, 119, 120, 121, 124~127, 129, 130, 131, 138, 142, 144~146, 151, 154, 161, 162, 165~168, 182, 265, 311~316, 322, 328, 416, 450, 468
구분(위격) 131, 168, 171, 210, 265, 296, 311~316, 366
구세주(구주) 71, 121, 136, 145, 147, 148, 156, 167, 258, 277, 290, 330, 339, 358, 360, 362, 371, 372, 384, 388~390, 406, 429, 457, 500, 513, 545, 566, 571, 590, 592, 594, 638, 641
구속 67, 144, 148, 181, 230, 270, 277, 287, 288, 321, 353~355, 357, 359, 388, 389, 401, 433, 567, 573, 576, 639, 643, 645
구속 사역 62, 144, 159, 200, 218, 230, 250, 257, 270, 277~279, 282, 286, 291, 318, 320, 331, 332, 336, 339~345, 348, 353, 358, 363, 364, 367, 386, 389, 390, 408, 429, 430, 440, 441, 448, 458, 463, 465, 466, 518, 527, 553, 573, 575, 577, 582, 588, 597, 601, 604, 605, 606, 610, 650
구속자 7, 44, 64, 66, 68, 70, 121, 127, 128, 131, 142, 145, 147, 148, 160, 161, 172, 173, 178, 179, 196, 221,
278, 294, 304, 341, 358, 366, 381, 389, 451, 452, 458, 467~469, 482, 639, 640, 641, 645
구원의 근거 405, 424
권능 19, 63, 109, 110, 112, 120, 121, 132, 135, 143, 145, 146, 148, 163, 177~179, 182~184, 189, 189, 192, 199, 208, 209, 237, 258, 273, 283, 294, 299, 310, 311, 326, 327, 328, 336, 341, 345, 379, 436, 453, 458, 460, 466, 469, 538, 551, 573, 574, 576, 587, 598, 655
기강 27, 37, 348, 410, 484, 491~495, 497, 499, 505~508, 510, 511, 520, 525, 526, 528, 529, 532, 541~550
기쁨(선한, 하나님) 34, 217, 244, 278, 280~282, 344, 345, 405, 422, 468, 516, 598, 655
기업 무를 자 650

ㄴ

내주함 121, 148, 149, 150, 178, 243, 481, 511, 571, 605

ㄷ

단번에 52, 157, 200, 256, 287, 290, 339, 346, 347, 357, 358, 362, 390, 397, 444, 359, 462, 465, 467, 510, 518, 565, 566, 567, 570, 582, 583~585, 610

단일신론 123, 140, 150, 151
돌쩌귀 553, 554, 656
동일(한)본질 110, 112, 113, 115, 117~119, 129, 131, 132, 141, 142, 153, 159, 160, 164, 166~168, 178, 179, 310
동일영원(영원 공존) 130, 131, 153, 159, 168
두 본성 127~130, 147, 155, 156, 160, 286, 287, 292, 299, 306, 308~317, 320~328, 331, 346, 356, 369, 372, 376, 447, 450, 600, 633, 641

■
마음(영의 기능) 139, 181, 182, 202, 234, 238, 244, 261, 296, 566, 576, 598, 599, 602, 652
말씀과 영 99, 177, 178, 482, 556, 577, 579, 599, 601
목적(교회) 549
목적(기강) 550
목적(성찬) 595, 596
목적(세례) 567, 570, 572, 576
목적(율법) 430, 625, 626
목적(중생) 149, 374, 413, 516, 571, 579
목적(하나님) 76, 107, 280, 281, 311, 341, 391, 422, 596
몸과 피 592, 596, 604, 605, 609, 610
무상의 은혜 144, 244, 273, 274, 275, 335, 351, 377, 386, 401, 602, 604

무오 107
무한 51~53, 55, 98, 120, 121, 163, 170, 184, 200, 241, 266, 281, 317, 385, 516, 566, 645
무형(보편, 불가시적, 우주적)교회 472, 474, 476, 477, 481, 485~487, 510, 526, 542
미신 68, 101, 124, 237, 242, 545, 546, 575
믿음 51, 64, 66, 70, 86, 87, 89, 90, 92, 93, 96, 99, 103, 112, 114, 117, 138, 139, 162, 165, 167, 195, 197, 202, 207, 224, 226, 235, 238, 242, 274, 276, 325, 347, 349, 350, 354, 355, 358, 360~370, 373~380, 381, 383~385, 387~393, 397, 399, 401, 403, 404, 406, 407, 408, 409, 412~419, 426, 427, 438, 441, 443, 455~457, 464, 465, 473, 476, 478, 481, 482, 492, 493, 509, 513~515, 519, 548, 551, 553~558, 563, 566, 569, 573, 574, 575, 577~581, 583, 589, 591, 594~596, 603~605, 607, 609~611, 613, 615, 618, 656, 660
믿음(거룩한) 362, 373, 377, 403, 406, 409, 415, 416, 457, 458
믿음(거짓된) 365, 367, 414, 415, 469
믿음(규칙) 86, 87, 97, 492, 493, 508
믿음(그릇, 도구) 358, 364, 368, 375, 378, 379, 390, 407, 409, 457, 482,

547, 615
믿음(도) 493, 510
믿음(대상) 51, 102, 139, 150, 361, 482
믿음(만으로; *sola fide*) 373, 375, 396, 420
믿음(말씀) 102, 414~416, 493, 554
믿음(분량) 43, 596
믿음(삶) 573, 597
믿음(선물) 347, 373, 409, 410, 418, 419, 478, 513
믿음(성격) 368, 380, 514
믿음(순종) 78, 86, 99, 103, 107, 112, 406
믿음(신뢰) 384
믿음(약속) 553, 577
믿음(양심) 378, 417, 549, 548
믿음(올바른) 365~367, 369, 373, 377, 378~380, 406~409, 457, 461, 514, 598, 605
믿음으로 49, 66, 73, 89, 90, 117, 335, 347, 349, 354, 358, 361, 363, 369, 370, 373~375, 381, 383, 389, 390, 399, 419, 437, 445, 459, 464, 482, 500, 501, 513, 514, 592, 593, 605~607, 609~612, 639, 640
믿음(중생) 362, 363, 407, 409, 410, 514
믿음(증거, 결실) 67, 155, 407, 409, 412, 415, 417, 474, 490, 494, 516, 553, 582, 641
믿음(참된) 362, 365, 368, 373, 377,
403, 406~410, 412~417, 419, 443, 445, 458, 468, 475, 512, 577, 600, 610, 656
믿음(항목) 86, 87, 492, 493, 510
믿음(행위) 375~377, 406, 415, 417, 418, 420, 516
믿음(헛된) 362, 368, 380, 404, 406, 409, 415, 416, 445, 507
믿음(확신) 412, 415, 490, 553, 554
믿음(회개) 362, 410, 516

ㅂ

베르붐 161, 162
보좌 397, 438, 441~443, 453, 454, 462, 464, 644, 653
보편(무형, 불가시적, 우주적)교회 472, 474, 476, 477, 481, 485~487, 510, 526, 542
보혈 121, 136, 147, 148, 168, 178, 254, 256, 257, 281, 337, 343, 346, 347, 396~398, 438, 461, 472, 475, 501, 518, 556, 557, 560, 566~568, 570, 572~575, 577, 585, 587, 596, 603~605
복수(자) 204, 205, 246, 451, 520, 626, 636, 641, 645, 647, 656
본성 128, 129, 142, 153, 165, 188, 261, 292, 296, 308~312, 314, 322, 324~326, 330, 369, 514, 615, 616
본성의 부패 215, 232, 233, 245, 249

본성의 빛 236, 246
본질상 259, 261, 262, 293, 294,
본질(존재) 45, 109, 113~116, 118,
119, 125, 127, 128, 131, 135, 141,
160, 168, 169, 171, 181, 251, 292,
299, 300, 306, 310, 311, 313~315,
318~324, 327, 328, 336, 356, 428,
568, 586, 652
본체(위격, 인격, 존재) 45, 113~117,
119, 120, 125, 126, 139, 159, 160,
279, 290, 292, 315, 322~324, 328,
356, 366, 435, 436, 450, 468, 639
부패 29, 105, 171, 215, 219, 226, 231,
232, 233~238, 241, 242, 244~246,
249, 250, 257, 276, 364, 376, 455,
506, 553, 573, 625, 627, 646
부패성 204, 232, 233, 236, 250, 253,
254, 256, 347, 414, 481, 487~489,
493, 585, 624
불가시적(보편, 무형, 우주적) 교회 474,
476, 481, 485~487, 510, 526
불가시적 은혜 561, 577, 578, 580
불가항력적 은혜 274, 602
불변함 41, 44, 52, 53, 55, 59~61, 62,
142, 173, 183, 184, 193, 208, 212,
213, 219, 255, 258, 263, 270~272,
280, 281, 285, 288, 332, 336, 342,
348, 357, 358, 362, 364, 394, 430,
438, 450, 465, 466, 469, 475, 493,
516, 566, 582, 585, 610, 643, 645,
651
부활 70, 158, 180, 189, 219, 260,
288, 297, 308, 311, 318~321, 323,
325~328, 336, 346, 349, 389,
390, 469, 477, 555, 572, 574, 587,
596, 638, 639, 641, 643, 645, 646,
650~652, 657, 658
불순종 30, 177, 218, 226, 227, 229,
230, 231, 233, 237, 241, 247, 248,
249, 253, 254, 265, 275, 319, 330,
333, 374, 398, 456, 459, 460, 542,
573, 581, 651
불신앙 183, 194, 196, 197, 248, 369,
409, 460, 497, 644
비참함(비천) 33, 258, 261, 264, 269,
272, 282, 291, 298, 312, 345, 398,
407, 413, 451, 504, 579, 626, 643,
655

ㅅ

삶(거룩한) 106, 149, 268, 349, 350,
363, 365, 368, 370, 375, 377, 380,
387, 388, 390, 403, 406, 407, 409,
411~415, 421, 464, 475, 512, 549,
581, 603, 606
삶(그리스도인) 67, 118, 205, 290, 292,
354, 355, 407, 413, 428, 512, 525,
568, 573, 576, 580, 597
삶(세상) 236, 321, 342, 347, 348, 350,
552, 583, 598

삶(순종) 205, 350, 368, 388, 582
삶(이중) 590, 598
삶(청지기) 422, 423
삶(회개) 363
삼위일체 6~8, 41, 42, 45, 47, 50, 62, 72, 86, 111~113, 116~124, 129, 130, 132, 133, 136~144, 150, 151, 154, 155, 162, 165, 166, 169, 171, 172, 178, 186, 209, 265, 270, 290, 292, 311, 340, 356, 365, 429, 450, 475, 495
새 언약 288, 304, 554, 556, 563
생명의 언약 229, 230, 431, 649
선지자(거짓) 89, 415, 448, 455
선지자(그리스도) 147, 160, 299, 300, 347, 430, 577
선택교리 270, 271
선택(인간) 222, 230, 234, 239, 264, 395, 509, 511
선택(하나님) 12, 101, 122, 147, 173, 182, 243, 244, 263, 264, 268~270, 273, 276, 278~281, 287, 330, 331, 356, 370, 385, 393, 408, 409, 422, 426, 464, 468, 469, 477, 490, 516, 524, 565, 580, 642
선택된 자 47, 56, 64, 69, 75, 76, 77, 88, 89, 170, 174, 176, 184, 185~188, 192, 200, 201, 207, 209~211, 236, 240, 241, 243, 248, 259, 260, 265, 266, 267, 269~271, 273, 278, 280, 282, 292, 301, 302, 305, 306, 315, 331, 334, 363, 364, 371, 375, 385, 391, 393, 407, 408, 410, 413, 426, 429, 432, 441, 466, 468, 473~478, 481, 482, 485, 486, 488, 489, 490, 494, 496, 502, 507, 514, 522, 523, 527, 532, 568, 569, 573, 577, 580, 588, 590, 596, 598, 599, 601, 602, 605, 606, 611, 615, 632, 634, 636, 640~644
선택의 근거 280, 422, 469
선하심 67, 77, 110, 180, 191, 193, 201, 209, 215, 218, 224, 236, 249, 259, 268, 269, 272, 278~282, 330, 336, 347, 398, 414, 417, 418, 421, 447, 471, 552, 561, 580, 574, 606
선한 기쁨 34, 217, 244, 278, 280~281, 282, 344, 405, 422, 468, 469, 516, 598
선행(先行) 602
선행(善行) 260, 324, 346, 378, 399, 403, 404, 405, 406, 408, 412, 415~425, 465, 514, 553, 582, 609
선행(善行)의 근거 421, 422
선행적 은혜 602
성경(만으로; *sola scriptua*) 11, 15, 16, 64, 85, 86, 92, 138, 396, 615
성경(제일로; *sola prima*) 11, 64, 65, 86, 92, 614, 615
성례 103, 302, 371, 411, 475, 490, 499,

501, 508, 510, 521, 524, 526~528,
540, 544, 548, 549, 551~559, 561~
570, 574, 576, 577, 583, 587, 588,
590, 591~596, 598, 603, 606~608,
613~615, 627, 656, 659
성례(거짓) 65, 521, 595, 613, 614
성례의 표징 576
성육신 129, 143, 204, 277, 283, 291~
293, 296, 306, 307, 312, 316~318,
323, 324, 328, 331, 336, 356, 391,
432, 444, 600
성찬의 표징 603, 605, 609
세례 22, 134, 139, 142, 143, 148, 245,
252, 254, 256, 397, 481, 521, 552,
557~564, 566~578, 580~589, 593,
596~597
세례(유아) 564, 584~589
세례의 표징 571, 572, 574
세례적 중생 257, 586
세르모넴 161
속죄 148, 158, 247, 253, 258, 289, 319,
328, 334, 337, 341, 342, 346, 349,
430, 448, 451, 460, 461, 559, 567,
270, 585, 587
수동적 은혜 243, 274, 377, 393, 426,
602
수브스탄티아 114
수브시스탄티아 114, 116
순종 49, 50, 77, 78, 86, 90, 91, 92, 99,
103, 104, 107, 112, 139, 143, 157,

175, 205, 210, 226, 229, 242, 248,
254, 282, 290~293, 319, 324, 326,
334, 335, 344, 347~351, 358, 368,
374~376, 382, 386~390, 395~397,
400, 411, 414, 416, 424, 431, 443,
456, 457, 459, 460, 467, 469, 471,
479, 487, 493, 501, 511, 516, 518,
520, 530, 541, 544, 548, 549, 553,
557, 569, 571, 576, 582, 596, 599,
601, 604, 607, 612, 613, 626, 642,
649, 650
순종의 전가 387~389, 395, 460, 604
승천 142, 158, 251, 295, 311, 319, 462,
469, 610
신성 44, 62, 65~69, 71~74, 78, 127~
130, 143, 145, 147, 151, 153~163,
166, 168, 169, 172, 178, 179, 185,
200, 204, 226, 251, 291~299, 303~
306, 308, 310~318, 323, 326~328,
336, 341, 342, 344, 358, 362,
369~372, 376, 389, 390, 420, 434,
444, 445, 447, 450~451, 458, 463,
465, 466, 477, 583, 595, 598, 617,
621, 626, 628, 633, 646, 648
심정(영의 기능) 13, 14, 33, 34, 56,
85, 89, 90, 92, 99, 106, 108, 136,
145, 148, 175, 177, 182, 192, 198,
202, 203~205, 221, 229, 234, 238,
241, 244, 282, 296, 358, 360, 362,
364~366, 367, 369, 373, 377~380,

395, 397, 404, 406~411, 413,
416~418, 423, 426, 431, 438, 446,
457, 460, 461, 465, 473, 482, 483,
487, 489, 490, 506, 507, 509, 511,
529, 551, 555, 561, 574, 577~579,
589, 594, 598, 599, 601, 602, 614,
626, 628, 637, 653

심판 91, 179, 200, 203~205, 247, 267,
289, 304, 319, 321, 347, 352, 383,
398, 401, 445, 450, 469, 495, 503,
530, 579, 581, 594, 631, 632, 634,
635, 638, 640, 644~647, 649, 650,
653, 654, 656, 658

심판 날 66, 206, 267, 321, 334, 445,
477, 640, 641, 643, 644, 647, 651,
657

심판대 363, 400, 554, 579, 639, 646,
648, 650, 651, 654

심판(공의) 191, 203, 204, 320

심판(기준) 652

심판(대상) 174, 186, 646

심판(양심) 321, 656

심판(정의) 269, 271, 298, 443, 480,
656, 657

심판(최후) 158, 206, 266, 271, 321,
440, 448, 507, 632, 634, 637~640,
650, 654, 655, 656

심판자(장) 196, 197, 204, 205, 468,
495, 520, 579, 634, 639~641, 648,
649, 652

ㅇ

아버지 됨 33, 64, 68, 77, 119, 137, 146,
147, 180, 192~194, 199, 207, 208,
209~211, 218, 224, 256, 265, 282,
291, 304, 412, 443, 464, 467, 468,
494, 512, 569, 570, 584, 611

악의 삼총사 378, 461, 478, 517

양심의 법정 547, 548, 648, 652

양심의 심판 321, 656

양자론 140, 142, 150, 151, 265, 312

양자 됨 207, 209, 210, 258, 274, 291,
370, 443, 450, 464, 468, 476, 494,
512, 564, 571, 574, 587, 588, 601,
649

양태론 122~124, 130, 140, 150, 151,
265

언약 147, 215, 264, 281, 286~289, 300,
325, 392, 429, 430, 432, 433, 449,
479, 556, 557, 562, 563, 565, 568,
586, 589, 659

언약도 497

언약 신학 14, 430

언약의 백성 47, 219, 230, 353, 392,
433, 474, 476, 563, 571, 587, 589

연합 39, 292, 312, 323, 520, 635, 639,
651, 652

연합(교회, 성도) 27, 148, 473, 482~
484, 486, 488, 489, 491, 492, 495,
520, 525, 542, 549, 570

연합(그리스도와 함께) 353~356, 368,

370, 374, 408, 471, 473, 474, 476, 477, 490, 533, 556, 481, 605
연합(두 본성) 127~130, 151, 292, 293, 297, 308~317, 322, 323, 324, 326, 328, 331, 369, 435, 445, 447
연합(위격) 127, 128, 129, 142, 292, 297, 308~317, 321~326, 328, 369, 445, 598
영(거짓) 89, 122, 169, 171, 182, 186, 188
영(인간) 70, 90, 128, 166, 171, 175, 176, 180, 181, 182, 186~188, 193, 198, 200, 207, 220, 221, 224, 231~234, 236, 238, 244, 246, 248~250, 277, 283, 292~294, 296~298, 300, 309, 312, 315, 320, 321, 323~327, 333, 338, 340, 345, 348, 350, 352, 364, 365, 393, 395, 448, 473, 482, 483, 487, 517, 532, 538, 547, 560, 561, 566, 573, 574, 577, 579, 584, 587, 591~593, 605, 639, 643, 649, 651, 652
영(천사) 176, 186, 188, 193
영광(인간) 355, 395, 443, 642
영광(하나님) 231, 267, 272, 273, 291, 316, 321, 350, 353, 379, 381, 383, 388, 391~393, 395, 419, 428, 450, 453, 538, 576, 622, 634, 637, 639~645, 648, 651, 657, 658
영 되심(하나님) 41, 44~53, 89, 120,

165, 166, 176, 178, 186, 194, 221, 222, 266, 297, 334, 407, 481, 487, 587, 607
영생 229~231, 234, 254, 278, 281, 330, 336, 358, 384, 408, 424, 467, 555, 561, 574, 587
영원 52, 54~58, 132, 138, 153, 157, 159, 161, 164, 166, 172, 173, 174, 176, 179~181, 184~187, 193, 199~201, 204, 208, 218, 219, 229, 231, 232, 241, 244, 252, 255, 259, 260, 263, 265, 267, 269, 270, 272~276, 278~280, 285~288, 290, 292, 294, 301, 311, 315~317, 323, 332, 341, 343, 344, 357, 358, 363, 385, 391, 393, 394, 398, 408, 410, 419, 422, 433, 441, 442, 450, 453, 466, 468, 469, 477, 478, 502, 514, 516, 518, 565, 566, 580, 582~586, 588, 598, 599, 601, 602, 639, 640, 641, 643, 645, 647, 648, 651, 652, 659
영원 공존(동일영원) 130, 131, 153, 159, 168
영원한 선택 263, 264, 268, 276, 331, 527, 656
영원한 섭리 163, 170, 184, 331, 527
영원한 자비함 201, 336, 580, 642
영원한 작정 54, 55, 76, 122, 146, 169, 172, 173, 193, 195, 197, 199, 201, 204, 218, 229, 244, 264, 265, 273,

277, 278, 281, 285, 286, 288, 330, 332, 339, 340, 343, 348, 349, 354, 356, 363, 367, 371, 391, 421, 422, 426, 430, 441, 475, 580, 588, 642, 643

영원한 죽음 200, 243, 262, 272, 275, 276, 281, 298, 333, 336, 351, 573

영원한 중보자 156, 158, 258, 462, 464, 466

영원한 진노 232, 345, 346, 358, 362, 544

영원한 처벌 200, 201, 266, 271, 293, 319, 321, 323, 333, 346, 377, 433

영원함(하나님) 19, 41, 42, 44, 46, 50~58, 60~62, 76, 103, 104, 109~112, 120~122, 125, 130~132, 140~142, 144, 146~148, 153~156, 158, 159, 162, 164~174, 176, 180, 184, 193~195, 197~201, 204, 212, 218, 228, 229, 232, 244, 258, 268, 275, 286, 311, 316, 317, 322, 326, 332, 336, 339~341, 357, 358, 365, 391, 422, 441, 445, 449, 462, 464~466, 468, 472, 478, 580, 583, 605, 610, 650

영의 기능 233, 234, 236, 238, 244, 250, 296, 297, 300, 333, 364, 365, 483, 487, 573, 649

영적 노예 461, 521

영적 삶 453, 590, 591, 605, 606, 607

영적 선 230, 249, 250, 417

영적 쉼 518

영적 양식 583, 596, 604~606, 609

영적 전투 256, 258, 479, 496, 517, 518, 632

영적 존재 41, 44~51, 120, 165, 174, 177, 186, 222, 266, 481, 487, 522

영적 죽음 231~233, 249, 276, 333, 377, 573

영접 238, 360, 361, 367, 368, 408, 457, 458, 480, 500, 513~515, 517, 593, 598

영지주의 74, 83, 88, 95, 150, 166, 189, 190

예정 56, 60, 61, 122, 173, 174, 207, 239, 241, 270, 272, 273, 278, 280, 315, 343, 344, 347, 370, 410, 412, 448, 458, 588, 599, 602, 645

예지 58, 228, 229

옛 언약 288

오성 49, 73, 144, 191, 217, 221, 234, 235, 244, 296, 592

오염 246, 249, 250, 253, 300, 397, 405, 423, 566

왕직(그리스도) 147, 298, 341, 472, 478, 496, 571, 611, 640, 641, 659

용서의 근거 248, 259, 261, 268, 336

우주적(보편, 불가시적, 무형) 교회 472, 474, 476, 477, 481, 485~487, 510, 526, 542

원죄 122, 201, 226, 233, 235, 236, 245~253, 254, 256, 257, 261, 262, 264, 276, 287, 293, 294, 295, 297, 300, 397, 429, 650, 654

위격(본체, 인격, 존재) 45, 109~113, 115~121, 123, 124~125, 126, 127~131, 133, 134~135, 137~139, 141~146, 151, 154, 155, 161, 162, 164, 166, 167, 168, 169, 178, 265, 266, 276, 290, 292, 297, 308, 309, 310~316, 317, 321~323, 324~325, 326, 328, 336, 369, 435, 445, 450, 598

위격적 연합 127, 128, 129, 142, 292, 297, 308~317, 321~326, 328, 369, 445, 598

유기 174, 273

유기된 자 22, 64, 150, 176. 186, 187, 196, 197, 201, 203, 220, 236, 241, 259, 263, 266, 267, 269, 271, 315, 331, 332, 334, 345, 365, 371, 466, 487, 502, 505, 523, 597, 602, 603, 615, 640, 641, 644, 651, 656, 657

유아세례 564, 584~588

유전 233, 245~251, 253, 262, 294, 514

유형(가시적)교회 370, 449, 474~476, 478, 480, 483, 484, 485~488, 490, 494, 502, 503, 504, 510, 523, 525, 526, 532, 543, 548, 549, 564, 572, 587, 595

은혜 35, 135, 143, 144, 170, 172, 198, 236, 245, 258, 259, 260, 262, 264, 273, 274, 275, 280, 290, 312, 335, 340, 343, 348~351, 353, 354, 356, 359, 364, 369~371, 375, 376, 378, 381, 386, 388, 390, 393, 397, 399, 401, 404, 405, 407, 416~418, 420, 421, 423, 424~426, 429, 431, 438, 443, 453, 454, 480, 515, 526, 537, 551, 557, 558, 561, 570, 572, 575, 576, 599, 601, 602, 604, 607~610, 613, 615, 624, 642, 643, 658

은혜(구원하는) 407, 413, 642

은혜로운 29, 30, 33, 35, 120, 192, 204, 207, 224, 268, 273, 274, 275, 559, 580, 617, 637

은혜(만으로; *sola gratia*) 241, 274, 396

은혜(무상의) 144, 243, 244, 273, 274, 275, 335, 347, 353, 377, 401, 602, 604

은혜(불가시적) 561, 577, 578, 580

은혜(불가항력적) 274, 602

은혜 언약 147, 251, 264, 277, 278, 285~287, 331, 440, 553, 568, 574

은혜의 방편(수단) 348, 350, 465, 490, 521, 528, 558, 569, 582, 583, 613, 615

은혜(수동적) 243, 274, 377, 426, 602

은혜(역사하는) 424

은혜(협력하는) 424, 425

이기심 91, 232, 234, 236, 237, 243, 395
이신 354, 365, 378, 419, 606
이신칭의 36, 354, 373, 375, 378, 383, 395, 396, 403, 406, 407, 409, 412, 413, 415, 416, 418, 565, 606, 607
이중 거울 434
이중 시민권 597, 598, 632
이중의 삶 590, 598~600
이중지식 64, 128, 142, 160, 289, 302, 366, 467, 639
인간성(인간) 30, 240, 250, 254, 294, 301, 303, 517, 616
인간의 뜻(의지) 18, 56, 72, 74, 101, 217, 227, 232, 238, 244, 254, 264, 391, 412, 425, 426, 458, 514, 649
인간 측면 47, 55, 60, 76, 125, 150, 159, 166, 173, 193~195, 199, 228, 229, 240~243, 255, 265, 273, 275, 277, 279~281, 290, 305, 311, 315, 340, 343, 369, 386, 389, 390, 395, 414, 419, 425, 429, 458, 468, 480, 481, 519, 522, 583, 587, 588, 615
인격(본체, 위격, 존재) 45, 109~113, 115~121, 123, 124~125, 126, 127~131, 133, 134~135, 137~139, 141~146, 151, 154, 155, 161, 162, 164, 166, 167, 168, 169, 178, 265, 266, 276, 290, 292, 297, 308, 309, 310~316, 317, 321~323, 324~325, 326, 328, 336, 369, 435, 445, 450, 598
인격(인간) 98, 117, 225, 322, 324, 347, 418, 465, 473, 481, 545, 587, 588, 625, 634
인격(하나님) 109, 115, 116, 117, 120, 166, 173, 324, 522
인격적으로(개인적으로) 99, 179, 649, 653
인침 472, 475
의(공의; righteousness) 29, 191, 197, 201, 203, 204, 215, 228, 235, 237, 269, 274, 304, 320, 325, 341, 351, 353, 354, 377, 378, 385, 386, 395, 412, 431, 446, 450, 458, 495, 522, 540, 573
의의 전가(전가된 의) 255, 258, 300, 326, 376, 377, 380, 386~388, 389, 395~397, 400, 401, 432, 457, 459, 473, 604, 606
의지(인간) 18, 56, 72, 74, 101, 217, 227, 232, 238, 244, 254, 264, 391, 395, 400, 412, 425, 426, 458, 514, 649
의지(뜻, 하나님) 33, 69, 70, 76, 77, 97, 99~101, 103~105, 107, 150, 187, 192, 203, 206, 210~213, 221, 223, 228, 232, 234, 244, 254, 270, 272, 280, 281, 428, 431, 432, 454, 489, 514, 516, 526, 543, 578, 581, 604, 606, 614, 626, 628, 640, 649, 657

ㅈ

자비함 110, 132, 148, 156, 199, 201, 245, 255, 259, 261, 263, 265, 266~269, 271, 273, 275, 281, 286, 289, 305, 330, 331~333, 334, 336, 340, 343, 391~393, 398, 399, 414, 430, 438, 446, 451, 464, 514, 528, 547, 554, 580, 601, 639, 642, 655

작정(영원한) 54, 55, 61, 76, 122, 146, 169, 172, 173, 176, 193, 195, 197, 199, 201, 204, 218, 229, 244, 263~265, 267, 273, 277~279, 281, 285, 286, 288, 330, 332, 339, 340, 348, 354, 356, 363, 371, 391, 421, 422, 426, 430, 441, 475, 580, 588, 642

재세례파 21, 28, 29, 31, 284, 299, 497, 561, 562, 584, 586, 588, 618, 632

전가된 의(의의 전가) 255, 258, 300, 326, 376, 377, 380, 386~388, 389, 395~397, 400, 401, 432, 457, 459, 473, 604, 606

접붙임 368, 370, 473, 511, 563, 569, 571, 574, 578, 583, 585, 605

정의(justice) 52, 101, 156, 157, 200, 201, 204, 231, 235, 237, 238, 246, 247, 253, 263, 266~271, 273, 275, 276, 281, 286, 288, 292, 301, 318, 319, 325, 330, 331~334, 336, 340, 341, 343, 345, 346, 363, 377, 387, 392, 401, 443, 444, 446, 454, 459, 491

정의롭게 41, 48, 191, 196~201, 330, 446, 641, 651

정의로운 심판 200, 269, 271, 298, 443, 480, 656, 657

제사장직(대제사장) 147, 149, 158, 167, 298, 299, 305, 306, 317, 337, 340~342, 344, 348, 350, 369, 419, 437, 438, 441, 459, 460, 462, 464, 465, 471, 565, 611, 640

존재(본질) 45, 109, 113~116, 118, 119, 125, 127, 128, 131, 135, 141, 160, 168, 169, 171, 181, 251, 292, 299, 300, 306, 310, 311, 313~315, 318~324, 327, 328, 336, 356, 428, 568, 586, 652

존재(본체, 위격, 인격) 45, 113~117, 119, 120, 125, 126, 139, 159, 160, 279, 290, 292, 315, 322~324, 328, 356, 366, 435, 436, 450, 468, 639

주권 182~184, 189, 211, 214, 242, 276, 281, 412, 566, 411, 621, 631

죽으심(그리스도) 157, 221, 256~258, 271, 288, 320, 323, 325, 326, 334, 344, 347, 388, 451, 459, 501, 518, 563, 568, 572, 578, 593, 596, 597

죽음(육적) 19, 41, 181, 200, 208, 214, 215, 219, 225, 229, 231, 232, 233, 246, 249, 261, 276, 277, 281,

288, 297, 298, 310, 316, 319, 321, 323~324, 325, 328, 330, 333, 342, 345, 347, 348, 353, 355, 362, 400, 401, 406, 431, 444~446, 449, 450, 452, 462, 489, 571, 573, 601, 614, 639, 643, 644, 647, 650 659

죽음(영원한) 200, 231, 243, 262, 272, 275, 276, 281, 298, 333, 336, 351, 573

죽음(영적) 231~233, 249, 275, 276, 298, 333, 352

중보 사역 157, 158, 340, 342, 358, 459, 605, 610, 611

중보자 64, 128, 129, 138, 147, 148, 155~158, 167, 179, 200, 201, 204, 212, 229, 230, 232, 258, 264~267, 270, 271, 273, 276, 277, 281, 286, 289, 291, 293, 294, 295, 296, 298, 299, 300, 301, 303~306, 310, 315~317, 318, 319, 320, 324~329, 331, 332~334, 336, 338~349, 351, 352, 353, 356, 357, 358, 361, 362, 369, 370, 372~374, 376, 377, 386, 389, 391, 394, 396, 398, 400, 426, 429, 430, 433~436, 439, 440~444, 445, 446, 447, 448, 450, 451, 452, 453, 455~460, 462, 463, 464, 466~468, 470, 495, 496, 553, 554, 565, 566, 583, 610, 626, 648, 649

중생 56, 69, 88, 164, 182, 219, 236~

240, 243, 244, 256, 257, 260, 279, 297, 345, 349, 361~363, 366, 367, 371, 379, 399, 403, 408~412, 422, 426, 433, 478, 505, 514, 560, 564, 568, 572, 573, 578, 579, 581, 583, 584, 586, 587, 590, 598, 600~602, 632, 653

중생 된 자 181, 211, 222, 247, 254, 256, 259, 260, 282, 297, 349, 354, 394, 407, 411, 414, 417, 487, 504, 505, 516, 542, 552, 586, 590, 596, 597, 598, 599~600, 601, 603, 606, 643

중생 된 척하는 자 242, 349, 365, 414, 487, 502, 504~506, 512

중생 되지 않은 자 48, 144, 345, 414, 487, 505, 597, 600

중생의 경험 203, 259, 260, 331, 349, 411, 413, 414, 414, 419, 461, 494, 502, 504, 505, 512, 573, 578, 584, 597, 653, 654

중생의 목적 149, 374, 413, 516, 571, 579

중생의 목표 374, 378, 516

중생의 씨앗 578

중생의 저자 90, 149, 164, 260, 364, 365, 407, 410, 411, 579, 599

중생의 표징 585

죄(들의) 용서 252, 253, 255, 256, 259, 260, 261, 268, 300, 334~336,

343, 347, 363, 380, 384~386, 389, 395, 397~399, 401, 417, 421, 444, 459, 460, 475, 485, 487, 516, 544, 555, 563, 568, 570~574, 578, 581, 585~588, 596, 606, 656

죄의 잔재(들) 108, 149, 256, 409, 478, 479, 490, 500, 515, 517, 542, 552, 553, 581, 623, 632

지옥 54, 188, 189, 193, 213, 232, 277, 321, 328, 352, 353, 355, 450, 462, 639, 657

진리의 빛 223, 237

ㅊ

천사 96, 100, 122, 134, 163, 166, 170, 171, 174, 176, 177, 180~182, 184~189, 193, 203, 209, 220, 224, 247, 263, 267, 272, 273, 306, 339, 357, 391, 400, 462, 502, 503, 506, 527, 532, 623, 634, 636, 641, 643, 645, 647, 648, 650, 657

최후의 심판 158, 206, 266, 271, 321, 440, 448, 507, 632, 634, 637~640, 650, 654, 655, 656

칭의 56, 252, 255, 259, 267, 274, 326, 330, 335, 336, 347, 349, 362, 363, 368, 373, 380, 381, 383, 384, 387, 388, 391, 392, 395, 396, 398, 399, 401, 404, 412, 417~422, 433, 444, 446, 473, 474, 528, 565, 577~579, 588, 597, 605, 606, 649, 651, 656, 657

ㅌ

타락 52, 105, 121, 122, 156, 170~172, 174, 176, 177, 181, 182, 185, 186~188, 193, 198~200, 203, 204, 209, 215, 218~222, 224~227, 230~241, 246, 248, 252~254, 256, 259, 261, 263~267, 271~273, 275~277, 285, 286, 287, 292, 296~298, 318, 328, 330, 331, 332~336, 339, 340, 346, 352, 356, 357, 358, 362, 364, 371, 374, 376, 377, 383, 385, 391, 411, 424, 423, 429, 430, 432, 433, 441~444, 450, 456, 458, 460, 463, 476, 477, 480, 487, 507, 534, 536, 543, 545, 558, 573, 604, 616, 623, 624, 625, 627, 629, 656, 659

특성 77, 109, 115~118, 120, 125, 126, 129, 242, 308, 313, 314, 316, 318, 322, 411, 415, 493

ㅍ

표징(성례) 302, 428, 550, 555, 557, 562~564, 569~571, 572, 574, 575~577, 583~585, 587

표징(성찬) 592, 593, 596, 597, 603~610, 612

표징 된 것(성례) 302, 557, 561, 563,

570, 572, 574, 576, 577, 584
표징 된 것(성찬) 593, 596, 597, 603, 605, 609, 612
피난처 24, 30, 466, 501, 518

ㅎ

하나님 우편 앉음 158, 319, 615, 610
하나님의 기쁨 228, 229, 249, 439, 468, 469
하나님의 의지(뜻) 33, 69, 70, 76, 77, 97, 99~101, 103~105, 107, 150, 187, 192, 203, 206, 210~213, 221, 223, 228, 232. 234, 244, 254, 270, 272, 280, 281, 428, 431, 432, 454, 489, 514, 516, 526, 543, 578, 581, 604, 606, 614, 626, 628, 640, 649, 657
하나님 측면 60, 148, 173, 176, 195, 199, 221, 228, 240, 241, 242, 255, 274, 275, 280, 290, 305, 314, 332, 340, 343, 348, 386, 389, 395, 410, 419, 429, 444, 458, 468, 519, 614
행위 32, 46, 105, 184, 185, 194, 195, 224, 227, 239, 250, 253, 255, 260, 263, 324, 354, 355, 361, 362, 373~377, 378, 379, 383, 390, 391, 393, 395, 396, 398~401, 404, 405~406, 411, 413, 418, 419, 420, 424~427, 419, 457, 459, 460, 497, 507, 513~516, 535, 561, 607, 609, 616, 624, 631, 644, 649, 652~654,
657, 658
행위언약 176, 229, 249, 277, 278, 285~287, 460, 649
현재(하나님) 55, 57~59, 60, 61, 157, 173, 195, 228, 332, 342, 582
호기심 49, 90, 91, 177, 185, 186, 196, 202, 203, 205, 218, 260, 265, 366, 457
호의 30, 144, 401, 479, 512, 514, 554
회개 60, 89, 91, 181, 204, 211, 212, 241, 252, 255, 256, 260, 261, 268, 269, 274, 326, 355, 357, 362, 363, 367, 378, 394, 398, 407, 410, 415, 475, 485, 489, 516, 529, 544, 555, 579, 600, 613, 651
회개(생명에 이르는) 573, 578
회개(죄들의 용서) 255, 260, 261, 268, 516, 557, 586, 596, 608
회개(참된) 377, 419, 465, 517, 572, 580, 581, 586, 596
회심 20, 237, 361, 362, 406, 411, 419, 538

휘포스타시스 117